U0511186

寧夏珍稀方志叢刊　胡玉冰◇主編

國家社會科學基金項目「寧夏地方文獻整理與研究」成果

萬曆 朔方新志

胡玉冰◇校注

中國社會科學出版社

圖書在版編目（CIP）數據

（萬曆）朔方新志／胡玉冰校注 . —北京：中國社會科學
出版社，2015.10
ISBN 978 - 7 - 5161 - 5707 - 7

Ⅰ . ①萬⋯　Ⅱ . ①胡⋯　Ⅲ . ①寧夏—地方志—明代
Ⅳ . ①K294.3

中國版本圖書館 CIP 數據核字（2015）第 050419 號

出 版 人　趙劍英
選題策劃　張　林
責任編輯　王　琪
責任校對　韓海超
責任印製　戴　寬

出　　版　中国社会科学出版社
社　　址　北京鼓樓西大街甲 158 號
郵　　編　100720
網　　址　http：//www. csspw. cn
發 行 部　010 - 84083685
門 市 部　010 - 84029450
經　　銷　新華書店及其他書店

印　　刷　北京市大興區新魏印刷廠
裝　　訂　廊坊市廣陽區廣增裝訂廠
版　　次　2015 年 10 月第 1 版
印　　次　2015 年 10 月第 1 次印刷

開　　本　710 × 1000　1/16
印　　張　30.5
插　　頁　2
字　　數　513 千字
定　　價　108.00 元

凡購買中國社會科學出版社圖書，如有質量問題請與本社營銷中心聯繫調換
電話：010 - 84083683
版權所有　侵權必究

總　序

胡玉冰

　　地方舊志在中國傳統的古籍"四分法"中屬於史部地理類，但它所記載的内容遠遠超出了歷史學、地理學範疇，舉凡政治、經濟、語言、文學等亦多有涉及，故舊志往往被稱為一地之全史，其學術研究價值也就不言而喻。對舊志進行規範整理與研究，既有助於準確理解其内容，也有助於客觀分析其價值，從而達到古為今用、推陳出新的目的。規範的舊志整理會為今人研究提供極大的便利，否則就會有諓古人，貽誤後人。開展陝甘寧三省地方舊志整理與研究工作，是以筆者為學術帶頭人的學術團隊長期堅持的學術方向。2012 年，筆者著《寧夏地方志研究》由中國社會科學出版社正式出版。該書首次對寧夏舊志進行了系統全面的研究，基本摸清了寧夏舊志的家底，尤其梳理清楚了寧夏舊志的版本情況。同年，筆者主持的"寧夏地方文獻整理與研究"獲批為國家社科基金重點項目。以此為契機，筆者提出了全面整理寧夏舊志的科研設想，計劃用三年左右（2015—2018）的時間，將傳世的寧夏舊志全部規范整理，成果分批出版，匯編為叢書《寧夏珍稀方志叢刊》。

　　自元迄清，嚴格意義上的寧夏舊志有 38 種，[①] 傳世的寧夏舊志有 33 種，[②] 其中 9 種為孤本傳世。寧夏舊志中，元代《開成志》成書時代最早，惜已亡佚，完整傳世者最早編修於明代，清代編成者傳世數量最多。傳世舊志中，成於明代者 6 種，成於清代者 20 種，成於民國者 7 種。從

---

　　① 參見胡玉冰《寧夏地方志研究》，附錄一《寧夏地方文獻（舊志）基本情況一覽表》，中國社會科學出版社 2012 年版，第 524 頁至 527 頁。

　　② 參見胡玉冰《寧夏地方志研究》，附錄二《傳世的寧夏地方文獻（舊志）基本情況一覽表》，中國社會科學出版社 2012 年版，第 528 頁至 529 頁。

舊志編纂類型看，有通志 7 種，分志（州志、縣志）26 種。除中國外，日本、美國等也藏有寧夏舊志。日藏數量最多，種類較全，8 家藏書機構共藏有 13 種原版舊志，其中兩種為孤本，主要通過商貿活動與軍事掠奪這兩種方式輸入寧夏舊志。寧夏舊志整理研究工作主要始於 20 世紀 80 年代，在文獻著錄、綜合或專題研究、文本整理刊佈等方面取得了一定的成就，① 為寧夏文史研究奠定了資料基礎。但也要實事求是地認識到，隨着各種與寧夏有關的新資料的不斷發現，尤其是多學科研究視角的不斷創新，已有成果中存在的諸多不足越來越明顯。如在文獻著錄時因部分舊志未能目驗，或者學術見解不同，致使著錄內容存在分歧甚至錯誤。研究成果多為概括性、提要式介紹，多角度、多學科深入分析的成果缺乏。整理成果只是部分解決了舊志存在的文字或內容問題，整理方法不規範、質量不高的現象較為突出。學術發展的需要，要求舊志整理要更加規範化，整體質量要進一步提高。整理研究寧夏舊志，需要科學的理論與方法來指導。在充分吸收他人學術經驗的基礎上，通過整理研究實踐工作，我們也形成了一些自己的認識，在此想總結出來，與大家一起探討。

一　整理前的準備工作

整理舊志，前期需要全面了解整理對象，對其編修者、編修經過、主要內容、文本的語言風格、版本傳世情況等要深入研究。規范整理舊志，要以扎實的研究成果為基礎，以便選擇最佳底本，準備合適的參校文獻，制定規範的整理方法。

（一）確定整理對象

為保證舊志整理工作的順利開展，提高工作效率，確定整理對象是正式開始舊志整理前首先要做的，也是必須要做的工作。確定整理對象時，要綜合分析其學術價值、史料價值、傳世情況及今人閱讀理解該對象的困難程度等，一方面要認真通讀原作，另一方面，要同步查檢古今目錄文獻對原作的著錄情況。

---

① 參見胡玉冰《寧夏地方志研究》，附錄三《寧夏舊志整理出版情況一覽表》、附錄四《寧夏舊志及其編纂者研究論文索引》，中國社會科學出版社 2012 年版，第 530 頁至 542 頁。

　　通讀原作，有助於全面了解志書的內容及其史源、結構體例及其語言特點等情況。對內容及其史源的了解，可以幫助我們確定該志有無整理的必要。如傳世的民國十四年（1925）朱恩昭修纂 6 卷本《豫旺縣志》一直被學界當作寧夏同心縣重要的地方文獻在利用。實際上，這部舊志是撮抄之作，並非編者獨立編修。編纂者直接把（民國）《朔方道志》中與同心縣前身鎮戎縣有關的內容撮抄出來，參考《朔方道志》的體例，再雜以（光緒）《平遠縣志》的部分內容，把資料匯為一編，取名《豫旺縣志》行世。在明晰了《朔方道志》與《豫旺縣志》的關係後，我們認為沒有必要再整理《豫旺縣志》，只需將《朔方道志》整理出來即可。

　　對舊志結構體例的了解有助於對舊志存真復原。如天津古籍出版社1988 年版《寧夏歷代方志萃編》、海南出版社 2001 年版《故宮珍本叢刊》等叢書都影印出版了明朝楊壽等纂修的（萬曆）《朔方新志》，所據底本原有補版現象，某些版面的內容重複，特別在卷二有幾處嚴重的錯頁、錯版現象，天津、海南的影印本都未能給予糾正。這些問題若不能發現，整理成果就會出現內容錯亂現象。

　　每種舊志的編修都有其具體的時代背景，舊志的語言與內容一樣具有時代性，通讀舊志，了解其語言特點，掌握其語言規律，有助於更好地開展標點、分段工作。凡古籍，遣詞造句都有一定的時代風格和特點，只要其內容或文字無誤，就不能按當代行文習慣或理解對原文進行增、刪、改等，否則就是替古人寫書。有些舊志語句原本就是通順的，符合特定時代的語言規範，若整理者在原志語句中隨意增加"之""於""以"等字，看似符合當代人的閱讀習慣了，實則畫蛇添足。

　　同步查檢古今目錄文獻對舊志原作的著錄情況，將著錄內容與通讀舊志時了解的情況相對照，一方面，可以加深對舊志基本情況的了解，使得對舊志的了解更具條理性。另一方面，可以驗證著錄是否準確，糾正存在的問題，以求對舊志基本信息的了解更符合實際。如朱㮵編修的《寧夏志》，明朝周弘祖編《古今書刻》上編中就有著錄，這是目錄學著作中最早著錄《寧夏志》的。張維 1932 年編《隴右方志錄》時，據（乾隆）《寧夏府志》所載內容著錄《寧夏志》，由於他未經眼《寧夏志》，以為該書已佚，故著錄其為佚書，且將書名誤著錄為《永樂寧夏志》，《寧夏地方志存佚目錄》《稀見地方志提要》等，都沿襲了張維的錯誤。較早披露日藏《寧夏志》信息的是《日本主要圖書館研究所所藏中國地方志總合目録》，但將"朱栴"誤作"朱梔"。《中國地方志聯合目録》《寧夏地方文獻聯合目録》《甘肅省圖書館藏地方志目録》《中國地方志總目提要》等對《寧夏志》也作了著録或提要。其中《中國地方志聯合目録》以《寧夏志》重刻時間定其書名爲《萬曆寧夏志》，巴兆祥《中國地方志流播日本研究》下編《東傳方志總目》沿襲此説。

（二）了解整理對象的研究現狀

確定整理對象，並對其有基本的認識和了解後，還需要梳理、分析整理對象的學術研究現狀，主要包括目録著録、研究論著、整理成果等三方面的信息。

1. 目録著録

查檢古今目録的著録内容，可以對舊志修纂者、卷數、流傳、内容、館藏、版本等情況有基本的了解。對著録的每一條信息，都要結合原志進行核查，發現問題，一定要深入研究。如《中國地方志聯合目録》《甘肅省圖書館藏地方志目録》均著録了一部（乾隆）《平涼府志》，爲"清乾隆間修，光緒增修，抄本"。① 此書孤本傳世，原抄本藏於南京圖書館，甘肅省圖書館有傳抄本，筆者在開展陝甘舊志中寧夏史料輯校工作時，最初設想把此志作爲重要的參校文獻。國家圖書館出版社 2012 年版《南京圖書館藏稀見方志叢刊》第十五和第十六册即爲《平涼府志》。筆者通過研究發現，古代目録書中没有著録過乾隆時期編修的《平涼府志》，且乾隆以後的平涼各舊志的編纂者也未曾提到過乾隆時期編修《平涼府志》一事，通過對比發現，南圖藏本實際上是撮抄（乾隆）《甘肅通志》中的平涼府部分而成，且成書時間不會早於同治十三年（1874），故其雖爲孤本，但無校勘整理價值，所以我們放棄了以此書做參校本的最初設想。

2. 研究論著

充分梳理、分析他人對整理對象的研究成果，一方面，可以使我們清晰地看到學界對整理對象研究的角度及深入程度，避免重複勞動。另一方面，發現已有成果中存在的問題，結合自己的研究糾正這些問題，提高對整理對象的研究水準。如現藏於日本東洋文庫的海内外孤本（光緒）《寧

---

① 中國科學院北京天文臺編：《中國地方志聯合目録》，中華書局 1985 年版，第 212 頁。

靈廳志草》是研究寧靈廳的一手材料，張京生最早撰文研究，[1] 巴兆祥研究最為詳實，[2] 胡建東、張京生提供了整理文本。[3] 各家整理研究各有優長，部分整理研究成果亦多值得商榷之處。通過研究，我們的結論是：該本係編纂者稿本，正文内容有 67 頁。是書類目設置上全同《甘肅通志》，撰寫方法及輯録内容則多同（嘉慶）《靈州志蹟》。因其非定稿，故編修體例、内容、文字等方面尚需進一步完善、充實、修訂，但其在研究寧靈廳歷史、地理、經濟、教育、語言等方面的價值還是應該值得肯定。

3. 整理成果

充分重視研讀已有的整理成果，可以幫助我們了解目前整理所達到的水準，明確重新整理所要達到的目標。如《寧靈廳志草》出版過兩種整理本，通過比較研究，我們發現，兩種整理本在整理體例、整理方式、整理結論等方面都存在缺憾。兩書出現多處標點錯誤，誤識原抄本文字，任意剪接原書内容，變亂原書體例，校勘粗糙，原稿中的多處錯誤未能校出，注釋不嚴謹，出現多處誤注現象，等等。有鑒於此，儘管《志草》已出版了兩種整理本，但我們決定還是要重新整理它。

（三）確定底本，選擇參校本及其他參考文獻

通過查檢目録著録，實地開展館藏調查，將目驗的各本進行分析比較，梳理出舊志的版本系統後，最終確定一種爲工作底本。原則上，底本當刊刻或抄録質量較優，内容最全。底本確定後，還要確定一批參校本和他校資料。一般而言，若舊志版本系統不複雜，建議將傳世各本都列爲參校本，以最大限度地發現底本中存在的問題，整理出最優的文本。

他校資料的選擇，在通讀舊志時就開始着手進行。整理者可在通讀原本的基礎上，將舊志中明確提到的他書文獻進行梳理，列爲基本參考文獻，並在其後的整理實踐中不斷充實、完善。他校資料的確定，有的可以根據舊志本身提供的信息來選擇。如《弘治寧夏新志・凡例》言："宦蹟在前代者據正史，在國朝者序其時之先後而不遺其人，備參考也。"這就

---

① 　張京生：《〈寧靈廳志草〉考述》，《圖書館理論與實踐》1992 年第 1 期；《歷史的見證——日本藏清稿本〈寧靈廳志草〉的學術價值探析》，《圖書館理論與實踐》2008 年第 6 期。

② 　巴兆祥：《日本藏孤本寧夏〈寧靈廳志草〉考述》，《寧夏社會科學》2002 年第 5 期。

③ 　《寧靈廳志草》，寧夏人民出版社 2008 年版胡建東整理本；陽光出版社 2010 年版張京生整理本。

提示我們，校勘《弘治寧夏新志》的《人物志》《宦蹟》時，一定要以正史如《史記》《漢書》等為他校材料。《凡例》又說："沿革、赫連、拓跋三《考證》，悉據經史及朱子《通鑑綱目》、本朝《續綱目》摘編。"這提示我們，《弘治寧夏新志》的三卷考證內容，必須要以宋朝朱熹、趙師淵撰《資治通鑑綱目》、明朝商輅撰《續資治通鑑綱目》為基本的對校資料。《凡例》之後的《引用書目》列舉了編修《弘治寧夏新志》所引的 42 種文獻，基本按引書成書時代排序。這些文獻，只要有傳世，就一定要將其列入參考文獻之中，因為它們都是《弘治寧夏新志》最直接的史料來源。

選擇他校資料時，切不可畫地為牢，只關注某一地區，而是要結合一地的地理沿革情況，擴大他校資料的搜集範圍。歷史上，西北地方陝甘寧三地的地緣關係和政治、文化等關係都非常密切。寧夏在明朝隸屬陝西布政使司管轄，在清朝則隸屬甘肅省管轄，成於明清時期的陝西、甘肅地方文獻特別是舊地方志中，散見有非常豐富且重要的寧夏歷史資料。（嘉靖）《陝西通志》、（萬曆）《陝西通志》、（康熙）《陝西通志》等三志是陝西舊通志中寧夏史料最豐富者。（嘉靖）《平涼府志》所載明朝固原州、隆德縣史料非常系統、豐富。（乾隆）《甘肅通志》、（宣統）《甘肅新通志》是甘肅舊通志中寧夏史料最豐富者。上述六種陝甘舊志中的寧夏史料，為明清寧夏舊志編纂提供了最豐富、最系統的基本史料。明清寧夏舊志多因襲陝甘通志的材料和編纂體例。如寧夏（萬曆）《朔方新志》自（嘉靖）《陝西通志》取材，嘉靖、萬曆《固原州志》自（嘉靖）《平涼府志》取材，（光緒）《花馬池志蹟》自（嘉慶）《定邊縣志》取材，（乾隆）《寧夏府志》、（民國）《朔方道志》從體例到內容分別受（乾隆）《甘肅通志》、（宣統）《甘肅新通志》的影響，等等。同時，明清時期的寧夏舊志也是研究陝甘文史、整理陝甘舊志的重要資料，如明朝正德、弘治、嘉靖三朝《寧夏志》成書時間均早於（嘉靖）《陝西通志》，都可為整理後者提供重要的參校資料。所以，整理陝、甘、寧任何一省的舊志，尤其是通志及相鄰地區的舊志，確定他校資料一定要同時關注另外兩省的舊志資料。

另外，出土文獻和檔案材料也是重要的他校資料，過去的研究者均未予重視。如慶靖王朱㮵之名，文獻中還出現過"朱栴""朱㮶"等兩種寫法，筆者據出土於寧夏同心縣的《慶王壙志》，結合明清傳世文獻，考證認為，慶王之名當為"朱栴"而非"朱栴"，更非"朱旃"。再如，《寧夏府志》卷十三《人物》載，寧夏鄉賢謝王寵"壽七十三卒"，而據寧夏靈武出土的《清通義大夫謝觀齋墓志銘》載，謝王寵生於康熙十年（1671），卒於雍正十一年（1733），享年六十三（虛歲），故可據以改正《寧夏府志》記載的錯誤。

（四）編寫校注說明

校注說明的主要作用有二，一是規範整理方法，二是方便利用整理成果。校注說明要扼要、準確，方法力求易於操作，切忌繁瑣。一篇規範的校注說明是需要反復完善的。舊志正式整理之前，可先據常規的古籍整理規範，就標點、注釋、校勘等工作草擬出基本的校注要求，選擇部分舊志內容先開展預備性整理工作。再結合遇到的具體問題，對校注說明不斷完善。凡多人合作開展舊志整理工作，或在相對固定的時間內整理多部舊志時，校注說明的這些完善步驟尤其重要。必要時，可選擇典型問題，集體討論，形成統一意見。待整理方法合乎規範、易於操作之後，再最後定稿校注說明，让它成為大家都要遵守的原則要求，不能輕易改變。

二　整理的具體環節及方法

整理的前期準備工作結束後，就進入具體的整理環節了。下面主要從"錄文""標點""校勘""注釋"等幾方面談談具體的整理方法。

（一）錄文、標點

具體整理舊志的第一個環節就是錄文。高質量地將底本文字轉錄為可以編輯的文檔，可以有效減少由出版機構照原手稿重新錄排造成的錯誤。一般來說，錄文要求在內容上一仍底本原貌（包括卷帙、卷次、文字、分段等），不改編，以保持內容的原始性、完整性和獨立性，便於整理者與底本對校。將以繁體字出版的舊志，特別需要重視底本存在的異體字、俗體字、通假字、古今字等用字現象，除因特殊的出版要求外，志書原字形不當以意輕改。如有的整理者改"昏"為"婚"，改"禽"為"擒"，改"地里"為"地理"，等等，均顯係誤改。利用軟件進行繁簡字轉換時，要注意其識別率。有些簡體字，軟件無法將其轉換成繁體字，有些甚至會轉換錯誤，如動詞"云"誤轉作"雲"，地支"丑"誤轉作"醜"，職官名"御史"誤轉作"禦史"，表示距離的"里"誤轉作"裏"。因出版要求，還要注意新舊字形問題，如"戶""呂""吳""黃""彥"等為舊字形，相對應的新字形則是"户""吕""吴""黄""彦"。舊志用字，常有字形前後不一現象，如"强、疆、強""蹟、跡、迹""敕、勑、勅""為、爲"等幾組字，可能會在同一部舊志中交替出現，這類字的字形統一當慎重。整理時原則上遵從舊志原版的用字習慣，盡量用原書字形（俗字或異體字）。多種字形混用者，可統一為出現頻次較多的字形。但有的整理者將"並、并、竝、併""采、彩、綵、採""升、陞、昇"三組字分別統改為"並""采""升"，就很值得商榷了。

　　不同的字形，若有其特殊的用途或意義，就不能隨意地合并統改。特別是地名用字，一定不能以今律古。如寧夏平羅縣之"平羅"係清朝開始使用的地名用字，（萬曆）《朔方新志》卷一《地理》中作"平虜"，（康熙）《陝西通志》卷二《疆域·寧夏衛》避清朝諱改作"平羅"。整理時不能將《朔方新志》的"平虜"改為"平羅"，因為明朝原本就叫"平虜"，清朝因避諱而改，因此不能因其今名而改動明朝舊志的地名用字。同樣，整理清朝舊志，就需要把明朝的地名回改為當時的用字。如《乾隆寧夏府志》卷二《地里·疆域·邊界》"北長城"條"雖有平虜城""以故於平虜城北十里許"兩句，"平虜"原均作"平羅"，當據《朔方新志》卷二《外威·邊防》回改為"平虜"。

　　整理者録文時對文稿要做一定的文檔編輯工作，認真閱讀原志，合理區別内容層次及隸屬關係，規範標注各級標題。舊志常用不同的版式風格和大小字體來區分不同類型的内容，録文時要給予充分的考慮。舊志常用不同類型的符號來標示内容的層級隸屬關係，充分理解了這一點，有助於録文時對内容進行分段。舊志原版中多雙行小字，有的雙行小字是補充說明性質的文字，有的雙行小字是解釋性文字。録文排版舊志原版中的雙行小字，若字體、字號同正文文字，就有可能使讀者不能正確判斷原志内容的隸屬關係，有的還可能造成標點符號的混亂，影響對文意的理解。故録文時，最好以不同的字體、字號把舊志原版雙行小字與正文區別開來。

　　處理舊志中的地圖等圖像文獻時要注意，舊志往往不用一整幅版面來呈現完整的圖像，而是分兩個半版來呈現，今人整理時最好能將其合二為一。合成後的圖像文獻盡可能保持版面清晰，必要時可將原版中模糊不清的字蹟、綫條等修飾清晰，以便他人的正確利用，但有一個原則，那就是不能以意亂改。不要改變原字體，不能改變原綫條走向等，盡量保持原版原貌。有些整理者會請專業的繪圖人員照舊圖另外繪制新圖，上述原則也應該遵守。修飾原版中模糊不清的文字時，盡量結合正文中的相應內容如《疆域》《城池》等內容，避免出錯。

舊志標點，可根據現行標點符號的用法，結合古籍整理的通例，進行規範化標點，具體可參考中華書局編寫的《古籍校點釋例（初稿）》（原載《書品》1991 年第 4 期）。為統一舊志的標點工作，某些要求可以細化。如整理寧夏舊志時統一規定，凡原書中用以注明具體史料出處的"通志""府志""郡志""縣志""新志""舊志"之類，能考證確定所指文獻者，在正文中均加書名號，標點作《通志》《府志》《郡志》《縣志》《新志》《舊志》，並腳注說明具體所指文獻。如："府志：指（乾隆）《寧夏府志》。"凡不能確定具體所指者，則不加書名號，亦腳注說明。如："縣志：具體所指文獻不詳。"

（二）注釋

以往舊志整理，多注重對疑難字詞、典故、人名、地名等的注解，為進一步提高舊志的利用價值，還應加強以下幾方面內容的注釋工作：

1. 史料出處的注釋。舊志於行文中有時會注明史料出處，但無定制，如朱栴《寧夏志》卷上《河渠》所引史料出處包括："酈道元水經""周禮""西羌傳""唐吐蕃傳""李聽傳""地理志""會要""元和志""元世祖紀""張文謙傳""郭守敬傳"等，考諸其文，分別指酈道元《水經注》、《周禮·地官司徒·遂人》、《後漢書》卷八七《西羌傳》、《新唐書》卷二一六下《吐蕃傳》、《新唐書》卷一五四《李晟傳附李聽傳》、《新唐書》卷三七《地理志》、《唐會要》、《元和郡縣圖志》、《元史》卷五《世祖本紀》、《元史》卷一五七《張文謙傳》、《元史》卷一六四《郭守敬傳》，如果整理者不對其引文細加考究並給予注明，讀者恐怕很難判斷引文的具體出處。

2. 原文體例中資料互見者的注釋。地方舊志行文時，常常會出現"見前""見《進士》""見《藝文》""詳見《人物》""詳見《鄉賢》"等字樣，對這些內容進行注釋，一方面可以驗證原志記載是否可信，另一方面，省去讀者查檢之勞。

3. 干支紀年及缺省内容的注釋。舊志紀年多以干支為主，有的会承前省略帝王年号，有些行文中常常不出現人物全名，只称某公，或只称其職官名，具體年代及人物在原文中没有交代，故整理者當結合上下文來注釋，以幫助讀者正确理解。如多種寧夏舊志中均收錄有唐朝楊炎《靈武受命宫頌并序》一文，其中有"丁卯，廣平王俶、太尉光弼、司徒子儀、尚書左僕射冕、兵部尚書輔國"句。"丁卯"指何時，廣平王等具體指何人，若不熟悉該序寫作時間及歷史背景的話，很難搞清楚。整理者通過查檢文獻注明，"丁卯"即唐玄宗李隆基開元十五年（727），人物分別指廣平王李俶、太尉李光弼、司徒郭子儀、尚書左僕射裴冕、兵部尚書李輔國，這樣的說明顯然有助於更好地理解原文。

（三）校勘

以往寧夏舊志的整理本中，有價值的校勘成果非常少見，由此更說明，舊志整理一定要加强校勘工作。校勘的方法，常用的是校勘四法，即對校、本校、他校、理校，此四法往往需要綜合运用，不能只是简单地运用其中的某一種方法。筆者校勘《寧夏志》卷上《祥異》"永樂甲戌歲金波湖產合歡蓮一"句，查明成祖"永樂"年號紀年干支名（自癸未至甲辰，1403—1424）中無"甲戌"。《寧夏志》卷下《題詠》錄有凝真（朱栴之號）七律《戊戌歲金波湖合歡蓮》一首，所詠即為永樂年間金波湖出"祥瑞"合歡蓮一事。故知"永樂甲戌歲金波湖產合歡蓮一"句中"甲戌"當作"戊戌"，永樂戊戌歲即永樂十六年（1418）。

古籍整理要充分吸收已有研究成果，以最大限度地減少原始文本中存在的錯誤，避免利用者以訛傳訛。朱栴編修《寧夏志》卷下錄有兩篇重要的西夏文獻，其中《大夏國葬舍利碣銘》有"大夏天慶三年八月十日建"句，朱栴考證後認為，葬舍利時間"乃夏桓宗純佑天慶三年、宋寧宗慶元二年丙辰也"。寧夏舊志編者甚至許多當代學者都認同這一結論。據牛達生《〈嘉靖寧夏新志〉中的兩篇西夏佚文》考證，"天慶三年"句當作"大慶三年"，故朱栴的考證結論當改作"乃夏景宗元昊大慶三年、宋仁宗景祐五年戊寅也"。

校勘所用他校資料不能失之過简，亦不能失之過濫，某些關係明確的他書資料當作為重要的他校資料重點利用，如《寧夏府志》大量内容來自（萬曆）《朔方新志》和（乾隆）《甘肅通志》，我們就要將這兩種舊志作為《寧夏府志》最主要的他校資料。關於這一點，可以結合整理前要進行參校文獻篩選工作來理解。校勘成果的表達要規範、簡練，術語使用要準確。校勘時凡改必注，改動一定要有堅實的證據，否則只出異文即可。

三　整理研究舊志規範

（一）整理力求存真復原

整理舊志，不能變亂舊式，隨意在原文中增加原本沒有的文字內容，切忌以今律古。舊志，特別是明清舊志，都有一定的編修體式，不應隨意去變亂它。如許多舊志每條凡例之前都會有"一"這一符號，以使凡例眉目清晰，可有的整理者誤認為其為序號，將其改成阿拉伯數字或漢語數目字等。有舊志整理者為便於讀者統計，往往在山名、河名、人名、詩題、文題等之前添加序數詞，看似眉目清晰了，實則違反了古籍整理的原則。實際上，古人在刻舊志時，往往有一套符號系統表示層次及隸屬關係，今人的隨意增加，實在有畫蛇添足之嫌。更有甚者，會調整原書內容的次序、位置，任意刪併原志，這就完全變成是當代整理者編修的地方志了。宋人彭叔夏在其《文苑英華辨證自序》中記載："叔夏嘗聞太師益公先生（指宋人周必大）之言曰：'校書之法：實事是正，多聞闕疑。'"舊志整理要力求做到存真復原，按照一定的整理原則對舊志進行規範的整理。

（二）研究需要實事求是

評價舊志，一定要事實求是，充分了解舊志編纂的時代性特點，不可苛求古人、求全責備。評價一部舊志的價值，常常從體例、內容兩方面着手，而內容猶重。譚其驤先生曾說過："舊方志之所以具有保存價值，主要在於它們或多或少保留了一些不見於其他記載的原始史料。"[①] 這實際上要求我們，在評價舊志內容價值時，要區別看待，只有獨見於志書的內容價值才更高些，而那些因襲其他志書，或者自其他史書中摘抄的內容，

---

① 譚其驤：《地方史志不可偏廢，舊志資料不可輕信》，載《中國地方史志論叢》，中華書局 1984 年版，第 12 頁。

其價值就要另當別論了。如寧夏舊志，其科舉、賦稅、公署、學校、藝文等資料多獨見於志書者，而人物類資料多自他志承襲，評價內容價值時，就要慎言人物類資料的價值。另外，寧夏舊志承襲前代史料時多未加以辨別考證，致使其中的錯誤也被承襲，甚至錯上加錯。如隋朝人柳彧徙配地在"朔方懷遠鎮"，自明朝《弘治寧夏新志》始，一直被作為流寓寧夏的歷史名人而載之史冊。明朝胡侍《真珠船》"懷遠鎮"條考證認為，柳彧徙配地"朔方懷遠鎮"在遼東，與今寧夏無關。《弘治寧夏新志》《嘉靖寧夏新志》《嘉靖陝西通志》《朔方新志》等均誤以為柳彧流放在今寧夏故地，故載柳彧為寧夏流寓者。(乾隆)《甘肅通志》亦襲其說。過去研究寧夏舊志者都僅限於舊志本身談其價值，沒能從史料流傳上分析其價值。如評價《銀川小志》內容及學術價值時，有學者認為該志幾乎將與寧夏有關的歷代詩文全部輯錄在志書中，所輯錄的水利、學校、風俗等資料都很有研究價值，等等，這些觀點值得進一步商榷。實際上，《銀川小志》相當多的內容都是照錄明朝人所編寧夏舊志，並非汪繹辰的獨創。從內容的完整性和全面性來看，該志尚不能與明朝所編的寧夏舊志相比。有學者認為，寧夏舊志中以資料而論有三條最為珍貴，其中的一條就是《寧夏府志》中的《恩綸記》。可事實上此段史料最早出自《平定朔漠方略》，《寧夏府志》還將左翼額駙"尚之隆"誤抄作"尚之龍"。

加強舊志的比較研究，會有助於提升舊志的研究水準。比如，以往從事西北古代文史研究特別是寧夏古代文史研究者常將寧夏舊志當作第一手資料來利用，而從史源學角度看，這些資料實際上並非"一手"，而多是從陝甘地方志中輯錄的。從現有的寧夏舊志整理成果看，學者也多沒有把陝甘方志資料當作必需的參校資料來利用，致使寧夏舊志沿襲自陝甘方志的文字錯訛衍倒、內容遺漏及新增的文字、內容錯誤問題都沒有得到糾正，使後人以訛傳訛。同時，從事陝甘古代文史研究、開展陝甘舊方志整理研究，也要注意借鑒寧夏舊志的整理研究成果。辨明史料正誤，以避免以訛傳訛。

(三) 成果確保完整呈現

一部完整的舊志整理之作，至少要包括五部分內容：第一，前言。主要介紹舊志的整理研究現狀、編修始末、編修者、版本、內容、價值等方面。第二，校注說明。說明底本、校本等選擇情況，列舉標點、注釋、校勘等原則。第三，新編目錄。舊志一般都有原編目錄，但不便今人利用，故要據整理成果編輯眉目清晰、層次分明、使用方便的新目錄。第四，舊志正文。第五，參考文獻。目前出版的舊志中，有些不列舉參考文獻，有些參考文獻或按文獻出版時間排序，或按在文中出現的順序排序，或按書名、作者名首字的音序排序，這些都起不到指導學術研究的作用。參考文獻要便於按圖索驥，最好能分類編排。依四庫法進行排列，就是很好的選擇。某些舊志，可根據需要增加索引、附錄等內容。編索引可方便使用者查找相關專題資料，附錄可在一定程度上彌補舊志正文內容不足的缺點。如民國時期寧夏地區對土地、資源等進行過較為詳細地調查，形成的調查報告是最原始的檔案資料，這些資料往往散見且不能單獨成書，但它們對有關舊志而言具有很好的補充作用，故應該在附錄中予以保留。

　　作為《寧夏珍稀方志叢刊》主編，筆者非常感謝對本叢書出版給予支持的各位學界同仁、學校領導、研究生、責任編輯及家人們。劉鴻雁、柳玉宏、邵敏、蔡淑梅等寧夏大學人文學院青年教師作為本叢書首批成果的作者，盡心盡力，不厭其煩，堅持不懈，保證了書稿的學術質量，為完成好本項目帶了個好頭。按計劃，田富軍、安正發等老師將會在本叢書計劃框架內陸續出版整理成果，期待他們也能推出高質量的學術成果。2011年為寧夏大學"學科建設年"，感謝何建國校長、謝應忠副校長，感謝部門領導王正英、李建設、陳曉芳等老師的大力支持，在他們的直接推動下，以筆者為學術帶頭人，配合學校開展的學科基層組織模式改革試點工作，組建了"寧夏地方民族文獻整理及阿拉伯伊斯蘭文化研究"學術團隊。寧夏大學提供的制度保障和經費支持促成本學術團隊不斷推出新成果，步入了良性發展階段，本叢書順利出版，當是本團隊對學校的最好回報。人文學院研究生在本叢書出版過程中也貢獻良多。孫佳、韓超、孫瑜、曹陽等是本叢書首批成果的作者，張煜坤、何玫玫、馬玲玲、魏舒婧、穆旋、徐遠超、孙小倩、李甜、李荣、张倩、曲絨、張娜娜、劉紅、蒲婧、王敏等同學在舊志整理、書稿校對過程中也付出了辛勤的勞動。這些同學中有的已畢業離校，有的還將繼續求學。無論他們將來身處何方，從事何種工作，大家共同追求學術的這段經歷應該是難忘的。研究生同學的青春朝氣讓我更加堅信：薪火相傳，學術常新。出版社張林等責任編輯的精心審讀，也讓本叢書學術質量得到了提升。本叢書的順利出版，也要感謝各位作者家人的理解與支持——你們默默無聞的奉獻精神，已幻化成萬千文字，在作者的成果中熠熠生輝。學術成績從來就不是無源之水，無本之木。有了巨人的肩膀，我們才會看得更高、更遠。在寧夏，有一批從事地方文獻整理與研究的學者，他們的探索和努力為我們今天的成績奠定了堅實的基礎，吳忠禮、陳明猷、高樹榆等老一輩學者更為我們樹立了治學的榜樣。因篇幅所限，對學界各位同仁，恕不一一列舉大名。

　　此次全面整理寧夏地方舊志，主要由我策劃並組織實施。舊志整理的每一個環節，由我提出具體建議，各舊志底本的選擇、《總序》《前言》《校注說明》的撰寫等也皆由我完成。具體整理過程中，各團隊成員所取得的注釋或校勘等學術成果大家互享，這也體現了我們團隊合作的特色。宋朝沈括在《夢溪筆談》卷二五《雜志二》記載："宋宣獻博學，喜藏異書，皆手自校讎，常謂'校書如掃塵，一面掃，一面生。故有一書每三四校猶有脫謬。'"宋綬（諡曰"宣獻"）家藏萬卷，博校經史，猶有"校書如掃塵"的感概，我輩於整理寧夏地方舊志而言，只能說："盡心而已！"更如《诗經·小雅·小旻》所詠："战战兢兢，如臨深淵，如履薄冰。"我們從主觀上力求圓滿，但因學識水平所限，成果中訛誤之處肯定在所難免，敬請學界同仁批評指正。

2015 年 7 月 23 日於寧夏銀川

目　　録

前　言

胡玉冰

一　整理與研究現狀

　　楊壽、黃機、明時儒等纂脩於萬曆四十五年（1617）的《朔方新志》在古代目錄中未見有著録。《隴右方志録》《中國地方志聯合目録》① 《中國地方志總目提要》② 《寧夏地方文獻聯合目録》③ 《甘肅省圖書館藏地方志目録》等對《朔方新志》有著録。《稀見地方志提要》對藏於上海圖書館的《朔方新志》有解題。④ 《方志與寧夏》第二章《寧夏歷代脩志綜覽》對《朔方新志》也有簡單介紹。

　　朱潔《介紹寧夏明代地方志五種（下）》（《寧夏大學學報》1980 年第3 期），《寧夏方志考》（《寧夏圖書館通訊》1980 年第 1 期）、《寧夏方志録》（《寧夏史志研究》1988 年第 2 期）、《寧夏方志評述》（《圖書館理論與實踐》1993 年第 3 期）、《寧夏回族自治區地方志述評》（載金恩暉、胡述兆編《中國地方志總目提要》，漢美圖書有限公司 1996 年版），王桂雲《銀川方志述略》（《銀川市志通訊》1988 年第 3 期）等論文對《朔方新志》有概要式的介紹。陳健玲《（萬曆）〈朔方新志〉考》（《寧夏史志研究》2001 年第 1 期）則是專篇研究《朔方新志》的論文。胡迅雷《王崇古與寧

---

　　①　該書著録清朝唐采臣刊本刊行時間為“順治十六年（1659）”。筆者考證，該志最早當刊刻於康熙十六年（1677）而非順治十六年，詳見下文。

　　②　提要介紹楊壽為“嘉靖進士”，實誤，當為萬曆進士。

　　③　著録該志有明萬曆四十二年（1614）刻本，其他目錄書均未見著録此本。據《朔方新志》成書及傳世情況，此著録疑誤。

　　④　解題將楊壽中進士時間誤記為“嘉靖三十二年”，實際上當為“萬曆四十一年”。協助編纂者姓名為黃機、明時儒，誤作“黃機明、時儒”。

夏》（載《寧夏歷史人物研究文集》，寧夏人民出版社 1993 年版）一文，多據《朔方新志》梳理、評價王崇古的治邊政績功德。薛正昌《明代寧夏與固原兩大軍鎮的地方志書及其特點》（《史學史研究》2009 年第 1 期）一文對《朔方新志》等文獻詳細比勘。天津古籍出版社 1988 年版《寧夏歷代方志萃編》、寧夏人民出版社 1988 年版《寧夏地方志叢刊》、蘭州古籍書店 1990 年版《中國西北文獻叢書》第一輯《西北稀見方志文獻》、海南出版社 2001 年版《故宫珍本叢刊》等叢書，都影印出版了《朔方新志》。

二　編脩始末

寧夏巡撫楊應聘萬曆四十五年（1617）正月撰寫的《〈朔方新志〉序》對該志編脩始末叙述得非常清楚，序載：“寧夏古朔方地，故其志以‘朔方’名。志凡四脩矣，[①]‘新’之者何？”楊序指出，寧夏諸事原來清楚地記載在各種文獻中，但由於萬曆二十年（1592）發生了“壬辰兵燹”，自明朝初年開始至此二百多年間積累的資料有很多都蕩然無存了。“迄兹再紀，而藩統官寺之增損、輿地營砦之廢興、甲兵錢谷之盈朒、習俗民隱之變遷，考往按今，豈其時異勢殊然。與前撫振峯崔公安攘之暇，有慨乎中。念舊章不可以遂湮，近事不可以缺載。會癸丑，楊君假歸檄道，禮延主筆，臬一二逢掖開局纂脩，甫就而公奉簡命，入貳樞筦。楊君亦以謁選行，適余來代，訪舊問遺，乃獲君稿於儒官黄機，機固佐君共襄考訂者也。方下所司督録諸梓，而君復以司農使事過里門，又間加參續，請余言弁諸簡端。”這段序文説明，寧夏兵燹之後，又過了二十幾年，各事都發生了很大的變化，前任寧夏巡撫崔景榮認為，應該把這些變化在寧夏志書中記載下來，補充其不足。

崔景榮（？—1631），字自强，號振峯，直隸長垣（今河北省長垣縣）人，《明史》卷二五六、《東林列傳》卷十四有傳，《朔方新志》卷二亦載其事蹟。萬曆十一年（1583）進士，三十九年（1611）任寧夏巡撫。《明神宗實録》卷五〇九載，萬曆四十一年（1613）六月辛丑，陞右副都御史，蔭一子為國子生。同書卷五一四載，同年十一月己未，陞兵部

① 關於楊序所言“四脩”即四次脩方志事，學者有不同的看法。筆者認為，當指弘治間胡汝礪脩志、嘉靖間管律脩志、萬曆五年（1577）解學禮脩志、萬曆七年（1579）羅鳳翱脩志。

右侍郎，蔭一子世襲錦衣衛百户，後又以軍功加左侍郎。

　　崔景榮選中的負責纂脩新志的最佳人選是楊壽。萬曆四十一年（1613），楊壽中癸丑科進士，他被聘爲主筆開始編纂新志。楊壽帶領"一二逢掖"即黄機、明時儒作爲他的助手參與編纂。志書文稿剛剛完成，崔景榮離任寧夏巡撫，楊壽也要去吏部候選任職。楊應聘接替崔景榮任寧夏巡撫，在黄機那裏看到了楊壽撰寫的志書文稿，就下令雕版，準備刊行。恰巧楊壽又因公事到寧夏，於是又請他抽空再次對志書文稿進行脩訂潤色。楊壽還請楊應聘給新脩的志書寫序。楊應聘在序中對新志編脩内容及水準給予很高的評價，他説，楊壽"以鴻裁卓識，構所睹聞，故其上下古今，焕乎鱗次。分綱衍目，爲峽有五。……斯固崔公檄脩之意，而楊君文字足以發之。苟有采風以備惇史，則斯志爲之徵矣"。這説明，楊壽新脩志書共五卷内容，傳世本與此正相符。

　　參與脩志的趙可教於萬曆四十五年（1617）七月初吉撰寫的《〈朔方新志〉後跋》中也對《朔方新志》脩志經過有記載，他説，萬曆七年（1579）脩朔方志書一事距今已超過 36 年了，期間寧夏遭遇兵燹，很多事情有變化。萬曆四十二年（1614），巡撫崔景榮延聘作者纂脩新志，文稿剛剛脩成，崔景榮離任，楊應聘接任，又對文稿進行脩訂，"逾年始成，爰鋟諸梓，命余言叙諸末簡"。也就是説，新志於萬曆四十三年（1615）定稿後就開始雕版，準備刊行了。

　　《朔方新志》附録的《纂脩〈朔方新志〉檄文》、《脩志凡例》及《脩志姓氏》也是研究《朔方新志》編脩過程的重要資料。綜合各種資料可知，《朔方新志》於萬曆四十一年（1613）由寧夏巡撫崔景榮最先倡議編脩，户部山西清吏司主事楊壽實際負責纂脩，寧夏鎮人黄機、明時儒協助編纂。四十二年（1614）楊應聘接任寧夏巡撫一職後又請楊壽對新志文稿進一步脩訂，四十三年（1615）定稿，開始雕版。從志書所記載内容看，至早於四十五年（1617）七月正式刊行。此後又有補脩刊印，因此出現了傳世本中記叙萬曆四十五年（1617）之後發生史事的現象。

三　編脩者生平

　　共有 12 人直接參與了《朔方新志》的編脩，《脩志姓氏》詳列其姓名、籍貫及仕履身份。除纂脩者楊壽、編輯黄機和明時儒外，提調官有龔文選、趙可教、張崇禮三人，校閱人有張謙、胡悅安、王廷極、閭柳四人，寧夏衛經歷司經歷汪子善、楊臻二人負責監刻。

（一）楊應聘

楊應聘（1556—1620），字行可，① 號楚璞，安徽懷遠（今安徽懷遠縣）人。《江南通志》卷一四九《人物志·宦績》、《浙江通志》卷一五一《名宦》、中國國家圖書館館藏清嘉慶二十四年（1819）孫讓編纂《懷遠縣志》卷十九《英賢傳》據舊縣志、《楊氏家譜》、《諭祭兵部左侍郎楊應聘文》及《諭祭原任兵部左侍郎封兵部尚書楊應聘下葬文》等脩有專傳。

《懷遠縣志》卷十九《英賢傳》載，萬曆七年（1579）中己卯科舉人。《江南通志》卷一二三《選舉志》載，萬曆十一年（1583）與崔景榮同中癸未科進士。《浙江通志》卷二六《學校》徵引《崇禎烏程縣志》曰：萬曆十六年（1588），烏程縣知縣楊應聘重脩加廣烏程縣儒學明倫堂基。同書卷五五《水利》載，萬曆十六年至萬曆十七年間（1588—1589），楊應聘脩築荻塘。《朔方新志》卷二載，萬曆四十二年（1614）任寧夏巡撫。《明神宗實錄》卷五四六載，萬曆四十四年（1616）六月壬寅，巡撫寧夏、右僉都御史楊應聘陞副都御史，照舊巡撫，蔭一子入國子監讀書。同書卷五五九載，萬曆四十五年（1617）七月丁丑，陞巡撫寧夏右副都御史楊應聘為兵部左侍郎兼都察院右僉都御史，總督陝西三邊軍務。②《明史》卷一一二《七卿年表》載，萬曆四十八年（1620）三月，楊應聘卒。據《懷遠縣志》本傳載，同年七月初六，神宗皇帝特派禮部右侍郎兼翰林院侍讀學士孫如游賜《諭祭兵部左侍郎楊應聘文》。天啓元年（1621）八月初三，遣直隸鳳陽府知府李枝秀賜諭葬碑文。

（二）楊壽

楊壽，寧夏前衛人，生卒年不詳。《朔方新志》卷三載，萬曆三十四年（1606）中丙午科舉人，四十一年（1613）中癸丑科進士，授户部主事。

---

① 《浙江通志》卷一五一載，楊應聘字“志尹”，誤。
② 《朔方新志》卷二載，楊應聘於萬曆四十六年（1618）任總督。

（三）黃機、明時儒

黃機和明時儒負責協助楊壽進行志書的編輯，二人都是寧夏鎮人，生平事蹟不詳。脩志時，黃機為遥授儒官，明時儒為儒學廩膳生員。（乾隆）《寧夏府志》卷十八《藝文》録清人王全臣《〈解氏家譜〉書後》載寧夏世冑解氏家族事時，提及明時儒之女。載曰，明末清初李自成義軍攻打寧夏時，解文俊曾把家人全部集中在樓上，樓下堆積木材，待義軍攻陷時擬全家集體自焚。"余又聞文俊妻明氏，纂脩朔志時儒之女，亦讀書識大義。方文俊積薪樓下時，呼家人登樓，有飲泣者，明氏慨然先登曰：'此全身地也，何泣為？'"① 最後義軍没有攻下城池，文俊一家得以保全性命。從此事亦可想見明時儒之家風。

（四）龔文選、趙可教、張崇禮

龔文選、趙可教、張崇禮三人均為《朔方新志》編輯的提調官。《朔方新志》卷二載，龔文選為四川人，嘉靖四十一年（1562）左右任督儲寧夏河西道。（乾隆）《甘肅通志》卷二七載，趙可教為温江人，接替龔文選任督儲寧夏河西道。《朔方新志》卷二載，張崇禮為山西代州人，嘉靖四十二年（1563）十二月以按察使任督儲寧夏河東道。《山西通志》卷六九載，張崇禮中萬曆十七年（1589）己丑科進士。

四　志書編脩方法及内容

傳世故宮藏本《朔方新志》包括以下幾部分内容：羅鳳翱《〈朔方志〉序》，楊應聘《〈朔方新志〉序》，石茂華《重脩〈寧夏志〉序》，楊守禮《重脩〈寧夏新志〉序》，《〈朔方新志〉目録》，《總鎮圖説》，②

---

①　（清）張金城等脩纂：《乾隆寧夏府志》，陳明猷點校，寧夏人民出版社 1992 年版，第 687 頁。
②　故宫藏本《朔方新志·總鎮圖説》後附《鎮城圖》、《南塘》、《金波湖》、《麗景園》、《小春園》、《總鎮輿圖》、《河西總圖》、《北路圖》、《南路圖》、《河東總圖》、《西路圖》、《中路圖》、《東路圖》十三幅圖。原書《目録》將《總鎮圖説》及附圖標注為卷一的内容，但傳世本的這些圖均附在卷一之前。另，"總鎮圖説"四字，原書《目録》作"圖考"。《南塘》、《金波湖》、《麗景園》、《小春園》四幅線描風景圖原書《目録》中未標目，此據正文圖題補。《寧夏歷代方志萃編》各圖排序與故宫藏本不同，依次是：《鎮城圖》、《總鎮輿圖》、《河西總圖》、《南塘》、《金波湖》、《麗景園》、《小春園》、《北路圖》、《南路圖》、《河東總圖》、《西路圖》、《中路圖》、《東路圖》。

《脩志姓氏》，龔文選《纂脩〈朔方新志〉檄文》，《脩志凡例》，正文卷一至卷五，趙可教《〈朔方新志〉後跋》。各序跋及《脩志姓氏》對於考證《朔方新志》編脩始末有很重要的研究價值，前文已述及。《總鎮圖說》從分析寧夏所處地理位置入手，強調它在明朝邊防體系中的重要性。傳世寧夏志書中最早附有地圖的是（弘治）《寧夏新志》，附《國朝混一寧夏境土之圖》、《寧夏城圖》兩幅地圖。（嘉靖）《寧夏新志》除此兩幅外，另增加《南塘》、《金波湖》兩幅線描風景圖。《朔方新志》共繪製了13幅圖，是傳世的明朝寧夏志書中最多的。其中《南塘》、《金波湖》兩幅《嘉靖新志》中已有，新增《麗景園》、《小春園》兩幅線描風景圖。《總鎮輿圖》、《鎮城圖》相當於弘治、嘉靖兩朝寧夏志書中的《國朝混一寧夏境土之圖》、《寧夏城圖》，新增加《河西總圖》、《河東總圖》、《東路圖》、《中路圖》、《南路圖》、《西路圖》、《北路圖》七幅地圖。下面主要結合《纂脩〈朔方新志〉檄文》、《脩志凡例》及各卷內容來對《朔方新志》編脩過程和內容作進一步分析。

龔文選《纂脩〈朔方新志〉檄文》中提到，該文是奉時任寧夏巡撫崔景榮之命撰寫的，而纂脩人為進士楊壽。楊壽於萬曆四十一年中進士，崔景榮於萬曆四十二年離任寧夏巡撫，故知檄文撰寫於萬曆四十一年至四十二年間（1613—1614）。檄文先說明編脩《朔方新志》的原委、意義，然後動員文武官員要積極參與到志書的編輯活動中來，並就志書編纂過程中需要注意的問題作了說明。

就編纂意義來說，《朔方新志》主要是補充萬曆七年（1579）羅鳳翱脩《朔方志》後至萬曆四十二年（1614）所缺載的內容，特別注意搜集在"壬辰兵燹"中損毀的資料，以達到文獻昭明、勸善懲惡的目的。檄文對志書編纂素材的搜集有以下說明："為此，仰本道會同河東道轉行兩河文武各官，照依單開款條，兼查勘舊志凡例，遍行詢訪，加意蒐羅。或稽之案牘之文，事必直窮其源委。或采之耆儒之口，言亦勿棄夫芻蕘。凡有關於政事人心，不必拘於顯幽巨細。惟求詳盡，勿厭繁多。"由此可知，編纂《朔方新志》，以河西道為主，同時河東道官員也要參與。兩道文武官員在提供內容素材時，除了按照規定的條款內容提交外，還要盡可能多地提供其他有助於脩志的資料。這些資料，有的要從各種政府公文檔案中查找，有的需要進行田野調查。對各史事要追根溯源，田野調查不但要面廣，還要認真對待調查獲取的每一件素材，不厭其煩，不要輕易地捨棄瑣碎的資料。志書編纂的具體程式是：“徑送聘請鄉官進士楊□刪繁就簡，[①] 録實黜訛。門類體裁，惟當仍乎舊貫。筆削褒貶，專有待於新編。該道再加折衷，務期精核。各殫三長之技，共成一家之言。庶典章大備於今玆，而耳目不淆於來世矣。所需物料供給，查明陸續呈詳。”各種資料都交由楊壽進行審核選擇，志書的編纂體裁和類目沿襲舊志（即羅鳳翱編《朔方志》)，但各種史事則要由時人給出最新的評價。楊壽編成的文稿還要由龔文選等人最後把關，務必使編成的《朔方新志》能成“一家之言”。調查資料所需要的各種開支也要求呈上審核。從以上分析可以看出，《纂脩〈朔方新志〉檄文》實際上是向河東、河西兩道官員就《朔方新志》編脩事宜進行動員和布置，有明確的任務要求與質量要求。

《脩志凡例》共12條，是對《朔方新志》正文各類目編脩做出的原則性説明。前四條針對《朔方新志》卷一内容而言，第五、第六兩條針對卷二而言，第七條至第十一條針對卷三而言，第十二條針對卷四、卷五兩卷而言。

《朔方新志》共五卷20大類51小類。其《目録》為二級目録，如卷二包括《内治》與《外威》兩大類，《内治》下細分成《帝幸》等十小類，《外威》下細分成《邊防》等五小類。

卷一包括：《建置沿革》，《天文》（《分野星宿圖》[②]），《地理》［《疆域》、《城池》、《衛砦》、《坊市》、《風俗》)，《山川》（《形勝》附[③]），《食貨》（《户口》、《屯田》、《賦役》、《水利》、《鹽法》、《物産》、《土貢》、《税課》］。《脩志凡例》載：“氣候不齊，山河兩界，城路堡砦，丁傭地利，皆其所先。壬辰兵燹之餘，盛衰富耗頓異，其所賴以綜理生養者，既毖且周，故首及之，以觀其政。”脩志書的一個主要目的就是要地方官員能夠從當地歷史中汲取經驗教訓，而與該地有關的建置沿革、山川地理、土地物産、食貨等事是官員最先應該了解的，所以《朔方新志》卷一主要圍繞這些内容來編纂。《建置沿革》既有文字叙述，又輔以圖表

---

① 據史事，“進士楊□”當指楊壽。

② 括弧中各目為小類之目，下同。《分野星宿圖》，《目録》標作“星野”。

③ 形勝：正文標目作“形勢”。

説明。特別是用圖表來説明寧夏歷史沿革，这在寧夏志書中是首創。《寧夏衛沿革表》自上而下共分四行，第一行為時代名，第二行為"總部"，第三行為"郡（直隸州附）"，第四行為"州縣"。自右往左分成若干竪行，説明自唐虞三代至明朝寧夏衛的行政區劃沿革史，一目了然。對於寧夏後衛、寧夏中衛、靈州守禦千户所、興武營守禦千户所、平虜守禦千户所等又用文字補充説明。《食貨》方面，涉及户口、屯田、賦税的均以詳細的資料來説明，如寧夏户口"原額：户二萬九千三百三十七，口五萬六千四百四。今額：户二萬九千二百五十四，口五萬六千二百九十一"。由於食貨事關國計民生，為了突出地方官員的政績，還在相應的表述中附上官員就某一問題所上的題奏，以示其為民請命。如《屯田》附萬曆元年（1573）巡撫朱笈請求調整中衛等地屯田數的奏疏，這為了解相關變化提供了可信的一手材料。

卷二包括：《内治》（含《帝幸》、《藩封》、《官制》、《宦蹟》、《兵馬》、《錢糧》、①《公署》、《學校》、《倉庫》、《驛遞》②），《外威》（含《邊防》、《關隘》、《烽燧》、《俘捷》、《欵貢》）。對於本卷内容分成《内治》與《外威》兩部分，《脩志凡例》這樣説明："軍國宏綱，無逾安攘必内順治而後外嚴，故自封統官寺之崇庫、甲兵錢穀之盈縮、天塹、堠燧、功捷、欵封，次第書之。然於額運停止、請復之疏，書之綦詳，蓋夏之軍興，猶自治之要也。"由於慶靖王在寧夏的特殊地位，其世系詳述於《藩封》中。對於《宦蹟》，按照時代先後，選取寧夏歷史上有名的官員對其政績進行介紹，重點介紹明朝在寧夏為官的官員政績。先按照官員級別由高到低加以介紹，然後再按照地方不同，對各地官員加以介紹。高級別官員的介紹稍詳，包括姓名、籍貫、仕履情況、任職時間、主要政績等。如巡撫朱笈，"桃源人，進士，隆慶元年任，六年復任。《屯田豁額》一疏，夏人永賴"。低級別官員，許多只是記録其姓名而已。為突出寧夏重要的邊防地位，附録部分官員的重要奏疏，以進一步強調。如《錢糧》部分附録了寧夏三任巡撫黄嘉善、崔景榮、楊應聘的四篇奏疏，請求中央加大對寧夏糧餉的支持力度。

卷三包括：《文學》（含《科貢》、《鄉獻》、《流寓》），《武階》（《武

<hr/>

① 錢糧：原志《目録》標目作"錢谷"。
② 驛遞：正文標目作"驛遞雜治附"，但未見有"雜治"正文。

科》附），《忠孝節義》，《竊據叛亂》，①《壇祠》，《寺觀》（《仙釋》
附②），《陵墓》，《古蹟》，《祥異》，《方技》。《脩志凡例》説，"文學、
武階，乃國家啓運弘化之資"。所以卷三就輯録寧夏文學與武階之事。
《科貢》部分與卷一《建置沿革》一樣，也主要以圖表的形式來叙述，包
括《夏鎮科貢表》、《靈州科貢表》、《中衛貢表》、《後衛貢表》四個圖
表。表分列年號、干支、進士姓名、舉人姓名、歲貢姓名等内容。從表中
可知，明朝寧夏第一位舉人是徐琦，他於永樂六年（1408）中舉，十三
年（1415）他又和曹衡同中進士，兩人成為明朝寧夏最早及第的進士。
自永樂六年至萬曆四十四年（1408—1616）寧夏共出了 25 位進士。《脩
志凡例》説明："忠孝節義，述之舊乘。兵變死事人臣與夫列女，悉照臺
檄有章疏案牘者書之。"故入忠、孝、節、義名録者都沿襲舊志的記載，
死於戰事者和列女，則需要有政府公文證實方可入傳。赫連勃勃之大夏政
權、西夏政權簡史入《竊據》類目。另立《叛亂》一目，《脩志凡例》
曰："畔亂自庚午距壬辰，③ 故特著之，以彰天討。"明代中期，寧夏曾發
生過兩次大的"叛亂"事件。一件發生於正德五年（庚午年，1510），是
慶靖王曾孫安化王寘鐇與寧夏指揮、千户等人共同討伐宦官劉瑾的所謂
"寘鐇之變"，另一件發生在萬曆二十年（壬辰年，1592），是少數民族將
領哱拜反抗寧夏巡撫等人的民族歧視政策，火燒公署，佔領黄河以西大片
地區的所謂"壬辰兵燹"（又稱"哱拜之亂"）。《朔方新志》立專目詳細
記述其經過，並在《忠》、《孝》、《節》、《義》等目中，記載了多位原事
件親歷者的事蹟。在志書中對這些史實要大書一筆，在當時是要"以彰
天討"，其維護政權的目的性是很强的。而在今天，這些恰恰又成了研究
那段歷史的寶貴資料了。

　　卷四内容為《詞翰》，主要録頌、制共 6 篇，賦 2 篇，碑銘、題記等
文章 63 篇。卷末還附清康熙五年（1666）九月兵部侍郎韓城高辛胤撰
《巡撫都御史三韓劉公秉政去思碑記》1 篇。卷五内容包括《詞翰》

---

① 　忠孝節義竊據叛亂：正文分别標目作《忠》、《孝》、《節》、《義》、《竊據》、《叛亂》。

② 　仙釋：正文中未標注"仙釋"類目名稱。

③ 　"庚午"原作"壬午"。正德庚午年（1510）發生過"寘鐇之變"，被明朝中央政府定性
為"叛亂"。其後的嘉靖壬午年（元年，1522）、萬曆壬午年（十年，1582）都没有發生過特别
重大的"叛亂"事件，據改。

（《詩》、《詞》），①《遺事》。録詩 208 首，詞 8 首。遺事共 7 則，全同（嘉靖）《寧夏新志》所輯西夏《遺事雜志》。原版《朔方新志》第 57 頁後附寧夏巡撫黄圖安於順治十二年至十五年間（1655—1658）上奏的 3 篇奏議共 27 頁。

五　版本特點

（一）萬曆四十五年刻本

該本白口，四周雙邊，單、黑魚尾，版心題書名、卷次及頁次。羅鳳翱序共 2 頁，每半頁 7 行，行 14 字，《寧夏歷代方志萃編》影印本脱本序“朔方志止疏其方事耳”至“後九三”等前 74 字。楊應聘序共 5 頁，每半頁 6 行，行 14 字。序末落款後印有“楚璞”、“楊應聘印”兩方印文。石茂華序共 6 頁，每半頁 7 行，行 14 字。楊守禮序共 3 頁，每半頁 7 行，行 13 字。《〈朔方新志〉目録》2 頁，皆每半頁 9 行。《總鎮圖説》1 頁，雙行小字，共 18 行，行 19 字。《脩志姓氏》1 頁。《纂脩〈朔方新志〉檄文》、《脩志凡例》各 2 頁，每半頁 9 行，行 21 字。趙可教《〈朔方新志〉後跋》共 6 頁，每半頁 6 行，行 14 字。

卷一至卷五正文每半頁 9 行，行 21 字。卷一共 45 頁。《寧夏歷代方志萃編》影印本本卷《土貢》脱“貢若紅花”至“人甚稱便”共 38 字，《税課》7 行 155 字的内容全脱。卷二原版 99 頁，新版增加 15 頁，共 114 頁。卷三共 87 頁。卷四原版 87 頁，新版增加 3 頁，共 90 頁。卷五原版 57 頁，新版增加 27 頁，共 84 頁。

《寧夏歷代方志萃編》影印本卷二在頁碼排序上有一個值得關注的現象，即第 26、27、35、36、39 頁之後各加一頁，版心頁次分別標作“二十六之一”、“二十七之一”、“三十五之一”、“三十六之一”、“三十九之一”，第 42 頁之後連加了 3 頁，第 74 頁之後連加了 5 頁，第 75、98 頁之後各增加了 1 頁。凡新增頁碼，都會有萬曆四十三年（1615）即第一版《朔方新志》成書之後的内容，這一現象説明了傳世的《朔方新志》於萬曆四十三年（1615）後又曾補刻的事實。《故宮珍本叢刊》影印本卷二也有類似現象。卷二第 26、29、39、98 頁之後各多加

了 1 頁頁碼編次相同的頁面，第 42 頁之後連加了 3 頁，第 74 頁之後連加了 5 頁。

以兩種影印本的第 26 頁為例，左半頁第 3 行載 "總督" 劉敏寬為萬曆四十二年（1614）任，下一任總督楊應聘於四十五年（1617）任。① 第一版《朔方新志》於萬曆四十三年（1615）成書，劉敏寬就成為《朔方新志》中記載的最後一任三邊總督了。原版於劉敏寬事蹟下有長墨丁，也説明以下不再刻有內容。次行標題作 "巡撫"，記錄各位寧夏巡撫的事蹟。但在《朔方新志》傳世過程中，再次印刷時情況發生了變化，需要增加萬曆四十二年（1614）之後的新內容，原有的某些版片就不能繼續利用了，要重新雕版。由於第一版《朔方新志》卷二第 26 頁 "劉敏寬" 之後再没足夠的空處用來增加新內容，所以就又重新雕版，補充了楊應聘等五位萬曆至天啓七年（1627）間任 "總督" 的官員事蹟。原版第 29 頁前兩行六個大字，58 個雙行小字與第 30 頁右半頁第 4、5 兩行的完全重複，這有可能是為了節省費用，故充分利用舊版，本版面未重新雕版，重複的內容也未刪除。

因為補刻本頁碼編次的變化，導致《寧夏歷代方志萃編》、《故宮珍本叢刊》影印本在頁面編輯上出現了錯誤。據筆者比對，《寧夏歷代方志萃編》影印本與甘肅省圖書館館藏複印本同，影印裝訂時部分內容又作了調整。除上文提及的脱文現象外，《目錄》第 1 頁與第 2 頁裝訂次序顛倒。頁面的排序上，原版第 26 頁、"二十七之一" 當刪除，26 頁至 31 頁的排序當調整為 25、"二十六之一"、27、28、30、29、31 的次序，原版第 32 頁脱。《故宮珍本叢刊》影印本第 84 冊第 197 頁至第 425 頁為《朔方新志》，分上下兩欄，影印本第 250 頁至第 253 頁排序混亂有誤，據其實際內容，第 250 頁上欄之原版第 26 頁當刪除，原版第 26 頁至第 30 頁的排序當調整為：第 250 頁下欄原版第 26 頁，第 251 頁上欄第 27 頁、下欄第 28 頁，第 252 頁下欄第 29 頁、上欄第 29 頁，第 253 頁上欄第 30 頁。據此，影印本版心的頁碼中，第 252 頁上欄第 29 頁實際上當為第 30 頁，其他各頁頁碼當依次脩改，即原版第 30 頁改為 31 頁，31 頁改為 32 頁，32 頁改為 33 頁，等等。影印本在第 253 頁上欄第 30 頁下注明 "卷

---

① 　《朔方新志》原作 "萬曆四十六年任"，據《明實錄·神宗顯皇帝實錄》，疑誤。

二原書缺第31面"，實際上所缺者應該是第32面。①

（二）清順治十五年唐采臣刊印《增補萬曆朔方新志》

有關唐采臣增補《朔方新志》事，最早見於清人王宋雲於乾隆四十五年（1780）所撰《〈寧夏府志〉後序》，王宋雲直接參與了（乾隆）《寧夏府志》的編輯工作，他在序中提及《寧夏府志》編纂之前的若干次編志活動，其中就有唐采臣補志事。序曰："國朝順治初，唐采臣先生以戶部主事督餉來此，得遺文數首，因與中丞黄公奏議附刻於後。朔方舊志如是而已。"②《江南通志》卷一六六《人物志》載，唐德亮字采臣，無錫人，順治九年（1652）進士。官戶部郎，管通州倉，卒於官。《江南通志》卷一九四《藝文志·集部》著錄唐采臣著有《書巢文集》。據研究，唐德亮順治時以戶部主事的身份到寧夏督餉，將時任寧夏巡撫黃圖安於順治十二年至十五年間（1655—1658）上奏的三篇與寧夏有關的奏議共27頁補刻出來，增補在原版《朔方新志》卷五第57頁之後，是為順治十五年（1658）《增補萬曆朔方新志》。③

查檢《朔方新志》傳世本可知，其卷四第84頁最後三行唐德亮識語至本卷最後一頁即第90頁的內容也當為唐德亮在任時補刻編入。唐德亮識語曰："會大中丞黃四維先生修廢舉墜，百度維新，每與予詢訪舊章，偶得《三賢祠記》及《張公去思記》於灰燼之餘，其於地方之安危、民生之利病，可存以備考證。因請於中丞公，命續刊志內。"識語後錄有明朝翰林院編修南居仁撰《靈州三賢祠碑記》、御史沈猶龍撰《河東兵備道張九德去思碑記》及清朝兵部侍郎韓城高辛胤撰《巡撫都御史三韓劉公秉政去思碑記》三篇碑記。加上卷五後附黃圖安的三篇奏疏，傳世的唐德亮補刻本較萬曆四十五年原刻本共增加了六篇文章。

---

① 第31頁載明代督儲河西道者止於"龔文選"，據（乾隆）《寧夏府志》卷九可知，龔文選之後督儲河西道者還有趙可教、周懋相、馮從龍、吳文企、張崇禮、沈應時、譚性教、吳暐、劉錫元、丁啓睿、王裕心、李虞夔、張鳳翼13人。故知，《朔方新志》所缺第32頁的內容應該是趙可教等人的事蹟。

② （清）張金城等修纂：《乾隆寧夏府志》，陳明猷點校，寧夏人民出版社1992年版，第944頁。

③ 參見高樹榆《寧夏方志錄》，《寧夏史志研究》1988年第2期；王桂雲《銀川方志述略》，《銀川市志通訊》1988年第3期；郭曉明《管窺〈中國地方志聯合目錄〉寧夏書目》，《銀川市志通訊》1989年第2期。

《巡撫都御史三韓劉公秉政去思碑記》，對劉秉政在寧夏的政績大加贊賞，最後寫道："公諱秉政，號憲評，遼東廣寧人。時康熙五年九月之吉。"也就是説，這篇碑記成文之時，劉秉政已經死去。《欽定八旗通志》卷三四〇等文獻載，劉秉政，漢軍鑲藍旗人，順治十六年（1659）五月任寧夏巡撫，康熙五年（1666）十一月任福建巡撫，十三年（1674）革，十六年（1677）七月十二日暴殂。由此可以推知，劉秉政在黃圖安之後接任寧夏巡撫，康熙五年（1666）劉秉政還健在，故《朔方新志》所謂高辛胤撰寫的碑記落款時間肯定有誤。此文出現在《朔方新志》中，説明傳世本最早當刊刻於康熙十六年（1677），即劉秉政去世之年，而非順治十五年（1658），否則很難解釋順治十五年（1658）的刻本上會出現紀念康熙十六年（1677）死者的文章。傳世本更不可能是萬曆四十五年（1617）原刻初印本。如前所述，該本補刻痕蹟非常明顯，且在《朔方新志》卷二所載明朝巡撫鄭崇儉之後補刻了一位清朝巡撫"劉秉政"的簡單生平，這更説明，傳世本當為清朝補刻後印刷行世的。

（三）甘肅省圖書館藏民國三十三年傳抄本

《中國西北文獻叢書》第一輯《西北稀見方志文獻》第 50 卷即影印此本。原版本開本為 26.4×15（釐米），版芯為 18.6×12.2（釐米）。傳抄本正文每半頁 10 行，行 24 字。卷首有張維題識，内容詳見其《隴右方志録·萬曆朔方新志》解題。鈐蓋有"鴻汀"、"隴人張維"、"張維之印"、"還讀我書樓藏書印"、"臨洮張維"等印文印章。抄本抄録質量較差，有誤字、脱文等現象。如楊應聘《〈朔方新志〉序》落款"楚璞楊應聘撰"，抄本誤作"初璞楊應聘撰"。《脩志凡例》中"建置沿革"，抄本誤作"建治沿革"。《脩志姓氏》中提調"張崇禮"，抄本誤作"張宗禮"。傳抄本只有前 4 卷。卷一漏印《天文·分野星宿圖》，卷二《内治·帝幸》14 行 250 多字的内容全脱。

六　文獻價值

清人對於《朔方新志》的資料價值評價不高，乾隆四十四年（1779）秋，由延安守赴寧夏，特授分巡寧夏兼管水利驛務兵備道的永齡的觀點很具有代表性。他在乾隆四十五年（1780）秋撰寫的《〈寧夏府志〉序》

中談道：“入境以來，亟欲識此邦治理之宜，以稍效其尺寸，因取所謂
《朔方志》者觀之。其書本簡略不備，又自前明萬曆後但綴奏牘數篇，而
我朝定鼎以來，百數十年之事，紀載缺如。此豈足存一郡之文獻、資官司
之法守乎？朔方直謂未有志可也。”① 從清人所處的時代來看，他們有這
樣的認識是不足為奇的。從今天利用文獻的角度來看，《朔方新志》還是
有它的價值在。

　　《朔方新志》上續《嘉靖新志》，下啓（乾隆）《寧夏府志》的編脩，
在寧夏舊志編纂史上是一部重要的、具有承上啓下作用的舊志。它補充了
大量的嘉靖十九年至萬曆四十三年（1540—1615）間發生在寧夏的史實，
如萬曆二十年（1592）的“壬辰兵燹”、萬曆四十三年（1615）的兩次地
震等，對於研究寧夏政治、經濟、文化、教育等都是非常難得的史料。清
人補刻的幾篇文獻也有一定的研究價值。如卷五後附清朝寧夏巡撫黃圖安
的三篇奏疏，第一篇、第三篇在（乾隆）《寧夏府志》卷十八《藝文》
中也有收錄，分別題名《條議寧夏積弊疏》、《請免加派九厘銀兩疏》，但
從內容的完整性上看，（乾隆）《寧夏府志》都是節選，尤其第三篇只是
節選了很短的篇幅。另外，從奏疏格式上看，《朔方新志》嚴格按照奏疏
格式來刻印，遇有需要避諱之處抬頭、換行、行文措辭都很合規範，而
（乾隆）《寧夏府志》則没有這方面的特點了。所以黃圖安的這三篇奏疏，
不僅是研究當時寧夏政治的重要材料，也是研究清代奏疏行文格式的重要
資料。從方志編脩歷史看，在寧夏方志編脩史上，《朔方新志》第一次在
形式上非常規範地編纂方志，組成了相應的編纂隊伍，製定了具有指導性
意義的《脩志几例》，在編脩體例上大膽創新，如繪製多幅地圖，編制簡
捷明了的表格，使寧夏志書的編寫水準上了一個新層次。從文獻學研究意
義看，本志輯錄了多篇明朝寧夏歷史人物的詩文，不僅豐富了寧夏藝文，
同時也是研究相關問題需要的重要材料。如卷五輯錄了多篇寧夏官員撰寫
的儒學碑記，是研究寧夏地區教育史的寶貴材料。更為重要的是，《朔方
新志》是（乾隆）《寧夏府志》最重要的史料源頭之一，乾隆志中多處提
及的“舊志”，指的就是《朔方新志》。因此，《朔方新志》又可成為整
理（乾隆）《寧夏府志》時必須要重視的他書資料了。

---

　　① （清）張金城等脩纂：《乾隆寧夏府志》，陳明猷點校，寧夏人民出版社 1992 年版，第 3
頁。按：“但”，點校本誤作“僅”，據乾隆四十五年（1780）原刻本改。

校注説明

一　本書主要以標點、校勘、注釋等方式對（萬曆）《朔方新志》進行整理，以海南出版社 2001 年版《故宮珍本叢刊》影印明萬曆刻本為底本，以天津古籍出版社 1988 年版《寧夏歷代方志萃編》影印明萬曆刻本（簡稱“《萃編》本”）為對校本。

二　整理成果以繁體橫排形式出版。校勘和注釋條目均以當頁腳注形式注明，用圈碼①、②、③之類排序，圈碼均放在表示停頓的標點之下。正文或腳注中以“□”符號表示原本漫漶不清或破損的文字，一個“□”符號代表一個字；原本缺漏内容較多者腳註説明，並以“……”符號表示；凡正文中“〔　〕”符號括注的文字，均係整理者增加；“■”符號為原版墨丁。

三　以“〔校〕”字樣為當頁腳注校勘成果。以校異文為主，酌校内容異同。因用字習慣不同而出現人名、地名、族名等同名異寫現象，均出校説明。底本或對校本中存在的明顯的誤、脱、衍、倒等現象，於正文中校改後出校説明。雖有異文但意可兩通者，不改正文，僅在校記中説明。除特殊需要外，校本之誤，一般不出校記。

四　《朔方新志》在刊刻時明顯誤刻之字，如“戊”、“戌”誤作“戌”，“己”、“巳”、“已”及“曰”、“日”互混等，校勘時徑改，不一一出校説明。因避當朝名諱而改前朝文字者，均據原字或原書回改，僅於首見處出校説明，餘皆徑改，不再一一出校。底本用字中存在的異體字、俗體字、通假字、古今字等現象，如“煙”與“烟”、“關”與“関”、“志”與“誌”之類，一律不出校説明其字形相異。某些不規範的異體字、俗體字、古今字等，或前後用字不一者，均按出版要求適當統改成規範、統一的字體，不出校記。《朔方新志》轉引他書文字内容，引文若與該書通行版本文字不同，除引文確實有誤，如誤錄人名、地名、時間等需要出校説明外，凡不影響文意理解者一般不改動引文。

　　五　當頁腳注徑出注釋條目。注釋内容主要包括：原文易致惑者（如文獻簡稱或省稱、干支紀年等）、原文提及的詩文或史料出處、原文體例中資料互見者、整理者對輯補史料的出處説明和整理者的補充文字等。

　　六　腳注中，凡言"本志"者，均指《朔方新志》。凡言"本志書例"者，均指《朔方新志》編脩體例。徵引文獻之版本，凡"中華書局點校本"簡稱"中華本"，"文淵閣《四庫全書》本"簡稱"《四庫》本"。書名較長者沿用習慣簡稱，具體簡稱參見《參考文獻》。

　　七　腳注中，凡引古代文獻，均只注明書名、卷次、篇名等，其作者、版本等詳見《參考文獻·古代文獻》。凡引現當代文獻，均只注明作者、書名或論文篇名、頁碼等，其出版社、刊物名、發表時間等詳見《參考文獻·現當代文獻》。若被引用古代文獻已有整理成果，一般直接吸收其合理意見，不再重複叙述校注理由，注明"參見××"字樣。引文出處、他校資料或他人校勘、考證成果，亦注明"參見××"字樣。

　　八　《參考文獻》分《古代文獻》和《現當代文獻》分别著録。其中，《古代文獻》分陝甘寧舊志、經部、史部、子部、集部五類著録，《現當代文獻》分著作、論文兩類著録。

〔羅鳳翱〕朔方志序

《朔方志》止疏其方事耳，脱猶有遺，奚取志？故志貴悉。然上下千餘年間其事大積，易繁且俚，約之而蕲於文，斯幾矣。悉其事而約以文，惟《大雅》寔能。① 兹志始自慶靖王，昭韙完戒，其事洵核。後凡三脩，② 竟流而為簿書，觀者疵焉。③ 夫圖志，國之誕章。矧朔方為雍要塞，經畧防禦，審畫攸關，籌邊者將按圖而運之，簿書其志可乎？余承乏是方凡六稔，方事畧曉焉。戊寅冬餘，④ 乃按舊志整齊其故，實拾遺約繁，矯俚為文，作志十篇，曰志地、志邊、志□、⑤ 志祀、志賦、志兵、志宦、志人、志舉、志雜，析為四卷。經畫發微，著言以斷，中寓諷褒，放斆〔司馬〕遷、〔班〕固論贊，非敢附於《大雅》，庶幾述往事、貽來者，可考鏡於一方耳。顧邊務倥傯，載籍不博，愧無以成一家言，冀有洽聞者訂正之云。

萬曆己卯二月初吉，⑥ 奉勅巡撫寧夏等處地方贊理軍務、都察院右副都御史、前巡按直隸山東大理寺左少卿，蒲坂念山羅鳳翱撰書。

---

① 大雅：指《詩經·大雅》。
② 後凡三脩：蓋指弘治間胡汝礪脩志、嘉靖間管律脩志、萬曆五年（1577）解學禮脩志三次脩志之事。
③ ［校］疵：《萃編》本誤作"庇"。
④ 戊寅：明神宗朱翊鈞萬曆六年（1578）。
⑤ ［校］志□：據前文"作志十篇"云云，此"志"字後疑有脱字。
⑥ 萬曆己卯：萬曆七年（1579）。

〔杨應聘〕 朔方新志序

　　寧夏，古朔方地，故其志以"朔方"名。志凡四脩矣，① "新"之者何？粵稽國初，開鎮建節，列障張官，文物典章燦然。徃牒迨罹壬辰兵燹，② 遂舉二百餘季之所經理者，蕩然有同草昧。迄茲再紀，而藩統官寺之增損、興地營砦之廢興、甲兵錢穀之盈朒、習俗民隱之變遷，考往按今，豈其時異勢殊然與？前撫振峯崔公〔景榮〕安攘之暇，有慨乎中。念舊章不可以遂湮，近事不可以缺載。會癸丑，③ 楊君〔壽〕假歸，檄道禮延主筆，泉一二逢掖，開局纂脩。甫就，而公奉簡命入貳樞筦，楊君亦以謁選行。適余來代，訪舊問遺，乃獲君藁於儒官黃機。機，固佐君共襄考訂者也。方下所司，督鋟諸梓，而君復以司農使事過里門，又間加糸賡續，請余言弁諸簡端。

　　余惟古者國必有史，志者史之徵也，今天下一郡一邑莫不有志。矧茲有夏，肇於城朔，扼孤懸而控區脫，實全秦之北門。高皇帝不難分王所親愛，若此其重也。然而風氣之亭毒、教化之漸陶，從來文獻，他鎮不敢望焉。君更以鴻裁卓識，構所覩聞，故其上下古今，煥乎鱗次，分綱衍目，為帙有五。於天墅、兵食、風俗、理亂，著有徼勑之詞，思深哉，足以昭烱鑑而垂典則矣。雖然，斯志也，感壬辰而脩也。以彼其時，誰實稔靈而鼓凶，誰實沉幾而定亂，以此思罪罪可知，以此思功功可紀。若夫揭赤心以拒逆，蹈白刃以留芳，凛凛誓不共生，烈烈殉以一死，光爭日月，氣壯山河，豈非皇霽所由以揚休、天道所由以祚順？群策群力，所由以宣慇者

---

　　① 關於楊序所言"四脩"即四次脩方志事，學者有不同的看法。整理者認為，當指弘治間胡汝礪脩志、嘉靖間管律脩志、萬曆五年（1577）解學禮脩志、萬曆七年（1579）羅鳳翱脩志。

　　② 壬辰：萬曆二十年（1592）。本志下文"壬辰兵燹"、"萬曆壬辰"、"萬曆壬辰兵變"之"壬辰"亦同，恕不一一注明。

　　③ 癸丑：萬曆四十一年（1613）。

耶。覽斯志也，臣可勸於忠，子可勸於孝，士可勸於義，婦可勸於貞。斯固崔公〔景榮〕檄脩之意，而楊君〔壽〕文字足以發之。苟有采風以備惇史，則斯志為之徵矣。儻云武兢示威，儲峙示豫，險塹用復，廢弛用張，此制治保邦之令圖，亦唯填撫茲土之責。余竊志焉，而才弗逮，安敢以時訕為之辭？因感斯志而樂觀其成也。援筆為序，敬告來斯。

萬曆丁巳春王正月既望吉，① 賜進士出身、通議大夫、奉勑巡撫寧夏等處地方贊理軍務、都察院右副都御史、前太僕光禄少卿、兵部職方司郎中，懷遠楚璞杨應聘撰。

---

① 萬曆丁巳：萬曆四十五年（1617）。

〔石茂華〕重脩寧夏志序

今僻郡下邑，率多有志，以紀其事，而邊陲則尤不可缺焉。蓋邊陲之務，重在經畧，先自治之道，慎未然之防，則戎狄雖强，莫能為我患，我得而鞭撻之矣。酌古以揆今，遡往以矩來，該人之情。而極事之變，經畧者之所用心也，舍志則奚適矣。我皇明御宇，隆治列鎮，以控制夷虜，在陝者有四，而寧夏居其一焉，屹然為西北重地。舊有志，弘治辛酉，① 中丞王公珣延胡公汝礪纂脩者。嘉靖庚子，② 中丞楊公守禮又延管君律重脩之，今幾四十年矣，因革廢置大異焉。余懼將來之無所考也，因檄兵糧道僉憲解君學禮重脩之，解君則禮延長史孫汝匯相與考索訂正，逾年告成。舊志可因者因之，未備者增之，繁蕪者則芟刈之，為卷者四，為目者四十有二。大都以有關於政體邊事為準，外此弗錄也。華而不浮，質而不俚，疆域故實，及昔賢經畧之蹟，犁然在目。嗚呼！核且備矣。稽往範來，是不可以傳乎？

蓋常論之，寧夏為地，賀蘭峙其西，崒嵂盤亘，黃河在其東，洪流環帶，而漢、唐諸渠，舉錘為雲，決渠為雨，有灌浸之利，以育五穀，以故視諸邊鎮稱善地焉。秦以前無論已，自漢武置朔方郡，嗣後赫連拓跋氏據之雄視一方，而拓跋之後綿延數世，元昊勒兵侵軼，中原震撼，雖以韓范諸賢極經畧制圖之力，迄不能有以靖之，說者謂其地四塞險固，藉山河之助居多，是則其大勢然耳。北虜自竊據河套以來，種類蔓滋，蓋以所抄掠之衆充其中，每鼓流浮河西渡，莫之能遮，而冬寒氷合，坦若通衢。氷墻不足以遏之，黃河之險我且與彼共矣。賀蘭山多谿徑，十搣之吏少不戒，狄即生心。花馬池東西地勢漫衍平曠，虜每大舉，必由此深入，則原州、

---

① 弘治辛酉：明孝宗朱祐樘弘治十四年（1501）。
② 嘉靖庚子：明世宗朱厚熜嘉靖十九年（1540）。

朝那、環慶諸處受其荼毒。西之中衛、廣武山後之虜亦時時南下，蹂躪内地，往歲之事可鑑也。則所謂"山河之助"者，直得其一二焉耳，蓋亦重在自治也耶。

夫固其城池，險其走集，謹其烽燧，簡材官，練軍馬，製器械，備糧儲，自治之經也。今聖天子德威洪敷，北虜俛首納欵，然猶加意邊陲，屢飭邊臣以脩實政。蓋以豺狼之性不常馴也，前後有疆塲之任者，恪慎厥事，朝夕不遑，諸所經畧，既愨既詳矣。然邊政無時可忽，而舊蹟久則易湮。時加綢繆，不廢已成之務；廣集衆思，益增未備之圖。非所當深念者乎？且夷狄之强弱異時，事機之利害異情，措置之緩急異便，無必定之規也。因已然之籌以善其謀，度之於時以通其變，矢之以忠勤以弘其功，則經畧之事盡之矣。志之所載，咸足取鏡焉。後之有考於斯者，循名責實，可免無徵之嘆，是作志者意也。或曰河套土肥饒可耕，舊我地也，今為胡虜巢穴，與我比隣矣，不驅之於河外，夏人未得安枕。而鎮遠關、黑山營亟宜復之，以為平虜藩籬。嗚呼！是矣。然未易言焉，以俟後之君子。

萬曆五年仲冬之望，賜進士第、資政大夫、奉敕總督陝西三邊軍務、兵部尚書兼都察院右副都御史，北海石茂華撰。

〔楊守禮〕重脩寧夏新誌序

寧夏鎮誌，成於弘治辛酉歲，① 作之者郡人郎中胡公汝礪，寔大中丞曹南王公珣之意也。嘉靖己亥歲，② 守禮叨撫其地，暇日披圖閱誌，因革損益殆相矛盾，遂作而嘆曰："誌成不四十年，更易如是，久而人亡事訛，何以考証？"命督糧僉事孟公霈禮請刑科給事中致仕、郡人管公律重編，不三月而成。因舊而新，隨事而正。政有關於大體者不厭其煩，事有益於軍民者備記其實。九百家衆技之流、舊制新設之顛末，綱分目悉，且隨類附以不盡之意，該博之學，經濟之才，可以見矣。南澗子復作而嘆曰："司馬遷以無罪廢，而學發於史。子美不見用於時，而學發於詩。古今文人之厄也，管子其安命矣夫。③"特命刊木以傳。嗚呼！我明億萬年無疆之休，家有譜，郡有誌，國有史，人文兼備，法制森然。胡元不足言矣，漢、唐、宋一統之盛，無如今日。繼是而徃作之者非一人，成之者非一手，先後同心，共成良誌，以備國史，顧不美歟？謹稽首頓首，以贊於簡端云。

嘉靖庚子歲秋八月吉旦，④ 欽差巡撫寧夏地方、都察院右副都御史，晉蒲南澗子楊守禮識。

---

① 弘治辛酉：弘治十四年（1501）。

② 嘉靖己亥：嘉靖十八年（1539）。

③ 管子：指管律，字應韶，號芸莊，寧夏人，生卒年不詳。明武宗正德十一年（1516）丙子科舉人，正德十六年（1521）辛巳科進士，除刑科給事中，以憂歸，復除直隸長垣縣丞，仕終山西高平（今屬山西省高平市）知縣。著有《芸莊雜録備遺》16卷，編脩（嘉靖）《寧夏新志》8卷。

④ 嘉靖庚子：嘉靖十九年（1540）。

朔方新志目録

---

① ［校］地理：本志正文標題作"地里"。

② ［校］錢穀：本志正文標題作"錢糧"。

總鎮圖説[①]

寧夏，古雍州域，亦朔方地也。春秋而下，沿革靡常。国朝置寧夏府，東南連延〔綏〕、慶〔陽〕，西南接固〔原〕、蘭〔州〕。賀蘭右屏，黄河左帶，而山河之表腋背皆為虜巢。所属有五路，内設寧〔夏〕、左、右、前、中，外列後、中，共七衛。暨靈州、興武、平虜三所，隸陝西都司。慶王藩封在焉，盖屹然西北一重鎮也。開鎮備邊，以武臣鎮守。正統間，設巡撫都御史贊理軍務。歷朝憲、臬、郡、丞、副、參、遊、守，始備東路之沙湃，中路之麟溝、紅山、暗洞，南路之井溝諸隘口，悉極衝要害之地。北路平虜乃全鎮咽喉，其孤懸一隅，勢亦孔棘。而西路中衛更甚，弘〔治〕、正〔德〕以前，地方殷富，倉廩充盈，額設營兵，數敷戰守，即有虜警，尚不覺有捉襟露肘之虞。隆〔慶〕、萬〔曆〕以來，邊事如操漏舟、如窒潰堤矣，何也？勢以武節不兢，備以款貢乃弛。延及壬辰，降胡煽亂，疆土殘破，民社丘墟，千里之間，皆為虜塵馬灶。頃更内苦歉歲，外患剥膚，原額旗軍已耗太半，額有錢穀每歲告艱。且昔之險為我瓳，今之險為虜據，夏事殆難收拾矣。幸督撫憲臣，烈振城方，修增險隘，謀先兵食，請益運銀。凡内治外威，如營始造之家，而幹既裕之蠱矣。第甌脱之亂形已兆，而肘腋之隱憂尚存。矧法格於奸孟，人狃於嬉愒，徹桑未雨，何可一日弛備哉？計者謂勿溺處堂之小康，奠貽綏疆之遠畧，要在紀律訓齊，俾士卒可戰，經制積蓄，務本折有餘。復賀蘭，嚴夷夏之巨防；慎市賞，折犬羊之驕氣。斯可易危為安、轉弱為强矣。

---

① 《總鎮圖説》之後所附各圖據本志原編《目録》排序。

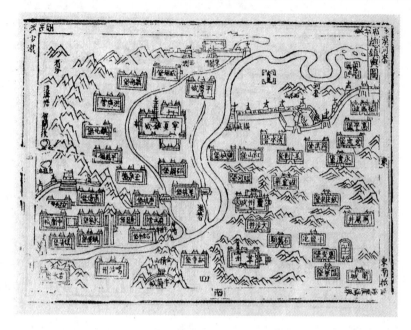

〔總鎮輿圖〕

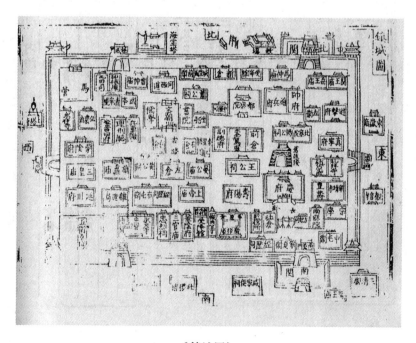

〔鎮城圖〕

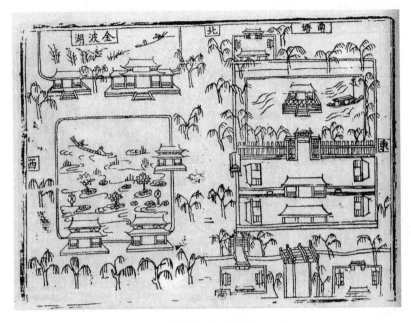

〔南塘、金波湖〕

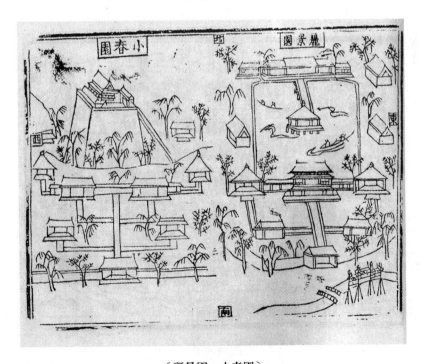

〔麗景園、小春園〕

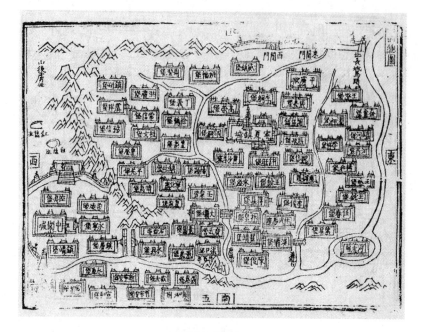

〔河西總圖〕

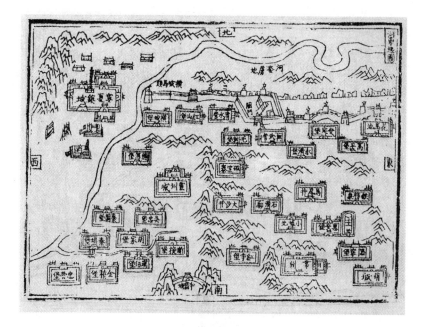

〔河東總圖〕

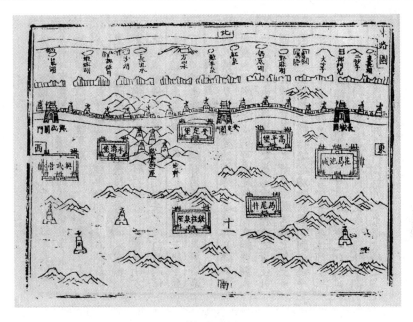

〔東路圖〕

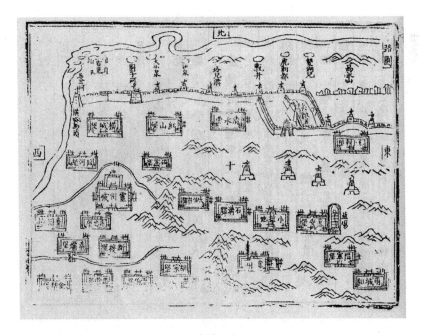

〔中路圖〕

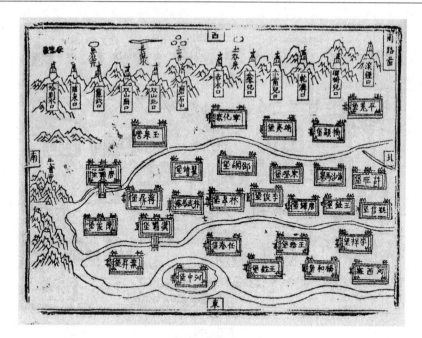

〔南路圖〕

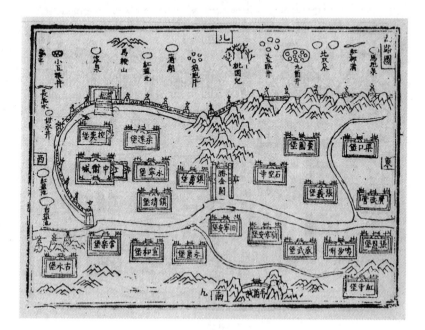

〔西路圖〕

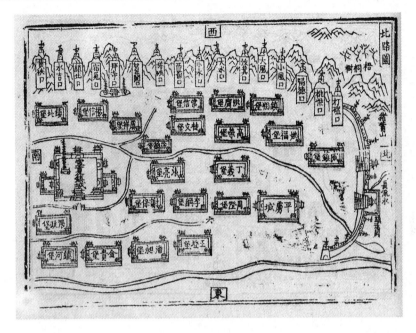

〔北路圖〕

脩志姓氏

提調

陝西按察司僉事、前廣西道監察御史龔文選　進士，四川長壽縣人。

陝西布政司右布政使兼按察司僉事、兼攝學校趙可教　進士，四川温江縣人。

陝西按察司按察使張崇禮　進士，山西代州人。

纂脩

户部山西清吏司主事楊壽　進士，鎮人。

校閱

慶陽府管理寧夏理刑同知張謙　選貢，湖廣石首縣人。

慶陽府管理寧夏理刑同知胡悦安　舉人，昌南和縣人。

慶陽府管理寧夏監收同知王廷極　舉人，直隸上元縣人。

慶陽府管理寧夏中路塩捕通判署理刑事閻柳　選貢，山西徐溝縣人。

編輯

遥授儒官黄機　鎮人。

儒學廩膳生員明時儒　鎮人。

監刻

寧夏衛經歷司經歷汪子善　吏員，直隸婺源縣人。

寧夏衛經歷司經歷楊臻　吏員，吳縣籍，雲南人。

〔龔文選〕纂脩朔方新志檄文

欽差督理寧夏河西兵糧道、陝西按察司僉事龔〔文選〕為纂脩鎮志、以昭文獻事。

奉欽差巡撫寧夏等處地方贊理軍務、都察院右副都御史崔憲牌〔景榮〕：照得前事不忘，後人每因為法鑒；無徵不信，舊章何自而率由。欲际將來，宜存故實。況朔方為三秦重鎮，而志書關百代明徵，若不考訂，孰為信史？本鎮舊志，自萬曆七年重脩以來，時經三紀，事歷百端，宦蹟迭興、法度紀綱，有因革損益之異；風俗遞轉、人情物力，有淳漓盈詘之殊。垣臺廢興，兵儲多寡，與夫屯田水利之成虧，可無紀載之簡？武備強弱，人文盛衰，與夫夷情戰款之更易，宜有稽考之資。使非圖籍之具陳，必有舞文之奸吏。至於壬辰之變，更多戡定之勳。整旅集糈，拮据之功難泯；驅胡剿叛，蕩平之烈不磨。忠孝節義之倫，芳名宜著；逆惡詭隨之輩，穢蹟宜彰。雖或有得失之分，皆可備勸懲之助。為此，仰本道會同河東道轉行兩河文武各官，照依單開款條，兼查舊志凡例，遍行詢訪，加意蒐羅。或稽之案牘之文，事必直窮其源委。或採之耆儒之口言，亦勿棄夫葑菲。凡有關於政事人心，不必拘於顯幽巨細，惟求詳盡，勿厭繁多。徑送聘請鄉官進士楊〔壽〕刪繁就簡，錄實黜訛。門類體裁，惟當仍乎舊貫；筆削褒貶，專有待於新編。該道再加折衷，務期精核，各殫三長之技，共成一家之言，庶典章大備於今茲，而耳目不淆於來世矣。所需物料供給，查明陸續呈詳。

脩志凡例

一，邊鎮肇基，繇來邈已。建置沿革，世變靡常。迺明部區，稽其興廢。用著之表，以便覽觀。

一，氣候不齊，山河兩界。城路堡砦，丁備地利，皆其所先。壬辰兵燹之餘，盛衰富耗頓異，其所賴以綜理生養者既毖且周，故首及之，以觀其政。

一，外衛所路，舊各為志。今類附於鎮，如《通志》云。[①]

一，軍國宏綱，無踰安攘，必內順治而後外威嚴，故自封統，官寺之崇庫、甲兵錢穀之盈縮、天塹墩燧、功捷欵封，次第書之。然於額運停止請復之疏書之綦詳，蓋夏之軍興，猶自治之要也。

一，封建，前志或著或畧。洪惟高皇帝驅逐胡元，大啓宗封，錯列萬國。慶靖王歷韋〔州〕、靈〔州〕，倚賀蘭，維城冀延千葉，宗盟磐石，代有明德，故復詳其世系云。

一，宦蹟，盛德至善，保定功崇，故按志續書，以志夏人不洩於思之義。

一，夏文學、武階，乃國家啓運弘化之資。在上者培養率作，故後先淬勵，以期效用。明時職列固殊，表見則一，邇奉制勑，夏皋兼秉文衡，文教聿興，寔為殊遇，所謂盛衰關於氣運，無容以自諉焉。

一，各坊所以表識署里。夏自開鎮，官府建置，仕進登庸，及慶藩後先，卓有賢節，棹楔之立，爰奉綸音。迨至壬辰，盡為逆燼，存者一二。壬辰後有新創者備敘於志，以見夏鎮坊表之盛云。

一，忠孝節義，述之舊乘。兵變死事人臣與夫列女，悉照臺檄有章疏案牘者書之。

---

① 通志：指（萬曆）《陝西通志》，編成於萬曆三十九年（1611）。

一，畔亂自庚午距壬辰，① 故特著之，以彰天討。

一，祠廟載祀典、寺觀載定額者書之。壬辰後，如增立岳武穆祠並額有者，廢而載建，皆備入於志。其它祠宇創置，泛而不經，雖金碧輝煌，亦不槩入。

一，詞翰、詩賦、記序，名雋所題詠，碑刻所記載，凡有關於文獻者隨事先註，後總萃為二峽，各大書姓氏，庶覽者可考而知焉。

① ［校］庚午：原作"壬午"。本志卷三《叛亂》載明朝叛亂事，始自明武宗朱厚照正德五年（庚午，1510）安化王寘鐇之亂。據改。又，"壬辰"，指萬曆二十年（1592）哱拜之亂。

朔方新志卷一

建置沿革

寧夏，春秋時羌戎所居。秦為北地郡地。① 漢置朔方郡。晉亂，赫連氏僭都於此。② 後魏始置夏州。西魏置弘化郡。後周改懷遠郡。隋為朔方郡。唐置夏州，③ 或為朔方郡。唐末，拓跋思恭鎮夏州，遂世有其地。宋景德間，其孫德明城懷遠鎮為興州以居，元昊陞興慶府，又改中興府。元置寧夏路。④ 皇明初，改寧夏府，後廢。洪武九年，改置寧夏衛。後增寧夏、左、右、前、中屯，凡五衛。

寧夏衛沿革表

	總部	郡_{直隸州附}	州縣
唐虞三代	雍		
春秋	羌戎		
秦		北地郡⑤	
漢	涼州刺史	朔方郡⑥	三封、朔方、脩都、臨河、呼遒、窳渾、渠搜、沃壄、廣牧、臨戎

① ［校］北地郡地：原作"上郡地"，據《漢書》卷二八下《地理志》、《乾隆甘志》卷三《建置沿革》改。

② 赫連氏建都於統萬城，在今陝西轄境內，與今寧夏無關。

③ 唐朝夏州之轄境與今寧夏無關，明清史籍特別是寧夏舊志均言唐朝之夏州轄今寧夏地，蓋襲《元史》卷六〇《地理志》之誤。參見吳忠禮《寧夏志箋證》，第4—5頁《箋證》［七］。

④ 《元史》卷六〇《地理志》載："元至元二十五年（1288），置寧夏路總管府。至元八年（1271），立西夏中興等路行尚書省。元貞元年（1295），革寧夏路行中書省，併其事於甘肅行省。"

⑤ ［校］北地郡：原作"上郡"，據《漢書》卷二八下《地理志》改。

⑥ 西漢、東漢之朔方郡在今內蒙古境內，均與今寧夏無關，彼時寧夏處於北地郡與安定郡統轄下。

續表

	總部	郡直隸州附	州縣
東漢	并州刺史	朔方郡	臨戎、三封、朔方、沃埜、廣牧、大城
	涼州刺史	北地郡	靈州
晉		朔方郡	
南北朝	夏州	化政郡	革融、巖緑①
後魏		闡熙郡	山鹿、新囶
		金明郡、代名郡	永豐、啓寧、廣洛、呼酋、②渠搜
		靈州	
西魏		弘化郡	
後周		懷遠郡	
		普樂郡	
隋		朔方郡	
		靈武郡	迴樂、弘静、懷遠、靈武、鳴沙、豐安
唐	關内道	夏州朔方郡	朔方、德静、③ 寧朔
		靈州靈武郡	迴有樂、靈武、懷遠、保静
宋	夏	懷遠鎮、興慶府、中興府	興州
元		寧夏路	靈州、鳴沙州、應理州
皇明	陝西都司	初，寧夏府、寧夏衛、寧夏左衛、寧夏右衛、寧夏前衛、寧夏中屯衛、寧夏後衛、寧夏中衛	靈州所

---

① ［校］巖緑：原作"巖禄"，據《魏書》卷一〇六下《地形志》改。

② ［校］呼酋：原作"呼逎"，據《魏書》卷一〇六下《地形志》改。

③ ［校］德静：原作"静德"，據《舊唐書》卷三八、《新唐書》卷三七《地理志》、《太平寰宇記》卷三七《夏州》改。

寧夏後衛

漢為朔方郡河南地。

皇明正統九年，[1] 置花馬池營。[2] 弘治十五年，[3] 置守禦千戶所。正德元年，改置寧夏後衛。

寧夏中衛

秦、漢北地郡。

唐靈武郡地。

元置應理州，屬寧夏路。

皇明洪武初，州廢。三十二年，置寧夏中衛。

靈州守禦千戶所

秦為北地郡。漢惠帝四年，置靈洲縣，[4] 屬北地郡。

南北朝後魏置靈州，後周置普樂郡。[5]

隋州郡廢，大業初，置靈武郡。

唐為靈州，或為靈武郡大都督府，屬關內道。

宋咸平時，[6] 李繼遷叛，陷靈州，改為翔慶軍。[7]

元屬寧夏總管府。

---

① ［校］九年：《弘治寧志》卷三及《嘉靖寧志》卷三《寧夏後衛》均作"八年"。

② ［校］花馬池營："池"字原脱，據《明史》卷四二《地理志》、《弘治寧志》卷三及《嘉靖寧志》卷三《寧夏後衛》補。

③ ［校］弘治十五年：《明史》卷四二《地理志》作"成化十五年"。又，《弘治寧志》卷三及《嘉靖寧志》卷三《寧夏後衛》均載，弘治六年（1493），都御史韓文奏置花馬池守禦千戶所。與本志及《明史》異。

④ ［校］靈洲：原作"靈州"，據影印清朝乾隆四年（1739）武英殿本《漢書》卷二八下《地理志》改。參見白述禮《靈州，初曰"靈洲"——建議中華書局脩改〈漢書〉一字之誤》。

⑤ ［校］普樂郡：原作"普樂州"，據《太平寰宇記》卷三六、《輿地廣記》卷十七、《通典》卷一七三、《文獻通考》卷三二二、《康熙陝志》卷四《建置沿革》及本志前文《寧夏衛沿革表》改。

⑥ 《長編》卷五一、《宋史》卷四八五《夏國傳》載，宋真宗咸平五年（1002）三月，李繼遷大集蕃部，攻陷靈州。

⑦ ［校］翔慶軍：原作"朔慶軍"，據《元史》卷六〇《地理志》、《大明一統志》卷三七《寧夏衛》改。

皇明州廢，置守禦千户所，屬寧夏衛。

興武營守禦千户所

漢朔方郡河南地。

皇明正統九年，置興武營。① 正德元年，改設守禦千户所，屬寧夏衛。

平虜守禦千户所

皇明永樂初，置平虜城。嘉靖三十年，改設平虜守禦千户所，屬寧夏衛。

天　文

分野星宿圖

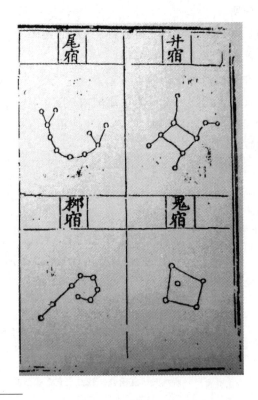

---

① 《寧夏歷史地理考》卷十四《明朝》考證認為，興武營當置於正統十年（1445）至十二年
（1447）間。

寧夏屬雍州，天文井、鬼分野。以其地偏西，兼得尾、柳斗樞。其宿之度數，古法已疎，今按《大統曆》測定者載之。

井八度三十四分九十四秒，入鶉首之次，辰在未。

赤道：井三十三度三十分，鬼二度二十分，尾十九度一十分，柳十三度三十分。

黃道：井三十一度一分，鬼二度十一分，尾十七度九十五分，柳十三度。

地 里

疆域

寧夏衛，袤四百八十里，廣倍之。東至省嵬墩外境二百里，西至賀蘭山外境一百里，南至慶陽府界三百六十里，北至西瓜山外境二百九十里，東南至延綏界三百五十里，西南至固原界四百里，至北京三千六百四十里，至南京三千八百四十里。

靈州，廣一百三十里，袤二百九十里。東至後衛界二百二十里，① 南至慶陽府甜水堡界二百九十里，西濱黃河，北至長城七十里，至寧夏九十里。

後衛，廣二百一十里，袤一百九十里。東南至榆林定邊界三十里，南至環慶界二百八十里，西至興武界一百二十里，北至沙漠，西北至寧夏三百五十里。

興武營，東南至後衛界一百三十里，西南至靈州界一百六十里，西至清水營界七十里，北至沙漠，西北至寧夏二百里。

中衛，廣四百里，袤二百一十里。東南至靈州半箇城二百六十里，西南至蘆溝靖虜界三百一十里，② 西至邊一十五里，東北至寧夏三百六十里。

廣武營，東踰黃河靈州界五里，南至鳴沙州界三十里，西至中衛張義

① ［校］二十里：《康熙陝志》卷二《疆域·寧夏衛》作“四十里”。
② ［校］靖虜界：《康熙陝志》卷二《疆域·寧夏衛》避清朝諱改作“靖羅界”。

堡界九十里，^① 西北至賀蘭山三十里，^② 北至大壩堡界二十里，至寧夏一百六十里。

玉泉營，東至黄河三十里，南至廣武營分水嶺界六十里，西至賀蘭山三十里，北至鎮北堡界九十里，至寧夏九十里。

平虜城，^③ 廣百里，袤一百三十里。東至黄河一十五里，西至賀蘭山六十里，北至鎮遠關九十里，南至洪廣堡六十里，至寧夏一百二十里。

洪廣堡，東至李綱堡界二十里，西至賀蘭山四十里，北至平虜界六十里，南至平羌堡六十里，至寧夏六十里。

城池

寧夏鎮城，漢朔方地。宋景德間，趙德明内附，假以本道節制，始遷改興州，今城寔其故址。圍一十八里，東西袤於南北，^④ 相傳以為“人”形。元末，寇亂難守，棄其西半。正統間，以生齒繁庶，復築其所棄，即今之新城。統甃甎石，四角皆刓削，以示不滿之意。歲久失其制，止闕其艮方，^⑤ 環城引水為池。城高三丈六尺，基濶二丈，池深二丈，濶十丈。門六：東曰清和，南曰南薰，南薰之西曰光化，西曰鎮遠，北曰德勝，德勝之西曰振武。重門各三。内城大樓六、角樓四，壯麗雄偉，上可容千人。懸樓八十有五，舖樓七十。外建月城，城咸有樓。南北有關，以至砲銃具列、閘板飛懸、火罍神臂之屬，制備極其工巧。萬曆三年，巡撫羅鳳翔、僉事解學禮增繕鑿舊易新，環甃堅固。關樓南曰昭陽太平，北曰平虜。慶府長史孫汝匯記，萬曆二十年兵變灌城，間有浸圮，德勝、昭陽、刿車諸樓皆燬。逾年，巡撫周光鎬、副使尹應元再一脩之，題北樓曰命我，關樓曰朝陽。嗣是巡撫楊時寧、黄嘉善、崔景榮相繼脩建，城樓漸復舊制，仍為巨鎮偉觀云。

---

① ［校］張義堡：《康熙陝志》卷二《疆域·寧夏衛》作“張儀堡”。

② ［校］西北：《康熙陝志》卷二《疆域·寧夏衛》作“西”。

③ ［校］平虜：《康熙陝志》卷二《疆域·寧夏衛》避清朝諱改作“平羅”。下同。

④ ［校］袤：《弘治寧志》卷一《寧夏總鎮·城池》、《嘉靖寧志》卷一《寧夏總鎮·建置沿革》均作“倍”。

⑤ 艮方：即東北方。

靈州城并南關，週廻共七里八分，高三丈，池深一丈，① 濶五丈。洪武十七年，城湮於河，移築於城北七里。宣德三年，又為河崩，再城於東北隅五里。景泰三年，展築之。萬曆五年，巡撫羅鳳翔、僉事周有光甃以甎石。門有四：② 東曰澄清，南曰弘化，西曰臨河，北曰定朔，上各有樓。

後衛城，週廻七里二分，③ 高三丈，池深一丈五尺，濶二丈。舊城築於正統八年，在塞外花馬塩池北。天順間，改築今城。門有二：東曰永寧，北曰威勝。④ 萬曆三年，開南門曰廣惠。萬曆八年，巡撫蕭大亨題允甃包。

興武城，週廻三里八分，⑤ 高二丈五尺，⑥ 池深一丈三尺，濶二丈。正統間，⑦ 巡撫金濂奏築。萬曆十二年，巡撫晉應槐甃以甎石。東門一，⑧ 南門一。

中衛城，週廻四里三分。正統初，⑨ 指揮仇廉奏益五里八分。天順間，叅將朱榮奏益七里三分。高三丈五尺，池深一丈，濶七丈八尺。門二：東曰威振，西曰鎮遠。嘉靖初，開南門一。萬曆初年，巡撫羅鳳翔加東關，轉二百四十八丈。十一年，巡撫張九一題准甃包。

廣武城，週廻二里，高三丈二尺，池深一丈五尺，濶四丈。正統間，巡撫金濂奏築。歷弘治間，巡撫王珣拓為四里，南門一，上有樓。

---

① ［校］一丈：此同《嘉靖寧志》卷三《靈州守禦千户所·建置沿革》、《萬曆陝志》卷十《城池·寧夏衛》，《弘治寧志》卷三《靈州守禦千户所·城池》作"三丈"。

② ［校］門有四：《弘治寧志》卷三《靈州守禦千户所·城池》、《嘉靖寧志》卷三《靈州守禦千户所·建置沿革》均只載城門三，無東門。此門或為萬曆間新建。

③ ［校］二分：此同《萬曆陝志》卷十《城池·寧夏衛》，《弘治寧志》卷三《寧夏後衛·城池》、《嘉靖寧志》卷三《寧夏後衛·建置沿革》均作"三分"。

④ ［校］《弘治寧志》卷三《寧夏後衛·城池》、《嘉靖寧志》卷三《寧夏後衛·建置沿革》均載有東、北二門，未言各門的具體名稱。《萬曆陝志》卷十《城池·寧夏衛》載有西門，無北門。

⑤ ［校］三里：此同《嘉靖寧志》卷三《寧夏後衛·建置沿革》、《萬曆陝志》卷十《城池·寧夏衛》《弘治寧志》卷三《興武營守禦千户所·城池》作"二里"。

⑥ ［校］二丈：此同《嘉靖寧志》卷三《東路興武營守禦千户所·建置沿革》、《萬曆陝志》卷十《城池·寧夏衛》，《弘治寧志》卷三《興武營守禦千户所·城池》作"三丈"。

⑦ 《嘉靖寧志》卷三《東路興武營守禦千户所·建置沿革》、《萬曆陝志》卷十《城池·寧夏衛》載，事在正統九年（1444）。

⑧ ［校］《弘治寧志》卷三《興武營守禦千户所·城池》、《嘉靖寧志》卷三《東路興武營守禦千户所·建置沿革》均載有西、南二門，無東門。

⑨ 《弘治寧志》卷三《寧夏中衛·城池》、《嘉靖寧志》卷三《中衛·建置沿革》載，事在正統二年（1437）。

玉泉營城，週廻三里，萬曆十五年創築，列唐來渠西。

平虜城，週廻四里五分，① 高三丈五尺，池深一丈，濶倍之。永樂初築，萬曆三年，巡撫羅鳳翶甃以甎石，糸將祁棟董其成也。門有二，南、北皆曰平虜。

洪廣營城，週廻二里一百六步，萬曆三十三年，巡撫黃嘉善拓其東北共一百六十四丈，池深一丈，濶倍之。

衛砦

寧夏衛，自漢迄元，為鎮、為府、為州、為路靡一，國朝初，改寧夏府。洪武九年，府廢，徙其民於長安，改置寧夏衛，遷五方之人實之。降“寧夏衛指揮使司之印”起脚力符驗一道，隸陝西都司。属屯堡十有一：潘昶、② 金貴、置操守。李祥、河西寨、有遞運所。楊和、王泰、王鉉、③任春、葉昇、漢壩、河中。

左屯衛，洪武初設為左護衛，尋改為左屯衛，分中屯衛軍之半實之，降“寧夏左屯衛指揮使司之印”，隸陝西都司。属屯堡十有四：内廢者一。蔣鼎、陳俊、瞿靖、林皋、邵綱、④ 李俊、王銓、⑤ 林武馬站、劉亮、今廢。魏信、張政、唐鐸、許旺、王澄。

右屯衛，洪武初設為右護衛，尋改為右屯衛，分中屯衛軍之半實之，降“寧夏右屯衛指揮使司之印”，隸陝西都司。属屯堡十有八：内廢者二。大壩、設守備。靖夷、楊顯、靖虜、威遠、今改為豐樂。平湖、⑥ 改為豐樂，今廢。雷福、今改為豐登。桂文、常信、洪廣、先設把總、操守，今改遊擊。高

---

① 〔校〕四里五分：此同《萬曆陝志》卷十《城池·寧夏衛》，《弘治寧志》卷三《平虜城·城池》作“三里”。

② 〔校〕潘昶：此同《嘉靖寧志》卷一《寧夏總鎮·寧夏衛》，《弘治寧志》卷一《寧夏總鎮·營堡》作“潘敞”。

③ 〔校〕王鉉：此同《嘉靖寧志》卷一《寧夏總鎮·寧夏衛》，《弘治寧志》卷一《寧夏總鎮·營堡》作“王宏”。

④ 〔校〕邵綱：此同《嘉靖寧志》卷一《寧夏總鎮·左屯衛》，《弘治寧志》卷一《寧夏總鎮·營堡》作“邵剛”。

⑤ 〔校〕王銓：《弘治寧志》卷一《寧夏總鎮·營堡》作“王全”，《嘉靖寧志》卷一《寧夏總鎮·左屯衛》作“王佺”。

⑥ 〔校〕平湖：《嘉靖寧志》卷一《寧夏總鎮·右屯衛》作“平胡”，疑是。

榮、姚福、周澄、^① 鎮朔、置操守。楊信、鎮北、置操守。平羌、置操守。新
興。久廢。

　　前衛，洪武中設，降"寧夏前衛指揮使司之印"，隸陝西都司內，後
所分撥平虜城千百戶皆隨之。屬屯堡八：^② 謝保、張亮、李綱、置操守。
丁義、平虜城、置糸將。宋澄、威鎮、置操守。黃沙馬寨。

　　中屯衛，洪武初置中護衛，扈從慶王。正統九年，增置廣武營，巡撫
金濂奏謫旗軍五百名往守。正德五年，安化王寘鐇作變，詔責慶王，革中
護衛為中屯衛，降"寧夏中屯衛指揮使司之印"，隸陝西都司。屬屯堡
五：虞祥、漢伯渠、金積、中營、鎮河。每冬，黃河水結，套虜乘夜長驅，直
抵城下。俟侵晨，人畜出，潛掠而還，以致農廢力田恒業。雖分兵按伏高臺寺，虜終
不為忌。迄嘉靖十五年，有晏海湖之失。十七年，巡撫吳鎧檄都指揮呂仲良城之，人
以為便。

　　靈州守禦千戶所，屬屯堡十有三：內廢者三。棗園、吳忠、惠
安、^③ 巡撫黃嘉善甃以磚石，巡撫崔景榮題設管鹽捕盜通判駐此。漢伯渠、金
積、中營、秦壩關、半箇城、置操守。胡家、新接、^④ 夏家、久廢。河
東關、久廢。紅崖站。久廢。屬城十有三：^⑤ 大沙井、城週廻三百步，^⑥ 門
一，有驛遞。石溝、舊城週廻三百步，^⑦ 弘治間，^⑧ 巡撫王珣拓其城二里，^⑨ 門

---

　　① ［校］周澄：《弘治寧志》卷一《寧夏總鎮·營堡》作"周成"。

　　② ［校］屬屯堡八：《嘉靖寧志》卷一《寧夏總鎮·前衛》載前衛有屯堡九，除後載八堡
外尚有"周澄"一堡，本志載之於右屯衛。

　　③ ［校］惠安：《弘治寧志》卷三《靈州守禦千戶所·寨堡》作"會安"。

　　④ ［校］新接：《嘉靖寧志》卷三《靈州守禦千戶所·寨堡》無"新接堡"，另有一
堡為"馬家園"。

　　⑤ ［校］十有三："三"疑當作"一"，下文僅羅列出十一城之名。

　　⑥ ［校］三百步：此同《嘉靖寧志》卷三《靈州守禦千戶所·屬城》，《弘治寧志》
卷三《靈州守禦千戶所·屬城》作"里許"。

　　⑦ ［校］三百步：原作"一百步"，據《弘治寧志》卷三、《嘉靖寧志》卷三《靈州守禦
千戶所·屬城》改。

　　⑧ 《弘治寧志》卷三、《嘉靖寧志》卷三《靈州守禦千戶所·屬城》載，事在弘治十三年
（1500）。

　　⑨ ［校］二里：本志原版"里"前原空一格，據《弘治寧志》卷三、《嘉靖寧志》卷三
《靈州守禦千戶所·屬城》補。

一，置操守、驛遞。塩池、舊城週迴一里。① 弘治間，② 巡撫王珣拓為二里。正德間，③ 巡撫王時中又拓為四里。門二，置操守、驛遞。南十里許，平地產塩。慶、平、臨、鞏四郡轉輸絡繹不絕，其課俾益邊儲。隰寧、成化間，巡撫徐廷璋築僅一里。弘治間，巡撫王珣拓為二里。有遞運所。萌城、城週迴一里餘，④ 門二，有驛遞。磁窰寨、城週迴二百一十丈，門一。産爐炭，其土可陶。築堡置官，慶府窰匠軍餘集役於此，兩河需磁器及炭者咸貿易焉。清水營、城週迴一里。⑤ 弘治間，⑥ 巡撫王珣拓為二里，置操守，繼設守備。橫城、城週迴一里。⑦ 正德間，⑧ 總制楊一清築，置操守，繼設守備。〔萬曆〕二十七年，巡撫楊時寧甃以磚石。紅山、城週迴一里。⑨ 正德間，⑩ 總制秦紘築，⑪ 置操守。紅寺、城週迴一里。⑫ 正德間，⑬ 總制楊一清築，置操守。韋州群牧所。漢属北地郡，唐属靈武郡，宋趙元昊為韋州，元仍之。城週三里餘，⑭ 居蠡山之東。舊不知其名，據張舜民詩"青銅峽裏韋州路"，故相傳以為韋州。洪武間，慶靖王獵於此，見蠡山秀麗，遂宮室居之，凢九年，移寧夏。以其宜於畜牧，故設群牧所。歷世藩王陵寢在蠡山之隂，詩見《詞翰》。⑮ 弘治間，⑯ 巡撫王珣奏築東關門二。

　　後衛，領屯堡四：內廢者一。安定、城週二里，設守備。柳楊、在舊長城

---

① ［校］一里：此同《嘉靖寧志》卷三《靈州守禦千户所·属城》，《弘治寧志》卷三《靈州守禦千户所·属城》作"一里三分"。

② 《弘治寧志》卷三、《嘉靖寧志》卷三《靈州守禦千户所·属城》載，事在弘治十三年（1500）。

③ 《嘉靖寧志》卷三《靈州守禦千户所·属城》載，事在正德十四年（1519）。

④ ［校］一里餘：《弘治寧志》卷三、《嘉靖寧志》卷三《靈州守禦千户所·属城》均作"一里五分"。

⑤ ［校］一里：《弘治寧志》卷三《靈州守禦千户所·属城》作"里許"。

⑥ 《弘治寧志》卷三、《嘉靖寧志》卷三《靈州守禦千户所·属城》載，事在弘治十三年（1500）。

⑦ ［校］一里：《嘉靖寧志》卷三《靈州守禦千户所·属城》作"一里許"。

⑧ 《嘉靖寧志》卷三《靈州守禦千户所·属城》載，事在正德二年（1507）。

⑨ ［校］一里：《嘉靖寧志》卷三《靈州守禦千户所·属城》作"一里許"。

⑩ 《嘉靖寧志》卷三《靈州守禦千户所·属城》載，事在正德十六年（1521）。

⑪ ［校］秦紘：原作"秦絋"，據《明史》卷一七八《秦紘傳》等改。下同。

⑫ ［校］一里：《嘉靖寧志》卷三《靈州守禦千户所·属城》作"一里五分"。

⑬ 《嘉靖寧志》卷三《靈州守禦千户所·属城》載，事在正德二年（1507）。

⑭ ［校］三里餘：此同《嘉靖寧志》卷三《韋州·建置沿革》，《弘治寧志》卷三《韋州·城池》作"四里三分"。

⑮ 參見本志卷五《詞翰》載王越撰《過韋州》。

⑯ 《弘治寧志》卷三、《嘉靖寧志》卷三《韋州》載，事在弘治十三年（1500）。

之南,① 今隔於溝壘之外,遂為廢城。虜每潛伏於此,反滋其患,實花馬池之一累也。鐵柱泉、弘治間,② 總制秦紘嘗城其地,但非形勢所宜,故不終其事。嘉靖十五年,總制劉天和躬自相度,踰月而就,遂成巨防,兵農商旅咸稱其便。有碑記頌,見《詞翰》。③ 萬曆三十五年,巡撫黃嘉善甃以磚石。野狐井。萬曆四十一年,總制黃嘉善、巡撫崔景榮題築。

興武營守禦千户所,領堡一:毛卜刺,城週一里七分,置操守。

中衛,領屯堡十有二:柔遠、鎮靖、永康、宣和、舊寧安、威武、石空寺、設守備。常樂、鎮虜、置操守。控夷、新寧安、嘉靖九年,巡撫翟鵬奏築。古水井。萬曆四十一年,巡撫崔景榮因曠遠衝邊題築,設守備。屬城一:鳴沙州。漢靈洲縣鳴沙鎮地,④ 舊隸靈州,地有沙,踐之有聲,故曰"鳴沙"。後周移置會州於此,尋廢。隋置鳴沙縣,屬環州,大業初,州廢。唐貞觀初,以縣再屬靈州。神龍初,為默啜據。⑤ 咸亨中收復,置安樂州,處吐谷渾部,後没於吐蕃。大中間收復,改置威州,徙治於方渠,以鳴沙為屬縣。元初,立鳴沙州。國初,徙其民於長安,惟空城爾。正統九年,巡撫金濂奏葺故城,仍名鳴沙,摘調寧夏中屯衛官軍守之。其東南據沙山,西北阻大河。城週三里七分,高二丈二尺。⑥ 南北二門,上皆有樓。塹深一丈,濶二丈,置操守。

廣武營屬堡四:張恩、張義、置把總。棗園、初隸中衛廣武,草灘在其地,棗園人恣取,致廣武軍困于陪補。嘉靖十八年,割地屬廣武,軍困始舒,置操守。渠口墩。萬曆四十一年,巡撫崔景榮築,設把總。

坊市

忠敬孝友,捐貲助邊,賢德著聞,曰恩隆三錫、曰賢冠宗藩,玉音為慶惠王,立於欞星門南。

曰養賢、曰育材,廟學左右。曰安攘攸司、曰文武惟憲、曰建旄開

---

① [校]長城:"長"字原脱,據《嘉靖寧志》卷三《寧夏後衛》補。

② 《嘉靖寧志》卷三《寧夏後衛》載,事在弘治十三年(1500)。

③ 參見本志卷四《詞翰》載管律撰《鐵柱泉記》。

④ [校]靈洲:原作"靈州",據影印清朝乾隆四年(1739)武英殿本《漢書》卷二八下《地理志》改。參見白述禮《靈洲,初曰"靈洲"——建議中華書局脩改〈漢書〉一字之誤》。

⑤ [校]嘿啜:原作"嘿啜",據《新唐書》卷三七《地理志》、《大明一統志》卷三七《寧夏中衛》等改。

⑥ [校]二丈:《嘉靖寧志》卷三《中衛·屬城》作"三丈"。

府、曰仗鉞籌邊，俱都察院前。曰詰戎督餉、曰肅紀振綱，俱憲司前。曰遺愛，為中丞念山羅公〔鳳翱〕。曰司馬，為徐琦。曰尚書，為胡汝礪。曰都憲，二，一為楚書，一為馬昊。曰文宗柱史，為黃綬。曰黃門清要，為潘九齡。曰青瑣，為管律。曰天官大夫，為劉思唐。曰進士，五，一為劉慶，一為張嘉謨，一為楚書，一為黃綬，一為劉思唐。曰群英繩武，為歷科鄉舉。曰五桂聯芳，為王師古、楚書、汪文淵、梁仁、劉伸。曰父子登科，為梅信、梅羹。曰兄弟魁名，為夏景芳、夏景華。曰經元，坊九，為程景元、李暹、濮頤、駱用卿、呂渭、吳冕、楊經、秦聘、呂用賓。曰麟經魁選，為山岳。曰文魁，為蕭漢。曰三桂坊，為王元、賈萬鎰、杜文錦。曰黃甲蜚英，為王元。曰黃堂司牧，為李微。曰蘭山三鳳，為王繼祖、李廷彥、丁文亨。曰一鳳鳴陽，為屈大伸。曰鵬搏萬里，為吳過。曰奎璧聯輝、風雲際會，奎文書院東西。曰武師，一為史鏞，一為保勛。曰大都督、曰三膺樞府，俱為趙應。曰兩鎮元戎，為呂經。曰三鎮元戎，為吳鼎。曰兩京都督，為郭震。曰忠烈，一為楊忠，一為李睿。曰六世同居，為安廷瑞。[①] 曰一門雙節，為曹澗。曰清和、曰南薰、曰光化、曰鎮遠、曰振武、曰德勝，俱六門內。曰熙春、曰泰和、曰咸寧、曰里仁、曰平善，胡麻、糟糠、雜物市此。曰感應，布帛市此。曰清寧，[②] 果品、顏料、紙、筆、帽、靴、山貨集焉。曰毓秀，坊抵新譙樓，蘇杭諸貨、五穀、肉、菜集焉。曰脩文、曰樂善、曰廣和、曰備武、曰澄清、曰積善、曰衆安、曰寧朔、曰永康、曰崇義、曰鎮安、曰慕義、曰效忠、曰遵化、曰肅清、曰鎮靜、曰凝和，諸坊隨在市豕羊肉、脯果、菜。曰永春、曰迎薰、曰挹蘭、曰靖虜，皆市馬、牛、騾、驢、豕、羊。曰西北鉅鎮，南郭外。曰迎恩，永通橋南。自"養賢"而下九十三坊俱國初以來建立，毀於萬曆壬辰兵變，坊廢名存，市集仍舊。

曰宗烈，[③] 奉旨為慶憲王方妃。曰宗義，奉旨為宗室倪㷿等六十三位立。曰萬世師表、曰萬里雲衢，俱文廟南。曰騰蛟、曰起鳳，廟學左右。曰神武垂憲，武廟南。曰都御史臺、曰表率文武、曰奠戢華夷，俱都察院

---

① ［校］安廷瑞：原作"安廷瑞"，據《嘉靖陝志》卷三一《文獻十九‧鄉賢》、本志卷三《義》"安廷瑞"條改。

② ［校］清寧：《嘉靖寧志》卷一《寧夏總鎮‧街坊市集》作"清和"。

③ ［校］宗烈：本志卷二《內治‧藩封》作"宗烈春秋"。

新署。曰功德，前中丞鑑川王公崇古。曰十年遺愛，為中丞梓山黃公嘉善。曰激濁揚清、曰振綱肅紀，閱邊柱史北察院。曰憲臺、曰振揚風紀、曰整飭邊防，河西憲司。曰斗樞上將、曰箕翼雄師，總兵府。曰賢師遺思，為總鎮馥亭蕭公如薰。曰威震華夷，關王廟南。曰氣壯山河，岳王廟南。曰護國安民，城隍廟南。曰馬神廟，馬神廟南。曰三軍司命，旗纛廟南。曰大雄古剎，承天寺前。曰振揚神武、曰保護朔方，清寧觀左右。曰天朝耳目、曰京卿，俱為穆來輔。曰進士，為李廷彥。曰彤廷弼直，為侯廷珮。曰天綸重賁，為侯廷珮。曰奕世承恩，為蒯諫。"宗烈"而下舊樹者七，新建者二十有七。

靈州坊：曰攀龍、曰附鳳，廟學左右。曰宣憲，河東憲司。曰都柬，為俞鷥。曰秦淮元戎，為郭震。

後衛坊：曰萬代瞻仰、曰百世宗依，廟學左右。曰華夷一統、曰雄勝九邊、曰屏藩四鎮、曰德威萬里、曰鎮靖、曰振武、曰平胡、曰揚威、曰東拱神京、曰南通關陝。

中衛坊：曰養賢、曰毓秀，廟學東西。曰忠烈，為糸將。

興武營坊：曰靖虜，西門外。曰迎恩，南門外。

廣武營坊：曰永寧、曰威鎮、曰靖虜、曰武畧、曰保安，舊有。曰迎恩、曰河山毓秀，新建。

風俗

彊梗尚氣，重然諾，敢戰鬥。《金史》夏國贊。[①] 雜五方，尚詩書，攻詞翰。[②] 舊志。[③] 重耕牧，閑禮義。新志。[④]

靈州：尚耕牧，工騎射，信機鬼。[⑤] 舊志。富強日倍，禮義日新。新志。

後衛：務耕牧，習射獵。舊志。

---

① 參見《金史》卷一三四《西夏傳》"贊曰"。
② ［校］攻詞翰："攻"字原脫，據《弘治寧志》卷一、《嘉靖寧志》卷一《寧夏總鎮·風俗》補。
③ 參見《正統寧志》卷上《風俗》、《弘治寧志》卷一《寧夏總鎮·風俗》。
④ 新志：文獻具體名稱不詳。下同。
⑤ ［校］機鬼：此同《四庫》本《宋史》卷四八六《夏國傳》、《弘治寧志》卷三《靈州守禦千戶所·風俗》，中華本《宋史》卷四八六《夏國傳》、《嘉靖寧志》卷六《拓跋夏考證》均作"機鬼"。

中衛：人性勇幹，以耕獵為事，孳畜為生。舊志。

按：夏俗淳厚馴雅，自國初盡徙其民於關中，實以齊、晉、燕、趙、周、楚之民，而吳、越居多，故彬彬然有江左之風。服舍從風，好尚與中土不甚異，惟公署及王家、文武世族覆瓦連甍，民間俱以土蓋房，積薪其上。堂中供諸神像，錯列祖先，殆《宋史》所謂"篤信機鬼"之遺俗也。①

其四時節儀，如元旦，燃炷香，懸天燈，祀真宰，拜祖禰，既出賀媿友，徧乃已。迎春競觀，茹春餅，薦白葡。上元，張燈放花十六日，家室隨方近行，取禳吉之義。春分日釀酒，名曰春分酒。河水既泮，漁者率以網以釣，競取而市焉。清明之前，公族大姓樹鞦韆、放風鳶為樂。卜吉，載餚挈陌，出郊展墓，厥日插柳戶上，并戴之首。

季春廿八日，爇香東嶽廟。孟夏八日，諸寺僧尼為洗袚會。午日貼符插艾，繫綵索，啖角黍，咸相餽遺。醫人捉蟇採藥。十有三日於關王廟、望日城隍廟趾錯糸拜，諸貨騈集貿易。季夏六日，儲水造麵，水經月不腐。孟秋七日，閨人亦有以針工、茗果作乞巧會者。中秋作月餅，陳瓜果，祀太陰，仍占月光，以驗來歲上元晴雨。季秋九日，蒸花糕，具菊釀相餽。孟冬朔，咸祭於家。是月，採蔬實塩以備冬。仲冬，長至祠祭如前，弟不拜賀。嗣是紈綺牽黃臂蒼，畋臘畢舉焉。季冬初旬，釀臘酒。八日，以米豆、雜肉加辣為粥，名臘八粥。廿三日夕，祀竈。歲除，饡謝真宰，薦祖禰，貼春聯，易門神桃符。夕具酒餚，以次稱壽守歲。

婚禮頗近古，六儀亦備，士皆親迎，鄉士大家悉遵《朱文公家禮》，用佛事者世祿之家並商賈爾。冠禮不多見焉。

尚論夏有"蘭崎河流"、"民物阜殷"、"塞北江南"號稱久矣，緣夏遷自南服，《寰宇記》云，②江左之人崇禮好學，習俗相化，故有是稱。正〔德〕、嘉〔靖〕之後，其俗尚奢。迨萬曆壬辰亂定，人幸更生，服食以靡麗相誇，財用以浮費漸耗，事淫末者亡論，即務本者佩刀而釋末耞，應募以為美途，謂坐食饟餼也。邇來甲士、穡夫，崇無為教，自鎮中外遠邇同風，且名器寔若濫觴，卑幼凌競尊長。嗚呼！俗以習遷，習以時易，轉移之機，將安在哉？是在上者輓之，當亟而表正之者，士夫與有責焉。

---

① 參見《宋史》卷四八六《夏國傳》。

② 參見《太平寰宇記》卷三六《靈州》。

賦見《詞翰》。①

山 川 形勝附

寧夏

賀蘭山，在城西六十里。峯巒蒼翠，②崖壁險削，延亘五百餘里，邊方倚以為固。上有頹寺百餘，并元昊故宮遺址，自來為居人畋獵、樵牧之場。弘治八年，醜虜為患，遂奏禁之。有唐韋蟾、元貢泰父、慶靖王、大學士金幼孜詩歌，見《詞翰》。③

娑羅模山，城西南一百里。近賀蘭山靈武口，水自地湧出。舊有龍王祠，禱旱多應。有王遜記，見《詞翰》。④

峽口山，古名青銅硤，在城西南一百四十里。兩山相夾，黃河經其間，上列古塔百有八。宋張舜民、國朝僉事齊之鸞詩見《詞翰》。⑤

省嵬山，城東北一百四十里，踰黃河。

居中山，鎮東南二百六十里。

黃草山，城北二百二十里，其上草色多黃。

西瓜山，城北二百八十里。

石嘴山，城東北二百里，突出如嘴。

麥垛山，城東北三百里。俱以形名。⑥

黑山，城東北二百里，賀蘭尾也。形如虎踞，飲河抗隘。

黃河，發源星宿海，伏流千里，至積石而再出，遠不具論。自蘭、會北流，兩崖皆崇崖峭壁，河狹而水勢遄駛，商市莊寧山木而下者日行可二百里，以其流急也。鎮之宮室廨署，椓楔類多資用。經中衛入硤口，灑為漢、唐諸渠，灌田數萬頃。經鎮東北過新秦中，出龍門，縣延綏南注，至華陰而東入河南境，因有河套之地。宋熙寧中，邢恕奏乞下熙河路造船五

---

① 參見本志卷四《詞翰》載婁奎撰《朔方風俗賦》。

② ［校］蒼翠：《萃編》本誤作"蒼萃"。

③ 參見本志卷五《詞翰》載韋蟾撰《送盧藩之朔方》、貢泰父撰《楊得章監憲賀蘭山圖》、慶靖王撰《賀蘭大雪歌》、金幼孜撰《至寧夏望見賀蘭山》、《出郊觀獵至賀蘭山》。

④ 參見本志卷四《詞翰》載王遜撰《莎羅模龍王祠碑記》。

⑤ 參見本志卷五《詞翰》載張舜民撰《峽口山》、齊之鸞撰《峽口吟》。

⑥ "俱以形名"者指西瓜山、石嘴山和麥垛山。

百艘，于黃河順流直取興州。明興，嘉靖十五年，軍門遣隊長任勇率卒乘船，自夏鎮鼓櫂，直抵偏關。事聞，受陞賚。萬曆壬辰兵變，臨鞏道副使劉光國以船栰載運滅虜湧珠砲位、藥線之類至靈州，征兵資用，畔逆受攻。二十七年，總督李汶、巡撫楊時寧、簡材官金成率甲士三十六人，由夏境駕船遠出河套，斬虜一十一級，伸撻伐威。夫黃河迤内漢唐，概沐華風，我國家取河南地，而版圖之可謂盛矣。自東勝不戒，河南失守，腥羶遂據為巢，恢復甚難，亦靡有問津者。上公石晝力士勇前，孤軍環出，於龍沙鳴劍，捷收於虎穴。睹漢唐無外之雉堞，睇覆載不盡之山川，大壯國威，功亦奇矣。聖朝授成以官，尋陞為將，亦殊典云。

黑水河，城東九十里，番名“哈喇兀速”，西流注黃河。

清水河，鳴沙州南，距鎮二百五十里，古所謂“葫蘆河”者是也。河流甚狹，自平涼界來，西注于黃河。

快活林，城西十里，豐水草，宜孳牧。

高臺寺湖，城東十五里。

三塔湖，城東北三十里。

巽湖，城東南三十五里。

觀音湖，城西北九十三里，[1] 賀蘭山大水口下。

月湖，城北三十五里，[2] 以形名。

長湖，城南十五里。[3] 泛舟出蒲灣，淳泓浩晶，湖光澄碧，山色送青，遊覽有餘思焉。

沙湖，鎮東二十里。

暖泉，鎮西北八十里。

背名山而面洪流，左河津而右重塞。《赫連夏京都頌》。[4] 左距豐勝，右

---

① ［校］九十三里：此同《弘治寧志》卷一、《嘉靖寧志》卷一《寧夏總鎮·山川》。《大明一統志》卷三七《寧夏衛》作“九十五里”，《嘉靖陝志》卷四《山川下·寧夏衛》作“九十里”。

② ［校］三十五里：此同《嘉靖寧志》卷一《寧夏總鎮·山川》，《弘治寧志》卷一《寧夏總鎮·山川》作“七十五里”。

③ ［校］南：《嘉靖陝志》卷四《土地二·山川下》作“西南”。

④ 參見《晉書》卷一三〇《載記第三十·赫連勃勃》、《十六國春秋》卷六九《夏錄四·胡義周》、《大明一統志》卷三七《寧夏衛》。

帶蘭會。舊志。① 黃河遶其東，賀蘭聳其西，西北以山為固，東南以河為
險。俱《一統志》。② 黃河襟帶東南，賀蘭蹲跱西北。靖王《八景詩序》。③ 背
山面河，四塞險固。大學士彭時《儒學記》。④ 西據賀蘭之雄，東據黃河之
險。吏部尚書桂蕚《天下圖本論》。按《本論》謂："陝西三邊，惟寧夏西據賀蘭之
雄，東據黃河之險，其為備也甚易。"此但論其形勝爾。近年以來，虜浮洪濤而西渡，
視河猶坦途，逐水草而轉徙，依賀蘭為勦穴。東西戒嚴，無時少緩，為備實難於諸
邊。必如時所謂"背山面河，四塞險固。中國有之，足以禦外夷；外夷竊之，足以抗
中國"。其確論哉。茲曰"為備甚易"，是忽之矣。忽之則患將至矣，患至而思弭之，
又孰其力耶？故曰"守在德不在險"⑤。有詩見《詞翰》。⑥

　　按：山河之固，國之所寶。蓋自古記之，寧夏河瀆東流，賀蘭西峙，
屹然一雄鎮也。自邊備弛於欸貢，蘊崇逮於壬辰，創傷之餘，財詘而武節
不競，天造地設之險，美固無復。曩時先後柄事之臣所為桑土綢繆之計，
亦既毖且周矣。然欲形勝鞏於磐石，猶有望於深計者焉。

靈州

金積山，在州西南一百餘里，⑦ 産文石，山有牛首寺。

磁窰山，州東北六十里，為陶冶之所。

炭山，州南五十里。⑧

平山，州東北八十里，以形名。

馬鞍山，州東北五十里，以形似名。

天麻川，在州東北。

---

　　① 舊志：文獻具體名稱不詳。《大明一統志》卷三五《平涼府》轉引元朝《開成志》載：
"左控五原，右帶蘭會。黃流在其北，崆峒阻其南。"參見《弘治寧志》卷一《寧夏總鎮·
形勝》。

　　② 參見《大明一統志》卷三七《寧夏衛》。

　　③ 參見《正統寧志》卷下《文》載凝真（慶靖王朱㮵之號）撰《西夏八景圖詩序》。

　　④ 參見《嘉靖寧志》卷一《寧夏總鎮·公署》、本志卷四《詞翰》載彭時撰《重脩儒學碑
記》。

　　⑤ 參見《史記》卷六五《孫子吳起列傳》。

　　⑥ 參見《弘治寧志》卷八《雜詠類》、《嘉靖寧志》卷一《寧夏總鎮·形勝》載駱用卿撰
《題寧夏》、李遜學撰《寧夏》二詩。本志卷五《詞翰》未載二詩。

　　⑦ [校]西南一百餘里：《嘉靖陝志》卷四《土地二·山川下》作"南二百里"。

　　⑧ [校]南：《嘉靖陝志》卷四《土地二·山川下》作"東南"。

孛羅臺湖，①　州南五十里。②

蒲草湖，州南一十里。③

草場湖，州南三十里。

滾泉，金積山東，水自地湧出，④　高丈許，其沸如湯。

滴水，滾泉東北，⑤　崖上一石板突出下瞰，⑥　水自石板亂滴如雨，禱雨多應。

西陲巨屏。宋劉綜議"民淳土沃"云云，⑦　宜固守以為捍蔽。

北控河朔，南引慶涼。舊志。

韋州

打刺坡山，在城南四十里。

小螽山，在大螽山之南，⑧　其脉相聯。

大螽山，在韋州城西二十餘里，⑨　層巒疊嶂，蒼翠如染，以其峯如螽故名，始於慶府長史劉昉，舊不知為何名。四傍皆平地，屹然獨立。上多奇木、異卉、良藥，山北有顯聖祠。雨暘禱之輒應，永樂間載之祀典。僉事孟霦詩見《詞翰》。⑩

---

①　［校］湖：此字原脱，據《弘治寧志》卷三《靈州守禦千户所·山川》、《嘉靖陝志》卷四《土地二·山川下》補。

②　［校］五十里：《弘治寧志》卷三《靈州守禦千户所·山川》作"二十里"。

③　［校］南：《嘉靖陝志》卷四《土地二·山川下》作"東南"。

④　［校］地：《嘉靖陝志》卷四《土地二·山川下》作"池"。

⑤　［校］東北：原作"南北"，據《弘治寧志》卷三、《嘉靖寧志》卷三《靈州守禦千户所·山川》改。

⑥　［校］下瞰：《正統寧志》卷上《山川》作"下懸"。《萃編》本誤作"一瞰"。

⑦　［校］劉綜議：原作"劉崇儀"，據《宋史》卷二七七《劉綜傳》、《長編》卷五〇"咸平四年十二月"條、《康熙陝志》卷二《疆域·寧夏衛》改。

⑧　［校］南：此同《弘治寧志》卷三、《嘉靖寧志》卷三《韋州·山川》，《正統寧志》卷上《山川》、《嘉靖陝志》卷四《土地二·山川下》均作"東北"。吳忠禮《寧夏志箋證》認為《正統寧志》當作"東南"，參見其書第60頁《箋證》［四五］。

⑨　［校］二十餘里：《弘治寧志》卷三《韋州·山川》作"三十里"，《嘉靖陝志》卷四《土地二·山川下》作"二十里"。

⑩　參見《嘉靖寧志》卷三《韋州·山川》"螽山"條載孟霦詩"駿馬逆風嘶"。本志卷五《詞翰》載穰穆和劉昉撰《螽山疊翠》，未載孟霦詩。

三山，① 在城東百里，② 三峯列峙如指。

樺子山，在三山南，溪澗險惡，豺虎所居。

狼山，在城東五里。

琥八山，在城南八十餘里，③ 胡名，④ 華言"色駁雜"也。

黑鷹山、鹿山，二山皆近琥八山。

東湖，在城東一里。

鴛鴦湖，在東湖北三里，⑤ 凝真詩見《詞翰》。⑥

富泉，在大蠡山之南，⑦ 今引以灌田。

煖泉，在塩池西南三十里。萬曆四十一年，總制黃嘉善檄操守盧文善拓大其基，建亭鑿池，泉環遶其間，樹木陰欝，為制府行邊暫憩之署，亦勝槩也。諸憲臬詩見《詞翰》。⑧

後衛

靈夏肘腋，環慶襟喉。督撫楊一清、王瓊、劉天和、王崇古、郜光先、楊守禮，憲臬崔允、孟霦詩見《詞翰》。⑨

---

　　① ［校］三山：《正統寧志》卷上《山川》、《弘治寧志》卷三《韋州·山川》及《弘治寧志》、《嘉靖寧志》附《國朝混一寧夏境土之圖》、《嘉靖陝志》卷六《土地四·寧夏衛》所附《寧夏衛疆域圖》等均作"三山兒"。

　　② ［校］百里：《嘉靖陝志》卷四《土地二·山川下》作"二百里"。

　　③ ［校］南八十餘里：《嘉靖陝志》卷四《土地二·山川下》作"西南八十里"。

　　④ ［校］胡名：原作"湖名"，《嘉靖陝志》卷四《土地二·山川下》作"夷名"，據文意改。

　　⑤ ［校］三里：《嘉靖陝志》卷四《土地二·山川下》作"一里"。

　　⑥ ［校］凝真：原作"安賽王"，據《正統寧志》卷下《題詠·夜宿鴛鴦湖聞鴈聲作》、《弘治寧志》卷八《雜詠類·夜宿鴛鴦湖聞鴈聲》改。"凝真"為慶靖王之號。

　　⑦ ［校］大蠡山之南：《正統寧志》卷上《山川》作"居大小蠡山之間"，《嘉靖陝志》卷四《土地二·山川下》作"蠡山下"。

　　⑧ 參見本志卷五《詞翰》載憲臬周懋相撰《癸丑防秋過暖泉亭》及文球、劉尚朴撰《壬子行邊暖泉暫憩》。

　　⑨ 參見本志卷五《詞翰》載楊一清撰《興武暫憩》，王瓊撰《駐兵花馬池》、《九日登花馬池城》，王崇古撰《中秋同霍軍門長城關對月》、《中秋同蕭地部曹右轄方憲使長城對月》、《識慶二律》、《詩代慶邁》，郜光先撰《登長城關望闕》，楊守禮撰《駐花馬池》，崔允撰《花馬池詠》，孟霦撰《午日寓花馬池》。本志未載劉天和詩，劉氏所撰《登城樓》"誰築防胡萬堞城"詩和"萬馬初行塞"詩參見《嘉靖寧志》卷三《後衛·形勝》。

興武

靈夏重地，平慶要藩。新志。① 督撫楊一清、馮清、② 少条丘璐詩見《詞翰》。③

中衛

石空寺山，衛東七十里。

米鉢山，衛南七十里，因山有米鉢寺，故名。

雪山、冷山，衛大河之南，近平涼、蘭州界。

大沙子山，舊應理州西南，俗呼“扒里扒沙”，迤西近莊浪、涼州諸界。

沙山，衛西五十里，因沙所積，故名。

啓剌八山，衛之大河西北。

觀音山，衛北五十里，山有觀音洞，故名。其天都、韋精二山，《圖記》不載，莫得其處。“天都”，元昊所名，嘗建南牟內殿舘庫於此，為宋李憲所焚，疑即今之米鉢山也。《陝西通志》云：④ “天都山在鎮武軍西北百五十里。”韋精山，近會州，元昊駐兵於此，以備環慶，疑即今之哈密峽也。

洛陽川，在衛西二十五里。

龍潭泉，在衛西二十里，四時潴蓄，冬不凝冰，禱雨有應，一名“煖泉”。

蒲塘，在衛北四十里，塘中多産蒲草。

---

① 參見《嘉靖寧志》卷三《東路興武營守禦千户所·形勝》。

② ［校］馮清：原作“馮春”，據《嘉靖寧志》卷三《東路興武營守禦千户所·形勝》改。明朝寧夏督撫中未有名“馮春”者。

③ ［校］丘璐：原作“丘潞”，據《嘉靖寧志》卷三《東路興武營守禦千户所·形勝》、本志卷五《詞翰》改。又，本志卷五《詞翰》載楊一清撰《興武暫憩》詩、丘璐撰《興武形勢》詩，未載馮清詩。馮清撰《興武營次韻》詩“籌邊竊喜一登樓”參見《嘉靖寧志》卷三《東路興武營守禦千户所·形勝》。

④ 參見《嘉靖陝志》卷四《土地二·山川下》。

邊陲要路。新志。① 左聯寧夏，右通莊浪。東阻大河，西據沙山。②
《元史》本州志。詩見《詞翰》。③

廣武

西河要衝。新志。④ 總制王瓊詩見《詞翰》。⑤

食　貨

戶口

原額：戶二萬九千三百三十七，口五萬六千四百四。

今額：戶二萬九千二百五十四，口五萬六千二百九十一。

寧夏衛：戶五千九十，口八千二十一。

左衛：戶五千一百一十，口八千九百五十六。

右衛：戶三千九百，口七千二百有三。

前衛：戶三千五百八十，口五千三百八十四。

中屯衛：戶三千五百四十七，口五千八百五十三。

后衛：戶一千三百四十二，口二千四十一。

中衛：戶一千九百有三，口四千六十九。

靈州所：戶一千七十四，口二千三百有六。

韋州群牧所：戶二百七十九，口四百五十七。

興武：戶四百五十二，口一千二十四。

廣武：戶一千四百有一，口八千有五。

平虜所：戶一千九十，口二千二百八十七。

鳴沙州：戶三百有五，口七百八十五。

---

① 參見《弘治寧志》卷三《寧夏中衛·形勝》、《嘉靖寧志》卷三《中衛·形勝》。

② "左聯寧夏右通莊浪"句始見於《嘉靖寧志》卷三《中衛·形勝》，原文作："後接賀蘭之固，前有大河之險。左聯寧夏，右通莊浪，邊陲之要路也。"《乾隆甘志》卷四《疆域附形勝·寧夏府·中衛縣》注此段史料出自《元史》。據本志書例，唯"東阻大河西據沙山"句出自《元史》卷六○《地理志》。

③ 楊守禮《入中衛》詩"春晚巡中衛"參見《嘉靖寧志》卷三《中衛·形勝》，本志卷五《詞翰·詩》未載。

④ 參見《嘉靖寧志》卷三《西路廣武營·形勝》。

⑤ 參見本志卷五《詞翰》載王瓊撰《登廣武遠眺》。

屯田

國初原額田：一萬八千八百三十二頃五畝五分九釐。舊志曰，① 今寧
夏軍田以五十畝為一分，一軍承之，餘丁則田無定數，彼此許其過割。國
初，每百戶軍三屯七，蓋以二人之耕供一軍之用。田有鱗次，皆約束於總
旗，故田之肥瘠廣狹、丁之多寡老弱，無不周知，此事易集而差易辦也。
後以屯役浩繁，人皆夤緣應軍而棄田，屯之弊肇矣。總旗又以陞陟為謀，
棄屯入操，屯之弊漸矣。今則原額屯軍十止三四，頂補餘丁十乃六七，丁
壯而力富者又為旗甲所隱，以致差撥不均、逋亡相望，戶口半減于昔，屯
之弊極矣。成法一變，卒之病不可藥，悲夫。

寧夏衛原額田：二千七百六十八頃一十六畝八分二釐一毫。

左屯衛額田：三千八十三頃九十五畝二分一釐四毫。

右屯衛額田：一千五百七十四頃一十一畝九分一釐五毫八絲。

前衛額田：一千四百三十四頃三十八畝七分四釐二毫二絲。

中屯衛額田：一千九百四十六頃四十八畝五分五釐。

按：屯田，中衛、靈州徃時賦有定額，歲無逸
徵。先年因河崩、沙壓、高亢、宿水、荒蕪、無影數多，額課尚在望空賠
納，以致下民流移日甚。節經題豁，未蒙恩允。隆慶六年，內僉事汪文輝
將前項田糧備申督撫轉達清豁。萬曆元年，巡撫都御史朱笈題為邊鎮屯
糧，積逋負累，軍餘賠納，百分困若，懇乞天恩，亟賜開豁，以固護人
心，以保安地方事准。戶部咨該本部題陝西清吏司案呈奉本部，送戶部
抄出。

巡撫寧夏等處地方贊理軍務、都察院右僉都御史朱笈題：臣按：《論
語》有“子曰：百姓足，君孰與不足，百姓不足，君孰與足”②，未嘗不
嘆其善言君民一體之義，而不欲魯哀公厚斂于民也。蓋民為邦本，財為民
心，故藏富于民，即藏富于國。斂財于下者，實斂怨于上也。昔漢文帝免
田租而培兩漢四百之基，宋仁宗罷榷酤而貽宗社靈長之賴。是以垂芳史
冊，人仰休風。臣伏讀皇上登極詔書一：“陝西沿邊及兩廣等處軍民田
地，先年被賊踩踐拋荒者，及各處荒閑官民田地，各該巡按御史、按察司

---

① 參見《嘉靖寧志》卷一《寧夏總鎮·寧夏衛》“屯田”條。

② 參見《論語·顏淵》。

官勘實具奏，該徵夏秋稅糧，戶部悉與蠲免。"又一："各處水坍、沙壓等項民屯田地，稅糧負累，軍民賠納，曾經撫按官查勘明白具奏者，該部即與除豁。欽此。"臣有以仰窺皇上損上益下，而軫恤民艱，甚大惠也。是故海內臣工，歡忻鼓舞，莫不翹首拭目，願太平之治。有君如此，千古難逢。為之臣者，顧不能奉揚德意，或仍為摧科培尅之政，而使田里小民有嘆息愁恨之聲，此即孟子"今之所謂良臣，古之所謂民賊"[①]。蓋不容於堯舜之世者也。臣實恥之，用是不避斧鉞，謹以夏民負累屯糧疾苦瀝血上懇，伏望皇上哀憫開豁，以解塗炭之危，不使漢宋二君專美於前，寔天地神民之福也。

　　照得寧夏孤懸河外，逼鄰虜巢，地土硝鹻，膏腴絕少。而當時定稅遽擬一斗二升，作法已不涼矣。其後因缺馬缺料，加增地畝草束，賦日益重。又其後河勢遷徙，衝沒良田，遂至河崩、沙壓、高亢、宿水、荒蕪、無影等項，而田不得耕矣。繼又加以雜差，則挑渠、脩壩、採草、納料、捲掃、起塢等項，而勞者弗息矣。比先，當事臣工不忍前項田糧苦累，節經具題，未蒙豁免。由是歲無豐凶，例取登足，故糧有拖欠，撒派包賠。包賠不過，勒逼逃竄不已，則又摘丁頂補，派及嬰孩。年復一年，以有限之丁，受無窮之累，馴至戶口流亡，生齒凋耗，十室九空，不成景象，亦可哀也。

　　臣先任寧夏，頂田軍餘見在二萬八千餘人，每衛所開報逃亡輒為蹟踏。自臣去大同丁憂，起復仍蒞斯土，距今僅四年所，而逃移者不啻五千餘矣。屢經前撫臣招徠復業，畢竟傷弓之鳥，驚棲不定，但聞清派，相繼逃移，遂使市井蕭條，村落荒廢，有不忍言者，誰貽伊戚哉！夫國保於民，民保於國，故王者散利薄征，所以惠養元元，而為根本計也。今罔念夏民貽累之殘傷，而乃嬰情於催科之殿最，追逋負之稅者逐見在之民，撒拋荒之田者毆安堵之衆。此以橫征暴斂之術為安邊足用之謨，而豈聖世之所宜有哉？臣不佞，切有狗馬之懷，條陳民瘼之計。

　　先已行寧夏兵糧道僉事劉之蒙查報勘過，河崩、沙壓、高亢、宿水、拋荒、無影等田共一千六十頃三十五畝九分三釐，計徵糧一萬二千一十一石一斗八合四勺、穀草一萬七千五百四十二束六分二釐七毫八絲、地畝銀一百一兩八錢四分四釐七毫一絲，折糧草銀四十三兩二錢。造冊呈繳，到

---

　　①　參見《孟子·告子》。

臣覆查。間忽覩邸報，因該兵科給事中劉鉉題為摘陳邊民困耗之狀，懇乞聖明，破格蠲恤，以固人心，以安重鎮事。臣讀其疏，議論剴切，事體諳練，敷叙陪糧差役之苦曲盡人情，而究極大義，在於蠲賦寬民而為固本寧邦之計，此其因事納忠，憂治世而危明主，意弘經濟，有益邊圖。荷蒙皇上加納敕下該部查勘，臣窮喜夏人疾苦，賴兹可瘳也。而又私憂夏鎮素有江南之名，惟恐溺於舊聞者見此蠲免，必曰夏有水利，稅不可免也，軍餉歲用，額不可縮也。噫！此妬婦之言也。萬一不蒙，大奮乾綱，亟賜蠲恤，吾恐病根弗拔而莫知所終矣。此臣之所以大懼也。輒復不識忌諱，肆為狂瞽之見，而為皇上陳之。

　　夫夏方何為而敝也？以糧差繁重之累也。糧差何為而累也？以“塞北江南”之稱也。臣嘗扼腕而憤，誤寧夏之蒼生者，此言作俑也。諺曰：“耳聞不如目見，臆度不如躬親。”誠哉是言也。彼擬寧夏於江南者，果經歷其地而灼見乎？抑亦道聽途說而臆度乎？如其耳聞臆度，則是上林、子虛之寓言，而為夏土方興之斷案，益使夏人冒魚米之虛名，受征斂之實，禍方未已也，豈造福生民之遠慮哉？且江南財賦之地，泉貨所通，寧夏戎馬之區，較與陸海，本相霄壤。而顧有聲於寰宇之內，豈非人行沙磧草莽之間，忽見渠壩流泉、樹木交映，不覺賞鑒溢美，殆猶逖深山而見似人而喜者，詎可以為真哉？自有小江南之名，不但塗人信之，士大夫亦信之。故夏鎮塩引曾議增淮減浙，而計部亦謂地饒糧賤，藉口滋駁，故淮引不添，浙引不減，請給內帑，亦不肯多發也。嗟夫！寧夏財已竭而斂不休，民已窮而賦愈急，時事艱難，勢甚狼狽，彼籌邊者不為休息生養之圖，而猶猖為屯田之議，豈非以黃河獨利於夏而為此謀乎？然不知夏人引水灌田，脩渠疊壩，煞費工本，已囂然喪其樂生之心。矧起科太重，徵求無已，較諸他省之糧差更未有煩重於此者，尚可以脩屯政乎？甚矣！“塞北江南”之言，真誤寧夏之蒼生，而憤當時之作俑也。

　　今夫人乍見孺子將入于井，皆有怵惕惻隱之心。夏民，皇上之孺子也。糧差陷阱，呼吸存亡，皇上何不哀此惸獨，大霈雷雨以穌待斃之窮甿乎？設若皇上不破常格，復下計臣查勘，則文移徃返，膏澤不下於民，坐使寧夏包賠如故，則逃移者絕望於歸來，見在者生心於潛避，寧不孤九重惠鮮懷保之仁而傷國家，還定安集之治哉？此臣所以日夜枘心，而望皇上勉從除豁，推廣仁恩，以臻堯舜安民之化，誠大願也。臣本一介草茅，荷蒙穆宗皇帝，作養生成，先任撫夏，思為邊甿告哀，第君門萬里，叫閣無

路。今奉查勘，實夏人生死安危之繫，雖據該道勘實造冊前來，誠恐敲朴
縲絏之殘、鬻子傾家之狀，皇上蓋不得而見也，呻吟愁嘆之聲、哭訴號呼
之慘，皇上蓋不得而聞也。臣又窮效宋鄭俠《流民圖》，而攝其差役，情
若十有五種，謹繪為圖，貼說於左，裝潢成帙，并勘實各項賠糧田地文冊
一本，昧死進呈御覽。伏望聖明，觀臣之圖，行臣之言，乞勅該部，通將
包賠糧草原額悉與開除，其高亢等項量為減徵，流民復業，官助開墾，待
後地闢財豐，漸次補復舊額，一以盡損上益下之愛，一以昭聚人導利之
公，庶脫之于湯火之中而登之袵席之上，則夏人之老老幼幼感荷皇恩，而
後世之子子孫孫頌戴帝德。① 其無事也，必謹惟正之供，效子末之義，其
有事也，必奮同袍之志，攄敵愾之忠，臣所謂固護人心而保安地方者，此
之謂也。

　　臣干冒天威，無任激切，屏營懇祈之至。等因。奉聖旨："該部知
道。欽此，欽遵。"抄出送司，查先為摘陳邊民困耗之狀，懇乞聖明，破
格蠲恤，以固人心，以安重鎮事。該兵科給事中劉鉉題寧夏屯田正賦之
外，加派獨多，欲將實在田畝止辦正糧，河崩沙壓并臺堡占用田地量派地
畝穀草，其嘉靖四十年新增地糧，通要丈勘除豁。本部議行，該鎮撫按吊
查原冊，委官丈勘，應該作何議處，已經題奉欽依通行，欽遵訖及。查寧
夏巡撫都御史朱笈冊開寧夏等衛所實在田一萬八千二百一十一頃六十八畝
五分五毫四絲，該徵糧一十五萬九千六百六十六石二斗五升九勺二抄七
撮，穀草二十萬七千八百六十八束九分三釐五毫六絲八忽，地畝銀一千二
百五十三兩五錢九分四釐一毫九絲八忽，各湖灘採打年例秋青草一百五十
八萬七百二十六束。又冊開原報，并今歲勘出河崩、沙壓、蓄水、硝鹼、
築堡、挖過、低窪及邊外、無影等田共二百九十一頃七十一畝五分二釐，
高亢田二頃八十九畝，荒蕪田七百六十五頃七十四畝四分一釐。等因，在
卷。今該前因，案呈到部，看得都御史朱笈題稱，寧夏屯田糧差繁重，加
以河崩、沙壓、荒蕪等項，撒派包賠，軍餘困苦，乞要破格將包賠糧草悉
與開除，高亢等項量為減徵，各一節為照。因田制賦，其科有等，地去糧
存，其民何堪？寧夏導引河水，以資灌溉，頗稱沃壤，此以前通論也。近
年河流頻塞，地多崩陷，除可耕之田外，高亢、硝鹼、荒蕪、汙萊者漸
多，一槩橫徵，致有流移。流移多則軍伍日耗，逋負積則還定自難，邊防

---

① ［校］孫孫：《萃編》本誤作"孩孫"。

安危之計，關係匪細。

　　況節經督撫諸臣建議，屢奉明旨勘處，今本官又經勘明，具奏前來。載觀造冊，踏勘之數似真；復開畫圖，困苦之狀可憫。相應題請，恭候命下，移咨寧夏巡撫都御史及咨都察院轉行巡按御史通行司道，除實在可耕田土糧草等項照舊徵納外，其河崩、沙壓、蓄水、硝鹻、築堡、挖低、荒蕪、差寫、無影及高亢等田，共該糧一萬二千一十一石一斗八合四勺，穀草一萬七千五百四十五束六分二釐七毫八絲，地畝銀一百四十五兩四分四釐七毫一絲。除高亢田二頃八十九畝，雖係磽薄，猶堪耕種，難以一槩除免，相應量減，每畝仍徵糧三升，共該八石六斗七升，穀草、地畝銀准免，其餘河崩、沙壓等項糧草盡行開除。內迯棄荒蕪田地七百六十五頃七十四畝零，今雖盡免，地土可耕，仍要設法招徠。如有復業并願開墾者，該管官員給處牛種，加意優恤，務候成熟，許照減徵；事例起科，不得聽其荒蕪。此外別有撫輯良策，俾得以安家樂業者，悉聽督撫官徑自料理。再照寧夏先經御史蕭廩條奏，該鎮民屯錢糧混互不明，數十年積弊，已行巡撫司道等官查勘，去後至今未報，停閣滋玩。且訪該鎮豪強官軍，侵隱屯地，飛詭原糧，不可勝數。若肯任怨，清查得出。并新有復業開荒人戶，漸漸量徵，則所收足以補其所免，不失舊額，是謂調停之法。蓋惠以恤窮，威以戢奸，所以相濟也，斯為稱職。仍每年終將徵免過屯糧本折數目造冊，奏繳青冊，送部查考。伏乞聖裁。等因。萬曆元年八月初一日，本部尚書王〔國光〕等具題。本月初三日，奉聖旨"是"。《田父嘆》見《詞翰》。①

　　中衛原額田：二千一百三十頃二十八畝一分三釐二毫。

　　平虜所額田：五百八十三頃二十六畝二分二釐。

　　靈州所額田：九百五十一頃七十三畝三分八釐。

　　後衛額田：四千三百五十九頃六十一畝六分一釐五毫。

　　萬曆七年己卯後，河沙囓没。壬辰兵變，人田兩無。稅糧銀草，歲有停徵。其田尚懸，未奉題豁田一千九百八十四頃五十八畝一分七釐五毫。

　　見徵田：一萬六千八百四十七頃四十二畝四分一釐五毫。

　　寧夏衛見田：二千六百六頃四十七畝六分三釐六毫。

　　左屯衛見田：二千九百八頃六十一畝三分一釐四毫。

---

① 參見本志卷五《詞翰》載王崇古撰《田父嘆》。

右屯衛見田：一千四百八十六頃一十四畝七分一釐五毫八絲。

前衛見田：一千二百一十一頃九十九畝九分四釐二毫二絲。

中屯衛見田：一千八百八十八頃九十畝九分五釐。

中衛見田：二千九十七頃二十八畝四分三釐二毫。

平虜所見田：四百九頃七十五畝三分八釐。

靈州所見田：八百一十頃一畝四分三釐。

後衛見田：一千四百六十五頃七畝。

賦役

寧夏七衛二所原額：夏秋徵糧一十四萬八千五百三十九石九斗二升二勺，穀草一十九萬二千六百五十五束，因馬草不給，五畝增納一束。地畝銀一千二百九十五兩五錢一分八釐，因馬草價不給，每畝增銀一釐。折糧草銀一千八百七兩六錢一分。按：侍郎羅汝敬定夏稅每畝徵麦四升，莞豆六升，秋稅每畝徵粟米二升，夏忠靖公〔原吉〕謂邊地恐難經久，駁其疏，汝敬復奏曰：「黃河自崑侖入中國數萬里，為害於汴梁，獨利於寧夏，每畝起科一斗二升猶為輕則。」迄今歷年已久，地力漸微，而又兼以宿水停滯，土脉積寒，民力困於徵輸递轉，內地屯田半荒。嘉靖十一年，巡撫都御史王華、楊志學奏准麦二升，莞豆二升，皆以青茶豆抵之，民困少舒，老穉咸以為德。昔吳越賦敛無藝，兩浙罹害，及宋除吳越二衢江漢臣為鎮海軍節度判官，上十有三州圖籍於有司，以為一仍其舊，是屬於民無已也，遂沉其籍於河，坐是檳棄終身。後命王方贊更定其賦，畝稅一斗，民始聊生。使非漢臣沉籍之功，豈至是乎？五華之德，非私於夏人，實社稷計也。視之喜聚敛而不恤憤事者，相去何如。

萬曆七年迄今，節次奉文停徵夏秋糧一萬一千二十九石二斗一升七合八勺三抄，穀草一萬二千二十八束四分二毫三絲四忽，地畝銀八十四兩一錢八釐二毫九絲一忽，折糧草銀一百九十三兩八錢四分五釐七毫八絲四忽。見額夏秋徵糧一十三萬七千五百一十石七斗二合三勺七抄，穀草一十八萬六百二十六束五分九釐七毫六絲六忽，地畝銀一千二百一十一兩四錢九釐七毫七忽，折糧草銀一千六百一十三兩七錢六分四釐二毫一絲六忽。

寧夏衛，見徵夏秋糧二萬七千二百八十八石二斗四升九合四勺七抄，穀草三萬八千一百四十束一分四釐八絲六忽，地畝銀二百二十八兩六錢二分五釐七忽，折糧草銀二百四十一兩三錢八分七釐一毫八絲四忽。歲春三月，發羨卒脩浚漢、唐等渠。秋八月，採秋青草四十五萬一千三百束。表田一十頃，糧八十石。供總府造表之用，餘衛同。公用田五頃二十八畝，歲用羨卒六十一佈種，徵糧四百二十二石。貯藥局，以供官軍藥餌、各衛紙筆、燭炬，餘衛同。樣田四頃八十五畝五分，糧二十八石八斗二升。折銀貯寧夏庫，供祭文廟之用，餘衛同。

左屯衛，見徵夏秋糧三萬一千三百四十四石六斗三升八合七勺，穀草四萬五千九百六十六束九分六釐四毫，地畝銀二百七十二兩五錢六分六釐九毫三絲，折糧草銀二百三十一兩五錢一分二釐五絲八忽。歲春三月，發羨卒脩浚漢、唐等渠。秋八月，採秋青草三十四萬三千四百七十二束。表田一頃五十畝，糧一百二十石。公用田五頃五十畝，糧四百四十石。樣田四頃八十五畝，糧二十八石八斗。

右屯衛，見徵夏秋糧一萬五千一百七十二石六斗一升九合，穀草一千二百五束一分九釐四毫，地畝銀一百三十三兩一錢六釐一毫七絲，折糧草銀一百一十五兩三錢八分三釐三毫九絲二忽。歲春三月，發羨卒脩浚漢、唐等渠。秋八月，採秋青草三十五萬一千八百五十束。表田一頃，糧八石。公用田四頃，糧三百二石。樣田四頃八十五畝，糧二十八石八斗。

前衛，見徵夏秋糧一萬四千九石二斗六合一勺，穀草一萬九千二百四十八束，地畝銀一百二十三兩二分五釐八毫四絲，折糧草銀一百五十六兩六錢二分一釐二毫二絲四忽。歲春三月，發羨卒脩濬漢、唐等渠。秋八月，採秋青草八千六百五十束。表田一頃二十畝，糧八十石。公用田四頃，糧三百石。樣田四頃八十畝，糧二十八石八斗。

中屯衛，見徵夏秋糧一萬七千五百四十四石二斗六升四合四勺，穀草一萬七百三十三束一釐七毫，地畝銀一百七十一兩三錢七分二釐三毫八絲，折糧草銀四百一兩六錢九分八釐六毫六絲八忽。歲春三月，發羨卒脩浚漢、唐等渠。秋八月，採秋青草撒寧、左等衛湖灘。

中衛，見徵夏秋糧二萬六百四十一石六斗一升七合五勺，穀草二萬二千四百六束七分四釐二毫，地畝銀二百三兩一錢六分八釐九毫，折糧草銀三百四十五兩一錢二分八釐一毫。歲三月，發羨卒脩浚美利等渠。秋八月，採秋青草三十四萬八千三百七十束。

鳴沙州，歲三月發羨卒挑濬七星等渠，秋八月採秋青草八萬束，開豁亢旱淤溹，見徵草一萬六千一百三十九束。

廣武營，歲三月發羨卒挑浚石灰等渠，秋八月採湖灘草一十八萬八千三百束。正德年間，開豁河崩灘草七萬七千九百六十五束，實該草一十一萬三百三十五束，公用草五千一百束。

平虜所，見徵夏秋糧四千七百七十一石六斗七升四合六勺，穀草六千六百五十二束九分八釐八毫八絲，地畝銀四十五兩四錢一釐九毫八絲，折糧草銀五十八兩四錢一分三釐七毫八絲。

後衛，見徵夏秋糧一千四百六十五石三斗五升七合五抄。

靈州，見徵夏秋糧七千一百九十四石八斗二升三合八勺五抄，穀草九千七百四十束七分七釐五毫，地畝銀五十三兩四錢三分五釐九毫五絲，折糧草銀一百九兩八錢一分二毫。歲三月，發羨卒挑浚漢伯、秦壩等渠。秋八月，採秋青草二十萬五百二十八束。瓦渠等里民田，秋八月採秋青草四萬五千束。

水利
寧夏

漢延渠、唐來渠。自硤口東鑿河引流，數里許有閘，以洩蓄水。漢延流遶鎮東，逶迤而北，延長二百五十里，支流陡口三百六十有九。唐來流遶鎮西，逶迤而北，延長四百里，支流陡口大小八百有八，[①] 餘波皆入于河。四月，開水澆灌，自下而上，官為封禁，少不如法，則田涸民困，公私無倚。此寧夏恃以為重者惟二渠也。[②]

唐、漢二壩。黃河由昆侖、積石入硤口，遶寧夏東，直流而北。河口東曰漢，西曰唐，肇自董文用、郭守敬開導授民，其利遠矣。顧薪木力役，歲費不貲。自隆慶六年，僉事汪公文輝洞識造微，始奏驅石以易製式，授工功巧備至，甫成漢壩二閘，即擢尚寶卿以去。萬曆元年，巡撫羅公鳳翔檄河西僉事解學禮、周有光竟其事，六載始完。逮今兩壩安於磐石，歲省諸費，實汪公之始謀，真可繼董、郭之美矣。記見《詞翰》。[③]

寧夏河渠九十一，惟漢、唐二渠最著，餘特其支流耳，不詳其自始。按《河渠書》，[④] 自宣房後，用事者爭言水利，朔方、西河、河西皆引河

---

　　① ［校］八百有八：此同《嘉靖寧志》卷一《寧夏總鎮·水利》、《嘉靖陝志》卷三八《政事二·水利》，《弘治寧志》卷一《寧夏總鎮·水利》作"三百八"。

　　② ［校］為重：《嘉靖陝志》卷三八《政事二·水利》作"為利"。

　　③ 參見本志卷四《詞翰》載孫汝匯撰《漢唐二壩記》。

　　④ 參見《史記》卷二九《河渠書》。

以溉田。《匈奴傳》云，①　驃騎封狼居胥山，漢度河自朔方以西至令居，②
徃徃通渠置田官吏卒五六萬人，③　是漢武時夏已有渠矣，特未詳其人。及
觀《西羌傳》，④　虞詡奏復朔方、西河、⑤　上郡，使謁者郭璜激河浚渠為
屯田，始知浚漢渠者虞詡、郭璜也。唐渠，意亦漢故渠而復浚於唐者。寧
夏於唐為懷遠縣，隸靈州，故凣唐言靈州，即謂茲鎮。《唐書》：⑥　李聽為
靈州大都督長史，境內有故光祿渠廢久，聽復開決以溉田，是李聽所開亦
漢故渠也。漢光祿勳徐自為於五原築光祿塞。五原，今榆林鎮，近夏，則
夏之光祿渠意亦自為所浚。《吐蕃傳》載，⑦　虜酋馬重英寇靈州，奪御史、
尚書、填漢三渠，⑧　皆謂漢渠。惟《地里志》云，⑨　靈州有特進渠，長慶
四年詔開此，似開於唐者而無其人。又後魏刁雍為薄骨律鎮將，⑩　表請：
自富平西南三十里有艾山，⑪　鑿以通河，⑫　似禹舊迹。按：富平，寧夏城
也，西三十里，今廢渠疑即艾渠。唐吐蕃寇靈州，郭子儀敗之七級渠。宋
劉昌祚圖夏城，夏人決黃河七級渠以灌營。《元和志》言，⑬　千金陂在靈
武縣北四十二里，漢渠在縣南五十里，從漢渠北流四十餘里始為千金陂，
其左右又有胡渠、御史、百家等八渠。此亦唐時所有者。及宋楊瓊，史稱
其開渠溉田，今皆不知其處。大都代遠，湮浚不常，名氏莫悉。惟虞、郭

---

①　參見《史記》卷一一○《匈奴傳》。

②　［校］令居：原作“今居”，據《史記》卷一一○《匈奴傳》、《萬曆陝志》卷十一《水
利・寧夏衛》改。

③　［校］五六萬人：此四字原無。本志原編者僅輯錄“官吏卒”三字，句意未明，據《史
記》卷一一○《匈奴傳》補。

④　參見《後漢書》卷八七《西羌傳》。

⑤　［校］西河：原作“河西”，據《後漢書》卷八七《西羌傳》改。

⑥　參見《舊唐書》卷一三三、《新唐書》卷一五四《李聽傳》。

⑦　［校］吐蕃：原作“吐魯蕃”，據《新唐書》卷二一六下《吐蕃傳》改。

⑧　［校］奪御史尚書填漢三渠：原作“塞漢御史尚書光祿三渠”，據《資治通鑒》卷二二
五改。

⑨　參見《新唐書》卷三七《地理志》。

⑩　［校］後魏：原作“後衛”，據《魏書》卷三八《刁雍傳》、《萬曆陝志》卷十一《水
利・寧夏衛》改。

⑪　［校］西南：原作“西”，據《魏書》卷三八《刁雍傳》改。

⑫　據《魏書》卷三八《刁雍傳》載，刁雍上表，非提議鑿艾山以通河，而是如《寧夏府
志》卷四《古蹟》所載，刁雍“上表，請自艾山南鑿渠通河，溉公私田四萬頃”。刁雍上表提
議，在艾山以南的平地上鑿渠通水。

⑬　參見《元和郡縣圖志》卷四《關內道》。

濬於東漢，李、楊濬於唐宋，則史有可考，所當崇報。

貼渠，在城西南而流北，與唐壩同口異閘。

新渠，在城南，遶東而流北。

紅花渠，抱城東、南而流北。

良田渠，在城西而流北。

滿達剌渠，① 在城西北，轉流東北，俱唐來之支渠。

東南小渠，引紅花渠水，② 飛槽跨濠入城。

西北、〔西〕南小渠二，③ 引唐來渠水，飛槽跨濠入城。永樂甲申，④ 總兵官何福以城中地鹼水鹹，開竇引渠入城灌園，周流汲飲。

漢、唐正閘二，水至二壩，為閘所束，勢洶湧，故以巨木障其旁與底，中流列柱，分為三閘，駕橋構宇於上，亦奇觀也。此董〔文用〕、郭〔守敬〕作者之妙，今易以石，萬世永利矣。

旁閘七：平頭、廟後、安定，漢延口之瀉水者。關邊、寧安、平頭、石頭，唐來口之瀉水者。

揚水閘八：龍泉、果子、李真、唐保、王全、納忠，漢延段。哈三，唐來段。

減水閘一：張政，在漢延中段。

橋四十有八：官橋、板橋、通濟、魏信、張政、五道渠、王保、楊順、金貴、潘昶、王澄，以上跨漢渠。玉泉、寧化、社稷、賀蘭、保來、新立、站馬、天生、滿達剌、閆貴、張淮，以上跨唐渠。吳華、郭陽、鄭家、閔家、楊芳、黃泥崗、朱家、新墩，以上跨良田渠。茆家、上紅花、下紅花、盛實園、王原、王木匠、駱家、侯儀賓、杜家、李福榮、陳油房，以上跨大新渠。永通、巡撫崔讓《永通橋記》署曰：橋距城南里許，相傳創自國初。⑤ 其下即紅花渠，地勢就卑，加以流潦漱潡，與路傍明水湖混為巨匯。舊以土木架梁，⑥ 不任浸漫，易於傾圮，且歲費脩葺。成化乙巳，⑦ 余撫寧夏，乃易以石。

---

① 〔校〕滿達剌：《嘉靖陝志》卷三八《政事二·水利》作"滿荅剌"。

② 〔校〕引紅花渠水：《嘉靖陝志》卷三八《政事二·水利》載作"引唐來"渠水。

③ 西北南小渠：據《嘉靖陝志》卷三八《政事二·水利》，係指西北、西南二小渠。

④ 永樂甲申：永樂二年（1404）。

⑤ 〔校〕創：此字原脫，據《嘉靖寧志》卷一《寧夏總鎮·橋渡》補。

⑥ 〔校〕土：原作"上"，據《嘉靖寧志》卷一《寧夏總鎮·橋渡》改。

⑦ 成化乙巳：成化二十一年（1485）。

南構坊三楹，上榜以金字曰"迎恩"，中題以墨字曰"永通橋"。坊南興土墊路，以障湖水。楊柳夾堤，周道如砥。湖水浩然，規模朗豁，氣象雄偉矣。葦莊、紅廟、葉卜花、倒灣、校尉、驕駝，以上跨紅花渠。

渠口十有六：三水、水磨、果子、大營後、小營後、南毛、北毛、五道，漢延兩岸其最著者。良田、大新渠、果子、楊召、滿達剌、阿里八字、豐登、亦的小新，唐來兩岸其最著者。

王現湃，逼近黃河，乃迎水者最為緊要。嘉靖四十四年，被水衝崩，渠涸人憂。巡撫王崇古檄所司督夫計日程，能工堅永利，記見《詞翰》。[1]蔣淮湃，逼近漢延渠，河水洶湧，漸次淘汕，止存一線，深為喫緊。萬曆四十一年，巡撫崔景榮檄屯田都司陳愚直捲疊完固，水患得弭。張貴湃，新增障貼渠東岸者。陳敬甕水湃，支屬唐渠，在寧化寨段。

槽八，跨渠過水，漢四、唐四。

瀉水暗洞，舊在王澄堡段。木造節年，宿水壅積，撤瀉不便。巡撫崔景榮檄同知王三錫相其地利於張政堡段，督夫採石，創新洞，瀉城南諸堡宿水，第洞口迤東地有黑沙，湃岸難立。

津渡三：高岸、李祥、橫城。漢渠迤東大河之渡。

渠名"靖虜"者，乃元昊廢渠也。舊曰"李王渠"，疑即古之"艾渠"。弘治中，[2]巡撫王珣奏開之。更名之意，蓋欲絕虜道、興水利，但石堅不可鑿，沙深不可濬，財殫力竭，竟不能成，仍為廢渠。

靈州

漢伯渠，引河流長九十五里。洪武初濬之，灌田七百三十餘頃。

秦家渠，古渠也，引河流長七十五里，灌田九百餘頃，而里仁、李羅、[3] 大中皆其支渠。

閘二：大明、漢伯。秦、漢渠口水利不通，巡撫崔景榮檄令以石券成，水澤既疏，生民永利。

---

① 參見本志卷四《詞翰》載張應臺撰《王現湃記》。

② 《弘治寧志》卷一、《嘉靖寧志》卷一《寧夏總鎮·山川》載，事在弘治十三年（1500）。

③ ［校］李羅：此同《嘉靖寧志》卷三《靈州守禦千户所·水利》，《弘治寧志》卷三《靈州守禦千户所·水利》作"字羅"。

　　廢渠一：金積渠，在金積山口。[1] 弘治末，[2] 巡撫王珣奏濬長百二十里，役夫三萬，費銀六萬，[3] 夫死者過半。頑石大者十餘丈，錘鑿不能入，火醋不能裂，竟廢之。

　　橋二：通濟、定朔。

　　渡三：寧河、[4] 馬頭、高崖。[5]

　　張公堤。河東道張九德築長湃，民懷其惠，以"張公"名之。

　　中衛

　　美利渠，舊名蜘蛛，長五十八里，漑田三百餘頃，記見《詞翰》。[6]

　　石空渠，長七十三里，漑田百七十餘頃。弘治初，[7] 叅將韓玉又加脩濬，而胡馬不能渡矣。口狹腹闊，俗呼"缸子渠"。

　　白渠，長四十二里，漑田百七十頃。

　　棗園渠，長三十五里，漑田九十餘頃。

　　中渠，長三十六里，漑田百二十餘頃。

　　以上五渠在河西。

　　羚羊角渠，長四十八里，漑田四十餘頃。

　　七星渠，長四十三里，漑田二百一十餘頃，與鳴沙州共。

　　貼渠，長四十八里，漑田二百二十餘頃。

　　羚羊店渠，長四十五里，漑田二百六十餘頃。[8]

---

　　① ［校］山口：原作"山岩"，據《弘治寧志》卷三、《嘉靖寧志》卷三《靈州守禦千户所·水利》改。

　　② 《弘治寧志》卷三、《嘉靖寧志》卷三《靈州守禦千户所·水利》載，事在弘治十三年（1500）。

　　③ ［校］六萬：《嘉靖寧志》卷三《靈州守禦千户所·水利》作"六萬餘"。

　　④ ［校］寧河：此同《古今圖書集成》卷五七六《職方典·寧夏衛關梁考》，《乾隆甘志》卷十一《關梁》作"臨河"。

　　⑤ 《乾隆甘志》卷十一《關梁》載，臨河渡在州東七十里，馬頭渡在州東三十里，高崖渡在州東南四十里。

　　⑥ 參見本志卷四《詞翰》載王業撰《中衛美利渠記》。

　　⑦ 《弘治寧志》卷三《寧夏中衛·水利》、《嘉靖寧志》卷三《中衛·水利》載，事在弘治六年（1493）。

　　⑧ ［校］六十：原作"二十"，據《弘治寧志》卷三《寧夏中衛·水利》、《嘉靖寧志》卷三《中衛·水利》改。

夾河渠，長二十七里，溉田百四十餘頃。①

柳青渠，長三十五里，溉田二百八十四頃。

勝水渠，長八十五里，溉田百五十餘頃。

以上七渠在河東。

橋三：大通，城東。鎮遠，城西。綠楊，城南。

渡二：常樂在城南十里，永康在城南二十里。

塩法

《唐·食貨志》載，② 塩、靈二州③有烏、白、瓦三池，并細項、温泉、兩井、長尾、五泉、紅桃、弘静諸池不一，而烏、白池最著。元昊時請售青白塩，宋以其味佳值賤，入中國則擾邊，且阻解池，詘國用，遂不許。又《地里志》，④ 懷遠縣有塩池三。今去城南、北各三十里俱有池一，其產不多，官亦不禁，不知於古何名。河東邊外有花馬、紅柳、鍋底三池，以境外棄。今塩池之在三山兒者曰“大塩池”，在故塩州城之西北者曰“小塩池”，其它名“字羅”等池最多，皆分隷大塩池。其塩大都不勞人力，因風自生，殆天產以資我邊需者也。原額三千二百餘引。弘治九年，延〔綏〕、寧〔夏〕二鎮輪招馬匹，尋乃奏革。

正德初，總制楊一清奏，擬河東運司例每引收銀一錢五分，增課五萬二千引。時户部又奏改易觔糧，其引與淮、浙同在南京户部開支。劉瑾專恣，又令北京户部亦造引板，於是真贗不分，新故俱滯。瑾既敗，兩奉明詔裁革，奸深弊固，猶不能禁。總制劉天和、巡撫楊守禮檄僉事孟霦議照：寧夏小塩池乃天生自然之利，窮邊軍餉之需，何先年人人願中，以為奇貨可居，今日報納無人，視之以為陷阱？皆緣舊引未清，新塩阻滯。邊方難有塩池之設，軍需畧無分文之裨。嚴法清查，其弊始革。巡撫張潤尋又奏復萌城批驗，塩法稍通，然課猶未甚。今則增至淮引八萬五千，浙引十萬九千五百。夏之邊需故取足於屯糧，歲有定數，不足則請給帑銀。嘉靖年間，請發内帑不敷，乃派淮、浙塩引以充急用，或淮多浙少，或淮、

---

① ［校］百：此字原脱，據《弘治寧志》卷三《寧夏中衛·水利》、《嘉靖寧志》卷三《中衛·水利》補。

② 參見《新唐書》卷五四《食貨志》。

③ ［校］二州：《萃編》本誤作“三州”。

④ 參見《舊唐書》卷三八《地理志》。

浙相均，一視歲計盈縮量派。嘉〔靖〕、隆〔慶〕之際，始定以淮四浙六，官價淮引五錢，浙引三錢五分，照派定糧草輸足，各赴淮、浙運司守支。淮引微有奇贏，浙引虧折太甚。加以開召不時，斗頭高估，諸商遂稱困矣。萬曆初，巡撫羅鳳翱寬減芻糧斗頭，商困少解。迨後内璫寓於江南給引，專掣内商賄買夾帶，一引十塩，此竇既開，邊商塩引難售，資斧虧折，困苦如水益深。頃者見徹民隱，寬減斗頭，斯得《周易》"損上益下"之道。① 載論二十年兵變，開城糧餉缺乏，巡撫周光鎬題增淮塩八萬引，官價每引五錢，長蘆塩二萬引，官價每引二錢五分，共筭銀四萬五千兩，隨同額塩，召商輸納糧草，以備軍興，庶幾定為經制。不意三十七年，復將前項塩引銀兩停發，改濟別邊，該巡撫黃嘉善題討，暫准三萬兩接濟。又該巡撫崔景榮題討，僅歲復一萬，而終無濟於那借，緩急何賴焉？疏見《内治·錢糧》。② 巡撫楊應聘再題討復疏，下部未覆。疏見《内治·錢糧》。③

物産

賀蘭山出鉛、礬，麦垛山出鐵，塩池出塩。兀麻、碧瑱、馬牙礄、紅花、藍靛、鍐鐵罟物皆有。

穀之屬：稻、糜、稷、大麦、小麦、豌豆、黑豆、緑豆、黃豆、青豆、紅豆、扁豆、蠶豆、羊眼豆、胡麻、秫、青稞。

菜之屬：芥、芹、葱、胡羅蔔、白羅蔔、菠薐、韭、芫荽、萵苣、④甘露子、蔓菁、白菜、沙葱、沙芥、西瓜、甜瓜、絲瓜、黃瓜、冬瓜、南瓜、刀豆、豇豆、茶豆、地椒、滑菜、菜瓜、白花菜、茄、茄蓮、葫蘆、苦蓮、蒜、莧、薺、瓠。

花之屬：牡丹、芍藥、薔薇、石竹、雞冠、菊、萱草、玉簪、黃蜀葵、罌粟、小竹、戎葵、荷、寶象、百合、⑤金盞、鳳仙、珍珠、山丹。

---

① 參見《周易·益卦》之"象曰"。
② 參見本志卷二《内治·錢糧》所附崔景榮之疏。
③ 參見本志卷二《内治·錢糧》所附楊應聘之疏。
④ ［校］萵苣：原作"萵巨"，據《弘治寧志》卷一、《嘉靖寧志》卷一《寧夏總鎮·物產》改。
⑤ ［校］百合：原作"白合"，據《弘治寧志》卷一、《嘉靖寧志》卷一《寧夏總鎮·物產》改。

果之屬：杏、桃、李、棃、菱、林檎、藕、芋、葡萄、樱桃、秋子、胡桃、花紅、白沙、沙棗、桑椹、酸棗、茨菰、棗、柰、含桃。

木之屬：松、栢、槐、樺、椿、榆、柳、暖木、檉、白楊、梧桐。

藥之屬：荊芥、防風、蓯蓉、桑白皮、地骨皮、枸杞、甘草、柴胡、黄芩、黄芪、麻黄、遠志、紫蘇、苦参、瞿麦、茴香、知母、升麻、大戟、扁蓄、秦艽、黄精、百合、茵陳、葶藶、三稜、草血竭、牛旁子、兔絲子、[1] 薄荷、菖蒲、木瓜、天仙子、寒水石、葫蘆巴、青塩、鎖陽、車前子、青木香、千金子。

六畜：馬、駝、牛、羊、騾、驢、豕。

禽之屬：鵰、鷹、鶻、鷂、山雞、鷄、鵝、鴨、鴿、半翅、馬雞、鴈、天鵝、鵪鶉、鳬、鵁鶄、鸊鵜、鴛鴦、鸕鷀、鴇、鸚鵡、白鴿子、臘嘴、黄豆、倉庚、喜鵲、鳩、隼。

獸之屬：虎、狼、鹿、麝、麞、艾葉豹、土豹、野馬、羱羊、青羊、黄羊、野豕、夜猴兒、獺兔、貛、狐、沙狐、野狸、熊、豺、黑鼠、黄鼠。

鱗之屬：鯉、鯽、沙魚、鮎、白魚、鱣、石魚、鰍、鱔。

介之屬：鱉、蚌。

土貢

唐夏州貢氈、角弓、拒霜薺，靈州貢紅藍、[2] 甘草、蓯蓉、代赭、白膠、青蟲、鵰、鶻、白羽、麝、野馬、鹿革、野豬黄、吉莫鞾、鞹、氈、庫利、赤檉、馬策、印塩、黄牛臆。[3] 國朝歲貢紅花、泊馬。夫任土作貢，王制也。顧馬易貢，而紅花歲役千夫，貢止五百斤。織染又不藉此，徒困民耳。嘉靖初，給事中張翀奏止之，人甚稱便。

稅課

額設商稅銀，凡商旅買易段絹、綾紬、紗羅、梭布、花綿、巾帕、履

---

① ［校］兔：《萃編》本誤作“免”。

② ［校］紅藍：原作“紅塩”，據《新唐書》卷三七《地理志》改。

③ 《元和郡縣圖志》卷四《關内道》載，唐靈州土貢還有紅花、野馬皮、烏翎、鹿角膠、雜筋、麝香。

韄、南貨及諸銅、鐵、木竹罨皿、紙劄、山貨、羊豕等畜，照例查收課程
銀，凡易酒、麪、香油及屠宰諸色，各按季納銀六分。衛官徵催二項，歲
收銀兩不等。貨至多寡，原無定數。經收銀兩，按季稽查，同外民齋。夫
力役、罰工、樣田、公用、地租、房田券稅等銀，置邊儲簿，交廣裕庫湊
給兩河文武衙門柴薪紙紅、舉監盤纏、廪生麥饌、坐班書吏工食并祭祀等
項支用。

朔方新志卷二

内 治

帝幸

漢元封元年冬十月，武帝以古者先振兵釋旅，然後封禅，乃自雲陽，歷五原，出長城，北登單于臺，至朔方，臨北河，勒兵十八萬騎，旌旗徑千餘里，遣使告諭單于，乃還。

唐貞觀二十年秋八月，太宗初以新興公主許嫁薛延陀，既而幸靈州，求隙與之絕昏。薛延陀多彌可汗寇夏州，① 尋亦國破被殺，餘衆立真珠兄子咄摩支，遣使奉表，請居鬱督軍山。咄摩支降，回紇等十一姓各遣使歸命，② 乞置官司。上大喜，遣使納之，為詩曰："雪耻酬百王，除凶報千古。"勒石於靈州。

天寶十五載秋七月，玄宗避安禄山之禍，出奔蜀，留太子討賊。太子至平涼，朔方留後杜鴻漸等迎於平涼北境，牋五上，是日即位靈武，③ 尊帝為上皇天帝，大赦改元。有楊炎《受命宮頌并序》，④ 見《詞翰》。⑤

---

① ［校］可汗：原作"可漢"，據《資治通鑒》卷一九八、《弘治寧志》卷四《沿革考證》等改。

② ［校］回紇：原作"回訖"，據《弘治寧志》卷四《沿革考證》改。按：《舊唐書》卷三《太宗本紀》、《資治通鑒》卷一九八載，回紇等11姓包括回紇、拔野古、同羅、僕骨、多濫葛、思結、阿跌、契苾、跌結、渾、斛薛。

③ 據《舊唐書》卷十、《新唐書》卷六《肅宗本紀》，《資治通鑒》卷二一八等載，肅宗於天寶十五年（756）七月辛酉至靈武，甲子即位於靈武。

④ ［校］楊炎：原作"陽炎"，據《文苑英華》卷七七四等改。

⑤ 參見本志卷四《詞翰》載楊炎撰《靈武受命宮頌并序》。

藩封

慶王名㮵，^① 太祖高皇帝第十六子，^② 建國於夏，金鑄"慶王之寶"金印。册文曰："維洪武二十四年，歲次辛未，四月戊午朔十三日庚午，父皇制曰：昔君天下者，禄及有德，貴子必王，此人事耳。然居位受福，國於一方，尤簡在帝心。第十六子㮵，今命爾為慶王，分茅胙土，豈易事哉。朕起自農民，與群雄並驅，難苦百端，志在奉天地、饗神祇，張皇師旅，伐罪救民，時刻弗怠，以成大業。今爾固其國者，當敬天地在心，不可踰禮以祀。其宗社山川，依时饗之。謹兵衛，恤下民，必盡其道。於戲！勤民奉天，藩輔帝室，允執厥中，則永膺多福。體朕訓言，尚其慎之。"謚曰靖。勅賜山陵群牧，草場、録田、^③ 地土俱如制。天性英敏，問學博洽，長於詩文。所著有《寧夏志》二卷、《凝真稿》十八卷、^④《集句閨情》一卷。其草書清放馴雅，絶無俗礙，海内傳重，視為珙璧。

置中護衛，官吏、印務如制。旗軍伍千六百名。正德五年，^⑤ 改作中屯衛。

"儀衛司印"一顆，儀正副各一員，典仗十員，印十顆。嘉靖四十四年裁革，隆慶元年繳印九顆，今見在。典仗一員，印一顆，校尉一千一百二十名。

"承奉司印"一顆，承奉正副各一員，内寶典、典膳、典服、門官正副各一員，充内使。

"長史司印"一顆，起馬符驗一道，左右長史各一員。嘉靖四十四年革符驗，降兵部勘合，甲軍五十名。典簿一員，教授一員，伴讀一員。"典寶所印"一顆，典寶一員。"紀善所印"一顆，紀善一員。^⑥ "良醫所

---

① ［校］㮵：原作"栴"，據《慶王壙志》、《明史》卷一〇〇、卷一〇二《諸王世表》、卷一一七《慶王㮵傳》改。下同。

② 关于朱㮵排行問題，學界看法不一，有主張為第十五子者，有主張為第十六子者。參見胡玉冰《寧夏地方志研究》第二章第一节《〈正统〉〈寧夏志〉》，鍾侃《明代文物和長城》之《寧夏文物述略》，牛達生《寧夏同心縣出土明慶王壙志》、《〈慶王壙志〉與朱棣"靖難之變"》，任昉《明太祖皇子朱㮵的名次問題》，許成、吳峯雲《明代王陵區出土三盒墓誌疏證》。

③ ［校］録田：據文意，疑當作"禄田"。

④ ［校］稿：此字原脱，據《弘治寧志》卷二《人物》補。

⑤ ［校］五年：原作"六年"，據《明武宗實録》卷六六改。

⑥ ［校］一員：《萬曆陝志》卷九《封建·王府官》作"二人"。

印”一顆，良醫正副各一員。① “審理所印”一顆，審理正副各一員。
“工正所印”一顆，工正正副各一員。② 軍兵三百六十名。審理等所副職，
嘉靖四十四年裁革。“典膳所印”一顆，典膳一員。“典儀所印”一顆，
典儀一員。引禮舍人一員。“奉祀所印”一顆，奉祀一員，典樂一員。書
辦官不過五員，廣濟庫大使一員，廣濟倉大使一員。

　　慶靖王長子秩煃，襲封慶王，謚曰康。次秩焈，③ 封真寧王，謚曰莊
惠。三秩炵，封安化王，謚曰惠懿。四秩炅，封安塞王，謚曰宣靖，
絕。④ 慶康王好學，有父風，著《慎德軒集》。安塞宣靖王資性秀發，苦
於問學。從事几案，日久胸起頑肉。通五經、子史，愛接賓客，傾懷忘
勢。後宮之色淡然，不為有無，竟乏嗣，薨，年四十七。所著有《滄洲
愚隱錄》六卷，⑤《樗齋隨筆錄》二十卷，⑥ 省魁夏景芳挽詩：“平生不與
身尊寵，藏息窮年靜洗心。六籍卷中三極備，百年海內一人存。並無金玉
遺囊槖，獨有文章照古今。却憶談經留款處，不堪風雨滿朱閣。”

　　慶康王長子邃畺，封平涼王，襲封慶王，謚曰懷。次邃墘，初封岐陽
王，以懷王絕，進封慶王，謚曰莊。三邃㙯，封弘農王，謚曰安僖。四邃
㙴，封豐林王，謚曰溫僖。

　　慶莊王長子寊鋆，封洛交王，⑦ 襲封慶王，謚曰恭。次寊銂，封鞏
昌王。

　　慶恭王長子台浤，襲封慶王，謚曰定。次台濠，封壽陽王，謚曰
和靖。

　　慶定王長子鼐橖，冊封慶世子，謚曰端和，無嗣。次鼐枋，封桐鄉

____

　　① ［校］良醫正副各一員：《萬曆陝志》卷九《封建·王府官》作“良醫正一人”。
　　② ［校］工正正副各一員：《萬曆陝志》卷九《封建·王府官》作“工正一人”。
　　③ ［校］秩焈：原同《明太宗實錄》卷二三六、《明史》卷一〇二《諸王世表》作“秩
榮”，據《慶王壙志》、《明太宗實錄》卷一四〇、《弘治寧志》卷一及《嘉靖寧志》卷一《寧夏
總鎮·藩封》、《嘉靖陝志》卷五《土地三·封建》改。下同。
　　④ 寧夏舊志中，自《弘治寧志》卷一《寧夏總鎮·藩封》、卷二《人物·國朝宗室文學》
始，其後《嘉靖寧志》及本志均載秩炅未有子嗣。《明英宗實錄》卷一六八“正統十三年
（1448）七月乙巳”載，“賜安塞王秩炅嫡子名邃球，庶子名邃坖”。故寧夏舊志疑誤。
　　⑤ ［校］滄洲：原作“滄州”，據《弘治寧志·引用書目》、卷二《人物·國朝宗室文學》
及《經籍》改。
　　⑥ ［校］樗齋隨筆錄：《明史》卷一一七《慶王㮙傳》作“隨筆”。
　　⑦ ［校］洛交王：此同《明孝宗實錄》卷一三二，《嘉靖寧志》卷一《寧夏總鎮·藩封》
作“洛郊王”，《明史》卷一〇二《諸王世表》、《廣輿圖》卷二作“落交王”。

王，進封慶王，諡曰惠。三橚槚，封延川王，諡曰端穆。四橚樫、橚札、橚椻，未封。惠王睿資純雅，德性謙恭，樂善親賢，讀書循理。嘉靖三十七年，都御史霍冀題請褒嘉，奉世宗皇帝旨：“慶王忠敬孝友，捐資助邊，賢德著聞，既經勘實，照例寫勑，差官獎勵。仍著有司，具彩幣、羊酒，給與坊扁，以示表異。欽此。”隆慶年間，撰述賢行以聞，登入《實錄》。① 萬曆二年薨逝。上徹朝遣祭，命有司治喪如制，諡曰惠。

慶惠王長子倪爌，襲封慶王，諡曰端。次倪焯，封華陰王。端王懿度端莊，性天仁孝，耽書樂善，下士親賢。念唐、漢閘驅石艱難，及工程浩大，每捐資助工。事父王母妃，曲盡子道，遇疾則躬視湯藥，夜不貼席。薨逝時泣血骨立，見聞者莫不悲嘆，人人皆稱為孝子云。

慶端王長子伸域，封綏德王，襲封慶王，諡曰憲。次伸壇，② 封鎮原王。

慶憲王長子帥鋅，③ 襲封慶王。次帥鉀，封蒙陰王。今王夙遭凶閔，永言孝思，敬以禔身，誠以接物，克遵祖訓，恪守王章，樂善禮賢，睦宗友弟，纂輯《母妃宗烈實錄》，捐資贊成先聖名宦宮祠，宛有惠祖之風，賢德未艾。

真寧王名秩熒，靖王次子，封真寧王，銀鑄塗金“真寧郡王之印”，諡曰莊惠。長子邃埡，④ 襲封真寧王，諡曰康簡。“教授所印”一顆，教授一員。“典膳所印”一顆，典膳一員。典仗一員。校尉百名，分於慶府護衛內者。

康簡王長子寘鑯，襲封真寧王，諡曰溫穆。次寘鍾、寘銷，⑤ 並封鎮國將軍。

溫穆王長子台溿，襲封真寧王，諡曰榮僖。次台汪，封鎮國將軍。

榮僖王長子橚椲，襲封真寧王，諡曰安惠。次橚柵、橚楠，並封鎮國

---

① 實錄：文獻具體名稱不詳。

② ［校］伸壇：原同《明神宗實錄》卷一〇二作“伸雒”，據《明史》卷一〇二《諸王世表》、卷一一七《慶王橚傳》改。下同。

③ ［校］長子：《明史》卷一〇二《諸王世表》作“嫡二子”。

④ ［校］邃埡：原作“邃游”，據《弘治寧志》卷一、《嘉靖寧志》卷一《寧夏總鎮·藩封》改。

⑤ ［校］寘銷：原作“寘銷”，據《弘治寧志》卷一、《嘉靖寧志》卷一《寧夏總鎮·藩封》改。

將軍。

安惠王長子倪炆，襲封真寧王，諡曰恭簡，無嗣。恭簡王折節，延英捐禄，易田養士，載於王大行撰記，有河間之遺風焉。次名倪剡。①

安化王名秩炵，靖王第三子，封安化王，銀鑄塗金“安化郡王之印”，諡曰惠懿。子邃墁，初封鎮國將軍，未授封，薨，以子寘鐇襲爵，追贈恭和王。

恭和王長子寘鐇，襲封安化王。正德五年叛，削其屬籍。②　次寘鋮，封鎮國將軍。次寘鵒，封輔國將軍。③

弘農安僖王名邃𡒅，康王第三子，銀鑄塗金“弘農郡王之印”。長子寘𨨗，襲封弘農王，諡曰榮惠。次寘銘、寘鏐，並封鎮國將軍。“教授所印”一顆，教授一員。“典膳所印”一顆，典膳一員。侍從人抽選於中護衛儀衛司三丁之一者。

榮惠王長子台泙，襲封弘農王，諡曰恭定。次台灣，封鎮國將軍。恭定王親賢樂善，篤學崇文，佩服祖訓，善詩文，有梧臺竹苑之風。

恭定王長子蕭楟，封弘農王，諡曰康僖。次蕭柟、蕭榎、蕭樽，並封鎮國將軍。康僖王好賢尚義，捐貲助買學田，夏士迄今頌之。弘農鎮國將軍蕭樽，孝友彝倫，克篤忠梗，議論稱閎變。初，慷慨登車，出撫六兇，秘計圖殲，被繫日久。事定核實，疏聞，奉皇上勅：“慶府弘農王府鎮國將軍蕭樽，近該陝西巡按官題稱，寧夏叛賊據鎮勾虜，宗室橫被迫挾，闔城悉罹兇殘，爾能奮不顧身，義形於色，纓冠救難，首當逆刃之鋒；排闥馳辭，力捍鎮城之虜。竟脫身於久繫，實因敗以為功。所司查覈前來，朕心嘉悅，特賜優獎，仍令撫按官辦送花幣、羊酒、坊牌，以為宗藩之勸。爾宜益篤忠猷，永延藩服，欽哉故勅，猗歟休哉。本宗激烈之義氣，誠七月而一日，乃荷天葩曠典，又千載一時也。”弘農奉國將軍蕭㮦，④　德性

---

①　［校］次名倪剡：此四字原無，據《嘉靖寧志》卷一《寧夏總鎮·封建》補。

②　寘鐇因被除名，故本志原不載其子孫輩。《明孝宗實錄》卷一七六載，台湝嫡第四子曰蕭材。《明武宗實錄》卷一二二載，蕭材乃寘鐇之孫，故台湝當為寘鐇之子。《明孝宗實錄》卷四三載，弘治三年（1490）閏九月戊戌，賜慶府奉國將軍台湝嫡次子曰蕭梏。同書卷八八載，弘治七年（1494）五月癸巳，賜台湝嫡第三子曰蕭杌。

③　［校］次寘鋮封鎮國將軍次寘鵒封輔國將軍：此十六字原無，據《嘉靖寧志》卷一《寧夏總鎮·封建》補。

④　蕭㮦：前文述恭定王時未提及，蓋為恭定王第五子。

温良，曾舉宗副。

康僖王長子倪儇，襲封弘農王，謚曰恭順。

恭順王長子伸繥，襲封弘農王。長子帥鍠，封嫡長子。次帥鈔、帥鈬，並封鎮國將軍。王未承爵，時遘變，義氣激烈。破城之日，即執首逆何應時送軍門，解京獻俘，爰奉綸音，偕宗室六十三位建坊旌表。

豐林溫僖王名邃垙，康王第六子①，銀鑄塗金“豐林郡王之印”。長子實鏷②，襲封豐林王，謚曰安簡。次實銓，封鎮國將軍。“教授所印”一顆，教授一員。“典膳所印”一顆，典膳一員。侍從人撥之於中屯衛者。

安簡王長子台瀚，襲封豐林王，謚曰端康。次台㴼、台澧、台溜，並封鎮國將軍。端康讀書好古，欲踵凝真、嵺齋之躅，其所著詩文有《平齋集經》，進《大孝明倫》、《大禮明祀》二頌。

端康王長子蕭樴，襲封豐林王，謚曰恭懿。次蕭檜，封鎮國將軍。恭懿王樂友賢豪，捐禄易學田，士林推重。鎮國將軍蕭檜，制行端謹，曾舉宗正。

恭懿王長子倪榮③，封嫡長子，卒，次倪㷒封鎮國將軍。卒，子伸雎封輔國將軍。輔國將軍台湢，萬曆三十五年奉恩詔，以本宗德壽兼懋，例賜扁表揚。慶府旌曰“樂善循理”，撫道旌曰“名藩耆德”。乃今年躋八袠④，賢冠本支。

鞏昌王名實鉥，銀鑄塗金“鞏昌郡王之印”，革爵。長子台清，絶。次台濠，濠子蕭㭿，㭿子倪爥，管理府事。蕭㭿篤於好賢，學田置時捐資以助，有青蓮北海之致。

壽陽和靖王名台濠，銀鑄塗金“壽陽郡王之印”。長子蕭招，庶生，封鎮國將軍。次蕭棍，襲封壽陽王，謚曰端懿。“教授所印”壹顆，教授壹員。“興膳所印”一顆，典膳一員。侍從人撥之於中屯衛者，軍十名，餘丁二十名。

---

①　［校］第六子：原作“第四子”，據《明憲宗實録》卷五、《弇山堂別集》卷三五、《明史》卷一〇二《諸王世表》、《萬曆陝志》卷九《封建》改。

②　［校］實鏷：此同《弘治寧志》卷一、《嘉靖寧志》卷一《寧夏總鎮·藩封》，《明史》卷一〇二《諸王世表》作“實鏷”。

③　［校］倪榮：《明史》卷一〇二《諸王世表》作“倪燦”。

④　［校］八袠：《萃編》本誤作“八秦”。

端懿王子倪爌，襲封壽陽王，諡曰僖憲。長子伸捏卒，孫帥鏊嗣。次子伸鍾、伸堵、伸輞、伸筞，俱封鎮國將軍。王施《陰隲文》千卷以勸善，捐所積禄百兩以字祭。遘變，錮甕城，戮其近侍，王始終不屈。覈功使者疏聞，奉勅："慶府壽陽王倪爌，近該陝西巡按官題稱，寧夏叛賊據鎮勾虜，宗室橫被迫挾，闔城悉罹兇殘，王能就中設謀，皷衆效死，迨遭幽縶，備歷險危。叩天陳訣命之詞，叱賊褫元兇之膽。竟全大節，兼保厥身。該所司查覈前來，朕心喜悦。茲特賜勅優獎，仍令撫按官辨送花幣、羊酒、坊扁，以為宗藩之勸。王宜益篤忠猷，永延藩服。欽哉故勅。"王乃以上壽薨，郡藩罕儷。

延川王名肅檟，銀鑄塗金"延川郡王之印"，諡曰端穆。長子倪煋封。庶長子卒，煋子伸埕封奉國將軍。"教授所印"一顆，教授一員。"典膳所印"一顆，典膳一員。侍從人撥之於中屯衛者，軍餘二十四名。

華陰王名倪焯，銀鑄塗金"華陰郡王之印"，諡曰端懿。"教授所印"一顆，教授一員。"典膳所印"一顆，典膳一員。侍從人撥之於中屯衛者。端懿樂善，可媲東平。隆慶壬申，[①] 捐禄置學田，士林尤高其誼。

端懿王長子伸塒，[②] 襲封華陰王。次伸壤，封鎮國將軍。王賦恂恂雅飭之質，崇為善自樂之風。土塔梵宇一新，皆仰給於王禄。

鎮原王名伸塤，銀鑄塗金"鎮原郡王之印"。長子帥鋒封嫡長子。[③]次帥鎦、帥鎬，俱封鎮國將軍。"教授所印"一顆，教授一員。"典膳所印"一顆，典膳一員。侍從人撥之於中屯衛者，軍餘二十四名。王攝理藩事，候度罔愆。兵變勃興，首被幽縶。庇孤植善，勵節矢忠，罰黠反戈，入室之儔激烈，尤為表著。覈功使者具實疏請，奉皇帝書："慶府管理府事鎮原王，日者寧夏叛賊哱承恩與夫哱拜，糾黨劉東暘、[④] 許朝、土文秀等反戈殺帥，據鎮抗帥，勾虜内侵，致勤征討。念王闔室久困重圍，目擊兇殘，日懷憂苦，朕甚惻焉。今天心厭逆，並賴宗廟社稷寵靈，將士用命，威武奮揚。元兇駢誅，承恩告馘，逆黨築為京觀，生民拯於水火。宗盟如舊，帶礪不渝。邊鎮載寧，朕心滋悦。永鳩磐石之宗，共享靈長之

---

① ［校］隆慶壬申："申"原作"中"，據干支改。隆慶壬申即隆慶六年（1572）。

② ［校］伸塒：原作"伸瑀"，據《明史》卷一〇二《諸王世表》改。

③ ［校］帥鋒：《明史》卷一〇二《諸王世表》作"帥鋒"。

④ ［校］劉東暘：原作"劉東陽"，據《明史》卷二二八《魏學曾傳》、本志卷三《叛亂》改。

福。專書以慰，薄遣儀物，用表親親之意。至可收納，惟其亮之。紋銀一百兩，紵糸八表裏。"

蒙陰王名帥鉀，銀鑄塗金"蒙陰郡王之印"。"教授所印"一顆，教授一員。"典膳所印"一顆，典膳一員。侍從人撥之於中屯衛者，軍餘二十四名。王强裸遘變，冲歲分封，居家儉而克勤，敬兄恭而不替。

壽陽府：鎮國將軍四，輔國將軍三，奉國將軍一。

華陰府：鎮國將軍一。

鎮原府：鎮國將軍二。

弘農府：鎮國將軍二，輔國將軍五，奉國將軍三，鎮國中尉十一，輔國中尉二十二名，糧八。

豐林府：輔國將軍五，奉國將軍十，鎮國中尉二十二，輔國中尉七。

真寧府：輔國將軍一，奉國將軍七，鎮國中尉十四，輔國中尉十三，奉國中尉十四名，糧十八。

鞏昌府：輔國將軍一，奉國將軍四，鎮國中尉十二，輔國中尉五。

安化府：鎮國中尉九，輔國中尉八，奉國中尉二十二名，糧二十五。

慶王府：二，蕭墻高一丈三尺，周圍三里。① 櫺星門、端禮門、承運門、承運殿、後殿、王宮、慶宗廟、書堂、迎薰閣。② 故府在韋州。見《詞翰》。③ 今在南薰門通衢右，即寧夏衛也。洪武三十四年，④ 慶靖王自韋州遷國於此。

真寧王府，在北察院東。⑤

弘農王府，在鞏昌府西。

豐林王府，在慶府東。

鞏昌王府，在凝和坊西，即安塞王故府。

壽陽王府，在慶府西。

---

① ［校］三里：此同《弘治寧志》卷一《寧夏總鎮·藩封》，《嘉靖寧志》卷一《寧夏總鎮·王府》作"二里"。

② 《弘治寧志》卷一《寧夏總鎮·藩封》載，另有東過門、西過門、東宮、西宮，本志皆不載。

③ 參見本志卷四《詞翰》載王越撰《過韋州》。

④ ［校］三十四：原作"三十五"，據《慶王壙志》、《明史》卷一〇二《諸王世表》改。洪武三十四年即建文三年（1401）。

⑤ ［校］北察院：《弘治寧志》卷一《寧夏總鎮·藩封》、《嘉靖寧志》卷一《寧夏總鎮·王府》均作"鎮安坊"。

延川王府，在鎮遠門東。

華陰王府，在三官廟東。

鎮原王府，在慶府東。

蒙陰王府，在弘農府南。

宗學，在城東南。萬曆十一年建，兵變毀。宗正副議舉未定，宗子伸稚、仁猴有志進脩，提學道考送儒學肄業。

褒節祠。慶憲王妃方氏，年甫二十有七，忽失所天，撫育二孤，含痛忍死。適哱〔拜〕、劉〔東暘〕煽亂，播虐宗祊。妃匿今王於窖中，手口卒瘏，而賊益猖獗，妃竟狥節以死。臺使者覈實奏聞，禮臣覆題，奉旨建祠，賜額曰“褒節”，樹坊曰“宗烈春秋”。① 命有司致祭，大節照耀史冊。春卿羅公〔汝敬〕謂：“用智以保孤，捐軀以明節。”有味乎其言之也。《榮哀錄》具載端末。②

官制

巡撫都御史。宣德間設，“巡撫寧夏關防”起馬符驗一道，旗五面。隆慶二年，始贊理軍務。勅曰：“皇帝勅諭：都察院右僉都御史■■■，③今特命爾巡撫寧夏地方，贊理軍務，訓練兵馬，整飭邊備，防禦賊寇。務令衣甲整齊，器械鋒利。城堡墩臺，脩治堅完。屯田糧草，督理完足。地方水利，設法疏通。禁約管軍頭目，不許貪圖財物、科剋下人，及占役軍餘、私營家產，違者，輕則量情發落，重則奏聞區處。凡一應邊務事情、軍民詞訟，及利有當興、弊有當革者，悉聽爾便宜處置。該與鎮守、總兵等官會同者，須從長計議而行。凡遇戰陣之際，其副、叅、遊擊等官如有逗遛退怯者，悉聽爾以軍法從事。爾宜攄誠效忠，嚴明賞罰，振舉兵威。遇有警急，須與各官同心協力，相機而行。務俾醜虜讋服，反側安靜，庶稱任使。毋得乖方悮事，自取罪愆。爾其敬之慎之，故諭。”

河西兵糧道。弘治十七年以前屬關西道分巡管糧，或副使，或僉事，三年一更。十七年，始銓注僉事一員，給寧夏督儲道關防，專收糧斛，兼

---

① 〔校〕宗烈春秋：本志卷一《地里·坊市》作“宗烈”。

② 《榮哀錄》之具體內容不詳。

③ 〔校〕■■■：原本勅諭中人名用字用墨丁代替，表示不確指某人。下同。《嘉靖寧志》卷一《寧夏總鎮·藩鎮》作“楊守禮”。

管水利。嘉靖中，又兼管塩法、兵備靈州地方。勅曰："今特命爾管理寧夏河西兵糧事務，在於鎮城駐劄，帶管寧夏東路、寧夏後衛等十二城堡及小塩池塩法，兼理屯田，并經理互市、監收料草、問理刑名、禁革奸弊。爾於倉糧，戒約官攢人等照數收管，如法囤放，毋致虧折浥爛。於屯種，必督令官軍、餘丁照依分派地畝，以時悉力耕種，逐年比較，毋令盜賣、侵占、遊惰、荒蕪。該徵子粒，俱要年終完足。衛所管屯官員敢有剥削、軍士侵欺子粒，及各倉官攢人等出納之際作弊害人者，令即拏問懲治。應奏請者，具實叅奏。應住俸者，照例住俸。總兵等官或有倚恃權勢，隱占軍士地畝，妨廢屯種，致悞邊儲，具呈總督衙門叅奏處治。爾為憲臣，尤須持廉秉公，正己率下，務使糧草無虧，邊儲充足，城堡堅完，地方寧謐，斯為爾能。如或因循怠忽、推奸避事，以致下人作弊、兵食缺乏，罪不輕貸。爾其慎之，故勅。"萬曆四十三年九月初六日，皇帝勅諭陝西布政使司右叅政兼按察司僉事趙可教："近該巡撫官題稱，寧夏地方孤懸邊徼，提學官每歲考校勢難徧歷，欲分屬道臣兼理，該部議覆相應，今特命爾不妨原務，兼攝本鎮學校。宜將各屬士子嚴加考校，務期一歲一週。其進學科舉之數，悉照舊額。如有囑託、占役、包攬、訐告等事，干係行檢者盡法懲戒。俾積習盡除，士風丕變，以稱朝廷培養人才、作興邊方之意。爾其欽哉，故諭。"

河東兵備道。隆慶元年，總督王崇古以花馬池路當延、寧兩尾，地方遼闊，宜有憲司振攝之，乃奏設該道，整飭兵防。所轄寧九堡、延九堡，有坐名，勅書一道，後改太僕寺少卿，兼制河東道，駐靈州。尋又建議，河東有長城之責，西南接靖、固，北地固隱，然關陝屏翰也，非專道、非躬親難以因俗善治。專設河東道，移駐花馬池。萬曆壬辰覈功，御史劉芳譽題善後十事，一改道府，以便責成。查該道駐靈州，制書衙宇，沿習已久，宜仍舊便。嗣是議定。奉勅曰："皇帝勅陝西按察司按察使張崇禮：今特命爾管理寧夏河東兵糧道事務，駐劄靈州地方，所屬寧夏後衛、靈州、興武、韋州一衛三所，東、中二路城堡、倉場、驛遞、兵政、糧儲、屯種、水利、塩法事務，並清水營互市，俱聽爾經理。如有將官臨陣不前，損傷士馬，搶擄地方，務要遵照近題事理，盡行舉報。該道不與將領失事同科。或調度失宜，容庇遺姦，不脩實政，仍聽督撫按叅處。爾須持廉秉公，正己率下。如或因循怠忽、推奸避事，以致下人作弊、兵食缺乏，責有所歸。爾其慎之，故勅。"

　　總兵官。永樂初設，銀鑄“征西將軍之印”，起馬符驗一道，旗牌十面，副銅牌一十六面，銅鈴二十柄。皇帝勅諭：“都督僉事■■■，① 今命爾掛‘征西將軍印’充總兵官，鎮守寧夏地方，操練軍馬，脩理城池，撫安軍民，保障邊方。遇有賊寇侵犯，即便督同副、叅等官相機戰守，凢軍中一應事務，湏與巡撫等官計議而行，不許偏私執拗，乖方誤事。各路副、叅以下，悉聽節制。爾受朝廷重寄，須持廉秉公，正己率下，撫恤士卒，畜養銳氣，毋或貪黷貨利、科剋害人，致生嗟怨。如違，罪有所歸，爾其勉之慎之，故諭。”

　　副總兵官。永樂初設，旗牌四面副。皇帝勅諭：“實授都指揮僉事■■■，② 今命爾充副總兵，協守寧夏地方，脩理城池，操練兵馬，撫恤士卒，整飭邊備。遇有賊寇侵犯，與總兵官分投相機剿捕，務在料敵制勝，毋或逗遛觀望。仍聽總督鎮巡官節制。若河套有賊，前去花馬池等處調度軍馬殺賊。其邊墻、崖砦、川面、水口等項，每年夏初冬末，二次親臨，監督脩補，務在堅完。無事之日，回還本鎮。爾受兹委任，須持廉守法，正己率下，毋得貪黷剋害及臨敵畏懦，以致憤事，自取罪愆。爾其欽承毋忽，故諭。”

　　遊擊將軍。正統間設，起馬符驗一道，旗牌三面副。成化二十年革。弘治十六年，總制尚書楊一清檢召募土兵三千，仍奏設遊擊將軍領之。嘉靖二十九年，總督戎政仇鸞奏差京營佐擊將軍羅賢前來寧夏挑選官軍。三十一年，革去京營佐擊，改為寧夏新遊擊職，專統兵入衛。萬曆二年，都御史羅鳳翱奏止入衛，③ 裁去新遊兵，止存遊擊將軍一員。四十二年，皇帝勅：“署都指揮僉事■■■，今命爾充寧夏遊擊將軍，統領義勇土兵三千員名，無事操練兵馬，遇警聽調截殺。仍聽總督鎮巡官節制。爾須持廉奉法，正己恤下。如或貪殘不職、觀望退縮，法不輕貸。爾其慎之，故勅。”

　　東路副總兵。皇帝勅諭：“署都指揮僉事■■■，④ 先該總督官題，將花馬池改將增兵，與定邊將士互相應援，該部議覆相應。今命爾充副總

----

①　［校］■■■：《嘉靖寧志》卷一《寧夏總鎮·藩鎮》作“任傑”。

②　［校］■■■：《嘉靖寧志》卷一《寧夏總鎮·藩鎮》作“陶希皋”。

③　［校］羅鳳翱：原作“羅鳳翔”，據本志卷一《地理·城池》改。

④　［校］■■■：《嘉靖寧志》卷一《寧夏總鎮·藩鎮》作“周繼勳”。

兵，協守寧夏東路地方，駐劄花馬池，統領見在，并召買軍馬，鎮城黃河迤東靈州、橫城、清水、毛卜剌、興武、紅山、永清、安定、高平、九營堡地方皆爾信地，將領操坐等官俱屬爾管轄調度。無事專一操練兵馬，脩理城池，嚴明烽墩，防禦賊虜，遇警相機截殺。如遇延綏、定邊迤東至鎮靖有警，不待調遣，即統兵應援。彼此犄角，務保無虞。一應軍機重務，與撫鎮官計議停當而行。仍聽總督撫鎮官節制。爾須持廉奉法，正己恤下。如或偏狥違拗、貪利害人，憲典具存，法不輕貸。爾其勉之慎之，故諭。"

西路叅將。皇帝勅："都指揮僉事■■■，^①寧夏西路地方遠在黃河之外，接連莊浪，虜寇易於侵犯，操守要得其人。今特命爾充左叅將，在彼分守，操練軍馬，固守城池，撫恤軍民。遇有賊寇侵犯，即調領官軍相機剿殺，以清地方。爾須持廉秉公，撫恤軍民，不許縱容頭目人等科擾私役、有防操守。如違，必罪不宥。爾其欽承毋忽。故勅。"

中路叅將。皇帝勅諭："都指揮僉事■■■，^②靈州地方，係當要衝，必須專官防守。今命爾充左叅將，分守靈州等處，常在靈州駐劄。其橫城堡、清水營一帶邊堡，俱聽爾管轄。撫卹土達軍民，整飭邊備，操練軍馬，防閑內外姦宄，固守城池。遇有警急，相機戰守。凡事悉聽總制鎮巡等官節制，有當計議者務要從長計議停當而行。仍須凡持廉秉公，正己率下，不許貪黷貨利、役占軍士、剝削下人，致生嗟怨。如違，必罪不宥。爾其慎之慎之，故諭。"

北路叅將。皇帝勅諭："都指揮僉事■■■，今特命爾充叅將，分守寧夏北路平虜城等處地方，統領陝西班軍伍百名，並本城官軍。平居用心操練，脩理邊關，保障地方。如遇有警，徃來提調截殺，以清邊境。凡事悉聽總督鎮巡等官。爾湏持廉奉法，守己率下，不許貪黷貨利、剝削下人，致生嗟怨。如違，必罪不宥。爾其慎之慎之，故諭。"

北路洪廣營遊擊。皇帝勅諭："都指揮僉事■■■，今命爾管寧夏洪廣營遊擊將軍事，駐劄本營，分管信地，自平虜北邊西暗門迤西起，至鎮北堡、玉泉營界止，沿山沿河洪廣、鎮朔、高榮、常信、桂文、虞祥、徐鶴、豐登、楊信、鎮北十堡邊段墩臺，與平虜叅將畫地分守。所轄中軍把

---

① ［校］■■■：《嘉靖寧志》卷一《寧夏總鎮·藩鎮》作"趙禹"。
② ［校］■■■：《嘉靖寧志》卷一《寧夏總鎮·藩鎮》作"史經"。

總官各一員，新舊官軍家丁共一千二百員名，戰馬四百四匹。居常操練軍馬，脩理邊墙、隘口、墩鋪、渠壩，遇警，相機堵剿，保障居民。鄰境地方，但有聲息，不待調遣，即便協謀策應，不許玩愒誤事。仍聽總督鎮巡節制。爾須持廉奉公，撫恤軍士，毋得貪黷貨利、剝削下人，致生嗟怨。如違，必罪不宥。爾其慎之慎之，故諭。”

東路興武營遊擊。皇帝勅諭：“都指揮僉事■■■，[1] 今特命爾分守寧夏東路興武營地方，操練軍馬，脩理城池、墩臺、關隘，堅利盔甲器械。凡事湏與分守計議停當而行，不許偏私執拗、彼此矛盾。遇有警急，即督令官軍身先士卒，相機剿殺，務圖成功，以副委任。毋或逡巡畏縮，致悮軍機。凡一應合行事務，悉聽總督鎮巡等官節制，毋得處事乖方及因而科剝擾人，自取罪愆。爾其勉之慎之，故勅。”

西路廣武營遊擊。皇帝勅諭：“都指揮僉事■■，今命爾充遊擊將軍寧夏西路廣武營地方，操練軍馬，脩理城池、墩臺、關堡，堅利盔甲器械，防禦賊寇，保障軍民。遇有警急，即督令官軍身先士卒，相機剿殺，毋得逡巡畏縮，致悮事機。一應合行事務，悉聽總督鎮巡官節制。爾須持廉奉法，正己率下，以副委任。如有貪利擾人，必罪不宥。爾其勉之慎之，故諭。”

南路玉泉營遊擊。皇帝勅：“都指揮僉事■■■，今命爾充遊擊將軍，管寧夏南路玉泉營等處地方沿山沿河各城堡、墩臺，操練人馬，脩理城墩、邊墙、隘口、渠壩，防禦虜寇，保障居民。所轄地方隣境去處，但有聲息，即便相機救援。爾須廉慎自持，毋得貪利害人、偷安誤事，自取罪戾。爾其勉之慎之，故勅。”

寧夏鎮城理刑屯田水利同知。萬曆十六年，巡撫張九一題設，慶陽府帶銜。

鎮城監收同知。慶陽府帶銜。

東路監收同知。慶陽府帶銜。

西路監收同知。平涼府帶銜。

中路監收同知。慶陽府帶銜。俱萬曆三十二年巡撫黃嘉善題改通判設之。

中路塩捕通判。萬曆四十一年，巡撫崔景榮題設，平涼府帶銜。

---

① ［校］■■■：《嘉靖寧志》卷一《寧夏總鎮·藩鎮》作“趙廉”。

地方都司。天順間總兵官張泰奏設，萬曆十七年裁革。

巡撫標下中軍都司。隆慶三年，巡撫都御史王崇古奏設中軍千總都司，傳號令，統標兵，軍威大振。萬曆二十三年，巡撫周光鎬題改僉書都司，事體益崇。

〔巡撫標下〕屯田都司。嘉靖十三年，巡撫都御史張鎬奏設屯田都司。濬渠、均徭、督屯政，分理總理，庶有責成。

〔巡撫標下〕坐營都司。寧夏初無坐營，故三兵渙散不束。嘉靖十二年，巡撫都御史楊志學會總兵官王効設之，自後事體歸一，始無多門之弊。

〔巡撫標下〕領班都司。永樂初設，萬曆十年具題裁革。

撫夷守備。隆慶六年，因虜乞款始設。

東路安定堡守備。萬曆十二年，巡撫都御史張九一奏設。

東路清水營守備。萬曆十八年，巡撫都御史党馨奏設。

東路橫城堡守備。萬曆十二年，巡撫都御史張九一奏設。

西路石空寺堡守備。萬曆十三年，巡撫都御史張九一奏設。

西路古水堡守備。萬曆四十一年，巡撫都御史崔景榮奏設。

南路大壩堡守備。萬曆十八年，巡撫都御史党馨奏設。

“寧夏衛指揮使印”一顆，指揮使同知僉事二十員。“經歷司印”一顆，經歷一員，知事一員。“衛鎮撫印”一顆，鎮撫一員，“五千戶所印”五顆，千戶正副二十八員。“五十百戶所印”五十顆，百戶實授試署七十一員，所鎮撫五員。“馬驛六印”六顆，“遞運所六印”六顆，驛遞所百戶九員。“寧夏等衛儒學印”一顆，教授一員，訓道二員。“寧夏倉印”一顆，倉大使一員。“稅課局印”一顆，[①] 大使一員。“漢僧綱司印”一顆，漢僧綱正副各一員。“番僧綱司印”一顆，番僧綱正副各一員。“道紀司印”一顆，道都紀一員。

“左屯衛指揮使印”一顆，指揮使同知僉事一十八員。“經歷司印”一顆，經歷一員。“衛鎮撫印”一顆，鎮撫一員。“五千戶所印”五顆，千戶正副署一十九員。“五十百戶所印”五十顆，百戶實授試署六十四員，所鎮撫柒員。“左倉印”一顆，倉副使一員。

“右屯衛指揮使印”一顆，指揮使同知僉事一十八員。“經歷司印”

_____

① ［校］顆：原作“課”，據本志書例改。下同。

一顆，經歷一員。“衛鎮撫印”一顆，鎮撫一員。“五千戶所印”五顆，千戶正副十員。“五十百戶所印”五十顆，百戶實授試署五十一員，所鎮撫五員。“右倉印”一顆，大使一員。

“前衛指揮使印”一顆，指揮使同知僉事一十八員。“經歷司印”一顆，經歷一員。“鎮撫司印”一顆，鎮撫一員。“五千戶所印”五顆，千戶正副一十五員。“五十百戶所印”五十顆，內後所分置平虜城千戶、百戶，印皆隨之。實授署試百戶四十員，所鎮撫二員。“前倉印”一顆，副使一員。

“中屯衛指揮使印”一顆，指揮使同知僉事一十六員。“經歷司印”一顆，經歷一員。“衛鎮撫印”一顆，鎮撫一員。“五千戶所印”五顆，千戶正副一十三員。“五十百戶所印”四十九顆，內一顆隨慶王府，百戶實授試署二十六員，所鎮撫一員。“新倉印”一顆，副使一員。

“後衛指揮使司印”一顆，指揮使同知僉事十員。“衛鎮撫印”一顆，鎮撫一員。“五千戶所印”五顆，正副千戶六員。“五十百戶所印”五十顆，百戶實授試署八員。“經歷司印”一顆，經歷一員。“儒學印”一顆，教授一員。“常濟倉印”一顆，大使一員。

興武營指揮一員，千戶二員，所鎮撫一員，試署百戶三員。“興武倉印”一顆，大使一員。

“中衛指揮使司印”一顆，指揮使同知僉事一十八員。“所鎮撫印”一顆，衛鎮撫一員。“經歷司印”一顆，經歷一員。“五千戶所印”五顆，千戶正副一十七員。“五十百戶所印”五十顆，百戶實授試署二十一員，所鎮撫一員。“儒學印”一顆，教授一員，訓導一員。“應理州倉印”一顆，大使一員。

廣武營“廣武倉條記”一顆，副使一員。

“靈州守禦千戶所印”一顆，銅牌五面，指揮六員，千戶正副十員。“十百戶所印”十顆，百戶實授試署十八員。“儒學印”一顆，學正一員，訓導、今裁革。所鎮撫、吏目一員。“高橋兒驛印”一顆，“遞運所印”一顆。驛遞俱隸寧夏衛。“靈州倉印”一顆，大使一員。“靈州塩課司印”一顆，大使、副使各一員。“靈州巡檢司印”一顆，巡檢一員。今俱在惠安堡。

“韋州寧夏群牧千戶所印”一顆，正千戶一員，百戶五員。“韋州倉條記”一顆，大使一員。“韋州驛條記”一顆，驛丞一員。

平虜指揮僉事一員。"前衛後千户所印"一顆，正千户六員，吏目一員。"十百户所印"十顆，實授試署百户一十九員。"平虜倉條記"一顆，倉副使一員。

玉泉營"玉泉倉條記"一顆，副使一員。

宦蹟

周

南仲，周之卿士。玁狁孔棘，王命率師徃城于朔方。① 玁狁于夷，遂伐西戎，執訊獲醜以歸，詩人美之，語在《小雅》。②

秦

蒙恬。秦始皇使蒙恬將三十萬衆北逐戎狄，③ 悉收河南地。因河為塞，築四十四縣城臨河，徙適戍以充之。通直道，自九原至雲陽，④ 因邊山險塹谿谷，起臨洮至遼東萬餘里。又渡河，據陽山北假中。頭曼不勝秦，北徙。諸侯畔秦，匈奴得寬，復稍度河南與中國界于故塞。

漢

衛青。元朔二年，青至隴西，捕首虜數千，走白羊、樓煩王，遂取河南地，為朔方郡。封青為長平侯。使青校尉平陵侯蘇建築朔方城。上曰："匈奴逆天理，造謀籍兵，故遣將以征厥罪。《詩》不云乎？'薄伐玁狁，至於太原。'⑤ '出車彭彭，城彼朔方。'⑥ 今車騎將軍青渡西河至高闕，⑦ 獲首二千三百級，⑧ 車輜甚衆。已封為列侯，遂西定河南地。案榆谿舊塞，絕梓領，梁北河，討蒲泥，破符離，執訊獲醜，全甲兵而還。其益封

① ［校］朔方：原作"万"，據《詩經·小雅·出車》改。
② 《詩經·小雅·出車》："天子命我，城彼朔方。赫赫南仲，玁狁于襄。"
③ ［校］三十萬：此同《史記》卷八八《蒙恬傳》，同書卷一一〇《匈奴傳》作"十萬"。
④ ［校］雲陽：《史記》卷八八《蒙恬傳》作"甘泉"，均指今陝西省涇陽縣北。
⑤ 參見《詩經·小雅·六月》。
⑥ 參見《詩經·小雅·出車》。
⑦ ［校］西河：原作"河西"，據《史記》卷一一一《衛將軍列傳》、《漢書》卷五五《衛青傳》改。
⑧ ［校］二千三百級：原作"三千三百騎"，據《史記》卷一一一《衛將軍列傳》、《漢書》卷五五《衛青傳》改。

二千八百户。①”

主父偃言朔方地肥饒，外阻河，蒙恬城以逐匈奴。内省轉輸，廣中國滅虜之本也。上覽其説，遂置朔方。② 公孫弘諫以罷弊中國，奉無用之地。上使朱買臣等難弘，發十策，弘不得一，謝曰：“願罷西南夷蒼海，專事朔方。”上許之。

郭昌。驃騎封狼居胥山，是後匈奴遠遁，而幕南無王庭。漢度河，自朔方以西至令居，往往通渠置田官吏卒五六萬。天子巡邊，親至朔方，勒兵十八萬騎以見武節。匈奴數使奇兵侵犯漢邊，漢迺拜郭昌為拔胡將軍，及浞野侯屯朔方以東，備胡。③ 甘露三年，遣長樂衛尉董忠將騎發邊郡士馬，送單于出朔方雞鹿塞。

鄧遵。元初三年，④ 為度遼將軍，率南單于及左鹿蠡王滇沈萬騎擊零昌于靈州，斬首捌百餘級。⑤ 封滇沈為破虜侯，金印紫綬，賜金帛財物各有差。

魏

源子雍，⑥ 夏州刺史。適朔方胡反，圍城，城中食盡，子雍詣東夏州運糧，為胡帥所擒。子雍以義感衆，不為屈，胡帥遂降。糧道既通，二夏以全。

宇文泰，夏州刺史賀拔岳遣泰詣洛陽，密陳高歡反狀。魏主喜，以岳為都督二十州軍士，岳遂引兵屯平涼。夏州刺史彌俄突附岳，靈州刺史曹泥附歡。岳以夏州被邊要重，表用泰為刺史。泰遣李虎等擊曹泥，虎等招諭費也頭之衆與之共攻靈州，凡四旬，曹泥請降。高歡自將萬騎襲夏州，

---

① ［校］二千八百：《史記》卷一一一《衛將軍列傳》作“三千”，《漢書》卷五五《衛青傳》作“三千八百”。

② ［校］“置朔方”事當在下文載“上使朱買臣等難弘”後，參見《史記》卷一一二、《漢書》卷六四上《主父偃傳》。

③ ［校］以東備胡：原倒作“以備東胡”，據《史記》卷一一〇、《漢書》卷九四上《匈奴傳》，《資治通鑒》卷二一乙正。

④ 《後漢書》卷八九《南匈奴傳》載，元初元年（114），以烏桓校尉鄧遵為度遼將軍。元初三年（116）是以“度遼將軍”的身份領兵。

⑤ ［校］百：原作“萬”，據《後漢書》卷八七《西羌傳》、《東觀漢記》卷九《鄧遵傳》、《資治通鑒》卷五〇改。

⑥ ［校］源子雍：原作“原子雍”，據《魏書》卷四一《源子雍傳》、《北史》卷二八《源子邕傳》改。“子雍”，《北史》卷二八《源子邕傳》作“子邕”。

不火食，四日而至，縛稍為梯，夜入其城，擒刺史解拔彌俄突，因而用之。留張瓊將兵鎮守，遷其部落以歸魏。靈州刺史復叛降東魏，魏人圍之，水灌其城，不没者四尺。歡發阿至羅騎，① 徑度靈州，遠出魏師，師退，歡迎泥，拔其遺户五千以歸。

唐

張仁愿，朔方軍總管。於河北築三受降城，絶虜南寇路，自是朔方無寇。歲省費億計，② 減鎮兵數萬。

張説。③ 開元十年，夏置朔方節度使，領單于都護府、夏塩等州軍、三受降城，以宰相張説兼領之。

王方翼，夏州都督。時牛疫，民廢田作，方翼為耦耕法，張機鍵，力省而見功多，百姓賴焉。

王忠嗣，以武功至左金吾衛將軍。④ 本負勇敢，⑤ 及為將，乃能持重。俄為河西、隴右、朔方、河東節度，佩四將印，控制萬里。每互市，高估馬價。諸胡爭以馬求市，胡馬遂少。

郭子儀，為靈州長史，將兵五萬，自河北至靈武，靈武軍威始振，人有興復之望。後為朔方節度使，收復朔方地。

魏元忠，靈武道行軍大總管。以禦突厥，馭軍持重。無大功，亦未敗。

裴識，靈州節度使。靈武地斥鹵無井，識誓神而鑿之，果得泉。

史敬奉。吐蕃十五萬衆圍塩州，刺史李文悦竭力拒守，凡二十七日，吐蕃不能克。靈武牙將史敬奉言於朔方節度使杜叔良，請兵解圍。叔良以二千五百人與之，⑥ 敬奉行旬餘無聲聞，朔方人以為俱没矣。無何，敬奉自他道出吐蕃背，⑦ 吐蕃大驚潰去，敬奉奮擊，大破之。

---

　　① ［校］發：原作“登”，據《北齊書》卷二《帝紀》、《北史》卷六《齊本紀》改。

　　② ［校］省費：《新唐書》卷一一一《張仁愿傳》、《嘉靖陝志》卷二四《文獻十二·名宦》均作“損費”。

　　③ ［校］張説：原作“張鋭”，據《舊唐書》卷九七、《新唐書》卷一二五《張説傳》及下文改。

　　④ ［校］左：此字原脱，據《舊唐書》卷一〇三、《新唐書》卷一三三《王忠嗣傳》補。

　　⑤ ［校］負：此字原脱，據《新唐書》卷一三三《王忠嗣傳》補。

　　⑥ ［校］二千五百：此同《舊唐書》卷一五二《史敬奉傳》，《新唐書》卷一七〇《史敬奉傳》作“二千”。

　　⑦ ［校］他道：原作“地首”，據《舊唐書》卷一五二《史敬奉傳》改。

　　路嗣恭，[①] 朔方節度。靈武初復，戎落未安，思恭被荆棘，立軍府，威令大行。

　　杜希全，朔方節度。軍令嚴整，人畏其威。奉天之狩，引兵赴難。賊平，遷靈、塩、豐、夏節度使。

　　韓潭。吐蕃之戍西夏者饋運不繼，人多病疫思歸。尚結贊遣三千騎逆之，[②] 悉焚其廬舍，毀其城，驅其民而去。於是割振武之綏、銀二州，以潭為節度使，帥神策之士五千、朔方河東之士三千鎮夏州。

　　李福。大中五年春，上頗知党項之反，由邊帥利其羊馬，數欺奪誅殺之。乃以李福為夏、綏節度使，自是繼選儒臣以代邊帥之貪暴者，党項遂安。

　　崔知溫，靈州司馬。有渾、斛薩馬害境内，民不得耕。知溫表徙夷帳于河北，田野始安。

　　李聽，為靈州大都督長史。境内有故光禄渠廢久，聽復開決水溉田。

　　五代

　　康福，前磁州刺史，善胡語，每以對上，安重誨惡之。以靈州深入胡境，為帥者多被害，以福為朔方河西節度使，遣萬人衛送之。行至方渠，羌胡出兵邀福，福擊走之。至青剛峽，[③] 遇吐蕃野利大蟲一族數千帳，福大破之，殺獲殆盡。由是威聲大振，遂進至靈州，朔方始受代。

　　張希崇，唐明宗時為朔方節度。為政有恩信，興屯田以省漕運。及歸石晉，仍鎮朔方。

　　馮暉。天福中，張希崇卒，羌胡寇鈔，無復畏憚。党項酋長拓跋彦超最為強大，暉至，超入賀，暉厚遇之，因於城中治第，豐其服玩，留之不遣。因服羌酋，廣屯田，管内大治。

　　宋

　　尹憲，晉陽人。雍熙初，知夏州，攻破李繼遷之衆於地斤澤，[④] 繼遷

---

　　① ［校］嗣恭：原作“思恭”，據《舊唐書》卷一二二、《新唐書》卷一三八《路嗣恭傳》及本志下文改。

　　② ［校］尚結贊：原作“上結贊”，據《資治通鑒》卷二三二、《通鑒紀事本末》卷三二下《吐蕃叛盟》改。

　　③ ［校］青剛峽：《新五代史》卷四六《康福傳》作“青岡峽”，《舊五代史》卷九一《康福傳》作“青崗峽”。

　　④ ［校］地斤澤：原作“地斥澤”，據《宋史》卷二七六《尹憲傳》改。

遬之，俘獲四百餘帳。

　　王侁，秦州副將，帝遣之靈州。① 田仁朗等討李繼遷，繼遷陷三族。仁朗次綏州，請益兵。帝聞三族已陷，竄仁朗商州。侁等出銀州北，破悉利諸族，② 麟州諸蕃皆請納馬贖罪，討繼遷。侁與所部兵入濁輪川，斬賊首五千級，繼遷遁去。郭守文復與尹憲擊塩城諸蕃，焚千餘帳，由是銀、麟、夏三州蕃百二十五族內附，户萬八千餘。

　　董遵誨，靈州路巡檢。豁達多方畧，武藝絕人，夏人畏之不敢犯。

　　段思恭，晉城人，③ 知靈州。綏撫夷落，訪求民病，有勳績。

　　侯贇，④ 太原人，知靈州。按視蕃落，宴犒以時，得邊士心，部內大治。

　　安守忠，晉陽人，知靈州七年，戰無不捷。

　　王昭遠，靈州路都部署。征李繼遷，護二十五州芻粟徑達靈武，不為抄絕。

　　田紹斌，靈州馬步軍部署。⑤ 入蕃討賊，斬首二千級，獲馬、羊、⑥駝二萬計，以給諸軍。

　　郭密，靈州兵馬都部署。訓練士卒，號令嚴肅，夏人畏服，邊境寧謐。

　　楊瓊，至道初為副都部署。⑦ 導黃河溉田，增户口，益課利，時號富強。

　　裴濟，知靈州。興屯田之利，謀輯八鎮。趙保吉圍靈州，餉絕，援兵不至，城陷，濟死焉。

　　潘羅支，六谷酋長。⑧ 李繼和言其願戮力討夏，乃授朔方節度。保吉陷西凉，於是羅支偽降，保吉受之不疑。羅支遽集六谷蕃部合擊之，保吉

---

① ［校］靈州：原作"秦州"，據《宋史》卷二五七《李繼隆傳》改。

② ［校］諸族：原作"諸砦"，據《宋史》卷二五七《李繼隆傳》、卷四九一《党項傳》改。

③ ［校］晉城：原作"晉成"，據《宋史》卷二七〇《段思恭傳》改。

④ ［校］侯贇：原作"侯斌"，據《宋史》卷二七四《侯贇傳》改。

⑤ ［校］軍部署：原作"都部署"，據《宋史》卷二八〇《田紹斌傳》改。

⑥ ［校］羊：原作"牛"，據《宋史》卷二八〇《田紹斌傳》改。

⑦ ［校］副都部署："副都"二字原脱，據《宋史》卷二八〇《楊瓊傳》補。

⑧ ［校］六谷：原作"六合"，據《宋史》卷六《真宗本紀》、卷四九二《吐蕃傳》改。下同。

大敗，中流矢，死靈州境上。

　元

　袁裕，至元間，① 為中興等路勸農副使。② 時徙鄂民萬餘於西夏，③ 多流離顛沛，裕與安撫使獨吉請給地，④ 立屯官，民以安。

　張文謙。中興等路俗素鄙野，事無統紀，文謙求蜀士為人僕隸者得五六人，援恩例禮而出之，俾通明者為吏，教以案牘，旬月之間，樞機品式，粗若可觀，羌人始遣子弟讀書，土俗為之一變。又疏興州古唐來、漢延二渠，及夏、靈、應理、鳴沙四州正渠十、支渠大小共六十八，溉田十萬餘頃。⑤ 而行省郎中董文用、銀符副河渠使郭守敬寔佐其事。

　郭守敬，邢臺縣人，張文謙薦為西夏河渠提舉。先是，董文用開漢延、唐來、秦家等渠，尋以渾都海作亂，渠復湮塞。至是，守敬因舊謀新，更立牐堰，渠復通，夏人永賴，遂立生祠祀之。

　董文用，中興等路行省郎中。自渾都海之亂，民間相恐竄匿山谷，文用鎮之以靜，民乃安。又開濬古唐來、漢延、秦家等渠，墾水田若干，寔與守敬同事，以贊成文謙之功。

　國朝

　行邊

　金幼孜，太子少保、⑥ 禮部尚書兼武英殿大學士。永樂間，持節使慶府，遍歷幽勝，多所題詠，耆舊尚能道其事。

　王驥，兵部尚書，正統八年行邊。奏設糸將，調屯戍官兵。

　李嗣，戶部右侍郎，成化二十年以救荒來。

　徐舟，曹州人，成化十四年任。決囚寧夏，千戶王玘者為讐家誣以因姦殺一家六人，投屍於河，坐凌遲處死，獄久不白。公以無屍致疑，廉得其情。蓋死者廬舍濱河，秋水暴漲，盡為所溺。王之居少遠，獨免其患。

────────────────

① ［校］至元：原作“中統”，據《元史》卷一七〇《袁裕傳》改。

② ［校］副使：“副”字原脫，據《元史》卷一七〇《袁裕傳》補。

③ ［校］西夏：原作“寧夏”，據《元史》卷一七〇《袁裕傳》改。

④ ［校］獨吉：原作“獨旨”，據《元史》卷一七〇《袁裕傳》改。

⑤ ［校］十萬餘頃：《元史》卷一五七《張文謙傳》、《嘉靖陝志》卷二四《文獻十二·名宦》均作“十數萬頃”。又，“頃”疑當作“畝”，參見吳忠禮《寧夏志箋證》，第153頁《箋證》［六］。

⑥ ［校］少保：原作“太保”，據《明史》卷一四七《金幼孜傳》改。

王妻戴氏死於申訴，咸以為冤。至公始白，人以為神。

顧佐，鳳陽府人，戶部左侍郎。弘治十八年，以總督軍餉至寧夏。

王一言，內江縣人。正德四年，以右僉都御史規畫屯田至寧夏，臥榻而治，邊人不擾。

周東，河間人。五年，以大理寺少卿規畫屯田至寧夏，被逆鐇害。

叢蘭，文登縣人，戶部右侍郎。六年，以處置邊餉至寧夏，治劇理繁，周悉不遺，倉廩充實，用不告乏，人多賴之。

翟鑾，濮州人。嘉靖十八年，以武英殿大學士行邊，簡靜不擾。

龐尚鵬，南海縣人。隆慶三年，以都御史行邊。

蕭廩，南昌人。隆慶四年，以監察御史巡邊。

王遴，霸州人。萬曆元年，以兵部右侍郎閱邊。

吳道直，定州人。萬曆四年，以兵部左侍郎閱邊。

戴光啓，山西人。七年，以給事中閱邊。

蕭彥，寧國人。十年，以給事中閱邊。

董子行，紹興人。十三年，以巡茶御史閱邊。

鍾化民，仁和縣人。十六年，以巡茶御史閱邊。

周弘禴，麻城縣人。十九年，以大理寺寺丞閱邊。

李楠，河南永昌人。二十二年，以巡茶御史閱邊。

徐僑，光山籍金谿縣人。二十五年，以巡茶御史閱邊。

畢三才，江西貴梁縣人。二十八年，以巡茶御史閱邊。

黃陞，河南睢州人。三十一年，以巡茶御史閱邊。

王基洪，襄垣縣人。三十四年，以巡茶御史閱邊。

穆天顏，黃岡縣人。三十七年，以巡茶御史閱邊。

姚鏞，山西太原右衛人。四十年，以巡茶御史閱邊。

黃彥士，湖廣人。四十三年，以巡茶御史閱邊。

總督

王越，① 成化初任，駐劄韋州。著守戰之功，尋進爵威寧伯。弘治十一年，復起太子太保，如前任。搗賀蘭山後賊巢有功。

---

① ［校］王越：原作"王鉞"，據《明史》卷一七一《王越傳》，《弘治寧志》卷二、《嘉靖寧志》卷二《寧夏總鎮·宦蹟》改。下同。

　　秦紘，單縣人，弘治十四年任。① 練達戎務，自韋州下馬房東西挑塹共九百餘里，邊境宴然。

　　楊一清，丹徒人，正德二年任。虜將大舉入寇，公至靈州，以先聲振，虜不敢入。築延〔綏〕、寧〔夏〕二鎮長城，為復東勝之計，工方興，為妬者所止。迄今清水營四十里虜不敢窺，此其績也。五年，會寘鐇變，起公於家，人聞公來，咸自勵相率勦滅，公不自有其功，夏人仰之。

　　才寬，永平人，正德四年任。適套虜住牧近邊，公會兵興武營分路搗之，斬虜數十級，中流矢而卒。輓詩見《詞翰》。②

　　張泰，河間人，正德六年任。節臨靈州，將士肅然。

　　鄧璋，③ 涿州人。九年任，④ 至寧夏閱視沿山，志在脩復。雖未舉，而謹關隘之議，實由公始。

　　李鉞，⑤ 祥符縣人，嘉靖元年至寧夏。⑥ 號令嚴明，得固守之策。

　　王憲，東平人，四年任至寧夏。⑦ 嚴肅簡静，將士廩然。細溝之捷，斬虜三百七十餘級，威望益者。

　　王瓊，太原人，七年任寧夏。⑧ 創深溝高壘及北長城。

　　唐龍，蘭溪人，十年任。至花馬池，振揚威武，累成大捷。記見《詞翰》。⑨

　　① ［校］十四年：原作“十五年”，據《明孝宗實錄》卷一七九、《明史》卷一七八《秦紘傳》改。《明孝宗實錄》卷一七九載，弘治十四年（1501）九月甲辰，起致仕南京戶部尚書秦紘為戶部尚書兼都察院右副都御史，代史琳總制陝西固原等處軍務。

　　② 參見本志卷五《詞翰》載李夢陽撰《總督才公搗虜中流矢以詩哀之》。

　　③ ［校］鄧璋：原作“鄧章”，據《明武宗實錄》卷一〇九、《明史》卷一九八《彭澤傳》、《嘉靖陝志》卷十九《文獻七·全陝名宦》、《萬曆陝志》卷十二《公署》等改。

　　④ ［校］九年：原作“七年”，據《明武宗實錄》卷一〇九、《嘉靖陝志》卷十九《文獻七·全陝名宦》改。《明武宗實錄》卷一〇九載，鄧璋於正德九年（1514）二月辛丑任職。

　　⑤ ［校］李鉞：原作“李越”，據《明世宗實錄》卷十二、《明史》卷一九九《李鉞傳》、《萬曆陝志》卷十二《公署》改。

　　⑥ 《明世宗實錄》卷十二載，李鉞於嘉靖元年（1522）三月丙子任職。

　　⑦ ［校］四年：原同《嘉靖寧志》卷二《寧夏總鎮·宦蹟》、《嘉靖陝志》卷十九《文獻七·全陝名宦》均作“五年”，據《明世宗實錄》卷五八、《明史》卷一九九《王憲傳》改。《明世宗實錄》卷五八載，王憲於嘉靖四年（1525）十二月丁酉任職。

　　⑧ ［校］七年：原作“八年”，據《明世宗實錄》卷八五、卷八六及《嘉靖陝志》卷十九《文獻七·全陝名宦》改。《明世宗實錄》卷八五載，嘉靖七年（1528）二月丙辰，起用王瓊。同書卷八六載，同年三月庚寅，王瓊請辭，不允。

　　⑨ 參見本志卷四《詞翰》載康海撰《總督唐龍平虜大捷記》。

劉天和，麻城人，十五年任。兩至寧夏，忠於邊事。造全勝車、神臂弩，城鐵柱泉，扼北虜入寇之路，為百年大防，邊人賴之。先是，嘗以都御史總餉駐節靈州，上下不擾，而庾廩充實，人已有總制之望矣。

楊守禮，蒲州人，十九年任。初，巡撫寧夏僅歲，北關城要害悉脩舉無遺。庚子秋，[1] 吉囊大舉入寇，震驚關中。備盡機宜，指授將士，克捷之功，獨倍他鎮，皆以總督望公，十二月果然。其政備載《籌邊錄》。

張珩，石州人，二十三年任。[2]

曾銑，揚州人，二十五年任。善用兵。製兵車、銃砲，擇士卒，日精練，剋期復套。先揚兵出塞，戒令嚴而軍容肅，士卒服習，雖徒亦能教之。煲砲聲勢赫奕，虜為之遠遁。俺酉迄今東徙，猶其威也。兵未舉，竟為忌者所害。隆慶初，朝廷知其忠，始蔭其子。

王以旂，江寧人，二十七年任。簡静不擾。

賈應春，真定人，[3] 十二年任。前後獲番虜首四千餘級。

王夢弼，代州人，三十六年任。前後獲虜首二百餘級。

魏謙吉，柏卿人，三十七年任。

郭乾，任丘人，三十九年任。

程軺，山東臨清州人，四十年任。

喻時，光州人，四十一年任。前後獲虜首七百級。

陳其學，山東人，四十四年任。

霍冀，山西人，四十五年任。軍令嚴明，三邊振肅。

王崇古，蒲州人，隆慶元年任。有文武才，奇捷屢奏，記見《詞翰》。[4]

王之誥，石首人，四年任。簡直剛方，疆場不擾，《破虜碑記》見《詞翰》。[5]

戴才，滄州人，五年任。經畧長才，邊疆謐静。

石茂華，益都人，萬曆二年任。脩《寧夏鎮志》。

---

① 庚子：嘉靖十九年（1540）。

② 《明世宗實錄》卷二八一載，張珩於嘉靖二十二年（1543）十二月己丑任職。

③ ［校］真定：原作“真寧”，據《萬曆陝志》卷十二《公署》、《康熙陝志》卷十七《職官》改。

④ 參見本志卷四《詞翰》載龐尚鵬撰《總督王崇古搗巢大捷記》。

⑤ 參見本志卷四《詞翰》載楊博撰《總督王之誥大捷記》。

董世彥，河南人，六年任。

郜光先，山西人，六年任。

高文薦，四川人，① 十年任。

梅友松，四川内江人，十七年任。

魏學曾，涇陽人，十九年任。公立朝敷政，直寔清貞，有古大臣風度。董師平夏，在事三時，賊滅城全，皆其功烈。為董、裴所中，天下惋惜，迄今交請謚廕，公論益不泯焉。

葉夢熊，廣東人，二十年任。請平逆叛卒，滅虜酋，夏人感戴。

李汶，任丘人，二十三年任。十載總師，制虜萬全，安國恢疆。

徐三畏，任丘人，三十五年任。②

顧其志，蘇州人，③ 三十七年任。平稅巨璫，奪氣運籌，黠虜輸心。

黄嘉善，即墨人，三十八年任。

劉敏寬，安邑人，四十二年任。

楊應聘，南直懷遠縣人，由進士，萬曆四十六年任。

李起元，北直南和縣人，進士，天啓元年任。四年，陞北戶部右侍郎，總督倉場。

李從心，北直南樂人，進士，天啓四年任。六年，陞總理河道工部尚書。

王之采，山西蒲州人，進士，天啓六年任。

史永安，山東武定州人，進士，七年任。

巡撫

羅汝敬，吉水人，④ 宣德間任。⑤ 以工部侍郎巡撫陝西、提督甘肅寧夏屯田，定賦則。

郭智，蕪湖人，⑥ 正統間任。⑦ 以右僉都御史糸贊巡撫，持大體，紀綱肅然。

① ［校］四川人："四川"二字原為墨丁，據《康熙陝志》卷十七《職官》補。

② ［校］三十五："三"字原為空格，據《萬曆陝志》卷十二《公署》補。

③ ［校］蘇州：《康熙陝志》卷十七《職官》作"直隸長洲"。

④ 吉水人：《弘治寧志》卷二、《嘉靖寧志》卷二《寧夏總鎮·宦蹟·國朝·巡撫》載其為江西吉水人。

⑤ 《明宣宗實錄》卷七六載，羅汝敬於宣德六年（1431）二月丁酉任職。

⑥ 蕪湖人：《弘治寧志》卷二、《嘉靖寧志》卷二《寧夏總鎮·宦蹟·國朝·巡撫》載其為太平府蕪湖人。

⑦ 《明英宗實錄》卷十四載，郭智於正統元年（1436）二月庚子任職。

金濂，① 山陽人。② 舉賢任能，人服其公。置預備倉，勸民出粟以救荒，邊人賴之。

盧睿，③ 東陽人。④

羅綺，⑤ 磁州人，⑥ 景泰間任。⑦

韓福，⑧ 膠州人。⑨

陳翌，鳳陽人，⑩ 天順間任。⑪ 去"僉贊"、專任"都御史"始此。

陳价，銅梁人，⑫ 成化初任。⑬

張鑾，華亭人，⑭ 三年任。⑮ 改建廟學，增廣人才。

---

① 《明英宗實錄》卷三八載，金濂於正統三年（1438）正月庚子任職。

② 山陽人：《弘治寧志》卷二、《嘉靖寧志》卷二《寧夏總鎮·宦蹟·國朝·巡撫》載其為淮安府山陽人。

③ 《明英宗實錄》卷一〇三載，盧睿於正統八年（1443）四月辛卯任職。

④ 東陽人：《弘治寧志》卷二、《嘉靖寧志》卷二《寧夏總鎮·宦蹟·國朝·巡撫》載其為浙江東陽人。

⑤ ［校］羅綺：原作"羅琦"，據《明史》卷一六〇《羅綺傳》，《弘治寧志》卷二、《嘉靖寧志》卷二《寧夏總鎮·宦蹟·國朝·巡撫》、《嘉靖陝志》卷十九《文獻七·全陝名宦》、《萬曆陝志》卷十二《公署》改。

⑥ 磁州人：《弘治寧志》卷二、《嘉靖寧志》卷二《寧夏總鎮·宦蹟·國朝·巡撫》載其為河南磁州人。

⑦ 《明英宗實錄》卷一一三載，命監察御史羅綺於正統九年（1444）二月丙戌參贊寧夏軍務，非景泰年間始任職。

⑧ 《明英宗實錄》卷一八三載，韓福於正統十四年（1449）九月庚寅參贊寧夏軍務。

⑨ 膠州人：《弘治寧志》卷二、《嘉靖寧志》卷二《寧夏總鎮·宦蹟·國朝·巡撫》載其為山東膠州人。

⑩ 鳳陽人：《弘治寧志》卷二、《嘉靖寧志》卷二《寧夏總鎮·宦蹟·國朝·巡撫》載其為鳳陽虹縣人，《嘉靖陝志》卷十九《文獻七·全陝名宦》載其為直隸虹縣人。

⑪ 《明英宗實錄》卷二九一載，天順二年（1458）五月癸丑，鑄給巡撫甘肅、寧夏、大同三處關防，從右副都御史芮釗、陳翌、僉都御史李秉奏請也。

⑫ 銅梁人：《弘治寧志》卷二、《嘉靖寧志》卷二《寧夏總鎮·宦蹟·國朝·巡撫》載其為四川銅梁人。

⑬ 《明英宗實錄》卷三五五載，陳价於天順七年（1463）閏七月己未被命巡撫寧夏，非成化初始任職。

⑭ 華亭人：《弘治寧志》卷二、《嘉靖寧志》卷二《寧夏總鎮·宦蹟·國朝·巡撫》載其為松江府華亭人。

⑮ ［校］三年：原同《弘治寧志》卷二、《嘉靖寧志》卷二《寧夏總鎮·宦蹟·國朝·巡撫》、《嘉靖陝志》卷十九《文獻七·全陝名宦》作"六年"。《明憲宗實錄》卷四四載，張鑾於成化三年（1467）七月己丑任職。據改。

徐廷璋，羅山人，^① 八年任。脩閘壩，增寨堡。

張鵬，淶水人，^② 十一年任。^③ 寬仁得衆。

賈俊，束鹿人，^④ 十二年任。^⑤ 在邊八年，不攜妻子。精勤剛果，洞見下情，決摘如神，軍務區處無遺。豪滑屏迹，軍民富強，迄今故老稱不絕口。

崔讓，石州人，^⑥ 二十年任。^⑦

張瑋，景州人，^⑧ 弘治二年任。^⑨

韓文，新城人，^⑩ 四年任。^⑪ 增脩學宮，創立射圃，以教生儒。

孫仁，新淦人，^⑫ 七年任。

---

① 羅山人：《弘治寧志》卷二、《嘉靖寧志》卷二《寧夏總鎮·宦蹟·國朝·巡撫》載其為河南羅山人。

② 淶水人：《弘治寧志》卷二、《嘉靖寧志》卷二《寧夏總鎮·宦蹟·國朝·巡撫》載其為保定府淶水人。

③ ［校］十一年：此同《弘治寧志》卷二、《嘉靖寧志》卷二《寧夏總鎮·宦蹟·國朝·巡撫》、《嘉靖陝志》卷十九《文獻七·全陝名宦》。《明憲宗實錄》卷一二九載，張鵬於成化十年（1474）六月壬申任職。《萬曆陝志》卷十二《公署》亦載其於成化十年至。

④ 束鹿人：《弘治寧志》卷二、《嘉靖寧志》卷二《寧夏總鎮·宦蹟·國朝·巡撫》載其為保定府束鹿人。

⑤ ［校］十二年：此同《弘治寧志》卷二、《嘉靖寧志》卷二《寧夏總鎮·宦蹟·國朝·巡撫》、《萬曆陝志》卷十二《公署》。《明憲宗實錄》卷一六九、《明史》卷一八五《賈俊傳》均作“十三年”。

⑥ 石州人：《弘治寧志》卷二、《嘉靖寧志》卷二《寧夏總鎮·宦蹟·國朝·巡撫》載其為山西石州人。

⑦ ［校］二十年：此同《弘治寧志》卷二、《嘉靖寧志》卷二《寧夏總鎮·宦蹟》、《萬曆陝志》卷十二《公署》。《明憲宗實錄》卷二四三載，崔讓於成化十九年（1483）八月甲申任職。

⑧ 景州人：《弘治寧志》卷二、《嘉靖寧志》卷二《寧夏總鎮·宦蹟·國朝·巡撫》載其為河間府景州人。

⑨ ［校］二年：此同《弘治寧志》卷二、《嘉靖寧志》卷二《寧夏總鎮·宦蹟》、《萬曆陝志》卷十二《公署》。《明孝宗實錄》卷十七載，張瑋於弘治元年（1488）八月丁巳任職。

⑩ 新城人：《弘治寧志》卷二、《嘉靖寧志》卷二《寧夏總鎮·宦蹟·國朝·巡撫》載其為保定府新城人。

⑪ ［校］四年：此同《弘治寧志》卷二、《嘉靖寧志》卷二《寧夏總鎮·宦蹟》、《萬曆陝志》卷十二《公署》。《明孝宗實錄》卷三八載，韓文於弘治三年（1490）五月乙卯任職。

⑫ 新淦人：《弘治寧志》卷二、《嘉靖寧志》卷二《寧夏總鎮·宦蹟·國朝·巡撫》載其為江西新淦人。

　　張禎淑，① 巴縣人，② 九年任。操守嚴慎，事功亦著。

　　王珣，山東人，③ 十一年任。④ 召集軍士以實行伍，奏給哨軍行糧及站軍糧料。緩不急之徵，⑤ 蠲無田之稅。崇教化，增樂舞，以祀夫子。寬嚴得中，邊人服之。

　　劉憲，長沙人，⑥ 十五年任。振綱陳紀，嚴不為刻，寬不至縱，僚屬畏服。

　　冒政，揚州人，⑦ 正德二年任。

　　曲銳，登州人，⑧ 三年任。

　　馬炳然，⑨ 內丘人，⑩ 四年任。憲度整肅，上下悅服，尋丁內艱。五年，宗藩寘鐇作變，朝廷以公得邊人心，奪情起服。臨鎮，老稚觀呼。事定，仍乞終制。

　　安惟學，平陽人，⑪ 五年任。⑫ 未幾，以寘鐇變，罹害。

　　張勛，保定人。⑬ 承遭變之餘，百務既廢，能鎮以靜，邊人樂之。

---

　　① ［校］張禎淑：《弘治寧志》卷二《寧夏總鎮·宦蹟·國朝·巡撫》、《嘉靖陝志》卷十九《文獻七·全陝名宦》作"張禎叔"，《嘉靖寧志》卷二《寧夏總鎮·宦蹟》作"張禎叔"。

　　② 巴縣人：《弘治寧志》卷二、《嘉靖寧志》卷二《寧夏總鎮·宦蹟·國朝·巡撫》載其為四川巴縣人。

　　③ 山東人：《弘治寧志》卷二、《嘉靖寧志》卷二《寧夏總鎮·宦蹟·國朝·巡撫》載其為山東曹縣人。

　　④ 《萬曆陝志》卷十二《公署》載，王珣於弘治十二年（1499）至。

　　⑤ ［校］緩：原作"綏"，據《嘉靖陝志》卷十九《文獻七·全陝名宦》改。

　　⑥ 長沙人：《弘治寧志》卷二、《嘉靖寧志》卷二《寧夏總鎮·宦蹟·國朝·巡撫》載其為湖廣長沙府益陽縣人，《嘉靖陝志》卷十九《文獻七·全陝名宦》載其為湖廣益陽縣人。

　　⑦ 揚州人：《弘治寧志》卷二、《嘉靖寧志》卷二《寧夏總鎮·宦蹟·國朝·巡撫》載其為直隸揚州府泰州人，《嘉靖陝志》卷十九《文獻七·全陝名宦》載其為直隸泰州人。

　　⑧ 登州人：《弘治寧志》卷二、《嘉靖寧志》卷二《寧夏總鎮·宦蹟·國朝·巡撫》載其為山東登州府萊陽縣人，《嘉靖寧志》卷十九《文獻七·全陝名宦》載其為山東萊陽縣人。

　　⑨ ［校］馬炳然：《萬曆陝志》卷十二《公署》作"馮炳然"。

　　⑩ 內丘人：《弘治寧志》卷二、《嘉靖寧志》卷二《寧夏總鎮·宦蹟·國朝·巡撫》載其為四川成都府內江縣人，《嘉靖陝志》卷十九《文獻七·全陝名宦》載其為四川內江縣人。

　　⑪ 平陽人：《弘治寧志》卷二、《嘉靖寧志》卷二《寧夏總鎮·宦蹟·國朝·巡撫》載其為山西平陽臨汾縣人，《嘉靖陝志》卷十九《文獻七·全陝名宦》載其為山西臨汾縣人。

　　⑫ ［校］五年：此同《嘉靖陝志》卷十九《文獻七·全陝名宦》。《明武宗實錄》卷五八載，安惟學於正德四年（1509）十二月乙巳巡撫寧夏。

　　⑬ 保定人：《弘治寧志》卷二、《嘉靖寧志》卷二《寧夏總鎮·宦蹟·國朝·巡撫》載其為直隸保定府完縣人，《嘉靖陝志》卷十九《文獻七·全陝名宦》載其為直隸完縣人。

　　馮清，餘姚人，① 七年任。優於邊畧，鋤惡植良。

　　邊憲，任丘人，② 九年任。③

　　鄭暘，保定人，④ 十三年任。⑤

　　王時中，⑥ 山東人。⑦ 弘武宗駕幸延綏，聲振寧夏，公安常簡静，人心頓以不搖。奏建靈州所學。

　　張閏，⑧ 平陽人，⑨ 正德十六年任。⑩ 洞察奸弊，剗繁就簡，人咸稱便。

　　張璿，晉州人，〔嘉靖〕二年任。振揚綱紀，百弊澄清。

　　林琦，順天人，⑪ 四年任。

　　孟洋，⑫ 信陽人，⑬ 五年任。⑭

---

　　① 餘姚人：《弘治寧志》卷二、《嘉靖寧志》卷二《寧夏總鎮·宦蹟·國朝·巡撫》載其為浙江餘姚縣人，《嘉靖陝志》卷十九《文獻七·全陝名宦》載其為順天府宛平縣人。

　　② 任丘人：《嘉靖寧志》卷二《寧夏總鎮·宦蹟·國朝·巡撫》載其為河澗府任丘縣人。

　　③ 〔校〕九年：原作“十一年”，據《明武宗實錄》卷一一一、《萬曆陝志》卷十二《公署》改。《明武宗實錄》卷一四四載，正德十一年（1516）十二月壬申，陞巡撫寧夏右副都御史邊憲為南京刑部右侍郎。

　　④ 保定人：《嘉靖寧志》卷二《寧夏總鎮·宦蹟·國朝·巡撫》載其為保定府安肅縣人，《嘉靖陝志》卷十九《文獻七·全陝名宦》載其為直隸安肅縣人。

　　⑤ 〔校〕十三年：此同《嘉靖寧志》卷二《寧夏總鎮·宦蹟·國朝·巡撫》。《明武宗實錄》卷一四五、《萬曆陝志》卷十二《公署》均作“十二年”。

　　⑥ 《明武宗實錄》卷一四八載，王時中於正德十二年（1517）四月戊午任職。

　　⑦ 山東人：《嘉靖寧志》卷二《寧夏總鎮·宦蹟·國朝·巡撫》載其為黃縣人。

　　⑧ 〔校〕張閏：《嘉靖寧志》卷二《寧夏總鎮·宦蹟·國朝·巡撫》作“張潤”。

　　⑨ 平陽人：《嘉靖寧志》卷二《寧夏總鎮·宦蹟·國朝·巡撫》載其為山西平陽府人，《嘉靖陝志》卷十九《文獻七·全陝名宦》載其為山西臨汾縣人。

　　⑩ 〔校〕正德十六年：原同《嘉靖陝志》卷十九《文獻七·全陝名宦》作“嘉靖元年”。《明世宗實錄》卷二載，張潤於正德十六年（1521）五月戊寅任職。《萬曆陝志》卷十二《公署》載其於正德十六年至。據改。

　　⑪ 順天人：《嘉靖寧志》卷二《寧夏總鎮·宦蹟·國朝·巡撫》載其為直隸順天府人。

　　⑫ 〔校〕孟洋：原作“孟津”，據《明世宗實錄》卷二、《嘉靖寧志》卷二《寧夏總鎮·宦蹟·國朝·巡撫》、《嘉靖陝志》卷十九《文獻七·全陝名宦》、《萬曆陝志》卷十二《公署》改。

　　⑬ 信陽人：《嘉靖寧志》卷二《寧夏總鎮·宦蹟·國朝·巡撫》載其為河南信陽州人。

　　⑭ 〔校〕五年：此同《嘉靖寧志》卷二《寧夏總鎮·宦蹟·國朝·巡撫》。《明世宗實錄》卷八〇載，孟洋於嘉靖六年（1527）九月辛卯任職。《萬曆陝志》卷十二《公署》載其於嘉靖七年（1528）至。《明世宗實錄》卷九二載，嘉靖七年（1528）九月乙酉，改命孟洋總督南京糧儲。

毛伯温，吉水人，① 六年任。抵任三閱月，召營院事。

翟鵬，② 撫寧人。③ 革弊興利，不避忌諱，民隱洞悉。

胡東皋，餘姚人，④ 九年任。⑤ 為政不迫而治，臨下不惡而嚴。奸吏遯避，憲度肅清。

楊志學，長沙人，⑥ 十一年任。政務恂恂，不求赫赫聲。奏改稅糧，大蘇民困。創築威遠、平胡、靖虜三堡，以遏寇路，人到於今德之。有《去思碑記》見《詞翰》。⑦

張文魁，河南人，⑧ 十三年任。⑨ 益平虜迤北黃河戰船，扼虜潛渡。風裁振揚，人懷去思。

吳鎧，山東人，⑩ 十六年任。⑪ 重風化，謹邊防。建東號以萃生徒，築鎮河堡以絕虜路。

楊守禮，蒲州人，⑫ 十八年任。盡心邊務，不憚艱險。尤善馭將士，奮立戰功，脩築赤木口，以絕百年虜通之路，建營房以庇煢獨之軍。

范鏓，⑬ 遼東人，⑭ 二十年任。⑮ 清查侵有糧料十二萬石、草十五萬束。

---

① 吉水人：《嘉靖寧志》卷二《寧夏總鎮·宦蹟·國朝·巡撫》載其為江西吉水縣人。

② 《明世宗實錄》卷八四載，翟鵬於嘉靖七年（1528）正月壬辰任職。

③ 撫寧人：《嘉靖寧志》卷二《寧夏總鎮·宦蹟·國朝·巡撫》載其為直隸撫寧衛人。

④ 餘姚人：《嘉靖寧志》卷二《寧夏總鎮·宦蹟·國朝·巡撫》載其為浙江餘姚縣人。

⑤ 《萬曆陝志》卷十二《公署》載，胡東皋於嘉靖十年（1531）至。

⑥ 長沙人：《嘉靖寧志》卷二《寧夏總鎮·宦蹟·國朝·巡撫》載其為湖廣長沙府人。

⑦ 參見本志卷四《詞翰》載管律撰《巡撫都御史楊公志學去思碑記》。

⑧ 河南人：《嘉靖寧志》卷二《寧夏總鎮·宦蹟·國朝·巡撫》載其為河南蘭陽縣人。

⑨ ［校］十三年：此同《嘉靖寧志》卷二《寧夏總鎮·宦蹟·國朝·巡撫》。《明世宗實錄》卷一五七載，張文魁於嘉靖十二年（1533）十二月乙未任職。《萬曆陝志》卷十二《公署》載其於嘉靖十一年（1532）至。

⑩ 山東人：《嘉靖寧志》卷二《寧夏總鎮·宦蹟·國朝·巡撫》載其為山東陽谷縣人。

⑪ ［校］十六年：原同《嘉靖寧志》卷二《寧夏總鎮·宦蹟》、《嘉靖陝志》卷十九《文獻七·全陝名宦》作“十七年”。《明世宗實錄》卷一九九載，吳鎧於嘉靖十六年（1537）四月乙丑任職，本志卷四管律撰《東號記》亦載於十六年任職，《萬曆陝志》卷十二《公署》載其於嘉靖十六年至。據改。

⑫ 蒲州人：《嘉靖寧志》卷二《寧夏總鎮·宦蹟·國朝·巡撫》載其為山西蒲州人。

⑬ ［校］范鏓：原作“范總”，據《明世宗實錄》卷二四六、《明史》卷一九九《范鏓傳》、《嘉靖陝志》卷十九《文獻七·全陝名宦》改。

⑭ 遼東人：《嘉靖寧志》卷二《寧夏總鎮·宦蹟·國朝·巡撫》載其為遼東瀋陽衛人。

⑮ ［校］二十年：原同《嘉靖寧志》卷二作“十九年”，據《明世宗實錄》卷二四六、《明史》卷一九九《范鏓傳》、《萬曆陝志》卷十二《公署》改。《明世宗實錄》卷二四六載，范鏓於嘉靖二十年（1541）二月癸亥任職。

害免善良，去及奸蠹，復正名器，釐革冒陞官旗，剛斷精明，父老稱快。

　　張珩，石州人，① 二十二年任。② 盡心戍務，恒以忠義教人，人鮮犯法。

　　李士翱，③ 山東人，④ 二十三年任。⑤ 寬嚴得中，官軍悦服。題疏貢額，夏士永懷。

　　王邦瑞，⑥ 河南人，二十六年任。

　　張鎬，定州人，⑦ 二十八年任。

　　王夢弼，代州人，三十二年任。⑧ 敏捷嚴明，人皆畏服。

　　王鎬，欒州人，三十六年任。政尚體要，度更恢弘。

　　霍冀，孝義縣人，進士，三十七年任。撫綏有方，事功表著。《去思碑記》見《詞翰》。⑨

　　謝淮，任丘人，進士，四十一年任。⑩

　　毛鵬，棗强人，進士，四十一年任。

　　王崇古，蒲州人，進士，四十三年任。膚功壯猷，多所建樹，晉少保兵部尚書。《去思碑記》見《詞翰》。⑪

　　朱笒，桃源人，進士，隆慶元年任，六年復任。《屯田豁額》一疏，夏人永賴。

　　沈應時，洛陽人，進士，三年任。⑫

---

　　① 石州人：《嘉靖寧志》卷二《寧夏總鎮·宦蹟·國朝·巡撫》載其為山西石州人。

　　② ［校］二十二年：此同《嘉靖寧志》卷二《寧夏總鎮·宦蹟·國朝·巡撫》、《萬曆陝志》卷十二《公署》。《明世宗實錄》卷二六九載，張珩於嘉靖二十一年（1542）十二月丁酉任職。

　　③ ［校］李士翱：《萬曆陝志》卷十二《公署》作“李仕翱”。

　　④ 山東人：《嘉靖寧志》卷二《寧夏總鎮·宦蹟·國朝·巡撫》載其為山東長山縣人。

　　⑤ ［校］二十三年：此同《萬曆陝志》卷十二《公署》。《明世宗實錄》卷二八一載，李士翱於嘉靖二十二年（1543）十二月乙未任職。

　　⑥ ［校］王邦瑞：原作“王邦端”，據《明史》卷一九九《王邦瑞傳》、《嘉靖陝志》卷十九《文獻七·全陝名宦》、《萬曆陝志》卷十二《公署》改。下同。

　　⑦ ［校］定州人：《萬曆陝志》卷十二《公署》作“定興人”。

　　⑧ 《明世宗實錄》卷三九二載，王夢弼於嘉靖三十一年（1552）十二月癸酉任職。

　　⑨ 參見本志卷四《詞翰》載潘九齡撰《巡撫霍公冀去思碑記》。

　　⑩ 《明世宗實錄》卷四八八載，謝淮於嘉靖三十九年（1560）九月丙子任職。

　　⑪ 參見本志卷四《詞翰》載楊宗氣撰《中丞王公崇古去思記》。

　　⑫ 《明穆宗實錄》卷二七載，沈應時於隆慶二年（1568）十二月己丑任職。

張蕙，平原人，進士，五年任。蒞政精明，宅心寬大，凡所建監學田，記見《詞翰》。①

羅鳳翱，蒲州人，舉人，萬曆元年任。體恤民隱，蘇息商困。奏止入衛兵馬，脩理城池。蒞任八年，夏人立祠頌德。

蕭大亨，山東泰安州人，進士，八年任。

晉應槐，山西洪洞人，進士，九年任。

張九一，河南新蔡人，進士，十一年任。革弊釐奸，政令明肅，作興士類，猶加意焉。

梁問孟，河南新鄉人，進士，十四年任。興學造士，政尚拊綏，仁心仁聞，迄今遐邇感頌。

姚繼可，襄城縣人，進士，十六年任。

党馨，山東益都人，進士，十八年任。② 壬辰兵變，罹害。

朱正色，直隸南和人，進士，二十年任。變起壬辰，公來填撫，揮霍之才素裕，蕩平之績居多。

周光鎬，廣東潮陽人，進士，二十一年任。政務大體，不事小康，蓄眾客民，邊方寧謐。

楊時寧，河南祥符人，進士，二十三年任。直方蒞政，惠愛宜民，獲首虜千餘，匈奴畏服。且捐資置田，大有造於士類。

黃嘉善，山東即墨人，進士，三十年任。③ 器度恢弘，治體練達，邊方深為倚賴。題築沙湃、敵臺，磚包鐵柱、惠安諸堡。又新廟學，尊經建閣，闢雲路，置田作人，夏人立祠曰"十年遺愛"。

崔景榮，直隸長垣人，進士，三十九年任。④ 四十一年，陞右副都御史、兵部右侍郎，又以軍功加左侍郎。

楊應聘，直隸懷遠人，進士，四十二年任。

臧爾勸，山東諸城人，進士。四十六年，以副都御史任，陞戶部右侍郎。

---

① 參見本志卷四《詞翰》載王幼慈撰《書院學田記》。
② 《明神宗實錄》卷二一八載，党馨於萬曆十七年（1589）十二月乙亥任職。
③ 《明神宗實錄》卷三六〇載，黃嘉善於萬曆二十九年（1601）六月戊子任職。
④ ［校］三十九年：《萬曆陝志》卷十二《公署》作"三十八年"。

周懋相，江西安福人，進士。四十八年，以僉都御史任。①

王之采，② 山西蒲州人，進士，襄毅公之孫。天啓元年，以副都御史任，加陞兵部右侍郎。

李從心，直隸大名府南樂人，進士。二年，以副都御史任，陞總督三邊兵部右侍郎。

魏雲中，山西武鄉人，進士。四年，以僉都御史任。

郭之琮，山西蒲州人，進士。五年，以僉都御史任。

史永安，山東武定州人，進士。六年，③ 以副都御史任，陞總督三邊兵部右侍郎，加兼都御史任。內題建商學，創行考官，寬大精明，留心民瘼。

焦馨，山東章丘人，進士。七年，以副都御史任。真心任事，實惠普民。迎賞戰丁，以勵武功。獎激渠官，以興水利。停止遼戍，以實營伍。夏人永賴。

楊嗣脩，河南河內人，進士。崇禎元年，以僉都御史任。

耿好仁，直隸定興人，進士。二年，以僉都御史任。

王振奇，江西安福人，進士。六年，以僉都御史任。七年，插酋大舉入犯，獲虜首三千級。書奏膚功，竟以勞瘁成痾，卒於宦邸。

王楫，山東泰安人，進士。七年，以僉都御史任。九年二月，兵變罹害。

鄭崇儉，④ 山西鄉寧人，進士。九年，以僉都御史任。洞悉邊情，練達治體，恩威並用，釁孽潛消。任內清出虛懸糧料八萬石，草三十四萬束。秋防三次，擒斬六王，前後獲虜首三百級。朝廷褒嘉進秩、蔭子。十二年，陞總督三邊、兵部右侍郎。夏人建祠，以識其德政焉。

劉秉政，遼東廣寧人，順治十六年任。撫□軍民，教養士子，政尚寬

---

① ［校］僉都御史：據《明光宗實錄》卷五載，周懋相於萬曆四十八年（1620）八月己未，以"陝西右布政"任上陞寧夏巡撫。

② ［校］王之采：《明熹宗實錄》卷十一作"王之寀"。

③ 《明熹宗實錄》卷六五載，史永安於天啓五年（1625）十一月癸亥任職。

④ 《寧夏府志》卷九《職官》載，明朝巡撫寧夏者，鄭崇儉之後尚有四川人樊一亨和山西平陸人李虞夔。又，"樊一亨"，《寧夏府志》卷九《職官》同《乾隆甘志》卷二七《職官》，《康熙陝志》卷十七《職官》作"樊一衡"，《清朝歷科進士題名碑錄》之《初集》作"樊一蘅"。

簡。詳生祠《碑記》。①

　督儲河西道

張添賜，宣德間任，户部主事。

劉瓚，以按察司“督儲”始此。

金濂。

何楚英。

馬謙。

郭紀。

李臯。

孫逢吉。

王瀛。

王瑱。

劉謙，長於詩翰。

曹奇，案無停牘，日集諸生授以《易》學。寧夏《易經》有傳，自公始之。

姚明。

羅明，鎮静廉隅，人不敢欺。

王瓚。

余金。

李經，用法明恕。

王弁，持憲貞肅，有長者之風。

張貫。②

李隆，平恕不苛，人不忍欺。

陳經。

陳珍，③ 明爽無冤獄。自添賜至珍，舊志不紀年，嗣是官以僉憲始紀年。

李端澄，河南人，弘治十年任。刑獄嚴明，奸頑畏服。大虜入寇，糧

---

① 　參見本志卷四《詞翰》載高辛胤撰《巡撫都御史三韓劉公秉政去思碑記》。

② 　〔校〕張貫：原作“王貫”，據《弘治寧志》卷二、《嘉靖寧志》卷二《寧夏總鎮·宦蹟》改。

③ 　〔校〕陳珍：原作“陳价”，據《弘治寧志》卷二、《嘉靖寧志》卷二《寧夏總鎮·宦蹟》及本志下文改。下文“自添賜至珍”之“珍”原亦作“价”，據改。

餉克充。

孟逵，順天府人。弘治十四年，以僉事督儲。①

尚繡，② 睢陽人，十五年任。廉明謹厚。注選督儲，受勅始此。

李政，葉縣人，十六年任。

賈時，直隸歸德人，十七年任。給寧夏督儲道關防始此。

白金，長州府人，正德間任。僅三月，劉瑾擅權裁之。

張橃，代州人，六年任。逆瑾既敗，復設督儲僉事。刑罰允當，人心悦服。

黎堯卿，忠州人，九年任。寬嚴適中，輿情允愜，兼管水利始此。

舒表，銅梁人，十九年任。克謹細行，能全大體。

王璽，猗氏人，嘉靖元年任。謹畏平實，人不敢欺。

劉淮，睢州人，三年任。

張崇德，沂州人，五年任。賦性剛方，用法明察，竟以是去官。

齊之鸞，桐城人，九年任。河東溝壘暨平虜新墻皆所籌畫。

劉恩，保定人，十一年任。平易簡静，刑無冤抑。兼管塩法、兵備靈州始此。

譚闓，蓬溪人，十四年任。愷悌宜民。

孟霈，澤州人，十七年任。明敏廉介，有不吐不茹之風。督儲多方，師行有賴。憲臺清肅，邊人帖然，工於詩。

白金，山西人，十九年任。

王朝相，永年人，二十三年任。寬嚴得中，刑罰明允，人樂于治。

殷學，東河人，③ 二十五年任。

栗應麟，山西人，二十七年任。

許用中，東阿人，二十九年任。

潘璸，成都人，三十年任。

許天倫，山西人，三十四年任。政事明敏，案無停牘，官民稱便。

胡賓，光州人，三十五年任。整肅憲度，振舉士風。

---

① ［校］孟逵順天府人弘治十四年以僉事督儲：此十五字原無，據《嘉靖寧志》卷二《寧夏總鎮·宦蹟》補，參見《弘治寧志》卷二《寧夏總鎮·宦蹟》。

② ［校］尚繡：原作“尚儒”，據《弘治寧志》卷二、《嘉靖寧志》卷二《寧夏總鎮·宦蹟》改。

③ ［校］東河：《寧夏府志》卷九《職官》作“東阿”，疑是。

王三接，山西人，三十六年任。才職優長，政事明敏。勤于造士，多所玉成。

謝蒲，代州人，四十年任。

張橋，雲南人，四十四年任。

方岳，萊州人，隆慶元年任。

馬文建，鉅野人，四年任。

汪文煇，婺源人，進士，五年任。實心實政，僅見於公。其遺愛有所，著《民隱録》。夏人《去思碑記》見《詞翰》。①

劉之蒙，霸州人，進士，六年任。

觧學禮，安邑人，進士，萬曆二年任。才識卓越，脩守績偉。

周有光，山西榮河人，進士。萬曆八年，以僉議任。

劉堯卿，直隸保定府人，進士。十年，以副使任。

任極，山西平定州人，舉人。十二年，以副使任。

趙惟卿，直隸真定府栢鄉縣人，進士。十四年，以副使任。

戴光啓，山西太原府祁縣人，進士。十六年，以右布政任。

李春光，山西鮮州人，進士，十八年任。詰戎儲餉，邊務有裨，守正不阿，尤為得體。

石繼芳，山東青州府益都縣人，舉人。十九年，以副使任。壬辰兵變，罹害。

蔡可賢，直隸廣平府成安縣人，進士。二十年，以僉議任。戎服從軍，玄機運掌，蕩平之績，夏人頌焉。

馬鳴鸞，四川內江縣人，進士。二十一年，以右布政任。平叛策畫，事定撫摩，大有造於兩河，人感精明中渾厚。

尹應元，湖廣漢陽府漢川縣人，進士。二十四年，以右布政任。蒞政振立紀綱，恤民多所卵翼。聞虜警，親詣戰壘，宛有張仲之風。

王道增，河南潁州人，進士。二十七年，以右布政任。

高世芳，河南懷慶府河內縣人，進士。二十九年，以僉事任。政事精明，法紀振立。凡簡用材官，籌畫軍國，皆自裁處。

張我繩，直隸邯鄲縣人，舉人。四十年，以僉事任。宣慈布和，夏人頌福。

---

① 參見本志卷四《詞翰》載王繼祖撰《僉憲汪文煇去思碑記》。

龔文選，四川〔人〕……①

趙可教，② 溫江人。

周懋相，安福人。

馮從龍，四川人，天啓間任。

吳文企，湖廣景陵人。

張崇禮，山西代州人。

沈應時。

譚性教，山東萊蕪人。

吳曄，萊蕪人，崇禎間任。

劉錫元，南直長洲人。

丁啓睿，河南永城人。

王裕心，山西孝義人。

李虞夔，山西平陸人。

張鳳翼，堂邑人。

督儲河東道

張守中，聞喜人。

侯東萊，萊州人。

王惟善，新萊人。

陳燁，諸城人。

姚繼可，襄城人。

以上定邊道。

馬時泰，河南陳留人，舉人，萬曆八年任。

郭汝，山東濟寧人，進士，十年任。

焦子春，河南登封人，進士，十三年任。

劉復禮，山海衛人，舉人，十五年任。

姚繼先，四川成都人，③ 舉人，十七年任。

---

① 原版第 31 頁載明代督儲河西道者止於“龔文選”，“四川”二字後內容不詳。

② ［校］原版第 31 頁載明代督儲河西道者止於“龔文選”，據《寧夏府志》卷九可知，龔文選之後督儲河西道者還有趙可教、周懋相、馮從龍、吳文企、張崇禮、沈應時、譚性教、吳曄、劉錫元、丁啓睿、王裕心、李虞夔、張鳳翼十三人。故知，《朔方新志》所缺第 32 頁的內容應該是趙可教等人的簡介。今據《寧夏府志》卷九補。

③ ［校］成都：原作“城都”，據《寧夏府志》卷九《職官》改。

陳學曾，順天遵化人，進士，十八年任。

隨府，魚臺人，進士，二十年任。

馬鳴鸞，四川內江人，進士。二十年，以按察使任，本年轉陞河西。改憲職始此。

荊州俊，山西平陽府猗氏縣人，進士。二十一年，以副使任。仁政扶起瘡痍，威嚴震安反側。百廢具舉，憲度肅然。

王道增，河南穎州衛人，進士。二十三年，以副使任。

王登才，直隸開州人。二十七年，以副使任。

李起元，直隸南和人，進士。三十一年，以右叅政任，加陞左布政。治不樂於紛更，事惟崇夫簡易。兵食大計，克厪於懷。

秦尚明，河南太康人，進士。三十七年，以叅政任。

楊文忠，山東陵縣人，進士。三十八年，以僉事任。

任應徵，四川閬中人，進士。四十年，以按察使任。蒞任先聲折虜，備邊食足兵強。其於吘黎，尤加衽席。

張崇禮，山西代州人，進士。四十二年十二月，以按察使任。

張九德，浙江慈谿人，進士。泰昌元年，以副使任，陞延綏巡撫。築河堤，增稅地，多所興釐。

張維樞，福建晉江人，進士。天啓五年，以右布政任，陞陝西巡撫。

周汝璣，河南商城人，進士。六年，以叅議任。

葛如麟，山東德平人，進士。崇禎元年，以副使任。

戶部督儲郎中

嘉靖十七年設，以總理延〔綏〕、寧〔夏〕糧儲。隆慶初，因延綏糧多，奏屬延鎮。

高翀，安陸人。

侯珮，山東人。

周建邦，巴縣人。

王太平，山東人。

張子順，德州人。

洪遇，歷城人。

黃澄，富順人。

田汝麟，涿州人。

陳治，德州人。

唐世龍，獻縣人。

蘇存，任丘人。

楊宗振，墊江人。

蔡國熙，永平人。覃精理學，有藻鑑，善作人。創朔方書院，聚生徒，日談名理，蓋燕趙之豪也。督儲時振刷積弊，兵食頓足，此特其緒餘耳。

黃鶴，杞縣人。

蕭大亨，太安人。

趙大倫，沁水人。

張體乾，直隸真定衛人。

李木，山西解州人。

張國華，四川巫山縣人。

譚起，四川夔州人。

田時秀，直隸保定府人。

李大嘉，山西平陽府人。

李丁，山東兗州府人。

張仲鴻，山東兗州府人。

張悌，河南南陽府人。

喻思恪，四川重慶府人。

鄭壁，① 四川成都府人。

高拱辰，山西平陽府人。

陳良知，山東青州府人。

秦尚明，河南開封府人。

孫敦化，河南開封府人。

楊文忠，山東陵縣人。

張我繩，直隸邯鄲縣人。

金煉，德州人。

顧言，江陰縣人。

理刑同知

王道，直隸獻縣人，萬曆十五年任。題設始此。

---

① ［校］鄭壁：《寧夏府志》卷九《職官》作“鄭璧”。

張九韶，直隸清苑縣人，十八年任。

胡應禎，湖廣麻城縣人，十八年任。

宋炯，直隸元城人，舉人，十九年任。

王三讓，四川人，一十一年任。

白應乾，山東博興人，舉人，二十四年任。

王從詔，洛陽人，舉人，二十六年任。

李大謙，揚州人，舉人，二十九年任。

王三錫，翼城人，舉人，三十五年任。

張謙，石首人，選貢，四十一年任。

胡悅安，直隸南和人，舉人，四十五年任。

路尚論，河南浮溝人，選貢，天啓四年任。

牟脈新，山東福山縣人，舉人，天啓六年任。

王標，山西太原縣人，舉人，崇禎元年任。

監收同知

鎮暨三路，初設管糧通判，萬曆三十二年，巡撫黃嘉善具題，邊方最急而最易滋弊者無如錢穀，改“同知”，以重事。權選才望，以破徃例，□果才守俱嘉者、有成績者保陞邊方部道，以示激勸。

鎮城文制

王濬、宋鑑、高環、呂質、劉榮、吉人、張玘、徐冀、任繼方、楊珉、王賓，凡十二人，①　舊志不紀年，亦無貫。

王永吉，石樓人，嘉靖二十四年任。

王鳴鳳，直隸人，二十七年任。

李汝金，直隸人，二十九年任。

胡錫，沙河人，三十一年任。

李鎔，清豐人，三十五年任。

陶約，桂州人，三十七年任。

唐國寵，烏城人，三十九年任。

張大芳，陽曲人，四十三年任。

楊時芳，猗氏人，四十五年任。

張仕衢，江夏人，隆慶四年任。

---

① ［校］十二人：前文僅記“王濬”等十一人，疑誤。

楊勵，順天人，五年任。

王銳，蔚州人，萬曆三年任。

李時芳，四川昭化人，七年任。

張明，四川成都人，七年任。

裴希孟，邯鄲人，九年任。

郭孔高，直隸義河人，十年任。

王遇春，山西安邑人，舉人，十六年任。

王尚賓，直隸儀真人，十九年任。

郭英，山西寧武人，舉人，二十一年任。

劉澗，邯鄲人，選貢，二十三年任。

王嗣箕，開州人，舉人，二十六年任。

劉芬桂，直隸任丘人，舉人，二十九年任。

邵埨，餘姚人，舉人，三十年任。

張仕周，山東益都人，舉人，三十二年任。“同知”始此。

駱任重，墊江人，進士，三十五年任。

王廷極，貴州籍上元人，舉人，四十年任。

吳惟誠，北直翼州人，舉人，四十六年任。

盧自立，北直淶水人，舉人，天啓元年任。六年，陞漢中府知府。

張繼孔，湖廣麻城人，舉人，六年任。

李魯士，山東濟南府人，選貢，崇禎元年任。

趙守成，直隸大名府南樂縣人，選貢，崇禎元年任。

中路

李立本，嶧縣人，正德十五年任。

黃永錫，直隸人，嘉靖七年任。

劉邦儒，河南人，十二年任。

鄭維宣，東平人，十六年任。

袁弼，山西人，二十年任。

陳昶，湖廣人，二十三年任。

吳鳳，河南人，二十五年任。

傅思恭，山東人，三十年任。

馮鯈，蠡縣人，三十五年任。①

蘇通，蓬溪人，三十五年任。

祁恕，雲南人，三十八年任。

彭尚賢，河南人，四十年任。

張仲禮，平陽人，四十四年任。

武尚魁，平山人，隆慶二年任。

盧仲華，廣平人，三年任。

黃廷美，湖廣人，四年任。

劉永貞，清豐人，六年任。

朱可進，順天人，萬曆二年任。

牛濩，山東濟南府人。

韓初命。

史讜，貴州人，萬曆三十二年任。“同知”始此。

張名坤，山西蒲州人，舉人。

唐仁煥，廣西桂林府人。

費元昌，四川成都府人，舉人。

李不矜，山東壽光人，舉人，四十二年任。

閭柳，徐溝縣人，選貢，四十二年任。初，以固原州同駐惠安堡管
塩，萬曆四十一年，巡撫崔景榮題設塩捕通判，興醛增額，息盜安民。

沈道隆，南直泰州人，官生，四十七年任。

宋萬畧，福建莆田人，舉人，天啟三年任。

曹應聘，山東滕縣人，歲貢，六年任。

東路

王田、周力、陳思中、楊文質、丘民望、荊守約、李岱、武應魁，凢
八人，舊志不紀年，亦無貫。

劉永貞，新豐人，隆慶六年任。

劉定楚，雲南人，六年任。

吳訓，萬曆三年任。

衛汝霖，絳州人，五年任。

李尚文，北直隸房山縣人，七年任。

---

① ［校］三十五年：原作“二十五年”，據本志書例改。

李廷珍，雲南昆明縣人，十二年任。

馬尚選，北直隸真定府人，十四年任。

劉繼志，北直隸大名府人，十六年任。

吳遊藝，南直隸霍丘縣人，十八年任。

趙架，北直隸開州人，二十一年任。

吳用敬，北直隸真定人，二十三年任。

徐元則，南直隸宣城縣人，二十四年任。

王化，山西遼州人，二十七年任。

閆厚，北直隸懷來衛人，二十九年任。

汪珂，山東臨清州人，三十一年任。

李之實，北直隸涿州人，三十一年任。

袁志爕，江陵人，三十二年任。改“同知”始此。

戴一松，儀封人，舉人，三十五年任。

蔡可行，成安人，選貢，三十七年任。

李如寶，石樓人，舉人，三十九年任。

閔之聞，四川仁壽人，舉人，四十三年任。

李正敷，江西幹餘人，天啓二年任。七年，陞廣西梧州府知府。

高麟遊，南直合肥人，舉人，崇禎元年任。

西路

劉良臣，芮城人，正德十五年任。

任繼芳，岢嵐人，嘉靖四年任。

張世顯，霍州人，五年任。

王宗舜，襄垣人，九年任。

閻登，東安人，十一年任。

胡拱明，湖廣人，十四年任。

楊弸，新城人，十九年任。

劉時和，河間人，二十二年任。

睢悅，保定人，二十五年任。

王盡臣，滕縣人，二十九年任。

崔瀛州，沁源人，三十四年任。

張文簡，新城人，三十九年任。

蕭大榆，河澗人，四十四年任。

姚謙夫，東昌人，隆慶一年任。

袁旦，大名人，五年任。

薛侃，沙河人，萬曆三年任。

王牧，恩縣人，七年任。

郭廉，襄陽人，十年任。

王道，河間人，十年任。

宋炯，長垣人，十六年任。

劉沛，山東人，二十年任。

焦守己，清城人，二十一年任。

焦尚明，河間人，二十二年任。

周維新，大同人，二十二年任。

潘維高，臨汾人，二十五年任。

趙守禎，浙江人，二十七年任。

王惠民，山西人，三十年任。改“同知”始此。

李焕，山西人，三十一年任。

錢通，長垣人，舉人，三十六年任。

劉之亮，直隸唐山縣人，舉人，四十一年任。

孫瓚，山東壽張人，舉人，四十四年任。

陳時宜，湖廣蘄州人，舉人，天啓四年任。

韓洪禎，山東魚臺縣人，舉人，天啓六年任。

河東塩捕廳

賀有徵，南直丹陽人，選貢，崇禎元年任。

王府長史

孫汝匯，浙江餘姚縣人，進士，萬曆三年任。

楊浚，四川南充縣人，舉人，八年任。

杜繼，北直隸人，選貢，九年任。

楊躍川，山西蒲州人，舉人，十三年任。

傅嘉行，四川重慶府人，恩貢，十八年任。

魯嘉襄，湖廣麻城縣人，舉人，二十七年任。

楊大亨，山西潞安府人，舉人，二十七年任。

陳良謨，直隸吳江縣人，舉人，二十八年任。

郭可畏，河南桐柏縣人，選貢，三十三年任。

臧文元，陝西甘州人，選貢，三十七年任。

李橘，陝西三原縣人，舉人，四十一年任。

教授

鎮城

張克敬，彭澤人。

游伸，圻縣人。

楊景興，光山人。

賈自岡，巴縣人。

郭裕，衛輝人。

任全，西充人。

劉鉞，大同人。

賈文深，山西人。

董鷟，內江人。

王倨，咸寧人。

張學易，內丘人。

方仕譽，西寧人。

陳表，山東人。

陳賢，蒲州人。

欒樂，登州人。

張秩，懷仁人。

許嚴，靈寶人。

安敬，鞏昌人。

邢大祿，綏德人。

蘇性魯，府谷人。

李倌，山東新城人。

劉約，臨洮府道縣人。

韓坤，慶陽府人。

焦思澤，大名府濬縣人。

梁英。

王九式。

羅仲英，四川重慶府人。

殷綺，慶陽人。

王道成，山西岢嵐州人。

王學詩，固原衛人。

張騰高，山西潞安府人。

王文燦，慶陽衛人。

方民熙，漢中府人。

張應亨，平涼府隆德人。

王詩，澄城縣人。

李諫，慶陽府人。

席應緯，汾州人。

張大志，商州人。

張允，靈寶人。①

張質，雒南人。

宋質，定州人。

中衛

朱棰，祥符人。

李敬，② 嘉定人。

宋廉，臨潁人。

李朝用，③ 陝西人。

陳宗器，陝西人。

魯宗儒，遼東人。

韓騰，澤州人。

王儒，湯陰人。

楊鼎，江西人。

郭文章，南淮人。

王珩，醴泉人。

朱碧，莊浪人。

楊時華，延安人。

廖學易，隴州人。

---

① ［校］張允靈寶人：《萃編》本此五字在下文“宋質定州人”五字後。

② ［校］李敬：《嘉靖寧志》卷三《中衛·學官》作“李教”。

③ ［校］李朝用：《嘉靖寧志》卷三《中衛·學官》作“任朝用”。

羅儀，湖廣人。

蕭一和，陝西人。

陳椿，成都人。

牛時和，陝西人。

孫一龍，陝西人。

黃梧，四川人。

楊汝舟，漢中人。

馬從龍，大同人。

李鳴鳳，西安人。

馬政學，山東人。

張符，漢中人。

郭光裕，徽州人。

後衛

劉班，江西人。

斯養，西充人。

張仲德，澤州人。

丘文實，房山人。

張本，絳州人。

晏希殷，莊浪人。

朱廷河，上江人。

楊緒，延安人。

劉元，鳳翔人。

何青，山東人。

王孫鑨，浙江人。

牛鯤，河南人。

王應魁，鞏昌人。

劉一鳳，陝西華州人。

訓導

鎮城

趙衡，貫缺。

晉宣，固始人。

劉鰲，澤州人。

段緝，貫缺。

王繕，河州人。

張蕭，固始人。

柳溥，泗州人。

龐經元，錦州人。①

聶昂，澤州人。

陳銳，② 曲阜人。

劉保義，③ 廣寧人。

郭鉞，垣曲人。

郭安世，鄜州人。

音璽，蘭州人。

程度，絳州人。

李極，解州人。

張鸞，永昌人。

董儀，介休人。

趙應魁，□頭關人。

張騰，陝州人。

李汝鎬，永壽人。

何萬卷，馬湖人。

朱德顯，莊浪人。

盧銳，寧州人。

蘇性魯，府谷人。

張士彥，安定人。

杜棟，漳縣人。

楊栱，平涼隆德縣人。

張佶，莊浪人。

杜九德，慶陽衛人。

劉可褒，清澗縣人。

---

① ［校］錦州：《嘉靖寧志》卷二《寧夏總鎮·宦蹟》作"綿竹"。

② ［校］陳銳：《嘉靖寧志》卷二《寧夏總鎮·宦蹟》作"陳鏡"。

③ ［校］劉保義：《嘉靖寧志》卷二《寧夏總鎮·宦蹟》作"劉保义"。

王三省，榆林衛人。

何志，涇陽縣人。

白眉，鳳翔府人。

朱冕，鞏昌寧遠縣人。

李陽，延安寧塞人。

郭鳴鳳，西安長武縣人。

吕濱，鳳翔麟遊縣人。

李萬鍾，鞏昌人。

梁夢奇，肅州人。

鄭光裕，扶風人。

馮可依，郿縣人。

張大鵬，鄠縣人。

張弘德，靖邊人。

中衛

韓文，山西人。

張孜，山東人。

宋鎰，貫缺。①

賈禎，安化人。

孫文，朔州人。

李春，廣安人。

賈茂，雅州人。

張璽，永昌人。

李培，沁水人。

鄧浙，遠州人。

武憲，崇寧人。

吕芳，東昌人。

劉廷輔，② 平定人。

劉雲漢，汾州人。

鄧朗，河南人。

---

① 《嘉靖寧志》卷三《中衛·學官》載，宋鎰為山東人。
② 《嘉靖寧志》卷三《中衛·學官》載，劉廷輔在下文陳正東後任職。

陳正東，井陘人。

崔静，屯留人。

王欽，静寧人。

米調元，蒲州人。

龔儆，四川人。

李玉春，陝西人。

王邦仁，和順人。

馮良臣，洛陽人。

路繼祖，遼州人。

張銅，保安人。

雷樂，安化人。

朱治，静寧人。

朱碧，陝西人。

李梧，同州人。

王賓，榆林人。

王化行，榆林人。

岳木，延安人。

祁鳳，延安人。

霍蛟，吳堡人。

謝表，徽州人。

靈州學正

魯儒，嘉魚人①。

楊堂，② 趙州人。

梁瑾，觀城人。

易應時，彭山人。

周讚道，河曲人。

姜文甫，濟河人。

龔丙，思州人。

---

① ［校］嘉魚：原作“加魚”，據《嘉靖寧志》卷三《靈州守禦千户所・學官》改。
② ［校］楊堂：《嘉靖寧志》卷三《靈州守禦千户所・學官》作“楊鏜”。

王九澤，鄠縣〔人〕……①

〔寧夏總兵〕②

耿忠，長興侯耿炳文之弟。有謀略，識見高遠。洪武九年，奉命率謫戍之人及延安、慶陽騎士，繕城郭，始守之。時軍衛草創，密邇胡虜。忠招來降撫，恩威兼施，不為擾害，能以鎮靜守之，人賴以安。

徐真，③寧夏衛指揮使，開國功臣徐呆厮子也，④驍勇善射。洪武間鎮守，每提兵深入漠北，俘斬甚眾。居邊數年，烽塵不驚。

馬鑑，洪武間以都督僉事鎮守。帥兵出賀蘭山，至五井，與元故平章論卜戰，破之，軍聲大振，虜遂遠遁。

胡原，永樂初以都督鎮守。⑤為人質直忠勤。

何福，永樂初以都督鎮守。⑥有統馭才，立法嚴峻，人不敢犯。

王俶，永樂間以都指揮鎮守寧夏。⑦廉謹有為。詳見《鄉賢》。

王俶，為陝西都指揮，守寧夏。永樂辛卯，⑧胡虜入寇，俶與戰於大河之西。⑨竭力鏖戰，虜死傷者眾，遂北遁，俶亦被重創死之。時微俶力戰拒之，則虜之勢愈張，邊人不安矣。其妻時氏聞其戰歿，亦自經而死。時戰歿者，有指揮諸鼎、千戶沈傑。【《正統寧志》卷上《死王事》。參見《嘉靖陝志》卷三一《三邊鄉賢·寧夏

---

①　〔校〕鄠縣：此二字後原版缺第40頁，內容不詳。

②　〔校〕下文"耿忠"條據《正統寧志》卷上《名宦》補，參見《弘治寧志》卷二及《嘉靖寧志》卷二《寧夏總鎮·宦蹟·國朝·主將》"耿忠"條。自"徐真"條至"沈煜"條，均據《嘉靖陝志》卷十九《寧夏總兵》補。《嘉靖陝志》所載吳傑、黃真、張義、翁信、李呆、吳琮、沈煜、神英、岳嵩、周玉、焦俊、陳桓、李俊、張安、溫恭、仇鉞、張英、楊英、保勳、魏鎮、安國、路瑛、張軏、趙英、仇鸞二十五位寧夏總兵，《康熙陝志》卷十七《職官》均不載。《乾隆甘志》卷二七《職官》亦不載張英、仇鸞二人，其他則載同《嘉靖陝志》。

③　〔校〕徐真：原作"徐貞"，據《正統寧志》卷上《名宦》、《弘治寧志》卷二及《嘉靖寧志》卷二《寧夏總鎮·宦蹟》、《嘉靖陝志》卷二四《文獻十二·名宦》改。

④　〔校〕徐呆厮：《正統寧志》卷上《祥異》作"徐呆厮"，《嘉靖陝志》卷二四《文獻十二·名宦》作"徐另厮"。

⑤　《明太宗實錄》卷四一載，永樂三年（1405）四月庚午，陞都指揮同知王俶、胡原俱為都指揮使，守寧夏、延安。

⑥　《明太宗實錄》卷十一載，何福於洪武三十五年（明惠帝建文四年，1402）八月己未任職。

⑦　《明太宗實錄》卷四一載，王俶於永樂三年（1405）四月庚午任職。

⑧　永樂辛卯：永樂九年（1411）。

⑨　〔校〕大河之西：疑當作"大河之東"。《明太宗實錄》卷一一二"永樂九年正月庚辰"條載敕甘肅總兵官侯宗琥曰，得報韃賊失捏干剽掠黃河東岸，寧夏都指揮王俶無謀輕敵，為賊所陷。參見吳忠禮《寧夏志箋證》，第180頁《箋證》〔五〕。

衛》】

　　柳升，① 永樂九年以安遠侯鎮守。② 沉静忠直，平居以仁愛接物，遇事則果斷，人懷其惠而畏其威。每羽檄交至如平居，不少驚悸，有古良將之風。

　　張麟，永樂間以都指揮僉事鎮守。③ 智畧出衆。北虜入寇，鎮之精鋭悉從車駕北征，所遣皆疲卒。麟妙設方畧，遣指揮蘇楷率衆禦之，④ 俘斬甚衆。虜懼而遁，邊境遂寧，麟之力也。

　　費瓛，⑤ 永樂間以都指揮鎮守。⑥ 為人誠意端謹。

　　梁銘，⑦ 永樂間以保定伯鎮守。⑧ 智勇兼備，有威名於時，不作苛細事以擾衆，夷夏知重。

　　吳傑，永樂間以都指揮鎮守，行多可嘉。

　　陳懋，寧陽侯。宣德間以太保充征西將軍鎮守。⑨ 剛決果斷，勇畧超卓，軍中不敢欺。在鎮十年，⑩ 招降撫叛，累立奇功，為一時良將焉。

　　史昭，⑪ 宣德七年以右都督鎮守。⑫ 用兵有紀律，能料勝負。每置鐵

　　① 柳升事蹟，參見《明宣宗實錄》卷三一"宣德二年（1427）九月乙未"條。

　　② ［校］以安遠侯鎮守：《嘉靖寧志》卷二作"以平羌將軍總兵鎮守"。又，《明太宗實錄》卷一一二載，柳升於永樂九年（1411）正月丁丑任職。

　　③ 《明太宗實錄》卷一三五載，張麟於永樂十年（1412）十二月癸酉任職。

　　④ ［校］蘇楷：原作"蘇瓛"，據吳忠禮《寧夏志箋證》第 163 頁《箋證》［四二］改。

　　⑤ ［校］費瓛：原作"費瑾"，據《明宣宗實錄》卷三六、《明史》卷一五五《費瓛傳》改。參見吳忠禮《寧夏志箋證》，第 163—164 頁《箋證》［四二］、［四三］。

　　⑥ 《明宣宗實錄》卷三六"宣德三年（1428）二月乙丑"條載，費瓛於永樂八年（1410）充總兵官鎮守寧夏、甘肅等處。

　　⑦ 梁銘事蹟，《弘治寧志》卷二《宦蹟》載於下文吳傑事蹟後、陳懋事蹟前。其事蹟，參見《明宣宗實錄》卷三一"宣德二年（1427）九月乙未"條。

　　⑧ ［校］以保定伯鎮守：《嘉靖寧志》卷二《國朝主將》作"以都督為征西㕘將鎮守"。《明仁宗實錄》卷二上、《明仁宗實訓》卷二均載，梁銘於永樂二十二年（1424）九月乙亥任職。《明仁宗實錄》卷五下又載，同年十二月己巳，封梁銘為保定伯。則梁銘鎮守寧夏後才封"保定伯"。又，《萬曆陝志》卷十三《公署》載，梁銘於洪熙初任職。

　　⑨ 《明宣宗實錄》卷二二載，陳懋於宣德元年（1426）十月乙酉任職。《萬曆陝志》卷十三《公署》載其於宣德二年（1427）任職。

　　⑩ ［校］十年：《弘治寧志》卷二、《嘉靖寧志》卷二《寧夏總鎮·宦蹟》均作"十餘年"。

　　⑪ ［校］史昭：原作"史釗"，據《明宣宗實錄》卷八八、《明史》卷一七四《史昭傳》改。下同。

　　⑫ 《明宣宗實錄》卷八八載，史昭於宣德七年（1432）三月庚午任職。

燕子於帳前，以候風色，凢占驗，毫髮無爽，人以諸葛孔明方之。置斥堠，建關隘，至今利焉。

　　黄真，正統間以都督同知鎮守。①

　　張泰，寧夏人。正統間以都督同知鎮守。② 致仕，尋以賢能起復前職。凢關堠之設、營陣之法、兵車火炮之製，其謀居多。自結髮累建邊功，無一毫挫刃。及卒，恤典有加。

　　張義，景泰間以都督僉事鎮守。③

　　翁信，天順間以都督同知鎮守。④

　　李杲，成化元年以都督僉事鎮守。⑤

　　吳琮，成化二年以廣義伯鎮守。⑥

　　沈煜，成化五年以脩武伯鎮守。⑦

　　范瑾，八年任。持重謹畏，韋州之捷，功居多。

　　神英，十三年任，驍勇善射。

　　岳嵩，成化十八年任。⑧

　　周玉，二十年任。號令嚴審，動止不妄，官軍悦服。

　　焦俊，二十二年任東寧伯。⑨

　　陳桓，泰寧侯，弘治元年任。

---

　　①　《明英宗實録》卷一〇八載，黄真於正統八年（1443）九月乙亥任職。

　　②　《明英宗實録》卷一七〇載，張泰於正統十三年（1448）九月丁亥任職。

　　③　《明英宗實録》卷二九五載，張義於天順二年（1458）九月丁未任職。非在景泰間始任職。

　　④　［校］都督同知：原作“都督僉事”，據《明英宗實録》卷三一五，《弘治寧志》卷二、《嘉靖寧志》卷二《寧夏總鎮・官蹟》等改。《明英宗實録》卷三一五載，翁信於天順四年（1460）五月丙申任職。

　　⑤　［校］都督僉事：原作“都督同知”，據《明憲宗實録》卷十八、《弘治寧志》卷二、《嘉靖寧志》卷二《寧夏總鎮・官蹟》改。《明憲宗實録》卷十八載，李杲於成化元年（1465）六月己卯任職。

　　⑥　《明憲宗實録》卷三二載，吳琮於成化二年（1466）七月甲午任職。

　　⑦　［校］沈煜成化五年以脩武伯鎮守：此十二字原作“五年任”，内容有殘缺，據《嘉靖陝志》卷十九《寧夏總兵》補改。

　　⑧　《明憲宗實録》卷二四三載，成化十九年（1483）八月戊寅，“陞分守延綏左參將署都指揮僉事岳嵩為署都督僉事，命充總兵官鎮守寧夏”。

　　⑨　《明孝宗實録》卷一六六“弘治十三年（1500）九月癸酉”條載，焦俊於成化二十三年（1487）改鎮寧夏。

　　周璽，三年任。① 廉明公謹，處決無滯，邊備一新。三軍盔甲之外又備氈帽柳青皮，出袖青布，比甲陣前更番迭出，以示兵衆之意。馬鞦肚帶、絆胸各二，以備不虞。此實將略所宜，人議其刻。其各路烽火分折甚明，後為郤永更定，遂失其法，至今求之不獲。②

　　李俊，③ 四年任。

　　郭鈞，十二年任。④ 廉謹尚文，有良將風。

　　李祥，弘治十七年任，⑤ 勇於克敵，身先士卒，有驍將風。

　　張安，〔正德〕四年任。多謀畧，常遇虜，以單騎卻之。

　　溫恭，正德四年任。

　　姜漢，榆林人，五年任。⑥ 才兼文武，聲重縉紳。抵鎮旬日，軍客倍采，將士樂服。會〔何〕錦、〔丁〕廣斜寘鐇為變，慮不圖，公恐逆謀難就，故伏諸兇干，寘鐇第詭致公掩害之，公數其負國背義之罪，罵不絕口。臨害，其氣益厲，邊人至今哀之。

　　楊英，正德五年任。先是，寘鐇變，即出奔渡河，會靈州守備史鏞奪船拒渡。平叛，英與有功。

　　仇鉞，鎮人理之子，善射，長於督兵，虜賊知名。何錦、丁廣斜同寘鐇謀為不軌，鉞用計平之，不擾兵戈，不勞饋餉，惠及一鎮，功冠一時，夏人立生祠祀之。封咸寧伯。後平河南流賊，立生祠者十餘處，進爵。

　　保勛，鎮人，六年任。⑦ 博通武畧，雅尚儒術。用兵惟務持重，當道奇其才。

　　魏鎮，正德八年任。雅尚儒書，尤閑將畧。卒于王事，有巡撫馮公清挽詩。

---

　　① 〔校〕三年：《萬曆陝志》卷十三《公署》作"二年"。

　　② 〔校〕獲：原作"護"，據文意改。

　　③ 〔校〕李俊：此同廣方言館本、抱經樓本《明孝宗實錄》，中國國家圖書館藏紅格本的曬藍本《明孝宗實錄》作"李進"。

　　④ 《明孝宗實錄》卷一四三載，郭鈞於成化十一年（1475）十一月癸巳任職。

　　⑤ 〔校〕弘治十七年：原作"正德元年"，據《明孝宗實錄》卷二一〇、《明武宗實錄》卷一六三改。《明孝宗實錄》卷二一〇載，李祥於弘治十七年（1504）四月庚申任職。

　　⑥ 〔校〕五年：此同《弘治寧志》卷二、《嘉靖寧志》卷二《寧夏總鎮·宦蹟》、《萬曆陝志》卷十三《公署》，《明武宗實錄》卷五六、《明史》卷一七四《姜漢傳》、《嘉靖陝志》卷三一《三邊鄉賢·榆林衛》均作"四年"。

　　⑦ 〔校〕六年：《萬曆陝志》卷十三《公署》作"五年"。

潘浩，正德九年任。① 豁達大度，驍勇多才，長于騎射。克謹烽堠，賊聞風畏之。

邵永，宣府人，正德十一年任。尚氣節，但喜新好異，凡關隘、斥堠多所更張。

安國，綏德衛人，正德十二年任。文武皆長，號令簡易，人自不犯，尤善撫將士。

路瑛，靖虜衛人，正德十六年任。英傑有大志。

張軏，前鎮守安之子，大同人，嘉靖元年任。②

种勳，鞏昌衛人，二年任。③

杭雄，延綏人，六年任。④

趙瑛，⑤ 延綏人，八年任。

周尚文，陝西人，九年任。⑥ 盡心戎務，脩建甚工。

王効，延綏人，十二年任。⑦ 屢遇大敵，斬獲居多。

任傑，⑧ 陝西人，十七年任。操縱得宜，賞罰明信，謀勇敢備，為虜所憚。以文事掩其武備，尤能制驕作懦，實今之名將云。十九年，以才望調延綏。報至，關鎮之人如失父母，無一不欲奏留者。

李義，涼州衛人，十九年任。

王縉，山西人，二十六年任。

黃振，固原人，二十八年任。

吉象，莊浪人，二十八年任。

姜應熊，三十二年任。

① 《明武宗實錄》卷一〇四載，潘浩於正德八年（1513）九月癸未任職。

② 《明世宗實錄》卷七載，張軏於正德十六年（1521）十月壬午任職。

③ 《明世宗實錄》卷十九載，种勳於嘉靖元年（1522）十月壬午任職。

④ 《明世宗實錄》卷五二載，杭雄於嘉靖四年（1525）六月己丑任職。

⑤ ［校］趙瑛：原作“趙英”，據《明世宗實錄》卷九九、《乾隆甘志》卷二七《職官》改。《明世宗實錄》卷九九載，趙瑛於嘉靖八年（1529）三月庚戌任職。

⑥ ［校］九年：原作“十年”，《明史》卷二一一《周尚文傳》作“九年”。《明世宗實錄》卷一一七載，周尚文於嘉靖九年（1530）九月癸丑任職。據改。

⑦ 《明世宗實錄》卷一四四載，王効於嘉靖十一年（1532）十一月癸酉任職。

⑧ 任傑之前尚有一任寧夏總兵，《明世宗實錄》卷二〇四載，仇鸞於嘉靖十六年（1537）九月辛卯任職。

趙應，寧夏前衞人，三十八年任。① 曉暢兵機，獨持大體。

李琦，榆林衞人，四十年任。

吳鼎，鎮人，四十年任。

雷龍，鞏昌人，四十五年任。勳名久著，奏減入衞兵馬，夏人德之。

牛秉忠，② 榆林衞人，隆慶四年任。

謝朝恩，③ 榆林衞人，隆慶五年任。魁梧善射，力能挽強。

張傑，甘州人，隆慶六年任，善撫士卒。

劉濟，永昌人，萬曆元年任。

張臣，榆林人，五年任。

張傑，八年復任。④

李昫，固原人，十一年任。⑤

劉承嗣，鎮武衞人，十三年任。⑥

張維忠，⑦ 延安衞人，十三年任。壬辰兵變，投繯死。

董一奎，宣府人，二十一年任。⑧

蕭如薰，延安人，二十一年任。少壯登壇，老成謀國。撫瘡痍，宣慈布德；制反側，必罰申威。俘斬天驕，足雪恥憤。夏人頌福，建立生祠。

解一清，宣府前衞人，二十二年任。協守深得士心，專鎮頗稱廉介。

李如栢，遼東鐵林衞人，二十四年任。⑨

杜桐，⑩ 榆林衞人，二十五年任。五勝之道具知，踰千之功懋著。

蕭如薰，二十八年復任。

----

① ［校］三十八年：原作"二十九年"，《明世宗實錄》卷四七四載，趙應於嘉靖三十八年（1559）七月丙申任職，據改。

② ［校］牛秉忠：抱經樓本《明穆宗實錄》卷四一作"牛秉中"。又，牛秉忠之前尚有一任寧夏總兵官。《明穆宗實錄》卷十九載，隆慶二年（1568）四月己亥，楊真充鎮守寧夏總兵官。

③ ［校］謝朝恩：嘉業堂本《明穆宗實錄》卷五八作"謝朝思"。

④ 《明神宗實錄》卷九三載，張傑於萬曆七年（1579）十月甲午任職。

⑤ 李昫之前尚有一任寧夏總兵官。《明神宗實錄》卷一三一載，麻貴於萬曆十年（1582）十二月庚戌為鎮守寧夏地方總兵官。

⑥ 《明神宗實錄》卷一五五載，劉承嗣於萬曆十二年（1584）十一月戊子任職。

⑦ ［校］張維忠：《明神宗實錄》卷二四六同此，卷一六三則作"張惟忠"。

⑧ 《明神宗實錄》卷二四六載，董一奎於萬曆二十年（1592）三月丁丑任職。

⑨ 《明神宗實錄》卷二九一載，李如栢於萬曆二十三年（1595）十一月戊寅任職。

⑩ ［校］杜桐：《明神宗實錄》卷二〇九作"杜侗"。

韋子宣，宣府萬全人，三十八年任。

姚國忠，宣府前衛人，三十九年任。

杜文煥，榆林衛人桐之子，四十三年任，以威望調鎮延綏。

蕭如蕙，榆林衛人，四十四年任。

王如金，甘州衛人，四十七年任。

魏世德，大同前衛人，天啓元年任。

吳守德，直隸密雲中衛人，二年任。

談世德，西寧衛人，四年任。謀畧兼資，身先士卒。虜犯興武，統兵追至詹家溝。戰無少怯，虜懼夜遁，稱勇將云。

杜文煥，榆林衛人，七年復任。兩持鎮節，惠洽威揚。尤醉客善吟，著有《緯文漫草》、《弢武新書》，宛稱敦詩説禮之致。踰月，以文武望重，移鎮寧遠。

杜弘域，榆林人桐之孫，文煥子，七年八月任。玄髮而擁旄秉鉞，赤心以振旅籌邊，綽有迺祖、迺父風。

尤世祿，榆林衛人，崇禎元年任。洞識邊務，曉暢兵機。套虜干兒駡等人為患於兩河，邊人苦甚。公妙設方略，統官兵遊。

協守副總兵

孫霖，陝西人，永樂間任，① 以驍勇稱。

張嚚，陝西人，永樂間任，備將之五德。②

陳懷，洪熙初任，曉暢軍機。

丁信，正統元年任，③ 以廉謹稱。

馬讓，景泰元年任。④ 勅曰："在邊年久，驍勇善戰。"優旨獨殊于常。

黃鑑，景泰間任。⑤

---

① 《明太宗實錄》卷一三五載，孫霖於永樂十年（1412）十二月癸酉任職。

② 《孫子》卷上《計篇》："將者，智、信、仁、勇、嚴。"

③ 《明英宗實錄》卷十三載，丁信於正統元年（1436）正月庚午任職。

④ ［校］景泰元年：原作"正統間"，據《明英宗實錄》卷一九八、《明憲宗實錄》卷一六九改。《明英宗實錄》卷一九八載，馬讓於景泰元年（1450）十一月甲辰任職。

⑤ 《明英宗實錄》卷二三五載，黃鑑於景泰四年（1453）十一月丙寅任職。

仇廉，寧夏前衛人，天順三年任。① 負文武才，充副總兵。守寧夏
歿，於陣。

張榮，天順初任。②

林盛，陝西人，成化二年任。③

劉晟，④ 七年任。⑤

王璽，九年任。⑥ 勇畧冠於一時，虜以“掃地王”呼之。

緱謙，十二年任，謹厚。

李瓛，十四年任。

劉文，十六年任。

阮興，弘治元年任。稱“協守”始此。

盧欽，五年任。

張安，八年任。

傅釗，十三年任。好文謙己，諳練邊務。

魏勇，十七年任。

趙文，平涼人，正德八年任，長于文事。

魏真，⑦ 慶陽人。

周臣，延綏人，十年任，剛毅有志。

路瑛，⑧ 靖虜人，正德十四年任。

劉玉，延綏人，正德十六年任，⑨ 外文雅而內剛直。

　　① ［校］天順三年：原作“景泰間”。《明英宗實錄》卷三〇〇載，仇廉於天順三年
（1459）二月癸酉任職。據改。

　　② 《明英宗實錄》卷三三一載，張榮於天順五年（1461）八月己卯任職。

　　③ 《明憲宗實錄》卷三四載，林盛於成化二年（1466）九月庚午任職。

　　④ ［校］劉晟：此同廣方言館本、抱經樓本《明憲宗實錄》，中國國家圖書館藏紅格本的
曬藍本《明憲宗實錄》作“劉升”。

　　⑤ 《明憲宗實錄》卷一〇五載，劉晟於成化八年（1472）六月壬午任職。

　　⑥ ［校］九年：原作“八年”，據《明憲宗實錄》卷一一五、《明孝宗實錄》卷十七改。
《明憲宗實錄》卷一一五載，王璽於成化九年（1473）四月己巳任職。

　　⑦ ［校］魏真：《嘉靖寧志》卷二《寧夏總鎮·宦蹟》作“魏鎮”。又，《嘉靖寧志》卷十
九《文獻七·全陝名宦》載，“趙文”後任副總兵者為高顯、張年，未載“魏真”。

　　⑧ 《嘉靖陝志》卷十九《文獻七·全陝名宦》未載“路瑛”。

　　⑨ ［校］正德十六年：原作“三年”。《明世宗實錄》卷四載，正德十六年（1521）七月戊
寅，以延綏遊擊將軍都指揮同知劉玉充副總兵官，協守寧夏。據改。又，“劉玉”條原位於下文
“傅鐸”條之後，據本志書例移至此處。

傅鐸，延綏人，嘉靖元年任。兩閱月陞任，詞翰兼優。

李義，涼州人，五年任。① 勇敢直前，士樂于用。

趙鎮，② 大同人，七年任。

苗鷥，③ 蘭州人，九年任，④ 以謀勇而副廉隅。

任傑，西安左護衛人。見《鎮守》。⑤

魏時，慶陽人，十五年任。鎮之姪，謀勇夙著。

陶希臯，平涼人，十六年任。⑥ 素閑韜畧，雖戎務倥偬而吟詠不廢。

張紳，⑦ 延綏人。以驍勇稱，尤能恤下。

黃振，固原人，二十四年任。

吳鼎，鎮人，二十八年任。

劉繼先，⑧ 山西人，二十八年任。

孫賢，鎮人，二十九年任。

鄭獻，鎮人，三十一年任。⑨

李輔，延綏人，三十二年任。⑩

孫朝，莊浪人，三十九年任。

王懷邦，山西人，三十五年任。

吳徵，陝西人，三十七年任。

周欽，永昌衛人，四十年任。

王勳，延綏人，四十二年任。⑪

李震，鎮番人。

---

① 《明世宗實錄》卷五三載，李義於嘉靖四年（1525）七月癸亥充副總兵官協守寧夏地方。

② 《明世宗實錄》卷九九載，嘉靖八年（1529）三月庚戌，以原任大同總兵江桓充副總兵官協守寧夏。故“趙鎮”之後“江桓”充副總兵官協守寧夏。

③ ［校］苗鷥：《明世宗實錄》卷一二六作“苗鑾”。

④ 《明世宗實錄》卷一二六載，苗鑾於嘉靖十年（1531）六月戊午任職。

⑤ 參見本志本卷前文協守總兵“任傑”條。又，《嘉靖陝志》卷十九《文獻七·全陝名宦》未載“任傑”。

⑥ 《明世宗實錄》卷二一七載，陶希臯於嘉靖十七年（1538）十月辛酉任職。

⑦ 《明世宗實錄》卷二七八載，張紳於嘉靖二十二年（1543）九月丙午任職。

⑧ ［校］劉繼先：《明世宗實錄》卷三五五作“劉繼光”。

⑨ 《明世宗實錄》卷三八〇載，鄭獻於嘉靖三十年（1551）十二月乙亥任職。

⑩ 《明世宗實錄》卷三九二載，李輔於嘉靖三十一年（1552）十二月乙亥任職。

⑪ 《明世宗實錄》卷五〇二載，王勳於嘉靖四十年（1561）十月癸亥任職。

楊真，莊浪人，四十五年任。

張德，鞏昌人，隆慶二年任。分閫勤勞，丕著協鎮。惠愛彌殷，仁洽三軍，勇冠諸路。

蕭文奎，延安人，漢之子，四年任。

陳力，① 鞏昌人，萬曆元年任。

李汝櫃，綏德人，五年任。

祁棟，鞏昌人，五年任。

劉滋，綏德人，八年任。

解一清，宣府人，十六年任。

麻貴，大同人，二十年任。制虜折逆，勞勣居多。井溝虜功，勇名丕著。

馬孔英，宣府人，二十五年任。

鄧鳳，延綏人，二十八年任。

姚國忠，宣府人，三十五年任。

凌應登，直隸常州縣人，三十六年任。

王宣，延綏人，三十七年任。

楊定國，富平人，四十年任。

曹登衢，順天府大興縣人，四十一年任。②

何奮武，臨洮人，四十四年任。③

分協副總兵

崇禎十三年，巡撫樊一蘅、總兵官撫民題設始此。

左協張洪炤，□□人，十三年任。

右協杜希伏，延綏人，十三年任。自歷官，恢復四城，擒斬六王，屢獲奇捷，廉勇著聲。

遊擊

陳友，正統九年任。④ 出征山後，所向無前，號勇將也。

---

① ［校］陳力：原作“陳刀”，據《明神宗實錄》卷十七改。

② 《明神宗實錄》卷五〇三載，曹登衢於萬曆四十年（1612）十二月辛丑任職。

③ 《明神宗實錄》卷五五〇載，萬曆四十四年（1616）十月丁巳，陞平虜叅將馬允登為寧夏副總兵。則萬曆四十四年，寧夏副總兵尚有馬允登。

④ 《明英宗實錄》卷一一二載，陳友於正統九年（1444）正月己巳任職。

張翊，鎮人泰之子，成化間任，語在《武階》。[1]

祝雄，七年任。驍將，為各邊推重。成化末年裁之。

仇鉞，鎮人。自歷官領前鋒軍，所至克捷，虜畏威名。弘治十五年，大理寺寺丞劉憲召募土兵萬餘，正德二年，總制楊一清選抽三千為兵，薦鉞復充遊擊將軍統之。善于鼓作，遂成勁兵，虜望旗幟即遯。

史鏞，鎮人釗之孫，視篆二十五年，人樂其治。正德二年，總制楊一清薦為靈州守備。五年，真鐇變，鏞倡義率衆奪船，以扼逆兵之渡，沮其謀，折其氣。平叛，實自奪船，即充遊擊。

鄭廉，鎮人，正德八年任。用兵有方，臨敵無懦。

李永定，[2] 延綏人，[3] 十二年任，長身負膂力。

神楫，延綏人，英之侄，嘉靖元年任。

周倫，蘭州人，四年任，頗文雅。

李勳，延綏人，八年任。

郝璽，靖虜人，九年任，以直薏去。

鄭時，鎮人廉之子，十年任，復充遊擊。身長七尺，勇敵百夫。

紀世祿，延綏人，十六年任。

傅鍾，延綏人釗之弟，十八年任。沉毅有畧，詞翰兼善。

何塘，延綏人，練兵善戰。

張鳳，延綏人，常以不殺著聲。

高秉元，延綏人。具文武才，愛士敢戰，得士卒心。

茆隆，鎮人，二十六年任。

王寶，鎮人，二十七年任。驍勇著名，屢獲戰功。

趙河，慶陽人，二十八年任。

羅賢，本鎮前衛人，二十九年任。新遊兵之設始此。

胡宗道，靈州人，三十一年任。

戴經，定邊人，三十二年任。

馮大倫，延綏人，三十二年任。

---

① 參見本志卷三《武階》。

② ［校］李永定：原作"李永貞"，據《嘉靖陝志》卷十九《文獻七·全陝名宦》、《嘉靖寧志》卷二《寧夏總鎮·宦蹟》改。

③ ［校］延綏人：《嘉靖陝志》卷十九《文獻七·全陝名宦》作"榆林衛人"。

朱玉，潞安人，三十五年任。

魯聰，榆林衛人，三十六年任。

萬國安，榆林人，三十七年任。

王勳，榆林人。

高廷相，榆林衛人，三十八年任。

張汝紹，河間人，三十九年任。

白允中，榆林人，三十九年任。

戴恩，鎮番人，四十年任。

石玉，鎮人，四十一年任。勇畧過人，屢立戰功。白城子之捷，斬首
獨多。

孫紹祖，榆林人，四十一年任。

徐恩，凉州人，四十三年任。

李勳，鎮人，四十六年任。

杜龍，平凉人，隆慶元年任。

王國，鎮人。

崔桐，榆林人，二年任。

孫朝棟，延綏人。

主國，榆林人，三年任。

趙恩，綏德人，六年任。

張夢登，榆林人，萬曆元年任。

戴春，榆林人，二年任。

畢景從，山西人，二年任。

李孝，鎮人，三年任。

吕豸，臨清人，五年任。

常三畧，河南人，五年任。

唐堯輔，凉州人，七年任。

李汝櫃，榆林人，十年任。

張昕，鎮人，十三年任。

彭九疇，鎮番人，十五年任。

錢載，鎮人，十六年任。

石松，鎮人玉之子，十六年任。

滕光國，四川人，十八年任。

梁琦，大同人，十九年任，兵變被害。

馬孔英，宣府人，二十年任。

徐龍，永昌人，二十一年任。

聞自發，臨洮人，二十三年任。

馬夢麒，固原人，二十四年任。

馬躍龍，蘭州人，二十六年任。

梁富國，榆林人，二十九年任。

王大璽，榆林人，三十三年任。

潘國振，涼州人，三十五年任。

王承業，宣府人，三十八年任。

李王翰，富平人，四十一年任。

周廷棟，宣府人，四十二年任。

任中英，西安左衛人，四十七年任。

都察院標下

中軍都司

張威，鎮人。

何極，鎮人。

趙繼，鎮人。

戚龍，鎮人，萬曆七年任。

張昕，鎮人，十一年任。

崔張名，榆林人，十三年任。

石松，鎮人，十四年任。

朱世臣，陝西人，十五年任。

梁富國，榆林人，十九年任。

張詩，榆林人，十九年任。

李化龍，鎮人，二十四年任。

馬躍龍，蘭州人，二十四年任。巡撫周光鎬題改“僉書都司”始此。

江廷輔，鎮人，二十七年任。

沈應蛟，西寧人，三十年任。

劉宇旼，陝西人，三十二年任。

黄鈇，宣府人，三十三年任。

魏世德，大同人，三十八年任。

地方都司

李翰，鎮人。

劉爵，鎮人。

黄極，鎮人。

李通，鎮人。

馬經，由領班司陞。

戴元亮，延安人。

倪英，榆林人。

尹濂，固原人。

劉葵，西安人。

戴椿，榆林人。

張維忠，延安人。

常三畧，河南人。

施才，鎮人。

彭九疇，鎮番人。

趙完璧，延綏人。

朱世臣，陝西人。萬曆十五年，巡撫張九一題革設"理刑同知"。

坐營都司

黄恩，中衛人。

王鱉，平涼人。

袁銘，鎮人。

劉勳，鎮人。

白文智，榆林人。

葉寀，榆林人。

張德，鞏昌人。

劉栢，後衛人。

孟學孔，鎮人。

汪度，鎮人。

汪一元，鞏昌人。

郭朝勳，永昌人。

錢載，鎮人。

趙寵，鎮人。

郭淮，綏德人。

江廷輔，鎮人。

李時忠，永昌人。

馮守乾，榆林人。

李植，鎮人。

江應詔，鎮人。

劉國禎，榆林人。

馬允登，鎮人。

陳宏謨，北京人。

張我英，西安人。

陳應武，鎮人。

汪坤，鎮人。

神光顯，延綏寧塞人楫之孫，天啓五年二月任。

屯田都司

趙廉，鎮人。

王珮，蘭州人。

魏繼武，定邊人。

李光祖，平涼人。

周君佐，陝西人。

張勛，鎮人。

楊恩，鎮人。

姜河，鎮人。疆理任勞，封洫得法，四農迄今膾炙焉。

楊朝，靈州人。

蕭韶成，固原人。

苟應龍，鎮人。

石松，鎮人。

沈光祖，鎮人。

江廷輔，鎮人。

王盡道，鎮人。

韓世業，靈州人。

趙維翰，後衛人。

薛永壽，北京人。

陳愚直，綏德人。

馬載道，鎮人承光之子，四十四年任。

領班都司

張雄。

劉剛。

王玉。

蘇泰。

哈振。

尹玉。

王隆。

朱鰲。

鄭浩。

吳吉。

王紀。

施傑，正德十三年，巡撫王時中奏，始授勅。

把鉞。

劉楫。

張年，鎮人。

袁清。

鄭時，寧夏左屯衛人。

鄭時，後衛人。

黄爵。

馬經，寧夏左屯衛指揮使。

耿玉，陝西人。

高嵐。

江東，寧夏衛指揮。

蕭鎮，固原人。

路元勳，靖虜人。

殷顯祖，西安人。

周廣，甘州人。

艾梓，米脂人。

包勳，鎮人。

牛應詔，西安人。

田尚墉，西安人。

苗永恩，蘭州人。

孫爵，鎮人。

徐應禎，鎮人。

周基，鎮人。

楊珣，鎮人。

陳金，鎮人。

趙賢，鎮人。自後題革。

撫夷守備

鄭晹，鎮人。

沙揚，鎮人。

馬承光，鎮人，壬辰兵變被害。

吳繼呂，鎮人。

劉繼爵，後衛人。

熊彥吉，西寧人。兵變，功陞寧夏衛所鎮撫。

江廷輔，鎮人。

趙維翰，後衛人。

張曙，鎮人。

苟伏威，鎮人。

東路花馬池參將

始設“參將”，後題改“副總兵”。

王榮，北京人。

仇序，鎮人。

王安，北京人榮之子。

羅敬。

于勝，① 延安人。②

陳煇，延安人。

魯惠，③ 北京人。

韓英，靈州人。

馬隆，陝西人。

霍忠，靖虜人。

閻剛，④ 延安人。⑤

保勛，鎮人。

孫隆，延安人。

尹清，鎮人。

閻勲，延安人。

傅鐸，綏德人。⑥

劉瑾，綏德人。⑦

魏錕，慶陽人。

雲冒，⑧ 陝西人。

王璣，綏德人。

高時，綏德人。

張年，鎮人。

魏時，慶陽人。

----

① ［校］于勝：原作“于騰”，據《弘治寧志》卷三、《嘉靖寧志》卷三《寧夏後衛·宦蹟》，《嘉靖陝志》卷十九《文獻七·全陝名宦》改。

② ［校］延安：《嘉靖寧志》卷三《寧夏後衛·宦蹟》作“京師”，《嘉靖陝志》卷十九《文獻七·全陝名宦》作“北京”。

③ ［校］魯惠：原作“魯會”，據《弘治寧志》卷三、《嘉靖寧志》卷三《寧夏後衛·宦蹟》，《嘉靖陝志》卷十九《文獻七·全陝名宦》改。

④ ［校］閻剛：此同《嘉靖寧志》卷三《寧夏後衛·宦蹟》、《嘉靖陝志》卷十九《文獻七·全陝名宦》，《弘治寧志》卷三《寧夏後衛·宦蹟》作“閭綱”。

⑤ ［校］延安：《嘉靖寧志》卷三《寧夏後衛·宦蹟》、《嘉靖陝志》卷十九《文獻七·全陝名宦》均作“延綏”。下文“孫隆”、“周繼勳”等條同。

⑥ ［校］綏德：《嘉靖寧志》卷三《寧夏後衛·宦蹟》作“延綏”。

⑦ ［校］綏德：《嘉靖寧志》卷三《寧夏後衛·宦蹟》、《嘉靖陝志》卷十九《文獻七·全陝名宦》均作“延綏”。下文“王璣”、“高時”等條同。

⑧ ［校］雲冒：原作“雲帽”，據《嘉靖寧志》卷三《寧夏後衛·宦蹟》、《嘉靖陝志》卷十九《文獻七·全陝名宦》改。

周繼勳,① 延安人。

黄振，固原人。

彭杲，綏德人。

陳言，榆林人。

鄭獻，鎮人。

周道，鎮人。

吳徵，陝西人。

馬犖，鎮番人。

何遵道，榆林人。

任勇，平涼人。

吳嵩，鎮人。

劉濟，永昌人。

裴尚賢，鎮番人。

王國武，綏德人。

陳銳，綏德人。

趙九恩，綏德人。

胡忠。

賀慎，萬曆七年任。

王江，九年任。

許登瀛，十年任。

姜河，鎮人，十四年任。

崔張名，榆林人，十五年任。

潘雲程，十七年任。

來保，二十年任。題改“副總兵”始此。

鄧鳳，榆林人，二十二年任。

王軏，二十三年任。

蕭韶成，固原人，二十四年任。

吳宗堯，固原人，二十七年任。

蕭如蕙，延安人，二十七年任。

---

① ［校］周繼勳：原作“周繼”，據《嘉靖寧志》卷三《寧夏後衛·宦蹟》、《嘉靖陝志》卷十九《文獻七·全陝名宦》改。

雷安，二十八年任。

王邦佐，榆林人，三十一年任。

石尚文，三十六年任。

劉觀旒，三十九年任。

蕭如蕙，四十年復任。

馬允登，鎮人，四十五年任。

西路中衛叅將

丁信，北京人，宣德末任。

种興，① 平涼人，正統初任。

熊震，② 衛煇人，正統間任。

朱榮，北京人，天順間任。

張翊，鎮人，③ 成化初任。

陳煇，延安人，十八年任。

蔡英，北京人，二十年任。

劉紀，錦衣衛人，弘治元年任。

韓玉，北京人，六年任。

劉勝，北京人，十年任。

左方，④ 保定人，十二年任。

許聰，榆林衛人，十六年任。

馮禎，綏德人，十六年任。⑤

張鎬，西安人，⑥ 正德六年任。

路英，⑦ 靖虜人。

---

① ［校］种興：《萃編》本誤作“仲興”。

② ［校］熊震：此同《嘉靖寧志》卷三《中衛·宦蹟》，《弘治寧志》卷三《寧夏中衛·宦蹟》作“熊鎮”。另，《弘治寧志》卷三《寧夏中衛·宦蹟》載“熊震”於“种興”前。

③ 《弘治寧志》卷三《寧夏中衛·宦蹟》載，張翊為寧夏左衛人。

④ 《弘治寧志》卷三《寧夏中衛·宦蹟》載，“左方”後尚有“孫隆”、“張杲”二人。

⑤ ［校］十六年：《嘉靖寧志》卷三《中衛·宦蹟》、《嘉靖陝志》卷十九《文獻七·全陝名宦》均作“十八年”。

⑥ ［校］西安：《嘉靖寧志》卷三《中衛·宦蹟》、《嘉靖陝志》卷十九《文獻七·全陝名宦》均作“西安後衛”。

⑦ ［校］路英：此同《嘉靖陝志》卷十九《文獻七·全陝名宦·守備》，《嘉靖寧志》卷二《寧夏總鎮·宦蹟》、卷三《中衛·宦蹟》均作“路瑛”。

楊賢，鎮人，① 十年任。②

閻勳，延安人，十四年任。

趙英，慶陽人，十六年任。

汪淮，甘州人，③ 嘉靖元年任。

周尚文，④ 西安後衛人，二年任。

蘇勇，⑤ 靈州人，三年任。

辛忠，延安衛人，五年任。

高顯，鎮人，⑥ 六年任。

楊和，慶陽人，七年任。

劉朝，⑦ 延安衛人，十年任。

陶希皋，平涼人，十五年任。

趙禹，平涼人，十八年任。

趙承勳，甘州人，二十年任。

祁棟，甘州人，二十一年任。

李珍，榆林人，二十二年任。

吳鼎，鎮人，二十六年任。

王寶，鎮人，二十七年任。

鄭曉，鎮人，三十年任。

馮大倫，榆林人，三十三年任。

---

① 《嘉靖寧志》卷三《中衛·宦蹟》、《嘉靖陝志》卷十九《文獻七·全陝名宦》載，楊賢為寧夏前衛人。

② ［校］十年：《嘉靖寧志》卷三《中衛·宦蹟》、《嘉靖陝志》卷十九《文獻七·全陝名宦》均作“十二年”。

③ ［校］甘州：《嘉靖寧志》卷三《中衛·宦蹟》作“甘州後衛”，《嘉靖陝志》卷十九《文獻七·全陝名宦》作“甘肅後衛”。

④ 《嘉靖陝志》卷十九《文獻七·全陝名宦》未載“周尚文”。

⑤ ［校］蘇勇：原作“蘇永”，據《嘉靖寧志》卷三《中衛·宦蹟》、《嘉靖陝志》卷十九《文獻七·全陝名宦》改。

⑥ 《嘉靖寧志》卷三《中衛·宦蹟》載，高顯為寧夏中屯衛人。

⑦ ［校］劉朝：此同《嘉靖陝志》卷十九《文獻七·全陝名宦·守備》，《嘉靖寧志》卷三《中衛·宦蹟》作“劉潮”。

傅良才，大同人，三十五年任。

鄭印，鎮人，四十四年任。

蕭文奎，延安人，隆慶二年任。

高如桂，榆林人，四年任。

孫朝棟，定邊人，六年任。

張夢登，神木人，萬曆二年任，議甋包城。

陳天福，延安人，十三年任。

張昕，鎮人，十四年任。

周鎮，大同人，十五年任。

石松，鎮人，十八年任。

熊國臣，河州人，十九年任。

蕭韶成，固原人，二十年任。

蕭如蕙，延安人，二十一年任。

石尚文，榆林人，二十二年任。

蕭如蕙，二十三年復任。

吳宗堯，固原人，二十七年任。

石棟，鎮人松之弟，二十八年任。

王學書，榆林人，三十三年任。

于翔儀，天城人，三十五年任。

賀世勳，甘州人，三十六年任。

李崇榮，榆林人，三十七年任。

黃鈇，大同人，三十八年任。

王國綱，天城人，四十年任。

任中英，西安左衛人，四十八年任。

中路靈州

初設“守備”。

王輔，永樂間任。

許宗，宣德間任。

仇廉，景泰間任，有文武才。時虜酋也先以萬騎攻城，連旬不解，廉以忠義固結人心，併力死守，賊遂引去，民到于今稱之。

許顒，天順間任，宗之子。殯身虜巢，① 不喪其節。②

黄瑀，成化間任，有俘斬功。

張翊，鎮人泰之子。立廟學，延師以教官軍子弟。

鄭雲。③

盧茂。茂驍勇兼人，到任之二日，虜騎百餘犯城下，茂單騎矢突潰之。及賊勢漸衆，而我兵亦至，奮呼一擊，斬其先犯陣者一，賊餘遁去，數年不為邊患。

馬俊。④

左方，弘治間任，仁厚。

焦洪，由武舉。

史鏞，鎮人，正德元年任。語在“遊擊將軍”。⑤

韓斌，五年任。

韓璉，七年任。

張鵬，十四年任。

藍雄，十六年任。

沙金，嘉靖二年任。

安世，七年任，國之弟。

史經，八年任，鏞之子。總制王瓊奏革“守備”，改塩池“糸將”於靈州分守寧夏中路始此。

蔣存禮，陝西人，十八年任。

韓欽，本州人，二十二年任。

王棟，鎮人，三十年任。

徐仁，榆林人，三十三年任。

王汝玉，甘州人，三十六年任。

---

① ［校］殯：原作“嬪”，據《嘉靖寧志》卷三《靈州守禦千户所·宦蹟》改。

② 《弘治寧志》卷三、《嘉靖寧志》卷三《靈州守禦千户所·宦蹟》“許顒”條後載：“趙廣，都指揮，成化間守備。”

③ 《弘治寧志》卷三、《嘉靖寧志》卷三《靈州守禦千户所·宦蹟》載：“鄭雲，都指揮，成化間守備。”

④ 《弘治寧志》卷三、《嘉靖寧志》卷三《靈州守禦千户所·宦蹟》載：“馬俊，都指揮，成化間守備。”

⑤ 參見本志卷二《内治·宦蹟·國朝·遊擊》。

陶希皋，平凉人，三十七年任。

种繼，鞏昌人，三十八年任。

李嵩，鎮人，四十年任。

孟宷，固原人，四十一年任。

楊津，固原人，四十二年任。

何其昌，鎮人，隆慶元年任。

尹濂，固原人，三年任。

陳力，鞏昌人，五年任。

張維忠，延綏人，萬曆元年任。七年，甃靈州城，實董其役。

何極，鎮人，八年任。

許汝繼，榆林人，九年任。

唐堯輔，凉州人，十年任。

許登瀛，榆林人，十三年任。

鄧鳳，榆林人，十七年任。

來保，十九年任。

吳宗堯，固原人，二十四年任。

沈一清，延綏人，二十七年任。

高廷梧，延綏人，二十七年任。

麻濟邦，延綏人，二十九年任。

梁富國，延綏人，三十二年任。

吳繼祖，靖虜人，三十六年任。

何奮武，臨洮人，四十年任。

魏世德，大同人，四十四年任。

北路平虜城

始設"守備"，題改"叅將"。

楊英，① 正德五年任。

史經，② 鎮人，由武舉。

劉恩。

羅賢。①

孫吉，嘉靖九年任，總制尚書王瓊奏革之。

呂仲良，鎮人。十四年，巡撫都御史張文魁奏復。

楊時。②

韓欽。③

蕭漢，延安人。

孫賢，鎮人。

鄭獻，東江人。

吉人，岷州人。

張德，鎮人。

郜思忠，鎮人，嘉靖三十年任。改"糸將"始此。

周憲，碾伯人。

金輅，河州人。

何其昌，鎮人。

牛秉忠，延綏人。

崔廷威，肅州人。

魏棟，延綏人。

裴尚質，鎮番人。

祁棟，鞏昌人。

劉濟，鎮人。

陳琦，鎮人，萬曆九年任。

時爾直，山西人，十二年任。

梁文，大同人，十五年任。

錢禄，大同人，十八年任。

蕭如薰，延安人，漢之孫，十九年任。首抗哱〔拜〕、劉〔東晹〕，克保孤城。惟其義在致身，是以目中無虜。在廷閣部臺省論勤逆功，標平虜為第一。大史翼軒李公有《平虜傳》。

郭淮，榆林人，二十一年任。

---

① 《嘉靖寧志》卷一《寧夏總鎮·北路平虜城·宦蹟》載，羅賢為寧夏前衛指揮。

② 《嘉靖寧志》卷一《寧夏總鎮·北路平虜城·宦蹟》載，楊時為寧夏左屯衛指揮。

③ 《嘉靖寧志》卷一《寧夏總鎮·北路平虜城·宦蹟》載，韓欽為寧夏衛指揮。

麻承詔，大同人，二十二年任。被降虜召奈刺害。

吳顯，定邊人，二十二年任。

劉繼爵，後衛人，二十三年任。

鄧鳳，榆林人，二十四年任。

李經，榆林人，二十八年任。

武威，榆林人，三十年任。

王大璽，榆林人，三十三年任。

聶自新，大同人，三十七年任。

潘國振，涼州人，三十九年任。

馬允登，鎮人，四十一年任。

陳愚直，綏德人，四十五年任。

興武營

始設“協同”，題改“遊擊”。

丁宣，北京人，成化五年任。①

黃瑀，鎮人，② 八年任。

仇理，鎮人，③ 十年任。

劉永，北京人，十五年任。

孫鑑，北京人，十七年任。

趙福，北京人，二十二年任。

傅釗，榆林人，弘治二年任。

魏勇，④ 北京人，八年任。

把琮，⑤ 陝西人，十五年任。

吳鋐，陝西人，十六年任。

保勛，鎮人，十七年任。

---

① 《弘治寧志》卷三《興武營守禦千戶所·宦蹟》在“丁宣”後還載有“李福”。

② 《嘉靖寧志》卷三《東路興武營守禦千戶所·宦蹟》載，黃瑀為寧夏右屯衛人。

③ 《嘉靖寧志》卷三《東路興武營守禦千戶所·宦蹟》載，仇理為寧夏左屯衛人。

④ ［校］魏勇：此同《嘉靖寧志》卷三《東路興武營守禦千戶所·宦蹟》、《嘉靖陝志》卷十九《文獻七·全陝名宦》，《弘治寧志》卷三《興武營守禦千戶所·宦蹟》作“衛勇”。

⑤ ［校］把琮：此同《嘉靖寧志》卷三《東路興武營守禦千戶所·宦蹟》，《弘治寧志》卷二《寧夏總鎮·宦蹟》、卷三《興武營守禦千戶所·宦蹟》，《嘉靖陝志》卷十九《文獻七·全陝名宦》均作“把宗”。

尹清，鎮人，① 正德五年任。

鄭廉，② 鎮人，③ 七年任。

楊義，蘭州人，八年任。

鄭卿，鎮人，④ 十一年任。

廖倫，慶陽人。⑤

楊賢，鎮人，⑥ 十二年任。

夏欽，陝西人，十三年任。

汪淮，山丹人，嘉靖元年任。

吳雲，鎮人，⑦ 二年任。

閻武，榆林人，四年任。

沙金，延安人，六年任。

梁震，榆林人，七年任。

徐通，鎮人，八年任。

霍璽，靖虜人，八年任。九年，總制王瓊奏改以“操守”，革去“協同”。十八年，總制劉天和奏復之。

陳欽，涼州人，十八年任。⑧

趙廉，鎮人，十九年任。

下缺年與貫者，仍舊志之缺也。

王輔。

黃恩、茆獻、郜思忠，三人皆鎮人。

王浩。

吉慶。

茆隆，鎮人。

---

① 《嘉靖寧志》卷三《東路興武營守禦千戶所·宦蹟》載，保勛、尹清均為寧夏衛人。

② ［校］鄭廉：原作“鄭濂”，據《弘治寧志》卷三《興武營守禦千戶所·宦蹟》、《嘉靖寧志》卷三《東路興武營守禦千戶所·宦蹟》、《嘉靖陝志》卷十九《文獻七·全陝名宦》改。

③ 《嘉靖寧志》卷三《東路興武營守禦千戶所·宦蹟》載，鄭濂為寧夏左屯衛人。

④ 《嘉靖寧志》卷三《東路興武營守禦千戶所·宦蹟》載，鄭卿為寧夏前衛人。

⑤ 《嘉靖寧志》卷三《東路興武營守禦千戶所·宦蹟》載，廖倫於正德十一年（1516）任。

⑥ 《嘉靖寧志》卷三《東路興武營守禦千戶所·宦蹟》載，楊賢為寧夏前衛人。

⑦ 《嘉靖寧志》卷三《東路興武營守禦千戶所·宦蹟》載，吳雲為寧夏前衛人。

⑧ ［校］十八年：《嘉靖寧志》卷三《東路興武營守禦千戶所·宦蹟》、《嘉靖陝志》卷十九《文獻七·全陝名宦》均作“八年”。

王勳。

張四教。

劉璋。

李嵩，鎮人。

王价，鎮人。

馬舉。

張傑。

聞三接。

錢炳，鎮人。

陳力，鞏昌人。

吳廷用。

沈吉，鎮人，萬曆三年任。

辛守臣，西安衛人，八年任。

唐堯輔，涼州人，八年任。

汪一元，鞏昌人，九年任。改“遊擊”始此。

馮大柱，綏德人，十一年任。

崔張名，榆林人，十三年任。

姚國忠，宣府人，十六年任。

孫錦，延安人，十六年任。

梁繼祖，榆林人，十九年任。

鄧鳳，榆林人，二十一年任。

馬夢麒，固原人，二十二年任。

來保，榆林人，二十四年任。

高廷梧，榆林人，二十四年任。

武威，榆林人，二十七年任。

劉泗，榆林人，三十年任。

王炳，榆林人，三十三年任。

丁繼祖，靈州人，三十四年任。

尚攏言，榆林人，三十八年任。

李承爵，大同人，四十一年任。

張曙，鎮人，四十三年任。

廣武營

始設"守備"，繼改"協同"，今改"遊擊"。

种興，鞏昌人，正統九年任。

施雲，平凉人。

馮紀，甘州人。

以上三人，舊志不紀年。①

陳連，西安衛人，成化五年任。改"協同"始此。

韓英，靈州人。

吳玉，綏德人。

閻斌，濟州人。

孫鑑，京衛人。

馬隆，西安人。

張翼，北京人，弘治十六年任。

王勳，榆林人，正德元年任。

藍海，榆林人，三年任。

孫隆，榆林人，五年任。

安國，綏德人，六年任。

鄭驃，榆林人，七年任。

寶鈞，綏德人，十年任。

王劼，榆林人，勳之弟，嘉靖三年任。

史經，鎮人，八年任。九年，總制王瓊奏革"協同"，改以"操守"。十八年，總制劉天和奏復之。

成梁，鎮人，②十八年任。

黄恩，鎮人，十九年任。

羅保，鎮人，二十二年任。

韓欽，靈州人。

楊鋭，綏德人。

孫賢，鎮人，二十三年任。

---

① 《弘治寧志》卷三《廣武營·宦蹟》、《嘉靖寧志》卷三《西路廣武營·宦蹟》、《嘉靖陝志》卷十九《文獻七·全陝名宦》均未載种興、施雲、馮紀三人任職時間。

② 《嘉靖寧志》卷三《西路廣武營·宦蹟》載，成梁為寧夏衛人。

趙梁，臨洮人，二十五年任。

田世威，河南人，二十七年任。

劉爵，鎮人，二十八年任。

賀桂，綏德人，三十一年任。

陳謨，靖虜人。

王鶯，平涼人，三十四年任。

何其昌，鎮人，三十七年任。

李世威，西寧人，三十九年任。

趙堂，山西人，四十三年任。

李勳，鎮人，四十五年任。

王國，鎮人。

葛臣，鎮人，隆慶二年任。

裴尚質，鎮番人，四年任。

魯相，莊浪人，五年任。

張維忠，延安人，六年任。

劉濟，鎮人，萬曆元年任。

畢景從，山西人，五年任。

張守城，固原人。

林鳳翬，大同人，萬曆九年任。巡撫蕭大亨題改“遊擊”始此。

王保，榆林人。

汪廷佐，甘州人。

王應祿，大同人。

熊國臣，河州人。

蕭如惠，① 延安人。

郭淮，延安米脂縣人。

崔張名，榆林人。

張詩，延綏人。

季永芳，固原人。

江應詔，鎮人。

馬允登，鎮人。

---

① ［校］蕭如惠：《乾隆甘志》卷二七《職官》作“蕭如蕙”，疑是。

石棟，鎮人，四十年任。

吳自勉，榆林人，四十三年任。

北路洪廣營遊擊

劉芳聲，綏德人，萬曆三十三年任。巡撫黃嘉善題設“遊擊”始此。

文應奎，榆林人。

楊愈懋，潼關人。

辛志德，大同人，四十一年任。

南路玉泉營

始設“守備”，題改“遊擊”。

雍彬，中衛人，正德間任。①

楊賢，鎮城人。②

吳吉，陝西人。

王劾，榆林人。

劉威，鎮人。③

陳爵，鎮人。嘉靖九年，總制尚書王瓊奏革之。

常綱，中衛人。十四年，巡撫張文魁奏復之。④

張伸，榆林人。

夏繼武，陝西人。

張進，鎮人。

耿玉，陝西人。

吳憲，靖虜人。

王寶，鎮人。

李龍，中衛人。

郭田，靈州人。

李嵩，鎮人。

魏棟，榆林人。

劉繼勳，中衛人。

---

① 《嘉靖寧志》卷一《寧夏總鎮·南路邵剛堡·宦蹟》載，事在正德五年（1510）。

② 《嘉靖寧志》卷一《寧夏總鎮·南路邵剛堡·宦蹟》載，楊賢為寧夏前衛人。

③ 《嘉靖寧志》卷一《寧夏總鎮·南路邵剛堡·宦蹟》載，劉威為寧夏左屯衛人。

④ ［校］張文魁：原作“張文奎”，據《嘉靖寧志》卷一《寧夏總鎮·南路邵剛堡·宦蹟》、《嘉靖陝志》卷十九《文獻七·全陝名宦》等改。

宋佐，陝西人。

高汝桂，榆林人。

聞三捷，臨洮人。

田勳，甘州人。

張應祥，鞏昌人。

馬天恩，後衛人。

陳達道，鎮番人。

朱三省，鎮人。

錢載，鎮人。

李植，鎮人，萬曆十年任。

李承恩，鎮人，十三年任。

劉弘業，鎮人，十六年任。

李尚忠，鎮人，十八年任。

傅桓，延綏人，萬曆十九年任。寧夏巡撫党馨題設"遊擊"始此。

楊朝，靈州人，二十一年任。

姚廷夔，二十二年任。

苟應龍，鎮人，二十四年任。

吳平虜，二十伍年任。

崔張名，榆林人，二十七年任。

李植，鎮人，三十年任。

孫秉乾，延安人，三十三年任。

楊桂，三十五年任。

賀維禎，榆林人，三十七年任。

汪海龍，甘州人，三十九年任。

張調元，三十九年任。

戴守禮，榆林人，四十年任。

陳愚直，榆林人，四十三年任。

沈勳，鎮人，四十五年任。

安定堡守備

陳王道，靈州人，萬曆二十二年任。題設"守備"始此。

吳平虜，綏德人，二十三年任。

李植，鎮人，二十四年任。

劉鳴鳳，榆林人，二十五年任。

王英，鎮人，二十七年任。

韓世業，二十八年任。

潘應元，三十二年任。

郭維校，三十六年任。

王承恩，四十年任。

清水營守備

徐應禎，鎮人，萬曆十八年任。巡撫黨馨題設"守備"始此。

趙永在，臨洮人，二十一年任。

吳宗堯，固原人，二十二年任。

李承爵，榆林人，二十四年任。

江應詔，鎮人，二十六年任。

陳王道，靈州人，二十八年任。

李隆，榆林人，三十二年任。

賈助，鎮人，三十五年任。

王都只，榆林人，三十六年任。

金汝卿，鎮人，三十八年任。

孟崇禮，靈州人，三十九年任。

任中英，陝西人，四十一年任。

橫城堡守備

陳雷，萬曆十二年任。題設"守備"始此。

趙捷，鎮人。

江廷輔，鎮人。

張承勳，鎮人。

王宜平，榆林人。

姚欽，鎮人。

朱珊，靈州人。

李登，鎮人。

楊禎，靈州人。

丁繼祖，靈州人。

戴邦治，鎮人。

李國徵，固原人。

魯應熊，鎮人，四十四年任。

石空寺堡守備

石松，鎮人。萬曆十三年，巡撫張九一題設“守備”始此。

朱綬，鎮人，十五年任。

高才，鎮人，十六年任。

王徵，鎮人，十八年任。

姚廷夔，甘州人，二十年任。

馬躍龍，蘭州人，二十二年任。

李化龍，鎮人，二十三年任。

高師韓，榆林人，二十四年任。

劉國禎，榆林人，二十五年任。

趙威，榆林人，三十年任。

金成，浙江人，三十二年任。

韓體仁，靈州人，三十五年任。

韓完卜，河州人，三十七年任。

盧養材，靈州人，三十九年任。

張大授，靈州人，四十四年任。

大壩堡守備

趙繼，鎮人。萬曆十八年，巡撫党馨題設“守備”始此。

張雲漢，甘州人，二十一年任。

黄培忠，鎮人，二十三年任。

石棟，鎮人，二十五年任。

曹以忠，鎮人，二十八年任。

王問臣，鎮人，三十一年任。

施大顯，鎮人，三十四年任。

辛志德，大同人，三十七年任。

汪濟民，鎮人，四十一年任。

古水井堡守備

孟應熊，鎮人。四十一年，巡撫崔景榮會同總制黄嘉善、巡按御史龍遇奇題設“守備”始此。

兵馬

土著額軍六萬一千九百有一。正額、召募、抽補、報効、土軍、甲軍、帶管，凡七等。正額四萬一千二百三十三。七衛、四所，儀、長二司。召募二千六百九十。寧、左、右、前、中、後六衛。抽補五千五百三十。七衛、三所。報効一千九百七十六。靈州。土軍三百五十一。靈州。甲軍一千五百七十六。六驛、七遞。帶管八千五百四十五。七衛、三所。

陝西備禦額軍一萬一千二百七十八。踐更為班者二，每班鎮城五路，各分其半。

此兩河衛所額設，迨後虜之入寇動萬而多，我之禦侮軍額漸少，賦役之征求增益，日重且繁，軍民迸轉而之原州、白馬諸城者率避衝疆，往就樂土，邊備之難，猶以三尺之裘蔽五尺之軀，欲手足之覆而不露，勢豈兩得哉？西安班軍益減其額，且脆弱，多匪正身。舊志云，國之藩屏資於邊，邊之勝強資於軍，軍之政不得不嚴也。徵之阮彧，仰見國初慎重軍伍，良可深信。按：彧以國子生任兵科給事中，同母弟誼謫戍寧夏，未及行乃卒，遂以彧代戍。迄太宗登極，用薦者言，始釋彧戍所，復其官。今則視軍伍猶敝屣，故絕者清勾，不行於原籍。在籍者或避本伍，狼狽而冒別伍之故絕者當之，或脫游兵而投奇，或脫奇兵而投正，遂遺本姓，官轉吏去，莫究其然。甚至更軍代役，不由衛所，而各兵司隊徑自收補，其冊籍又為姦吏所匿，[①] 消長出入，任其舞弄，索之則藉口於正德五年之變煨燼之矣。又加以八年惜糧餉而豁伍，告示一出，稍有力者詭託故以豁之，弊由變生，此軍伍之漸至於虛，是故守邊防塞，日不足於分布。

嘉靖十九年，巡撫楊守禮具題“清理軍伍，以實邊備”，檄坐營都司王濬督伍衛印官根究之，旬日之間，投首清出者千有餘人。巡撫羅鳳翱具奏：“查得寧夏兵馬入衛，自嘉靖二十九年仇鸞建議始，初以健卒遠戍，護衛神京陵寢，謀非不善也。弟數年以來，本鎮奇兵、舊游兵、新游兵三枝更番，迭無虛歲，而兵力告病矣。昔臣未至西夏，聞議者咸云，入衛無益，當止，尚未深信。迨今奉命來撫茲土，詳見軍士赴衛之苦、本鎮兵力之困，大有甚於昔聞，不止無益而已。臣詳述一二困苦之狀，為我皇上陳之。當入衛之屆期也，各軍貧無他資，必預討數月月糧方可辦衣裝、備途

---

① ［校］所匿：《嘉靖寧志》卷一《寧夏總鎮·寧夏衛》作“納賄所匿”。

费，而在鎮家口，已奪數月之食矣。啼饑號寒，艱苦萬狀，有難盡以形容者。其啓行也，數日前號泣震地，耳不忍聞。行之日，哀籲割痛，目不堪視。若赴湯火之難，無復見面之期者，何也？蓋往年遠征，傷生者衆，以故父母、兄弟、妻子率目此別為永訣耳，為情亦何苦也。其在道也，嚴程無休息之會，勞憊多寒濕之侵，負病僵仆，道路相望。逮抵薊鎮，盡為鬼形，不過備數而已，誠何濟於用也？及分發地方也，腹無飽食，身無完衣，咸以客兵故，令築險扛石，相繼殞命。苟倖生者，苦捱終歲，似歷旬年，以此垂首喪氣之人，安望其奮勇當先、果為國家用乎？逮回營也，輿尸駢載，見者慘悽，縱有生還，多屬瀕死。尺籍按稽，大減原額，不過付之長嘆而已。夫以可用之兵而坐令消折如此，得非自伐邊陲之資乎？至若各軍之馬，或以長軀而力量不勝，或以風土而水草不服，日復一日，漸致贏瘦，死者枕籍，白骨盈野。且椿銀追併，軍士抽心，買補費值，日耗公貯。陰損暗虧，年年若是，誰復知之？夫入衛一次，則軍傷馬死，漸剝元氣。寧夏兵馬無幾，而益以剝削凋殘，重鎮要地，臣不知後將何支也？然又有大可慮者在焉。本鎮地方延袤一千三百餘里，尺寸之地皆與虜鄰，則尺寸之邊皆所當守。通計本鎮各營兵馬止二萬六千有奇，即盡發守邊，猶為難周。況每歲入衛之候，舊兵未旋而新兵已發。舊兵歸營，率在來年二月，新兵行伍當在本年十月，計入衛者每枝三千，則半年在外者六千矣。當黃河結凍，邊腹不分之候，而顧以六千之兵役於外焉，則防冬單弱，有識者寧不為之寒慄。此臣之深憂切慮而不容不乞憐於君父者也。再照初時入衛之議，本為薊鎮兵寡，防護為重，權宜補濟之耳。臣聞薊鎮邇年以來，土兵之練，號多貔貅，清勾之丁，漸充行伍，似不必仍用此衰殘之輩也。臣一介草茅，荷國厚恩，非守此土，惟知此兵之當恤，而不念神京陵寢之為重。但此兵有，不足為薊鎮強，此兵無，不足為薊鎮弱，而漸乏漸困，祗足為寧鎮之累耳。寧鎮受累，坐視不言，儻致他虞，仰厪西顧，則臣之罪萬分難贖矣。伏望聖慈俯察，臣所言非妄，臣為心無他。勅下兵部，再加詳議。寧夏入衛兵馬，如在可已，即賜罷革。在薊鎮者撤回，未啓行者停止，則三軍感再造之恩，而邊威有振揚之日矣。等因。於萬曆二年十一月日具題。"

實軍二萬四百二十九。寧夏衛九百七十六，左屯衛伍百三十五，右屯衛五百八十，前衛五百有五，中屯衛三百六十餘。分列於在鎮三營，在外五路。

儀、長二司軍八百六十。

甲軍一千五百三十九，壯士二百七十九。

備禦實軍九千三百八十。頭班鎮城河西路二千二百九十七，河東路二千一百一十，次班四千七百一十，分成河西。河東同。

西安左等衛班軍。先是，每年春二月，一班在邊，一班回衛。冬十月，兩班俱戍於邊。嘉靖八年，① 總制尚書王瓊奏准齊年交替，每歲三月一日，一班回衛，一班在邊。萬曆三十三年，洪廣營設立遊擊。四十一年，卜築古水堡，設立守備，招募軍丁，議處廩餉。巡撫黃嘉善、崔景榮相繼具題，兩河班軍照榆林例，准納班價，以四月初到鎮，十月初回班，斯輪番免六月之勞儲，胥贊兩路之守矣。

家丁七千八百有三。尺籍之士，不敷司軍者而皆去其籍。嘉靖末年，受降為一卒，又募其土著精銳者為健丁。萬曆七年，數計二千六百二十九。嗣是夷官漢將率以遊閒，暨老稚孱弱者充其間，丁斯濫矣。壬辰迄今，增益此數。內丁之設，萬曆二十二年，巡撫周光鎬因夏始蕩平、役費甚冗，具題。總兵、副、叅、遊、守，丁有定數，餉有定衡。

《朔方志》曰：② “兵貴精不貴多，顧善用之耳。鎮兵既耗，而又未精，此最可患者。始選家丁，以夷攻夷，誠得古制。既而錯列，將家養子，亦必勇敢，始與其選，兵法所謂‘選鋒’是也。百年以來，甚得其用。自紈綺之將，貪其廩而濫以孱弱，甚至虛冒，而敵斯極矣。嚴試而清稽之，其可綏乎？”尚論羅公〔鳳翔〕救弊之言，真對癥之藥石也。

正兵營：旗軍二千三百七十九，家丁一千三百八十九。

奇兵營：旗軍一千七百二十六，家丁六百有三。

遊兵營：旗軍一千六百一十五，家丁四百八十二。

前後司：旗軍一百六十，前司家丁二百五十六，後司家丁一百有七。

在城驛：甲軍二百五十一。

中路靈州營：旗軍一千一百八十七，家丁四百六十六，甲軍一百八十，備禦軍五百一十二。右司：家丁二百有四。橫城堡：軍丁四百七十七。清水營：軍丁五百有三。紅山堡：軍丁四百有五。小塩池：旗軍三百九十一，甲軍三百四十。紅寺堡：旗軍一百四十九。石溝：壯丁一百四十

_____

① ［校］八年：《嘉靖寧志》卷一《寧夏總鎮·寧夏衛》作“九年”。

② 朔方志：疑即羅鳳翔萬曆七年（己卯，1579）編纂之《朔方志》。

六，甲軍二百四十。韋州群牧所：旗軍四百一十七，甲軍一百八十九。大沙井：甲軍一百二十。隰寧堡：甲軍一百二十，壯丁二十五。萌城驛：甲軍一百九十九，壯丁二十五。

東路花馬池營：旗軍九百八十八，家丁一千四百八十八，備禦軍六百五十七。安定堡：軍丁五百九十六。鐵柱泉堡：軍丁二百五十六。高平堡：軍九十九。

興武營：旗軍四百一十三，家丁五百一十五，備禦軍七百有一。毛卜刺堡：軍丁三百二十。永清堡：軍丁二百七十七。

西路中衛營：旗軍一千二百有六，家丁六百有一，備禦軍三百一十一。石空寺堡：軍丁三百九十一。古水井堡：軍丁七百三十三。鎮虜堡：軍丁一百三十三。永興堡：軍丁一百一十五。鳴沙州：旗軍一百二十。

廣武營：旗軍七百七十三，家丁一百五十九，備禦軍二百有六。棗園堡：軍丁一百八十。張義堡：壯士八十三。渠口堡：軍一百。

南路玉泉營：旗軍九百六十五，家丁三百二十三，備禦軍二百名。大壩堡：軍丁四百五十二。平羌堡：軍丁一百四十五。

北路平虜營：旗軍六百四十二，家丁五百一十三，備禦軍二百三十二。威鎮堡：軍丁一百五十七。李綱堡：軍丁二百八十四。金貴堡：軍丁二百有九。

洪廣營：旗軍三百，家丁五百二十，備禦軍二百二十。鎮朔堡：軍丁二百有七。鎮北堡：軍丁一百六十一。

天生五材，孰能去兵。要以圉外勁內，折衝戡亂，繇來尚矣。緊井田之風邈，而兵制遞變總之不離尺籍，何者？兵以籍為定也。我朝疆畍，九塞實戍，列屯故實，具在足術已。迨後邊帥不省尺籍，而奴隸朘削之，而狠云籍士不足充敵，顯募家廝丁壯，復藉口以夷攻夷，畜家丁而豢降虜，詎識正〔德〕、弘〔治〕以前，禦侮守障，誰為之耶？舊志纂於己卯，[①]籍士若而，人視今縮十之二，應募者若而，人眡昔則三倍焉。夫蒼隼饑飫而飽颺，韓盧吠形以守牖，緩急所恃，非尠小也。然則分閫典邊者可不蚤為之辨耶？

額馬四萬二百七十一。內走遞五百九十九，備禦馬二千四百三十六。

實馬一萬四千六百一十九。內有駝、騾，始於萬曆二十一年，各營資

①　舊志：疑即羅鳳翱萬曆七年（己卯，1579）編纂之《朔方志》。

之馱負砲位，駝能負二，騾堪負一。

正兵營二千五百有三。軍者一千一百一十四，家丁馬一千三百八十九。

奇兵營一千三百七十五。軍者七百四十六，家丁馬六百一十九。

遊兵營九百八十。軍者四百四十一，家丁馬五百三十九。

前後司五百二十一。軍者一百四十一，家丁馬三百八十。

靈州營九百八十八。軍者六百一十五，家丁馬三百七十一。高橋兒驛走遞騾五十三。右司：家丁馬二百一十五。橫城堡：馬一百八十二。清水營：馬騾一百六十。紅山堡：馬騾一百一十八。小塩池：馬一百一十三，走遞騾一百有四。紅寺堡：馬一十。石溝兒驛：馬三十七，走遞騾五十三。韋州：走遞騾五十八。萌城驛：走遞騾五十三。

花馬池營一千五十九：軍者四百九十一，家丁馬五百六十八。安定堡：馬騾二百四十七。鐵柱泉堡：馬騾一百三十三。

興武營六百一十五：軍者二百九十七，家丁馬三百一十八。毛卜剌堡：馬五十有八。永清堡：馬四十五。

中衛營九百五十七：軍者五百七十九，家丁三百七十八。石空寺堡：馬騾二百四十一。古水井堡：馬三百。鎮虜堡：馬八十一。永興堡：馬六十二。鳴沙州：馬三十三。

廣武營五百七十二：軍者四百八十六，家丁馬八十六。棗園堡：馬騾六十九。

玉泉營五百八十一：軍者■百■十■，家丁馬■。大壩堡：馬騾二百有六。平羌堡：馬六十三。

平虜營八百六十八：軍者四百五十二，家丁馬四百一十六。威鎮堡：馬六十七。李綱堡：馬一百二十九。金貴堡：馬一百有二。

洪廣營四百三十六：軍者一百七十七，家丁馬二百五十九。鎮朔堡：馬百有九。鎮北堡：馬七十九。

京運馬價銀一萬五千四十七兩六錢。此數不定，或二三年缺乏，會題請發。

椿銀見例。馬有倒死者，一年內，旗軍三兩，家丁一兩七錢五分。二年以上，旗軍二兩，家丁一兩四錢。三年，一兩五分。四年，七錢。五年以上，旗軍一兩五錢，家丁三錢五分。十年以上，旗軍一兩。十五年以上，止追肉臟銀五錢。如遇敵逐北死者，免追椿銀。出哨在途走死者，納肉臟銀五錢。

朋合銀三千四百■十■兩。朋合銀，乃先巡撫王公鎬建議於月糧内人扣銀五分，以償倒馬之價。本以免椿銀之累，甚盛心也。今朋合雖加而椿銀未免，軍不益困乎？此宜申奏止之者也。

夫馬者，戎事之先，戰之所必恃也。始以塩易，上者引百二十，中百，下八十，銀易亦然。弘治間，糸將傅釗奏止之，於是布政司每塩百引收銀十五兩，更送延〔綏〕、寧〔夏〕二鎮，馬價尚未減也。自後減價，馬遂無良。又點虜所市，非老則羸，斃者載道。馬即二萬，與無馬同。況虛費厥價，翻累椿銀乎？益價市良，斯實用也。

《寧夏新志》云，① 正德十六年，進士管律奏增二兩。嘉靖十五年，太僕寺少卿楚書奏增四兩。行數歲，復止之。② 按：《周官》有馬質，則當時已買馬於民間，故立官以平其質。又稽其定色，以防駑易良。紀其定齒，以杜老易壯。在周且然，況後世乎？顧今虜之入寇，跨一樟二，防不進也。我軍以一馬追逐，且又小弱，欲責其成功，不亦難哉？其死馬之價，困於償補，接歲無已。軍容不振，亦由於斯，則於反裘負薪之説不可不察。

錢糧

京運主兵舊額銀五萬五百三十九兩有奇。萬曆二十二年，題准新增銀二萬六千四百六十五兩有奇。二十四年，新增銀二萬九千七百一十二兩，並題允淮、蘆塩引價銀四萬五千兩。共該一十五萬一千七百一十七兩有奇。内除停發淮、蘆塩價四萬五千兩，扣小池應解鮮塩引價銀一萬三千兩，臥斗銀二千九百二十二兩有奇。四川改解年例銀一萬二千五百兩，裁減書吏糧銀四十七兩有奇。每歲仍該題討京運年例銀七萬八千二百四十七兩有奇。

客兵銀二萬兩，除充市本銀一萬止，該銀一萬兩。

民運歲額銀：西安府六萬六千二百七十五兩有奇，鳳翔府六千六百五

① 參見《嘉靖寧志》卷一《寧夏總鎮·寧夏衛》"馬"條。

② ［校］《嘉靖寧志》卷一《寧夏總鎮·寧夏衛》"馬"條載："正德十六年，進士管律奏增十八兩，該部准增二兩。行三年，仍其舊。嘉靖十五年，太僕寺少卿楚書奏增四兩，咸寧侯仇鸞奏增五兩，俱行一年止之。"與本志有異。

十九兩有奇，平涼府一百六十八兩，慶陽府二萬六千五百九十七兩有奇，除豁免銀未曾議補止該額銀二萬四千六百八兩有奇。共銀九萬七千七百一十二兩有奇，① 本色草二萬四千一百一十八束。

布花銀：西安府歲額八千四百四十五兩有奇。

站價銀歲額：西安府三千一十五兩，鳳翔府三百四兩有奇，延安府四千四百三十兩有奇。共七千七百五十兩有奇。②

料價銀：延安府歲額一千二百八十兩有奇。

毛襖銀歲額：布政司二百四兩有奇，平涼府一百二十八兩有奇，慶陽府三百一十九兩有奇。共六百五十二兩有奇。③

軍需額銀：寧夏衛六十三兩，左屯衛九十一兩有奇，右屯衛四十八兩，前衛三十二兩有奇。共一百七十一兩有奇。④

樣田額銀：寧夏衛四十八兩有奇，左屯衛四十五兩有奇，右屯衛四十五兩有奇，前衛三十一兩有奇。共一百七十一兩有奇。⑤

地租銀：寧夏衛七兩有奇。

水錢銀：左屯衛一十二兩有奇。

夏鎮官兵歲支廩餉：本色糧二十二萬二千三百石有奇，折色銀一十二萬四千三百兩有奇，馬騾駝芻一百九十五萬八千有奇，又折芻價一萬一千一百兩有奇，豆六萬八千八百石有奇。

〔巡撫黃嘉善題事〕

巡撫黃嘉善題為額餉驟減、兵難輕銷、懇乞聖明、俯賜議復，以杜釁端、以保重鎮事。

案照萬曆三十六年十一月，內准戶部咨，為遵奉明旨、革除積弊、脩明政事。內稱，將寧鎮前議准、蘆塩引折價銀四萬五千兩，或革虛冒，或汰老弱，在於本鎮，自行設處，勿得以京運為常，當以三十六年為止。儻謂新兵勢難擅掣，餉無措處，作速計議施行。等因。該臣備將本鎮營伍單弱、地方困苦、兵難裁減、餉難措處等情移咨本部，照舊議發，隨准部咨云。

---

① 西安府、鳳翔府、平涼府、慶陽府等四府民運歲額銀相加共 99699 兩。
② 西安府、鳳翔府、延安府三府站價銀歲額相加共 7749 兩。
③ 布政司、平涼府、慶陽府毛襖銀歲額相加共 651 兩。
④ 寧夏衛、左屯衛、右屯衛、前衛軍需額銀相加共 234 兩。
⑤ 寧夏衛、左屯衛、右屯衛、前衛樣田額銀相加共 169 兩。

本鎮新兵難掣，則餉難議減，但太倉匱乏，別無措處。迩來兩淮塩法積滯稍疏，每歲以七十萬引帶徵，衆擎易舉，仍舊就引帶塩徵銀解部轉發，並將前銀補解到鎮，乃遵行。未幾，復於三十七年十二月，内准本部咨，為京運匱極、設處計窮、謹脩職掌、再申前請，以濟艱危事，内一欵，征寧夏開淮、蘆塩引。至三十一年，改就引帶塩，淮南每引帶塩十斤徵銀五分，淮北每引帶塩二十斤徵銀一錢，長蘆每引帶塩十斤徵銀四分，共徵銀六萬五千餘兩。查得前銀，特因哱賊作逆，一時權宜，非虜警增戍之兵，非額定應派之餉。事平即當停止，相應掣回前課，酌量支給。如前課不掣，即於該鎮年例銀内如數扣留，仍聽督撫設法清出，務復舊額。等因，題奉欽依，備行到臣。内實減本鎮銀四萬五千兩題備行寧夏河西、河東二道，會同查議。或消汰老弱以減兵，或設法措辨以復額，[①] 務俾經久可行。去後，續據寧夏河東帶管河西兵糧道僉事楊文忠呈稱行，據寧夏塩收同知駱任重呈，會同理刑同知王三錫申查得本鎮舊額京運主兵銀五萬五百三十九兩九錢六分五釐，自萬曆二十年殘破之後，營伍空虛，兩河召募軍丁，并功陞新增官員，及加添軍丁、夜役月糧、清勾填實、新軍驛所、甲軍月餉、馬騾料草，共該本鎮銀七萬一千四百六十五兩六錢八分。[②] 蒙先任督撫按院具題部議。自二十二年為始，内增淮塩八萬引，每引該價銀伍錢，蘆塩二萬引，每引該價銀二錢五分，共該引價銀四萬五千。召商報中，上納本色糧料，聽備兵馬支用，仍該折色銀二萬六千四百六十五兩六錢八分，併入年例之内。又二十四年，新增花馬池、安定堡并兩河馬驛月糧料草銀二萬九千七百一十二兩，亦入年例之内。繼於二十七年起，將前塩引議免召納，止照引價解銀，通共該主兵銀一十五萬一千七百一十七兩六錢五分五釐，内除小池塩課、四川改解銀共二萬八千四百二十二兩四錢外，每年戶部實該發銀一十二萬三千二百九十五兩二錢五分五厘。又每年額該客兵市本銀共二萬兩。自二十九年續欵之後，止發銀一萬兩充市本應用，客餉通未解發，且小池每歲大課銀六七千兩。三十四年，京運主兵河南兌欠銀八千二百八十二兩九錢九分零。三十七年，河南兌欠銀二萬八千四百一十一兩零。三十八年未發。今坐兌河南銀四萬八千二百九十五兩零。及查本鎮，每年額該屯稅糧料一十四萬九千八百九十三石零，草一百

---

① ［校］措辨：據文意，疑當作 “措辦”
② ［校］兩：原作 “萬”，據前後文意改。

七十一萬二千束零。自二十九年起，三十五年止，因連遭荒歉，拖欠糧料
一十四萬伍千四百六十二石零，草三十九萬四千四百六十束零，民運額銀
一十萬八千餘兩。每年約解六七萬，兩節年拖欠不下二十餘萬兩。每年開
派淮、浙塩引，歲時豐歉不一，大約糧料十萬石、草四十餘萬止耳。近因
塩法壅滯，商人逃避，三十五六兩年，塩糧尚未徵完，三十七八兩年，亦
尚未派除。此三項之外，別無措處。其軍丁老弱者，每經汰革，無可再
減。及查本鎮官軍，見在三萬二千餘員名，馬、騾一萬二千九百餘匹頭，
每歲除閏月不計外，大約應支本色六箇月，該糧二十二萬二千三百石零，
料六萬八千八百石零，草一百九十五萬八千束零，折色六箇月，應支銀一
十二萬四千三百兩零，折草價銀一萬一千一百兩零。計一歲共支糧料二十
九萬二千石零，銀一十三萬五千四百兩零，內不敷本色。又每歲納用召買
銀五萬餘兩。以入較出，以前那後，以多接寡，一歲僅足一歲支用。見今
倉庚空虛，應放本年三月分月糧料草該銀二萬一千八百餘兩，庫貯無多，
不足支放。又應預備防秋易買糧草等銀四萬八千餘兩，尚無分文。當此邊
防多事之秋，令人真是寒心。所據前項淮、蘆引價銀四萬五千兩，乃軍士
計口之需，委難停止。

　　合無轉詳題討，并前河南兌欠三十四等年京運年例銀八萬四千九百餘
兩催解前來，以濟燃眉。等因，到道。查得本鎮兵馬向稱單弱，自哱
〔拜〕、劉〔東暘〕叛逆之後，當事者為善後計會議題，請添補軍丁，加
增本折糧料，內該淮、蘆塩引價銀四萬五千兩，併入年例。經制已定。今
奉查議職，反復思維，豈不知財用之當省，但稽之額餉，節經閱查，并無
虛冒，為耗考之軍丁屢次汰除，亦無老弱可裁。實兵實餉，似難減縮。且
聞哱、劉之事，原起於餉不及時，遂致倡亂，竟至莫可藥救。今查所加
淮、蘆塩引，正軍丁計口之需也，乃復一旦而議停革，不知此萬衆者仍留
之乎？散之乎？如謂留之，有兵而無餉，彼安肯枵腹以待斃也？如謂散
之，此輩坐食已久，聚欲斥逐，既無田以業農，又無本以經商，不必貧困
之後，始相率而為盜。恐令一下，必皆荷戈而起矣。哱、劉之事，豈不再
見於今耶？至此時而復議兵議餉，其為費當不減於前矣。況兵又不可減
者，兩河極稱衝要，即多兵分防，猶懼其寡如前歲石空之事，虜且直入，
若再求減，將以何人防禦？且京運既已愆期，而塩糧又復拖欠，倘再停革
此四萬五千之餉，雖有桑〔弘羊〕孔〔僅〕握筭、韓〔琦〕范〔仲淹〕
當事，恐亦不能為之計矣。相應呈詳，合無將前引價銀兩俯賜題復載入年

例解發，① 并前河南兌欠銀兩嚴催速解前來，接濟兵馬之用，庶保地方無虞。等因，備詳到臣。該臣議照，本鎮越在河外，三面受敵。東起定邊，西接甘固，袤延千有餘里，無處不衝，視他鎮不啻稱孤懸矣。而兵馬錢穀曾不及他鎮之十一，此中外之所知。歷查原額，官軍共七萬有奇，馬騾一萬有奇，及節年消耗，半減於前。迨至壬辰之變，而營伍殘壞，益不可支。是以當事諸臣目擊艱危，題增兵馬及新增功陞官員俸糧，加添軍丁月糧、馬匹料草，計每年共該增銀七萬一千四百六十五兩六錢八分，議入年例解發。隨經本部議覆，題奉欽依。自二十二年為始，即於本鎮添開淮鹽八萬引，每引官價五錢，蘆鹽二萬引，每引官價二錢五分，計一十萬引，該銀四萬五千兩，隨同額鹽、糧料召商輸納，以充前餉，仍少銀二萬六千四百六十五兩六錢八分。先借大倉銀與同年例解發，候運司徵完添引餘没銀解京，照數抵補。等因，備咨在卷。此引價議設之原行也。嗣因前引招商掣支不便，改易帶鹽折價，以至於今，雖節經議停而竟未支停者，則以本鎮彫劵之故耳。

　　矧當時建議，原在事平，特為善後而設，非謂今日可增而明日可減，目前可急用，而將來可不必用也。若必如部議停革，勢必銷兵而後可。邊疆重地，誰能去兵？此不待智者而決也，又勢必常無事而後可。然本鎮豈無事之區乎？群醜之向化未醇，銀定之匪茹正肆，兼以瘡痍甫起，倉廩甚匱，一遇有警，猶不勝空拳搏虎之懼，而再於軍餉中議裁、匱詘中求省，臣竊以為非計也。且前餉兵糧，雖云取給引價而解發不時，每呼庚癸，② 或暫借帑金以濟燃眉，或折兌商糧而滋偶語，前撫臣告急之文，可按而睹也。臣受事以來，東那西補，僅免脫巾。每慮邊長兵寡，議量加增，而祇以錢糧難處，竟從中止，未敢請分毫於经制之外也。今議以鹽法壅積，減停引價，鹽法固當通，而邊卒可枵腹乎？以七十萬引帶十萬引之價，猶易辨也。而以四萬餘餉頓汰四千以外之兵，其將能乎？雖虛冒老弱，難必盡無。而屢经查開，為數能幾？額餉已歷多年，一旦復行更革，臣竊以為非體也。

　　至於設處一節，臣非不極力撥刷，茅本鎮彈丸邊地，別無郡縣徵輸之積，向惟民屯鹽糧支吾接濟。在民糧額，在西〔安〕、慶〔陽〕等府素疲

---

① 〔校〕發：《萃編》本誤作"法"。
② 庚癸：古代軍中隱語，謂告貸糧食。

州縣，加以歲事不天，常多逋負。每年檄催徒煩，僅完十之六七，是正項
且縮，又堪分外加之乎？則民糧措處之難矣。在屯田，自大兵之後，繼以
凶年，邊民父子，死徙相半。又河灘沙壓，虛懸糧草數多，小民望空包
賠，已不勝苦，方欲勘明題豁，為殘黎請旦夕之命，而可復箠楚橫征，以
益重其困耶？則屯糧措處之難矣。在塩糧，近因南中壅滯，各商困苦，見
今召中不前，視為陷阱，即其乞憐陳請，急迫可知，則塩糧又難之難矣。
即今內帑如洗，司農告匱，臣敢不仰遵成命，痛加節縮。惟是無米而炊，
巧婦所難。不食則饑，貧卒易動。展轉籌思，計無所出。臣之不職，何所
逃罪？然臣猶有說焉。糧餉，重務也。省嗇，美名也。假使減之安妥，臣
亦曷敢呫嚅？弟恐一減之後，反增多事。彼時即以起釁罪臣，臣不敢辭。
竊恐所費不貲，又不止十倍於此者，非臣之所忍言也。臣查該部前疏，題
奉明旨，今內外各稱匱乏，難以衰益，是邊餉歸掣之難，已為聖明所洞悉
矣，又何待臣言之畢乎？總之，在塩言塩，塩臣之職也，議掣自是苦心；
在邊言邊，邊臣之職也，議留亦非過計。是在該部，從長議處，以無失當
年加設之議，則法守一而紛紜可息矣。

　　既經該道呈詳前來，相應具題，伏乞皇上軫念彫殘重地，利害攸關，
勅下戶部再加酌議。俯將本鎮前項原額淮、蘆塩引價銀四萬五千兩，照舊
議發。如或以有妨塩務，亦即於別項改撥，增入年例，每歲全發，仍將三
十七八兩年原停未發銀九萬兩如數補發，以濟兵馬支用，并將河南原兌欠
三十四等年年例銀共八萬四千九百八兩零嚴催解鎮，庶人心可安，不致有
洶洶之虞矣。緣係額餉聚減，兵難輕銷，懇乞聖明，俯賜議復，以杜釁
端，以保重鎮事理。臣未敢擅便，為此具本，專差承差伊禮齎捧，謹題
請旨。

　　奉聖旨："戶部知道。"

　　〔巡撫崔景榮題事〕

　　巡撫崔景榮題為軍餉匱乏，日甚一日，懇乞聖明，亟復原額，并酌議
變通事宜，以足兵食事。

　　竊惟足兵之道，必先足食，食不足而欲兵強，理不可得也。兵難減而
餉驟減，勢不能行也。寧鎮兵寡，不及他鎮之半。若使錢糧充足，士馬飽
騰，尚可多方鼓舞，用寡以禦眾，不然庚癸常呼，士氣不振，欲買馬不
能，欲製器不能，無論在我無常勝之勢，而敵人亦生窺伺之心矣。即欲常
保和欵，何可得哉？臣等以錢糧不足，屢行該道清查占役、汰革老弱、有

缺勿補，據該道回稱，本鎮兵馬文卷二十年以前被逆燒毀，無所考據。於布政司抄得先年會計，錄開本鎮官兵七萬一千六百餘員名，馬騾二萬二千一百餘匹頭。自兵變以來，增減不一。今見止有官兵三萬三千餘員名，馬騾一萬三千餘匹頭，各營衛所虛冒占役，節經清汰已盡，若再議革，恐虜情叵測，萬一有警，各官得以借口。夫兵既難減，則餉亦難減。而本鎮缺餉之由基故有六：一在京運之裁減也，二在民運之拖欠也，三在塩糧之虧折也，四五在布花、站價之那借也，六在市本之原少也。民運拖欠一節，臣等去歲有議，責成均完解一疏，已奉欽依，此後不知可有力於舊解之數否？塩糧虧折一節，因塩法壅滯，邊商領得勘合，賣無受主，日就消乏，開派斗頭，名雖四六，實止一半，而尚催納之不前也。然其通塞之故，事在淮、浙，非臣等之所能知也。其京運、布花、站價，謹列欵在後，而市本原少，以致額餉日缺，臣等若不詳言，即計臣亦未之知也。

蓋本鎮每歲互市額費銀四萬一千餘兩，內發自京運者，兵部馬價銀二萬二千餘兩，戶部客餉銀一萬兩，其餘則本鎮椿朋地畝銀六千三百兩。固原發馬價銀二千五百兩，查得未欵之先，戶部歲發本鎮各項銀二萬兩，自議和欵，以為不調客兵矣，止發一萬充為市本。十一年來，少發十一萬矣。然本鎮兵馬布邊防秋，皆支客兵行糧也。兩河班軍四千五百餘名，皆客兵也。固原兵馬例布本鎮防秋，該客兵也每歲約用客兵本色糧一萬五千餘石，料一萬八千餘石，草四十七萬餘束，折色銀八千餘兩。此皆出於何處？故每年戶部所發市本一萬，通融作主客兵餉支用，尚若不足，故軍餉於市本皆詘也。椿朋地畝銀及固原馬價共八千八百兩，本鎮所用以買馬者，且有此耳，而改充市本十二年矣。馬可任其老死而全不買乎？不得已量借買馬兩項皆苦不足用，故馬匹與市本皆詘也，此戰欵兩困之道也。原係割肉以醫瘡，勢必掣襟而露肘，故節年歲出之數浮於歲入。姑以三年言之。三十七年，入銀一十七萬五千餘兩，出銀二十萬五千九百餘兩，是出浮於入三萬五千四百餘兩矣。三十八年，入銀一十三萬六千四百八十餘兩，出銀二十二萬六千八十餘兩，是出浮於入六萬九千五百九十餘兩矣。三十九年，入銀一十六萬四千餘兩，出銀一十九萬四千七百餘兩是，出浮於入三萬六百九十餘兩矣。即此三年，其餘可知。此皆載在邊儲冊節年奏，報可查者。此本鎮缺餉之由，恐他鎮之所未有也。

向來軍餉缺乏，那借市本，非市本之原多也，不過朝三暮四，支調虜人不與市耳。自二十九年續欵以來，方市完，臣自三十九年到任以來，各處紛紛討市，臣皆以市貨易買，未到應支，延至今年，方挨次調各酋互市。若每年與市，則十二年來當用五十餘萬金，從何湊處乎？臣到任之初，即若匱乏，是時前撫臣有請復淮、蘆塩價之疏，計臣覆議，止發三萬金令其通融接濟。臣亦知太倉匱乏，憤然以節省自任，屢與前後道臣楊文忠、鄧美政、張我繩、任應徵再三講求，多方樽節，恨不能數米而食，乃其勢終不能支也。倘水旱不時，民屯逋負，又或虜情變動，調發非常，又何以應之？臣萬不得已，乃敢條列四歎，會同總督陝西三邊軍務兼理糧餉都察院右都御史、兼兵部右侍郎黃嘉善，巡按陝西監察御史龍遇奇、張銓上瀆天聽，伏乞勅下該部覆議施行，庶食足兵足，而重鎮可保無虞矣。緣係軍餉匱乏，日甚一日，懇乞聖明亟復原額並酌議變通事宜，以足兵食事理。臣等未敢擅便，為此具本，專差承差齎捧，謹題請旨，一議復額餉，一議增布花，一議徵站價，一酌議班軍。

〔巡撫楊應聘題事之一〕

巡撫楊應聘題為欽奉聖諭，詳查各邊增餉之故，悉議諸務可行之實，仰蘄聖明省覽，責成以收實效事。

據寧夏河西兵糧道兼攝本鎮學校、右參政兼僉事趙可教，河東兵備道按察使張崇禮會呈，查得寧夏先年舊有兵馬錢糧冊籍，自萬曆二十年兵變燒燬，無所考據，蕩平後，呈討布政司抄發，本鎮原額官軍七萬一千六百九十三員名，馬二萬二千一百八十二匹。及討戶部降發，本鎮原報萬曆十九年邊儲冊籍，實在官軍、家丁、壯勇士、備禦文職官吏共三萬一千六百二十四員名，馬、騾、牛、驢共九千七百八十四頭隻，歲額主兵屯稅糧料一十四萬六千八百一十石九斗零，穀草並湖灘草一百六十八萬七千六百七十七束，折糧草銀一千八百七兩六錢零，淮、浙塩一十二萬六千九百九十四引零，該價銀五萬二千六百九十四兩九錢五分，召商上納本色，年歲豐歉，斗頭不同，大約納糧料六萬八千餘石，草十萬束，京運年例并四川改解大小二池塩課共銀五萬五百三十九兩九錢零，民運銀一十萬八千七百一十六兩一錢零，專供主兵官軍支用。客兵塩七萬引，價銀二萬九千兩，召納本色，約納糧料三萬餘石，草二十萬束，京例年例銀一萬兩，專供河東防秋調遣各處兵馬支用。以上俱係未變之前舊額之數。

自二十年變後，兵馬殘缺，點虜狂逞，節蒙議募軍丁，并剿逆功陞官員，及清勾填實新軍等項餘補足十九年原額外，兩河共增官軍、家丁三千一百九十三員名，馬騾並續買，除十九年原額外，增一千九百九十二匹，通計新增兵馬，各應支本折俸月糧銀、料草及加添膫瓜軍、夜班軍口糧等餉，共該銀七萬一千四百六十五兩六錢零，題行戶部，覆奉欽依，添開蘆、淮塩十萬引，准銀四萬五千兩，尚該銀二萬六千四百六十五兩六錢零，自二十二年載入年例。又花馬池改設副將，安定堡改設守備，題奉欽依，召完軍丁一千六百八名，買完馬二千匹，並兩河添買馬騾二千八十匹頭，及奇、遊二營家丁馬匹，告比正兵營家丁常支料草折價，共該銀二萬九千七百一十二兩。除本鎮小塩池臥引、斗底湊支二千九百二十二兩四錢零，題增京運年例銀二萬六千七百八十九兩六錢，自二十四年載入年例。至萬曆三十一年部議，將前原增引價銀四萬五千兩，仍于淮、蘆帶引餘塩銀鮮部轉發本鎮充餉，增入年例額內，一併鮮發。三十一年，續脩會計錄冊載，主兵見在官軍、家丁、壯勇士三萬一千四百五員名，文職官吏二百四十一員名，備禦官軍四千三百二十四員名，孤老、死節官民家屬、降夷男婦囚犯七百三十名口，通共三萬六千七百員名，馬、騾、駝、驢一萬二百八十二匹頭隻，歲支主兵本色糧料二十八萬七千九百四十七石四斗零，草一百三十二萬八千一百一十五束，折色銀一十三萬八千八百八十三兩六錢，客兵本色糧料一萬五千七百九十二石二斗，草二十七萬七千二百九十九束，折色銀七千八百八十九兩六錢。至萬曆三十三年以來，節蒙議允，洪廣改設遊擊，古水增設守備，及張義鎮北毛卜剌等堡增召家丁、壯士，又節年收過投降夷丁、買補馬騾，及互市夷馬、閱領茶馬、襲替清補官軍，所以兵馬漸有增加，錢糧原未外請，乃自三十七年，蒙戶部將前原增准、蘆引價停止。三十九年，該前巡撫黃侍郎〔嘉善〕題討該部覆議，暫發三萬兩，不為年例，令本鎮湊處。四十一年，又該前巡撫崔都御史〔景榮〕會題部議，自四十二年覆准年例銀一萬兩，其餘未准。

　　今查，萬曆四十二年見在官軍、家丁、壯勇士三萬二千九百五十三員名，文職官吏九十八員名，備禦官軍四千五百九十一員名，孤老、死節官民家屬、降夷男婦囚犯七百八十六名口，通共三萬八千四百二十八員名，除文職官吏、備禦、孤老等項外，征操官軍、家丁、壯勇士比三十一年續脩會計錄共增一千五百四十八員名，馬、騾、驢、駝一萬三千七百一十匹頭隻，比三十一年續脩會計錄共增三千四百二十八匹頭隻，共歲支主兵糧料二十九萬六千二百三十四石二斗八升，草一百七十萬七千五十八束，銀一十五萬二千九百五十八兩四錢六分，比三十一年多用糧料八千二百八十六石八斗零，草三十七萬八千九百四十三束，銀一萬四千七十四兩八錢六分，客兵歲支糧料九千七百三石六斗零，草一十八萬五千六百六束，銀八千六十二兩二錢零，比三十一年少支糧料六千六十八石六斗七升，草九萬一千六百九十二束，多支銀一百七十二兩。其節年虜情緩急不同，調遣兵馬多寡不一，或消或長，原無定準。再照本鎮軍餉原係本折兼支，額有京民二運、塩屯二糧。以京運言，停過引價四萬五千兩，屢題，止復一萬兩，尚少三萬五千兩。又扣兌小塩池課銀一萬三千兩，節年塩課止完六七千兩，虧缺五千餘兩。以民運言，原額十萬八千有奇，內自萬曆二十四年戶部題豁慶陽府拋荒糧銀一萬一千九百餘兩，未曾議補所剩額銀九萬六千七百有奇，每年徵鮮止完七萬兩。以塩糧言，近因南中壅滯，斗頭減落，名為四六開派，實未及半。三十七八九、四十一年，拖欠比追不前。四十一二兩年，各商告苦，不中勘合，仍在束閣。以屯糧言，年歲豐歉不同，中間又有河衝沙壓，人田兩無，虛懸之數，勢難取盈。至于客兵舊額京運銀二萬兩，因虜欵止發一萬兩，充作市本，其實防秋客兵俱支此銀。以上錢糧，雖有歲派之名，殊無歲入之實。自從停發，引價不敷之數俱那借市本，苟完目前之急。今市本已盡，此後光景，本道非敢忍言也。總以見在兵馬實入錢糧，較比歲出，約多銀二萬餘兩，少糧十萬餘石。而豐兇無常，價值難定，大約用召買銀五萬兩，除多銀二萬兩抵充外，尚少三萬兩。而買草及遇閏月又約用銀三萬餘兩，此皆虧缺之數明白易見者。

　　夫以九邊相提而論，寧鎮兩河邊長千有餘里，兵馬錢糧固不敢望如東北諸鎮，即比陝西、延、甘三鎮，尚不及三分之一，視國初舊額兵馬，亦止及一半。況銀定憑恃駑鷙，屢為邊患，松套諸酋雖稱欵附，向背叵測，萬一叛盟，猶慮寡不敵眾。本道固未敢妄議裁減，以博省節之名，而貽疆場之累也。合無請乞本院裁酌具題。等因，緣由呈詳到臣。案照先准戶部咨，該本部題議脩屯田七欵，覆奉聖旨："是邊餉匱乏，內外各該管官皆當悉心料理，爾部既議擬詳悉，務要着實遵行，如有仍前怠玩、虛文塞責的，着該科不時条奏。其隆慶元年後加添兵餉緣由，着撫按官詳細開明具奏。欽此，欽遵。"合咨前去特前條欵，逐一責成，務期照欵嚴行。各該官員，着實遵行。仍將隆慶元年以後增加兵餉之故查明具奏。准此。又准總督軍門咨同前事，已經備行，各該官員照欵着實遵行，併行二道會查增加兵餉緣由，去後令具前因。該臣會同總督三邊軍務兼理糧餉兵部左侍郎、兼都察院右僉都御史劉敏寬，巡按陝西監察御史龍遇奇，議照增兵加餉，非謀國之常經，而時勢多變遷，事體難執一，其中固有出于萬不得已之計者。寧夏自壬辰兵變，地方殘破，營伍空虛，當時在事諸臣，急安反側，率多草昧。或募軍丁以實行陣，或添糧草以備軍興，先于二十二年題增年例銀七萬一千四百六十五兩，續于二十四年復增二萬六千七百八十九兩有奇，此其故，豈得已哉？皆蕩平善後、計口計食、經制已定之數。厥後洪廣等堡改設將領，雖亦有增添，而俱于額內及班價取給，毫無外加。乃自三十七年，驟將原增淮、蘆引價銀四萬五千兩停發，以致軍餉不敷，數年來猶賴齏存市本那借支持，幸不致脫巾耳。歷經前撫臣言之已詳，不自今日。方今財用匱詘，計臣勞心焦思，諄諄節省杜增。臣等身任封疆，心同憂國，豈其罔知。仰體敢于冒然瀆請，茢兵難驟減而餉額不敷，平時那借無還，已屬非計，究將至于無復可借，有如兇荒騰涌，徵調倉卒，軍士之軀命，疆場之安危，厥係匪輕。臣竊危之故，屢申前請，量復原停之餉，漸消溢額之兵，無非為朔方永安之計，不至貽他日庚癸之憂而已。既經該道會呈前來，相應具題，伏乞聖明軫念板蕩，殘邊事體，不同他鎮，勑下戶部覆加酌議，將原停引價，仍照前撫臣原疏再復二萬，容臣等再將逃故斟酌勿補，漸次消減，期歸額數，士馬有飽騰之實，兵糧無濫溢之弊，庶幾盤石之安乎？緣係欽奉聖諭，詳查各邊增餉之故，悉議諸務可行之實，仰蘄聖明省覽，責成以收實效事理。臣等未敢擅便，為此具本，專差承差袁升齎捧，謹題請旨。

奉聖旨："戶部知道。"

〔巡撫楊應聘題事之二〕

巡撫楊應聘題為軍餉不敷，搜借久空，套虜渝盟，阽危可虞，懇乞聖明，亟復原額，補發借欠，以濟兵食，以資戰守事。

臣猥以諛庸，誤蒙我皇上任使，受以兩河衡邊重寄，臣感恩思奮，誓欲捐糜此軀，以圖報稱。故視事之始，即清查本鎮錢糧、兵馬數目，見得廣裕庫冊報軍餉等項，率開借支市本，詢及借過各項，大都解到即還，還後復借。而借出之數常多，還入之數常不足，年復一年，不足者竟成烏有。因面問前任該道僉事龔文選，并見任監收同知王廷極，俱回稱軍餉缺乏之由，[1] 蓋自壬辰遭變，善後添兵，題增淮、蘆引價銀四萬五千兩，原是計口計食、經制已定之數，乃自萬曆三十七年，該部停革，以致軍餉坐匱，節年那借市本，業已積至十三四萬虛懸在冊。今軍餉既無終歲之計，

---

① ［校］回稱：《萃編》本作"面稱"。

而市本且有罄瓶之恥。興言至此，皆蹙額攢眉，憂形于色。

臣彼時即欲具疏上請，苐因前撫臣崔〔景榮〕有疏條陳，議要每年量復三萬常額，再討補發十萬，抵還借過各項。奉旨下部，正在議覆。臣逡巡未敢復言，續于去歲七月內准戶部咨，止覆准每年發銀一萬兩以資軍食，此外難以輕狗，舊欠更難補發。等因，備咨到臣。臣本欲言，奈又值薊鎮軍譁，正計臣條議，切責各邊節省杜增，臣抑遏敢不達時務，冒然遽瀆。然而隱忍姑待，勢終不能不言，故于今年七月內回奏欽奉聖諭，詳查各邊增餉之故等事疏內，聲說當年增兵添餉，經制已定，兵難驟消，餉難裁減之故。彼時諸虜尚爾相安，外侮未形，臣又不敢張大其詞，仍照前撫臣崔景榮原議，量討再復二萬常額，亦未敢外討補發借欠者，祗仰體內帑匱詘，時際不偶，期以節省自任。欲將逃故，斟酌勿補，漸次縮兵就餉，良非得已，不虞自閏八月以來，突遭套虜吉能、火落赤發難延鎮，東西號召，以圖牽制兩河。諸酋咸思蠢動，分地謀犯，羽檄交馳，無處不備，亦無處不寡。鎮城聽調軍丁止於前後二司不過五百，正、遊二營量留貼防，近城堡分又多步卒，一經調發，壁壘遂空，戍守幾於無人，岌岌危殆之勢，真同纍卵。臣歎居恒無事，每嫌兵多耗餉，及目擊此時，更不勝空拳搏虎之恐。總計寧夏一鎮全兵纔三萬三千餘名，除各墩堡哨守及驛遞儀校外，實在營陣應敵之兵不過萬餘，以兩河孤懸、三面受敵之地，而兵力僅僅若此，雖增之不易，而汰之實難。兵不容汰，餉豈容減？此不待智者而決也。

計闔鎮額餉，總少月餘之支，尚有閏月不與焉。且本鎮未欸之前，原有京運客兵銀二萬兩，專供防秋客兵支用，後因虜欸，停革一萬兩，止發一萬兩充作市本。節年防秋客兵俱支此銀，聊足相當，此俱就平時無事言之耳。今秋虜氛驟發，調遣固原等處兵馬防援日久，支用錢糧數倍。此時兼值歲歉，穀價騰涌，塩糧銀易嚴併交納，隨納隨支，猶不接濟，每粟一鍾，可費往年之二。更苦天旱，野無芻草，收買載運，即至近者不下百餘里外，每芻一束，費又不啻往年之三。目下客兵雖退，而倉塲已竭，主兵之需固未已也。況諸虜不過因草枯暫爾跧伏，然業已敗盟，欵事便難收拾。明歲光景，尚不可知。兵端既肇，戰守宜備，所以備戰守、鼓士氣者全在糧芻，食不預足，軍馬何所仰給？士不宿飽，戰守何以責成？即欲及時儲峙，而出入懸絕，輾轉實難，臣於是惴惴焉思矣，隨檄寧夏西東二道查議。據糸政趙可教、按察使張崇禮會呈，兵馬錢糧、歲額支用及缺欠借過市本等項數目，與前疏開載一一相同，見奉明旨，下部議覆。臣亦不敢重複煩贅，苐臣目擊驕虜變動若彼，軍餉匱詘如此，所有原停引價若不控籲於君父之前，亟賜議復，比至明歲夏秋馬壯，群醜控弦鳴鏑而來，芻餉不繼，騰飽無資，士卒既不能枵腹與狂虜角旦夕之命，而前有強敵，後有嚴法，一呼庚癸，真可寒心。臣縱不敢自愛髮膚，誓竭駑鈍，然亦豈有奇謀秘術，能點賀蘭之石為金、煮黃流之水為粥，以飼此不得不用命之卒，而保此至危至重之鎮哉！此臣之所以日夜焦思，憂危慮遠，萬難緘默，謹會同總督陝西三邊軍務、總理糧餉、兵部左侍郎兼都察院右僉都御史劉敏寬，巡按陝西監察御史龍遇奇，合詞上請。

然臣等所請停發引價者，乃取之舊貫，非取之新增，求之額內，非求之額外，懇乞聖明軫念封疆安危，關繫匪細，亟勑該部覆議。合無每年量復二萬常額外，將節年停過宿餉，雖不敢望如前請十萬之數，亦乞量補五萬，稍抵借過各項虛懸缺額，庶幾緩急應乎，而士卒之心可安，戰守之氣可鼓，內憂外侮之萌可消，斗懸孤鎮可保無虞矣。緣係軍餉不敷，搜借久空，套虜渝盟，阽危可虞，懇乞聖明，亟復原額，補發借欠，以濟兵食，以資戰守事宜。臣等未敢擅便，為此具本，專差齎捧，謹題請旨。

奉聖旨："戶部知道。"

〔總兵官撫民奏事〕

總兵官撫民奏為仰遵均兵均餉之旨，謹畫兵餉一定之規，奏請聖裁，以便亟圖飭練事。

崇禎十二年七月內，臣於柳溝候代間接兵部劄付，內該大同總兵王樸題前事，兵部覆奉聖旨"是"，將士廩餉既酌定畫一，著如議，一體遵行。其應用將領，即聽該鎮自擇，卿部再加確擬奏奪。欽此，欽遵。劄臣遵炤明旨內事理，欽遵施行。及臣蒞鎮受事，先該撫臣樊一蘅案察前後節准兵部咨，為再陳內備急著等事，屢奉之明旨，業經酌議抽撥。疏內備陳，寧鎮輿廣兵少，馬缺餉薄，管堡孤懸，不堪抽併。且察本鎮，先經題定經制官軍、家丁、降夷三萬二千員名，除去各衛官吏、王府群牧旗尉等項外，見在堪抽軍丁，合兩河營堡實數一萬八千二百四十七名耳，其不能盡炤。新定管制，如總兵抽練馬、步一萬，分馬六步四。自統中營四千左右，管副將各統三千，而又以督、撫道抽練之數併入鎮練一萬一之內，寧之不能畫一於延，亦猶延之不能畫一於大同者，權於勢而限於力也。臣閱撫臣議抽三千歸督，一千六百歸撫，兩道各練二百，而為五千總協，共五千而為一萬。又更馬四步六，而槩減兩協小將中軍之廩餉，又因馬、步月餉難繼，量減部議之半，馬兵月食一兩二錢，步火兵月食一兩。練兵兩河不離寧鎮，倘遇徵調遠行，仍炤部議，馬兵月食二兩二錢，步火兵月食一兩八錢，藉此厚餉，皷其用命。奴報緩，則總兵練兵於河西，兩協練兵於河東。奴報急，則皆皷銳而前，共圖滅奴之功。要皆撫臣節省之苦心、躊躇之遠慮也。撫臣前疏云，鎮臣到鎮，聽其酌議另奏。臣謹遵通飭協行之旨，會同撫臣，共秉虛公，復加条酌，劑量損益，務協於中。所以仰體廟謨經久練戰之大計，有同心焉。

察劄開裁去營將、節財省官之議，合將遊兵營炤例裁去，而以撫臣坐抽遊兵七百名外，尚餘軍丁七百一十六名以益。總兵自統四千之數，兩副將分統二千，仍依撫臣取之各營抽練之內。察炤馬六步四，應得戰馬三千六百匹，馬兵三千六百名，應用小將十二員，各領三百。步火二千四百名，應用小將五員，各領五百左右。副將中軍二員。前臣協守柳溝，練兵月廩四十八兩。今兩協不得比於臣例，定擬協將月廩一十八兩，小將月廩九兩，中軍月廩六兩，馬兵月食一兩二錢，步火兵月食一兩。總練四千外，餘四百七十名，充為雜流，月食銀八錢。分撥總兵二百名，兩協六十名，中軍小將其二百一十名。總計協將二員，每員歲食廩銀二百一十六兩，小將十七員，每員歲食廩銀一百八兩，中軍二員，每員歲食廩銀七十二兩，馬兵三千六百名，每名歲食銀一十四兩四錢，步火兵二千四百名，每名歲食銀一十二兩，雜流兵四百七十名，每名歲食銀九兩六錢，戰馬三千六百匹，料銀亦當量減，同於馬兵，每匹歲支銀一十四兩四錢。以上通共歲支銀一十三萬九千四百零四兩。除每歲軍馬餉料舊額銀六萬六千二十四兩外，每歲共該增銀七萬三千三百八十兩，此寧鎮總兵抽練之定數也。

其總督抽練之三千，應得馬一千八百匹，馬兵一千八百名，步火兵一千二百名。撫臣原議寧兵抽赴固原，同於徵調，應炤部議馬兵月食銀二兩二錢，步火兵月食銀一兩八錢，馬料銀月支一兩八錢，共歲該支銀一十一萬二千三百二十兩。撫練一千六百名，兩道分練四百名，應得馬一千二百匹，馬兵一千二百名，步火兵八百名。仍炤鎮練前議，馬兵月食銀一兩二錢，步火兵月食一兩，馬料銀月支一兩二錢，共歲該支銀四萬四千一百六十兩。應用小將八員，每員月廩銀九兩，共歲該支銀八百六十四兩。通共督撫道官廩、馬步火兵餉、馬料等銀，每歲該支銀一十五萬七千三百四十四兩。除內軍馬餉料舊額銀五萬二千二百兩外，每歲共該增銀一十萬五千一百四十四兩，此寧鎮督撫道抽練之定數也。加閏定制，無容別議。

臣復閱撫臣疏，開見在新馬五百匹，勤王回鎮七百四十八匹，山海關發回馬騾二百七十三匹頭。前臣再申馬價之請，兵部覆奉聖旨："寧鎮馬價，即著冏寺措發一萬兩解給該撫，乘時購買，准留茶馬也。著巡茶御史焰數勒限選解，仍於明歲年例銀內通融扣算。欽此，欽遵。"臣以望眼將穿之時，復得冏寺措發茶馬解到，則臣抽練馬匹，雖未敢遽望充盈，從此攢槽餵養，漸見驍騰，亦可以言戰矣。惟是總兵抽練，每歲增銀七萬三千三百八十兩，督撫道抽練每歲增銀一十萬五千一百四十四兩，二項通共請增銀一十七萬八千五百二十四兩。仰祈皇上，勅部立賜解發，庶便遵焰部劄，餉裕抽足，一體遵行。

其應用將領，臣與撫臣慎加嚴擬，再三斟酌，不以貌相而售贗鼎，不以小疵而棄干城，廣詢博採，務得其材。堪任左協副將一員，見任洪廣營遊擊張洪焰；堪任右協副將一員，見任平虜營糸將杜希伏；堪任抽練馬步小將一十七員，眭接武、王幼恒、馬國夒、李時勇、朱國現、党守能、穆養氣、崔世榮、哈揚武、鄭輔、王安民、劉光祚、李躍龍、孫棟、劉大葉、高應兆、陳孔道；堪任督撫道抽練小將八員，張雲龍、高仕舉、謝福成、定國、靳吾君、呂崇德、沈騰鳳、劉宏；堪任左協中軍一員，王賢；右協中軍一員，任學詩。以上二十七員，才雄籌畧，勇冠貔貅，屢建戰功，俱堪遴拔。仍取具各官履歷一本呈送兵部，再加確提，奏請聖裁。至於左右兩協關防，合請焰例鑄給，其小將劄付，並祈給發，俾得遵奉，刻期任事，上緊飭練，亟成鎮雄師，用備緩急。

臣竊謂飭練以張撻伐，全憑賞罰嚴明。近因賞罰不信，將士不肯用命。臨敵怯縮，即於陣前，當時斬罰，及能血戰。獲級亦當賞不踰時。陣雲猶結，刃血未乾，萬目共臨，誰容欺昌。乃必待報覈，往返經年。其人存，賞在向腴心冷之後，作氣謂何。其人亡，幻化乾没，皆不敢問沙場苦情，無淚可灑。值今兩河洊饑，風氣人情，荒涼已極。困廩不出，軍皆一息奄奄。料草每虛，但見如山馬骨。臣自蒞任以來，饑軍之告詞可程衡石，咸稱京運、民運解發不能繼續，屯糧、商糧輸納尚多逋欠，即秋青馬草一事，採積故套空存。茲當抽練方新，力圖振始，不得不首嚴賞罰，以鼓將士之雄心；酌濟通融，以挽兵食之命脉。

臣謹會同巡撫寧夏地方贊理軍務、都察院右僉都御史樊一蘅，合詞補牘奏聞，伏望聖明裁奪。臣曷任隕越悚惶之至。緣係仰遵均兵均餉之旨，謹畫兵餉一定之規，奏諭聖裁，以便亟圖飭練事理，為此具本，專差千户李占魁齎兵部議覆，奉聖旨"是"，該鎮所欠兵數著，確遵屢旨，作速抽足，合用各將及中軍杜希伏等十八員，俱依擬用，協將關防，准炤例鑄給。該部知道，奏為遵旨，不時預籌，以重邊防，以握多算事。

崇禎十三年五月初十日，奉兵部劄付前事，内開督撫鎮□有得心應手，著數缺乏，疑難去處，有關邊務，速籌具奏。等因，到臣。蒙此，竊炤寧疆邊務，最急在錢糧缺乏，饑荒莫救。河東邊墙三百餘里，横截套口，黄沙麟磧，千里蕭條。旱嘆頻年，野無青草。死者填委山溝，生者扶創匍匐。河西僅藉渠流粒食，四方爭販，就食蜂攢，嗷嗷洶洶，同歸於盡。然猶未敢以賑濟、乞恩卹者，誠念歲額二運積欠百萬，軍民望眼流血，遑及溝壑之餘，貽我聖明西顧之憂哉。崇禎十三年八月内，先該餉臣宋聯奎題陳壓欠二運之數與今歲接濟無術之狀，奉聖旨："該鎮二運錢糧積欠如許，殊甚痛惻。今歲年例銀即著該部措發數萬，速解接濟，賞卹銀也應酌給以鼓士氣。民運疾呼不應，地方官尤屬頑玩，該撫按何未見指紏，姑著嚴行司府等官，將各項額欠，務期歲前補解，[①] 再延，並撫按重處。該部馳飭行。欽此，欽遵。"涣傳兩河，頓顙感泣忍死；須臾以待，距今又復經年。民運交困，日甚一日。

況今屢蒙部檄選練飭秣，以聽不時飛調，臣頂踵自誓捐糜，簡鋭纂嚴，罔敢不預，其如錢糧缺乏，掣肘難行，疑難實病，攸繫安危。竊思二十年之積欠，數幾百萬，而欲遽補於一朝，徒煩督責，逾致淹延。伏乞皇上前鑒聖衷痛惻之嚴旨，今憫四千里窮迫之疾呼，立賜宸斷，將二運積欠三分之一欽定各發若干萬兩，懇請馬上專官，飛飭坐守，勒限急解，毋容貽悞封疆。並祈天語，勅部特將本年歲額、軍餉、馬價隨同練餉按季給發，題差領解，急濟難危。臣與撫臣同勵薪膽，共此擔承。雖經前疏控陳，猶懼微誠未格，是以復申前懇，亟得藉手力行圖維克備整飭聽調，而於得心應手，著數皆從錢糧湊集處，畢其智慮而握多算矣。謹合詞碎首上請，伏冀聖慈裁奪施行。臣無任激切祈懇待命之至。奉聖旨："寧鎮如此荒歉，二運如此逋欠，窮軍何堪？你部裏即馬上差官飛飭坐守。兹撫按勒限於二運積欠内先解二十萬以應急需，仍察本年軍餉、馬價，同練餉按報給發，題差領解，勿緩時刻。"該部："知道。"

---

① ［校］期：原作"欺"，據文意改。

奏為遵旨不時再定哨法以肅責成事

崇禎十三年五月二十日，蒙兵部劄付該本部題前事。等因。奉聖旨：
"這哨探賞罰格例，前已有旨，今再詳明，及俟節事宜，卿部即炤式刊
頒，嚴行馳飭，欽遵。"先與四月初十日蒙兵部劄付，奉有該部，察炤欽
內法例通，再嚴飭遵行，立奏之旨，備劄到臣，蒙此察炤，寧邊虜情哨
法，自劉〔東暘〕、哱〔拜〕變後，因時停撤。河西五路，全倚賀蘭平
虜、洪〔廣營〕、玉〔泉營〕南北相峙，廣武、中衛迤邐西蔍關隘，如歸
德、大風、汝箕、宿虜、黃峽、赤木等口，舊有石砌關壘三道，拒虜住牧
山後，威鎮長城，西起賀蘭，東趨河塹，北面套衛，南循河浚。夏秋浮
渡，哨須冰合，距河防守，河東之橫城至花馬九城橫截套口，虜逐水草，
就視哨探出邊，必抵水頭，循環稽驗。今河西之關壘盡毀於壬辰，虜得憑
山巢穴，我反戍守山前，自失險要，依山五百里，日間瞭望，烽號既資墩
軍，夜間伏空，哨瓜必賴夜役。崇禎三年，議立標營，撤回夜役，自失嚴
明。今河東之邊墻，風沙壅積，濬溝扒抄，全收班軍。今並停革，延裦三
百里之墩軍連年饑死殆盡，兇荒固屬天災，定哨實新功令。伏望皇上嚴
勅，京、民二運積欠，勒限解發，恩同賑恤。招撫流移，歸充墩哨。仍復
班軍，以供扒濬。標營題入撫練，合炤舊設夜役，名糧派發，各營募補。
臣等遵炤，先今題飭，俟節哨探，晝夜申飭，召集熟諳邊外地里、水頭、
撥夜、通事人等，河西繇賀蘭等口出邊外，赴五岔河等處，偵探阿炸兒土
壩等酋有無結合莊蕭海虜消息，河東繇長城關出邊，赴那吝井可可腦兒，
偵探山旦包六等酋有無到延鎮邊外神水灘與吉能會話，但有東奴勾調消息
飛報。會擣撓，其內顧如此重大聲息，當與延鎮、寧鎮、固鎮共一耳目。
俟節哨報及于本邊各水頭偵探得實，俱炤欽定格例，陞賞有差。如哨報不
實，遲悮軍機，梟斬責罰有差。原頒書冊，昭布中外，不敢細列。臣謹會
撫臣李虞夔，謹將遵行，緣係具奏，伏望聖明裁奪施行。為此具本，專差
千戶陳三重齎捧，奉聖旨。

按：邊塞情形，戎事窾會，有軍旅則有紀律，有錢穀則有經制。寧夏
正賦，主於屯稅，其外有京運、民運、塩糧、銀糴。盖自河沙嚙没，屯賦
日銷，而浮引蠹於南中，鹺法大敝。歲額雖有定數，收納難於取盈。京運
且裁，民運積貧，封疆大吏，蒿目時艱。每歲主客通融，多方那借，其所
為乳哺之計、請乞之言，盖心亦良苦矣。竊慮夫積貯者天下之大命，况邊
鎮尤為喫緊，豈容漫為經制乎？分先事之憂者，要當體惜而樽節之耳。

公署

都察院，在城隍廟南。舊為公議府，因原署在儒學西者萬曆二十年兵變毀，巡撫周公光鎬二十二年開府於此，規制大備，碑記見《詞翰》。①

按察司，在城隍廟西。舊為副總兵官廨，又為河東道行署，因原署在真寧府西者萬曆二十年兵變毀，按察馬公鳴鑾二十一年建衙於此，四十一年按察龔公文選開拓宏敞，規制大備。

理刑廳，在鞏昌府東。舊為兵車廠，因原署在城隍廟南者萬曆二十年兵變毀，同知王三錫三十六年闢廠西之半創建，規制俱備。

監收廳，在報恩寺東。

東路監收廳，在後衛。

西路監收廳，在中衛。

中路監收廳，先在惠安堡，今駐靈州。

中路塩捕廳，在惠安堡。

帥府，在命我門內大街西。②

總兵官府，在帥府西。③

副總兵官府，在文廟東。舊為新、舊遊擊二署，因原署在城東北隅者毀於兵變萬曆二十二年，協守馬孔英駐此。

遊擊府先為太監府，在城東北隅。永樂、天順間設鎮守太監，嘉靖中革，後改為副府。萬曆三十八年，遊擊潘國振重建。

東路副總兵官府，在後衛。

中路糸將府，在靈州。

西路糸將府，在中衛。

北路糸將府，在平虜所。

東路遊擊府，在興武所。

西路遊擊府，在廣武營。

南路遊擊府，在玉泉營。

---

① 參見本志卷四《詞翰》載楊一清撰《都察院題名記署》、楊時寧撰《都察院題名記》。

② ［校］命我門：《弘治寧志》卷一、《嘉靖寧志》卷一《寧夏總鎮·公署》均作"德勝門"。

③ ［校］西：《弘治寧志》卷一、《嘉靖寧志》卷一《寧夏總鎮·公署》均作"東"。

北路遊擊府，在洪廣營。

巡撫標下中軍廳，在本院前。

坐營司，在奎星樓北。

屯田司，初無定址，萬曆三十年，都司趙維翰創建於神機庫之西。

撫夷守備官廨。

東路守備官廨，在……①

中路守備官廨，一在清水營，一在橫城堡。

西路守備官廨，一在石空寺堡，一卜築于古水井堡。

南路守備官廨，在大壩堡。

寧夏衛，南薰門西。左屯衛，太府後，壬辰毀。右屯衛，新樵樓南。前衛。中屯衛，城東南隅，壬辰盡毀。千户所，五衛共二十有五，壬辰俱毀。鎮撫司，存。經歷司五知事一，壬辰俱毀，止寧夏衛經歷知事署重建。

中衛千户所、鎮撫司、經歷司，各署在本衛。

靈州所、鎮撫司、吏目，在本所。

後衛千户所、鎮撫司、經歷司，各署在本衛。

群牧所，在韋州。

平虜千户所、吏目，在本所。

興武千户所、吏目，在本所。

行署

總督府、都察院，俱在後衛。察院五，在鎮城者二，在平虜、廣武、靈州者各一。

按察分司，在中衛。

防秋道衙、定邊道衙、部道亭，俱在後衛。

總兵官行府三，在靈州者一，在後衛者二。

副總兵行府，在靈州。

遊擊府中軍廳，俱在後衛。

天使館，在鎮新街。

皇華館，在南薰門外五里，王府於此接詔勅。

官廳九，南北路、中衛、韋州各一，興武營二，廣武營二，塩池一。

---

① 原版“在”字後漫漶不清，不詳其內容。

駐節廳四，臨河堡、小沙井、白塔兒、暖泉兒各一。

接官廳，靈州南關外。

學校

寧夏等衛儒學，在左右倉後。洪武二十九年，鎮人朱真奏立寧夏中屯衛學，① 三十四年廢。永樂元年，真復奏立寧夏等衛儒學，② 在效忠坊北。正統中，③ 改移今學。成化初，④ 巡撫張鑒重脩，有記。⑤ 弘治癸亥，⑥ 巡撫劉憲重脩，有記。⑦ 萬曆二年，巡撫羅鳳翱重脩，有記。⑧ 三十三年，巡撫黃嘉善重脩，有記。⑨ 俱見《詞翰》。

後衛儒學，嘉靖二十九年，巡撫王邦瑞奏建。

中衛儒學，正統間，⑩ 巡撫陳禹奏建。故學在城東北隅，後巡撫徐廷璋謂，⑪ 學乃文明之地，宜居中，改建於通衢，但右為保安寺所碍。弘治十三年，巡撫王珣、僉事李端澄撤其寺宇，以其地并於學，始廣濶，可以展堂齋而建庖廩也。叅將周尚文《重脩記》，⑫ 見《詞翰》。

靈州儒學，在城東南隅，弘治十三年，⑬ 巡撫王珣奏設靈州，乃建州學。十七年，州革學廢。正德十三年，巡撫王時中復奏立守禦千户所。

---

① ［校］朱真：此同《嘉靖寧志》卷一《寧夏總鎮·學校》，《弘治寧志》卷一《寧夏總鎮·學校》作"朱貞"。下同。

② 吳忠禮據《明太祖實錄》等文獻考證認為，寧夏儒學當設立於明太祖洪武二十八年（1395），無其他文獻記載三十四年（即明惠帝建文三年，1401）廢除寧夏儒學事，明成祖永樂四年（1406）改"寧夏中屯等衛儒學"為"寧夏等衛儒學"。本志載寧夏儒學興廢時間蓋襲《正統寧志》誤說。參見吳忠禮《寧夏志箋證》，第125頁《箋證》［二一］。

③ 《弘治寧志》卷一、《嘉靖寧志》卷一《寧夏總鎮·學校》載，事在正統九年（1444）。

④ 《弘治寧志》卷一、《嘉靖寧志》卷一《寧夏總鎮·學校》載，事在成化六年（1470）。

⑤ 參見本志卷四《詞翰》載彭時撰《重脩儒學碑記》。

⑥ 弘治癸亥：弘治十六年（1503）。

⑦ 參見本志卷四《詞翰》載張嘉謨撰《重脩儒學碑記》。

⑧ 參見本志卷四《詞翰》載張大忠撰《重脩儒學碑記》。

⑨ 參見本志卷四《詞翰》載李維禎撰《巡撫都御史黃公嘉善重脩儒學記》。

⑩ 《弘治寧志》卷三《寧夏中衛·學校》、《嘉靖寧志》卷三《中衛·學校》載，事在正統八年（1443）。

⑪ ［校］徐廷璋：原作"王廷璋"，據《康熙陝志》卷七《學校》改。

⑫ 本志卷四未錄周尚文《重脩記》，所錄王恕撰《中衛儒學記》記中衛儒學重脩事。

⑬ ［校］十三年：原作"十五年"，據《弘治寧志》卷三、《嘉靖寧志》卷三《靈州守禦千户所·學校》改。

《學記》見《詞翰》。① 商學，天啓元年，張九德□學政奏設，以惠商人。②

寧夏揆文書院，在寧夏學東。初建奎星樓東，名養正書院。嘉靖戊戌，③巡撫石湖吳公〔鎧〕創始也。後甲子④，巡撫鑑川王公〔崇古〕移此，門堂號舍，輪奐鼎新。萬曆初，巡撫念山羅公〔鳳翔〕又茸其宇而益之。三十八年，梓山黄公〔嘉善〕分東西十號群學之譽髦，四十人月給廩饍。每旬令二廳試課作人之功，遠邇頌之。建坊二，記見《詞翰》。⑤

朔方書院，在後衛，嘉靖四十五年，户部郎中蔡國熙建，記見《詞翰》。⑥

寧夏學田。隆慶五年，巡撫張公蕙置，慶王及諸郡藩捐禄，得田三百餘畞，以供書院考課之用，日久田廢。萬曆六年，提學李公維禎按臨歲考，念邊生獨無廩糧，比潼關事例，具疏題允廩生四十名，每季各給銀一兩、糧一石一斗二升四合五勺。二十八年，巡撫楊公時寧捐銀一百五十五兩，置田三頃二十一畞，有記見《詞翰》。⑦三十三年，巡撫黄公嘉善捐銀三十五兩二錢五分，置田七十三畞。二項每畞徵米麦五斗，歲入糧一百九十七石，以周貧生婚喪之用。三十七年，慶陽道帶管寧夏河西事高公進孝比例申詳巡撫黄公嘉善，每生歲給膳夫銀八錢，廣裕庫支領。

寧夏巡撫崔景榮一本：為謬陳膚見，乞賜採擇，以惠邊郵事職。兹蒙恩陞，候代數月，思有關係邊方之治託者二，有可省邊方之物力者一，計開一議。邊方兵備道近攝學政職，惟學校賢士所開科目悉從此始，當今士習日壞，而邊方為甚。寧夏四學，鎮城在職耳目之下，諸生稍知禮法，若中衛、靈州、花馬池諸生則大可異焉。揆厥所由，盖自陝西一省，除臨〔洮〕、鞏〔昌〕、甘肅學校係河西按臣兼攝，其西〔安〕、鳳〔翔〕、漢〔中〕、平〔涼〕、延〔安〕、慶〔陽〕六府，興安一州，延〔綏〕、寧〔夏〕二鎮屬之，一提學道，幅員四千餘里，歲不能遍歷。止大比之年，

---

① 參見本志卷四《詞翰》載舒表撰《興復靈州廟學記》。
② ［校］以惠商人：《萃編》本無此四字。
③ 嘉靖戊戌：嘉靖十七年（1538）。
④ 甲子：嘉靖四十三年（1564）。
⑤ 參見本志卷四《詞翰》載殷武卿撰《揆文書院記》。
⑥ 參見本志卷四《詞翰》載王道行撰《朔方書院記》。
⑦ 參見本志卷四《詞翰》載高世芳撰《巡撫楊公時寧置學田記》。

將願考者調至慶陽，徃返一千六百餘里。一考又過三年，然考校疎濶，無鼓舞作興之道。合無將寧夏河西兼攝本鎮提學，另頒勅書，責其歲一考試。其生員額數、歲貢科舉之數照舊，不得濫增。如此，則優劣分明，人心激勸。伏乞聖裁。奉聖旨：該部知道。

寧夏武學，以儒學訓導教迪武生。

社學五：中衛一，巡撫黄公嘉善立。廣武營一。平虜城一。靈州一，有記見《詞翰》。[①] 興武營一，巡撫黄公立。

倉庫　　草塲、兵車、神機、雜造局附

寧夏倉，在報恩寺東。

左倉、右倉，在儒學前，因開雲路，今新闢右倉為二。

前倉，在鑾駕庫東。

新倉，在城隍廟後。

預備倉，在報恩寺西。正統初，[②] 巡撫金濂奏設。

平虜所倉，所屬金貴、李綱、威鎮各有倉。

洪廣營倉，所屬鎮朔、鎮北各有倉。

玉泉營倉，所屬平羌、大壩各有倉。

廣武營倉，所屬棗園有倉。

中衛應理倉，所屬石空、鎮虜、鳴沙、古水各有倉。

靈州倉，在本所，所屬橫城、紅山、清水、塩池、紅寺、石溝、韋州各有倉。

興武營倉，在本所，所屬毛卜剌有倉。

後衛常濟倉、備急倉，所屬安定、鐵柱泉各有倉。

廣裕庫，在寧夏倉内，大使帶領之，貯軍餉、經費等項銀。因本項不及，借支別項，歲久難補，失其舊額。僉事龔文選檄同知王廷極查明，分別四十九項，一項貯一木匣，某費支給某項，不復那借，出納為之一清。

稅課局，在南關内。

草塲

鎮城五衛共二，在城西南隅。五路各一，所屬城堡、塲與倉同。

---

① 參見本志卷四《詞翰》載舒表撰《興復靈州廟學記》。

② 《嘉靖寧志》卷一《寧夏總鎮·寧夏衛》載，事在正統五年（1440）。

批驗塩引所原設萌城，弘治末為權力所奪，奏改慶陽府北關内批驗。萌城至慶陽六百餘里，幅員相湊不下二千鄉村鎮舍，奚啻數萬餘家盡非食塩之人耶？既批驗慶陽，寧有轉輓北販之理？二千里之内，所食盡私塩矣。一移易間，百弊由生，塩法大壞。嘉靖間，巡撫張潤奏仍其舊，今在惠安堡。

塩課司、巡檢司，皆在惠安堡。

兵車廠①

正統間，總兵官張泰奏置兵車六百輛，皆雙輪大厢，建兵車廠貯之。嘉靖間，總制尚書劉天和奏置隻輪全勝車千輛。然車戰之法，對旗為要。槩以一隊言之，用五人執五色旗幟，不入行伍，往來奔走營中，其餘四十五人各成列以待。虜見旗幟不定，乘亂衝之。我兵方以火器取勝，使徒以車營自衛，兵仗嚴整，虜不來攻，四面圍之，則彼更番牧馬，殺野獸以食。我兵内乏糗糧，外乏應援，困久自憊矣。蓋虜所畏者整，而所乘者亂。故以對旗法治之，②此總兵官張泰兵車之制有可取者。平虜城、興武營、靈州、中衛皆在本城。

神機庫③

京降大砲、鎗、銃銅鐵九五千六百有二。新降伏朗機，④近又鑄緊藥伏朗槍，止用鉛子，入藥三兩，可踰千步。咸寧侯仇鸞嘗擊虜於曾綱堡，虜甚憚服。其新鑄者用之二三即炸者，省費欲速之弊也。搏蠟而鑄，胎汁皆熱，其銅易行，鑄以沙匣，則寒熱相擊，汁必滯，加錫始行。銅錫相半，故性脆易炸，以是知不宜借小也。萬曆壬辰兵變後，迄今接任撫道，檢損壞鎗、銃廢鐵二萬餘斤，又市新鐵三萬餘斤，委官製造湧珠砲一千一百餘位，滅虜大砲一百二十位，百子砲七十位，三眼鎗三千餘杆，安置鎗、砲器具俱全。分發各營各路，允為禦虜長技。京庫歲開硫黃無定數，陝西布政司開焰硝五萬五千一百九斤，靈州、中衛、廣武皆有。

雜造局

寧夏兵器。陝西布政司歲關軍器鐵萬七千六十斤，鋼鐵百四十斤，水

　　①　《弘治寧志》卷一《寧夏總鎮·公署》載，兵車廠在督察院西。《嘉靖寧志》卷一《寧夏總鎮·公署》載，兵車廠在肅昌王府東。

　　②　[校] 治之：《嘉靖寧志》卷一《寧夏總鎮·公署》作"致之"。

　　③　《嘉靖寧志》卷一《寧夏總鎮·公署》載，神機庫在兵車廠後。

　　④　[校] 伏朗機：原作"伏朗幾"，據《嘉靖寧志》卷一《寧夏總鎮·公署》改。

牛角六百七十斤，心紅十二斤，水膠百有八斤，甲面青白布九百四十丈，黃蠟八斤，漆百七十二斤，生絲並線三十三斤，桐油百三十斤，翎毛萬八千八百批，官粉十斤，牛觔百二十六斤，熟銅一斤，麻布百一十五丈，魚鰾九十斤。匠役衛各六十，寧、左、前、右，凡二百四十，會萃於局。歲造盔六百四十，披簷六百四十，甲六百四十，腰刀六百四十，弓六百四十，箭萬九千三百，① 撒袋六百四十，② 長銃六百四十，③ 圓牌三百二十，弦千二百八十，銃箭頭六千四百。惟左屯衛所造刀鞘弓皆黑漆，又加造斬馬刀百六十，紅纓花百六十，箭則攢竹，弦則生絲，襯盔帽及帽絆各百六十。牌則彩畫虎頭，撒袋則紅真皮，與甲皆調裏，盔則明者。中屯衛獨無，以由中護衛所改，軍少力憊故也。

　　又　　雜造局

　　中衛兵器，延安府歲關鐵八千五百二十斤，④ 鋼七十斤，魚鰾四十五斤，水膠五十四斤，官粉五斤，黃蠟四斤，心紅六斤一兩二錢八分，紮弓生絲線二斤，生絲十四斤九兩六錢，熟銅八兩，烟煤六升，牛觔六十三斤，鵝翎萬四千四百批，水牛角面三百二十片，黃丹三十一斤，生漆八十六斤，桐油六十三斤三兩二錢，硼砂二兩四錢，無名異三斤十四兩，蜜陀僧七斤八兩，麻布五十七丈六尺，麻皮二斤，青絲線三斤，青油十斤，⑤ 青小布二百九丈六尺，白小布四百一十八丈一尺二寸，白錫二十斤，豬油五十斤。

　　本衛措辦花紫牛皮五十六張，生牛皮八十張，鞓帶脂皮八張，粉羊皮百一十二張，桑木弓胎百六十張，柳木牌胎八十面，箭竹四千八百枝，腰刀鞘板百六十把，麻皮八斤，木柴六千斤，豬血四十八斤，蘇木二十六兩，皂礬二十五兩，五倍子二十五兩，⑥ 羱羊角四付，⑦ 紫土二斗，青竹二丈四尺，白礬二十五兩，插殼千二百枝，石灰四石，荒木鎗杆百六十根，石炭百八十四石。歲造明盔百六十，披簷百六十，青甲百六十，弓百

---

①　[校]三百：《嘉靖寧志》卷一《寧夏總鎮·公署》作"二百"。
②　[校]撒袋：《嘉靖寧志》卷一《寧夏總鎮·公署》作"撒帶"。下同。
③　[校]長銃：《嘉靖寧志》卷一《寧夏總鎮·公署》作"長鎗"。
④　[校]二十：《嘉靖寧志》卷三《中衛·公署》作"三十"。
⑤　[校]青油：《嘉靖寧志》卷三《中衛·公署》作"清油"。
⑥　[校]五倍子：《嘉靖寧志》卷三《中衛·公署》作"伍倍子"。
⑦　[校]羱羊：《嘉靖寧志》卷三《中衛·公署》作"頑羊"。

六十，弦三百二十，腰刀百六十，撒袋百六十，箭四千八百，圓牌八十，長鎗百六十，銃箭頭千六百。

驛遞　雜治附

寧夏在城驛，在南關內。高橋兒、在靈州。大沙井、石溝兒、塩池、萌城、韋州，以上六驛俱在本城堡。

河西寨、高橋兒、大沙井、石溝兒、塩池、隰寧、萌城，以上七遞俱在本城堡。

僧綱司二，漢僧在寧静寺，番僧在報恩寺。

道紀司，在清寧觀。

譙樓，舊者在慶府後，新者在城之中央。高大雄麗，可以遐覽，上有古銅壺、刻漏。僉事許用中撰《巡撫朱公笈重脩碑記》署曰："譙樓，所以鶴埒鍾皷而提日月出入之樞機也。匪麗胡美，麻鄉杏聚。匪譙胡高，蜂垤蟻丘。誠一鎮之巨觀矣。"至壬辰兵變，謀獻西城者以舉火為號，因而樓燬。後將銅壺、刻漏移置都察院東。靈州、中衛、後衛、平虜各一，皆在本城之中央。

演武教塲，故在德勝門外，將壇"離"向。[1] 然城之形勝背山面河，則"震"向也，[2] 於風水之説為忌。嘉靖辛卯，[3] 大都督周公尚文謀於巡撫楊公遜夫，仍故址而改翔之，使"兑"向焉。[4] 夫"兑"位屬金，於時屬秋，皆兵象也。匪徒順勢於兵家之術，亦宜且雄偉廣大，焕乎，壯觀矣。在五路副、叅、游、守地方各一。

藥局，在南薰門內，今廢。

營房三百間，在振武門內。巡撫楊公守禮建，以給操軍之無屋者人一間。兵變，拆毀無存。

馬營，鎮城在西北隅，靈州在東南隅，[5] 以居備禦官軍。

養濟院二，鎮城在預備倉北，中衛在本城。

受降館二，一在養濟院北，一在馬神廟西。

---

① "離"向即東向。

② "震"向即東北向。

③ 嘉靖辛卯：嘉靖十年（1531）。

④ "兑"向即東南向。

⑤ ［校］東南：《嘉靖寧志》卷三《靈州守禦千户所·公署》作"東"。

外　威

邊防

西長城起自靖虜、蘆溝界，迤北接賀蘭山，山迤北接北長城，至大河。河迤而南，逾河而東，有東長城至定邊界，凡周一千一百七十里。西長城四百一十一里，迤北接賀蘭山。

西路叅將分守邊城一百五十七里，自西南鎮關墩起，至崇慶墩，接廣武界止，有城障十有四。石空寺堡守備分邊五十里，新立古水井堡守備分邊二百一十九里。

西路遊擊分守邊城一百三十里，自西黃沙外，接中衛崇慶墩起，至沙溝墩，接玉泉營界止，有城障四。

南路遊擊分守邊城一百二十四里，自廣武沙溝墩起，至大山根止，有城障二十八。又分山隘八十三里，自西長城哨馬營墩起，至打硙裏口止，內大壩堡守備分邊三十五里。

北路遊擊分守邊城二百一十里，自鎮北堡滾鐘口起，沿山至紅口兒止，有城障一十一。

北長城三十里，自西而東接黃河。黃河一百三十里，自北而南。

叅將分守邊城二百四十里，自紅口兒起，沿山歷寧朔墩，又自山接黃河堰，循河而南，至鎮河堡界牌墩止，有城障一十三。

按：夏之邊，左河右山，而鎮遠關瑣其交，東西長城絡其端，誠天險也。乃外鎮遠而城之，是自棄其扃鍵矣。然欲吾圉鼎固，其可以不復乎？巡撫楊守禮《議復邊鎮疏》署曰：“平虜城百七十里有鎮遠關，在山河之交，最為要地。南五里，故有黑山營，西沿山四十里有打硙口。東西聯屬，烽火嚴明，賊難輕入。弘治前，餉缺卒逋，關營不守。打硙口山水俱從此出，竟致衝塌，蹟尚可考。正德間，大賊奔入，或從旁乾關、棗兒溝、桃坡等口入，或渡河而過。雖有平虜城，軍馬不足，實難戰守。以故於平虜城北十里許，自山至沙湖築城，東西約五十里。盡西又設臨山堡，居人始敢樵牧。臣詳議國家故地，為犬羊南牧，欲一舉恢復。兵馬不足，必須以漸。其新墻已經十年，量為脩築。重關設險，亦不為過。又查得臨山堡極北不毛，苦難防守。又准兵部咨題，開平虜城，東當河套，西拒賀蘭，北禦沙漠。三面受敵，官軍五百，不足防禦。查得先巡撫張文魁奏改守禦千户所，設將益兵，以為復黑山營之漸。未經查報，其賀蘭山三十七口雖未損壞，遺址尚存，若漸次脩築，以遏賊路，則於邊防亦易備。咨到臣，卷查關口脩固，俱堪保障，惟赤木口溝岔甚多，久難脩築。臣委將領斬山築墙，漸有次第。及查平虜城見今軍數不多，召選不出，益兵設將，另行具奏。臣備行兵備道僉事孟霖會議，續據該道呈稱，本口舊設石砌關墙三道等處，及新邊共計二十一里餘，俱應脩砌，計用銀若干。其臨山堡委難防守，今改月墙，中築瞭臺，似為便宜為照。前項關隘，以次脩完，惟鎮遠、黑山役大難舉，候兵食充足，另行奏復。其打磴口三關並棗兒溝等口及新邊壞處，聽脩赤木口完日，悉照各官所議脩築。其臨山堡委係難守，似改墩守哨。伏望皇上，軫念重地，勑下兵部，再加詳議，行臣等脩改造冊奏繳。"

東長城三百六十里，自橫城馬頭接延綏界。

河東故墙，自黃沙嘴至花馬池，長三百八十七里。成化間，[1] 巡撫余子俊奏築，巡撫徐廷璋、總兵范瑾贊成之。[2] 河東新墙，自橫城至花馬池，長三百六十里。嘉靖初，總制王瓊棄其所謂河東墙而改置之者。

夫重關叠險，用以禦寇。其為計實密，亦防邊之要策也。商旅游行，循溝壘不受驚張之虞，孰曰不宜？但舊墙勢不可棄。據余公〔子俊〕始設之意，蓋不專於扼塞而已。謂虜逐水草以生，故凡草茂之地，築之於內，使虜絕牧。沙磧之地，築之於外，使虜不廬。是去邊遠而為患有常。苟有之，[3] 亦如雲中大邊、小邊之設，藩籬益厚，夫豈不可？今盡棄之，有深畧者恐未為然。蓋惜其百年成之而不足，一旦棄之而有餘矣。

中路叅將分守邊城百里，自橫城馬頭起至清字墩，接毛卜剌界止，有城障二十一。內清水營守備分邊三十六里，橫城守備分邊一十七里。

橫城迤北土墙西抵河堰，水漲即傾，水退復為平地，虜乘間竊入，邊患靡寧。巡撫羅鳳翱改建石墙，長七十五丈，外捍以敵臺，始絕寇路。兵變半毀。〔萬曆〕三十五年，巡撫黃嘉善檄叅將吳雄祖驅石甃城，直接河壩，城上創建敵臺，視前規制弘敞，西禦虜患，北杜虜虞，長城雄觀，茲

---

① 《弘治寧志》卷一、《嘉靖寧志》卷一《寧夏總鎮·邊防》載，事在成化十年（1474）。

② 本志所載同《嘉靖寧志》卷一《寧夏總鎮·邊防》所載，《弘治寧志》卷一《寧夏總鎮·邊防》載為都御史徐廷璋、都督范瑾奏築，未言余子俊奏筑事。

③ 〔校〕有之：《嘉靖寧志》卷一《寧夏總鎮·邊防》作"存之"。

其本始。

東路遊擊分守邊城七十五里，自毛卜刺平字十舖起，到興字一舖，接安定堡界止，有城障三。

興武營邊土沙相半，不堪保障。嘉靖十六年，總制劉天和沿邊內外挑壕塹各一道，袤長五十三里，[1] 深一丈五尺，濶一丈八尺，人斯有恃。

副總兵分守邊城一百四十七里，自安定堡界興字一舖起，至寧東二十二舖，接延綏安邊界止，有城障五。內安定堡守備分邊二十八里。

給事中管律論擺邊之非，其畧曰：自工完後，具奏盡棄其馬，以減草料之費，息餵養之勞，惟置軍夫沿溝壘守之，謂之擺邊。該部覆奏，可其議。嗚呼！亘三百六十餘里皆虜入寇之路，步計一軍皆十二萬，猶虞稀濶，矧見軍未及十之三乎？《法》曰："以逸待勞者勝。"[2] 擺邊，晝夜戒嚴，恐非逸道也。虜倘擁眾分道而來，則十萬之眾，豈能一呼成陣，首尾勢不相援。為今之計，宜息肩養銳，聯絡於諸寨，待其來也，相機禦之。如不果禦，隨向往而追逐之。況兵貴奇正，患無應援；將貴主一，患在勢分。今擺邊之舉有五弊焉：[3] 無奇正，無應援，主將不一，士卒分散。以五弊之謀，禦方張之虜，不資敵之利乎？

關隘

長城關，在花馬池城北六十步，即總制王瓊棄長城所築之溝壘也。[4] 長五十里。[5] 關門上有樓，高聳雄壯，顏以"深溝高壘"及"朔方天塹"、"北門鎖鑰"、"防胡大塹"等字。督撫諸公詩詠并齊憲副〔之鸞〕《東關門記畧》具見《詞翰》。[6]

---

① ［校］五十三里：《嘉靖寧志》卷一《寧夏總鎮・邊防》作"五十三里二分"。

② 參見《孫子・軍爭篇》。

③ 五弊：下文僅列出四弊。《嘉靖寧志》卷三《寧夏後衛・邊防》載："今擺邊之謀，一舉而五弊存焉：無奇正，無應援，主將不一而運用參差，士卒分散而氣力單弱，悉難於節制矣。"

④ ［校］築：原作"逐"，據《嘉靖寧志》卷三《寧夏後衛・邊防》改。

⑤ ［校］五十里：《嘉靖寧志》卷三《寧夏後衛・邊防》作"五十四里"。

⑥ 參見本志卷四《詞翰》載齊之鸞撰《東長城關記略》，卷五王崇古撰《中秋同霍軍門長城關對月》、《中秋同蕭地вод曹右轄方憲使長城對月》，邠光先撰《登長城關望闕》，孟霖撰《東關脩竣二絕句》，李汶撰《長城關遠眺》、《九日飲長城關》，周光鎬撰《秋日同總督李次溪先生長城關飲眺辱示紀事四詩賦荅》，劉敏寬撰《秋日楊楚璞中丞撫臨良晤長城開四首》，楊應聘撰《長城關同劉定宇老先生飲眺和荅》，王業撰《長城謁鑑翁》。

北門關，開鎮置鎮遠関，去平虜城北八十里，是寧夏北境極邊之地。關南僅五里為黑山營，倉場皆備。弘治前猶撥官軍更番瞭守，為平虜之遮。正德初，因徵調不敷，棄之，致虜出入無忌，甚或狗月駐牧，以滋平虜之患。此関既不能守，柳門等墩自不能瞭，北境遂爾多虞。又議王圮口北自河抵山，奏築北門關，北去平虜四十里。① 命既下，後不能舉，欲改築之。為城為塹，因其地勢，而迆西斥鹵，平虜軍餘疲于版築，於是議者謂此非要塞，不足為有無矣。齊憲副〔之鸞〕《北門關記畧》見《詞翰》。②

赤木口關。口寔劇衝，可容千馬。嘉靖十八年，巡撫楊守禮扼險築關，後廢，止有石砌關墻一道，斬山一道。撫、臬諸公詩詠并孟僉憲〔霫〕《赤木口關記畧》見《詞翰》。③

勝金關，在中衛東六十里，山河相逼，一線之路，以通往來。然一夫扼之，萬夫莫過，誠衛之吭也。弘治六年，叅將韓玉築，謂其過於金陡潼關，故名。萬曆四十一年，巡撫崔景榮檄該路叅將重脩，堅如鐵券。

北路隘口十有七：滾鍾、黃硤、水吉、鎮北、白寺、④ 宿嵬、賀蘭、新開、塔硤、西番、大水、小水、汝箕、小風、大風、歸德、打磑。

南路隘口十：哈剌木、林泉、雙山南、磨石、獨樹兒、赤木、硤口、雙山、⑤ 靈武、金塔。

西路隘口四：黑山嘴、觀音、大佛寺、黃沙。

敵臺四。安定堡、沙湃最為喫緊之地。以長城內外飛沙壅與墻齊，每歲防秋撥軍扒移，艱苦萬狀。往來使命行旅屢遭虜賊竊掠，無可退藏。萬曆三十六年，巡撫黃嘉善檄守備辛志德，效雲中臺式跨墻，以甎石券甃臺者四，每座中可容二百人，臺上有亭，登眺遐觀，虜在目中。圈城內盖房十間，撥軍二十名，長川防守，高聳壯麗，足為東路金湯。

---

① 〔校〕四十里：《嘉靖寧志》卷一《寧夏總鎮·北路平虜城》作"四十餘里"。

② 參見本志卷四《詞翰》載齊之鸞撰《平虜北門關記畧》。

③ 參見本志卷四《詞翰》載孟霫撰《赤木隘口記畧》，卷五載楊守禮撰《登賀蘭山脩赤木口》、《再登赤木口》、《途中口占》，孟霫撰《和赤木口》、《和途中口占》、《赤木口勞軍贈傅遊戎》、《入口犒軍》，潘九齡撰《和赤木口二律》，張炌撰《和途中口占》。

④ 〔校〕白寺：《弘治寧志》卷一、《嘉靖寧志》卷一《寧夏總鎮·關隘》均未載"白寺"，疑當作"拜寺"。

⑤ 〔校〕雙山：《弘治寧志》卷一、《嘉靖寧志》卷一《寧夏總鎮·關隘》均未載"雙山"，前有"雙山南"，疑當作"雙山北"。

烽燧

五路計五百九十有六，南北路即五衛地。

中衛營墩，凡一百有四：鎮關、鎮永、① 永安、滅虜、煖泉、② 殺胡、靖遠、拒虜、靖洛臺、鎮武、洛陽川、伏胡、安塞、鎮威、寧安、崇安、鎮北、崇壽、黑山嘴、崇山、鎮夷、二十一墩近中衛。③ 破虜、西井兒、紅崖子、區担溝、燕子窩、馬槽湖、平虜、寧朔、崇義、安固、靖胡、分水嶺、威靖臺、瓦廟兒、永涼、上十五墩近鎮虜堡。廣寧、定邊、鎮虜、沙溝、大寺、杞楂山、靖煙、鎮戎、崇幸、石空寺、鎮羌、平煙、崇慶、上十三墩近石空寺。岔口、喜鵲溝、蘆泉兒、寺塔兒南、榆樹兒南、寺塔兒北、高崖北、黃沙漩、綿柳溝、大柳樹、高崖南、冰溝、蘆自溝、紅寺兒、區樹溝、高泉、臭泥井、馬馬定、剪剪山、米鉢寺、何通圈、曹蟒子、靈靈、舊五塘、四塘、三塘、皂礬溝、古房、上二十八墩劇衝。④ 柔遠、鎮靖、拒險、扼要、廣視、常樂、永康、宣和、寧安新、威武、陳麻子、石峽兒、小山兒、棗山、李安子、紅都溝、紅柳溝、白坡兒、海塔池、冰溝、紅山兒、乾河子、石峽口、楊柳泉、剌麻寺、涼水泉、平山。上二十七墩近鳴沙州桑遠諸堡。

廣武營墩，凡五十有九：黃沙外、雙峯、三岔口、鎮口、定羌、平虜、鎮邊、觀音口、鎮賊、上九墩近棗園堡。大關小、大關、紅疙疸、紅疙疸小、石嘴兒、石砌界、大佛寺南、寺兒井、大佛寺小、大佛裏口、⑤ 棗溝兒、水泉兒、木頭井、尖峯裏口、馬路溝、北城兒、苦腥條、南石槽兒、井溝、北石槽兒、⑥ 紅井小、紅井、沙溝、上二十三墩近廣武。北岔、大佛外口、尖峯外口、渠口、頭塘、破山兒、二塘、三塘、四塘、長山兒、紅山兒、界首、五墩、廣武、大橋、瞳莊、沙梁、棗園、李春口、磁窰口、中泉臺、新立、新築、新添、柳條渠、炭窰兒、張恩。

玉泉營墩，凡一百有一：大沙溝舊、新沙溝、哈剌木、林泉、楊柳

---

① ［校］鎮永：《嘉靖寧志》卷三《中衛》作"鎮永臺"。

② ［校］煖泉：《嘉靖寧志》卷三《中衛》作"暖泉兒"。

③ ［校］二十一：原作"十一"，據前文所列墩數及本志書例改。

④ ［校］二十八：原作"三十八"，據前文所列墩數及本志書例改。

⑤ ［校］大佛：《嘉靖寧志》卷三《西路廣武營》作"大佛寺"。

⑥ ［校］北石槽兒：《嘉靖寧志》卷三《西路廣武營》作"北石槽"。

泉、雙山南舊、雙山南新、安定、上八墩近大壩堡段。永寧、大壑子、雙山北舊、石壑子、上紅井、磨石裏口、舊新泉、懷遠、上八墩近玉泉營段。紅山兒、新柳泉、高山、紅井兒、赤木中、哨馬營、減井、上七墩近平羌堡段。營後、劉亮高、大山根、三墩左衛邵綱堡段。硤口、靈武高、分水嶺、沙山兒、崈寧、駱家莊、張六閘、張通莊、廟山、茶泉、十墩右衛大壩堡段。北新、白龍廟、二墩左衛蔣鼎段。正閘、磨石中、九條溝、高山、北口、威武、三塔兒、大衝子、長山兒、羊房、紅崖子、平山、平夷、雙山北岔、沙嘴、上十五墩左衛玉泉營。三岔渠、沙溝、二墩左衛瞿靖堡段。鎮西、羅家窪、出水渠、韭菜溝、赤木新、赤木裏、大高崖、馬路溝、上八墩左衛李俊堡、右衛寧化寨段。大方、金塔中、黑龍泉、板井、右灰窰、山嘴外、高家閘、大溝簩、無名高、獨樹外口、青草溝、獨樹裏口、山嘴裏口、駝峯嶺、紅關、上十五墩右衛平羌堡段。黑埂、古房、郭楊橋、張儀湖、威遠、陶榮、羊房橋、南沙城、靖虜、塩池渠、海子湖、獨樹兒、平地、上十三墩右衛楊顯堡段。三旗營、右衛靖虜堡段。五塔兒、馬圈兒、右衛宋澄堡段。吉家莊、前衛黃沙馬寨段。七里、新渠、左衛許旺堡段。果園、左衛王銓堡段。李祥、寧夏衛李祥堡段。小園湖、過寨兒。上十墩萬曆四十年新增。①

平虜營墩，凡八十有四：② 鎮寧、瓦窰、敵門、曹玘口、雙谷堆、長勝、黑灘、靖夷、武定、柳門兒、迤東接黃河堰。新七、下六、大乾圍、小乾圍、平羌、虎尾渠、明沙兒、下五、上六、白沙崗、定遠、上二十一墩前衛周澄堡段。舊七、硝池兒、打碴外口、武定、平虜、望遠、頭鋪樓、獨樹兒、寧朔、永興、威鎮、新高山、上十二墩前衛威鎮堡段。乾州、窟駝渠、四十里店、保安、前衛張亮堡段。德勝、前衛謝保堡段。仇家步口、上五、中五、右衛姚福堡段。四棵樹、方純庄、上四、下四、新四、閘渠稍、俞家廟、前衛李綱堡段。出水渠、榆樹步口、下三、劉遇春、王八當步口、左衛王澄堡段。潘昶橋、上三、郭家步口、保寬灘、楊家步口、龍王廟、雙廟兒、沿河二、曹家步口、皮家步口、沙嘴、寧夏衛金貴堡段。石榮、下頭、上頭、曹湖灘、顯聖廟、中屯衛鎮河堡段。新渠、減水閘、空塔兒、楊順橋、左衛張政堡段。王奉閘渠、雙渠、古城、大路、新界牌、瓦子岡、小塩池湾、小新渠埂、大廟。上九墩萬曆四十年新增。

---

① ［校］十墩：原作“十二墩”，據前文所列墩數及本志書例改。
② ［校］八十有四：下文所列墩數為“八十二”。

洪廣營墩，凡七十有九：滾鍾裏口、黃硤裏口、水吉口、白寺口、宿嵬裏口、賀蘭口、新開口、小塔硤口、大塔硤口、西番口、大水口、小水口、汝箕口、寧靖、安定、桃柴口、小風口、大風口、歸德口、韭菜溝、威遠、鎮北口、小棗兒、打磴裏口、長沙窩、高渠稍、李家渠、馬蘭井、歸德外口、歸德口中、① 大風外口、寧靖外口、汝箕外口、小水外口、大水外口、大水口中、② 懷安、觀音湖、窰灣、盧溝子、煖泉兒、擒胡、汝箕外口以下右衛鎮朔堡段。沙井、柳溝兒、羅哥渠、平湖、尖塔兒、雷家崗、新興、上七墩右衛洪廣營段。石溝、白灘、中屯衛虞祥堡段。楊信、高家閘、甜水井、北沙城、蘆花橋、三岔渠、馬鞍橋、新立、右衛楊信堡段。黃硤外口、黃硤敵臺、宿嵬口廟兒、石關兒、高渠兒、宿嵬、敵臺、乾渠兒、鎮靖、下古、馬房、上十一墩右衛鎮北堡段。塢谷堆、振武、前衛丁義堡段。駝峯嶺、雙塔湖、靖夷湖、岔渠、寧遠、黑埂、麻黃埂。上七墩萬曆四十年新增。

靈州營墩，凡一百一十有三：橫城馬頭、舊平山、新平山、清平、界牌、石嘴、上六墩橫城堡界。馬鞍山、出水、大鶯、虎刺都、紅山兒、安定、上六墩紅山堡段。斬賊、木井、靖邊、鎮北、柔遠、斷腰山、方塘、舊定遠、高梁、古寺、永隆、鎮虜、窰兒、廟兒、塔兒、寧靖、定遠、清字、上十八墩清水營段。晏湖、馬站湖、夏家堡、河東關、魚湖、寧河、聯絡南抵靈州。一箇井、石灰口、甜水河、紅崖子、茨煙、海子、長流水、保保溝、古城、上九墩附近靈州。壩口、硤口、二墩秦壩關段。滾泉、烽臺、二墩忠營堡段。募子口、党千戶、滴水兒、三墩漢伯堡段。小崗、③ 白土崗、尖山兒、小沙井、五里城、亂山兒、六墩大沙井段。白塔兒、項寺塔、大沙溝、小沙溝、柴山兒、沙溝、舊石溝、高石崖、八墩石溝驛段。白煙、石硤兒、二墩韋州段。梁家泉、沙葱溝、虎扒坡、紅泉、二溝、若水溝、區坡兒、清水河、小螺山、黑山兒、四十里坡、石板泉、水頭兒、黃草嶺、紅寺兒、义家漥、白疙疸、閻王區、王崗廟兒、沙嗒赤、上二十墩紅寺堡段。錦雞、紅尖山、二墩半箇城段。鈕家窟、劉和尚、俞家山、破城子、煖泉兒、鎮遠、平戎、紅山兒、煙堆、杏樹、下五里、石羊山、月

---

① ［校］歸德口中：《嘉靖寧志》卷一《寧夏總鎮‧北路平虜城》載"歸德中墩"，按前文本志書例，疑當作"歸德中口"。

② ［校］大水口中：按本志定名書例，疑當作"大水中口"。

③ ［校］小崗：《嘉靖寧志》卷三《靈州守禦千戶所》作"小崗兒"。

臺、許直、棗崗、上十五墩小塩池段。五里崗、歡喜嶺、二墩惠安堡段。平山、坦途鋪、大頭、三墩隰寧堡段。紀溝、大峯、倒水灣。三墩萌城段。

興武營墩，凡一十有六：清字、半箇城、① 暗門、硝池、鱗灘、中沙、西沙、平湖、乾溝、長嶺、碗者都、十一墩興武營段。沙溝、平安、鱗灘、雙溝、苦水。五墩毛卜剌段。②

花馬池營墩，凡四十：石井、德勝、架砲梁、哈只兒、紅山兒、野狐井、狼把井、盧溝子、③ 薛家臺、上九墩花馬池段。懶馬、陶胡子、失納井、花沙子、火山、樺子山、麦朵山、七墩鐵柱泉段。深井、威遠、高崗、寧靖、施鐵井、永寧、千戶、七墩萬曆三十五年新增。威武、高平、鳳凰、平川、靖煙、靖邊、以上大路迤西。甜水、沙泉、殺胡、寧靖、沙井、勝景、鎮朔、以上三十三年新增，鐵柱泉東大路。圪塔、瞭馬山、紅墩、苦水。以上安定堡段。

俘捷

靈武口之捷。④ 洪武初，靉沮、⑤ 脫火赤聚衆山後為患，西平侯沐英出兵靈武口，擒之以歸。

五井之捷。洪武初，元故將論卜聚兵山後，都督馬鑑率兵至五井與戰，敗之。

花果園之捷。⑥ 宣德間，有故酋已款塞而復叛者，寧陽侯陳懋剿捕之。

也先脫干之捷。宣德間，胡酋也先脫干為患，都督史昭出奇兵擒之，⑦ 餘黨悉歸。

三保奴之捷。正統間，胡酋三保奴為患，都督陳友出奇兵擒之以歸。

大壩之捷。壩吞黃河唐來渠口也，其勢奔下，俯瞰城邑。天順間，胡酋字來將萬賊入寇，欲毀壩，縱水灌陷境內。時精騎調援，延綏都督張泰

---

① ［校］半箇城：《嘉靖寧志》卷三《東路興武營守禦千戶所》作“伴箇城”。

② ［校］五墩：原作“六墩”，據前文所列墩數及本志書例改。

③ ［校］盧溝子：《嘉靖寧志》卷三《寧夏後衛》作“盧溝兒”。

④ 《明史》卷一二六《沐英傳》載靈武之捷在洪武十三年（1380）。

⑤ ［校］靉沮：《明史》卷一二六《沐英傳》、《嘉靖陝志》卷十九《文獻七·全陝名宦》均作“愛足”。

⑥ 《明史》卷一四五《陳亨傳附陳懋傳》載花果園之捷在永樂七年（1409）。

⑦ ［校］史昭：原作“史釗”，據《弘治寧志》卷二《寧夏總鎮·俘捷》改。

募義勇三千餘人，以疲弱挽兵車，付其子翊總攝以行。至壩所，與賊遇，背河而營，堅壁不戰。賊銳頗沮。比晚，翊諭衆曰：“吾面受家君命，謂今夜賊必襲突陣中，有崩然而來者即駝也，切勿疑怖，宜奮拒。”衆遵約從事。至夜半，賊果來，遂敗之。厥明，又詭設牛馬於河之南滸，以善水者往來河中戲罵，水皆不及腰。賊誤為淺，乃大驅遶吾壁而下。翊令車徒截其半，前驅者盡溺水中，斬獲數百，追殘賊出賀蘭山外而還。事聞，陞賞甚厚。

塩池之捷。成化元年，指揮黃瑀與虜賊遇於塩池，① 擒斬三十六人。

城南之捷。成化八年，總兵官范瑾、遊擊祝雄於靈武城南二十里與虜衆大戰，擒斬一十八人，② 虜勢遂挫。

蒲草溝之捷。弘治十一年，總制王越率兵出賀蘭山後，至蒲草溝虜巢，斬首四十餘級，獲牛、馬、羊、罷仗甚衆。

長流水之捷。正德七年，虜大舉寇固〔原〕、靖〔遠〕，遊擊史鏞與戰於長流水，斬首二十八級，虜潰北。

蜂窩山之捷。嘉靖十二年，北虜數犯鎮遠關，總兵官王効，延綏副總兵梁震，遊擊鄭時、彭撼，會兵追之。踰柳門，至蜂窩山，斬首一百二十餘級，邊威丕振。

沙湖之捷。③ 嘉靖十三年，④ 套虜據沙湖駐牧，震驚靈夏。總兵官王効、副總兵苗鑾、遊擊將軍蔣存禮會兵擊之，斬首一百餘級，遂息其患。

秦壩關之捷。⑤ 嘉靖十三年，套虜四萬騎犯秦壩關，總兵官王効率八百騎迎，遇之，力戰移日，斬首二十四級，虜始退。指揮成賢死之，然賊衆兵寡，功雖未半於沙湖，而其艱險較之則十倍焉，人以為奇。

芐菁灘之捷。嘉靖十五年，套虜據芐菁灘，待時入寇靈州，秋禾將以不刈。總兵官王効、副總兵任傑、遊擊鄭時、衾將史經會兵擊之，斬首九

---

① ［校］塩池：原作“靈武”，據《嘉靖寧志》卷二《寧夏總鎮・俘捷》及上文改。

② ［校］一十八：《嘉靖寧志》卷二《寧夏總鎮・俘捷》作“二十八”。

③ ［校］本志原將“秦壩關之捷”誤以為“沙湖之捷”，今據《嘉靖寧志》卷二《寧夏總鎮・俘捷》校改。

④ ［校］“嘉靖十三年”句至下文“遂息其患”句：本段内容本志原無，據《嘉靖寧志》卷二《寧夏總鎮・俘捷》補。

⑤ ［校］秦壩關之捷：此五字原無，據《嘉靖寧志》卷二《寧夏總鎮・俘捷》補。

百餘級，① 虜乃遠遁。

打硇口之捷。嘉靖十六年，虜由打硇口入寇。時總兵官王効、副總兵任傑、遊擊鄭時、馮大倫會兵大破之，② 斬首百級以歸。

打硇口之捷。嘉靖十八年，虜據打硇口為巢，數犯平虜城，妨人耕牧。總兵官任傑率兵擊之，斬首四十餘級，大獲牛馬、夷罟以歸，平虜之境遂寧。

紅井之捷。虜盤據河套，經年犯擾城北地方。嘉靖三十三年九月內，巡撫王夢弼、總兵官姜應熊委千户孟鸞督官軍、家丁一千員名至紅井，遇賊對敵，斬首一百四十二顆，百十餘年罕見此捷。

鹻邊之捷。嘉靖三十六年，總兵官姜應熊提兵平虜城東鹻邊，遇賊對敵，斬首七十二顆。

黑塩池之捷。嘉靖三十六年，總兵官姜應熊提兵黃硤口黑塩池，遇賊對敵，斬首三十三顆。

曹湖灘之捷。嘉靖三十七年，套虜不時浮河擾害，總兵官姜應熊分兵四伏，遇敵，斬首三十三顆。

芀菭灘之捷。嘉靖三十九年，套虜盤聚芀菭灘，將舉入寇，總兵官趙應提兵迎戰，斬首六十顆。

省嵬之捷。嘉靖四十年，套虜將舉入犯，總兵官趙應提兵至省嵬口，抗敵對戰，斬首四十三顆，人以為奇。

白樹泉之捷。嘉靖四十一年，大虜謀聚入寇，總兵官吳鼎提兵至宿嵬口外白樹泉對敵，斬首四十五顆。

撒卜掌嶺之捷。嘉靖四十一年，北虜猖獗，總兵官吳鼎提兵至塩池撒卜掌嶺對敵，斬首一百四十三顆。

河東夾道之捷。嘉靖四十三年，套虜盤據謀犯，總兵官吳鼎提兵入套，斬首三十八顆。

興武鹻灘之捷。嘉靖四十四年，套虜聚眾入犯，總兵官吳鼎提兵迎至鹻灘，斬首七十四顆，虜遂遁去。

河東倒狼之捷。隆慶元年，套虜盤結近邊，總兵官雷龍提兵直剿，斬首二十九顆。

---

① ［校］九百：《嘉靖寧志》卷二《寧夏總鎮·俘捷》作"九十"。

② ［校］馮大倫：原作"馮大儉"，據《嘉靖寧志》卷二《寧夏總鎮·俘捷》改。

歸德口之捷。隆慶二年，北虜聚衆犯鎮，總督王崇古檄總兵官雷龍提兵至歸德口拒賊，斬首三十三顆。

敖忽洞之捷。隆慶三年，套虜團結，謀舉南牧。總督王崇古檄總兵官雷龍選精兵三千出塞，斬首一百一十三顆。

白城子之捷。隆慶三年九月，總督王崇古秋防哨探套虜移壘謀犯，檄總兵官雷龍、呂經率遊擊石玉等深入白城子地方，擒斬虜首一百七十顆，軍士唱凱旋師。巡按御史龐公〔尚鵬〕目擊其事，羨而為記。①

張亮堡之捷。萬曆二十年二月，哱逆作變，勾虜為援。八月二十二日，虜衆萬餘從四墩灣渡河，提督李如松挑選精兵，令麻貴、李如樟領伏李綱堡。二十三日，親提兵策應，至張亮堡遇賊對敵，賊衆兵寡，自卯至巳，鏖戰二十餘陣。虜鋒甚銳，如松立斬退縮二卒以徇，前伏兵馳至，兩翼夾攻，虜遂被靡。直追至賀蘭山下，斬獲首級六十八顆。自是虜不敢正覷城外，城中逆賊盡垂首喪氣，至今人大奇之。

井溝之捷。二十一年二月，哱賊既已蕩平，松虜復謀由廣武入犯。總兵蕭如薰、副總兵麻貴、遊擊馬孔英提兵至井溝，斬首一百七十五顆，威聲大振，足洗夙讐。

平胡墩之捷。二十三年正月，北虜入犯平虜，總兵解一清督叅將吳顯至平胡墩，斬首一百一十顆。又河東套虜入犯，叅將鄧鳳就架砲梁地方斬首二十一顆，石尚文於水塘墩斬首四十五顆，守備陳王道於沙竹梁斬首四十一顆。

河灘兒之捷。二十四年三月，虜犯河東，總兵李如栢至河灘兒斬首四十九顆，興武遊擊來保於地名哥腦斬首十顆，把總馬允登斬首八顆。尋又謀犯，河西李如栢提兵至石空寺窰兒洞，斬首三十六顆，把總楊寀於宿嵬口斬首一十三顆。

水塘溝之捷。二十六年三月，銀歹等酋犯中衛，總兵杜桐督該路叅將蕭如薰分剿，至水塘溝斬首六十三顆，廣武遊擊張詩斬首二十五顆，玉泉營遊擊崔張名斬首一十三顆，石空守備高師韓斬首一十五顆。

黃草灘之捷。二十七年二月，達賊入犯鎮城迤西。巡撫楊時寧、總兵杜桐檄將出剿，總兵部斬首一百二顆，副總兵馬孔英斬首一百五十顆，遊擊馬躍龍斬首六十一顆，標下中軍江廷輔斬首三十七顆，平虜叅將鄧鳳斬

---

① 參見本志卷四《詞翰》載龐尚鵬撰《總督王崇古擣巢大捷記》。

首二百五十四顆，玉泉營遊擊崔張名斬首二十九顆，大壩守備石棟斬首一十三顆，廣武營遊擊季永芳斬首二十七顆，中衛糸將蕭如蕙斬首三十四顆。套虜尋復犯河東，靈州糸將吳宗堯斬首一十四顆，興武營遊擊高廷梧斬首四十六顆，花馬池副總兵蕭詔成斬首五十顆。

吾剌苦素之捷。九月，虜擾東邊，總兵杜桐督兵出塞，至地方吾剌苦素，斬首一百二十八顆。

井溝之捷。三十六年，銀定入犯廣武，巡撫黃嘉善檄兵出剿，總兵蕭如蕙督同署副總兵都司馬允登、鎮城遊擊潘國振、廣武遊擊江應詔、玉泉營遊擊賀維禎各率精兵至井溝地方，斬首八十三顆。

沙山老灣之捷。四十年七月，巡撫崔景榮檄平虜糸將潘國振偵報，虜住邊外，先事戒嚴。總兵姚國忠同副總兵王宣馳至平虜，虜果竊入，國忠等統兵出剿至沙山老灣，斬首一百七十七顆，內國振部下七十七顆。

定西沙梁之捷。四十三年九月，總督劉敏寬花馬池防秋，因套虜吉能大舉入犯，延鎮檄寧夏總兵杜文煥督兵應援，合定邊、固原兵馬出剿，至定邊西沙梁，斬首二百四十八顆，內寧夏一百四十五顆。

洪廣老鼠嘴之捷。崇禎十三年閏正月，達虜黃台吉部落色令等恰糾衆入犯安定等處，總兵官撫民會同巡撫李虞夔檄兩河將領等官謝禎榮、莊朝樑、杜希伏、張洪炤合兵攻擊，追至葦州上界，賊踏冰過。至老鼠嘴，與賊對敵就陣，斬獲恰强共六十四級，奪獲戰馬三十四匹，蟒盔甲五副，弓箭刀六十四副，軍威大振，狂突頓消。

平虜之捷。十四年正月，套虜哈兒札糾連山丹包六等酋入犯平虜地方，總兵官撫民預謀已定，提兵臨陣，斬獲名酋哈兒札、井台吉恰强首級八十一顆。名王授首，虜衆畏徙，不敢譁。

慶境甜水堡之捷。十四年三月，王老虎賊黨偽總督張一海潛據螺山，總兵官撫民督兵搜剿。賊走甜水堡，攻圍垂破，官兵晝夜追躡，一鼓盡殲，餘黨逃死山溝不計其數。復窮追至桑家溝，斬獲殆盡而還。奪其偽號"興平元年"大旗，共斬壯級二百二十六顆，地方始得寧靜，不悮農業。

定邊剿叛恢城之捷。十四年六月，內定邊……①

欵貢

自隆慶五年，總督宣大王崇古奏允俺答部落乞通封貢，爰奉聖謨，七鎮各照貢期互市。寧夏鎮每歲秋開貢道三處：東路清水營夷廠，撫河套黃台吉；西路中衛，撫松山賓兔；平虜營，撫丑氣把都兒。嗣是酋首率部，依期赴市計開市。逮萬曆十九年，易過虜馬不啻數萬，而多內養中國軍威，外奪北虜長技，可謂得長策矣。

二十年，哱賊內訌，求援北虜，着宰諸酋利賊貨賄，雖吉囊之部落，俱涉遠穰穰而來。本年四月內，總督陝西魏學曾檄延綏將兵擣虛，虜牽內顧，又申石畫，務逐回巢。賊蕩平後，督撫因虜既助逆敗盟，具題請絕貢賞，有犯必申。剿創屢捷，獲首功萬餘。二十九年，套虜悔禍畏威，輸誠納欵。巡撫楊時寧會延綏巡撫王見賓具題，命下本兵會九卿科道詳議。該兵科給事中桂有根題為黜虜復欵匪輕，事權不宜分任，懇乞聖明緩會議急，責成以慎制禦，以保封疆事，奉旨行新撫臣議。巡撫黃嘉善查議，各酋叩關乞欵，詞切情堅，許之便。又三復至計，狼子野心，從來叵測，觀釁而動，其性則然。今日所議，據此時夷情之恭順，難必後日之寒盟，今日所圖，謂當因欵以脩備，不可馳備以恃欵。惟戰乃可成欵，惟不忘戰乃可以堅欵。復奉聖諭，一年無犯准一年市欵。迄今十有三年，銀酋小犯則小創，大犯則大創。壬子，[①] 平虜斬馘百七十級，松套諸虜僄首，不敢思逞，貢馬如期。巡撫崔景榮文告再申，舊賞之外，毫不加增約束事宜，各酋不敢奸命，我得及時而培元氣，秉暇而固根本，邊垣克脩，屯政克舉矣。

---

① 壬子：萬曆四十年（1612）。

朔方新志卷三

文　學

科貢

夏鎮科貢表

		進士	舉人	歲貢
永樂	戊子〔六年，1408〕		徐琦，見《進士》	
	己丑〔七年，1409〕			
	庚寅〔八年，1410〕			
	辛卯〔九年，1411〕		曹衡，見《進士》	
			朱孟德，見《進士》	
	壬辰〔十年，1412〕			
	癸巳〔十一年，1413〕			
	甲午〔十二年，1414〕			
	乙未〔十三年，1415〕	徐琦，兵部尚書，見《鄉獻》①		
		曹衡，知府		
	丙申〔十四年，1416〕			
	丁酉〔十五年，1417〕		陳純，知漢陽縣事	
	戊戌〔十六年，1418〕	朱孟德，翰林院庶吉士，見《鄉獻》		
	己亥〔十七年，1419〕			

---

① 參見本志本卷《鄉獻》。下同。

續表

		進士	舉人	歲貢
永樂	庚子〔十八年，1420〕		王玉①	
	辛丑〔十九年，1421〕			
	壬寅〔二十年，1422〕			
	癸卯〔二十一年，1423〕		吳能②	
			韓忠，安塞王府教授	
	甲辰〔二十二年，1424〕			
	乙巳〔明仁宗洪熙元年，1425〕			
宣德	丙午〔元年，1426〕			
	丁未〔二年，1427〕			
	戊申〔三年，1428〕			
	己酉〔四年，1429〕			
	庚戌〔五年，1430〕			
	辛亥〔六年，1431〕			
	壬子〔七年，1432〕		宋儒，見《進士》	
	癸丑〔八年，1433〕			
	甲寅〔九年，1434〕			
	乙卯〔十年，1435〕			
正統	丙辰〔元年，1436〕			
	丁巳〔二年，1437〕			
	戊午〔三年，1438〕			
	己未〔四年，1439〕			
	庚申〔五年，1440〕			
	辛酉〔六年，1441〕		趙縉，由監察御史陞山東僉事	
			趙玉，知大名府事	
	壬戌〔七年，1442〕	宋儒，江西按察司僉事		
	癸亥〔八年，1443〕			

---

① 《正統寧志》卷上《貢舉》載，王玉於永樂十九年（辛丑科，1421）中鄉試。

② ［校］吳能：《正統寧志》卷上《貢舉》作"胡能"。

續表

		進士	舉人	歲貢
正統	甲子〔九年，1444〕		姚成，知大興縣事	
	乙丑〔十年，1445〕			
	丙寅〔十一年，1446〕			
	丁卯〔十二年，1447〕		程景雲，見《進士》	
	戊辰〔十三年，1448〕			
	己巳〔十四年，1449〕			
景泰	庚午〔元年，1450〕		蔣璿	
			鄒牧，監察御史，調判杭州府	
			王憲	
			陳德，磁陽縣博	
			包文學，同知饒州府事	
			賈正，知縉雲縣事	
			但懋，南京户部郎中	
			沈禎，弘農王府教授	
	辛未〔二年，1451〕			
	壬申〔三年，1452〕			
	癸酉〔四年，1453〕		王用賓，《書經》魁，同知河南府事	
			常泰，定州博	
			計全，知綿州事①	
			陳林，判武昌府	
			吴震，南京右衞經歷	
			徐智，判建昌府	
	甲戌〔五年，1454〕	程景雲，南京監察御史，見《鄉獻》		
	乙亥〔六年，1455〕			
	丙子〔七年，1456〕	朱廷儀，同知順慶府事		

---

　　① 〔校〕綿州：原作"錦州"，據《弘治寧志》卷二《寧夏總鎮·人物·國朝·科目》、《嘉靖寧志》卷二《寧夏總鎮·人物·選舉》改。

續表

		進士	舉人	歲貢
天順	丁丑〔元年，1457〕			
	戊寅〔二年，1458〕			
	己卯〔三年，1459〕		朱俊，知扶溝縣事	
	庚辰〔四年，1460〕			
	辛巳〔五年，1461〕			
	壬午〔六年，1462〕			
	癸未〔七年，1463〕			
	甲申〔八年，1464〕			
成化	乙酉〔元年，1465〕		袁英，同知保定府事 殷敦，①知江都縣事 何英，平陽郡博 張翼，②嘉謨父，知岳陽縣事	王臣，塩運大使，歲貢始此
	丙戌〔二年，1466〕			
	丁亥〔三年，1467〕			陳新，真寧王府教授
	戊子〔四年，1468〕		夏景芳，《書經》魁	
	己丑〔五年，1469〕			李昶，慶王府教授
	庚寅〔六年，1470〕			
	辛卯〔七年，1471〕			張諫
	壬辰〔八年，1472〕			
	癸巳〔九年，1473〕			王璽，唐山縣丞
	甲午〔十年，1474〕		夏景華，景芳弟，彰德府推官	

---

①　[校]殷敦：原作"殷學"，據《弘治寧志》卷二《寧夏總鎮·人物·國朝·科目》、《嘉靖寧志》卷二《寧夏總鎮·人物·選舉》、《嘉靖陝志》卷三一《文獻十九·寧夏衛》改。

②　[校]張翼：原作"張翌"，據《弘治寧志》卷二《寧夏總鎮·人物·國朝·科目》、《嘉靖寧志》卷二《寧夏總鎮·人物·選舉》、《嘉靖陝志》卷三一《文獻十九·寧夏衛》改。

續表

		進士	舉人	歲貢
成化	乙未〔十一年，1475〕			朱瑀，環縣博
	丙申〔十二年，1476〕			
	丁酉〔十三年，1477〕		李逼，山東進士揀之父，知觀城縣事	沈洪，慶王府紀善
			丘山，① 扶溝縣博	
			馬聰，知三河縣事	
	戊戌〔十四年，1478〕			
	己亥〔十五年，1479〕			王卿，德州博
	庚子〔十六年，1480〕		山岳，《春秋》魁，慶王府紀善	
	辛丑〔十七年，1481〕			王懿德，蒲州博
	壬寅〔十八年，1482〕			
	癸卯〔十九年，1483〕		李泰，知濱州事	朱禎，弘農王府教授
			孫琛，雍王府紀善	
			蕭漢	
	甲辰〔二十年，1484〕			
	乙巳〔二十一年，1485〕			沈經，郯城縣博
	丙午〔二十二年，1486〕		李用賓，臨晉縣博	
			胡汝礪，見《進士》	
			邢通	
	丁未〔二十三年，1487〕	胡汝礪，兵部尚書		楊濟

① 〔校〕丘山：原作“岳山”，據《弘治寧志》卷二《寧夏總鎮·人物·國朝·科目》、《嘉靖寧志》卷二《寧夏總鎮·人物·選舉》、《嘉靖陝志》卷三一《文獻十九·寧夏衛》改。

續表

		進士	舉人	歲貢
弘治	戊申〔元年，1488〕			
	己酉〔二年，1489〕		張凌漢 濮頤，① 知曹州事 田賦，武陟縣博②	耿奎，天津衛 經歷③
	庚戌〔三年，1490〕			
	辛亥〔四年，1491〕			孫善， 井陘縣博
	壬子〔五年，1492〕		梅信，知長葛縣事 徐曇，知仁壽縣事	
	癸丑〔六年，1493〕			趙儒
	甲寅〔七年，1494〕			
	乙卯〔八年，1495〕		胡汝楫，見《進士》 馬昊，見《進士》	徐敞，應詔 經歷
	丙辰〔九年，1496〕			
	丁巳〔十年，1497〕			王紳， 永平府博
	戊午〔十一年，1498〕		劉慶，見《進士》	吳泰
	己未〔十二年，1499〕	馬昊，右都御史， 見《鄉獻》 劉慶，監察御史		耿壽，四川 九姓長官 司博
	庚申〔十三年，1500〕			馬璘，④ 鎮番衛博

---

① ［校］濮頤：原作“濮順”，據《弘治寧志》卷二《寧夏總鎮·人物·國朝·科目》、
《嘉靖寧志》卷二《寧夏總鎮·人物·選舉》、《嘉靖陝志》卷三一《文獻十九·寧夏衛》及本
志卷一《坊市》改。

② ［校］武陟：原作“武涉”，據《弘治寧志》卷二《寧夏總鎮·人物·國朝·科目》、
《嘉靖寧志》卷二《寧夏總鎮·人物·選舉》改。

③ ［校］耿奎天津衛經歷：此七字原無，據《弘治寧志》卷二《寧夏總鎮·人物·國朝·
監生》、《嘉靖寧志》卷二《寧夏總鎮·人物·選舉》補。

④ ［校］馬璘：原作“馬燐”，據《弘治寧志》卷二《寧夏總鎮·人物·國朝·監生》、
《嘉靖寧志》卷二《寧夏總鎮·人物·選舉》改。

續表

		進士	舉人	歲貢
弘治	辛酉〔十四年，1501〕		駱用卿，禮記魁，見《進士》	
			張嘉謨，見《進士》	
	壬戌〔十五年，1502〕	張嘉謨，山東按察司僉事		何琳
	癸亥〔十六年，1503〕			
	甲子〔十七年，1504〕		呂渭，知肥鄉縣事	朱宗元，雲南府檢校
			吳冕①	
	乙丑〔十八年，1505〕	胡汝楫，汝礪弟，知襄陵縣事		
正德	丙寅〔元年，1506〕			陳達，應詔經歷
	丁卯〔二年，1507〕			
	戊辰〔三年，1508〕	駱用卿，兵部員外郎		戚勛，定遠縣博③
	己巳〔四年，1509〕			
	庚午〔五年，1510〕		張鳳岐，② 凌漢之子	周鼎，開縣博④
	辛未〔六年，1511〕			
	壬申〔七年，1512〕			金鏞，郟陽縣博
	癸酉〔八年，1513〕		羅琜	
			梅羹，信之子，知嘉定州事	
			王官，見《進士》	

① 《嘉靖陝志》卷三一《文獻十九·寧夏衛》、《嘉靖寧志》卷二《寧夏總鎮·人物·選舉》載，吳冕任四川納溪知縣。

② 〔校〕張鳳岐：原作“張岐鳳”，據《弘治寧志》卷二《寧夏總鎮·人物·國朝·科目》、《嘉靖寧志》卷二《寧夏總鎮·人物·選舉》、《嘉靖陝志》卷三一《文獻十九·寧夏衛》及本志卷一《坊市》改。

③ 〔校〕定遠縣：此同《嘉靖寧志》卷二《寧夏總鎮·人物·選舉》，《弘治寧志》卷二《寧夏總鎮·人物·國朝·監生》作“開縣”。

④ 〔校〕開縣：此同《嘉靖寧志》卷二《寧夏總鎮·人物·選舉》，《弘治寧志》卷二《寧夏總鎮·人物·國朝·監生》作“定遠縣”。

	進士	舉人	歲貢
甲戌〔九年，1514〕			張翀，梁山縣博
乙亥〔十年，1515〕			
丙子〔十一年，1516〕		楊經，《春秋》魁，見《進士》	許大賓，應詔經歷
		管律，《書經》魁，見《進士》	
		潘九齡，户科給事中，歷四川右布政，見《鄉獻》	
		秦聘，知鈞州事	
丁丑〔十二年，1517〕	王官，山西監察御史		
戊寅〔十三年，1518〕			王珙，洪縣博
己卯〔十四年，1519〕		王師古，韓王府長史	
		楚書，見《進士》	
		汪文淵，知井研縣事①	
		梁仁，知南部縣事	
		劉伸	
庚辰〔十五年，1520〕			夏景灝，應詔經歷
辛巳〔十六年，1521〕	管律，刑科給事中		陳洪②

（左側跨欄：正德）

---

① 〔校〕井研：原作"井陘"，據《嘉靖寧志》卷二《寧夏總鎮·人物·選舉》、《嘉靖陝志》卷三一《文獻十九·寧夏衛》改。

② 〔校〕陳洪：此二字原無，據《嘉靖寧志》卷二《寧夏總鎮·人物·選舉》補。

續表

		進士	舉人	歲貢
嘉靖	壬午〔元年，1522〕		李瑾，《春秋》魁	劉泰，陽城縣博
			王學古，見《進士》	
			薛廣倫，永平府推官	
			宋文鑑	
			黃綬，見《進士》	
	癸未〔二年，1523〕	楚書，右都御史，見《鄉獻》		黃瑁
		王學古，知雞澤縣事		
	甲申〔三年，1524〕			
	乙酉〔四年，1525〕			顧源
	丙戌〔五年，1526〕	楊經，大名府推官		
	丁亥〔六年，1527〕			張雲鳳，寶德州博
	戊子〔七年，1528〕		李綱	
			呂用賓，知中牟縣事	
	己丑〔八年，1529〕	黃綬，提學北直隸，陞大理寺丞，見《鄉獻》		全德明，四川學訓導①
	庚寅〔九年，1530〕			
	辛卯〔十年，1531〕		張炘	陳言
			劉思唐，見《進士》	
			楊希元，判大名府	
			劉鳳	
	壬辰〔十一年，1532〕	劉思唐，由翰林院庶吉士歷山西、浙江提學，湖廣按察使		
	癸巳〔十二年，1533〕			熊秀，興縣博
	甲午〔十三年，1534〕			
	乙未〔十四年，1535〕			方舉，② 馬邑博
	丙申〔十五年，1536〕			

①　［校］全德明四川學訓導：此八字原作“陳洪”，據《嘉靖寧志》卷二《寧夏總鎮·人物·選舉》改。

②　［校］方舉：原作“文舉”，據《嘉靖寧志》卷二《寧夏總鎮·人物·選舉》改。

		進士	舉人	歲貢
嘉靖	丁酉〔十六年，1537〕		張九思，判保定府	王用賢，永昌衛博
			李微，同知保定府事	
	戊戌〔十七年，1538〕			
	己亥〔十八年，1539〕			王紀
	庚子〔十九年，1540〕			
	辛丑〔二十年，1541〕			賈孟麟，應詔，甘州衛博
	壬寅〔二十一年，1542〕			
	癸卯〔二十二年，1543〕		王業，知霑化縣事	趙鉞，靈石縣博
	甲辰〔二十三年，1544〕			
	乙巳〔二十四年，1545〕			曹章
	丙午〔二十五年，1546〕			程善，題增一年一貢始此
	丁未〔二十六年，1547〕			曹廉
	戊申〔二十七年，1548〕			韓定
	己酉〔二十八年，1549〕		趙崇儒	劉拱宸
			黃鶚，知淇縣事	
			徐佃	
	庚戌〔二十九年，1550〕			蔡廷臣
	辛亥〔三十年，1551〕			雷浩
	壬子〔三十一年，1552〕			潘橋，順慶府經歷
	癸丑〔三十二年，1553〕			周書
	甲寅〔三十三年，1554〕			虞際美，慶府紀善
	乙卯〔三十四年，1555〕		屈大伸，光祿寺署丞	李昌
	丙辰〔三十五年，1556〕			俞騰霄
	丁巳〔三十六年，1557〕			鄒泰
	戊午〔三十七年，1558〕		王元，見《進士》	

續表

		進士	舉人	歲貢
嘉靖	戊午〔三十七年，1558〕		賈萬鎰，知山東青城縣事	邵相，鴻臚寺序班
			杜文錦，知山西潞安府黎城縣事	
	己未〔三十八年，1559〕			李在
	庚申〔三十九年，1560〕			茆侍，蒲州博
	辛酉〔四十年，1561〕			黃榜，知太平縣事，綏之子
	壬戌〔四十一年，1562〕			陳卓民
	癸亥〔四十二年，1563〕			段志善
	甲子〔四十三年，1564〕			皇甫鶯
	乙丑〔四十四年，1565〕			保召
	丙寅〔四十五年，1566〕			楊貢
隆慶	丁卯〔元年，1567〕		王繼祖，見《進士》	賈仁
			丁文亨，知榆社縣事	
			李廷彥，見《進士》	
	戊辰〔二年，1568〕	王繼祖，兵部郎中，陞山西副使		羅承爵
				李賁，恩貢，南京兵馬
	己巳〔三年，1569〕			袁景春
	庚午〔四年，1570〕		吳過，同知袁州府事，見《鄉獻》	張文選，咸陽縣博
	辛未〔五年，1571〕			齊雲，韓城縣博
	壬申〔六年，1572〕			郭燧
萬曆	癸酉〔元年，1573〕			李繼元，知和順縣事
				顧典，恩貢，永昌衛博
	甲戌〔二年，1574〕	李廷彥，雲南監察御史，陞大理寺少卿，見《鄉獻》		何樞，孟津縣博

續表

		進士	舉人	歲貢
萬曆	乙亥〔三年，1575〕			姚自明，高臺衛訓
	丙子〔四年，1576〕		穆來輔，見《進士》	楊光
			侯廷珮，見《進士》	
	丁丑〔五年，1577〕	王元，知大谷縣事		蔡敏學
	戊寅〔六年，1578〕			李廷賓
	己卯〔七年，1579〕		陳洪訓	王化，萬泉縣丞
	庚辰〔八年，1580〕	穆來輔，户科左給事中，陞通政司右通政		盛伊始，大同縣丞
	辛巳〔九年，1581〕			蘇禾，知徐溝縣事
	壬午〔十年，1582〕			明相
	癸未〔十一年，1583〕			吳來獻，平涼縣訓
	甲申〔十二年，1584〕			劉伯鑒，萊州府經歷
	乙酉〔十三年，1585〕			張天佑，陝州判
	丙戌〔十四年，1586〕	侯廷珮，刑科都給事中		徐效才
	丁亥〔十五年，1587〕			唐治
	戊子〔十六年，1588〕			蔣東周，西寧衛教授①
	己丑〔十七年，1589〕			陳洪謨②
	庚寅〔十八年，1590〕			楊可久
	辛卯〔十九年，1591〕		蒯諫，見《進士》	龔科
			田賦，知井陘縣事	
	壬辰〔二十年，1592〕		孟希孔，狄道縣諭	

① 〔校〕西寧衛教授：《萃編》本無此五字。
② 〔校〕陳洪謨：《萃編》本作“陳鴻謨”。

續表

		進士	舉人	歲貢
萬曆	癸巳〔二十一年，1593〕		馬曉，河間府經歷	
	甲午〔二十二年，1594〕		史左	潘謨，綏德州訓
			單謨	
	乙未〔二十三年，1595〕			馬文舉，岷州衛訓
	丙申〔二十四年，1596〕			徐棟，宜君縣訓
	丁酉〔二十五年，1597〕		車尚殷，《書經》魁，知清源縣事	高天福，同知陝州事
	戊戌〔二十六年，1598〕	蒯諫，禮部主事		何守義，選貢冠，縣丞
	己亥〔二十七年，1599〕			張脩齡
	庚子〔二十八年，1600〕			金學曾，昭化縣諭
	辛丑〔二十九年，1601〕			陳希堯
	壬寅〔三十年，1602〕			張桂齡，韓城縣諭
	癸卯〔三十一年，1603〕			陳輔，崇信縣諭
				沙嵩，恩貢
	甲辰〔三十二年，1604〕			齊椿齡，洮州衛教授，雲之子
	乙巳〔三十三年，1605〕			戴良
	丙午〔三十四年，1606〕		楊壽，見《進士》	陳縉，膚施縣訓，見任
	丁未〔三十五年，1607〕			馬應極
	戊申〔三十六年，1608〕			李存仁，階州訓，見任
	己酉〔三十七年，1609〕		李國禎	朱文漢，淇縣訓，見任

續表

		進士	舉人	歲貢
萬曆	庚戌〔三十八年，1610〕			奚光祖
	辛亥〔三十九年，1611〕			王慎德
	壬子〔四十年，1612〕			鄭金
	癸丑〔四十一年，1613〕	楊壽，授戶部主事		孫光祖
	甲寅〔四十二年，1614〕			宋家耀
	乙卯〔四十三年，1615〕			黃渭
	丙辰〔四十四年，1616〕			李健

靈州科貢表

		進士	舉人	歲貢
成化	癸卯〔十九年，1483〕		李泰，由寧夏學出身，知彬州事①	
弘治	辛酉〔十四年，1501〕		趙璽，河間府博	
正德	己卯〔十四年，1519〕			王文進
	庚辰〔十五年，1520〕			詹寶，昭化縣訓導
	辛巳〔十六年，1521〕			趙泰
嘉靖	壬午〔元年，1522〕			蔣泰
	癸未〔二年，1523〕			
	甲申〔三年，1524〕			趙文良，泗水縣博
	乙酉〔四年，1525〕			
	丙戌〔五年，1526〕			金章，華陽縣博
	丁亥〔六年，1527〕			
	戊子〔七年，1528〕			李撰
	己丑〔八年，1529〕			
	庚寅〔九年，1530〕			元經
	辛卯〔十年，1531〕			
	壬辰〔十一年，1532〕			何英
	癸巳〔十二年，1533〕			

---

　　① 〔校〕彬州：此同《嘉靖陝志》卷三一《文獻十九·寧夏衛》，《弘治寧志》卷二《寧夏總鎮·人物·國朝·科目》、《嘉靖寧志》卷三《靈州守禦千戶所·選舉》均作“濱州”。

續表

		進士	舉人	歲貢
嘉靖	甲午〔十三年，1534〕			彭廷玉，① 洪雅縣主簿
	乙未〔十四年，1535〕			
	丙申〔十五年，1536〕			趙佐
	丁酉〔十六年，1537〕		俞鸞，② 見《進士》	
	戊戌〔十七年，1538〕			山景皋，主簿
	己亥〔十八年，1539〕			張臻，思南府經歷
	庚子〔十九年，1540〕			王鎰，學博
	辛丑〔二十年，1541〕	俞鸞，兵科都給事中		
	壬寅〔二十一年，1542〕			王堂
	癸卯〔二十二年，1543〕			
	甲辰〔二十三年，1544〕			陳榮
	乙巳〔二十四年，1545〕			
	丙午〔二十五年，1546〕			李瑞
	丁未〔二十六年，1547〕			
	戊申〔二十七年，1548〕			周鏞
	己酉〔二十八年，1549〕			
	庚戌〔二十九年，1550〕			元繡，霍州博
	辛亥〔三十年，1551〕			
	壬子〔三十一年，1552〕			韓鎮
	癸丑〔三十二年，1553〕			
	甲寅〔三十三年，1554〕			陳秉忠
	乙卯〔三十四年，1555〕			
	丙辰〔三十五年，1556〕			江東
	丁巳〔三十六年，1557〕			

① 嘉靖甲午年（十三年，1534）之"彭廷玉"及下文丙申年（十五年，1536）之"趙佐"，《嘉靖寧志》卷三《靈州守禦千户所·選舉》均不載。

② ［校］俞鸞中舉時間，本志載同《寧夏府志》卷十四《科貢·舉人》。《嘉靖寧志》卷二《寧夏總鎮·人物·選舉》載在嘉靖"丁卯"年，而嘉靖干支紀年無"丁卯"年，顯誤。《嘉靖陝志》卷三一《文獻十九·寧夏衛》載在嘉靖"辛卯"年，即嘉靖十年（1531），疑是。

續表

		進士	舉人	歲貢
嘉靖	戊午〔三十七年，1558〕			王邦，文縣主簿
	己未〔三十八年，1559〕			
	庚申〔三十九年，1560〕			安思明
	辛酉〔四十年，1561〕			
	壬戌〔四十一年，1562〕			趙世輔，孝義縣博
	癸亥〔四十二年，1563〕			
	甲子〔四十三年，1564〕			孫棟，臨汾縣博
	乙丑〔四十四年，1565〕			
	丙寅〔四十五年，1566〕			費希仲
隆慶	丁卯〔元年，1567〕			
	戊辰〔二年，1568〕			吕韶，鎮遠縣博①
	己巳〔三年，1569〕			馬椿，恩貢， 同知霍州事
	庚午〔四年，1570〕			王朝覲
	辛未〔五年，1571〕			
	壬申〔六年，1572〕			沈一經
萬曆	癸酉〔元年，1573〕			趙璵
	甲戌〔二年，1574〕			趙世屏
	乙亥〔三年，1575〕			
	丙子〔四年，1576〕			何鎮
	丁丑〔五年，1577〕			
	戊寅〔六年，1578〕			陳玧
	己卯〔七年，1579〕			
	庚辰〔八年，1580〕			孟召，選貢， 知涿州事
	辛巳〔九年，1581〕			
	壬午〔十年，1582〕			季學程，泰州訓
	癸未〔十一年，1583〕			
	甲申〔十二年，1584〕			孫桂，沁水縣諭

①　〔校〕鎮遠：《萃編》本作"鎮原"。

續表

		進士	舉人	歲貢
萬曆	乙酉〔十三年，1585〕			
	丙戌〔十四年，1586〕			賈貞，醴泉縣博
	丁亥〔十五年，1587〕			
	戊子〔十六年，1588〕			郭澳，知梁山縣事
	己丑〔十七年，1589〕			
	庚寅〔十八年，1590〕			武統，莊浪縣訓
	辛卯〔十九年，1591〕			
	壬辰〔二十年，1592〕			陳升，忻州判
	癸巳〔二十一年，1593〕			
	甲午〔二十二年，1594〕			呂敏，選貢，同知鄆州事
	乙未〔二十三年，1595〕			
	丙申〔二十四年，1596〕			戴任，知永州縣事，見任
	丁酉〔二十五年，1597〕			
	戊戌〔二十六年，1598〕			張守謙
	己亥〔二十七年，1599〕			
	庚子〔二十八年，1600〕			邵保，潞安府教授
	辛丑〔二十九年，1601〕			
	壬寅〔三十年，1602〕			楊麟
	癸卯〔三十一年，1603〕			劉應爵，恩貢
	甲辰〔三十二年，1604〕			文從謙，上蔡縣訓
	乙巳〔三十三年，1605〕			
	丙午〔三十四年，1606〕			周至誠
	丁未〔三十五年，1607〕			
	戊申〔三十六年，1608〕			羅森
	己酉〔三十七年，1609〕			
	庚戌〔三十八年，1610〕			孫禎
	辛亥〔三十九年，1611〕			
	壬子〔四十年，1612〕			李繼志
	癸丑〔四十一年，1613〕			
	甲寅〔四十二年，1614〕			趙价

中衛貢表

成化	丁亥〔三年，1467〕	梁鑄，石州吏目
	戊子〔四年，1468〕	
	己丑〔五年，1469〕	黃宇
	庚寅〔六年，1470〕	
	辛卯〔七年，1471〕	葉慶
	壬辰〔八年，1472〕	
	癸巳〔九年，1473〕	高春
	甲午〔十年，1474〕	
	乙未〔十一年，1475〕	許鑑,① 太平府檢校
	丙申〔十二年，1476〕	
	丁酉〔十三年，1477〕	宋鑑，河南中護衛經歷
	戊戌〔十四年，1478〕	
	己亥〔十五年，1479〕	焦瓛,② 袁州照磨
	庚子〔十六年，1480〕	
	辛丑〔十七年，1481〕	艾旻
	壬寅〔十八年，1482〕	
	癸卯〔十九年，1483〕	盧英
	甲辰〔二十年，1484〕	
	乙巳〔二十一年，1485〕	張通
	丙午〔二十二年，1486〕	
	丁未〔二十三年，1487〕	趙旻
弘治	戊申〔元年，1488〕	
	己酉〔二年，1489〕	包翼,③ 湖廣吏目
	庚戌〔三年，1490〕	
	辛亥〔四年，1491〕	路通，臨安衛知事

① ［校］"許鑑"至"趙旻"：本志人名用字及排序與《嘉靖寧志》卷三《中衛·選舉》同，《弘治寧志》卷三《寧夏中衛·國朝監生》"許鑑"作"許諫"排序作宋鑑、焦完、趙旻、艾旻、許諫、張通、盧英。與二志異。

② ［校］焦瓛：此同《嘉靖寧志》卷三《中衛·選舉》，《弘治寧志》卷三《寧夏中衛·國朝監生》作"焦完"。

③ ［校］包翼：此同《嘉靖寧志》卷三《中衛·選舉》，《弘治寧志》卷三《寧夏中衛·國朝監生》作"包義"。

續表

	壬子〔五年，1492〕	
弘治	癸丑〔六年，1493〕	熊泰①
	甲寅〔七年，1494〕	
	乙卯〔八年，1495〕	朱玉②
	丙辰〔九年，1496〕	
	丁巳〔十年，1497〕	江宥③
	戊午〔十一年，1498〕	張昂
	己未〔十二年，1499〕	潘洪，四川檢校
	庚申〔十三年，1500〕	曾序④
	辛酉〔十四年，1501〕	
	壬戌〔十五年，1502〕	趙經，⑤ 山東縣丞
	癸亥〔十六年，1503〕	
	甲子〔十七年，1504〕	史銳，⑥ 鄭府奉祀
	乙丑〔十八年，1505〕	
正德	丙寅〔元年，1506〕	黃玲⑦
	丁卯〔二年，1507〕	
	戊辰〔三年，1508〕	嚴雄，元氏縣丞
	己巳〔四年，1509〕	
	庚午〔五年，1510〕	鄒顯，順德府經歷

---

① ［校］熊泰：此二字原無，據《弘治寧志》卷三《寧夏中衛·國朝監生》、《嘉靖寧志》卷三《中衛·選舉》補。

② ［校］朱玉：此二字原無，據《弘治寧志》卷三《寧夏中衛·國朝監生》、《嘉靖寧志》卷三《中衛·選舉》補。

③ ［校］江宥：此同《嘉靖寧志》卷三《中衛·選舉》，《弘治寧志》卷三《寧夏中衛·國朝監生》作“汪宥”。

④ ［校］曾序：《嘉靖寧志》卷三《中衛·選舉》載其在弘治辛酉年（十四年，1501）歲貢。

⑤ ［校］趙經：《嘉靖寧志》卷三《中衛·選舉》載其在弘治癸亥年（十六年，1503）。又，《弘治寧志》卷三《寧夏中衛·國朝監生》於“趙經”之後載“沈銓”，《嘉靖寧志》及本志均不載。

⑥ ［校］史銳：《嘉靖寧志》卷三《中衛·選舉》載其在弘治乙丑年（十八年，1505）歲貢。

⑦ ［校］“黃玲”至“賀章”：《嘉靖寧志》卷三《中衛·選舉》繫年排序與本志異，作：正德二年（丁卯，1507）黃玲，四年（己巳，1509）嚴雄，六年（辛未，1511）鄒顯，八年（癸酉，1513）馬浩，十年（乙亥，1515）金璽，十二年（丁丑，1517）平寶，十四年（己卯，1519）賀章。

續表

正德	辛未〔六年，1511〕	
	壬申〔七年，1512〕	馬浩，襄縣丞
	癸酉〔八年，1513〕	黃讚①
	甲戌〔九年，1514〕	金璽
	乙亥〔十年，1515〕	
	丙子〔十一年，1516〕	平寶，永寧縣丞
	丁丑〔十二年，1517〕	
	戊寅〔十三年，1518〕	賀章
	己卯〔十四年，1519〕	
	庚辰〔十五年，1520〕	黃鐵，② 鄆都縣主簿
	辛巳〔十六年，1521〕	王漢，鹿邑縣主簿
嘉靖	壬午〔元年，1522〕	
	癸未〔二年，1523〕	李本，知崞縣事
	甲申〔三年，1524〕	陶英，東明縣主簿
	乙酉〔四年，1525〕	顏玉，遼東苑馬寺監正
	丙戌〔五年，1526〕	黃載，新鄉縣主簿
	丁亥〔六年，1527〕	包羽③
	戊子〔七年，1528〕	
	己丑〔八年，1529〕	張機④
	庚寅〔九年，1530〕	
	辛卯〔十年，1531〕	韓福⑤
	壬辰〔十一年，1532〕	沈綸，知郟城縣事
	癸巳〔十二年，1533〕	汪潮，林陽縣丞
	甲午〔十三年，1534〕	
	乙未〔十四年，1535〕	賈宣
	丙申〔十五年，1536〕	
	丁酉〔十六年，1537〕	楊鳳，犍為縣主簿

---

① 《嘉靖寧志》卷三《中衛·選舉》不載"黃讚"。
② ［校］黃鐵：《嘉靖寧志》卷三《中衛·選舉》作"黃鈇"。
③ ［校］包羽：《嘉靖寧志》卷三《中衛·選舉》作"鮑羽"。
④ ［校］張機：此二字原無，據《嘉靖寧志》卷三《中衛·選舉》補。
⑤ ［校］韓福：此二字原無，據《嘉靖寧志》卷三《中衛·選舉》補。

續表

嘉靖	戊戌〔十七年，1538〕	
	己亥〔十八年，1539〕	章表，蘭州經歷
	庚子〔十九年，1540〕	孫希哲，猗氏縣主簿
	辛丑〔二十年，1541〕	
	壬寅〔二十一年，1542〕	陳仲賢，四川檢校
	癸卯〔二十二年，1543〕	
	甲辰〔二十三年，1544〕	康崇義，衛輝府經歷
	乙巳〔二十四年，1545〕	梁材
	丙午〔二十五年，1546〕	
	丁未〔二十六年，1547〕	王璠
	戊申〔二十七年，1548〕	
	己酉〔二十八年，1549〕	莫自棄，東昌府照磨
	庚戌〔二十九年，1550〕	
	辛亥〔三十年，1551〕	史冕，平定府博
	壬子〔三十一年，1552〕	史載道
	癸丑〔三十二年，1553〕	
	甲寅〔三十三年，1554〕	馬成麟，絳州博
	乙卯〔三十四年，1555〕	
	丙辰〔三十五年，1556〕	何泰
	丁巳〔三十六年，1557〕	胡玫
	戊午〔三十七年，1558〕	
	己未〔三十八年，1559〕	郭恩
	庚申〔三十九年，1560〕	劉極，新安縣博
	辛酉〔四十年，1561〕	
	壬戌〔四十一年，1562〕	芮景陽，石樓縣博
	癸亥〔四十二年，1563〕	
	甲子〔四十三年，1564〕	張守矩
	乙丑〔四十四年，1565〕	柳棟
	丙寅〔四十五年，1566〕	
隆慶	丁卯〔元年，1567〕	趙敏功，盩厔縣博
	戊辰〔二年，1568〕	嚴詔，恩貢，慶府紀善
	己巳〔三年，1569〕	王勣

續表

隆慶	庚午〔四年，1570〕	
	辛未〔五年，1571〕	劉天壽，慶陽府博
	壬申〔六年，1572〕	
萬曆	癸酉〔元年，1573〕	李坤
	甲戌〔二年，1574〕	馮繪，安定縣博
	乙亥〔三年，1575〕	陳汝霖
	丙子〔四年，1576〕	
	丁丑〔五年，1577〕	吳國東
	戊寅〔六年，1578〕	
	己卯〔七年，1579〕	周于仁，青州府通判
	庚辰〔八年，1580〕	
	辛巳〔九年，1581〕	黃元會，知武鄉縣事
	壬午〔十年，1582〕	
	癸未〔十一年，1583〕	黃椀，紀善
	甲申〔十二年，1584〕	
	乙酉〔十三年，1585〕	方汝能，教諭
	丙戌〔十四年，1586〕	
	丁亥〔十五年，1587〕	陳大典，知縣
	戊子〔十六年，1588〕	
	己丑〔十七年，1589〕	汪一科，教授
	庚寅〔十八年，1590〕	
	辛卯〔十九年，1591〕	張蒙正，教諭
	壬辰〔二十年，1592〕	
	癸巳〔二十一年，1593〕	徐大海，縣丞
	甲午〔二十二年，1594〕	
	乙未〔二十三年，1595〕	黎守仁，翼城縣主簿
	丙申〔二十四年，1596〕	
	丁酉〔二十五年，1597〕	郴本正，教諭
	戊戌〔二十六年，1598〕	
	己亥〔二十七年，1599〕	陳萬言
	庚子〔二十八年，1600〕	
	辛丑〔二十九年，1601〕	呂大用，訓導

續表

萬曆	壬寅〔三十年，1602〕	
	癸卯〔三十一年，1603〕	李盈郊，通判
	甲辰〔三十二年，1604〕	張啟蒙，訓導
	乙巳〔三十三年，1605〕	
	丙午〔三十四年，1606〕	焦濂，澠池縣訓導
	丁未〔三十五年，1607〕	
	戊申〔三十六年，1608〕	焦浴
	己酉〔三十七年，1609〕	
	庚戌〔三十八年，1610〕	李彥
	辛亥〔三十九年，1611〕	黃籍
	壬子〔四十年，1612〕	
	癸丑〔四十一年，1613〕	王問政
	甲寅〔四十二年，1614〕	

後衛貢表

嘉靖	甲寅〔三十三年，1554〕	張榮，屯留縣博
	乙卯〔三十四年，1555〕	
	丙辰〔三十五年，1556〕	汪待龍
	丁巳〔三十六年，1557〕	
	戊午〔三十七年，1558〕	王震，德平縣博
	己未〔三十八年，1559〕	
	庚申〔三十九年，1560〕	顧良臣
	辛酉〔四十年，1561〕	
	壬戌〔四十一年，1562〕	蘇臣
	癸亥〔四十二年，1563〕	
	甲子〔四十三年，1564〕	李儒，蒲州博
	乙丑〔四十四年，1565〕	
	丙寅〔四十五年，1566〕	郭勛，宣城縣丞
隆慶	丁卯〔元年，1567〕	
	戊辰〔二年，1568〕	王維垣
	己巳〔三年，1569〕	姚佐，絳縣丞
	庚午〔四年，1570〕	張梅，錫州博

隆慶	辛未〔五年，1571〕	
	壬申〔六年，1572〕	魏汝舟
萬曆	癸酉〔元年，1573〕	徐宰，恩貢
	甲戌〔二年，1574〕	王第
	乙亥〔三年，1575〕	
	丙子〔四年，1576〕	宣大治
	丁丑〔五年，1577〕	
	戊寅〔六年，1578〕	周士覯
	己卯〔七年，1579〕	
	庚辰〔八年，1580〕	陳邦政，知遼東事
	辛巳〔九年，1581〕	
	壬午〔十年，1582〕	李朝鸞，慶陽府訓導
	癸未〔十一年，1583〕	
	甲申〔十二年，1584〕	任惟和，西安府訓導
	乙酉〔十三年，1585〕	
	丙戌〔十四年，1586〕	袁賓
	丁亥〔十五年，1587〕	
	戊子〔十六年，1588〕	
	己丑〔十七年，1589〕	趙本清，壽陽縣丞
	庚寅〔十八年，1590〕	
	辛卯〔十九年，1591〕	趙本深，萊州府經歷
	壬辰〔二十年，1592〕	
	癸巳〔二十一年，1593〕	王言，真寧縣訓導
	甲午〔二十二年，1594〕	
	乙未〔二十三年，1595〕	王之翰，三水縣訓導
	丙申〔二十四年，1596〕	
	丁酉〔二十五年，1597〕	李如松，咸寧縣訓導
	戊戌〔二十六年，1598〕	
	己亥〔二十七年，1599〕	鄭宏，保定府通判
	庚子〔二十八年，1600〕	
	辛丑〔二十九年，1601〕	葉春芳
	壬寅〔三十年，1602〕	

續表

萬曆	癸卯〔三十一年，1603〕	葉春茂，知河曲縣事
	甲辰〔三十二年，1604〕	
	乙巳〔三十三年，1605〕	徐珮鳴，訓導
	丙午〔三十四年，1606〕	
	丁未〔三十五年，1607〕	寧嘉善，湯陰縣訓導
	戊申〔三十六年，1608〕	
	己酉〔三十七年，1609〕	林鶴鳴
	庚戌〔三十八年，1610〕	
	辛亥〔三十九年，1611〕	王治隆
	壬子〔四十年，1612〕	
	癸丑〔四十一年，1613〕	葉重光
	甲寅〔四十二年，1614〕	

功監

壬辰兵變，密報賊情，謀獻西城有功，題准入監者。

李喬、張守約、嵩縣主簿。尤鳳、紹興府通判。王桐、海豐縣主簿。王懋德。中州判。

例監

鎮城

張翊、豐林王府教授。謝鏞、山西平陽府檢校。王卿、慶府紀善，平生好與人為善，君子偉之。楊忠、張經、山東沂州判。路綸、晉府審理。① 虎文、倒馬關吏目。趙葵、吉安府檢校。李智、王寅、王松年、朱達、袁輅、② 管永泰、安廷瑞、殷汝霖、張連、靈寶縣丞。胡汝翼、秦府奉祀。張通、白鳳、王路、張思聰、馮時、王相、丁際隆、管呂、金册、劉漢、縣丞。黃九經、湯宗義、宋鑑、朱文、四川照磨。李燧、安宗儒、安宗道、慶府典寶。王祖學、合州吏目。馬鑑、王歲、昌樂縣丞。黃統、管炯、慶府典簿。宋鏜、許科、楊崇德、阮約、徐州吏目。吳三仕、夏以雍。

---

① 〔校〕晉府審理：《嘉靖寧志》卷二《寧夏總鎮·人物·恩例》作"晉王府審理"，《弘治寧志》卷二《寧夏總鎮·人物·國朝·恩例》作"廣昌王府教授"。

② 〔校〕袁輅：原作"袁駱"，據《弘治寧志》卷二《寧夏總鎮·人物·國朝·恩例》、《嘉靖寧志》卷二《寧夏總鎮·人物·恩例》改。

後衛

王夢禎。

靈州

朱淮、朱河、陳珊、陳環、李臣、王紳。

鄉獻

漢

傅燮，① 靈州人。漢黃巾賊亂，燮上疏陳致亂之原，請速行讒佞之誅，言甚劘切，語在本傳中。② 常侍趙忠惡之，會燮功當封，忠譖之，帝猶識燮言，不加罪，尋任為議郎。每公卿有缺，衆議必歸之。帝使忠論討黃巾功，忠使弟延致殷勤於燮曰：“公當少答我常侍，萬户侯可得也。”燮正色曰：“遇，不遇，命也。有功不論，時也。傅燮豈求私賞哉！”忠愈恨，然憚其名，不敢害。出為漢陽太守。韓遂擁兵十餘萬圍漢陽，城中兵少食盡，燮子幹年十三，言於燮曰：“國家昏亂，遂令大人不容於朝。今兵不足以自守，宜還鄉里，徐俟有道而輔之。”燮慨然歎曰：“汝知吾必死耶！‘聖達節，次守節’。③ 殷紂暴虐，④ 伯夷不食周粟而死。吾遭世亂，不能養浩然之志。食人之禄，又欲免其難乎？吾行何之，必死於此，汝有才智，勉之勉之。”遂揮左右進兵臨陣，戰歿，謚曰壯節侯。

傅玄，字休奕，燮之孫，性剛勁亮直，州舉秀才，除郎中。武帝即位，初置諫官，以為之，尋遷侍中，轉司隸校尉。每奏劾，無所容，貴游震慴，臺閣生風。封清泉侯，卒謚曰剛。

傅咸，字長虞，玄之子，剛簡有大節。襲父爵，拜太子洗馬，累遷御史中丞，兼司隸校尉。顧榮稱其“勁直忠果，劾案驚人”。

晉

傅瑗，靈州人，以學業知名。仕晉，官至安成太守。⑤

---

① ［校］燮：原作“樊”，據《後漢書》卷五八《傅燮傳》改。

② 參見《後漢書》卷五八《傅燮傳》。

③ 參見《左傳·成公十五年》。

④ ［校］殷紂：原作“殷討”，據《後漢書》卷五八《傅燮傳》改。

⑤ ［校］安成：原作“安定”，據《宋書》卷四三《傅亮傳》、《乾隆甘志》卷三五《人物·傅瑗》改。

南北朝

傅亮，瑗之子，善文辭。宋國初，加中書令。① 武帝有受禪意，亮悟旨，請暫還都，許之。亮出，夜見長星竟天，拊髀曰："我常不信天文，今始驗矣。"至都，帝即徵入輔。少帝即位，領護軍將軍。少帝廢，亮奉迎文帝即位，加開府儀同三司。元嘉三年被害。

傅迪，亮之兄也。仕宋，官至尚書。亮方貴，迪每深誡焉而不從。見世路屯險，著論名曰《演慎》。及少帝失德，內懷憂懼，直宿禁中，睹夜蛾赴燭，作《感物賦》以寄意。

傅昭，靈州人，咸七世孫也。袁顗嘗來昭所，② 昭讀書自若，神色不改。顗歎曰："此兒神情不凡，③ 必成佳器。"〔天監十一年，出為信武將軍、〕安成內史。④ 郡自宋來，兵亂相接，府舍稱凶，每昏旦間，人鬼相觸。及昭至，有人夜見甲兵出，曰："傅公善人，不可侵犯。"乃騰虛而去。⑤ 有頃，風雨總至，飄郡聽事入隍中，⑥ 自是郡遂無患，咸以昭貞正所致。昭蒞官常以清靜為政，不尚嚴肅。居朝無所請謁，不畜私門生，不交私利。終日端居，以書記為樂，雖老不衰，世稱為"學府"。

傅映，昭之弟，三歲而孤。謹身嚴行，非禮不行。褚彥回欲令仕，映以昭未解褐辭，須昭壯乃官。累遷中散大夫、光祿卿、太中大夫。

傅琰，靈州人，美姿儀。仕宋，為武康令，遷山陰令。並著能名，二縣皆謂之"傅聖"。

傅翽，琰之子，為官亦有能名。後為吳令，別建康令孫廉，因問曰："聞丈人發奸摘伏，惠化如神，何以至此？"答曰："無他。清則憲綱自行，勤則事無不理。憲綱自行則吏不能欺，事自理則物無凝滯。欲不理，得乎？"翽代劉玄明為山陰令，問玄明曰："願以舊政告新令尹。"答曰："我有奇術，卿家譜所不載，臨別當相示。"既曰："作縣令，唯日食一升飯而莫飲酒，⑦ 此第一策也。"

① ［校］中書令：原作"尚書令"，據《宋書》卷四三、《南史》卷十五《傅亮傳》改。
② ［校］袁顗：原作"袁覬"，據《梁書》卷二六、《南史》卷六〇《傅昭傳》改。下同。
③ ［校］神情：原作"神清"，據《梁書》卷二六、《南史》卷六〇《傅昭傳》改。
④ ［校］內史：原作"內使"，據《梁書》卷二六、《南史》卷六〇《傅昭傳》改。
⑤ ［校］虛：此字原脫，據《梁書》卷二六、《南史》卷六〇《傅昭傳》補。
⑥ ［校］聽事：原作"廳事"，據《南史》卷六〇《傅昭傳》改。
⑦ ［校］飯：此字原脫，據《南史》卷七〇《傅翽傳》補。

　　傅岐，翽之子，美容止，博涉能占對。豫州刺史貞陽侯蕭淵明率衆伐彭城，兵敗陷，遣使還，述魏人欲更通和好，敕有司及近臣議定，朱异曰：“和為便。”議者並然之，岐獨曰：“此必是設間，① 故令貞陽遣使，令侯景自疑，不可許。”高祖從异議，侯景果疑，兵反，通表乞割四州，② 當解圍。敕許之，求遣宣城王出送。岐固執宣城嫡嗣之重，不宜許，遣石城公大歂送之。③ 及與景盟訖，城中文武喜躍，望得解圍，岐獨曰：“此和終為賊所詐。”衆並怨怪之。及景背盟，莫不歎服。尋有詔，以岐勤勞，封南豐縣侯，不受。宮城失守，岐帶疾出圍，卒。

　　傅縡，靈州人。幼聰敏，七歲誦古詩賦至十餘萬言。為文典麗，性又敏速，雖軍國大事，下筆輒成，未嘗起草，甚為後王所重。然性木强，④ 頗負才使氣，陵侮人物，朝士多銜之。會施文慶、沈客卿以佞見幸，專制衡軸，而縡益疎，文慶等因共譖之。後主收縡下獄，縡素剛，因憤恚，於獄中上書，後主怒。頃之稍解，使謂曰：“我欲赦卿，卿能改過不？”縡對曰：“臣心如面，面可改，則臣心可改。”後主益怒，令宦者窮其事，賜死獄中。

　　傅隆，靈州人。高祖咸，晉司隸校尉。曾祖晞，司徒屬。⑤ 隆少孤單，貧有學行，不好交游，年四十始為建威參軍，⑥ 遷御史中丞。當官而行，甚得司直之體。出為義興太守，有能名，尋轉太常。致仕，手不釋卷。博學多通，特精“三禮”。謹於奉公，常手抄書籍。

　　宿石，朔方人，赫連屈丐弟文陳之曾孫也。⑦ 父沓干從討蠕蠕，戰沒，石年十三，襲爵。從於苑中游獵，石走馬引前，道峻馬倒，殞絕，久之乃蘇，由是御馬得制。文成嘉之，賜以綿帛、駿馬。又嘗從獵，⑧ 文成

---

　　① ［校］設間：原作“投間”，據《梁書》卷四二、《南史》卷七〇《傅岐傳》改。

　　② ［校］四州：原作“四川”，據《梁書》卷四二、《南史》卷七〇《傅岐傳》改。

　　③ ［校］大歂：原作“太歂”，據《梁書》卷四二、《南史》卷七〇《傅岐傳》改。

　　④ ［校］木强：“木”字原脱，據《陳書》卷三〇、《南史》卷六九《傅縡傳》補。

　　⑤ ［校］屬：此字原脱，據《宋書》卷五五、《南史》卷十五《傅隆傳》補。

　　⑥ ［校］參軍：原同《宋書》卷五五《傅隆傳》，作“將軍”，同書《校勘記》［十六］據《南史》卷十五《傅隆傳》改，今從。

　　⑦ ［校］屈丐：此同《北史》卷二五《宿石傳》，《魏書》卷三〇《宿石傳》作“屈子”。

　　⑧ ［校］嘗：原同《北史》卷二五《宿石傳》作“常”，據《魏書》卷三〇《宿石傳》改。

親欲射猛獸，① 石叩馬諫，引帝至高原上，後猛獸騰躍殺人，帝褒美其忠，賜馬一匹。尚上谷公主，拜駙馬尉，位吏部尚書，進爵太山公。卒，子倪襲爵。

隋

李徹，朔方巖綠人，性剛毅，有器幹，偉容儀，多武藝。武帝時，從皇太子西討吐谷渾，② 以功賜爵同昌縣男，後從拔晉州。及帝班師，徹與齊王憲屯雞栖原，齊主高緯遣其驍將躡憲於晉州，③ 憲師敗，徹等力戰，憲軍賴以獲全。復從帝破齊師於汾北，乘勝下高壁，④ 拔晉陽，擒高湝於冀州，俱有力焉。宣帝即位，從韋孝寬，畧定淮南，每為先鋒。及淮南平，即授淮州刺史。安集初附，高祖受禪，進爵齊安郡公。時蜀王秀亦鎮益州，上謂侍臣曰："安得文同王子相、武如李廣達者乎？"其見重如此。突厥沙鉢畧可汗犯塞，上令衛王爽為元帥，率衆擊之，以徹為長史。遇虜於白道，徹率精騎五千掩擊，大破之，沙鉢畧潛遁，以功加上大將軍，沙鉢畧因此屈膝稱藩。未幾，沙鉢畧為阿拔所侵，上疏請援，以徹為行軍總管，率精騎一萬赴之，阿拔聞而遁去。突厥犯塞，徹擊破之。高熲之得罪也，以徹素與熲相善，因被疎忌，不復任使。後遇鴆而卒。

史祥，朔方人，少有文武才幹。高祖踐祚，拜儀同，⑤ 領交州事，頗有惠政，轉驃騎將軍。從王世積伐陳，破之，進拔江州。後以行軍總管從晉王廣擊突厥於靈武，⑥ 破之，遷右衛將軍。率兵屯弘化，以備胡。煬帝初，漢王諒作亂，遣其將綦良自滏口徇黎陽，⑦ 塞白馬津，余公理自太行下河内。⑧ 帝以祥為行軍總管，軍於河陰。不得濟，⑨ 乃又令軍中脩攻具，

---

① ［校］猛獸：此同《北史》卷二五《宿石傳》，《魏書》卷三〇、《通志》卷一四七《宿石傳》均作"虎"。《北史》避唐朝名諱改。參見《北史》卷二五《校勘記》［十］。

② ［校］吐谷渾：原作"土谷渾"，據《隋書》卷五四《李徹傳》改。下同。

③ ［校］齊主：原作"齊王"，據《隋書》卷五四《李徹傳》改。

④ ［校］高壁：原作"高壁"，據《隋書》卷五四《李徹傳》改。

⑤ ［校］儀同：原作"祥同"，據《隋書》卷六三、《北史》卷六一《史祥傳》改。

⑥ ［校］晉王廣：原作"晉王緯"，據《隋書》卷六三、《北史》卷六一《史祥傳》改。

⑦ ［校］黎陽："黎"字原脫，據《隋書》卷六三、《北史》卷六一《史祥傳》補。

⑧ ［校］余公理自太行下河内："余公理"原作"餘公理"，"太行"原作"大行"，均據《隋書》卷六三、《北史》卷六一《史祥傳》改。

⑨ ［校］不得濟：原作"不足稱"，據《隋書》卷六三、《北史》卷六一《史祥傳》改。

乃簡精銳，① 於下流潛渡討綦良等。良棄軍走，祥縱兵乘之，殺萬餘人，進位上將軍，賜縑綵七千段、女妓十人、良馬二十匹，轉太僕卿。帝嘗賜祥詩，祥上表謝，帝降手詔嘉獎，尋遷鴻臚卿。從征吐谷渾，祥率衆出間道擊破之，② 俘男女千餘口，賜奴婢六十人、馬三百匹，③ 進位左光祿大夫，拜左驍衛將軍。卒，子義隆，永年令。

史雲，祥之兄。④ 史威，祥之弟，並有幹局。雲官至萊州刺史、武平縣公，威官至武賁郎將、武當縣公。

宇文忻，⑤ 朔方人，從周武帝平齊，進位大將軍。佐高熲破尉遲迥，⑥ 加上柱國，封英國公。忻妙解兵法，馭戎齊整，當時六軍有一善事，⑦ 雖非忻所建，在下輒相謂曰：“此必英公法也。”

唐

韓游瓌，⑧ 靈武人。始為郭子儀裨將，安祿山反，赴難功第一。李懷光反，誘游瓌為變，游瓌自發其書，帝曰：“卿可謂忠義矣。”功與渾瑊俱第一。

楊懷賓，夏州朔方人，為韓游瓌將。李懷光反，懷賓殺賊黨張昕及同謀者，告行在，德宗勞問，授御史中丞。

楊朝晟，為懷光所繫，懷光平，帝詔朝晟父子，皆開府御史中丞，軍中以為榮。

戴休顔，夏州人，家世尚武，志膽不常。郭子儀引為大將，討平党項

---

① ［校］乃：原作“仍”，據《隋書》卷六三、《北史》卷六一《史祥傳》改。

② ［校］間道：此同《隋書》卷六三《史祥傳》、《乾隆甘志》卷三六《人物》及《册府元龜》卷三八四《將帥部·褒異第十》，《北史》卷六一、《通志》卷一六一《史祥傳》均作“玉門道”。

③ ［校］三百：原作“二百”，據《隋書》卷六三《史祥傳》改。

④ ［校］祥之兄：《周書》卷二八《史寧傳》，《北史》卷六一、《通志》卷一六一《史祥傳》均作“祥弟”。

⑤ ［校］宇文忻：原作“史文忻”，據《北史》卷六〇《宇文忻傳》、《隋書》卷四〇《宇文忻傳》改。

⑥ ［校］尉遲迥：此同《北史》卷六〇《宇文忻傳》、《嘉靖寧志》卷二《人物》，《隋書》卷四〇《宇文忻傳》作“尉迥”。

⑦ ［校］六軍：原作“大軍”，據《北史》卷六〇、《隋書》卷四〇《宇文忻傳》、《嘉靖寧志》卷二《人物》改。

⑧ ［校］游瓌：原作“游環”，據《舊唐書》卷一四四、《新唐書》卷一五六《韓游瓌傳》改。下同。

羌，以功封咸寧郡王，兼朔方節度副使。朱泚反，率兵馳奔行在，破泚以偏師，功加檢校尚書右僕射。[①] 卒，賜揚州大都督。

戴休璿，封東陽郡王。戴休晏，封彭城郡王。俱休顔之弟。

史敬奉，靈州人。走逐奔馬，矛矢在手，前無彊敵。破吐蕃，觧塩州圍，益封五十户。[②] 語在《宦蹟》。[③]

何進滔，靈州人。少客魏，事田弘正。弘正攻王承宗，承宗引精騎千餘馳魏壁，進滔率猛士逐之，幾獲。從討李師道，以功兼侍御史。史憲誠死軍中，傳譟曰：“得何公事之，軍安矣。”進滔下令曰：“公等既迫我，當聽吾令。”衆唯唯。“孰殺前使及監軍者，疏出之。”[④] 斬九十餘人，釋脅從者。素服臨哭，將吏皆入弔。詔拜留後，俄進授節度。居魏十餘年，吏民安之。

康日知，靈州人，為趙州刺史。拒李惟岳叛，德宗擢為深趙觀察使，[⑤] 封會稽郡王。

康志睦，豐姿趫偉，工馳射，以功封會稽公。康承訓亦以功封會稽縣男，[⑥] 皆日知之子。

李抱玉，本安興貴曾孫，世居河西。沉毅有謀，尤忠謹。代宗朝兼澤潞節度使。弟抱真，[⑦] 沉慮而斷，初授汾州別駕，後擢澤州刺史，[⑧] 兼澤潞節度副使。時賦重人困，軍伍彫刓，抱真乃籍户丁，蠲其徭租，令閑月習射，歲終大較，親第其能否而賞責之，比三年，皆為精兵。

宋

周美，靈州回樂人，以才武稱。真宗幸澶淵，常令宿衞，累遷秩副都

---

① ［校］右僕射：原作“左僕射”，據《舊唐書》卷一四四、《新唐書》卷一五六《戴休顔傳》改。

② ［校］五十：原作“五千”，據《舊唐書》卷一五二、《新唐書》卷一七○《史敬奉傳》改。

③ 參見本志卷二《內治·宦蹟》。

④ ［校］孰殺前使及監軍者疏出之：“孰”原作“執”，“疏出之”三字原脱，據《新唐書》卷二一○《何進滔傳》改、補。

⑤ ［校］擢為深趙觀察使：原作“權陞趙州觀察使”，據《新唐書》卷一四八《康日知傳》改。

⑥ ［校］縣男：原作“郡男”，據《新唐書》卷一四八《康承訓傳》改。

⑦ ［校］弟：《舊唐書》卷一三二、《新唐書》卷一三八《李抱玉傳》均作“從父弟”。

⑧ ［校］澤州：“澤”字原脱，據《舊唐書》卷一三二、《新唐書》卷一三八《李抱玉傳》補。

總管。在邊十餘載，所向輒克，諸將服之。

斡道冲，① 靈武人。其先從偽夏主遷興州，世掌夏國史。道冲通五經，為蕃漢教授，譯《論語註》，別作《解義》二十卷曰《論語小義》。② 又作《周易卜筮斷》，以其國字書之，行於國中。後官至其國之中書宰相而没。夏人嘗遵孔子為至聖文宣帝，③ 是以畫公像列諸從祀，④ 其國郡縣之學率是行之。夏亡，郡縣廢於兵，廟學盡壞，獨甘州僅存其迹。興州有帝廟，門榜及夏主《靈芝歌》石刻，⑤ 涼州有殿及廡。迨元至元間，公之曾孫、雲南廉訪使道明奉詔使過涼州，見殿廡有公從祀遺像，欷歔流涕，不能去，求工人摹而藏諸家。延祐間，荆王脩廟學，盡撤其舊而新之所，像亡矣。廉訪之孫奎章閣典籤玉倫都，⑥ 以《禮記》舉進士，從子成均於閣下又為僚焉。⑦ 間來告曰：“昔國崇尚文治，先中書與有功焉。國中從祀，廟學之像，僅存兵火之餘，而泯墜於今日，不亦悲夫！先世舊所摹像固無恙也，⑧ 願有述焉，以貽我後之人。”乃為録其事而述贊曰：“西夏之盛，禮事孔子。極其尊親，以帝廟祀。乃有儒臣，早究典謨。⑨ 通經同文，教其國都。遂相其君，作服施采。顧瞻學宮，遺像斯在。國廢人遠，人鮮克知。壞宮改作，不聞金絲。不忘其親，在賢孫子。載畾丹青，取徵良史。”

---

　　① 　斡道冲為西夏國人，事蹟參見《道園學古録》卷四《西夏相斡公畫像贊有序》。

　　② 　[校]二十：原作“三十”，據《道園學古録》卷四《西夏國斡公畫像贊有序》改。又，因斡道冲原著已佚，其具體内容已無法推知。本段“譯論語註別作解義二十卷曰論語小義”句亦可標點為“譯《論語》，註別作《解義》二十卷曰《論語小義》”。

　　③ 　[校]嘗遵孔子為至聖文宣帝：“嘗”原作“常”，“宣帝”原作“皇帝”，據《道園學古録》卷四《西夏國斡公畫像贊有序》、《宋史》卷四八六《夏國傳》改。

　　④ 　[校]像：《道園學古録》卷四《西夏相斡公畫像贊有序》作“象”。

　　⑤ 　1975年，寧夏博物館在西夏陵區七號陵（夏仁宗仁孝壽陵）發現《靈芝歌》殘碑，楷書陰刻，存3行31字，即“……《（靈）芝頌》一首，其辭曰：於皇□□，……俟時劲祉，擇地騰芳。金暈曄□，……德施率土，賚及多方。既啓有□，……”參見李範文《西夏陵墓出土殘碑粹編》圖版肆陸。

　　⑥ 　[校]奎章閣典籤玉倫都：原作“奎章典籤五經國史”，據《道園學古録》卷四《西夏國斡公畫像贊有序》改。

　　⑦ 　[校]從子：《道園學古録》卷四《西夏相斡公畫像贊有序》作“從予”，疑誤。

　　⑧ 　[校]舊：《道園學古録》卷四《西夏國斡公畫像贊有序》作“至元”。

　　⑨ 　[校]究：原作“就”，據《道園學古録》卷四《西夏國斡公畫像贊有序》改。

元

李楨，① 夏國族子。金末，以經童中選。既長，入為質子，以文學得近侍。元太宗嘉之。後從伐金及下淮甸，累官襄陽軍馬萬户。②

高智耀，③ 河西人，世仕夏，祖良惠為夏右丞相。智耀登本國進士，夏亡，隱賀蘭山，元太宗召見，④ 將用之，遽辭歸。後入見憲宗言："儒者宜蠲徭役。"世祖時又言："儒術有補治道。"拜翰林學士，遷西夏中興等路提刑按察使。⑤ 卒，追封為寧國公，⑥ 謚文忠。子睿，年十六，授符寶郎，出入禁闥，詳雅恭謹，歷嘉興路總管，浙西、淮東廉訪使，所至有政績。兩為南臺御史中丞，務持大體，有儒者風。

高納麟，官至大尉，智耀之子。

李恒，西夏國兀納剌城族子，⑦ 生有異質。世祖時，累功為益都淄萊新軍萬户，⑧ 從取宋襄陽、江夏及平崖山，⑨ 累官中書左丞。後討交趾，中毒矢卒，追封滕國公。

星吉，河西人，事仁宗於潛邸，以精敏稱，累官江南行臺御史大夫。⑩ 克持風裁，歷湖廣、江西行省平章。詔守江西時，賊據州縣，屢破之，中流矢死。為人公廉明決，能以忠義感激人心，故能以少擊衆。

來阿八赤，寧夏人。至元七年，南征襄樊，赤督軍器械、糧儲運，二日而畢，世祖悦。後發兵開運河，督視寒暑不輟。調遼左招討使，⑪ 招來

---

① ［校］李楨：原作"李禎"，據《元史》卷一二四《李楨傳》改。

② ［校］襄陽：原作"廣陽"，據《元史》卷一二四《李楨傳》改。

③ 高智耀事蹟，《康熙陝志》卷二〇下《人物‧寧夏鎮》不録。

④ ［校］太宗：原作"太祖"，據《元史》卷一二五《高智耀傳》改。

⑤ ［校］提刑：原作"提學"，據《元史》卷一二五《高智耀傳》改。

⑥ ［校］寧國公：原作"夏國公"，據《元史》卷一二五《高智耀傳》改。

⑦ ［校］兀納剌城："剌"字原脱，據《元史》卷一二九《李恒傳》補。

⑧ ［校］新軍：此二字原脱，據《元史》卷一二九《李恒傳》補。

⑨ ［校］江夏：《嘉靖陝志》卷三一《文獻十九‧鄉賢‧寧夏衞》作"江西"。

⑩ ［校］江南：原作"江西"，據《元史》卷一四四《星吉傳》改。

⑪ ［校］調遼左招討使：《元史》卷一二九《來阿八赤傳》載，至元二十一年（1284），來阿八赤調同僉宣徽院事。遼左不寧，復降虎符，授征東招討使。知來阿八赤非調遼左招討使，而是以征東招討使身份出征遼左。本志輯録資料有誤。

降附。上征交趾，① 二十四年正月，② 改湖廣等處行尚書省右丞，詔四省
所發士馬，俾來阿八赤閱視。九月，領中衛親軍千人，翊導皇子至思明
州，賊阻險拒守，於是選精銳與賊戰於女兒關，斬馘萬計，餘兵棄關走。
於是大兵進至交州，陳日烜空其城而遁。

　　楊朵兒只，寧夏人，事仁宗於藩邸，甚見重命。只與右丞相定議，迎
武宗於北藩。仁宗還京師，只密致警備，仁宗嘉之，親解所服帶以賜。既
佐定內難，論功以為太中大夫、家令丞。日夕侍側，③ 雖休沐不至家，眾
懌之帝。他日，與李孟論元從人材，④ 孟以只第一，拜禮部尚書，為權臣
鐵木迭兒所害而死。⑤ 死時，權臣欲奪其妻劉氏與人，劉剪髮毀容，
獲免。

　　楊不花，⑥ 幼有才氣，能以禮自持。好讀書，仁宗欲以為翰林直學
士，力辭。後以蔭補武備司提點，轉僉河東廉訪司事。嘗出按部民，有殺
子以誣怨者，獄成，不花讞之，得其情，平反出之。河東民饑，先捐己貲
以給，請命未下，即發公廩賑之，民賴以不死。除通政院判，將行，值陝
西諸軍拒詔，不花率眾出禦，見殺。二僕亦見執，曰：“吾主既為國死，
吾縱得生，何以見主於地下？”亦皆被殺。

　　拜延，⑦ 河西人，以父火奪都貴，⑧ 襲授千戶。宋師侵成都，僉省嚴
忠範遣延迎擊，大敗之。又從攻嘉定，取瀘、叙，攻重慶，數有戰功。汪
田哥用兵忠州，命延將兵徃涪州策應。宋以舟師順流而下，邀於青江，延
領兵馳赴，擒其部將十七人。⑨ 瀘州復叛，延領兵趣瀘，敗其將。宋兵來
援，延生擒百餘人，遂克瀘州。不花兵圍重慶，遣延將兵降之，制授宣武
將軍、蒙古漢軍總管。

---

　　① 《元史》卷一二九《來阿八赤傳》載，至元二十二年（1285），授征東宣慰使、都元帥。
皇子鎮南王征交趾，授湖廣等處行中書省右丞。
　　② ［校］“二十四年正月”句至下文“九月領中衛親軍千人”句：原作“俾領中衛親軍千
人”，據《元史》卷一二九《來阿八赤傳》補改。
　　③ ［校］日夕：原作“日久”，據《元史》卷一七九《楊朵兒只傳》改。
　　④ ［校］從：《萃編》本作“丞”。
　　⑤ ［校］鐵木迭兒：“迭”字原脫，據《元史》卷一七九《楊朵兒只傳》補。
　　⑥ ［校］不花：原作“卜花”，據《元史》卷一七九《楊不花傳》改。下同。
　　⑦ 拜延事蹟，《康熙陝志》卷二〇下《人物·寧夏鎮》不錄。
　　⑧ ［校］火奪都：原作“大奪”，據《元史》卷一三三《拜延傳》補。
　　⑨ ［校］十七：原作“七十”，據《元史》卷一三三《拜延傳》改。

喜同，① 周姓，河西人。調南陽縣達魯花赤，居二歲，妖賊陷鄧州。南陽無城及兵，賊入若虛邑。同以計獲數賊，悉斬之。賊乘銳取南陽，同策勵義兵與戰，賊退去。明日復至，與戰甚力，殺賊凡數百。賊知無後援，戰愈急，南陽遂陷。同突圍見殺，妻邢氏聞同死，帥家僮數人出走，遇賊，奪刀斫之，且罵且前，亦見殺。

沙覽答里，② 河西人，姓路氏。仕元，至丞相、南臺御史大夫。

論卜，河西人。仕元，至司徒平章。元末，守寧夏。

也速迭兒，河西人。仕元，至廉訪使。

福壽，河西人。仕元，至南臺御史大夫。

納速耳丁，先世回紇，居寧夏。仕元，至廉訪使。

常八斤，夏人，以治弓見知。乃詫於耶律楚材曰："本朝尚武，而明公欲以文進，不已左乎？"楚材曰："且治弓尚須弓匠，豈治天下不用治天下匠耶？"

國朝

徐琦，首開科者。天資篤實，德望隆重。為北雍祭酒，閑雅端肅，士林重之。遷南京兵部尚書、糸贊守備機務，嘗諭降安南。卒，③ 贈太保，諡貞襄。

朱孟德，翰林庶吉士，善詩，文人以"太白"稱之。

宋儒，江西僉事，有德行，以範俗從祀鄉賢祠。

程景雲，遊鄉校時即有重望。家貧，憲臣咸餽之，不受，清操凜然。及為御史，有風裁直，聲大震。

夏景華，彰德府推官。立身正直，官多異政，從祀鄉賢祠。

馬昊，拜行人，擢監察御史。忤逆〔劉〕瑾，謫真定府推官。瑾敗，陞四川僉事。督兵勦藍廖等賊於大壩山，以功累遷四川巡撫。達賊犯松潘，昊擊走之，加俸一級。又以討平僰蠻普法惡及松潘番端首白等功，陞右都御史。當時如楊一清、胡世寧、李成勛皆薦其可當大任，而不為新貴用事者所善，未盡展其蘊云。

楚書，任兵部主事。大同之變，書觀兵城下，城中俱登陴請曰："吾

---

① 喜同事蹟，《康熙陝志》卷二〇下《人物·寧夏鎮》不錄。

② ［校］沙覽答里：《元史》卷一一三《宰相年表》作"沙藍答里"。

③ 《明宣宗實錄》卷二二七載，徐琦卒於景泰四年（1453）三月己卯。

輩非殺主帥者，亦無他志，但畏死自保耳。"請書入，書遂入，諭慰之，且言用兵非朝廷意，衆皆望闕呼"萬歲"。書仍遣馬昇等陳朝廷威德，曉以禍福，令獻首惡，至夜賊平。累陞右副都御史。

潘九齡，四川右布政，[①] 清白著聲。平麻陽寇，郤雲南沐國公金，定其世爵。

黃綬，風望峻整，名重朝紳。督學北直隸，巡按山東，士仰民懷，鄉評清白。嘉靖甲辰，[②] 大學士翟鑾二子俱登第，物議讟起，綬彈其事，有"一鑾當道，雙鳳齊鳴"之句，其不避權勢如此。

李廷彥，才品端方，器識弘遠。巡按雲南，平羅夷叛。及為大理，奏活無辜。撫臺周公〔光鎬〕疏舉人才，猶有"偉抱未抒"之語。

吳過，尹縣賑饑，多所存活。袁州聞變，為母弃官。官著廉明，鄉稱孝友。

流寓

隋

梄彧，字幼文，河東人。為治書御史，正色立朝，百僚敬憚。後為楊素所擠，坐罪除名，徙配朔方懷遠鎮。[③]

國朝

邊定，字文静，陳留人。洪武初，為杭州府屬典史。謫戍寧夏，長於吟作。

潘原凱，[④] 字俊民，嘉禾人。洪武初，為知縣。謫戍寧夏，工詩文。

林季，字桂芳，嘉禾人。洪武初，謫戍寧夏，擅文名。

沈益，嘉禾人。洪武初，謫戍寧夏，亦騷客之雅也。

毛翀，字文羽，錢塘人，學生。洪武初，代父來戍寧夏，詞翰超卓。

---

① ［校］右布政：此同《乾隆甘志》卷三六《人物》，《康熙陝志》卷二〇下《人物》作"左布政"。

② 嘉靖甲辰：嘉靖二十三年（1544）。

③ 明朝胡侍《真珠船》"懷遠鎮"條考證認為，柳彧徙配地"朔方懷遠鎮"在遼東，與今寧夏無關。《嘉靖寧志》、《嘉靖陝志》及本志等均誤以為柳彧流放在今寧夏故地，故載柳彧為寧夏流寓者。寧夏各舊志均誤記柳彧為寧夏流寓者，蓋襲《嘉靖寧志》、《嘉靖陝志》等之誤。

④ ［校］潘原凱：《弘治寧志》卷八《雜詠·梅所》、《嘉靖寧志》卷七《文苑·詩·梅所》及本志卷五《詞翰·詩·梅所歌為流寓郭原》均作"潘元凱"。

承廣，延陵人。洪武初，為南昌都司知事。謫戍寧夏，詩筆豪逸。

王潛道，① 天台人。洪武初，為秦州主簿。謫戍寧夏，酷好題咏。

阮彧，字景文，錢塘縣人，任兵科給事中。同母弟誼謫戍寧夏，未及行乃卒，遂以彧代戍。永樂元年，以薦者言釋於戍所，復其官。工吟詠，尤長於四六。

陳矩，字善方，廬陵人。洪武初進士，以戶部主事謫戍寧夏，後復官江陵縣知縣。

唐鑑，字景明，姑蘇人，吳之稅戶。洪武初謫戍寧夏，詞韻雅健，有詩集。

葉公亮，天台人。洪武初謫戍寧夏，有詩名。

郭原，字士常，淮安人。洪武初，黔陽知縣。謫戍寧夏，號"梅所"。艱難之際，以詩酒自樂。

王友善，溧陽人。洪武初謫戍寧夏，以文學名。

胡官升，洪武間調中衛，工吟作。

武　階

鎮城

張泰，寧夏左屯衛指揮使，② 鎮守寧夏。語在《宦蹟》。③

仇廉，寧夏前衛指揮。語在《宦蹟》。

黃瑀，寧夏右屯衛指揮僉事，授協同，分守東路興武營。

何文，寧夏右屯衛致仕指揮使。④ 天順初，虜犯大壩急，文攜其子指揮琳破之，陞都指揮僉事，仍許見任。

何琳，文之子，以從父大壩有功，陞都指揮僉事，授協同，分守東路興武營。

仇理，廉之子，以薦陞都指揮僉事，授協同，分守東路興武營。

---

① ［校］王潛道：此同《弘治寧志》卷二《流寓》，《嘉靖陝志》卷三一《文獻十九·流寓》作"王潛通"。

② ［校］左屯衛指揮使："屯"、"使"二字原脫，據《弘治寧志》卷二、《嘉靖寧志》卷二《寧夏總鎮·武階》補。

③ 參見本志卷二《內治·宦蹟》。下同。

④ ［校］右屯衛：《嘉靖陝志》卷十九《文獻七·全陝名宦》作"左屯衛"。

任信，寧夏前衛指揮使，以功陞都指揮僉事。兵車之製及教演之法，皆任其責，當時盛稱其長。

張翊，泰之子，以指揮使陞寧夏遊擊將軍，改左叅將，分守西路。

劉忠，寧夏右衛指揮使，以軍功陞都指揮僉事。

劉端，寧夏衛指揮使，累立戰功。以正德五年平叛擒賊，陞右軍都督府都督僉事。

王泰，寧夏左屯衛指揮使，以軍功陞都指揮僉事，歿於陣。

王通，泰之子，以父泰死王事，由指揮使陞都指揮。

顧玘，寧夏衛人，從征大同，累立軍功，陞錦衣衛指揮僉事。

仇鉞，寧夏前衛人，鎮守寧夏，進咸寧侯。平寘鐇變後，平河南流賊，各立生祠祀之。詳見《宦蹟》。

史鏞，寧夏右衛指揮同知，歷陞都督僉事，鎮守甘肅。長於籌畫，尤善攻守，負良將風。

鄭卿，寧夏前衛指揮使，歷陞都督同知，鎮守陝西。善恤將士，騎射精絕，遇敵勇敢直前。秋毫不取於人，陝鎮迄今思之。

陳珣，寧夏衛指揮同知，歷陞都指揮僉事，鎮守四川、貴州、延綏三鎮，皆以賢能調也。

鄭廉，寧夏左屯衛指揮使，歷陞副總兵，協守甘州、延綏二鎮，皆以謀勇稱。

沈瑁，寧夏左屯衛指揮使，陞都指揮，守備靖虜。

尹清，寧夏衛千户，歷陞都指揮使，授叅將，分守寧夏東路，歿於陣。

高顯，寧夏中屯衛指揮同知，陞都指揮，授叅將，分守寧夏西路。

保勛，寧夏衛千户，累官至都督僉事，鎮守寧夏。

趙應，前衛指揮，鎮守寧夏總兵官。

吳鼎，右衛指揮，鎮守榆林、宣大、寧夏三鎮。

楊賢，寧夏前衛所鎮撫，歷陞都督僉事，充左副總兵，鎮守山西。

史經，見武舉科。

江山，寧夏前衛指揮使，陞都指揮同知，守備洮州。

張年，寧夏衛指揮使，有文武才，歷陞叅將，分守寧夏東路，調守洮州。

吳雲，寧夏前衛指揮使，陞都指揮協同，分守興武營。

孫瓚，寧夏右屯衛指揮使，以軍功陞都指揮僉事。

羅賢，寧夏前衛指揮使，以都指揮守備平虜，以功陞都指揮使。餘功該進都督同知，以其極品，不輕授焉。

孫茂，寧夏右屯衛指揮，以賢能薦陞都指揮。體統行事，守備平虜城。

楊淮，寧夏前衛指揮同知，以軍功陞都指揮僉事。

劉恩，寧夏右屯衛指揮使，陞都指揮，守備平虜。

王銳，寧夏左屯衛指揮使，陞都指揮僉事。

劉威，寧夏左屯衛指揮同知，欽依都指揮。體統行事，守備大壩。

曹江，寧夏中屯衛指揮同知，欽依都指揮。體統行事。守備階文。

鄭時，廉之子。身長力強，騎射過人，薦陞寧夏遊擊將軍。

黃恩，寧夏右屯衛指揮使，陞都指揮，守備靖虜。

李翰，寧夏左屯衛指揮使，陞都指揮僉事。方面寧夏，立身清謹。

孫吉，瓚之子，以都指揮守備平虜城。

趙廉，寧夏中屯衛指揮同知，陞都指揮僉事、協同，分守興武營。

陳爵，寧夏前衛指揮同知，陞都指揮，守備環縣。

呂仲良，寧夏右屯衛指揮使，歷陞偏頭關糸將。善測夷情，久經戰陣。

楊時，寧夏右屯衛指揮同知，陞都指揮，守備環縣。

成梁，寧夏衛指揮，負膂力，敢戰鬥，以薦陞協同，分守廣武營。

何濟，寧夏左屯衛指揮使，陞都指揮僉事。

趙憲，寧夏前衛指揮使，以軍功陞都指揮僉事。

王濬，寧夏右屯衛指揮使，以軍功陞都指揮僉事。

賈德，寧夏左屯衛副千户，由軍功陞都指揮僉事。

施寬，寧夏左屯衛都指揮僉事，歷陞遊擊。

高震，顯之弟，指揮同知，以軍功陞都指揮僉事。

彭原，寧夏衛人。景泰間，以材力舉任錦衣衛大漢石户。

盧義，寧夏衛人。成化初，以材力舉任錦衣衛大漢百户。

呂經，寧夏右屯衛都指揮僉事，歷陞甘肅、陝西總兵官。忠勤廉慎，迥出時輩。綏靖邊圉，屢奏奇績。尤善撫士卒，多得其死力焉。

茆隆，寧夏衛指揮，歷陞糸將。

鄭印，寧夏左衛指揮，歷陞甘肅總兵。

王寶，寧夏衛指揮，歷陞涼州副總兵。

保周，寧夏衛指揮，歷陞叅將。

王澤，寧夏中屯衛百户，由武科陞永昌遊擊。

王棟，寧夏右屯衛指揮，歷陞靈州叅將。

鄭獻，寧夏前衛指揮，歷陞寧夏副總兵。

李嵩，寧夏衛指揮，歷陞靈州叅將。

錢炳，寧夏左屯衛指揮，歷陞蘭州、陝西等處叅將。

孟鸞，寧夏衛指揮，歷陞陝西叅將。廉慎不苟，深明戰守之機，猳虜服畏。

郜思忠，寧夏衛千户，歷陞平虜城叅將。

石玉，寧夏衛千户，歷陞靖虜叅將，語在《宦蹟》。

何其昌，寧夏左衛指揮，歷陞榆林副總兵。

吳嵩，寧夏前衛指揮，歷陞定邊副總兵。

李印，寧夏衛指揮，歷陞定邊副總兵。

李孝，寧夏左衛指揮，歷陞保寧叅將。

葛臣，寧夏衛指揮，歷陞甘州副總兵。

曹伸，寧夏中屯衛指揮，歷陞遊擊。

徐綱，寧夏衛指揮，歷陞遊擊。

黄録，由武科陞陝西都司。

黄時淵，中屯衛人，由武科陞守備。

馬經，寧夏左衛指揮，陞領班地方都司。

劉爵，寧夏右屯衛指揮，歷陞延綏叅將。

徐通，寧夏右屯衛指揮，歷陞興武營協同。

徐鸞，通之子，陞洪水堡守備。

何極，寧夏左屯衛百户，歷陞陝西靈州叅將。

屈漸伸，寧夏右衛千户，歷陞遊擊。

羅鎧，寧夏前衛指揮，陞鎮靖守備。

魏璋，寧夏衛百户，歷陞固原遊擊。

鄭暘，寧夏衛指揮使，陞巡邊營守備。謀悉機宜，折服猳虜。

王价，寧夏前衛指揮，歷陞興武營遊擊。

劉濟，寧夏衛指揮，歷陞平虜叅將。

沈吉,① 右衛指揮,歷陞興武協同。

王恩,歷陞鎮虜守備。

王植,寧夏衛指揮,陞領班都司。

楊恩,右衛,實授百户,歷陞高臺遊擊。

張威,右衛千户,陞中軍都司。

張勛,寧夏衛人,陞屯田都司。

趙賢,應之子,前衛千户,陞領班都司。

馬雲,經之子,陞鎮羌守備。

來臣,寧夏衛千户,陞萬全守備。

陳琦,左衛人,由武科歷陞平虜叅將。

吳汝山,右衛都指揮,鼎之子,陞榆林坐營都司遊擊。

羅恩,陞平虜守備。

劉賢,陞平虜守備。

姜河,左衛千户,歷陞甘州副總兵。

朱三省,中屯衛指揮,陞玉泉營守備。

錢載,左衛千户,歷陞玉泉營遊擊。

汪度,前衛指揮,陞甘州行都司。

陳金,中屯衛千户,歷陞固原遊擊。

石松,玉之子,寧夏衛千户,歷陞陝西階州叅將。

楊珣,陞陝西都司。

孟學孔,寧夏衛千户,陞坐營都司。

李植,前衛指揮,歷陞玉泉營遊擊。

周基,右衛指揮,陞甘州行都司。

徐應禎,中屯衛指揮,歷陞領班都司。

張昕,寧夏衛指揮,歷陞中衛叅將。

周世忠,中屯衛指揮,陞嘉峪關守備。

石棟,松之弟,寧夏衛指揮,見任鎮靖叅將。

李登,中屯衛指揮,歷陞京營遊擊。

朱綬,左衛指揮,陞石空寺守備,壬辰被害。

陳棟,左衛指揮,歷陞遊擊,壬辰被害。

① ［校］沈吉:《萃編》本作“沈言”。

李承恩，印之子，寧夏衛指揮，陞玉泉營守備，壬辰被害。

沙楊，寧夏衛千户，陞撫夷守備。

苟應龍，寧夏衛百户，歷陞玉泉營遊擊。

趙寵，左衛千户，由武科陞延綏糸將。

施才，左衛所鎮撫，陞地方都司。

戚龍，右衛指揮，陞巡撫標下中軍都司。

江廷輔，前衛指揮，歷陞玉泉營遊擊。

沈光祖，寧夏衛指揮，歷陞甘肅遊擊。

王盡道，右衛指揮，陞屯田都司。

李化龍，孝之子，陞中軍，調石空寺守備。

吳繼呂，嵩之子，寧夏衛千户，陞撫夷守備。

馬承光，雲之子，陞撫夷守備，壬辰被害。

茆金，寧夏衛千户，由武科陞波羅守備。

趙世勳，由武科陞守備。

葉世勛，陞守備。

陳雷，前衛指揮，陞橫城守備。

江應詔，前衛指揮，歷陞井坪糸將，見任薊鎮副總兵。

施大顯，左衛指揮，陞大壩守備。

李繼先，左衛指揮，陞黃甫川守備。

趙捷，陞橫城守備。

李鯤，寧夏衛百户，歷陞靈州糸將。

張曙，昕之弟，寧夏衛指揮，見任興武糸將。

戴邦治，左衛指揮，陞橫城守備。

曹以忠，伸之子，中屯衛指揮，陞大壩守備。

黃培忠，中屯衛千户，陞大壩守備。

王嘉評，中屯衛指揮，歷陞莊浪糸將。

馬允登，左衛指揮，見任平虜糸將。

解國重，前衛指揮，陞文縣守備。

王問臣，寧夏衛指揮，陞大壩守備。

金汝卿，中屯衛指揮，陞清水營守備。

沈勳，吉之子，見任蘭州都司。

賈助，陞清水營守備。

汪濟民，度之子，前衛指揮，見任大壩守備。

呂應兆，寧夏衛指揮，由武科陞甘鎮威遠遊擊。

劉弘業，由武科歷陞文縣守備。

孟應熊，寧夏衛千戶，見任古水守備。

馬載道，承光之子，見任寧夏屯田都司。

靈州

郭震，由武科陞南北京提督、陝西總兵、中左二府僉書，以禮致仕。

郭淇，震之子，正千戶，陞鎮靖叅將。

韓欽，陞延綏總兵。

蘇勇，陞西路叅將。

俞京，陞西寧叅將。

韓英，陞後衛叅將。

李福，陞興武守備。

楊朝，百戶，陞玉泉營遊擊。

丁繼祖，百戶，陞興武營遊擊。

韓世業，指揮同知，陞寧夏屯田都司。

楊禎，陞橫城守備。

郭維校，淇之子，正千戶，陞四川僉書都司。

王承恩，正千戶，見任安定堡守備。

孟崇禮，指揮僉事，陞清水營守備。

韓體仁，指揮同知，陞石空寺守備。

盧養材，指揮僉事，陞石空寺守備。

後衛

鄭時，陞都指揮領班備禦。

杜良，陞寧夏坐營都司。

楊釗，陞都指揮領班備御。

鄭誥，時之子，陞靖邊守備。

劉栢，陞莊浪遊擊。

馬天恩，陞玉泉營守備。

劉繼爵，歷陞平虜叅將。

趙維翰，見任甘肅副總兵。

中衛

雍彬，都指揮僉事，歷任陝西遊擊。

楊忠，都指揮僉事，任寧夏地方都司，事見《忠烈》。①

常世臣，指揮同知，任寧夏地方都司。

詹鑑，都指揮僉事，統兵寧夏。

王爵，都指揮僉事，統兵寧夏。

王紀，由指揮陞都指揮僉事。

常綱，陞守備。

耿欽，陞參將。

劉儀，陞遊擊。

常存禮，陞都司。

馮中立，陞涼莊遊擊。

黃恩，陞興武營協同。

詹恩，陞寧夏遊擊。

李隆，陞玉泉守備。

劉繼勳，陞玉泉守備。

張世德，陞平虜守備。

武科

正德戊辰科史經。② 見《武階》。丁丑科張言。③ 庚辰科保周。④ 見《武階》。

嘉靖乙未科黃綺、⑤ 見《武階》。王澤。見《武階》。戊戌科郭震。⑥ 見

① 參見本志本卷《忠》"楊忠"條。

② 正德戊辰：正德三年（1508）。

③ 丁丑：正德十二年（1517）。

④ 庚辰：正德十五年（1520）。

⑤ 嘉靖乙未：嘉靖十四年（1535）。

⑥ 戊戌：嘉靖十七年（1538）。

《武階》。庚戌科黄時淵。① 見《武階》。癸丑科黄極。② 見《武階》。乙丑科陳琦。③ 見《武階》。

萬曆甲戌科茆金。④ 見《武階》。丁丑科陳棟。⑤ 癸未科趙世勳、⑥ 見《武階》。趙寵、見《武階》。劉弘業、見《武階》。白薑。己丑科吕應兆。⑦ 見《武階》。壬辰科盧養鱗。⑧ 癸丑科吕學詩。⑨ 應兆之子。

忠

王俶，陝西都指揮，鎮守寧夏。永樂辛卯，⑩ 與虜鏖戰大河之西，⑪ 被創死。

指揮諸鼎、千户沈傑，俱同俶死事。

劉英，都指揮。成化初，在定邊營與虜戰死。

王理，指揮。成化初，在鴨兒巷與虜力戰死。

蘇諒、王震，皆指揮。成化四年，石城滿四作亂，同領軍戰死。

許顒，都指揮，⑫ 守備靈州。天順間，追虜至河套鹿泉。虜衆漸加，顒知墮虜計，乃獨據險，擎全軍回，留一卒供矢。將盡，又令卒回，矢盡自刎。虜忿其所傷者衆，乃剮其肉，碟其骨，炙以灌駝。後虜中來附者備言斃酋數人，又斃酋首之子三人，故有是慘。虜雖忿，甚奇之。

趙璽，指揮。弘治六年，與虜賊戰靈武口廟山墩下，遇害。

---

① 庚戌：嘉靖二十九年（1550）。
② 癸丑：嘉靖三十二年（1553）。
③ 乙丑：嘉靖四十四年（1565）。
④ 萬曆甲戌：萬曆二年（1574）。
⑤ 丁丑：萬曆五年（1577）。
⑥ 癸未：萬曆十一年（1583）。
⑦ 己丑：萬曆十七年（1589）。
⑧ 壬辰：萬曆二十年（1592）。
⑨ 癸丑：萬曆四十一年（1613）。
⑩ 永樂辛卯：永樂九年（1411）。
⑪ ［校］大河之西：《明太宗實録》卷一一二“永樂九年正月庚辰”條載敕甘肅總兵官侯宗琥曰，得報轄賊失捏干剽掠黄河東岸，寧夏都指揮王俶無謀輕敵，為賊所陷。故疑此戰當發生於大河之東。
⑫ ［校］都指揮：此同《乾隆甘志》卷三七《忠節》，《嘉靖寧志》卷二《寧夏總鎮·忠節》作“署都指揮僉事”。

　　王泰，都指揮。弘治十四年，河東領兵與賊戰，殁於陣。

　　楊忠，中衛指揮，為地方都司。廉勇多藝，鎮人德之。正德五年，寘鐇變，丁廣殺巡撫安公〔惟學〕於行臺，忠以大義罵廣，廣殺之。當是時，使忠少忍，出臺集衆，〔何〕錦、〔丁〕廣可即圖，不能遑其兇於一十八日也。事聞，朝廷賜祭，廕其子欽都指揮，表其門曰"忠烈"，巡撫馮清挽之以詩。

　　李睿，都指揮。寘鐇變，憤罵不屈，為亂軍所害。事聞，朝廷賜祭，廕其子為指揮，表其門曰"忠烈"。

　　張欽，右衛百户。寘鐇變，欽不臣逆，出奔，自縊於演武場。事聞，朝廷賜祭，廕其子官，表其門曰"忠節"。

　　成賢，指揮，①膽氣弓力冠絕一時。嘉靖十三年，套虜四萬餘騎入寇，賢從總兵官王效為前鋒，率八百騎迎於秦壩，同衆力戰移日。賢獨當一面，虜被傷者衆，因併力攻賢，賢死之。事聞，朝廷廕其子梁為都指揮。呂仲良、劉勳、王濟，俱指揮，同賢没於戰陣。

　　楊璘，指揮。為神木縣糸將，與賊血戰而亡。

　　李時，指揮。嘉靖三十二年，領兵入衛，行至浮圖峪遇賊，血戰一日，手殺強虜頗多，碎屍而亡。大虜遂不得深入犯京，彼地免害，建祠祀之。張第、江崿，皆指揮，同時浮圖峪血戰陣亡，亦與祠祀。

　　戚文，指揮。驍勇素著，虜畏之，不敢近邊。猾酋以計誘出邊，伏兵邀接，文遂力戰而死。

　　陳垕、張策、陳勳，皆指揮。嘉靖三十八年，領兵入衛，至蔚州瓮城驛遇賊戰亡。

　　潘綱，左屯衛千户。嘉靖三十六年，伏河裴家渡遇賊戰亡。

　　楊汝松、周時，皆百户。嘉靖三十二年，領軍入衛，行至浮圖峪遇賊戰亡。

　　呂綸，百户。嘉靖三十八年，紅山堡遇賊戰亡。

　　李恩，千户。嘉靖四十三年，廣武營高廟兒遇賊戰死。

　　都指揮魏信、朱鼎，指揮陳忠、李恭、曹宗堯，千户沈傑、李賢、徐紀、劉鎮、王清、徐相、邵真、張垣、鄭國、楊臣，百户周臣、史

────────────

　　①　〔校〕指揮：此同《乾隆甘志》卷三七《忠節》，《嘉靖寧志》卷二《寧夏總鎮·忠節》作"指揮同知"。

書、王邦、魏昂、湯雲、楊舉、王通、劉樞、朱賢、白清、秦仲賢，俱陣亡。

韓選，靈州都指揮。嘉靖三十二年，虜由橫城入犯，選為千總，從總兵官姜應熊奮勇堵截。自卯至酉，力竭碎屍，虜卒不得下。靈人以安，皆選之力也。事聞于朝，贈職建祠，歲時致祭。

陳棟，原任遊擊，以驍勇名。萬曆二十年，哱〔拜〕、劉〔東暘〕叛亂，計誘棟，不從，箠楚囚殺之。

馬承光，撫夷守備。中衛互市，聞變，與遊擊梁琦馳回，將效仇鉞擒逆故事，哱承恩、許朝令逆丁殺於城下。

朱綏，原任守備，謀擒哱〔拜〕、劉〔東暘〕事泄，被縛北樓刃殺之，棄屍於水。

李承恩，原任守備，謀擒哱〔拜〕、劉〔東暘〕，機泄被害。

李佩，承恩子，性剛力強，即渡河討兵報父仇，被縛，怒不屈膝，罵不絕聲，凌遲死。

指揮張佩，謀獻西城，事泄殺之。

王極，中衛領兵追虜，[1] 至古場兒被殺。

王琦，奉軍門令易糗糧，賊緝獲，凌遲死。

趙承先、戚卿，約獻西城，計畫已定，西營失應，被賊箠楚四十，勒死獄中。

百戶陳漢，撫院門下供應官，賊忌殺之。

王徹，曾揭哱拜父子青海侵冒錢糧，復設謀不密，哱〔承恩〕、許〔朝〕啣恨殺之。

呂擢，赴鎮河灘驅哱賊牛馬，仍運窨草以供征兵。賊縛至鎮，箠楚監殺之。

王繼哲，恃勇，誓欲擒賊，執禁古廟死之。

張世傑，屢報賊情，與王師且輪供芻草，賊執至鞭撻，無完膚死。

姜應奎，同宗子謀獻東城，未遂，被殺。

陳縉，管常信堡，殺賊黨，逆賊執至鎮，凌遲死。

施威，守李綱堡，偵賊動定，報平虜將官。仍約弟男內外同謀除賊，賊執威至，箠殺之。

---

① 《乾隆甘志》卷三七《忠節》載其為“中衛指揮”。

生員納賦，因姪指揮納舟廣武渡兵，許朝執賦并子納楫、族人納坤、納稅、納福、納書殺於市，罄其家。

蔣三重，謀殺偽把總雷鳴，機泄被執，三重直項罵賊而死。

武生陳松、童生李友桂、郭自謙，謀獻西城，與戚卿同約，夜赴鼓樓，舉火為號。西營失應，同時被害。

總旗安宗學，賊索總兵符印、旗牌，宗學阻攔被執，箠楚監殺之。

王天直、白葵，始謀獻城，賊執殺之。

孫九齡，賊邀入黨，不從，斷其手膊，仍梟之。

王懋德、王承德、王嗣德、張直，約獻西城，西營失應被執，內承德罵不絕口，瀕死，猶以不早殺賊，切齒忿恨死。

吏識杜祥，因賊掠諸堡，祥具稟平虜將官防備，賊覺，加剮剝刑，臠其肉以飼犬。

陳九敘，同趙承先謀獻西城，預帖以報，仍立誓詞。事未就，九叙被執，即將誓詞嚥入，甘心賊手，是以同謀善類免害者多。

舍餘王朝、王宰、楊仁，偵賊動定，報平虜將官，賊執北樓殺之。

張大綱、張其，始謀獻城，被囚逸出，賊復撲殺之。

瞿桂、瞿相、瞿樞、瞿棟、瞿材、瞿東、瞿尚禮、瞿尚義，因族首百戶瞿坊管魏信堡，擒殺許朝族丁，朝拘八人，盡殺之。

王訓、吳朝棟、王應登、姚錦、姚選、郭南、自謙之父。周寧、姚希安、錢益、王櫃，同獻西城，被許朝執殺之。

任天慶，慶陽人，流住寧夏，與妻議製鐵杵擊賊，與應襲、張應魁寓謀。隣婦包氏與張有隙，密報許朝。執二人至，詰之，應魁不服，天慶厲聲曰：“賊奴不必問，與他不相干，原是我恨爾賊奴背違朝廷，害官害民，恨不得先事早殺朝賊。”怒縛天慶遊市斬首，竿之城頭，碎其屍。

張龍，掣船東岸，以絕賊渡。又擒賊黨，解靈州梟示。賊恨，捕龍至鎮，殺之。

陳文通、孟舉、張大勳，會議獻城，事泄，賊捕至，立殺之。

軍丁賈謨、畢廷臣、任甲、王元、高敏、劉一元、鍾達、張友智、談守用、劉應奎、蔣忠、梁朝簡、龍氣、張倉、李孜、楊羔宿、劉侯、岳火力赤、陳谷、顧朝相、王德、劉伏、岳達子、王大用、周尚禮、王虎刺亥，謀獻西城，事泄，悉被慘殺。

周阿都赤、周虎壩，暗寫匿帖，箭射出城，賊覺，箠楚八十，監殺之。

錢栢，中衛奮勇堵虜，被殺之。

王洪、趙什一、董計、石阿孫、王阿多、謝友貴，俱與戚卿合謀獻城，一時被賊執殺之。以上官軍士民俱奉勅旌表，建祠曰"顯忠"，春秋致祭。

常信堡民張伏三、張大經、胡希禹、李現、潘奉、謝邦林，協從堡官，嫉恨逆賊張保等逼取牛車，轉運芻薪、豬、羊、鵝、鴨，殺之。賊恨刺骨，誘縉出城束縛，伏三等追救，賊伏兵突起，執伏三等六人，同陳縉支解。

張祥、胡受哇、徐秀、鄭天玉、王詔、繆庄哇、徐暑哇、徐敢哇、徐海、徐九九、徐漢、張文選、張黃哇、張雨哇、石春哇、石蠻哇、干香、徐冑、徐九元、田六六、石地哇、石良、鄭當哇、劉蹉哇、杜成和、陳五斤、張恩、張六指、劉邦正、韓驢哇、許德、許田哇、胡剛、石張公保、李喜哇、張李哇、石地哇、石孫哇、李果、張喜哇、李五哇、張保哇、張倉哇、徐邦奇、徐邦彥、三兒、徐彥學、吳應麒、陳文選、陳召哇、方端、蔡愷、徐牛哇、劉惟淮、劉雪哇、雷廷甫、李景落、李元、徐虫哇、車喜喜、徐常哇、何進進、劉八哇、劉敢哇、劉八八、胡舍哇、胡羊哇、王早兒、常韋、孝孝、張馬住、劉外家保、陳孝兒、邵卷哇、邵七哇、徐棟、石打城、楊七哇、陳華、陳付、張召哇、劉地哇、陳玉、江其。逆賊遣兵屠堡，祥等被賊殺者八十四名，奉勅旌表建祠，春秋致祭。

孝

唐

侯知道、程俱羅，俱靈武人，孝行異常。《贊序》曰：靈武二孝曰侯知道、程俱羅，目不覿朝廷之容，[1] 耳不聞韶夏之聲，足不登齊魯之境。所見戎馬、旃裘，糸於夷狄，而能生養以孝、沒奉以哀。穿壙起墳，出於身力。鄉人助之者，哭而反之。廬於塚次，號泣無節，侯氏七年矣，程氏

---

① ［校］覿：原作"觀"，據《李遐叔文集》卷一、《文苑英華》卷七八〇《二孝贊》改。

三年矣。① 根於天性，陶我孝理，其至乎哉！埃垢積首，草生髮間。每大漠晨空，連山夜寂。人煙四絕，虎豹與鄰。擁墳椎膺，聲氣咽塞。下入九泉，上徹九天。背爛心朽，皮枯節攣。草木先秋而凋落，景氣不時而凝閉。殊鳥異獸助之，悲號萬物有極。此哀無窮大哉，二子能以孝終始乎？語曰："孝如曾參，不忍離其親。"② 生既不忍，歿忍離之哉？二子之孝，過於曾氏矣。③ 昔吳起忍與母盟，陳湯忍匿父喪。起謀復楚霸而戮死，④湯功釋漢恥而囚廢。神道昭昭，若何無報？九州之衆，誰非人子？踐霜露者，聞風永懷。士有感一諾一顧，猶或與之死生；嘉一草一木，猶或為之歌詠。而況百行之宗，終天之感乎？華奉使朔陲，欲親往弔焉。屬河凌絕渡，願言不果。憑軾隔川，寄聲二孝，同為《贊》一章，敢旌善人，以附惇史。其文曰："厥初生人，有君有親。孝於親者為子，忠於君者為臣。兆自天命，降成人倫。⑤ 背死不義，忘生不仁。愚及智就，為之禮文。禮文不能節其哀，繫道德之元純。至哉侯氏，創鉅病殷，手足胼胝，成此高墳。蔬果為奠，茅蒲為茵。其奉也敬，其生也貧。大漠、黃沙、空山、白雲，梧庭既夕，松路未晨。寇戎接境，豺狼成群。夜黑飆動，如臨鬼神。哭無常聲，迥徹蒼旻。風雨飄搖，⑥ 支體鱗皴。色慘莪蒿，⑦ 聲酸棘薪。且斬三年，而獨終身。邑子程生，⑧ 其哀也均。顧後絕配，瞻前無鄰。冬十一月，河冰塞津。吾將弔之，⑨ 其路無因。寄誠斯文，揮涕河濱。"

---

① ［校］三年：《萃編》本誤作"二年"。

② 本段"語曰"參見《史記》卷六九《蘇秦傳》。

③ ［校］曾氏：原作"曾參"，據《李遐叔文集》卷一、《文苑英華》卷七八〇《二孝贊》改。

④ ［校］楚霸：《李遐叔文集》卷一《二孝贊》作"楚伯"。

⑤ ［校］降成：此同《李遐叔文集》卷一、《唐文粹》卷二四《二孝贊》，《文苑英華》卷七八〇《二孝贊》作"降及"。

⑥ ［校］飄搖：《李遐叔文集》卷一、《文苑英華》卷七八〇《二孝贊》等均作"漂搖"。

⑦ ［校］莪蒿：原作"莪高"，據《李遐叔文集》卷一、《文苑英華》卷七八〇《二孝贊》等改。

⑧ ［校］邑子：此同《文苑英華》卷七八〇、《唐文粹》卷二四《二孝贊》，《李遐叔文集》卷一《二孝贊》、《新唐書》卷一九五《侯知道程俱羅傳》均作"嗟嗟"。

⑨ ［校］弔：此同《文苑英華》卷七八〇、《唐文粹》卷二四《二孝贊》，《李遐叔文集》卷一《二孝贊》作"唁"。

國朝

王綱，字子文，① 寧夏衛指揮綸之弟。母喪廬墓，足不履城郭者三年。宣德間旌表。

節

殷氏，寧夏衛軍餘胡晶妻，年十六適晶，晶病革，語之曰："歿後幸無他適。"殷曰："諾。"晶歿之夕，殷遂縊之柩前。事聞，旌表。

時氏，都指揮王儆妻。儆死於敵時，聞知自縊而死。然夫死於敵，忠也；妻死於夫，義也。忠義盡於夫婦之間，故號為"雙節"。

黃氏，名京箴，寧夏左護衛指揮黃欽之妻也。欽以事繫官，懼罪自縊死，黃亦縊死，同棺殮焉。

常氏，小字保姐，寧州袁村里人。從父戍寧夏，適同戍鄉人劉金住，② 生一女早夭。金柱戰歿，常守義不辱，事夫之繼母胡氏暨撫夫之小妹無怠。有無賴少年第姓者強欲娶之，常峻拒不可。胡氏死，常治葬中禮。第姓者累脅之，常曰："妾夫亡之日，以死自誓，再不適人。矧汝與吾夫同戍於此，忍為言乎？"第姓者求之愈屬。泣辭夫之妹，出城外，坐水濱，呼天而哭者一晝夜，③ 飲恨赴水而死。

以上皆烈婦。

王氏，名善清，④ 寧夏總旗李某妻。舅病風累年，每遺矢溺，族屬皆掩鼻，王獨侍前，日與晒曝，每隆冬夜分，炻火燎炙之，曾不為嫌。夫死，其弟欲脅而嫁之，王不動。又脅之析居，王不得已，攜其二子還父家就食。其父母疾熱，欲思冰，時八月上旬也，王夜以二罌貯水，祈祝詰旦，視之果冰也，持奉二親，疾遂愈。王以壽終。

陳氏，衛學生胡璉妻也。其舅老且病，矢溺不下牀席，人不能近。時

---

① ［校］子文：《嘉靖陝志》卷三一《文獻·寧夏衛·鄉賢》、《乾隆甘志》卷三八《孝義·寧夏府》均作"子紋"。

② ［校］劉金住："住"原作"柱"，據《弘治寧志》卷二、《嘉靖寧志》卷二《寧夏總鎮·烈婦》、《嘉靖陝志》卷三一《文獻十九·寧夏衛·貞淑》改。下同。

③ ［校］一：此字原脫，據《嘉靖陝志》卷三一《文獻十九·寧夏衛·貞淑》補。

④ ［校］善清：《萃編》本作"善卿"。

其夫赴舉，陳率其幼子晝夜候寢門外，曲意扶持。其晒曝洗濯，一出誠懇。舅病革，乃執陳父手曰："吾以苦病累汝女，願汝女有好子、好孫如汝女。"感泣而卒。後陳氏事姑，亦如其舅云。

以上皆孝婦。

施氏，都指揮何琳妻。① 夫死，施方二十二歲，誓節不辱，冰霜凜然。撫其遺孤欽，至於成立。

王氏，寧夏衛千戶孫泰妻。年十八夫死，遺腹未娩，欲自縊，親族以存宗祀勸之，乃不死。撫其遺孤，嚴慈有道。時方紅顏，不問門外事。彊族利其官，欲搆害其母子者，王晝則閉門事女工，以供衣食，夜則號泣祝天，以祈庇佑，備歷艱苦。及子洪成立，而雙目瞽矣。全人之宗祀而不失其身，況處嗷嗷之間哉。

李氏，陣歿中護衛千戶彭泰妻。年二十歲寡居，撫遺孤旭成立，誓守無玷。

黃氏，右衛醫士汪銓妻。夫死乏嗣，時黃年二十，② 撫其孤女，適配名家，縈子勤苦二十餘年，無可疵議。

雍氏，中屯衛指揮曹澗妻。年二十六，夫故，遺孤宗堯二歲，雍上事媚姑，下育幼子，節操凜然。暨宗堯承襲，死於戰，又撫養遺孫伸，歷官陞遊擊將軍。撫按題請旌表其門，鄉稱"曹門三世節婦"云。

劉氏，陣亡都指揮李時妻。夫死無嗣，三十餘年貞守藥砧。夏人以夫為忠臣，妻為節婦，異之。

郭氏，前衛指揮汪鸞妻。夫死，郭年二十五，矢志不二，守歷三十七年，壽六十二而終。節凜冰霜，教子有成。

陳氏，千戶劉鎮妻。鎮禦虜戰歿，陳方二十六歲，父母欲奪其志，陳抱孤濟曰："背夫為不義，棄兒為不慈，吾安忍？"為誓不再醮。撫濟成立，終始無異議。

以上皆節婦。

---

① ［校］何琳：原作"何淋"，據《弘治寧志》卷二、《嘉靖寧志》卷二《寧夏總鎮·節婦》、本志卷三《武階·鎮城》"何琳"條改。

② ［校］二十：《弘治寧志》卷二、《嘉靖寧志》卷二《寧夏總鎮·節婦》均作"二十七"，《乾隆甘志》卷四三《列女》作"二十"，與本志同。

陳氏，中衛牟將种興妾。天順元年，① 興殁於賊，陳縊死。

郭氏，靈州陳鳳妻也。鳳賈游，殁於維揚，郭甫年二十一，聞即欲無生，以姑老，忍死奉養。郭美姿溫惠，巨室多求之者，而郭誓死不渝，年八十終。

張氏，寧夏前衛陶㳠妻。㳠死，張年二十九，遺孤在褓，更無伯叔兄弟。張誓不再適，後被夫姊陶氏利人之賄，逼之嫁，張即自縊，賴隣婦解救。自是蓬垢，勤女紅，辦衣食，育其孤賓，三十九年未嘗一出外戶，卒年六十八歲。② 事聞，嘉靖五年旌表其門。賓亦累立軍官至正千戶，不絕陶氏之祀者，實張之力，賓故不失為孝子也。

魏氏，後衛貢生宣大治妻。大治，萬曆九年三月疾卒，氏即撞夫棺而死。巡按御史陳公薦事聞，十一年分奉旨旌表其門曰“貞烈”。

李氏，故指揮趙炳妻。李氏，炳子指揮趙承先妻。姑媳俱名家女，有淑德。萬曆二十年兵變，承先謀獻西城，顧母有難色，母曰：“兒弟徃，勿吾慮。”妻亦從傍促之謂：“事不諧，吾當不玷君。”承先遂毅然徃。及事泄被縛，二氏聞之，媳叩姑辟，俱就縊。

朱氏，故千戶楊汝松妻。因男楊湛為我師糴糧決水，哼賊恨，執氏城頭，欲污之，不從，囚之，投繯死。

范氏，千戶楊寀妻。因夫糴糧餉軍，賊恨，執氏城頭，欲污之，不從，箠楚死。

梅氏，百戶陳縉妻。夫縉擒殺逆丁張保，賊縛縉殺之，氏痛夫，又懼賊污，自縊死。

王氏，冠帶總旗白福妻。因子白葵殺賊事泄，③ 被害，憤恨不食死。

林氏，冠帶官熊彥吉妻。④ 賊恨彥吉從官兵征，欲執氏配賊，氏聞之死。

王氏，右衛餘丁王明理妻。明理謀獻西城事泄，賊持刃擊之，傷伏地，復甦，執。氏不受污，至中途殺之。

---

① ［校］天順元年：原作“景泰間”。《明英宗實錄》卷二七七載，天順元年（1457）四月乙卯，寧夏左牟將都指揮使种興中流矢卒。據改。

② ［校］六十八：《康熙陝志》卷二二《列女》作“六十六”。

③ ［校］殺賊事：《康熙陝志》卷二二《列女》作“獻城事”。

④ ［校］熊彥吉：《康熙陝志》卷二二《列女》作“張彥吉”。

謝氏，平虜家丁孫時順妻。同夫俱被賊掠去，① 氏懼污，暗抽賊刃自刎死。

馬氏，靈州營家丁羅伏受妻。聞夫陣亡，哭五日，不食死。

其以上列女，俱奉勅旌表建祠，賜額曰“貞烈”，春秋致祭。

李氏、王氏，先同張伏三等執至，被賊支解，二婦至死罵不絕聲。

韓氏、陸氏、王氏、鄭氏、王氏、吳氏、王氏、朱氏、沈氏、王氏、安氏、鮑氏、吳氏、朱氏、沈氏、楊氏、蔣氏、汪氏、姚氏、周氏、楊氏、尤氏、金氏、王氏、任氏、王氏、毛氏、吳氏、蘇氏、張氏、王氏、魏氏、鄭氏、宋氏、陸氏、徐氏、孫氏，被賊屠堡，一時盡殺，奉勅旌表建祠，春秋致祭。

楊氏，廩生錢鏜妻。夫歿，氏甫二十七，撫孤苦守四十年，毫無瑕玷。巡撫黃公嘉善表其門“勁節凌霜”。

張氏，係萬元妻。夫亡，氏年二十。舅始垂白，子女稚幼，張事親以孝，撫孤向新成名。卒年八十，撫鎮縣表其節孝。

義

正統五年，寧夏大饑，巡撫都御史金濂奏設預備倉，勸鎮人之尚義者，各輸粟三百石以上賜勅旌表其門。茅貴、杜海、朱裡、焦原、趙友德、虞海、韓寅、黃銘、綏之曾祖。葉榮、孫俊、繆顯、葛謙、陳祥、張敬、唐顥、管矩、律之曾叔祖。吳仲名，以上皆受勅旌表其門者。

安廷瑞。自始祖安禮保，至千戶安廷璧、監生廷瑞，凡六世，百口同爨，閭門雍肅。中屯衛指揮曹江以其事奏聞，嘉靖五年間旌表其門。

齊至道，夏庠增廣生。自祖生員齊敬、父生員齊高，至至道，凡三世同爨雍睦。巡撫黃嘉善以恩詔表其門曰“三世同居”。

萬人重，鏹二十兩付之。②

---

① ［校］同夫俱被賊掠去：《康熙陝志》卷二二《列女》作“夫被賊掠去”。

② ［校］萬人重鏹二十兩付之：此九字意思不明，疑有脫文。《乾隆甘志》卷三八《孝義》載：“萬人重，寧夏人。明季，道拾鏹三十兩，係旗甲張加義完官租之銀，人重悉以付之。”

竊　據

赫連夏。按：赫連之先有劉虎者，漢時匈奴南單于之苗裔也。匈奴劉猛死，虎代領其衆居新興，號鐵弗氏。北人謂胡父、鮮卑母為"鐵弗"，[①]因以"鐵弗"為姓。代魏拓跋燾律擊破之，走出塞。虎死，其孫劉衛辰降苻秦。[②]攻魏，魏王拓跋圭擊之，走死。少子勃勃犇没弈干，[③]再犇後秦。姚興使鎮朔方，襲殺没弈干而併其衆。耻姓鐵弗，自謂帝王者為天之子，遂改其姓曰"赫連"氏，言其徽赫與天連也。其非正統者曰："鐵伐氏言剛鋭如鐵，堪伐人也。"

勃勃，字屈子，[④]小字屈丐，性驕虐貪猾，視民如草芥。嘗置弓劍於側，群臣近視者鑿其目，笑者抉其脣，諫者先截其舌，然後斬之。築居統萬城，城高十仞，基厚二十步，上廣十步，宮墻高五仞，其堅可以礪刀斧。臺榭壯大，皆雕鏤圖畫，被以錦繡。尤好矜大名其四門，東曰招魏，南曰朝宋，西曰服涼，北曰平朔。初稱"大夏天王"，再稱"皇帝"，在位十九年殂。[⑤]子昌立三年，魏王燾擒殺之。弟平原王定立四年，吐谷渾執獻於魏，魏殺之。三世共二十六年而亡。[⑥]

拓跋夏，本拓跋魏之後，流為党項別部。唐貞觀初，有拓跋赤辝者來

---

① ［校］北人謂胡父鮮卑母為鐵弗：本志原同《資治通鑒》卷一〇四、《十六國春秋》卷六六《夏録一·赫連勃勃》及《北史》諸本，"父"字後衍"為"字，中華本《北史》卷九三《鐵弗劉武傳》之《校勘記》［三］據《魏書》卷九五《鐵弗劉虎傳》刪。今從。"北人"，原作"胡人"，據《魏書》、《資治通鑒》、《十六國春秋》及《北史》改。按：唐朝因避諱而改"劉虎"為"劉武"。

② ［校］其孫劉衛辰降苻秦："孫"，原作"子"。《魏書》卷九五《鐵弗劉虎傳》載，虎子務桓，務桓子悉勿祈，悉勿祈弟衛辰。知衛辰為劉虎孫，非子。據改。"苻秦"，原作"符秦"，此指苻堅建立的前秦政權，據《晉書》卷一一三、一一四《載記·苻堅傳》等改。

③ ［校］没弈干：此同《北史》卷九三《赫連屈丐傳》，《晉書》卷一三〇《載記·赫連勃勃》作"没奕于"。

④ ［校］屈子：原作"屈子"，據《晉書》卷一三〇《載記·赫連勃勃》、《魏書》卷九五《鐵弗劉虎傳》、《十六國春秋》卷六六《赫連勃勃》、《元和郡縣圖志》卷五《關内道·夏州》等改。參見《晉書》卷一三〇《校勘記》［一］。

⑤ 十九年：自義熙三年（407）稱大夏天王至元嘉二年（425）殂，共19年。

⑥ ［校］二十六年：據《太平御覽》卷一二七《偏霸部十一》引《夏録》，三世在位當共25年，參見《晉書》卷一三〇《校勘記》［十三］。

歸，賜姓李，世居平夏。中和初，拓跋思恭以討黃巢功，復賜姓李，拜夏
綏節度使。思恭卒，弟思諫代為定難節度使。① 唐亡，歸梁。卒，思恭孫
彝昌嗣。② 其將高宗益作亂，殺之，將士立其族父仁福，③ 梁封朔方王。
梁亡，歸唐。卒，子彝超嗣。卒，兄彝殷代之。④ 歷事唐、晉、漢、周、
北漢，俱被顯爵。宋建隆初，獻馬，以玉帶賜之。乾德中卒，追封夏王。
子克叡立，⑤ 以破北漢吳堡功累加檢校大尉。卒，贈侍中。子繼筠立，檢
校司徒、定難節度觀察留後。遣兵助征北漢，略太原。踰年卒，弟繼捧
立，尋率族人入朝獻地，因其願留，乃授彰德軍節度使。

　　其族弟繼遷居銀州，數為邊患，詔繼捧圖之。初，繼遷高祖思忠嘗從
其兄思恭討黃巢，射渭橋表鐵鶴沒羽，既而戰沒。僖宗贈宥州刺史，祠於
渭陽。曾祖仁顏，⑥ 仕後唐銀州防禦使，祖彝景嗣於晉，父光儼嗣於周。
繼遷生於銀州無定河，生而有齒。及繼捧歸宋，時年二十，志落落，遂叛
去。數與繼捧戰，不利，乃歸欵。後與繼捧謀寇靈州，遣李繼隆討之，執
繼捧送闕下，詰釋其罪，封宥罪侯，卒。繼遷反復不臣，屢勤王師。咸平
初，遣使脩貢，授夏州刺史、定難節度。繼遷陷西涼，中創死，子德明
立。後德明追上繼遷尊號皇帝，元昊復追謚曰神武，⑦ 廟號太祖，墓號
裕陵。

　　德明小字阿移，母曰順成懿孝皇后野利氏，即位於柩前，奉表歸順，
封西平王。德明大起宮室於鏊子山，城懷遠鎮為興州以居。娶三姓，衞慕
氏生元昊，咩迷氏生成遇，訛藏屈懷氏生成嵬。仁宗明道元年卒，謚曰光
聖皇帝，廟號太宗，墓號嘉陵，子元昊立。

---

　　① ［校］定難：原作“靖難”，據《新唐書》卷二二〇上《党項傳》、《宋史》卷四八五
《夏國傳》改。

　　② ［校］思恭孫：此同《宋史》卷四八五《夏國傳》，《舊五代史》卷一三二、《新五代
史》卷四〇《李仁福傳》、《資治通鑑》卷二六七均作“思諫子”，疑是。

　　③ ［校］族父：此同《資治通鑑》卷二六七，《宋史》卷四八五《夏國傳》作“族子”。
按：仁福子均以“彝”名，仁福顯然是彝昌父輩，《宋史》疑誤。

　　④ ［校］兄：此同《資治通鑑》卷二七九，《舊五代史》卷一三二、《新五代史》卷四〇
《李仁福傳》、《東都事略》卷一二七均作“弟”。據《大晉故虢王妻吳國太夫人潰氏墓志銘並
序》，作“兄”是。參見鄧輝、白慶元《内蒙古烏審旗發現的五代至北宋夏州拓拔部李氏家族墓
志銘考釋》。

　　⑤ 克叡原名“光叡”，避宋太宗趙光義諱改。

　　⑥ ［校］仁顏：原作“任顏”，據《宋史》卷四八五《夏國傳》改。

　　⑦ ［校］曰神武：此三字原無，據《宋史》卷四八五《夏國傳》補。

　　元昊小字嵬理。國語謂"惜"為"嵬"，"富貴"為"理"。母曰惠慈敦愛皇后衛慕氏。五月五日生，國人以其日相慶賀。性雄毅，多大略，善繪畫，能剏製物始。圓面高準，身長五尺餘。曉浮圖學，通蕃漢文字。案上置法律，常携《野戰歌》、《太乙金鑑訣》。好衣長袖緋衣，① 冠黑冠，佩弓矢。從衛步卒，張青盖。出乘馬，以二旗引，百餘騎自從。德明嘗使人以馬榷易漢物，不如意，欲殺之，元昊年方十餘，諫曰："我戎人本從事鞍馬，而以資隣國，易不急之物已為非策，又從而殺之，失衆心。"德明從之。弱冠，破回鶻，遂立為皇太子。又數諫其父勿臣宋，德明戒之曰："吾久用兵，疲矣！吾族三十年衣錦綺，此宋恩也，不可負。"元昊曰："衣皮毛，事畜牧，蕃性所便。英雄之生，當霸王耳，何錦綺為！"既襲"西平"，明號令，以兵法勒諸部。乃居興州，地方萬里，皆即堡鎮號州郡，凡二十有二。河南之州九：曰靈、曰洪、曰宥、曰銀、曰夏、曰石、曰塩、曰南威、曰會。河西之州九：曰興、曰定、曰懷、曰永、曰涼、曰甘、曰肅、曰瓜、曰沙。熙秦河外之州四：曰西寧、曰樂、曰廓、曰積石。其地饒五穀，尤宜稻麥。甘、涼之間，以諸河為溉。興、靈則有古渠曰唐來、漢延，② 皆支引黃河，故灌漑之利，歲無旱澇之虞。

　　其民一家號一帳，男年登十五為丁，率二丁取正軍一人。每負贍一人為一抄，四丁為兩抄，餘號空丁。願隸正軍者，得射他丁為負贍，無則許射正軍之疲弱者。有左右厢，立十二監軍司，委豪右分統其衆。自河北至午臘蒻山七萬人，以備契丹。河南洪州、白豹、安塩州、③ 羅洛、④ 天都、惟精山五萬人，⑤ 以備環、慶、鎮戎、原州。左厢宥州五萬人，以備鄜、延、麟、府。右厢甘州三萬人，⑥ 以備西蕃、回紇。賀蘭駐兵五萬，靈州五萬，興州興慶府七萬人為鎮守。總三十餘萬。⑦ 別有擒生十萬，興、靈之兵精練者又二萬五千。⑧ 選豪族善弓馬者五千人迭直，號六班直，月給

---

　　① ［校］長袖：原作"常袖"，據《宋史》卷四八五《夏國傳》改。

　　② ［校］漢延：《宋史》卷四八六《夏國傳》作"漢源"。

　　③ ［校］安塩州："安"字原脱，據《宋史》卷四八五《夏國傳》、《長編》卷一二〇補。

　　④ ［校］羅洛：此二字原脱，據《宋史》卷四八五《夏國傳》、《長編》卷一二〇補。又，此二字《宋史》卷四八六《夏國傳》作"羅落"。

　　⑤ ［校］惟精山：原作"韋精山"，據《宋史》卷四八五《夏國傳》、《長編》卷一二〇改。

　　⑥ ［校］三萬：原作"二萬"，據《宋史》卷四八五《夏國傳》、《長編》卷一二〇改。

　　⑦ ［校］三十：原同《宋史》卷四八五《夏國傳》作"五十"，據《長編》卷一二〇改。

　　⑧ ［校］五千：此二字原脱，據《宋史》卷四八六《夏國傳》補。

米二石。鐵騎三千，分十部，為前軍，乘善馬，披重甲，刺砍不入，用鈎索絞聯，雖死馬上不墜。遇戰則先出鐵騎突陣，陣亂則衝擊之，步兵挾騎以進。每有事於西則自東點集而西，有事於東則自西點集而東，中路則東西皆集。用兵多立虛砦，設伏兵包敵。① 戰則大將居後，或據高險。

其人能寒暑餓渴。出戰率用隻日，避晦日。齎糧不過一旬。篤信機鬼，② 尚詛呪。每出兵則先卜，以艾灼羊髀骨，謂之“死跋焦”。③ 卜師謂之“廝乩”，④ 視其兆。上處為神明，近脊處為主位，近傍處為客位。蓋其俗以所居正寢中一間以奉鬼神，人不敢居，而主客之位則近脊而傍也，故取象於羊骨如此。俗皆土屋，惟有命得以瓦覆之。元昊自製蕃書，形體方整，類八分，而畫頗重複，教國人以此紀事。仁宗寶元初稱“皇帝”。凡五娶：一遼興平公主；二宣穆惠文皇后沒藏氏，⑤ 生諒祚；三憲成皇后野利氏；四沒哆氏；⑥ 五索氏。在位十七年，改元開運一年、廣運二年、大慶二年、天授禮法延祚十一年。⑦ 殂，諡武烈皇帝，廟號景宗，墓號泰陵。⑧

長子諒祚立，小字寧令哥。⑨ 國語謂“懽喜”為“寧令”。⑩ “兩岔”，河名也。沒藏氏與元昊出獵，至此而生，遂名焉。寔慶曆七年丁亥三月六

---

① ［校］包敵：原作“砲敵”，據《宋史》卷四八六《夏國傳》改。

② ［校］機鬼：此同《四庫》本《宋史》卷四八六《夏國傳》、《嘉靖寧志》卷一《寧夏總鎮·風俗》，中華本《宋史》卷四八六《夏國傳》、《嘉靖寧志》卷六《拓跋夏考證》均作“機鬼”。

③ ［校］死跋焦：此同《夢溪筆談》卷十八《技藝》，《宋史》卷四八六《夏國傳》、《隆平集》卷二〇《夏國傳》均作“炙勃焦”。

④ ［校］廝乩：原作“廝覘”，據《夢溪筆談》卷十八《技藝》改。

⑤ ［校］惠文：“惠”字原脱，據《宋史》卷四八五《夏國傳》補。

⑥ ［校］沒哆：原作“沒移氏”，據《宋書》卷四八五《夏國傳》、《隆平集》卷二〇、《東都事略》卷一二七改。

⑦ ［校］禮：原作“福”，據《宋史》卷四八五《夏國傳》等改。

⑧ ［校］泰陵：原作“太陵”，據《宋史》卷四八五《夏國傳》改。

⑨ ［校］據《宋史》卷四八五《夏國傳》釋義，諒祚小字疑當作“寧令兩岔”。《西夏書事》卷十八“慶曆七年（1047）春二月”條作諒祚始名“寧令兩岔”。《夢溪筆談》卷二五《雜誌》載，“寧令”漢語意為“大王”。《隆平集》卷二〇《夏國傳》、《長編》卷一六八“慶曆八年（1048）春正月”條載，“甯令哥”為諒祚兄之名。《東都事略》卷一二七《西夏傳》、《長編》卷一六八“慶曆八年春正月”條載，諒祚為元昊遺腹子。

⑩ ［校］懽喜：此同《四庫》本《宋史》，中華本《宋史》卷四八五《夏國傳》作“歡嘉”。

日也。方期歲即位，母族訛龐專國，諒祚討殺之，已而請去蕃禮，從漢儀，詔許之。又表求太宗御制真草、① 隸書石本，且進馬，求《九經》、《唐書》、② 《册府元龜》及本朝正至朝賀儀。詔賜《九經》，還所獻馬。英宗治平間屢入寇。在位二十年，殂，改元延嗣寧國一年、天祐垂聖三年、③ 福聖承道四年、奲都六年、拱化五年，諡昭英皇帝，廟號毅宗，墓號安陵。

長子秉常立，恭肅章憲皇后梁氏所生也。④ 秉常幼，梁氏攝政，表請去漢儀，復用蕃禮，詔許之。尋被幽執。秉常在位二十年，殂，改元乾道二年、天賜禮盛國慶五年、大安十一年、天安禮定二年，⑤ 諡康靖皇帝，廟號惠宗，墓號獻陵。

長子乾順立，昭簡文穆皇后梁氏所生也。建國學，設子弟員三百，立養賢務，以廪食之。遼以成安公主下嫁。金滅遼，乃稱藩於金。自後宋使至者，引見之始用敵國禮。⑥ 靈芝產於國中，作《靈芝歌》。在位五十四年，殂，改元天儀治平四年、天祐民安八年、永安三年、貞觀十三年、雍寧五年、元德八年、正德八年、大德五年，諡聖文皇帝，廟號崇宗，墓號顯陵。

長子仁孝立，尊其母曹氏為國母，納后罔氏，⑦ 上尊號曰制義去邪。乃建學立教，釋奠孔子而帝尊之。策舉人，立唱名法。復建內學，選名儒主之。增修法律，賜名“鼎新”。立通濟監鑄錢。立翰林院，以焦景顏、王僉等為學士，⑧ 俾修實錄，大禁奢侈，在位五十五年，殂，改元大慶四年、人慶五年、天盛二十一年、乾祐二十四年，諡聖德皇帝，廟號仁宗，墓號壽陵。

---

① ［校］真草：原作“草詩”，據《宋會要》禮六二之四〇、四一改。又，中華本《宋史》據《長編》卷一九六改“草詩”作“詩章”，參見《宋史》卷四八五《校勘記》［二六］。

② ［校］唐書：原作“唐史”，據《宋會要》禮六二之四〇、四一改。

③ ［校］祐：原作“佑”，據《宋史》卷四八五《夏國傳》等改。

④ ［校］章憲：原作“章獻”，據《宋史》卷四八六《夏國傳》改。

⑤ ［校］二年：本志原同《宋史》卷四八六《夏國傳》，均作“一年”，李華瑞《西夏紀年綜考》一文據西夏王陵出土殘碑及《重修護國寺感通塔碑銘》等改。

⑥ ［校］引見：《弘治寧志》卷六《拓跋夏考證》作“保見”。

⑦ ［校］罔氏：原作“岡氏”，據《宋史》卷四八六《夏國傳》改。

⑧ ［校］王僉：原作“王儉”，據《宋史》卷四八六《夏國傳》改。

　　長子純佑立，①章獻欽慈皇后羅氏所生也。改天元慶，在位十四年。②從弟李安全廢之而自立。純佑尋殂，諡昭簡皇帝，廟號桓宗，墓號莊陵。安全立之四年降於元，③又二年殂，在位六年。改元應天四年、皇建二年，諡敬穆皇帝，廟號襄宗，墓號康陵。有子曰承禎，未立，族子遵頊立，改元光定。金封為夏國王。元兵攻夏，傳國於其子德旺。遵頊在位十三年，又三年殂，諡英文皇帝，廟號神宗。德旺改元乾定，以憂悸殂，廟號獻宗。④弟子睍立二年，元主克其城邑，縶睍以歸。自宋太平興國七年繼遷開基，凡十二主，二百五十八年，夏亡。⑤

叛　亂

漢

　　盧芳，安定人。初，芳詐稱武帝曾孫劉文伯，遣使與匈奴結和親。建武五年冬，單于迎芳入立為漢帝，朔方人田颯等各起兵，至單于庭迎芳入塞，都九原縣，掠有朔方等五郡，並置守令，與胡通兵綏苦北邊。七年冬，芳以事誅五原太守李興，其朔方太守田颯舉郡降，帝令領職如故。

魏

　　朔方胡。魏明帝正光五年，朔方胡反，圍夏州。城中食盡，刺史源子雍留其子延伯守統萬，乃帥羸弱詣東夏州運糧，胡帥擒之。延伯以義感衆，奮厲固守。子雍雖被擒，胡人常以民禮事之。子雍為陳禍福，賊衆遂

---

① ［校］純佑：原作“純祐”，據《宋史》卷四八六《夏國傳》改。下同。
② ［校］十四：原倒作“四十”，據《宋史》卷四八六《夏國傳》改。
③ 安全降時蒙古政權尚未立國號為“元”。
④ ［校］獻宗：原作“憲宗”，據《宋史》卷四八六《夏國傳》改。
⑤ 西夏國是由党項拓跋氏於11世紀在中國西北地方建立的一個封建割據政權，國號“大夏”，自稱“大白高國”、“白高大夏國”，漢文典籍一般稱之為“西夏”、“夏國”或“夏臺”。自西夏遠祖拓跋思恭節度夏（治所在今陝西靖邊縣東北白城子）、綏（治所在今陝西綏德縣）二州後被唐僖宗封為夏國公至宋仁宗授德明為夏王，割據一方的夏州政權歷時150年（882—1032），共歷11位夏王，即拓跋思恭、思諫、彝昌、仁福、彝超、彝興、克睿、繼筠、繼捧、繼遷、德明。自元昊正式立“大夏”國號稱帝至末主睍亡，處於實際獨立狀態的西夏政權歷時189年（1038—1227），共歷10主，即景宗元昊、毅宗諒祚、惠宗秉常、崇宗乾順、仁宗仁孝、桓宗純佑、襄宗安全、神宗遵頊、獻宗德旺和末帝睍。本志載西夏國主在位時間有誤。

降。時東夏州闔境皆反，子雍與北海王約兵轉鬭而前，凡十戰，隊平東夏州，徵粟挽芻以饋統萬，二夏獲全。

曹泥。魏大統二年春，東魏大丞相高歡襲魏夏州，取之。魏靈州刺史曹泥復叛，降東魏。

國朝

安化王寊鐇，性狂誕，與都指揮周昂、丁廣、何錦類合，陰有異志。時劉瑾亂朝政，遣使加寧夏賦，嚴督積逋，將卒皆憤怨。昂等因以言激，令從己反，即殺巡撫安惟學、總兵官姜漢及太監等官，偽署封拜，分據要害，傳檄以討瑾為名。靈州糸將史鏞聞變，飛報陝西諸路路兵咸集近地，又奪取船艘，使賊不得渡河。於是寊鐇大懼，盡出諸親信防守，惟留周昂城中。時遊擊將軍仇鉞得副將楊英令內應書，乃托疾不赴，偽命設伏，候周昂來召己。因擒斬之，遂馳寊鐇，第擊殺首惡，將寊鐇并宮人繫之，密諭何錦部下鄭卿等以擒寊鐇狀，卿即以所部兵擊殺黨惡，衆遂大潰。錦、廣走山後，遇遊兵百戶馬聰擒獲，賊黨悉平。時正德五年四月廿三日也。先是，守臣以事聞朝廷，遣太監張永會都御史楊一清討之，至則平定，乃械繫寊鐇及宮人、錦等至京，永遂班師，一清留總制三邊。論功封仇鉞咸寧伯，寊鐇賜死，錦等磔於市。寊鐇本庸妄，叛時年已六十餘。始昂、錦貸其銀，完積逋無償，謂當與以白帽。寊鐇不知所謂，一術士云："王戴白，是皇也。"且許有十八年天子分，寊鐇乃喜。及舉事，至敗時，僅十八日云。

靈州土達楊倘兀、馬火丹，降虜之裔也。高皇畧定陝西，殘元部落率衆歸附，立靈州守禦千戶所。其屬處於瓦渠四里為民，號"土達"，使自耕食，戶簡其壯者充營卒，食糧征操。楊文遇、馬景乃倘兀、火丹之孫，與其類馬應春輩咸應祖役，素獷悍，未殄夷風。萬曆十年，糸將許汝繼以勇名，擢靈州任，甫五月，濕束部卒，用法過嚴。督飼戰騎，固功令之常，而鎧鍪更新，不無所費。日簡練軍士，恒夜宿毬塲，小犯者必軍法從事，怨讟大生。汝繼察知，一於威恨，恨不少假，衆怒益犯，干為亂階，文遇、景蓄謀黨與響應。四月八日，令其屬徐龍牧場赶馬，布劉那孩直宿衙中內應。中軍千戶朱珊、巡捕百戶白勇怠於警巡，賊得橫恣，启糸署重門直入。郭濟逞兇先之，汝繼赤身起迎，截濟髮，至死，而髮猶在握。宅中男婦即襁抱子女掖而戕之，無噍類，兵仗囊物盡括。文遇、景、馬應春、馬應龍、馬河、李義、馬廷肖等開北門，出迎徐龍掌所。千户蒯訓并千户戴儒閉門以守，賊不得入，奪馬逸走半箇城諸堡。餘賊陳奉、任得義等數十名奪商民驟馬，由南門出逃，乘鏷掠者不數計。時苑馬寺少卿馬時泰往謁軍門，同知吕珩馳使告變，巡撫晉公應槐、兵憲劉公堯卿檄遊擊唐堯輔攝事靈州，再令廣武中衛守將王保等據邊口，以都司施才往備棺衾，殮汝繼家口，俾闔部土漢致祀几前。把總李鯤、楊朝率兵於九泉山、沙渠諸處追獲三十餘賊。劉兵憲法擬渠魁，脅從罔治，督撫具題奉旨，楊文遇、馬景、李義二十八賊就夏鎮行刑，賞罰功罪有差。斯固邊將激變有由，至論“非我族類，其心必异”，而郭欽、江統策事投篋，不無謂也。

哱拜，故胡種。嘉靖中，同土谷赤阿木尚虎卜害前後百餘夷來降夏，撫臣使備行間，累功世廕，拜職都指揮，擢副總兵。子承恩襲指揮使，充撫院門下旗牌官，積資鉅萬。土文秀陞遊擊，徃火酉訌洮河經署。尚書鄭公洛徵本鎮兵，議遣文秀部兵西援，拜自薦，請以巡撫標下兵偕子承恩徃。巡撫党公馨恚其顓擅，每事裁抑，拜不懌而去。及至青海，跋扈无忌。把总王徹廉拜父子不法狀上之，經署置弗問。党檄副使石繼芳逮拜近倖柳進輩於獄，亦竟歙法不治，拜由是怨望，生逆志起矣。

故事，營兵馬斃，扣追椿朋肉臟銀，窶者率以月饟抵補，積識鍾偉飛布“減芻價，裁布花”之語。健兒劉東暘，靖虜人也，素黠猾，氣能使衆，拜潛結為懂，歃血相盟。一日，乘撫鎮演武，欲斜衆謀難，以衆心未傅止。覘知逆狀者請給饟拊輯，而耳目輩以孤雛腐鼠之説中沮之。拜嗾東暘等先螽聚帥府，以前飛語為請。總兵張維忠模稜首鼠，令赴撫道控訴。賊衆遂至道署，折厦而入，非復向張之勢矣。石計促，偶一丁呼曰：“且去尋党巡撫。”衆隨出，其徒劉川兒殿其後，撞入署內，為石童僕革殺之，石遂携家踰垣，避匿儀賓黄燁所。燁侄正兵千總黄培忠亟走白張，鳴號集官旗擒賊，維忠失措不聽，欲憑異語解紛。仍肩輿徐行，被賊擁入書院。尚環俟，若聽維忠處分然者。張噤無一語，乃属拜勸止。賊至都府大譁，党傳檄招安，許給餉鑷緡，賊裂檄破牖撲進，尚環立二門。拜入党內，少頃出，向賊番語數句，又示以反脣狀，賊遂猖獗，排闥而入。党匿後樓，賊尾獲，至書院，亂兵之，維忠股慄無人色。賊分覓石，亦獲環，刺奎星樓下，放維忠歸署，遂縱獄囚，焚案牘，燼民居，掠公私藏畜，輒夜不休，譁釦聲動天地。時萬曆壬辰二月十八日也。

先是，河東道兵備隨府以公謁至，鄉官通政穆來輔以使命還，賊迫至帥府，自檢撫道蓥政二十條挾上疏請，撫稿三易始定，遣其黨葉得辛行。遊兵司哨百户許朝亦由行伍纍世職，故亡命也，悍鷙減於拜，而險譎過之。賊甚欲殺之，朝願投入黨，飲血相盟，效宋江故事，號曰“義士”云。是日，執李承恩、陳漢殺於市，聲言前沮中人也。承恩長立不屈，賊勢熖蒸空。靈州糸將來保馳報軍門，總督魏公學曾一面陽示招安，一面調集兵餉，具疏上聞。詔切責維忠職任總兵，不能戡亂，餘聽督臣擒首惡，宥餘黨，便宜行事。遊擊梁琦、守備馬承光並土文秀、拜義子千總哗雲中衞互市，旋賊寘雲、文秀子女城上，属杀琦與承光。文秀猶豫，雲部卒孔大宣、黃汝莘各殺其一，持首以示火附，賊啓門延入與盟，瓜牙日愈衆，不軌之心日益生。

維忠雉經死，賊典其符印、旗牌，奪各職官，徧置黨與，大肆謀掠。西路属承恩，北路属雲、文秀，土官吳世顯自任獻靈州。玉泉營遊擊傅桓閉城拒禦，部下把總陳繼武因承恩兵至，即内應，縛桓出送鎮城，禁錮之。承恩張皇長驅，廣武署遊擊袁尚忠、中衞糸將熊國臣皆棄城遠遁，大壩、石空寺守備趙繼、王徵皆退守屬堡。承恩偽署王虎、何安等為糸、遊、守，西路皆陷。惟北路平虜糸將蕭如薰素得人心，聞變，集衆設龍亭，榜“赤心報國”字，誓效死守。妻楊出簪珥饗士，士益感奮，諸生趙應魁、王應熊等力同固守。賊斜虜環攻，三往，皆大挫衄。嗣是賊南不敢渡河，北不得走，虜懼平虜搤其吭耳。遊擊陳棟、守備朱綬等首謀擒賊，事覺被殺，仍將同謀黃培忠、石棟、陳松、劉孚等幽之北門甕城。賊脅長史楊躍川赴總督請撫，陰遣黨襲靈州。千户楊禎、戴儒拒，弗容入，隔城給夫馬去。世顯逆謀寢，督府飛檄總兵、副遊李昫、王通、趙武等將兵萬餘進剿，以副使楊時寧、監軍糸政顧其志理餉。拜發庫取金繒，躬自啖虜求援，且許割地，着宰賓打諸酋貪賄助逆。廣武等處官丁軍餘導引官兵渡河，外攻内應，縛偽署虎、安等，其西路被陷城堡皆望風嚮應。賊聞之始懼，實門挖塹為牢拒計。復拘材官施才、李植、李繼先等五十人，盡錮之，防内變也。王徵以訐哗被殺。李金行刺許朝事覺，父子皆戮，仍竿其首。他如指揮張沛、百户吕擢、張世傑、施威、應襲、李沛及諸生蔣三重、納賦并族，俱以殉賊被害。内李沛、三重罵賊裂眦，可謂烈丈夫矣。

魏公〔學曾〕因套虜助逆，檄延綏搗巢，牽虜内顧。躬歷花馬池撫輯，河東一帶始安。生員李喬、餘丁王機命子弟出謁軍門，密陳賊狀，自是内外始通，賊動靜即為之發覺矣。甘肅巡撫葉公夢熊疏請提兵剿逆，御史梅公國禎薦李如松剿賊，自請監軍，詔俱嘉允。時官兵薄城列營，賊合虜出襲，殺傷相當，哱雲中鎗死。翌日復陣，賊大潰。健丁高盖三人追入北門內，遊擊俞尚德逗留不進，盖等無後援，被賊讐之。是月十一日，慶憲王妃方氏薨於節。新巡撫朱公正色、憲副蔡公可賢、總兵董一奎、張傑、麻貴等俱督兵至，四面環攻，虜被砲死者多。酋首需償無厭，賊驅妓恣虜嬲淫。督府進次靈州，賊迫壽陽、鎮原。弘農王宗隨穆士夫代請罷兵以撫，因幽繫於圈城，仍送罪人史得興等十人出，詐云戎首。大兵久頓堅城，恐師老，撤圍去，虜部大舉入援，賊蒐闔鎮金帛珍物以中虜欲，仍遣黨索諸砦糧畜。常信堡官陳繪殺三賊瘞之，賊執繪同堡民男七婦二支解。繪妻梅氏縊死，仍遣賊虜屠其堡之旄倪。張傑夙鎮夏，有德於朝，因講撫，被朝誑入幽禁。官兵復至時，拜約虜回，幾就執。監院梅公〔國禎〕、督帥李公〔如松〕提遼左宣大兵至，浙江巡撫常公居敬疏請助師，遣兵亦至，火箭射燬關樓二座，賊等欲潰圍北走，我兵堵歸。

六月二十六日，指揮趙承先、戚卿，百戶姚欽、方政等，諸生張桂齡、黃渭、王德新、張守約、王桐等，武生張遐齡、陳松等，宗室倪焀、倪㚤等，童生郭自謙、李友桂等，旗舍陳九叙、王承德等，數百人同立誓詞，謀獻西城。策就，秘報西營將領，視是夜城中火起為號。李昫匿之不聞，督府臨時望望杳然。遐齡縋城促兵，皆躑躅不進，致賊分布緝捕。欽、政縋城逸西營，承先等多命被戮，承先母李氏、妻李氏同時縊死。承德罵賊，至死不撓。九叙見執，即吞誓詞，事尤奇烈。桂齡、守約、郜宣等鐵鐺監禁，其它與事宗人、官旗、士庶，以賊有招安後望，賴以瓦全。督院定策，決水灌城。提督臨濠，開誠曉諭。賊次第下見，踞督投順，約以三千騎入城安集，至期疑畏，以酒毒托舋。是月堤成，水勢湧至，賊驅民負土以防，遣黨駕艇決堨，官兵臨岸戰舋，賊盡溺於水。未幾，堤潰，督府以賜劍斬巡堤官吳世顯，謂曾附逆也。理刑同知宋何憂憤死。官兵併力攻城，賊衆抵死拒敵，被傷者衆。賊聞朝廷賚死文到，威挾諸生陳宗唐、蔣邁徃驗虛實。兩生出白賊情叵測，未可恩懷。受督府、監院意指返，賊囚禁兩生。宗唐與子卓發寧死於朝廷之語，邁以不即殲賊為恨。逆丁何印泄告，賊唧之，執邁箠楚，幽錮囹圄。水已環城，虜助逆無能，賊北走絕望，大兵雷動，努粟雲屯，賊為釜中魚矣。此皆督府苦碎寸心，故爾功成九仞。說者謂城不下，賊不滅，誤於招安也。旨逮魏公〔學曾〕，以葉公〔夢熊〕總帥討逆。賊在內猶大索無已，盖藏一空。虜率千餘騎還來援，賊突堤至張亮堡，遇提督如松兵數百騎圍急，我兵小却，提督於不用命者手刃之，士殊死戰。適麻貴兵合，斬虜首七十級，直追賀蘭山下。自是無隻騎覷兵營，賊氣消縮殆盡。諸宗瀋齋、源齋、三捲毛祚菴輩約應襲、姜應奎刺賊，被同宗倪炪訐，瀋、齋等箠楚甚苦，應、奎支解極慘。

九月九日，南關獻。賊素有屠關意，關民夏之時、何廷璋，生員王懋德等三十人閉關北門，飲偽千總馮佐等，酒熟盡殺之。袁朝縋城馳報，督府、監院登城賞有功、宥脅從，眾心欣悅，承恩等益加憂駭。許、劉又疑文秀托疾，有二心，遣逆丁刺死，厚遣張傑出，代請招安。督撫按道即因計用間，以朝狙獝難信，承恩輕率易愚。時民李登矢死應募，遂授計，乘小舫潛渡東城入適。承恩狐悲，文秀類及不免，有百户石棟素與承恩善，因變規避，遂禁甕城，至是釋其禁，就之問計。棟得以順逆禍福開諭，計遂決。又周國柱因隣生尤鳳居，恒與謀，雖為東暘所暱，與承恩走腹心，至是屬以北門事。十六日早，承恩赴南城，紿朝登樓，交數語，其卒耿世富詐云官兵點砲向樓，孔大宣掖朝下，及梯半，世富拔朝佩劍殺之，並殺其子萬鍾暨餘黨。承恩露刃北馳，國柱遙指謂東暘曰："事休矣，官兵已入城。"東暘嚘喑，拔劍自刎。國柱斷其首，亟檢璽印納諸懷，發火焚樓。承恩至，掜東暘逆黨百餘殺之，下甕城，向諸王縉紳暨被繫諸武弁祈保首領同至南城，持二賊首以獻。垂梯請督撫、院道諸將登城，送諸王官歸府第。兵無妄殺，反側少安。軍門勑浙將楊文執承恩，令將兵圍其宅，拜與次子承寵集家蓄、夷漢、逆丁死拒，提督令投者免死。栁進開門納兵，拜驅妻孥登樓縱火自焚死。俘獲承寵、渾大等，餘悉斬之，乃九月十八日也。

督撫入城，申禁官兵殺掠，慰恤王官、士民，拿縛附賊職官賈應奎等，偽官高天慶輩斬首以狥，鎮人大快。周國柱、石棟、王英受上賞。二十三日，露布以聞："奉旨：西夏平定，逆黨已正典刑，皆賴祖宗威靈默佑，文武贊猷效力，朕甚嘉悅。有功官員將吏，該部看明具奏。魏學曾雖復城堡四十餘處，不能早赴定難，雖則功魁，實則罪首，姑從輕革職為民，發回原籍。哱承恩、哱承寵、土文德、渾大、何應時、陳雷、白鸞、陳繼武械送至京獻俘，磔於市，傳首九邊。妻孥發功臣為奴。兵部覆議平夏功次，詔陞葉夢熊都察院右都御史，廕一子錦衣衛，世襲千户。李如松陞左都督，加太子太保，廕一子錦衣衛，世襲指揮。朱正色陞右副都御史，梅國禎陞四品京堂，遇巡撫缺推用。蕭如薰陞都督同如，充寧夏總兵官。楊時寧、劉光國、馬鳴鸞，遇邊方巡撫缺推用。其餘各陞授有差。"先是，御史劉芳譽覈勘功罪，兵科都給事中許弘綱等題議封賞，旨下九卿會議，該兵部題覆，尚書魏學曾白髮籌邊，丹心報國，當變起紛紜而鎮之以靜，乃人心搖撼而綏之使安。先馳渡河之師，旋奪列城於賊手，亟扼靈州之險，卒破奸宄之潛謀，遏虜以制賊。而搗巢之奇，悉由多籌，招安以全城。而決水之策，實自持籌在事，信用心之獨苦，誓死徵狥國之精忠。及今已成之功，孰非將就之緒。奉旨：魏學曾師久無功，既經論列，本不應叙，念任事已久，亦有多功，准復原官致仕云云。

四十二年，西夏王宗、縉紳、士庶具牘撫按，追頌魏公〔學曾〕平夏元功，冀請皇恩優錄。巡撫都御史崔〔景榮〕題為督臣全功未叙，邊宗知見甚詳，乞從地方人心，請卹典以慰崇報事。會同陝西巡撫都御史李〔楠〕、巡按御史龍〔遇奇〕。

看得寧鎮哱〔拜〕、劉〔東暘〕之變，與敵國外患迥不相同。蓋敵國外患發在四境，我之兵馬錢糧原有素備，隨發隨剿，何所顧忌。寧夏之變，賊之所負以為固者我之堅城也，所據而有之者我之兵馬錢糧也，所挾以為重者我之親王與闔城宗民也，所恃以為援者松套諸部之虜也。賊之初意，原欲據寧夏靈州以為家，取省城以為國。事如不成，則迸入虜中。我之所最宜慮者，第一在賊乘我未備，豕突狼奔，長驅關中，其次在賊與虜合，戕殺宗民，席捲金帛子女以北走耳。

原任督臣魏學曾，聞變之初，百事未備，不得不以招安誘賊者勢也。一面招安，一面遣發標兵及調延綏、甘、固等處兵馬，一面借布政司行太僕寺錢糧，間關千里，各路轉運，又行靈州、蘭州、靖虜，治辦船筏以為渡師之資。及聞靈州達官吳世顯欲據城應賊，遂遣遊擊吳顯領兵星夜赴靈州。又先差夜役飛馳靈州，詭言大兵刻期將至，以恐嚇世顯，遂不敢動。嗣遣總兵李昫趨靈州為正兵，待延綏兵同進。又遣遊擊趙武趨鳴沙州，待靖虜、蘭州兵同進。比李昫兵至靈州，然後刊刻告示，聲罪致討。學曾初移鹽池，聞遊擊崔張名將激變花馬池，即移花馬池，既而又移靈州。運籌署於倉卒之時，集兵糧於侄偬之際。百事草創，晝夜拮据。以城高而仰攻為難也，則製雲梯，墊甬道，以進兵。而賊疲於奔命，以虜騎紛至，賊借為援也。或分兵以遏其狂鋒，或發諭帖以誘之回巢，或搗其巢穴以牽其內顧，而賊失其羽翼。以賊首不一，可以間諜取也，則射諭城中，徧布反間。又密令王機持蠟丸諭帖，約周國柱、王英，許以重賞，使之内變，以離其腹心。因許朝、哱承恩在城上與李總兵言曰："我們縱使事壞，豈肯便死？定將滿城人殺盡自刎。"又聞大搜城中之糧，人多餓死、縊死者，遂乘其求招安。而始終以招安誘之，以為保全宗民之計，謂勢不急則内變不作。又恐賊得走虜也，遂築堤决水以灌城。又恐城中數十萬生靈見水至而自盡，或堅心從賊也，乃水浸城七八尺即止，使民免淹没之懼，而賊不得脱，虜亦不得入。凡此皆因時制宜，相機取勝。其他委曲秘密之策，尚難備述。譬如操舟者，或篙或楫，或揚帆，或牽纜，不止一法；治病者，或針或灸，或攻或補，不拘一方。而當事苦心，期於成功而已。卒之賊占四十七城，盡行收復，戰死哱雲，虜騎敗衂回巢，而困賊於孤城之中，如釜魚籠鳥，糧竭計窮，内變有日，功已垂成，而或有被逮之禍，此苦心任事之臣所以仰天而泣血也。

夫使學曾逮而城破，於累月之久，謂學曾之無功可也，然而僅隔一月也。使城破由於攻戰之别策，謂學曾之無功亦可也，然而城破於内變，即學曾所用之間諜也。當時兵馬雖有借之他鎮者，至於糧料十餘萬、草束二百餘萬，皆取諸平凉、慶陽、蘭州也，弓矢、鎗砲、火藥、鉛鐵、硝黄皆取諸省城都司、漢中、臨鞏、固原、慶陽等衛也，此豈學曾逮後一月所能辦哉？使學曾當時稍有失着，吴顯不速至靈州，則靈州應賊而用武無地矣。趙武不早至中衛，則王虎又據中衛，而蘭、靖援路絶矣。學曾不親至花馬池，則花馬池應賊，而全鎮皆賊有矣。不擣虜巢，則虜騎不回。不决水灌城，則賊必外逸。不行間諜，則内變不作矣。以此論之，則學曾有功乎？無功乎？

當時逮學曾者，不過以成功不蚤也。然自古用兵，以攻城為難，史册所載，不可枚舉。樂毅，古之名將也，攻莒即墨，三年不下。元昊，寧夏之已事也，經畧以韓琦、范仲淹之賢，僅能周旋其間，而終不能取。然則兵事豈易言哉？逆賊憑據堅城士馬，物力充滿其中，又虐用吾人而刼以死守，我兵仰攻，已非容易，况加以全套諸虜併力助逆。而我之兵馬、錢糧張皇備辦，迨至决水圍城，尚顧惜宗民，不敢已其想此景象，其難何如？而竟於七月内成功，安得謂遲哉？賊有安禄山、史思明之才，有元昊之勢，而我無唐宋之禍，豈非學曾之功哉？闔鎮宗民，目觀其事，世受其澤，歷時雖久，而感慕愈深，故萬口一詞，稱公訟屈，則知人心之公不可枉，而是非之實不可泯也。然此就寧夏一事言耳。

　　今據學臣呈報，府縣結查，學曾尤才品超絕之人也。初仕為郎，宰執以銓司唼之欲，致其一見而不可得理。邊儲督臣欲收入薦，剗以例，拒之而不屑受。撫遼公費萬金留充軍餉，而毫無所染。輔臣相傾，則昌言於朝詰。草詔之人，而欲面奏明白。此其皓氣清風，真維世之高品也。理糧儲，立交兌法而奸弊清。值虜警，以餉臣登城，指授方畧，而虜即退。居光祿，以簿載額供而橫索寢。撫遼計擒叛卒，而邊患息。此其迥識弘猷，真經世之奇才也。特立獨行之志，勢不能屈；媆節好脩之標，利不能涴。為國為民之心，匡時濟變之畧，艱大險阻不能困。功業在邊疆，聲名在海內，豈非一代之完人哉？如此而卹諡未及者，不過為寧夏之被逮耳。然而寧夏之功，千載不磨。臣撫夏三年以來，聞之宗儀父老者甚詳甚確也。士君子立身，有瑕瑜不相掩者。學曾始終一節，純粹無疵矣。天下事有一時不明、事久論定者，學曾自被逮之初，至成功之日，舉朝訟冤，章滿公車。公論原自明白，而按臣勘功之疏，兵部復叙之疏，又皆的然有據，是名實不紊，今昔相同矣。前撫臣賈待問、顧其志相繼具疏題請卹諡，業已奉一旨下部，此足見棺至定之論。又仰見聖明，無我之公矣。若以一逮繫之，故而抑中外緇衣之心，竟使卹典不優、易名尚缺，是聖世有懷冤之大臣，而朝廷有不賞之元功，非所以光史冊而勸將來也。

　　為照原任總督陝西三邊、太子少保、兵部尚書魏學曾，秉乾坤剛大之氣，具文武安攘之才，由韶年以至古稀，由居鄉以至當官，無非仁義道德之用。自郎署以及八座，自朝廷以及邊塞，久著忠貞直亮之名，經德不回，脫然勢利之外；丹心無二，何難磐錯之難。比剿逆於朔方，益樹勳於戡定。徵兵轉餉，遏兇熖於燎原；驅虜灌城，困遊魂於釜底。破城雖在逮繫之後，成功實因間諜之謀。遺事如新，公評難泯。歷考終身大節，再加平夏奇功，乃三代以上之賢，真四夷知名之彥。澤垂百世，允稱社稷之臣；屈負九原，空墮英雄之淚。宜加卹諡，以表忠良。伏乞勅下該部再加覆議，將魏學曾從優先給卹典，並追叙其恢復寧夏之功。其應得諡法，同五年應議諸臣並議上請，庶國章明於朝廷，清議伸於中外，而忠臣、義士益堅任事之心矣。

　　國家之患，莫大乎聚夷於內，而濫名器、糜爵賞，以表之不一，效橫草之功，拂怒獸之性，則反戈內噬，職為亂階。遠無論於五胡，開元滿寇，匪我明之鑒歟？粵自壬辰，故稱減餉，哮倡土翼，僇辱重臣。逞於巨鎮之中，應於甌脫之外。由族類卒難馴服，堊心繑怫不常，以致荼毒甿黎，禍延宗社。迺平虜召柰之逆，戮主將，又不崇朝，要皆亡虜之首難也。其釀患可勝言哉？譚者謂，逆節甫形，衆猶左袒，得中材之將，及其鋒而奮臂一呼，渠魁立殲，何至流毒滋蔓，胎禍無極。迺懨帥蓄縮，莫適敢發，語曰"當斷不斷，反受其亂"，豈謂是乎？柰何重誣天以迨誅也。繇斯而觀，三鮪比泳，越鳥南翔，軒后虞其亂常，武王竄之荒服，千古明辟之見，深且遠矣。奚容視為迂譚耶？至於建威銷萌，定傾厭難，又在擇任將帥焉。

壇　祠

文廟，儒學東。初無樂舞，禮亦簡畧。弘治十四年，都御史王珣、僉事李端澄置備如制，都御史劉憲續成之，禮度煥然。其祭罍、銅爵、錫尊、①磁豆共五百三十二件，此鎮人尚書徐琦、知府曹衡捐俸置送者。萬曆六年，巡撫羅鳳翱製帳幔、籩豆具備。三十六年，巡撫黃嘉善煥新廟顏，內甃芹池，外闢雲路，壄塏宏曠，大壯仰瞻。靈州、中衛、後衛各一。

啓聖公祠，先師殿後，②嘉靖九年建。萬曆三十七年，巡撫黃公〔嘉善〕因先師在前，故遷於殿左書院之後。

尊經閣，即啓聖祠舊址。三十九年，巡撫黃公〔嘉善〕遷祠後，創閣於此，其制甚偉。

武成王廟，在清寧觀東。萬曆二十七年，巡撫楊公時寧重脩。三十六年，巡撫黃公〔嘉善〕增脩豎坊。丁日致祀呂尚父，以孫武子、黃石公等配享。三十七年，巡撫黃公委都司汪度教習應襲韜鈐、騎射於其中。

廟前有射圃。弘治七年，巡撫韓公文建，迄嘉靖庚子，③巡撫楊公守禮重脩。公自識之曰："寧夏城北舊有射圃，蓋寓脩文於用武之地，以成揖讓之風也。前人之意，深可嘉尚。數年來門墻傾頹，正屋數楹，瓦壁脫落，蕭然一荒區而已。庚子春，南潤子閔而傷之，遂命指揮方輿脩葺，工食木瓦取於公處，匠作經營役於軍夫，月餘而成。前人之意不磨，而揖讓

---

① 〔校〕錫尊：《嘉靖寧志》卷二《壇壝祠祀》作"磁尊"。
② 〔校〕先師殿：《嘉靖寧志》卷二《壇壝祠祀》作"大成殿"。
③ 嘉靖庚子：嘉靖十九年（1540）。

之風可興也。於是乎書。"其射禮、罟具悉如儀制，貯之厢房後，因兵變殘毀，於萬曆三十六年脩武廟時同脩復之。

社稷壇，在南薰門外西南。

山川壇，社稷之西。

寶纛壇，山川之西，霜降日，王府祭。

厲壇，鎮城、靈州、中衛、後衛各一，皆在城北。

城隍廟，在前衛東。成化十三年，巡撫張鵬拓大之。嘉靖三年，巡撫張璿表之以巨坊。十年，總兵官周尚文加脩。十九年，羽士馬守元募緣廣廡之基，建棚三楹，記見《詞翰》。[1]萬曆六年，巡撫羅鳳翔於廟後建穿廊三楹，寢前建房，東西各三楹。二十七年，巡撫楊公時寧重脩。三十六年，巡撫黄公嘉善重脩。中衛、靈州、廣武、後衛、平虜各一。

旗纛廟，在新譙樓西，有祠祀鎮守勞績於地方者。嘉靖十九年，巡撫楊守禮脩治焕然。公自識之曰："旗纛廟乃軍牙六纛之神，將領之司命也。況寧夏極臨邊界，尤用武之地。斯廟之設，誠知所重。數年來門墙屋宇圮於風兩，雖歲有常祭，僅如故事。庚子春，[2]南澗子閲而傷之，遂命指揮方興督其工，隨事處分工食木瓦，月餘而成，焕然一新，可以萃靈棲神也，可以揚威肅祭也。於是乎書。"中衛、廣武、後衛、靈州各一。

東嶽廟，在清和門外，傾廢日久，鄉人韓淮捐五百金新之，兵變盡毀。二十一年，鎮人吳景華、胡寅庀財鳩工創建。四十一年，真寧宗室倪㷆捐祿百兩，創立兩廊，廟貌焕新。後衛、靈州、平虜、廣武、玉泉各一。

虸蝗廟，鎮城在清和門外七里，中衛在東門外。

馬神廟，在帥府西。嘉靖中，[3]總兵官任傑重建壯麗。萬曆二十二年，總兵官蕭如薰脩飾焕然。中衛、廣武、玉泉、平虜、靈州各一。

漢壽亭侯廟，夏鎮故有廟，相傳建之於唐者在鎮東北隅，東向。萬曆三年，巡撫羅鳳翔新之，南向。三十年，巡撫黄嘉善、總兵蕭如薰委指揮馬允登督夫撤故創新，規制甚偉。表以棹楔，儼然壯觀。新者在永通橋

① 參見本志卷四《詞翰》載管律撰《城隍廟碑記》。
② 庚子：嘉靖十九年（1540）。
③ 《嘉靖寧志》卷二《壇壝祠祀》載，事在嘉靖十八年（1539）。

左。成化末，巡撫崔讓建。嘉靖間，總兵任傑脩，故有記。① 兵變毀。二十一年重建，廟貌棟宇視昔有加。後衞、靈州、平虜、廣武、玉泉、中衞各一。

岳武穆王廟，萬曆三十四年，巡撫黃嘉善、總兵蕭如薰委守備黃培忠督工創建，有詩見《詞翰》。②

晏公廟，在鎮之感應坊北。夏多江南人，故立是廟。

三官廟，在承天寺前，南向。後衞、中衞、平虜、廣武各一。

龍王廟，平虜大水口一山石崖有泉，一股從神座後往，一股前流下山。拜寺口一廟前皆泉水，有塔二座。後衞、廣武、玉泉各一。

藥王廟，在永通橋之東，萬曆三十八年建。平虜一。

玄帝廟，在左倉之南。後衞、中衞、平虜、廣武各一。

三皇廟，在新城。萬曆三十八年，弘農宗室倪爛等捐祿建。

雷尊廟，在新城，萬曆二十四年建。

遺愛祠，在永通橋西，即名賢祠，鑑川王公〔崇古〕改題今名，祠國朝撫夏之有惠政者。王公撰《遺愛祠文》曰：“於惟諸翁，邦家禎幹，昭代耆英。或城彼朔方，奠我金湯之固；或開此夏國，錫民衣食之豐。或禦災捍患而嘉猷克壯，或發奸摘伏而邊紀肅貞。政在方册，巍巍儀刑；銘傳口碑，洋洋頌聲。允矣前脩，聿垂後範。浩然遺澤，淪浹邊氓。一時遭際，雖禄位之未齊，而身後德名，胥國是之與同。爰考祀典，載察輿情。崇德紀功，式報無疆之烈；稽勞録死，胥欽不朽之功。於惟諸翁，没感遺愛於夏士，生胥無忝於功崇。惟兹仲春、仲秋，謹率將吏，恪具牲血，仰伸報祀，用輸僉誠，伏祈昭鑒。啓我後侗芳塵，學步前哲；景行忠君愛國，開誠布公。慎固疆場，塵息邊烽。永慰夏民之思，共昭翊運之靈。謹告。”序見《詞翰》。③ 兵變毀，萬曆二十九年重脩，從祀名公，如舊設，立木主，下丁致祭。

名賢祠、楊王二公祠，俱靈州建，祀總督楊公一清、王公瓊奏築長城，以申崇報。有《記》。④

---

① 參見本志卷四《詞翰》載胡汝礪撰《漢壽亭侯碑記》。

② 參見本志卷五《詞翰》載蕭如薰撰《岳武穆祠》。

③ 參見本志卷四《詞翰》載張橋撰《遺愛祠祝文序》。

④ 參見本志卷四《詞翰》載張嘉謨撰《靈州名賢祠碑記》、霍冀撰《楊王二公祠記》。

忠烈祠，在新城南。正德五年，巡撫安公惟學、總兵姜漢死於寘鐇。嘉靖三十六年，建祠祀之。萬曆壬辰兵變毀，四十年重建。

北祠，在北關，本鎮官死於敵者皆祀之。嘉靖十九年建，兵變毀。

咸寧侯祠，在新關王廟西。正德五年，遊擊將軍仇鉞平寘鐇變。七年，鎮人各捐貲立祠以祀。嘉靖初，巡撫張公璿加脩。兵變毀，四十一年，官給木料重建。

功德祠五，一在前倉南，祀巡撫鑑川王公〔崇古〕；一在譙樓地基，為巡撫梓山黃公〔嘉善〕；一在南薰圈城東向，為巡撫念山羅公〔鳳翔〕，今廢；一在王公祠東，祀巡撫小林楊公〔應聘〕；一在城隍廟前，為總兵馥亭蕭公〔如薰〕。

顯忠祠，萬曆二十年奉旨建立，以祀兵變被害官生軍民。貞烈祠，萬曆二十年奉旨建立，以祀兵變烈女。俱在馬營。

忠節祠，在常信堡，萬曆二十年奉旨建，祀本堡被害忠節。

寺　觀

寧靜寺，正統年建。原降佛經一藏，南向，在舊城慶府迤東。

永祥寺，正統年建，在馬營迤西，南向。

報恩寺，洪武年間重脩，在寧夏倉迤西，南向。

承天寺，夏諒祚所建，洪武初一塔獨存，有記。[①] 慶靖王重脩，培創殿宇。懷王增毘蘆閣。有碑剝落。萬曆三十年，今王永齋重脩，內浮圖一十級。至今人過倒影，古蹟尚存。在新城光化門迤東，東向。

土塔寺，正統年建，在鎮遠門外，東向。

黑寶塔，赫連勃勃重脩，有古臺。寶塔在振武門外，東向，離城三里許。

永壽寺，在鞏昌府迤東，南向。

紅花寺，在清和門外七里許，變廢。

邊寧寺，在右衛前，南向。

回紇禮拜寺，在寧靜寺北，東向。

以上舊創。

---

① 參見本志卷四《詞翰》載《承天寺碑記》。

太平寺，在南薰門外，南向。

高臺寺，舊建城東二十里，[①] 為黄河崩没。萬曆三十年，慶府重建，在紅花渠東麗景園内，改名延慶寺，東向。

興國寺，舊名“彌陀建”，在清和門之巽方。兵變毁，二十八年重脩，東向。

以上皆新建。

一百八塔寺，在硤口山。

大佛寺，在西路邊外，元昊時建。

牛首寺，在靈州西南。詩見《詞翰》。[②]

永静寺、興教寺，在靈州城内。

石佛寺，在靈州城北。

康濟寺，在韋州。

石空、米鉢、羚羊三寺，皆以山名，在中衛地方。

安慶寺，在鳴沙州城内，建於諒祚之時。

弩兀剌，元之廢寺，在啓剌八山東。

慶壽寺，在廣武城。

弘福寺，在後衛城。

保安寺，在平虜城。

三清觀，在南薰門外，巽方。慶靖王建，永樂間聞於朝，寔夏勝概。壬辰毁，今王重建。詩見《詞翰》。[③]

清寧觀，在振武門内，即元昊避暑宫。萬曆二十年，巡撫楊時寧重脩。四十年，總督黄嘉善、巡撫崔景榮崇高殿宇，增益寢宫，焕然鼎新。捐廪以千計，宗室倪爣亦助六十金，道紀司官置此。記見《詞翰》。[④]

真武觀，在靈州城。

〔仙釋〕

秋童得錢。洪武二十七年，中屯衛軍人張秋童入賀蘭山後伐木，谷中

① ［校］二十里：《嘉靖寧志》卷三《寺觀》作“十五里”。

② 參見本志、卷五《詞翰》載蕭如薰撰《登牛首山》。

③ 參見本志卷五《詞翰》載金幼孜撰《遊三清觀》。

④ 參見本志卷四《詞翰》載王業撰《重脩清寧觀記》、楊時寧撰《萬曆辛丑重脩清寧觀記》。

見二老坐石上，問："秋童何為？"對曰："伐木。"呼使之前，與之錢盈
掬。歸，復徃視之，則無見矣。錢至今有收得者。

永濟尚師，河西人，通三學，① 為西夏釋氏之宗，稱為祖師馬。②

黑禪和尚，河西人，通禪觀之學。年六十餘，先知死期，至日坐滅。

海珠和尚，咸寧人，宣德四年移居寧夏。善詩畫，尤長於韻學。嘗廬
其父母墓者六載，號"翠微子"，有《山居百詠詩集》，未傳。

陵　墓

慶靖王墓、慶康王墓、慶懷王墓、慶莊王墓、慶恭王墓、慶定王墓、
慶端和世子墓、慶惠王墓、慶端王墓、慶憲王墓、真寧莊惠王墓、康簡王
墓、温穆王墓、榮僖王墓、安惠王墓、恭簡王墓、安化惠懿王墓、恭和王
墓、弘農安僖王墓、榮惠王墓、恭定王墓、康禧王墓、恭順王墓、豐林温
僖王墓、安簡王墓、端康王墓、恭懿王墓、壽陽和靖王墓、端懿王墓、延
川端穆王墓、華陰端懿王墓，俱在韋州蠚山。

安塞宣静王墓，賀蘭山乾溝兒孤山之下，王生時立墓於此。

李王墓，在賀蘭山之東，數塚纍纍然，即偽夏所謂嘉、裕諸陵是也。
其制度倣鞏縣宋陵而作，③ 人有掘之者，無物。

鎮守總兵官張泰墓，城東十餘里，工部奏造。鎮守太監王清墓，城東
十餘里，工部奏造。俱在寧夏河西。

古　蹟

宥州，漢三封縣地，唐立六胡州刺史以統之。天寶間改寧朔郡，後為
夏所據。

---

① ［校］三學：原作"五學"。據《正統寧志》卷上《名僧》改。按："三學"是佛教脩
行的總稱，包括戒學、定學和慧學。用戒止惡脩善，用定息慮澄心，用慧破惑證道，三者有相互
不離的關係。"五學"之説不知何據。

② ［校］祖師馬："馬"字原脱，據《正統寧志》卷上《名僧》補。

③ 經科學考古發掘表明，寧夏賀蘭山東麓之九座西夏帝陵中，六號陵為夏太宗李德明之嘉
陵，七號陵為夏仁宗李仁孝之壽陵，其他帝陵陵主需要進一步考古才能確定。西夏帝陵制度亦非
仿鞏縣宋陵而作。參見孫昌盛《西夏六號陵陵主考》。

夏州，即赫連氏統萬城。後魏滅夏，置夏州。唐為朔方軍。宋淳化中，詔墮其城。在古塩州東北三百里，今河套哈剌兀速之南，即華言"黑水"。有廢城曰"忻都"者，蓋其處也。

雄州，唐僖宗徙治承天，在靈州西南百八十里，城今廢。

塩州，西魏及隋所名，在靈州東南三百里，今安邊營是。

豐安軍，①唐河外鎮，魏少遊自此率兵迎肅宗於白草鎮。

定遠鎮，在鎮北百里，西至賀蘭山六十里。唐朔方城，宋威遠軍，夏改定州，俗呼"田州"。

保静鎮，②唐鎮也，夏静州。

靈武鎮，亦唐鎮，宋靈州，夏順州，在鎮南六十里，與定遠、保静咸有遺址。

洪門鎮，唐邠寧節度使張獻甫所築，夏號"洪州"。

臨河鎮，宋置巡檢使管蕃部三族者，陷於夏。

石堡鎮，本延州西鎮，夏號"龍州"。

三受降城，突厥默啜悉衆西擊突騎，張仁愿請乘虛奪取漠南地，於河北築三受降城。六旬而城，首尾相應，皆據津要。於山北置烽堠千百八所，自是突厥不敢度山畋牧。減鎮兵數萬人，城不置雍門守具，且曰："兵貴進取，寇至當併力出戰，回首望城者斬之。安用守備，生其退惡之心也？"中城南直朔方，西城直靈武，東城南直榆林，其北皆大磧也。唐吕溫有《三受降城碑銘》，見《詞翰》。③

高臺寺城，鎮東十五里有廢城，臺在其東，元時呼為"下省"。

省嵬城，河東廢城。

忻都城，即夏州廢城。

得補兒湖城，在忻都北。察罕腦城，忻都東北。皆廢城。

---

① ［校］豐安軍：原倒作"安豐軍"，據《通典》卷一七二，《資治通鑒》卷二一一胡三省注乙正。下同。

② ［校］保静：原作"保靖"，據《舊唐書》卷三八《地理志》、《新唐書》卷三七《地理志》、《元和郡縣圖志》卷四《關內道·靈州》、《弘治寧志》卷一及《嘉靖寧志》卷二《寧夏總鎮·古蹟》、《乾隆甘志》卷二三《古蹟·寧夏府》改。下文"夏靖州"、"保靖咸有遺址"之"靖"同改為"静"。

③ 參見本志卷四《詞翰》載吕溫撰《三受降城碑銘》。

　　塔塔裏城，今黑山北，去鎮二百餘里。唐郭元振以西城無援，豐安勢孤，① 置定遠鎮，此盖豐安鎮也。元為塔塔裏千户所居。

　　古戰場，即月湖，廣斥無水草，遠望瑩然畢照，俗傳古戰場也。

　　古將臺，在平虜城西北。其地平曠，圍三十里，有將臺、旗礅遺址，俗傳狄青操軍戰場也。

　　元昊宮，洪武初有遺址，今為清寧觀。

　　避暑宮，元昊建，在賀蘭山拜寺口南山之巔有遺址，② 其朽木中嘗有人拾鐵釘長一二尺者。

　　地宮，慶靖王建以避暑者，在韋州府內。

　　青銅峽，疑即今之峽口也，《水經》曰上河峽。③

　　薄骨律鎮，即古靈州城也。

　　漢御史、尚書、填漢三渠，④ 唐大曆十三年，虜酋馬重英以四萬騎寇靈州，奪填漢、⑤ 御史、尚書三渠以擾屯田，⑥ 常謙光逐之。⑦

　　唐光禄渠，即漢光禄舊渠也，廢塞歲久，大都督長史李聽復開決以溉屯田。

　　唐特進渠。⑧《地里志》：⑨ "靈州回樂有特進渠，長慶四年七月詔開，溉田六百頃。⑩"

---

　　① ［校］豐安：原倒作"安豐"，據《元和郡縣圖志》卷四《關內道·靈州》、《太平寰宇記》卷三六《關西道十二·靈州》改。下文"豐安鎮"原作"豐鎮"，據同書改。

　　② ［校］南山：此二字原脫，據《正統寧志》卷上《古蹟》、《弘治寧志》卷一及《嘉靖寧志》卷二《寧夏總鎮·古蹟》補。

　　③ 《水經注》卷三《河水》載："河水又北過北地富平縣西，河側有兩山相對，水出其間，即上河峽也，世謂之為青山峽。"《水經注集釋訂訛》卷三載，上河峽"即寧夏衛西南一百四十里峽口山是"。

　　④ ［校］填漢：原作"光禄"，據《資治通鑒》卷二二五改。

　　⑤ ［校］奪填漢：原作"塞"，據《資治通鑒》卷二二五改。

　　⑥ ［校］三渠：此二字前原衍"光禄"二字，據《新唐書》卷二一六下《吐蕃傳》、《資治通鑒》卷二二五、《玉海》卷二一《地理·河渠》刪。

　　⑦ ［校］常謙光：原作"常讓光"，據《新唐書》卷二一六下《吐蕃傳》、《資治通鑒》卷二二五、《玉海》卷二一《地理·河渠》改。

　　⑧ ［校］特進渠：《四庫》本《唐會要》卷八九《疏鑿利人》作"時逐渠"。

　　⑨ 參見《新唐書》卷三七《地理志》。

　　⑩ ［校］溉田：《舊唐書》卷十七上《敬宗本紀》、《唐會要》卷八九《疏鑿利人》、《册府元龜》卷五〇三《邦計部·屯田》均作"置營田"。

回樂縣，《輿地廣記》：①"在靈州故城之内，唐肅宗西狩即位於此。"

艾山舊渠，後魏刁雍為薄骨律鎮將，上表請自禹舊蹟鑿開此渠，南北二十六里，②東西四十五里，廣十步，以河水溉公私田四萬頃。表曰：③"富平西南三十里有艾山，④南北二十六里，東西四十五里，鑿以通河，似禹舊蹟。⑤其兩岸作溉田大渠，廣十餘步，山南引水入此渠中。計昔時高於河水不過一丈，⑥河水激急，沙土儵流。今日此渠高於河水二丈三尺，又河水浸射，徃徃崩頹。渠既高懸，水不得上，雖復諸處按舊引水，水亦難求。今艾山北河中有洲渚，⑦水分為二。西河小狹，水廣百四十步。臣今請入來年正月，於河西高渠之北八里、分河之下五里，平地鑿渠，⑧廣十五步，深五尺，築其兩岸，令高一丈。北行四十里，還入古之高渠，即循高渠而北八十里，⑨合百二十里，大有良里。計用四千人，四十日功，渠得成就。所欲鑿新渠口，河下五丈，水不得入。今求從小河東南北斜斷到西北岸，計長二百七十步，廣十步，高二丈，絶斷小河，二十日功既得成畢。合計用功六十日，小河之水盡入新渠。水則克足，溉官私田四萬餘頃。旬日之間，則水一徧。水�四灌，穀得成實。"

麗景園、鎮城在清和門外，有詩。⑩芳林宮、有詩。⑪芳意軒、清暑軒、

---

① 參見《輿地廣記》卷十七《陝西路化外州》。

② ［校］南北：此二字原脱，據《弘治寧志》卷三《靈州守禦千户所·古蹟》補。

③ 刁雍表文參見《魏書》卷三八《刁雍傳》。

④ ［校］西南：原作"西"，據《魏書》卷三八《刁雍傳》改。

⑤ ［校］禹：原作"屬"，據《魏書》卷三八《刁雍傳》改。

⑥ ［校］計昔時：《魏書》卷三八《刁雍傳》作"計昔為之"。

⑦ ［校］河中："河"字原脱，據《魏書》卷三八《刁雍傳》補。

⑧ ［校］平地："地"字原脱，據《魏書》卷三八《刁雍傳》補。

⑨ ［校］循：原作"脩"，據《魏書》卷三八《刁雍傳》改。

⑩ 參見本志卷五《詞翰·詩》載金幼孜撰《宴麗景園》、路昇撰《麗景園侍宴》。又，《嘉靖寧志》卷二《寧夏總鎮·遊觀》亦載金幼孜同題詩，《弘治寧志》卷八《雜詠類》詩題作《九日宴麗景園》。《弘治寧志》卷八《雜詠類》載路昇詩題作《和慶藩遊麗景園韻》，《嘉靖寧志》卷二《寧夏總鎮·遊觀》載路昇詩，未錄詩題。

⑪ 本志卷五《詞翰》未載有關芳林宮之詩。《弘治寧志》卷八《雜詠類》載凝真撰《芳林宮夜宿擬古》詩與芳林宮有關，《嘉靖寧志》卷二《寧夏總鎮·遊觀》同詩題作《夜宿懷古》。

擬舫軒、凝翠軒、望春樓、有詩。① 望春亭、水月亭、清漪亭、涵碧亭、湖光一覽亭、群芳館、月榭、桃蹊杏塢、有詩。②杏莊、鴛鴦池、鵝鴨池、碧沼、鳧渚、菊井、鶴汀、大覺殿、小春園、在麗景園南。清賞軒、眺遠臺、上有眺遠亭。芍藥亭、牡丹亭、清趣齋、樂遊園、在光化門外西南。來清樓、③ 荷香柳影亭、山光水色亭、擷芳園、在南薰門外西南。盛實園、在德勝門外東北。逸樂園、在慶府內。延賓館、慶府內，康王建為儀賓路升讀書之所。擁翠樓、八角亭、永春園、鞏昌王府內。滄洲、有詩。④ 賞芳園、真寧王府內。靜得園、真寧王府前。寅樂園、弘農府內。真樂園、豐林王府內。凝和園、鞏昌王府內。後樂園、金波湖、在麗景園青陽門外，垂柳沿岸，青陰蔽日，中有荷芰，⑤ 畫舫蕩漾，為北方盛觀。臨湖亭、湖之西。鴛鴦亭、湖之北。宜秋樓。湖之南，有記。⑥

凡上園景創設在昔者，兵變盡毀，惟府內者尚存。

南塘、在南薰門外永通橋西南，舊為停潦之區。嘉靖十五年，巡撫都御史字川張公文魁嘗惜其廢於不治，功作歲餘未成。都御史南澗楊公守禮委指揮方輿因勢脩濬，植柳千株，繚以短牆，注以河流，周方百畝，菰蒲蘋藻，鷗鷺鳧魚，雜然於中。泛以樓舡，人目之如西湖，居民喜為樂土。萬曆壬辰兵變毀，三十二年，巡撫黃公〔嘉善〕復脩坊曰"濠濮間想"。漣漪軒、詩記見《詞翰》。⑦ 知止軒。在南塘之南岸，今廢。賀蘭晴雪、漢渠春漲、即漢延渠。月湖夕照、在張亮堡。黃沙古渡、在王澄堡東。黑水故城、即赫連所築統萬城。官橋柳色、在楊和堡北，⑧ 跨漢延渠。靈武秋風、靈武山在林皐堡西，每歲秋七

---

① 本志卷五《詞翰》未載有關望春樓之詩。《弘治寧志》卷八《雜詠類》載凝真撰《麗景園避暑》詩與望春樓有關，《嘉靖寧志》卷二《寧夏總鎮·遊觀》同詩題作《避暑》。

② 本志卷五《詞翰》未載有關桃蹊杏塢之詩。《正統寧志》卷下《題詠》、《弘治寧志》卷八《雜詠類》載釋靜明撰《杏塢朝霞》詩與桃蹊杏塢有關，《嘉靖寧志》卷二《寧夏總鎮·遊觀》未錄詩題。

③ ［校］來清樓：此同《嘉靖寧志》卷二《寧夏總鎮·遊觀》，《弘治寧志》卷一《寧夏總鎮·樓閣》作"來青樓"。

④ 本志卷五《詞翰》未載有關滄洲之詩，《嘉靖寧志》卷二《寧夏總鎮·遊觀》載夏景芳"石洞貢綠搆草盧"詩與滄洲有關，未錄詩題。

⑤ ［校］荷芰：原作"荷艾"，據《嘉靖寧志》卷二《寧夏總鎮·遊觀》改。

⑥ 參見本志卷四《詞翰》載慶靖王撰《宜秋樓記》。

⑦ 本志未載詠漣漪軒之詩，"記"參見本志卷四《詞翰》載黃嘉善撰《漣漪軒記》。

⑧ ［校］楊和堡：原作"楊和"，據《嘉靖寧志》卷二《寧夏總鎮·景致》改。

八月，聲入秋摵。① 梵剎鐘聲。指承天寺言。

　　承天寺南廊之僧房南墻上有塔影倒垂，房在塔南，本非日光所回射。蓋此塔嵯形年久，上涵清虛，已成其象，故天光下射於天窓，轉射於南墻也。蓉川齊君〔之鸞〕有《倒影測》，②亦未明究其理。惟南澗楊公〔守禮〕謂以下凹處映其上，則影必倒，無拘於方向。今以鏡面凹者照人，則人首倒垂，其説果驗，可以祛衆人之疑矣，則嵯形涵虛及倒影測皆不足信。其影初在寺之南廊，今在東廊，則又叵測也。

　　靈州：寧河勝覽、黃河東渡，築臺高五丈餘，登眺於上，則河山景色，舉在目中，蓋奇觀云。晏湖遠眺、晏湖古為水澤，歲遷沙漲，故址猶存。臺制似寧河，而山環遶，水碧沙明，足以豁目。牛首飛霞、牛首山形突兀，上有古刹，時現祥霞。龍泉噴玉、泉在金積山，其水清冷可掬，滾滾若珠玉傾瀉，名公多題詠焉。高橋春柳、城南有橋，以形高古名焉。③ 自蕭關北，荒沙無際，至是忽覩林木陰森，柳更條暢若屏然。相傳為塞北江南，蓋亦此云。滴水秋梧、水自石出，若倒囊出珠。下有梧桐，枝柯繁茂可觀。青峽曉映、即古之青銅峽，旭日方升，水光山色，映若書圖。黃沙夕照。城東之山半為沙磧，每晴日夕時，蒼黃遠映，光照人目。

　　古靈州城東北鐵柱泉傍有窟，人莫敢入。景泰間，李姓者偕一僕爇燈以入。行二十步，推開一石門，有銅鑄釋像，傍有二僧屍，覆以錦衾，其面如生，而金貝之類環具左右。李恣意取之，將出，風颯颯，燈息門閉，皷鈸齊鳴，李恐懼欲死，盡棄所取者，俄於傍窟匍匐而出。明日，集衆徃掘之，堅不能入，機械如洛陽也。

　　韋州：蠡山疊翠、東湖春漲、西嶺秋容、④ 石關積雪。

　　中衞：暖泉春漲、羚羊夕照、黃河曉渡、鳴沙過鴈、蘆溝煙雨、石空夜燈、黑山晴雪、石渠流水、紅崖秋風、槽湖春波。

①　〔校〕聲入秋摵：《嘉靖寧志》卷二《寧夏總鎮·景致》作“聲如風憾”。

②　參見齊之鸞《入夏録》卷下《浮圖倒影測》。

③　〔校〕古：據文意疑當作“故”。

④　〔校〕秋容：原作“秋蓉”，據《弘治寧志》卷三、《嘉靖寧志》卷三《韋州·景致》改。

祥　異

永樂三年，鎮産兩岐麥數莖，慶靖王獻於朝，禮部率百官表賀。①

永樂間，② 麗景園金波湖内産合歡蓮一。

永樂十三年，中護衛卒胡鑾兒妻陳氏一産三男子，③ 事聞，賞鈔二百五十貫，米五石。

宣德間，有玄兔二，白黄鼠一，太監海壽購而獻之。

宣德七年，太監海壽獻連理瓜二。

正統十二年，靈州土人撒的家産一馬，白色捲毛，類龍鱗，長啄短尾，跳躍高一二丈，夜行則火光見，貢之。

成化十八年，靈州李景芳家白鼠晝遊，次年，其子泰中鄉試。

成化二十年，靈州土官某家馬生雙駒，豕生數子，一子宛如象，羊生一羔八足，後其家敗亡。

成化二十二年，衛學生胡璉家黑豕變白，人咸以為兇，獨胡曰："此善變者。"殺而為牲。是年，其子汝礪領鄉薦，明年，登進士。

洪武初，都督馬鑑宅所蓄兔鶻忽生一卵，訪於老者，曰："此不祥也，城其空乎？"後詔徙寧夏於長安，城遂空，寔符所驗。

洪武間，指揮徐呆廝出兵河套地，名梧桐樹，一日午間，有一大星墜於河中，火發，延及岸上，營中軍有被傷者。後徐氏父子以事被誅，家業遂破。此天象也，果獨應於徐氏也，抑別有所應而不知耶。

永樂間，柳安遠守寧夏，時南門壕邊柳樹無故自焚。後安遠果有南征之禍，蓋獨應於柳氏也。

磁窰東南一鹻水池俗呼為龍王潭，永樂間牧馬土人見水上一蛇，人首

---

① 本志所載永樂三年（1405）獻岐麥事亦載於《正統寧志》卷上《祥異》。而《明宣宗實録》卷一〇五載，宣德八年（癸丑，1433）閏八月己未，慶王朱㮏進嘉瓜、瑞麥。《明英宗實録》卷六九又載，正統五年（1440）七月戊辰，行在禮部尚書胡濙等奏，邇者慶王獻兩岐麥、同蒂瓜，請上表稱賀，上曰："不足賀也，其勿賀。"

② ［校］永樂間：《正統寧志》卷下《題詠》有凝真《戊戌歲金波湖合歡蓮》一首，事在永樂戊戌（十六年，1418）。

③ ［校］胡鑾兒：原作"魏定兒"，據《明太宗實録》卷一六一"永樂十三年二月辛卯"條改。

面赤，乃擲以牛牀，中，遂不見，後其家亡滅。

成化二十年六月，蝗蟲大作，其頭面皆淡金色，頂有冠子，肩背趨正紫，如鶴氅，絕類道士。禾稼殆盡，是歲大饑，斗米銀二錢，人多掘地藜子充食。

嘉靖四十年六月，地震，城堞官署民房多毀。自是月餘，不時震動。

萬曆二十五年二月初三日，平虜所烈風大作，頃之忽將廳脊、城門樓脊瓦獸吻内生火，經時方息。

萬曆三十六年三月初三日，正東天皷晝鳴，其聲如雷。八月十五日巳刻，地震有聲，廣武營官廨邊墻、石空等城堞搖覆者多。

萬曆四十三年六月二十五日，地震，從西北往東南有聲，洪廣營搖倒城西面月城十三丈、尖塔墩北面月城七丈。十二月二十三日，兩河同時地震，從西北往東南有聲，移時方住。大壩、廣武、棗園等堡各搖倒城垛、墩臺、房屋、墻壁頗多。

方　技

張琦，精《太素脉》。斷病踰二十年，生死卒如所許。

黃俊，治病以脉，不執方書，尤精藥性。自宋迄本朝，世稱良醫，今絕其傳。

張景皐，精《太素脉》。可生則藥，不可生斷以日時，百無一失。窮通壽夭，以脉推之，亦無不驗。所著有《難經直解》。①

方焌，精醫道，尤善於傷寒，所著有《瘡瘍論》。

吳通，精《脉經》、《本草》、《素問》三世之書，尤妙鍼法，治病克效，時稱"儒醫"。

徐恭，精小兒科，藥效如神。

胡傑，精外科，善識瘡善惡之形，尤能治療無名毒，其瘥立效。

方策，焌之子，擅專門之業，求遇者如市，贈指揮。

胡瑾，傑之子，業愈精於傑。

徐英，中屯衛指揮僉事，歷官清慎，制行端潔。醫以家傳，術能起死

---

① ［校］直解：此同《嘉靖寧志》卷二《寧夏總鎮·技能》、《嘉靖陝志》卷十七《文獻五》，後書卷三一《文獻十九·寧夏衛·鄉賢》作"真解"。

回生。不擇貧薄，深夜風雨必徃，人甚德之，迄今猶然稱頌。

芮經，通脉理脩，治丸散尤精，徃徃有奇效，一時重之。

宣士能，以瘍醫稱良於時。

濮恩，識方書，療疾不擇貧富，尤精傷寒。

蘇庶，精外科，常治人所不敢治者，累有奇效。

朔方新志卷四

詞　翰

〔序制誥表〕

靈武受命宮頌并序

臣聞享天降命惟德也，① 戡難奉時惟聖也，必有非常之運，是興撥亂
之功。君以蒼生為憂，② 不以濡足為患；以寧濟為業，不以脩身為道。此
陶唐所以捨而不畏，舜禹所以受而不疑。靈武宮，皇帝躍龍之所。日者奸
臣竊命，四海蕩波，③ 我聖皇天帝，④ 探命曆之數，啟龍圖，作受命之書，
付於我皇帝。皇帝方遊崆峒以求至道，於是群公卿士負玉旒金璽，望氣芒
碭之野，三進於閶闔之中曰：⑤ “臣聞在昔，⑥ 蚩尤連禍，大盜中國，神農
氏兵莫能勝。⑦ 天降玄女，勅軒轅氏大定其災。厥後堯有九州之害而命
禹，禹以四海之功而受舜。陛下主鬯大位十有九年，精爽者皆美德馨，⑧

---

① ［校］降命：《文苑英華》卷七七四《靈武受命宮頌并序》注曰：“降命”，一作“降
福”。

② ［校］是興撥亂之功君以蒼生為憂：此同《唐文粹》卷十九上《靈武受命宮頌并序》、
《乾隆甘志》卷四六《藝文·靈武受命宮頌》，《文苑英華》卷七七四《靈武受命宮頌并序》無
“功”字，“君”字後小注曰“一作功”。疑《唐文粹》、《乾隆甘志》同誤。

③ ［校］蕩波：《文苑英華》卷七七四《靈武受命宮頌并序》作“波蕩”。

④ ［校］天帝：此同《唐文粹》卷十九上《靈武受命宮頌并序》，《文苑英華》卷七七四
《靈武受命宮頌并序》無“天”字。

⑤ ［校］閶闔：《文苑英華》卷七七四《靈武受命宮頌并序》作“閶闔”。

⑥ ［校］在昔：《文苑英華》卷七七四《靈武受命宮頌并序》作“昔在”。

⑦ ［校］氏：《文苑英華》卷七七四《靈武受命宮頌并序》作“之”。

⑧ ［校］德馨：《文苑英華》卷七七四《靈武受命宮頌并序》作“馨香”。

乾坤也必聞幽贊。玄德上達，景福有歸。六聖覿命曆之期，兆人有臨難之情。① 陛下畏災運而不寧，② 棄黎元而不顧，以致仁為薄，以大寶為輕，臣等若不克所請，與億兆之衆將被髮拊膺，號於天而訴於帝矣。"皇帝唯然改容曰："豈人心歟！"

　　丁卯，③ 廣平王〔李〕俶、太尉〔李〕光弼、司徒〔郭〕子儀、尚書左僕射〔裴〕冕、兵部尚書〔李〕輔國，與北軍將士、西土耆老萬五千人排闥以訴帝曰："今豺狼穴居宮闕，④ 陛下兆庶為餌，宗廟為墟。⑤ 若臣等誠懇未通，⑥ 是高祖不歆於太廟。且陛下涉渭則洪流涸，迴鑾則慶雲見，布澤而川溢廣，⑦ 勤道而嘉禾生，靈祇髣髴，玄眹幽感。臣聞符命待聖而作，天運否終而會。葳蕤胗蠻，會也。睿武英明，⑧ 聖也。臣等敢昧死上聞。"帝乃灑齋宮，啓金匱，嗚咽拜受。詔有司大赦天下，改元曰至德元年，尊聖父為文武大皇帝。⑨ 是日煙雲變作，士庶踴躍，黃龍見於東野，紫氣滿於天門。翌日也，⑩ 數百里衣裳會。兼旬也，數千里朝貢會。踰月也，天下兵車會。浹時也，四方戎狄會。⑪ 以一旅成百萬之師，⑫ 率胡夷平社稷之難，禮郊祀，戴聖皇，與人合誠心，以氣消天癘。⑬ 動罔不

---

　　① ［校］臨難之情："臨難"，《文苑英華》卷七七四《靈武受命宮頌并序》作"樂推"。"情"，《文苑英華》卷七七四、《唐文粹》卷十九上《靈武受命宮頌并序》均作"請"。

　　② ［校］不寧：《文苑英華》卷七七四、《唐文粹》卷十九上《靈武受命宮頌并序》均作"不處"。

　　③ 丁卯：唐玄宗李隆基開元十五年（727）。

　　④ ［校］居：《文苑英華》卷七七四《靈武受命宮頌并序》作"於"。

　　⑤ ［校］宗廟：《文苑英華》卷七七四《靈武受命宮頌并序》作"宗社"。

　　⑥ ［校］誠懇：《文苑英華》卷七七四《靈武受命宮頌并序》作"懇誠"。

　　⑦ ［校］川溢廣：《文苑英華》卷七七四《靈武受命宮頌并序》作"川地廣"，《唐文粹》卷十九上《靈武受命宮頌并序》作"川池廣"。

　　⑧ ［校］明：原作"名"，據《文苑英華》卷七七四、《唐文粹》卷十九上、《正統寧志》卷下《靈武受命宮頌》改。

　　⑨ ［校］文武大皇帝：《唐文粹》卷十九上《靈武受命宮頌并序》作"文武太皇帝"，《文苑英華》卷七七四《靈武受命宮頌并序》作"聖皇天帝"。

　　⑩ ［校］翌日：《文苑英華》卷七七四《靈武受命宮頌并序》作"翼日"。

　　⑪ ［校］戎狄：此同《唐文粹》卷十九上《靈武受命宮頌并序》，《文苑英華》卷七七四《靈武受命宮頌并序》作"戎夷"。

　　⑫ ［校］成：《文苑英華》卷七七四《靈武受命宮頌并序》作"兼"。

　　⑬ ［校］天癘："天"原作"夭"，據《文苑英華》卷七七四《靈武受命宮頌并序》、《正統寧志》卷下《靈武受命宮頌并序》改。"癘"同《正統寧志》，《文苑英華》作"厲"。

吉，猷無不報，是以白鹿擾於王庭，靈芝產於延英。化動而功成，淵默而頌聲。言禪代者陋蒼梧易姓之名，語嗣守者羞唐堯積善之辱。① 述戡定者歎四紀而復夏，美中興者蚩三六而滅新。於戲！神祇之所歸往，品物之所法象，鼓飛龍於尺水，仗大義而東向。矢謨發號，實在茲都，願篆石宮庭，以垂萬古。俾過山澤，知風雨之奧，② 窮造化，識天地之爐。③ 臣炎稽首，敢獻頌曰：

赫赫河圖，啓天之祜。④ 雲從億萬，皇在九五。惟昔陶唐，克傳舜禹。濩也武也，⑤ 夫何足數。彼妖者勃，⑥ 惟暴惟貪。天實即命，⑦ 人將不堪。皇曰內禪，於再於三。盡武之善，去湯之慙。兵車百萬，⑧ 洶洶雷震。橫會九州，為行為陣。恃力者踣，從命者順。孝以奉天，神而撫運。至德唐堯，崇功大禹。幡幡北叟，垂白而覿。沛邑空歌，周原已古。徘徊頌聲，永介茲土。

授田牟靈州節度使制　　唐　蔣伸

門下：秦築城以備虜，⑨ 未若選將為長城。漢設策以禦戎，吾知得人為上策。⑩ 況朔野之北、全凉以東，⑪ 兵臨五城，地遠千里。非疇勞無以

---

① ［校］羞唐堯："羞"，此同《正統寧志》卷下《靈武受命宮頌并序》，《文苑英華》卷七七四《靈武受命宮頌并序》注曰："一作'著'。""唐堯"，此同《唐文粹》卷十九上、《正統寧志》卷下《靈武受命宮頌并序》，《文苑英華》卷七七四《靈武受命宮頌并序》作"陶唐"。

② ［校］知風雨：此同《唐文粹》卷十九上《靈武受命宮頌并序》，《文苑英華》卷七七四《靈武受命宮頌并序》作"美風雲"。

③ ［校］爐：《文苑英華》卷七七四《靈武受命宮頌并序》作"緼"。

④ ［校］祜：此同《唐文粹》卷十九上《靈武受命宮頌并序》，《文苑英華》卷七七四《靈武受命宮頌并序》作"戶"。

⑤ ［校］濩：《文苑英華》卷七七四、《唐文粹》卷十九上《靈武受命宮頌并序》均作"護"。

⑥ ［校］妖：此同《唐文粹》卷十九上《靈武受命宮頌并序》，《文苑英華》卷七七四《靈武受命宮頌并序》作"袄"。

⑦ ［校］即：《文苑英華》卷七七四《靈武受命宮頌并序》作"有"。

⑧ ［校］車：《文苑英華》卷七七四《靈武受命宮頌并序》作"革"。

⑨ ［校］秦：此同《正統寧志》卷下《授田牟靈州節度使制》，《嘉靖寧志》卷六《遺事雜志·唐授田牟靈州節度使制》作"奏"。

⑩ ［校］吾知：此同《正統寧志》卷下《授田牟靈州節度使制》，《嘉靖寧志》卷六《遺事雜志·唐授田牟靈州節度使制》作"未知"。

⑪ ［校］全凉：疑當作"金凉"。參見吳忠禮《寧夏志箋證》，第326頁《箋證》［四］。

分爵土，非用武何以示恩威。副吾勤求，允屬雄傑。檢校金疑。①部尚書、金吾衛大將軍田牟，才度間生，智能兼聳，家承弓冶，業擅韜鈐，而又揭厲儒流，詳閑吏術，不戰而烽煙自息，言兵而勝負已知。洎早服官榮，常糸羽衛。流五原之懿績，播三鎮之威聲。風猷藹然，令望斯著。如一作"知"。爾弟兄之孝友化自閨門，祖父之忠貞書於竹帛。是用擢在環列，為予警巡，觀其形容，益見誠意。朕以党羌未滅，邊障是憂，籍汝通明，與我安撫。所宜勵清廉於虜俗，宣惠澤於戎人。恢紀律，貴乎齊刑；理蠻夷，惡其生事。藩垣北地，控帶長河。仍加毛玠之榮，不改趙堯之秩。可檢校吏部尚書、靈州節度使。

唐授鄭齊之靈武副使制

曰：朕以靈武重鎮，控制西戎，故選於和門，付以油節，思得幹用，以佐糸畫。如聞齊之，自得科名，留心政術。奉沙漠之使，佐榷莞之司。口不告勞，人稱奉職。某與思謙，臨洎知退，②皆鑽研文學，承襲軒裳。暢彼聲光，端其操履，是可以佐鐏俎於台席，奉指教於才臣。而八達九衢，曉巡夜警，亦執金吾之重務也。咸允章奏，無忝所從。可。

宋遣使諭元昊詔

曰：昨以夏國累年以來，數興兵甲，侵犯疆陲，驚擾人民，誘迫熟戶。去秋乃復直叩大順，圍迫城寨，焚燒村落。抗敵官軍，邊奏屢聞，人情共憤。③羣臣皆謂，夏國已違誓詔，④請行拒絕。先皇帝務存含恕，且詰端由，庶觀逆順之情，以決衆多之論。建此遜章之禀命，已悲仙馭之上賓。朕纂極云初，包荒在念。仰循先志，俯諒乃誠。⑤既自省於前辜，復顧堅於永好。苟奏封所敘，忠信無渝，則恩禮所加，歲時如舊。安民保

---

① 唐朝有吏、户、禮、兵、刑、工六部，無"金部"，本志編者存疑，故於"金"字下小注"疑"字。

② ［校］知退：《文苑英華》卷四一二《授鄭齊之靈武副使制》作"思退"。

③ ［校］憤：原作"奮"，據《宋大詔令集》卷二三五《賜夏國主詔》、《宋文鑒》卷三一《賜夏國主詔》改。

④ ［校］羣：此字原脫，據《宋大詔令集》卷二三五《賜夏國主詔》、《宋文鑒》卷三一《賜夏國主詔》補。

⑤ ［校］諒：此同《宋文鑒》卷三一《賜夏國主詔》，《宋大詔令集》卷二三五《賜夏國主詔》作"徇"。

福，不亦休哉。

宋詔諒祚懲約吳宗詔

曰：朕嗣守丕圖，日新庶政。方推大信，以協萬邦。思與蕃屏之臣，永遵帶礪之約。矧勤王而述職，固弈世以推誠。而近年以來，將命之使，或不體朝廷之意，罔循規矩之常，多於臨時，卒爾改作。既官司之有守，致事體以難從。且下脩奉上之儀，本期効順，而君有錫臣之寵，所以隆恩。豈宜一介於其間，輒以多端而生事。在國家之撫御，固廓爾以無疑，想忠孝之傾輸，亦豈欲其如此。故特申於旨諭，諒深認於眷懷。今後所遣使人，更宜精擇，① 不令妄舉，以紊尋章。所有押賜、押伴、使臣等，亦已嚴行戒勵。苟有違越，必寘典刑。載惟信誓之文，炳若丹青之著。事皆可守，言貴弗違。毋開間隙之萌，庶敦悠久之好。

宋冊秉常為夏國主文

曰：維熙寧二年己酉，三月十四日辛巳，皇帝若曰：於戲！昔堯合萬邦而民風和，周建列土而王業懋。② 若古申命，蓋国家之成法也。咨爾秉常，迪性纯一，飭躬靖虛。③ 生稟山川之靈，舊傳弓鈸之賜。撫有西夏，尊於本朝。知事君必盡其節，知守國當保其衆。乃内發誠素，外孚誓言。質之天地而不欺，要之日月而不昧。朕用稽酌故典，表顯微實，錫爾以茅土之封，不為不寵；加爾以車服之數，不為不榮。涓辰既良，備物既渥。誕舉丕冊，以華一方。今遣司封郎中劉航、騎都尉劉忞持節冊命爾為"夏國主"，④ 為宋藩輔。夫履謙順者靡不膺長福，懷驕肆者靡不蹈後虞。率身和民，時乃之績。往欽哉，祗予一人之彝訓，可不慎歟。

---

① ［校］更：原作"便"，據《宋大詔令集》卷二三四《諭夏國精擇使人不令妄舉詔》、《文忠集》卷十九《賜夏國主詔》改。

② ［校］列土：原作"列上"，據《宋大詔令集》卷二三五《立夏國主冊》、《華陽集》卷九《立夏國主冊文》、《宋文鑒》卷三二《立夏國主冊文》改。

③ ［校］飭躬靖虛：《宋大詔令集》卷二三五《立夏國主冊》作"飾躬靖虔"，《華陽集》卷九《立夏國主冊文》作"飲躬恪□"，《宋文鑒》卷三二《立夏國主冊文》作"飭躬靖□"。

④ ［校］劉忞：此同《華陽集》卷九《立夏國主冊文》、《宋文鑒》卷三二《立夏國主冊文（王珪撰）》，《宋大詔令集》卷二三五《立夏國主冊》作"劉忞"。

唐　權德輿　　中書門下賀靈武破吐蕃表①

臣某等言：臣等今日面奉德音，靈武大破吐蕃、擒生斬將者，伏以睿謀武經，陰騭上略，兵符所授，攻戰多方。② 蠢茲犬羊，尚勞爟燧。群師稟命，中權戒嚴。掎角相因，初設險於三覆；奇正合發，俄獻功於七擒。③ 數酋渠之首級，積戎械於亭侯。勝氣餘勇，鼓行無前。即叙可期，有征斯在。臣等謬居樞掖，莫効涓埃，每承以律之貞，空荷止戈之運，無任慶快踊躍之至。謹奉表稱賀以聞。④

賦

副使　曹璉　　朔方形勝賦⑤

繄夏州之大郡，實陝右之名邦。當三邊之屏翰，闢千里之封疆。廓岡阜而為垣，濬川澤而為湟，角黿鼉而為道，臥蟠蜿而為梁。帶河渠之重阻，莫屯戍之基張。墾良田之萬頃，撑喬木之千章。塩池滉瀁瀆其限，菊井馥郁馨其傍。桑梓相接，棟宇相望。若率土而論其邊陲，則非列郡之所擬方也。今焉載瞻其四維也，漢隴蟠其西，晉洛梗其東，北跨沙漠之險，南吞巴蜀之雄。山奔突而若馳，水旋繞如環雍，廓遐郊其坦夷，聳孤城之崇隆。內則敞街衢兮輻輳，紛輿馬兮交通；外則經溝塍兮刻鏤，畇原隰兮腴豐。任土作貢而域雍兮，星分井、鬼；罷侯置守而隸靈兮，民雜漢、戎。出河朔山川之外，臨蕃落境界之中。青窺華嶽之隱隱，翠挹岷峨之重重。遙躋西嶺之屹屹，近俯東湖之溶溶。營興廣武，坊旌効忠。壩濱積石，⑥ 關邇臨潼。橋橫通濟兮，接賓之舖連棟；⑦ 園開麗景兮，望春之樓凌空。澹清潭兮，天光雲影；翠秀色兮，綠水芙蓉。赫連春曉兮，日烘桃

---

①　［校］破：《權載之文集》卷四四《中書門下賀靈武大破吐蕃表》作"大破"。

②　［校］攻：《權載之文集》卷四四《中書門下賀靈武大破吐蕃表》作"公"。

③　［校］七擒：《權載之文集》卷四四《中書門下賀靈武大破吐蕃表》作"九擒"。

④　［校］稱賀：《權載之文集》卷四四《中書門下賀靈武大破吐蕃表》作"申賀"，《正統寧志》卷下作"陳賀"。又，本句下，《正統寧志》卷下《中書門下賀靈武破吐蕃表》有"貞元十四年十一月二十九日"十二字。

⑤　［校］朔方形勝賦：《嘉靖寧志》卷八《文苑·文》題作《西夏形勝賦》。

⑥　［校］壩：《嘉靖寧志》卷八《文苑·文·西夏形勝賦》作"瓃"。

⑦　［校］舖：《嘉靖寧志》卷八《文苑·文·西夏形勝賦》作"舘"。

李；靈武秋高兮，風墜梧桐。殘陽夕照荒坰兮，落花啼鳥；飛瀑晴懸峭壁兮，玉澗垂虹。轆轤咿軋兮，影落蘆溝之夜月；漁歌欸乃兮，響窮古渡之秋風。於是高臺日上，長塔煙浮。晴虹之影乍弄，蒲牢之聲初收，大河之水未波，蠡山之雲不流。藹華實之蔽野，漫黍稷之盈疇。石關雪積兮，銀鋪曲徑；漢渠春漲兮，練拖平丘。驍驥如雲兮，花馬之池；鱒鯽盈肆兮，應理之州。平虜城兮執訊獲醜，鳴沙州兮落雁浮鷗。城傾黑水兮，頹雉殘堞；津問黃沙兮，短櫂輕舟。神槎湮兮，[①] 猶存博望之蹟；石硤鑿兮，尚傳大禹之游。高塚巍峨兮，元昊之魂已冷；古刹煨燼兮，文殊之像常留。表賀獻俘而忠貫日月兮，唐將之精靈耿耿；書抗偽號而名重丘山兮，宋賢之遺韻悠悠。此名天下，播海陬，而為西夏之勝概，可與江南之匹儔者。然猶未也。

　　若乃則考其四時也，春則杏塢桃蹊，霞鮮霧靄；秋則鶴汀鳧渚，月朗風微；夏則蓮濯碧沼之金波，嬌如太液池邊之姬媵；冬則柏傲賀蘭之晴雪，[②] 癯若首陽山下之夷齊。與夫觀鷹鸇之雄度，則凜凜乎周家之尚父也；覘芝蘭之葱蒨，則燁燁乎謝庭之子姪也。[③] 對松竹之森立，則梃梃乎汲黯之剛直也；翫鷗鷺之瑩潔，則皎皎乎楊震之清白也。以至芳林鶯語，柳榭蟬聲，鏗鏗鏘鏘，[④] 又有若回琴點瑟之立夫孔楹也。此皆翫耳目、娛心志，而為西夏之美觀、不減江南之佳致者。是使騷人墨客，碩士英賢，尋幽覽勝，游樂流連。於以羅珍饌，列綺筵，飛羽觴，奏管絃，品題詞藻，繡句錦篇，觥籌交錯，屢舞僛僛。撫乾坤之坱圠，掃犬彘之腥羶。[⑤] 詢古今於故老，稽成敗於遺編。方其王命南仲，徃城於方，此何時乎？迨漢郭璜，繕城置驛，浚渠溉田，省費萬計，蓋一盛也。整居焦穫，侵鎬及方，此何時乎？迨唐李聽，興仆舉廢，復田省餉，人賴其利，又一盛也。嗟夫！時有盛衰，治有隆替，天道循環，斯亦何泥？方今聖主，啟運應

---

①　[校] 槎：《嘉靖寧志》卷八《文苑·文·西夏形勝賦》作"溠"。
②　[校] 晴雪：原作"暗雪"，據《嘉靖寧志》卷八《文苑·文·西夏形勝賦》改。
③　[校] 燁燁：此同《嘉靖寧志》卷八《文苑·文·西夏形勝賦》，《康熙陝志》卷三二《藝文·朔方形勝賦》作"華華"，《乾隆甘志》卷四六、《寧夏府志》卷十八《藝文·朔方形勝賦》均作"奕奕"。
④　[校] 鏗鏗鏘鏘：原作"鏗鏘"，據《嘉靖寧志》卷八《文苑·文·西夏形勝賦》改。
⑤　[校] 犬彘之腥羶：《乾隆甘志》卷四六、《寧夏府志》卷十八《藝文·朔方形勝賦》均作"亭障之烽煙"。

符，丕建人極，重熙皇圖。混車書於六合，覃恩威於九區，登斯民於懷葛，躋斯世於唐虞。

刓茲夏州，超軼往古，詩禮彬彬，衣冠楚楚。建學立師，脩文偃武，尚陶匏，貴簪組，祛異端，禦狎侮。抑工商之浮華，敦士農之寒苦。烽燧息煙，① 閭閻安堵。白叟黃童，謳歌鼓舞。熊羆奮勇於陣行，獼狁潛行於巢所。② 弓矢藏於服韔，干戈載於庫府。③ 而況蔭土封者惟德惟義，遠超樂善之東平；握將柄者有嚴有翼，端繼為憲之吉甫。予也一介之書生，敢擬韓范之系伍。聊泚筆而紀行，議者幸勿誚其狂魯。④

於越　婁奎　朔方風俗賦

關中號土膏陸海，為九州腴，盖指汧、螯、酆、鄠間云，余過之未有得也。比入靈、寧之境，地沃衍，人民衆，火耨水耕，有可觀者，視三輔大相徑庭。乃書傳所稱在彼不在此，余甚惑焉。嗟夫！世之實不中聲與潛德而名湮滅者，可勝道哉。是故采夫鎮乘，詢諸父老，瀝思為辭，以彰厥隱。夫偹父賦《三都》，須成取覆瓿，業為陸子所笑，無腆之筆，何能重夏。汲長孺有言："大將軍有揖客反不重耶？" 敢借《解嘲》篇中居士等名，即亡是公意云，然事皆實録者。

西夏有玄虛居士，賢而隱。文子階華先生客夏，⑤ 耳其名，以刺謁之。款叙既已，文子乃稱曰："盖聞過高唐者必聆清商，遊睢澳者必觀藻繢。蒙躝蹻海內有年，所至處無不習交其賢豪長者，因獲周知謠俗矣。語云：'百里不同風，千里不同俗。'君世家於夏，且翱翔文學之囿，棲遲

---

①　［校］烽燧息煙：《乾隆甘志》卷四六、《寧夏府志》卷十八《藝文·朔方形勝賦》均作"沙漠塵空"。

②　［校］獼狁：《乾隆甘志》卷四六、《寧夏府志》卷十八《藝文·朔方形勝賦》均作"麋鹿"。

③　［校］載：《乾隆甘志》卷四六、《寧夏府志》卷十八《藝文·朔方形勝賦》均作"戢"。

④　［校］議者幸勿誚其狂魯："議者"，《嘉靖寧志》卷八《文苑·文·西夏形勝賦》作"識者"。"誚"原作"銷"，據《嘉靖寧志》卷八《文苑·文·西夏形勝賦》、《乾隆甘志》卷四六、《寧夏府志》卷十八《藝文·朔方形勝賦》等改。

⑤　［校］階：《康熙陝志》卷三二、《乾隆甘志》卷四六《藝文·朔方形勝賦》均作"偕"。

載籍之林，上燭徃古，下鏡來今，其於朔方建置之頭末，① 洎山川風物，畢載於腹，敢以為請，毋予靳哉！"

居士謖爾興曰：② "僕也恂愁，未嘗蘇於故，間從長老後而竊聞其概焉。夫草昧方袪，睢盱無詔，軒唐闡繹，上哉夐乎，靡得而究。已自姬王命使徃城，③ 嬴氏因河為塞，權輿於范經之詠，昭著於太史之載。按職方為雍州區，考天官分井柳界，甫要服於中華，繼編户於炎代。啓於青而築於建，郡於漢而縣於唐。為宋、隋之州鎮，為偽夏之都邦，面陽明而翼赤縣之衛，背陰陸而抵户遂之防。右酒泉兮控引，左雲谷兮相望。徽櫓星繁，④ 雉堞雲長。勢形繡若，天險孔張。洵九圍之無匹，展四遏之獨臧。⑤

"其山則賀蘭擅其奇，金積標其勝，拓跋之所避暑，瞿曇之所演乘。綿亘則百舍不止，穹崇則萬尋未竟。傑壁霞構，攢峯鶴立，邃壑莽蒼，靈岑崷岉。根連金母之瑤房，椒載上清之玉色。干秋雲而叵度，礙朝日而行遲。猨不敢扳，鳥不能飛。迷而望之，訝煉石兮撐碧落；就而仰之，猶鼇足兮奠四維。至若黃草葳焉欲衰，黑鷹翛乎將鷙。伏地飲河，狼眠虎踞，特秀觜起，敦丘瓜聚。登樗子而流覽無窮，訪天都而難覓其處。

"其水則浡浡瀁瀁，汗汗沺沺，黑水沃日，靈河漲天。方其趣乎峽口、瀉乎石瀨，旁薄驚騰，轟豗澎湃，山摧嶽舞之勢，排江傾海之派。及其寓安流没，追埼軋盤，涌裔咸夷，邐迤朔波凌湍，虹洞無紀，環郛帶郭，散漫縈紆。枝而為渠，瀦而為湖。其為渠也，溢蟰蝀，駕螮虹，條分縷析，曲折周流。經城市而脉脉，道滄洫而潏潏。溉千林之果蔬，浸萬頃之塍疇。其為湖也，萑葦之場，蒹葭之藪，晶晶無垠，涵藏百有，芻牧者馳騖，茭藥者奔走。

①　［校］頭末：《康熙陝志》卷三二、《乾隆甘志》卷四六、《寧夏府志》卷十八《藝文·朔方形勝賦》均作"巔末"。

②　［校］爾：《康熙陝志》卷三二、《乾隆甘志》卷四六《藝文·朔方形勝賦》均作"而"。

③　［校］徃城：《康熙陝志》卷三二、《乾隆甘志》卷四六《藝文·朔方形勝賦》作"來城"。

④　［校］徽：《康熙陝志》卷三二《藝文·朔方形勝賦》作"徹"。

⑤　［校］四遏：《康熙陝志》卷三二、《乾隆甘志》卷四六《藝文·朔方形勝賦》均作"四野"。

　　“其產則溢池神液，因風自生，調鎗濟味，國計芘盈。馬牙地掬，[①]
莘尾沙尋，繼旄連丹，三幣五金。峤裘膠革，觡角豫章，以全民用，作貢
尚方。土植有山樊江離、沙蔥石竹、射干彤胡、流夷苜蓿，淺渚平原，菁
菁郁郁。香有金錢，甘有青玉，棗實雞心，槐生兔目。龍珠稱百果之宗，
鳥稗蘊七絕之淑。渌池並蒂而芎，青門合莖而熟。露長苴蓮，蔓莩蘡薁。
來禽種於漢苑，馬乳抵於西域。薔薇鬱於東山，牡丹富於金谷。碧梧棲鸞
鳳之柯，金桃啄鸚鵡之肉。薦雕俎於芳筵，蒔瓊砌於華屋。兼以秋黃之
蘇、白露之荻、益人之蒜、禦饑之薑，青稞、葫麻、薌秫、美菽，可釀可
炊，粒珠顆玉。又枸檵成林，蕭菖若稼，幹不冬彫，花不寒謝。吏跗咀之
療人，偓佺煉之羽化。至於鱗蟲羽族，壙走穴居，若《圖經》之所逸，
若《爾雅》之所無，指百詘而未盡，剟十襲而難書。爰耳目之所覩，記
祇能憶其大都。鼠珍貂㹠，馬異駒驂。舷突源犴，趫捷麕盧。远足則三窟
之兔，爪蹟則九尾之狐。麝餐柏而香遠，麀戴玉而班殊。趨則傿傽，行則
於於。橐駝可服，大武善樓，既以引重，亦以長驅。集觀乘雁，蜚睇雙
鳧，交精屬玉，旋目庸渠。殘殘之翼，鷟鷟之雛，麰麰之啄，鳬鳬之呼。
黃陵之廟，青草之湖，頡之頑之，以遊以娛。丁首莘尾，鼓鬐清流，躍瀿
濸兮為樂，噏荇藻兮沈沈。問其名兮鱷鯉，取不竭兮鯰鰷。詹何引兮獨
繭，漁子泛兮孤舟。煙消日出兮欸乃，聚綴罟兮渡頭。鱠餙紅縷細，味與
丙穴尐。蒸嘗以品，賓客用羞。

　　“其宮室則飛觀基諸元昊，高臺荆自狄公。[②]崔嵬千祀，故址猶崇。
鬱鬱兮仙人之館，蠹蠹兮帝子之宮。蘭堂生霧，桂榭凌飇，金壇熿朗，珠
剎珍瓏。廊櫺纚纚，甍棟隆隆。疏窈窕而沙紫，瑣窗奿而泥彤。文櫨華
栭，玉碕鏤題。籠以朱網，覆以琉璃。照耀星漢，揮霍雲霓。甲第名園，
矣差城郭，戶植羽葆，門懸鐘鐸。金波蕩漾，麗景聯絡。巘畫鵁於圍
唐，[③]飾翠鷸於簾箔。市廛孔道，萬落重闉。青帘飄雨，紅樓媚人，煙花
不夜，歌管長春。陟麗譙而睇盼，第見乎廣廈之粼粼。

———————

　　①　［校］馬牙：《康熙陝志》卷三二、《乾隆甘志》卷四六《藝文·朔方形勝賦》均作
“馬芽”。

　　②　［校］高臺：《康熙陝志》卷三二、《乾隆甘志》卷四六《藝文·朔方形勝賦》均作
“臺榭”。

　　③　［校］圍唐：《康熙陝志》卷三二、《乾隆甘志》卷四六、《寧夏府志》卷十八《藝文·
朔方形勝賦》作“圍塘”。

“其人則飛英於國史之著，厠名於金櫃之藏。傅燮以黃金而取譽，傅昭以學府而流芳。宇文赫赫於弢略，侯程燁燁①於居喪。三史偉於行師，三傅神於折訟。勛績擅於喬梓，功名炳於伯仲。稱變豹則韓遊瓌，論汗馬則史敬奉。是皆人世之龍、塵寰之鳳，遐邇景風，今古雅重。迨我明時，譽髦尤衆，忠者、義者、孝者、節者，有芝英雲氣片藤拱璧者，有黼黻河漢隻語千金者，有嫺儒雅而師表士林者，有持風裁而正色立朝者，有倚劍崆峒抑天驕之横者，有寧銜刀都市不易慮以生者，有蟬蛻墻埃而翔區外以舒翼者。卯角而茂者雲翔，華顛而彥者鱗萃。金貂右蟬，纓緌紳珮。嘖唶之胄，翩翩鈴閣之前；偶旅之儒，濟濟闕里之內。鴻漸肅雍雍之儀，虎螭振桓桓之概。冠蓋交於道途，軒馬填於闠閈。譬猶鍾山之阜，泗水之匯，累圭璧不為之盈，採浮馨不為之匱。

“其俗則四民襍居，五技贅聚，燮石洒削，甄冶古鑄。日者星人，覡史駔儈，與夫俳伶優侏之儕，咸旁午而交臂。自高門鼎貴，下比齊民，靡不羹鮮飲鏧，茹黿含醇，曼褕被服，輕煗綿純。當夫春日載陽，布穀催種，民狎其野，耙鋤並用，室無懸器，田無賸壅。新景巹韶，華明錦軸，則有弱冠王孫，游閒公子，鯑冠劍，聯袿褾，引類呼朋，吹竿搏筑，走狗鬬雞，六博蹋鞠。馳逐於章臺之紅，嬉戲於郊圻之綠。及序屆朱明，流金俶甚，蓬製緗輕，筍舒薤錦。支公於是乎手談，羲皇於是乎高枕。乃有武力鼎士，絡駵扎柳，諸伎畢逞，絶倫超醜。金注觶浮，爭先競首。農者戴蒲茆，衣褐襪，抱桔槔，沃阡陌，禾黍百里，蕣蓑矻矻。行者出圃草之陂，憩灌水之樾，來封夷之常羊，忘祝融之爍烈。疑姍姍於畫圖，儼儷儷於閭闉。迄夫商吹鬐發於林臯，霄露厭浥於芋草。翹然勁者離披，蔚然茂者枯槁。萬樹千畦，生成垂實。剪摘芟穫，塲圃狼籍。離離穰穰，唪唪磑磑。于橐于囊，盈篝滿槅，絺膏棘軸，銜尾相屬，塞於莊逵，輷輷殷殷，縱橫絡繹。已而貢禹舉，玄英蒞，塲功竣，畚捐佇，狐貉成，盖藏既，則見畜牧被野，風駿霧鬣，魚目龍文，蒲梢汗血，蘭筋權奇，群奔互齧，抉壑斸山，玄黃雜遝。於是赳赳矯矯之士，臂夏服手，烏號栗削，格載畋獠，星流景集，飇奮霆擊，決眥釁心。覆草蔽地，冤伏陵窨，充牣車騎，無飛不有，靡走不備。伏臘歲時，迎釐賽社，人事紛拏，莫可覼縷。夫夏

---

①　［校］燁燁：《康熙陝志》卷三二《藝文‧朔方形勝賦》作“瑋瑋”，《寧夏府志》卷十八《藝文‧朔方形勝賦》作“奕奕”。

之黔黎，既趾齘窳遘蕩，夏之土壤，又盡膏腴美利。所以豐樂甲於關中，聲稱浹乎寓内也。”

文子曰：“美哉！邊垂若此者罕矣。”① 居士曰：“未也。青銅之峽，雷斧劈劃，斷山為兩，衝流激石。招提百座，森聳乎其上；檜柏千章，掩映乎其側。莎羅之峯，嵯峨萬仞，三泉地湧，渟泓澄潤。精爽招徠乎遠近，膏澤遍敷乎靈蠢。西山屹秀，翠若薄苔，惟絕巘之積雪，歷四時而不開。即溽暑兮伊鬱，常色澤兮皚皚。牛首飛霞，洞天弘敞。天下之芰荺蜂合，四外之泥緼斗仰。其中有龍淵噴玉，石纇珠濺，若倒囊與傾瓮。貫桐枝兮為線，放遠池兮猶沸，當祁冬兮可湔。又氣肅天高，撼石動地，則曰靈武秋聲。青黐入雲，素華涵影，則曰玉關白雪。沙明水映，乾坤錦爛，則曰羚羊落照。疏星的歷，乍見乍没，則曰石空夜火。望之則有，即之則無，此官橋之奇木也。明河在天，星斗在地，此月湖之殊景也。表立則順，影墮則逆，此浮圖之幻蹟也。晴日鐘鳴，風雨鏞振，此沙關之異響也。以至靈豨變兮吉善臻，神駒刷兮夜光熾，玄兔進兮飛龍閑，金牛現兮白馬寺。秋童儺躅於劉晨，安門媲德於公藝。朱大夫齊名於謫仙，程先生等節於孔伋。靖王有東平、河間之風，仇侯有驃姚、車騎之績。斯亦殊尤絕軌也，寧非世之所稀覯。”文子嘆曰：“偉哉！不謂西夏有此。”華先生獨不應，俛仰四顧，咄嗟曰：“休矣。”居士熟目之，曰：“昔柳先生詫晉而吳子拜手，有君稱越而子真離席。僕夏產，故夏談也。而客則余呬，豈有説與？”華先生曰：“而胡以竊竊焉誇詡為耶？而不聞天下有名山巨浸，為仙靈所宅、蛟龍所宫者耶？又不聞中國之樞，都會之交，錦繡紈綺若叢，象、犀、珠、甲如海者耶？又不聞洙、泗、濂、洛，賢聖比肩，豐沛、南陽，英豪疊足耶？以九寰之恢恢，际西夏之屑屑，僅廣漠之罍空，馬體之豪末，抑奚以自名，迺譊譊於頰舌。故知没蹟坎井者，昧海若之滂洋；習聽枅缶者，忘天球之朗徹。”

居士不為怛，徐而曰：“僕豈不聞是？彼盧橘，夏生秖哆上林，談説黿鼉海浦，徒張西國聲名，若余於夏，則皆有而言之者也，夏固未可少矣。”先生曰：“吾聞水以龍靈，地以賢重。魑魅之俗，君子不入其鄉；要荒之裔，大人不履其域。夏僻西鄙，夷土也，賢者所不蹈，尚可足多

---

① ［校］邊垂：《康熙陝志》卷三二、《乾隆甘志》卷四六《藝文·朔方形勝賦》作“邊陲”。

哉！”居士曰：“昔漢武，英主也。將柴望於岱宗，先釋旅於河北，揚千里之旌旗，震雄風於虜服。唐太宗，不世之主也。除千古之凶，雪百王之詬，親御六飛，執鹵獲醜，嘗駐蹕於州城，垂磨崖於不朽。肅宗，中興賢君也。返翠華於馬嵬，登大寶於靈武，扼長嘯之胡雛，碎漁陽之鼙鼓，卒賴興焉，再造慶宇。慶藩，我高皇帝愛子也。受茅土之籍，折山河之盟，建國命氏，世食鎮城。而真寧、弘農、鞏昌、豐林、壽陽、鎮原、延川、華陽，咸天潢之玉，派分桐葉，而遙臨其餘。剖符之帥，秉鉞之臣，在周秦有吉甫、南仲、扶蘇、蒙恬諸賢，在漢魏有衛、霍、班、竇、耿、源之儔，在唐有郭子儀、魏元忠、張說、裴識輩。五季以還，不勝枚舉。晚今若金大保之使事、翟學之行邊、楊開府靖寘藩之變、王威寧息狼望之煙，誠皆光輝於後，奇偉於前，所謂喆辟獻臣也。而嘗稅駕於斯焉，客豈不聞乎？獨奈何而云然。”華先生曰：“是誠有之，然蠻夷之性，行若猿梟，心若豺犴，易庚於惡，難導以善。玄朔之墟，為不牧之故甸，總濡化已久，寧無餘風未變，則氊穢俚俗，何足比人數而矜美也。”居士夷然嘻曰：“客所謂撫絃，徽音未達，燥濕變響，必若所言，是甌粵不章甫，而巴蜀猶雕題也。夫俗以代易，風以時移。其始畔涣，其後雍容；其始懁忮，其後嘽啞；其始蹻蹻，其後旼旼。歲月殊邁，氣味攸違，荊人而莊，嶽有不齊音耶？且國初盡徙寧人於內地，別以江南戶口實之，則固皆衣冠禮義餘葉矣。焦明已寥廓，而羅者胡猶然沮澤哉？”華先生曰：“徃事無論已。其地孤懸絕域也，罽帳韋韝，四據叢梗，比者創於西，仍黜於東，非復弭耳柔馴矣。舉萬石之鐘，絓纖枯之杪，得無為朔方他日虞乎？”居士曰：“否！否！不然。吾夏金湯，固走集險，地利足憑矣。武剛千輪，轅突飄忽，朱旟絳天，赤羽耀日。亙堅棠夷，兵銛越棘，丁零角端，超足而射遠者，栝蔽洞胸近者。飲金沒石，器械足禦矣。鷹揚之率，人人扼虎；熊武之師，各各超距。人力足恃矣。以此而守，奚壁不堅？以此而戰，奚摧不折哉？矧今上居安思危，宵旰於理，德之所覃，風之所靡，闇昧胥爽，罔不率俾，格心向化，回面舉趾。且將解魋結而冠冕。犁沙漠而樹藝，彼樊禽攔獸乎尚於渠而檸噬。坐太山之隩，虞其傾仄，斯亦客之過計矣。”於是華先生語塞，敞罔靡徙，舉手諾諾，引文子辭行，色有餘怍。居士拂塵容與，飄飄乎若御憑虛之鶴。

〔碑記序説〕

唐　吕温　　三受降城碑銘

夏后氏遏洪水，驅龍蛇，能禦大菑，活黔首；周文王城朔方，逐獫狁，能捍大患，以安中區。若非高岸峻防，重門擊柝，雖有盛德，曷觀成功？然則持璿璣而弛張萬象，昊穹之妙用；扼勝勢以擒縱八極，王者之宏圖。道雖無外，權則有備。變化消息，存乎其人。

三受降城者，皇唐之勝勢也。① 昔秦不量力，北築長城，右扼臨洮，左馳碣石，生人盡去，不足乘障。兩漢之後，頹為荒丘，退居河湄，歷代莫進。矯亡秦之弊則可矣，盡中國之利則未然。唐興因循，未暇經啓。有拂雲祠者在河之北，地形雄坦，控扼樞會。虜伏其下以窺城中，禱神觀兵，然後入寇。甲不及摞，突如其來。鯨一躍而吞舟，虎數步而擇肉，塞草落而邊甿懼，河冰堅而羽檄走。爰自受命，至於中興，國無寧歲。景龍二年，默啜强暴，瀆鄰搆怨，掃境西伐，漠南空虛。朔方大總管韓國公張仁愿躡機而謀，請築三城，奪據其地，跨大河以北嚮，制胡馬之南牧。中宗詔許，橫議不撓。於是留及瓜之戍，斬姦命之卒，六旬雷動，三城岳立。以拂雲祠為中城，東西相去各四百里，過朝那而北闢，斥堠迭望，幾二千所。損費億計，減兵萬人。分形以據，同力而守。東極於海，西窮於天，納陰山於寸眸，拳大漠於一掌。驚塵飛而烽火耀，孤雁起而刁斗鳴。涉河而南，門用晏閑。韓公猶以為未也，方將建大斾，提金鼓，馳神算，鞠虎旅，看旄頭明滅，與太白進退。小則責琛貢，受厥角，定堡塞一隅之安；大則倒狼居，竭瀚海，空苦寒萬里之野。② 大略方運，元勳不集，天其未使我唐無北顧之憂乎？厥後賢愚迭任，工拙異勢，剛者黷武，柔者敗律。城隳險固，寇得凌軼。或馳馬飲河而去，或控弦劇壘而旋。吾知韓公不瞑目於地下矣。今天子誕敷文德，茂育群生，戢兵和親，士狄右祍，然而軍志有"受降如敵"，大《易》有"安不忘危"。崇墉言言，其可弛

① ［校］三受降城者皇唐之勝勢也：《吕衡州集》卷六《碑銘·三受降城碑銘并序》作"三受降城皇唐之勝勢者也"。

② ［校］苦寒：原作"苦塞"，據《吕衡州集》卷六《碑銘·三受降城碑銘并序》改。

柝，亦宜鎮以元老，授之廟勝，伸述舊職，[1] 而恢遺功。外勤撫綏，内謹經略，使其來不敢仰視，去不敢反顧。永讋猛氣，無生禍心，聳威馴恩，禽息荒外，安固萬代，術何加焉。敢勒銘城隅，庶復隍而光烈不昧。[2]

巡撫　趙時春　　重脩邊墙記

國家威制四夷，巖岨封守，而陜西屯四鎮强兵，以控遏北虜，花馬池尤為襟喉。减其北而益之墉，[3] 樓櫓臺燎、舖墩守哨之具，星列棋布，式罔不備。成化以來，其制漸渝。黠酋乘利，稍益破壞，以便侵盜。而大將率綺紈纓弁子，莫或耆禦，朝議益少之，始務遴梟將，[4] 以功首級差相統制，而巡撫都御史居中畫其計，督監司主餽餉。更請置總制陜西三邊軍務，以上卿居之。士衆知爵賞可力致則颺起，而諸將奏功相繼，虜頗懾伏北引矣。

嘉靖十年，總制、兵部尚書兼右都御史王公瓊始興復之，虜尚屯結，[5] 恫喝未克，即敘時用。唐公龍來代，博採群獻，惟良是是，凡厥邊保，悉恢故制。寧夏夾河西，[6] 邐亘數百里，頹垣墊洳，于崇于濬。嘉靖十四年秋，工乃告竣。請給官費僅二萬兩，役不踰數千人，無敢勞怨。行者如居，掠敚用息。是役也，相其謀者則巡撫寧夏都御史楊公志學、張公文魁，[7] 繩其任者則巡按御史毛君鳳韶、[8] 周君鈇，督其事者則按察司僉

---

① ［校］伸：《吕衡州集》卷六《碑銘·三受降城碑銘并序》、《唐文粹》卷五九《三受降城碑銘并序》等作“劇”，《四六法海》卷十一、《四庫》本《山西通志》卷一九一《三受降城碑銘并序》等作“俾”，“伸”字疑誤。

② ［校］庶復隍而光烈不昧：《吕衡州集》卷六《碑銘·三受降城碑銘并序》此八字後有銘文曰：“韓侯受命，志在朔易。北方之强，制以全策。亘漠横塞，揭兹雄壁。如三闘龍，躍出大澤。並分襟帶，各閉風雷。俯視陰山，仰看昭回。一夫登陴，萬里洞開。日晏秋盡，纖塵不來。時維韓侯，方運神妙。觀釁則動，乃誅乃吊。廓乎窮荒，盡日所照。天乎未贊，不策清廟。我聖耀德，罷肩北門。優而柔之，用息元元。曷若完守，推亡固存。于襄于夷，用裕後昆。”

③ ［校］其北：《趙時春文集校箋》卷二《重脩花馬池邊墙記》作“其下”。

④ ［校］梟將：《趙時春文集校箋》卷二《重脩花馬池邊墙記》作“梟剽”。

⑤ ［校］倘：《趙時春文集校箋》卷二《重脩花馬池邊墙記》作“尚”。

⑥ ［校］河西：《趙時春文集校箋》卷二《重脩花馬池邊墙記》作“河東西”，疑是。

⑦ ［校］楊公志學張公文魁：《趙時春文集校箋》卷二《重脩花馬池邊墙記》兩“公”下均作“某”。

⑧ ［校］巡按：《趙時春文集校箋》卷二《重脩花馬池邊墙記》作“巡撫按監察”。

事劉君恩、① 譚君闓。至於擁衛士衆，遏絶軼突，則總兵官都督王劾。②咸協共王役，③ 贊襄洪猷。是用勒銘，以永後範。銘曰：

夐高墉兮繚坤維，踞蓐收兮環彪螭。鎮貊貉兮伏獌猗，揚威稜兮永庚夷。

副使 齊之鸞 東長城關記畧④

河東棄不毛千里，皆古朔方地。成化間，即其處築長城三百餘里，顧虜日抄掠，而城復卑薄，安足為障乎？嘉靖己丑，⑤ 虜入寇，總制王公瓊破走之。乃憑城極目套壤，嘆曰：“城去營遠，賊至不即知。夷城入，信轡飛掣。設險守國，重門禦暴，不如是也。吾欲沿營畫塹，聯外内輔車犄角之勢。”乃疏論之，以之鸞與僉事張大用領其事，庚寅秋就緒。⑥ 及冬，虜入，果不能越。因復疏請，自紅山堡之黑水溝，至定邊之南山口，皆大為深溝高壘，峻華夷出入之防。塹深廣皆二丈，堤壘高一丈，廣二丈。⑦沙土易圮處則為墻，高者長二丈餘有差，而塹制視以深淺焉。關南四，清水、興武、安邊，⑧ 以營堡名，在花馬池營東者為總要，則題曰“長城關”。高臺層樓，雕革虎視，憑欄遠眺，朔方形勢，畢呈於下。毛卜剌堡，設暗門一。又視夷險三五里，置周廬敵臺若干所，皆設戍二十人，乘城、擊刺、射蔽之器咸具。

<hr>

① ［校］按察司：《趙時春文集校箋》卷二《重脩花馬池邊墻記》無“司”字。

② ［校］至於擁衛士衆遏絶軼突則總兵官都督王劾：《趙時春文集校箋》卷二《重脩花馬池邊墻記》無此十八字。

③ ［校］咸：《趙時春文集校箋》卷二《重脩花馬池邊墻記》無此字。

④ ［校］東長城關記畧：《嘉靖寧志》卷三《寧夏後衛·邊防》題作《東關門記》。本志藝文題目中有“畧”字者均為節録原文，且多改寫。非文字或内容有誤之異文不再一一羅列。下同。

⑤ ［校］己丑：原作“乙丑”。“嘉靖乙丑”，嘉靖四十四年（1565）。王瓊為總制在嘉靖八年至十年（1529—1531）。本志卷十二《宦蹟》載：“明年（嘉靖八年），以數萬騎寇寧夏已，又犯靈州，瓊督遊擊梁震等邀斬七十餘人。”“嘉靖乙丑”顯誤，據改作“嘉靖己丑”（八年，1529）。

⑥ 庚寅：嘉靖九年（1530）。

⑦ ［校］二丈：《嘉靖寧志》卷三《寧夏後衛·邊防·東關門記》作“三丈”。

⑧ ［校］安邊：《嘉靖寧志》卷三《寧夏後衛·邊防·東關門記》作“安定”。

齊之鸞　平虜北門關記畧①

自河東黃沙之長城百里，烽臺十八，廢不能守，於是河西三關遂棄，而虜得取徑賀蘭，以侵軼莊浪、西海。朝下其議於總督王公瓊，瓊謂副使牛天麟與之鸞："河東西之障烽遺墟故在也，何名為復？第未有必守之策耳。如可復也，亦可失也。"因上議，請於唐朔方軍故址北數里為深溝高壘，連屬河山，徙堡之無屯種者近之，以助守望，則虜自不能入，可漸恢復。有詔鎮巡官舉行，時之鸞實董其役。由沙湖西至棗溝兒，凡三十五里，皆內墻外塹。為關門二，東曰平虜，中曰鎮北。為二堡，圍里百二十步。徙故威鎮、鎮北軍實之，又徙內堡軍之無屯種者於西隈，為臨山堡。為敵臺四、燧臺八。沙湖東至河五里，漲則澤，竭則壖，虜可竊出，皆為墻，以旁室其間道，於是河山如故，而險塞一新矣。

僉憲　孟霖　赤木隘口記畧②

賀蘭山迴斜四百餘里，崗岑嶟峷，為鎮之壁。其蹊徑可馳入者五十餘處，而赤木口尤易入。歲久關敝，虜得肆寇。總督劉公天和著《安夏錄》，二年漸次脩復，惟赤木關不能固。蓋山勢至此散緩，溪口可容百馬，其南低峯仄徑，通虜窟者，不可勝塞。麓有古墻，可蹴而傾也。以其地多礫少泉，故難為工。劉公乃奏請發金四萬。己亥，③巡撫楊公守禮至，則循麓抵口，令人遍剖諸崖谷，得壤土故處。且山多團石，可作砌，省斧斲。又去口二十里，金塔墩有四泉，作水車百輛運之。令都指揮呂仲良董其役。比他關為最固，謀及百年，成於一旦，視脩葺之慎，其無望於來者乎？

長史　孫汝匯　漢唐二壩記

黃河由崑崙、積石入峽口，遶寧夏東西，直流而北。東作渠引流曰漢渠，漢之西曰唐來，自董文用、郭守敬開導授民，其利遠矣。迄今渠久浸

---

① ［校］平虜北門關記畧：《嘉靖寧志》卷一《寧夏總鎮·北路平虜城·邊防》題作《朔方天塹北關門記》。

② 參見《嘉靖寧志》卷一《寧夏總鎮·南路邵剛堡·邊防》。

③ 己亥：嘉靖十八年（1539）。

淤，歲發千夫濬之，木植勞費，不啻萬計。昔謂黃河獨利於夏，茲困也
孰甚？

隆慶壬申，① 憲大夫汪公〔文煇〕恫念民隱，登覽渠流，撫然嘆曰：
"是閘也木也，洪濤衝溢，非木可支，盍易石為砥柱乎？"乃議於中丞抑
菴張公〔蕙〕、總督晉菴戴公〔才〕，奏請改築，報曰"可"。公沾沾喜，
謂可以殫厥謀也。爰畫方略，審勢繪圖，每壩設閘六，閘用石若幾，授工
人試之。無何，公擢尚寶，督撫公各遷去，工將興而未就，衆議紛然，事
幾寢。萬曆癸酉，② 中丞念山羅公〔鳳翱〕撫夏，先憂首詢厥役，亟聞之
督府毅菴石公〔茂華〕矣。會甲戌，③ 憲大夫解公〔學禮〕至，檄總其
事。解公曰："汪之加志於民若此，前功弗舉，其責在我。"乃以協同劉
君濟、沈君吉，都司楊恩、守備朱三省統理，通判王銳、薛侃司計會，經
歷李耀、千户劉楫司公務。役出於軍夫，石取諸金積山。甃砌惟堅，二閘
矻然。經始，公諭役者，是用為式，可次第舉之。諸執事任勞益淬，民亦
欣欣相慰，孰不爭先而趨赴也。丙子秋，④ 唐壩落成。迨丁丑四月，⑤ 漢
壩亦相繼告竣。壩之傍置減閘几十。中塘、底塘及東西厢、南北厢各覆以
石，上跨以橋，橋之上穿廊軒宇，豁然聳瞻。臨流而溯源，誠塞北奇
觀矣。

夏人興禹功河洛之思，謀勒碣以紀數公之永永。劉君等以請於越東孫
子，孫子曰：事每相待而有成，為民事者，始終相乘，乃克有濟。故蕭曹
丙魏，自古稱之，以其畫一而同乃心也。是役也，汪公創之，其施未竟，
天將啓其機以有待乎？使後相齟齬於其間，一道傍之室耳。今共懷永圖，
一殫力而萬姓捐勞，百千年攸賴，豈云厥功甚鉅？蓋君子苟有利於生民，
不必謀自己始，功自己出。彼數公者，心同而量弘，度越古今萬萬矣。其
天為夏民，俾相待而共濟之若是耶？休風協美，用詔將來。若籌略壯猷，
數公更僕未易舉，茲特述其水利云。

① 隆慶壬申：隆慶六年（1572）。
② 萬曆癸酉：萬曆元年（1573）。
③ 甲戌：萬曆二年（1574）。
④ 丙子：萬曆四年（1576）。
⑤ 丁丑：萬曆五年（1577）。

長史　張應台　　王現湃記

嘉靖乙丑之夏,[1] 撫臺鑑川王公〔崇古〕脩王現湃成,合鎮軍民感戴歡忻,頌聲載道。慶王聞之,令右長史張應台進而議曰:"是勒以石可乎?"台曰:"功者,拯乎溺者也;德者,澤乎民者也。然功莫大於貽安,德莫極於粒食,宜其碑。台按:《説文》謂'碑'所以表人之功德,因留之不忍去者也。昔禹當堯之時,洪水方割,包山襄陵,承命平治,九載奏績,乃登祝融之峯,螺書徧刻,碑斯立焉。何也?盖地平天成,萬世永賴,功德無尚者也。春秋以降,如西門豹治鄴,召公治上蔡,而史氏書之,豐碑記之,亦以因水茂功,利澤及物者也。

"今兹寧夏,實古朔方重地,去京邑五千餘里。孤懸河外,地潮沙埳,醜虜四鄰,是以足食城守為難。賴漢、唐鑿渠,引河灌田屯種,軍民藉此以食,邊圉藉此以保矣。若王現湃,則輔乎漢渠者也。河水泛濫,故道浸移,使湃一敗,其害不可勝言矣。然蒞兹鎮者,未嘗不知之,或又以遷轉為念,視此不加之意耳。爰及撫臺鑑川王公,簡受上命,保綏西夏,鴻才神敏,貞度識微。節鎮之初,諰諰然任國事如己事。興利革弊,嚴示撫夏之約;憂民恤患,痛陳水災之疏。凡可以為民慮、為邊計者,無不覃厥心以籌畫之矣。至於王現湃之將頹,則屯田所係,不可緩者,惻然而嘆曰:'渠者,通水之道也。湃者,益渠之輔也。河洗湃薄,渠將恐矣。適今不治,將無渠、無田、無民、無城,兹鎮豈能一日而存?'故專意主脩,乃下議於百司。百司僉以費浩動衆、下埽橫流、弗克有濟為懼。王公曰:'計小者廢大,疑謀者寡成。'益堅初議。時委屯田都司魏繼武總理,以興是役。計日程能,經費節力,獎勤警惰,工備稱事,四閱月厥功乃成。或者以為有神助焉。夫培湃以輔渠,灌田以獲稔,軍民之食可足矣。以屯種而養軍士,以軍士而居城守,醜虜之患有備矣。所謂粒食以澤民,拯溺以貽安者,不在兹乎?使嗣之者能師其意而不失,世世軍民尚亦有利哉。則王公之傑蹟,功符天作,可以論古對能矣。《詩》曰'纘禹之緒',[2] 王公有焉。以其功德言之也,宜其碑。"慶王曰:"都台謹載諸玄石,以寫衆思,以垂永久云。"時奉行之者有僉憲濟川張公法得附書。

---

① 嘉靖乙丑:嘉靖四十四年（1565）。

② 參見《詩經·魯頌·閟宮》。

知縣　王業　　中衛美利渠記

　　寧夏鎮之西南三百里建置中衛。黃河自蘭、靖來，過中衛直流而北，昔夏人鑿渠引河水灌田，世享其利。人言黃河獨利於夏，職此之由也。中衛有蜘蛛渠，即今美利渠，長亘百里，經始開鑿，志遺莫考。按鎮之唐來、漢延等渠，志載拓跋氏據夏已有之矣。元世祖至元元年，蕅城人董文用為西夏中興等路行省郎，始復開濬。邢臺人郭守敬為河渠提舉，更立牐堰。今兩壩皆其遺製，工作甚精，則蜘蛛等渠之開，或皆董、郭二公為之也。中衛屯田幾二千頃，歲徵公稅三萬有奇，實藉水利以足公私。邇年河流背北趨南，渠口高淤，水莫能上，衛人蹙額相泣曰：“有渠而不得灌溉之利，與無渠同也。”屢嘗告請改濬。前巡撫無慮數公，咸恫民隱，集議區畫，俱以工役重大，惜費中止，但令因仍挑濬，無繫緩急。衛人蹙額，又相泣曰：“徒濬而不為改易之舉，與不濬同也。”

　　嘉靖壬戌夏，[1] 中丞毛公〔鵬〕奉簡命撫夏，籌決通明，應變如響，法重大體，政先急務。衛人以前事告請，公愕然曰：“民賴稼穡以生，而水利者稼穡之源也。水利弗通，民何以生？夫因勢而導，治水之法也。所欲與聚，體民之情也，是誠在我。”即行兵糧道臬僉謝公〔莆〕移檄改濬，委叅將傅良材防衛綜理，屯田都指揮張麟圖職提調，寧夏前衛指揮王範職管工，本衛指揮何天衢、馮世勳職贊襄。命丁夫三千人以赴工，申令筮吉，尅期會集。省試有方，勸懲有法，趨事者懽聲無怨色也。甫月餘而渠成。渠口作於舊口之西六里許，肇工於壬戌歲九月七日，竣事於十月十有六日。渠闊六丈，深二丈，延袤七里，復入故渠。口設閉水閘一道六空，傍鑿減水閘一道五空。報完，毛公忻然喜曰：“吾民其永賴以生矣。”遂易名曰“美利”，蓋取“乾始美利”之義。[2] 斯渠一通，不獨可以足食，而沮虜之勢亦有藉焉。力少功多，暫勞永逸，基雖因舊製，實增新改濬之功，加於創建。

　　是役也，上不妨政，下不病農，財無縻費，民無苦勞，凡毛公之所規定，而謝公能恪承之者也。衛之父老士夫，懽忻舞蹈，具書不敢忘，欲紀

---

　　① 嘉靖壬戌：嘉靖四十一年（1562）。

　　② 《周易》乾卦之《文言》曰：“乾元者，始而亨者也。利貞者，性情也。乾始能以美利利天下，不言所利，大矣哉。”

厥事為不朽計。介生員芮景陽來屬記於致仕知縣王業，業不敢辭，拜手颺言曰："大臣有功德於民，為民所歌頌，勒之貞石，為後世法，禮固宜也。《書》有之'民罔常懷，懷於有仁'①。夫為民興利，謂其'仁人'，非邪？紀其事而弗忘，謂其為'常懷'，非耶？小民難保若此者匪偶然也。惟我毛公撫夏，未及期年，百廢具舉，夏人歌頌不忘，豈為水利一節已哉。邊載妥寧，且入贊皇猷，斟酌元氣，治將以美利利天下矣。紀之太常，載之國史，可跂而待。而謝公亦必踵芳濟美，俾天下後世並揚休聞，是又業小子所深望也。毛公名鵬，號雙渠，直隸棗強人，丁未進士。② 謝公名莆，號南川，山西代州人，庚戌進士。③ 敢併記之。"

翰林脩撰　王家屏　　中路寧河臺記

河從崑崙、積石，歷河州，注於峽口，流經寧夏東南，直北穿鄜下。其於寧夏，猶襟帶之固也。顧自東勝既棄，虜入據套中，時時猖獗侵我，并河諸砦，事茲棘矣。會大中丞羅公〔鳳翱〕以文武俊望被上簡命，填撫寧夏。至之日，率諸將暨憲大夫按行塞，西望賀蘭，北眠高闕，東瞰洪流，南游目於環慶之野。還至渡口，見津人操舟渡焉，渡者蟻集河壖，而無亭以守之，則顧謂諸將曰："嗟乎！天設之險以扞蔽區夏，而棄與虜共之，又弛要害不為備，奈何欲卻虜使毋數侵也？吾茲揣虜所嚮，一旦有變，不踰河而西遶賀蘭之北，以臨廣武，則有乘長城，溯流而南下，以窺橫城之津耳。然踰河之虜，有河山以闌之，有列屯以間之，我知而為備，猶距之外戶也。虜即南下，地無河山之闌、列屯之間，飆馳而狎至，賊反居內，我顧居外，急在堂奧間矣。計宜益築長城塞，用遮虜，使不南下，而建亭墩於河之東涯，以護橫城之津，此要害之守也。"諸將敬諾，乃約日發卒築長城塞，橫亘凡五百餘里。別徵卒築臺河上。臺高五丈五尺，周環四倍之上，構亭三楹、廂房四墁。前施迤橋數級，上嶙嶙翼翼如也。外列雉為城，城周環九十餘丈，高二丈四尺。繚以重門，設津吏及墩卒守焉。

是役也，卒皆見兵，材皆夙具，不五旬而告成事。眾且以為烽堠，且

---

① 參見《尚書·太甲下》。
② 丁未：嘉靖二十六年（1547）。
③ 庚戌：嘉靖二十九年（1550）。

以為津亭。登眺其上，而山巖隴阪，委蛇曲折，歷歷在目。偉哉！誠朔方
一壯觀矣。憲大夫解君〔學禮〕馳狀徵記王子，王子曰：“昔南仲城朔方
而獮狁襄，重在守也。趙阻漳滏之固，用能抗秦，漢據白馬之津，終以麇
項，則守要之謂矣。今並河亭堠，牙錯秖布，守非不堅，顧徒知守疆，而
不知守要。要地不固，即列堠數萬，舉烽蔽天，安所用之？寧夏雖邊鎮，
而京朝之使、藩臬之長、列郡之吏，下逮行商遊士、工技徒隸之人，往來
境上者繼相屬也。有如津吏不戒，猝直道路之警，曾不得聚廬而託處，安
能問諸水濱，豈惟客使是虞。橫城之津厄則靈州之道梗，靈州之道梗，則
內郡之輸輓不得方軌而北上，而寧夏急矣。此公所計為要害者也。人見是
臺之成，居者倚以為望，行者恃以為歸，乃指以為烽堠，以為津亭。嗚
呼，公之意豈直為烽堠、津亭計哉？公甓垕鎮城，石甃閘壩，築控夷堡，
俯勝金關，建庚興學，疆理之功，不可殫述。述其防河者如此，後之登斯
臺者，尚其有味乎余言。”

巡撫　楊一清　　都察院題名記署[①]

新塗孫公〔仁〕被命撫寧夏，大前人經理之功，進諸父老而博詢之。
蓋自正統至景泰，得為參贊軍務者，右僉都御史郭公智而下凡五人。自天
順至今得為巡撫者，右副都御史陳公翌而下凡九人。又曰元張文謙、郭守
敬勞效懋著，至我朝工部侍郎、吉水羅公汝敬來督屯田，始廣儲蓄之利，
而邊食足。郭公既至，申嚴法令，戢暴禁姦，兵民倚以為重，於是有參
贊、巡撫之官。自時厥後，專以都御史為巡撫，著為令，至於今莫之有
改矣。

巡撫　楊時寧　　都察院題名記

舊署故有題名記，遂菴楊公〔一清〕筆也。今大司寇泰安蕭公〔大
亨〕曾重刻之，迨萬曆壬辰兵變燬於火。厥難殺定，堂事者諱舊署而墟
焉，乃卜遷於公議府。維茲騷仄初戢，要在挈綱丕緒，纖細靡遑。予以菲
劣承乏於後，藉諸休之擘畫，畢三載之劻勷，窒鏪補綻，庶務次第就理，
誕惟題名之不可缺也。爰敕工礱石，斷自正統以下節鉞是鎮者若而人，鐫
之貞珉，昭永憲云。為之記曰：

---

①　參見《嘉靖寧志》卷一《寧夏總鎮·公署》“督察院”條。

天子命我，城彼朔方，非《詩》詠南仲之烈。① 與彼共名題史筴，光映千古，于襄之烈，爛焉邈乎，不可尚已。嗣是郭汾陽〔子儀〕之恢復河朔，題名於唐；范龍圖〔仲淹〕之經畧西夏，題名於宋。兹二公者皆以三代人物，垂鴻樹駿，聲施不泯，直媲於襄而上之，一何都也。明興喆雋，繼軌擁麾，撫夏者世不乏人，而遺乘所載、奇侅倜儻、方駕前徽者彬彬焉然。所以享大名於當時、垂榮名於後世者，豈倖致哉？夫名，華也，而所以為名之本者實也。君子疾没世而名不稱焉者，非無名之患，患名之失實，不能永世焉耳。蓋名以實貴，亦以實賤。名以實勝，亦以實衰。實有隆殺，名有遠邇，所託然也。無實而有名者盜也，小實而大名者倖也，暫實而久名者徼也。徼倖盜名，君子不處焉。是故匪躬不二之謂"忠"，殉義捐私之謂"節"，廉靖寡欲之謂"貞"，攘夷定難之謂"烈"。四者皆實之積而名之用，託以不朽也。提衡而論，衆善胲備，名與天壤而相蔽者上也，得其具體，名與竹帛而俱永者次之。若夫闇闇焉，汶汶焉，浮湛澒涊，名與草木而同腐者，品斯下已。君子之稱名也難哉！予為題兹名者，詎宣書姓氏、紀爵里、為榮觀、具爾邪？毋寧裨同志者，緣名以核實，稽履以考政，曰某也忠，余敢欺罔，某也節，余敢詭隨，某也貞，某也烈，余敢黷貨玩寇以殃民，庶幾一觀法而勸戒昭焉。其予之志乎？倘不鑒予之志，而區區於名之執也，則世所稱建牙開府都御史其人者不可勝數。當時亡聞，没則已焉。雖題名賀蘭之上，人亦簑之□矣。則兹石之名也，適以召詬速戾焉耳，又奚貴於題兹名哉。

巡撫　周光鎬　　豫順堂記

兵家云："昔之圖國家者，必先教百姓而親萬民。"② 將用其民也，必和而造大事，此則《易》之豫且順之道也。《易》曰："豫利建侯行師。"③ 《象》則云："順以動。"④ 豫順以動，故天地如之，況建侯行師乎？

夫坤下震上為"豫"。雷出地奮，聲轟蟄啓，幽者晰而閉者通，剛應

---

① 《詩經·小雅·出車》："天子命我，城彼朔方。赫赫南仲，玁狁于襄。"
② 參見《吳子·圖國》。
③ 參見《周易·豫》之卦辭。
④ 參見《周易·豫》之象辭。

而志行，機順而畢達，威德旁暢，然不自“豫”始也。震下坤上為“復”。“復”之時閉關不省，方為其“剝”後微，陽靜以養之。既至於“豫”，其機自不可遏。故未豫之先，兵家所以自治者，其功頃刻不敢懈。即善敕乃甲胄，鍛乃戈矛，礪乃鋒矢，不憚征繕，以固我圉者，皆其具也。乃以潛深糸伍，淵乎其莫測，戒懼脩飭，密乎其不可間。約束於召發整齊之先，兢業於講肄矯厲之力。不待鋒刃之交、鉦鼓之合，而儼然矢石集目，罄控在御，其不拔也如山，其迅發也如雷。其中倏出倏入，獨往獨來，有機存焉。由是而天發殺機，時且至矣；地發殺機，豫且動矣；天動神運，人且悅矣。於是而有伐肆絕忽之役，出之雍容俎豆間，而揮枹制勝，蓋自嚴固果確者，發之方知其淵。然不測者，乃其折衝精神之豫，而凜乎莫禦者，出之嚴翼對越之精。何者？其所豫者素也。於是而三軍萬旅，樂為我用，而不知其所以為我用者，亦其機所不能自已爾。曷今之圖者殊是。效不著於眉睫，則見以為迂；議不駭於聽聞，則見以為溺。少而傅合於弭筆持論者，則自逡巡惴恐。於是不問生靈，不較失得，日攜我民以求逞，何異以三軍為博，廼輕國家事於一擲。幸而得十百於千萬，輒掩覆見勝，賞爵行焉。彼血膏塞草而骨葬沙漠者，孰其任之？茲朔方何時哉，胡孽構釁，豫怠而凶也。剝極初復，生聚教訓，未及三載，亟欲驅不教之民，以與狂胡有事，此孔子所惡夫棄之者也。乃藉口“主上宵旰，臣義敵愾，何爾猶豫？”若然，則聖天子假爾節鉞一方，豈其不為疆埸久遠計，而顧奉爾名爵世裔，抑奚賴為？且武以保大定功、輯民和衆之謂何？客在幕者曰：“誠然矣，漢衛長平〔青〕、霍去病擊匈奴，功何如？”余應之曰：“青取河南，置朔方郡，功大矣。乃棄上谷、造陽地以與胡，不計何居。去病將四十萬騎絕大幕，封狼居胥，登瀚海，斬虜數萬餘級，震動一時，而士馬物故以倍，何不問之？乃今何能望衛、霍萬分一？得一狼，走千羊，不尤可重嘅哉。”客曰：“《詩》美周宣薄伐，《春秋》譏楚追戎，乃知豫順之動，可貞吉也。”

予初蒞鎮，假幕於遊戎署，扃鍵不設，堂簾不肅。反側伏機滿左右，何以稱一方宰制。乃草創擘畫，拓舊公署以居，因治西三楹為籌謨所。不揣固陋，書之以證在事者。

僉事　張嘉謨撰　　按察司題名記
方今天下，重且要者莫邊方若也。邊方重且要者，禦捍之外莫刑儲、屯水若也。它邊未暇究，惟寧夏於斯四者尤為喫要。我聖祖神宗，以武定，以文綏，百六十年，列聖相承，經理建置，斟酌損益，以致隆熙，顧於此有道焉。夏鎮城合五路，共七衛三十八所，既廣且庶，週廻千里。北隣大漠，南挹關秦，東接榆〔林〕延〔安〕，西連甘肅，形勝犄角，腹裏所必賴之大障也。在國初時，恐兵食調措，武捍乖違，嘗命堂憲大臣一員為之巡撫，征討訓習。其任宜專，故又命總戎政者長二条同為之督率。尤恐內外可虞，故又命中貴坐鎮於其間，周悉嚴詳，無容議矣。然辟宥之來，變態多故，讞而後可。出納之際，① 衷益低昂，責當有歸。一方之賦，盡出於屯，屯田之恒，藉水以利，鑿渠引河，歲費不貲，豈細故哉。於是命按察司憲職一員，綜理分代，協志撫臺，以安遐裔。考之地志，始於宣德間，憲副劉公瓛督儲於此，迄今憲僉東沂張公北山履議，凡三十有三人，中間所任，增損不同。要之諸公，皆登甲選、歷膴仕，名實相湏，然後至此。但居士於曩昔之賢未嘗目擊，不敢妄生皂白。惟北山先生自嘉靖丙戌來此，② 將三稔，興除激揚，禁制區處謀慮，風力才識，一時奸豪莫敢逞技，所親見也。居士嘗備數山東，亦領是役，今自愧弗類遠矣。

先是，舊有分司在鎮城東偶，卑隘偏隘，北山議茲亢所，可以分司，葺而成之。既竣，託吾鄉進士楚君國寶記其事矣。復託居士考先後督理諸公姓名、銜籍，次第揭石，兼述其由。居士無似，言何足徵，屢辭不獲，乃敢贅詞曰："按察司員，古士師御史職也。胡元設肅政廉司於諸省，我朝在內有都察院十三道都御史。御史在外，則是司是員皆持風憲，行按郡方，風憲有綱，無所不攝，不亦重且大乎？居士它未有知，惟自其付託之典，及吾鎮之情以上告焉。諸宗日益，鄉食無窮，尚不自安。游心分外，稍有未充，形諸音響，介胄紛紜，驕誇冥昧，一有所蒞，假藉營謀，干典如從，恬不知忌。昔者八倉陳陳相因，今者舊額如是，飛輓無從，動調之來，必至不給。比來內帑年例屢降，以充和買，不時公私不副。兩渠之壩，每歲脩添，規利匆匆，一有弗慮，貽害云云。軍丁餘夫，挑脩採運，尚有褾庸，減之未可。屯甿拋荒，流亡相繼，三尺之童，逮赴項補。每歲賠納，吏印催徵，急於星火。餘尚可白，不若此數者為急也。今日固有所賴，得以安舒，然時異世殊，安能保其久而不易邪。它日有來君子，受上

---

① ［校］際：原作"除"，據《嘉靖寧志》卷一《寧夏總鎮·公署》改。
② 嘉靖丙戌：嘉靖五年（1526）。

命以居是，倘遇委蛇，覯狂斐之言以有思焉，思而措之敷施之間焉，敷施而必欲造其極焉，則方區之福之幸不可勝計矣。或者忽而不求，心不在焉，更有託諸氣數之説，則吾鎮之人當何如哉。居士生長於斯，平日在念，不扣不敢以應，顧惟同志必有處焉，雖知亦告情之至也。"

副使　郭汝　　河東公署題名記

國朝神武開基，尤重馬政，而西北實戎馬之區。天下署行太僕寺者四，關隴蓋居二焉，其階級遷除，一視京寺悉具。《馬政志》云："陝西公署故建高平，官名損益不常，最後設卿一、少卿二，分統三鎮，且各兼憲銜，以重法守。然名存實鮮，識者恨之。"萬曆己卯，[1] 督撫議以高平去塞遼遠，移置各鎮，則勢便而令易行，乃疏上，得報"可"。時則竹亭馬君〔時泰〕先余任，[2] 建署當在夏鎮。馬君尋入賀，未遑啓處。庚辰冬，[3] 遵例以冗員乞裁，當路不許，仍促赴鎮甚棘，始定署於靈州。余眡靈之諸宮舍，率平翳湫隘，惟是衙土剛面陽，爽塏可居，顧為開府行臺之所。中丞泰安蕭公〔大亨〕獨曰："吾儕往來暫也，太僕公署常也，奈何持膠固之見而俾勤隸人垣乎？"則檄改刜行臺於璞西之隙地，而是衙永為太僕公署。凡供用輿皂侍從優厚，咸蕭公雅意云。馬君既定居，則思公署徙置之繇。蕭公玉成之美，不可以無述，欲勒文以紀之，而續題名於下。礱石未成，尋晉陟正卿以去，時壬午五月也。[4] 余繼馬君來靈，當路復以兩河分道请疏，畧曰："余陝諸鎮，款市所六，夏鎮居三焉。虜部衆多，猝而交至，因機制宜，道实司之。且也隔在兩河，諸政令沛溢匪易，願割河以東置道使。"帝曰："俞其如議。"而兵食、鹺法、刑名諸政咸屬焉。

越癸未冬，[5] 余奉勑領河東道事，統靈、興、花馬三路城邑大小二十七，其於概鎮馬政職自如。甲申秋仲，[6] 余轉飭兵洮、岷，候代未行，馬君則以書抵余曰："太僕建署，靈州不穀也，而兼道則自君始。余謀勒石

---

① 萬曆己卯：萬曆七年（1579）。

② 馬時泰於萬曆八年（1580）任職，郭汝於十年（1582）繼任。

③ ［校］庚辰：原作"庚寅"，據馬時泰實際任職時間改。"庚辰"，即萬曆八年（1580）。"庚寅"，萬曆十八年（1590）。

④ 壬午：萬曆十年（1582）。

⑤ 癸未：萬曆十一年（1583）。

⑥ 甲申：萬曆十二年（1584）。

題名未果，惟君其圖之。"余惟馬政之脩，軍國賴矣，使道之分，治理急焉。我聖祖之重太僕，即勳舊，皆所督視，其意蓋閎遠哉，而權玩於地閑，幾失於遙制，呰窳吡隳所由來漸矣。河東雖號為彈丸乎，然東控塞上，有長城之責焉。西南接靖、固，北地固隱然，關陝屏翰也。非專道，非躬親，欲以因俗善治，難哉。馬君定衙於靈，未幾，而余膺兼道之命。脩廢則易，審勢則宜，武振而兵，疆威憚而惠洽，意在斯乎。河東有道，肇基實自馬君始矣。乃其移署也，適將滿考之時，而其不忘立石題名也。又在歸田之後，用心厚而公也，何如哉？蓋聞善建豎者顧名則思其實，切仰止者望名則慕其人。彼韓范稱之至今赫赫者，夫非垂名之以耶，策勳揚譽爛焉。與昔賢爭烈，吾固知後先，君子饒為之矣，而不肖之名得厠其間，不甚幸與善哉？顏淵之言曰：①"舜無佚民，造父無佚馬。"而牧隗之告軒轅，則謂夫治亦何異於牧馬者哉？亦去其害焉者而已。余既勒石題名，而特為記之若此。

僉事　張嘉謨撰　　帥府題名記

朝廷之所以命是職於是邊是署者，為茲北虜故也。然茲虜弗率，豈今日耶。鬼方、玁狁、赤狄、匈奴、突厥、契丹，皆此類耳。昔人謂王者不治此類，又曰禦無上策，然豈容已乎？要之命將、治兵二者。今日事勢，顧有不得不然者。寧夏為關陝三邊之一，與虜為隣，屹然要鎮，我祖宗經理是方者茲有道焉。加以師旅，置以衛所，撫以臺臣，寓以心腹，尤慮兵任在專。每欽命府部，會推武臣素知兵者，邊各一人充總戎，授以制勑、旗符、印綬，與鎮巡大臣一同督率偏裨，節制諸路，統攝士伍，為捍禦虜計。良法美意，萬年如一。嘗考之載籍及父老傳聞，我朝受命治兵是方者，自洪武間指揮耿公忠，迄今嘉靖都督种公勛，四十有四人焉，皆當時宿望，公舉而來。其治也，② 無不欲展布竭盡以上報，但久暫不同，遭際險夷，人時不一，始有未遂者。

古人謂，用將如用材，當取其所長，棄其所短。不特將也，用人亦

---

① 參見《孔子家語》卷五《顏回第十八》。

② ［校］治：《嘉靖寧志》卷一《寧夏總鎮·公署》"帥府"條之《題名碑》作"始"。

然。惟不以物誘，不以人惑，而竟能有所建置，① 此又不可以尋常論矣。
如耿公忠闢展開創，撫夏拒夷，功德至今及人，不可泯也。徐公真深入漠
北，而俘獲為多。沐公英擒剿釁沮、脫火赤，而塵清山後。馬公鑑敗走論
卜，而威鎮西疆。王公俶之謙謹有為，柳公升之坐銷變故，張公麟之以弱
攻強，陳公懋之招降撫畔，此皆國初勳舊，應命而出，無容議矣。若夫增
置斥隘者，史公昭也。② 用兵無失者，張公泰也。克捷韋州者，范公瑾
也。三公才思功勩，大率優侔，而公泰聞尤精密。繼此則驍勇者神公
英，③ 嚴重者周公玉，明斷者周公璽，文采而斬獲亦多者郭公鉤，勇敢而
成功紅寺者李公祥，持重而清除山虜者張公安，尚文而崇義者姜公漢，非
小拘而可大受者仇公鉞，文雅者保公勛、④ 魏公鎮，嚴明者潘公浩，勇敢
者邰公永，愛下者安公國，無懼而有功者路公英，皆一時慎選，才各攸
宜，俱能克濟者焉。其公俶漢鎮，雖不幸而遇變，伏節仗義，盡臣子之當
然，殊為可嘉。至於潛銷寘鐇之亂，安定邊人，保全名盛，此仇公鉞謀勇
異人，必不可以尋常武弁目之。今种公勛則嚴肅整齊，出奇以成鎮北口之
捷，西隅一向藉賴，此又不可忽而不書也。噫！諸公有徃而未在者、⑤ 有
今尚在者。往者已定，不可改移，將來被命居是方者可不鑑乎？

　　嗚呼！近日是方視昔稍異矣，內則士卒憔悴，人心靡寧，行伍未
充，⑥ 車馬甲伏未完，⑦ 邊防堡砦、斥隘未整。既遭變故，歲年久歉，外
則醜類日益驕橫，今年牧河套，明年匿西山，春焉寇延綏，冬焉寇寧夏，
長驅短竊，歲無寧居。倘由是而游焉，不識將何如也。凣我將臣，受有至
託，可不思所以上紓聖慮、下慰人心乎？倘於發施之暇，詢在石諸公故
迹，損益去取，更引而上之。若古守邊名將，其人則李牧、〔趙〕充國、

---

　　① ［校］建置：《嘉靖寧志》卷一《寧夏總鎮·公署》"帥府"條之《題名碑》作"建
垂"。

　　② ［校］史公昭：原作"史公釗"，據《明宣宗實錄》卷八八、《明史》卷一七四《史昭
傳》改。

　　③ ［校］神公英：《嘉靖寧志》卷一《寧夏總鎮·公署》"帥府"條之《題名碑》作"沐
公英"，疑誤。

　　④ ［校］保公勛：原作"保公勛"，據《嘉靖寧志》卷一《寧夏總鎮·公署》"帥府"條
之《題名碑》改。

　　⑤ ［校］未在：《嘉靖寧志》卷一《寧夏總鎮·公署》"帥府"條之《題名碑》作"未存"。

　　⑥ ［校］未充：《嘉靖寧志》卷一《寧夏總鎮·公署》"帥府"條之《題名碑》作"未完"。

　　⑦ ［校］未完：《嘉靖寧志》卷一《寧夏總鎮·公署》"帥府"條之《題名碑》作"未充"。

〔郭〕子儀、〔郭〕元振、岳飛、劉錡；其書則《六韜》、《三畧》、孫吳諸家；其事則膏車秣馬，嚴鋒①利械，講武畜銳，作戰堅守，賞罰坐進，睦寮恤下；其操縱則本之以仁義，而副之以權謀，變通低昂，隨時異用，禦茲狂孳，夫何難哉？如此則將責未有不塞，由是而可以顯今垂後，它日身雖云去，自有健筆公論為之標題，以貽不朽。若曰茲虜固猾，未可輒較，邊令益繁，未可遽理，闕廷尚邈，有作未聞，古人遠矣，不宜於今，邊人素樸，小咈何妨。下損上益之不顧，外侵內慝之不憂，但為僥倖彌縫之計，則不特邊人非之，清議、國法自不相容。縱能勒名，與不勒者焉能為有無哉？僉以居士，生長是方，聞究頗悉，當引刻於始，再辭弗獲，為記如左云。

成化六年　大學士　彭時撰　　重脩儒學碑記

寧夏，古雍州之北境，漢朔方郡地。其地背山面河，四塞險固。中國有之，足以禦外夷，外夷竊之，足以抗中國，其形勢之重如此。自元得之，為寧夏路。我朝平定天下，改寧夏府。尋以其地密邇戎狄，盡徙其民於內地，置兵衛以守之。而又蒞以親藩，總以內外文武重臣，於是城郭之固、人物之殷、兵馬之雄壯，屹為關中巨防矣。其學校設自永樂初年，蓋以地雖用武，而人不可不知禮義也。列聖相承，教養作興，歲久益備。士之由科目為世用者，彬彬有人。惟是廟學，因陋就簡，弗稱觀瞻，識者病焉。今都察院右副都御史張公〔鑒〕奉命巡撫寧夏，志欲興脩，與鎮守、總戎議克合。乃盡撤其舊而新之，故所有者悉弘其制，其無者今備其規。至於聖賢像貌，亦皆繪塑儼然。始事於成化六年夏四月，越秋九月而告成。自殿堂門廡以至齋舍庫廩，凡為屋幾百餘楹。材出於山，工出於庸，資用出於經畫之餘。官不費而人不勞，何其成功之敏且速也。

使來徵記。予惟學校，王政之大端，所以成人材，厚風化，實本於此，是以天下郡縣無處無學，而惟守令者亦未嘗不以興學為首務。當張公舉事之初，或疑邊方非郡縣比，受任守邊，宜以練兵講武、攘外安內為急，而學校，文事也，差可少緩。殊不知文武一道，學校之所教者，非特詩書禮樂，雖干戈羽籥亦在焉。凡有事出征，受成於學，執有罪，反釋奠，則以訊馘告，何獨一於文而已。借曰：今學校之教，與古不同。然寧

---

① 〔校〕鋒：《嘉靖寧志》卷一《寧夏總鎮·公署》"帥府"條之《題名碑》作"將"。

夏衛學徒，皆軍衛子弟之秀，其進而受教於學，誦聖賢之書，究天地之
微，明人倫之大，會之於心有本原，見之於踐履有次第。性分固有，靡不
實得而允蹈焉。則退而家庭，使其父兄咸知尊君親上之義、安民和衆之
道，志有定而氣不懾，則守固攻克，其效大矣。孰謂邊方之學而可緩耶？
用是張公深體國家建學養士之意，急於興脩以感勸人心，其真知成賢厚化
之要者哉，予故特書為多士勸。若事詩書科第，以徼功名利達者，有不待
勸而能也，此可略。

公名鑑，松江人，登正統戊辰進士，① 歷監察御史、憲使、布政使，
至今官，廉正有為，所在著聲績，宜並書於此，庶來者有考云。

弘治癸亥② 僉事 張嘉謨 重脩儒學碑記

夫子之德與天地並，其功化著見當時、垂及後世、賢於堯舜者，天下
皆知之、皆見之，亦能言之。不若一鄉一邑之士有尺寸之澤者，必喋陳復
白，然後顯也。惟寧夏一區，遠在大河之外，西北絶塞，禹服之所不紀。
在秦漢唐宋，為狄貊之居，未入版國。我太祖皇帝神功聖德，奄有華夷，
一時竊據，漚滅煙消，用是盡歸什伍，迨今百四十餘年。人之談土宇者，
其視斯地，則不過一甲冑戎馬之墟而已。然而山川秀拔，粹氣所鍾，其生
人之在我朝，有措之經綸事業、位及師保者，其餘臺諫守牧之賢如蝟然
繼，今可畏之後生又彬彬乎而出。聲華文物，蔚然不讓中州。若此者，是
皆吾夫子神化之遠之深，我祖宗列聖，文教誕敷，漸涵造就，以至是爾。

弘治壬戌冬，③ 令都察院都憲、長沙劉公〔憲〕出撫是方。抵任以
來，脩防去瘼，積儲閱武，日無寧居。比及三年，邊之人伏以安堵。嘗謁
學廟，見宮墻剝陋，諸供張器什多不如意，考其廟乃成化庚寅都憲、④ 華
亭張君鑑之所重釐者也。自庚寅迨今又三十六稔，無怪其敝。前都憲、曹
州王君珣亦嘗興脩之，未竟。劉公通計得費若干，市需鳩工，繪葺殿廡，
更制幃案，鬄陶祭器。先賢神像悉易木位，其餘則鄉賢有祠，學師有治，
生徒有舍，悉撤而新之。先是，⑤ 廟祀乏樂，公便宜處之，且構且制，不

---

① 正統戊辰：正統十三年（1448）。
② 弘治癸亥：弘治十六年（1503）。
③ 弘治壬戌：弘治十五年（1502）。
④ 成化庚寅：成化六年（1470）。
⑤ 〔校〕先是：原作"先師"，據《嘉靖寧志》卷一《寧夏總鎮·學校》改。

渝時通大完美。每春秋釋奠，和鳴絢縟，穆穆雝雝，有容于廷，邊之人趨
覩如市，甚盛舉也。或者曰，吾夫子有靈，麗天與乾坤齊悠久，必不以人
之脩崇廢墜為忻戚。噫！是不然，非得為者有心以徼福取容哉。今日之
民，君君、臣臣、父父、子子，三綱不湎，九法不憝，不淪於夷狄禽獸之
域者，孰主張之？佛老之徒，遺術無補，世有溺焉而不能悟，則將金碧其
軀、瓊瑶其居，以惑狙斯民之所信，向者亦有之矣。況為政者，下之所視
也。所以為夫子之脩崇壯觀者，正以上為國家、下為生民，報德報功于不
泯，亦以示遐壤之人，使其曉然，知孔氏之道為所當尊當由，而不駸駸然
入于他岐也。其培植教化、成正世道之功，豈淺淺哉？工始於弘治癸亥仲
春，畢於乙丑仲秋。[①] 衆以嘉謨他日發身是基，再辭弗獲，借記其事於石
如此云。

嘉靖庚申[②]　僉事　洪洞　王三接　重脩儒學碑記

粵為西夏，山河形勝，為古朔方之區。聖祖肇基，混一疆宇，遂建衛
設學。考其地文物蔚興，甲第相望，彬彬乎為諸鎮稱首。舊學一脩於成化
庚寅，[③] 再脩於弘治壬戌，[④] 歲久浸壞傾圮，非所以妥先師、延生徒、重
文教也。

　嘉靖戊午冬，[⑤] 大中丞霍公〔冀〕来撫於茲，觸敝而惕，欲圖保舉。
時邊事孔棘，公訓兵興屯，完城濬渠，先為禦戎之策。越庚申夏，始謀諸
總戎趙君應，筮日興工。自先師殿及東西二廡，至戟門、欞星門、泮池、
神廚、器庫、臺序，罔不脩，啓聖、名宦、鄉賢祠各弘其舊。乃脩明倫
堂、敬一亭及兩齋號舍、諭訓宅，仍葺射圃，飭養賢、育材二坊於通衢，
塗丹易繪，壯麗偉觀，過者望宮墻之崇高，起斯文之瞻仰矣。經始於七
月，成於十月，副總戎吳君徵、遊擊王君勳、學訓董儀、諸生王希仁等率
相告曰："公之蒞鎮也，邊野肅清，人和歲豐，諸務咸舉。今崇教作學，
其嘉惠夏人之澤，盍記之。"接起而嘆曰："衛建以學，文武並用，國家
之制也。撤舊更新，興學勸士，憲臣之功也。使茲學弗脩，則廟貌不稱，

---

① 乙丑：弘治十八年（1505）。
② 嘉靖庚申：嘉靖三十九年（1560）。
③ 成化庚寅：成化六年（1470）。
④ 弘治壬戌：弘治十五年（1502）。
⑤ 嘉靖戊午：嘉靖三十七年（1558）。

而斯道不知所尊。道不知尊，則士不知勸。人材之盛衰、風俗之污隆、綱紀之頹振，而國之治忽以之。矧寧夏五衛一學，逼近邊戎殊方，民居俗尚亦異，武弁紈襲之流亦鮮克由禮，率行教化，正其急務，公之作學也。正風勸士，將無先禮讓之治，而寓偃武化夷之意乎？

"是役也，材木取諸河而弗採，瓦石取諸冶而弗費，工匠取諸營，忘其力也而弗怨。昔毀鄉校者公僑議其非，脩魯廟者萬民若其望，公以義舉，固宜遠近咸若而樂觀厥成也。然學不徒脩，而公以身教，每見分經課士講學行射，俾相觀淬勵，以底於成。嗚呼！而多士誦法先聖，入其門，思見宗廟百官之美，考德問業，思造升堂入室之學，稽儒行以尚其志，讀臥碑以治其躬，體公之所教者，希踪前哲，樹功揚休，俾後人指之為良士，庶幾不失乎令名。如歲脩遊息，以為媒利，取仕之階，無乃非公脩學作人之意，而亦自負其所期矣。因喜為我公頌，而敢為多士規。公諱冀，字堯，封號思齋，山西孝義人，甲辰①進士，歷官御史大夫。所至風節表著，為時名臣。尋授畿輔撫臺之擢將，登崇奮庸，入相於國，夏人繫去思云。"

萬曆癸酉② 粲政 張大忠 重脩儒學碑記

寧夏為古朔方郡，其疆域與羌胡接畛，歷秦漢來沿革靡常，即聲教鮮有及者。迨我成祖文皇帝，北伐犁庭，餘威鎮於殊俗，乃移建親藩，遂為河西重地。復詔有司創學，群羽林子弟其中而訓肄焉。用夏變夷，為萬世慮，至深遠矣。自成化迄今，學凡三脩，其規制未備也。歲癸酉，大中丞羅公〔鳳翱〕奉節鉞開府是鎮，安攘之暇日，進諸生誦說經史已，乃謁聖宮嘆曰："廟貌弗飭，何以尊師？師道弗嚴，何以敬業？當蠹而坐視，即郡邑且鄙夷矣，況兹邊地乎？"乃檄兵憲鮮君〔學禮〕謀所以更新者。解君則奉命惟謹，相與鳩工庀材，捐資程費，經始於萬曆二年冬，越明年三月告成事。爰是堂廡如翼，齋署鱗鱗，一切庾廩庖湢，以至泮池、射圃，靡不偉然改觀也。而又為之鬵祭器、購遺籍、顏匾額，視諸弘〔治〕、〔嘉〕靖間，其規模益恢恢麗矣。大忠不侫時以臬司攝學政，與聞其事，乃樂為之記曰："以余觀於斯舉，而知中丞之謀國者非淺哉。夫軍

① 甲辰：嘉靖二十三年（1544）。
② 萬曆癸酉：萬曆元年（1573）。

旅以蓄威，俎豆以觀禮，二者均王政所先，然其機亦互為之用。《記》曰：'出兵受成，反也釋奠。'① 介古者行師獻馘，必於閟宮。而歷考漢唐故事，則期門介胄，悉念通經術，此其意亦以學校之設，彝倫叙焉。彼揮戈躍馬之夫氣慓悍而易逞，故閑而習之，作其尊親嚴長之心，脱有跋扈恣睢，與夫全軀後國者，亦因是以興起焉，是則學之為教也。及觀成周盛時，鞬櫜就封，士罔習戰，顧越裳西旅獻雉而貢獒者史不絶書。是遵何道哉？豈非以武王大誥之後藏戈戢矢，惟求君臣父子之道，陳於是夏。而周公旦方制禮作樂，以潤色太平，故各氣薰蒸，施及蠻貊。至於成王而治化大行，其所漸摩者素也。寧夏寔講武重鎮，人皆先之，而中丞公獨首倡文教，兵憲君又鋭意協成，乃其心亦曰，聖明御極際，重熙保泰之時，即四夷咸賓，重譯欵塞，其治豈在成王下乎？而將相大臣，當舉周公之禮樂，輔成率俾之化，視彼繕墉濬塹，謹堠飭戎，其功用尤較然鉅也。況此數者，尤公所兼舉而脩明者耶？昔僖公作泮官，講學行禮，魯人則頌之曰淮夷攸服。嗣今寧夏之士丕變於鼎新，感發於忠孝，必有魁岸環偉如魯之多士虎臣者，以翊贊太和之運，則越裳旅獒，由今日而垂之萬禩，即泮水諸章，豈足多哉？故曰，觀於斯役，而知公之為社稷謀也。中丞公名鳳翱，字高翰，晉之蒲坂人。兵憲君名學禮，字仲立，晉之安邑人。二公經畧壯猷，百年曠見，兹不具列，特舉其所為脩學者如此云。"

巡撫　張鑾　儒學鄉會題名記

聖朝法古致治，尊賢育才，凡遐陬僻壤，莫不建學以甄陶士類，望當時之用、太平之具也。若寧夏，地鄰狄境，古設為郡縣，而人雜戎夷。逮我列聖，敷布威德，丕冒邊隅。昉於洪武，設軍衛，屯兵以扞虜。復慮戎伍之中，不可不使知禮義，故繼設學校，以崇文事。凡閭閻俊秀，咸遣入學，俾知周公、孔子之教，仁義禮智之道。處也足自脩身以立本，出也期能治人以適用。由是風俗休美，賢雋彙集，登科入仕者能與中州齒，可謂極盛而無以加矣。

成化六年庚寅秋，余撤學之舊殿宇堂齋而一新之。學舍既完，遂以前人之出自科目者皆列名於堂壁。慨非永久之計，乃經畫堅石，命訓導趙衡考録其名氏次第，刻之於石，以垂永久。在學師生咸謂此亦激勵後學盛事

---

① 參見《禮記·王制》。

也，不可無言以紀其實。予惟人才之生，鍾靈孕秀，其資禀固自異於群輩，然又游於學校，培之之久，教之之詳。德性純而學問博，方抱其能售於有司，大以成大，小以成小，各適其用，不負所培之久，所教之詳。人才若是，可見學校之興矣。然人徒知才士濟濟為學校之興，殊不知由在上之人鼓舞之有道，而上之所自重焉。昔常衮之在閩，以勸學為己任，一時閩人翕然從化而文風丕振，此其驗也。若寧夏，先之巡撫大臣並臬司憲職悉以興學為首務，故士子克自勵志，奮身科目。登其仕版者，雖所居之位有崇卑，所遇之時有先後，皆推所學以脩政立事，皆知自重以脩德檢身，表表然於學校有光焉，烏可不勒名於石乎？然名之所傳，乃人之賢否所繫，不可不慎。且前輩逝矣，今而未登仕籍，未領薦書之士，覿先進之名，當思所以自重而自立，必曰如某也賢而有能，足以儀範於後進，如某也不能無可否之議，宜以為鑑，取其醇而去其疵焉。因嘆今日刻名之石非石也，乃是非美惡之明鑑也。後之視今，正猶今之視昔。吾輩後學，由茲進身而繼勒於石。設或一有齟齬於其間，亦難免他日後輩之訾議，必期立心之同、務道之同，而為大賢君子之歸可也。若鹵莽滅裂，圖一時倖登科第，刻名於石，藉以為榮，而不思所以自重而成立，豈君子為己之學哉？顧以篤勵士類，各知自重而有成也。盍相與懋諸。

巡撫　王時中撰　　儒學碑陰記

寧夏在坤輿西北，為風氣嚴凝所始。賀蘭拱秀，黃河環流，自古為諸夏藩屏。至我聖朝，號稱重鎮，習俗通五方，而尤知崇高節義，宜多文士名賢。自洪武以來，登科目者近七八十人，咸布列內外，有聲望。成化六年，先巡撫都憲、松江張公鎣嘗將司馬徐琦等刻名於石，今五六餘紀，字文剝落，斷碣廢棄，無以垂示將來，似為缺典。時中叨承上命，巡撫於茲既三年，適己卯開科，① 得王師古等五人，亦盛矣乎。因令僉憲舒君表取堅珉以復，並未録約叙於上，而以續開歲貢附之，正亦繼宣此意焉耳。

時教授賈自綱、訓導龐經元率諸生因請余言。蓋君子所貴乎道者，令名無窮，恥沒世之不稱。正惟有實斯有名，説者謂名為實之賓，不誣也。故有實未有無其名者，無其實而欲襲取成名，不可得已。曾何有形踪詭秘、釣名於一時，而可久乎？此表裏相湏，自然之道耳。若已往者或臺省

---

① 己卯：正德十四年（1519）。

而正，或方岳而良，或郡縣宣化，或文學育才，或有以諫諍顯及以廉退著
者，率皆忠臣孝子、志士仁人，而名各攸寓，信哉。照耀乾坤，峥嵘今
古，邈不可尚，無非克盡所性之道而已。月旦鄉評，固有定價。吾知諸君
子於此，諒能砥礪節義，進脩事業。如何而為忠，如何而為孝，又如何而
進必有裨於時。退必無歉於心，守身體道，庶幾乎希賢作聖，不使有負於
所生，豈獨收完名、播永譽於一代耶。糸天地而為大，覿山川而增色，顯
晦大小，亦安於正而後已。若其要名寵以為通計，豐約於所溺，患得失於
自固，雖聲聞赫赫，而實或不足。是自失其所以為人之道，亦必並其名而
俱忘之矣。固非朝廷養士至意，抑豈張公立石初心也哉。素以豪傑名者，
自當致擇於斯。顧予何人，亦置贅語於碑陰，特使觀者有所考云。

糸政　李維楨撰　　巡撫都御史黃公嘉善重脩儒學記

今上楨不侫承乏秦督學使，嘗入寧夏，北負賀蘭山，而黃河自西徂
東，如帶縈之。南有馬鞍山，如玉几在憑。其外則鉅野蒼莽，無際形家，
所稱最盛也。諸邸第區宇，率右山而左水，間登城望之，疑其故，長老練
事者言地有王氣，令反其所。鄉城缺東北隅，城外諸渠緣漢延、唐来之
舊，而深廣之大小千有奇，亦朱衣鑿方山為瀆之意。其民稼穡漁樵，其士
溫文而足智，有荆、揚二州風。國朝名人輩出，獨自頃科目有間耳。廣屬
功令，董振鐸之故，無廩餼，請比内郡，得給稍食，迄今垂三十年。舉秦
闈、舉南宮者誠不乏人，未能濟濟繩繩如内郡也。而中更遭逆賊之變，死
傷愁苦，民不聊生，絃誦闊疎滋甚。少司馬黃公〔嘉善〕莅鎮六年，承
休明之策，建威靈之號，名王稱藩保塞，民狎其野，所以瞻察傷夷、咻噢
疾痛甚備，童兒匹婦，歡喜相賀，若收之斗極而還之司命，於是脩學高靈
星門，左右各樹坊翼之，而斥廟南堧地若干尺，其内則啓聖祠、講堂、學
舍之所以圮剥者撤而新之，創為泮水，為尊經閣。甓塈木石，丹碧之精
整，棟宇簷阿，門垣之壯麗儼然。牆高數仞，宗廟之美、百官之富與目
謀，四壁絲竹之聲與耳謀，而通六藝三千人，身與之相揖讓論議也。士爭
自濯磨，以無負公，德意登賢能書者應期出矣。疇昔門下，士薦紳逢掖若
而人，函書布幣之晉陽，請記其事。

蓋文武並用，長久之術，而文教為先。昔文武伐崇戡黎，六師甫及而
青莪棫樸，舉髦斯士，日勉勉焉。武王歸馬放牛，戢干戈，櫜弓矢，即求
懿德，以敷肆夏，而鎬京辟雍為首善。周公成文武之德，以《天保》諸

詩治內，《采薇》諸詩治外，身下白屋之士吐餔握髮，唯聖失之。周官司徒、宗伯、樂正、司成之屬，六德六行六藝，十有二教之法，比閭族嘗在在有官師子弟殊為綱繆繁縟，而其子孫封魯，率由不忘大小，從公於泮，色笑而教之，順長道，廣德心，是以君子文事武備兼脩，其小大有勇，知方親上，死長而不忍倍周。卜年卜曆，遠過夏商，而魯當楚漢之季，絃歌不絕聲。夫寧夏非《詩》所謂"天子命我，城彼朔方"者耶，靡室靡家，玁狁之故。賴明天子威德，執訊獲醜。而黃公楊旂和鑾，業已日臨博士之席間，青衿之業為之張，相其惫而掃更其弊，補其闕遺，文其固陋，而作新其耳目，振發其意氣，蓋公產山東，習周公，所以教魯而官朔方，倣周公所以治周，非俗吏所能為也。考地志，夏果園成，而目塞北為江南，惜其教不加富勝國，時有理出俘虜士而子弟知讀書，俗為一變者。惜其生不逢時，所事侏儒左衽之主，夏人遭聖明二百餘年，封疆之臣，敵王所愾。俾士有寧居，富而教之，周官法度具舉，鴞集泮林，式好其音，士曰游息，藏脩于斯，俟志從欲，可以人而不如鳥乎？山川之秀鍾於人為，邦家光在立德、立功、立言，為法天下，可傳後世。彼王侯將相，直土苴耳，何有於科目。周士思皇，不可勝數。若南仲，其人者嘗有事朔方，悄悄之憂，赫赫之威，急多難畏，簡書夷獫狁伐西戎，爛然一代宗臣。迨乎後葉，而天子褒嘉，太祖風示百餘，載在二稚名敝天壤，夏人所稔聞也。得是人而勷相國家，是新學也。雖比於周辟雍、魯頖宮，寧多讓哉？不佞於夏人有故舊之義，是用識之以諗夫鼓篋遜業者。少司馬，名嘉善，即墨人，歷歷南北，多政蹟，茲特其一端云。其分猷念以相從，則右丞南和李公起元、觀察河內高公世芳、征西將軍蕭公如薰、協守上國姚公國忠、郡丞司理翼城王三錫、司餉塾江駱任重，他執事文武吏名氏碑陰具列矣。

光祿大夫　太子太保　吏部尚書　石渠　王恕　　中衛儒學記[①]

　　中衛在大河之西，[②]乃前元應理州地也，左連寧夏，右通莊浪，實邊陲之要路。元命既革，州廢久矣，衛則創建於國朝洪武三十二年，武備孔脩，足以攘外安內。學校未設，人鮮知禮，實為缺典。正統四年，英宗皇

---

　　①　[校]中衛儒學記：此題同《嘉靖寧志》卷三《中衛·學校》，《中衛縣志》卷九《藝文》題作《重脩中衛儒學碑記》。
　　②　[校]中衛：《嘉靖寧志》卷三《西路中衛·學校·中衛儒學記》作"寧夏中衛"。

帝在位，從本衛所鎮撫陳禹建議，始設學校，其學建於本衛城內東北隅。自是以來，詩書禮樂之道興，絃誦之聲作。諸生學有成效，出其門而為國用者已彬彬矣。武夫悍卒，接於見聞，亦知禮義廉恥之可尚，而風俗為之一變矣。其後巡撫、都憲徐公廷璋以為學校乃育賢之地、教化之源，宜居中正文明之地，不宜設於偏僻之所，失其具瞻，乃命本衛改建於通衢大街之中，左廟右學如制。但地步窄狹，其學上建明倫堂四楹，兩齋各六楹，而庖廩號房無地可建，以其右為保安寺所限，而未恢弘也。弘治己未，① 本學訓導李春、賈茂章申白都御史王公珣、② 僉事李君端澄，委本衛指揮馮泰撤其寺宇，去其垣堵，以其地并於學，然後豁然廣闊，可以展堂齋而建庖廩。斯時也，糸將左君方分守其地，乃曰：“學校亦吾當為事也。”於是悉心經營，一應工料皆其措置。委本衛鎮撫吳昭董其事，晨夕展力，遂移明倫堂、兩齋於厥中，增建神廚、神庫各四楹、號房三十六間、門二座。庖廩器備，亦無不具，功已九仞，所虧者一級而已。③ 左君去任，其功遂寢。正德丙寅，④ 分守寧夏西路地方左糸將馮君禎來代。⑤ 蒞任之初，謁廟視學，環視左右前後，曰：“此未完之功，吾當整理。”乃區畫工料，委千戶曹紀監脩，完其所未完，增其所未有，又樹牌樓二座於學之左右。從茲廟學殿堂，如跂斯翼，如矢斯棘，如鳥斯革，如翬斯飛。兩廡兩齋、廚庫號房、庖廩器備，亦莫不飭完美，煥然一新。軍民改觀，師生忻忻而感激奮勵矣。訓導李淡述其建置脩造顛末，具禮幣，遣軍生梁材、黃璁，不遠千餘里而來謁予，⑥ 以記是請。

嗟夫！禮義由賢者興，事功由能而有力者建。觀其建議設學之人與夫遷徙增脩諸君子，非賢且能而有力者能若是乎？是皆可書以告夫來者，使之有所觀感，嗣而葺之，不至於廢墜可也。抑又諗之曰：諸君子作興學校如此者，無非欲爾一方之人知禮義、盡人道。為子者孝，為臣者忠，為師

① 弘治己未：弘治十二年（1499）。

② ［校］白：《嘉靖寧志》卷三《西路中衛·學校·中衛儒學記》作“禀”。

③ ［校］級：《嘉靖寧志》卷三《西路中衛·學校·中衛儒學記》作“仅”。

④ 正德丙寅：正德元年（1506）。

⑤ ［校］分守寧夏西路地方左：此九字原脫，據《嘉靖寧志》卷三《西路中衛·學校·中衛儒學記》補。

⑥ ［校］予：《嘉靖寧志》卷三《西路中衛·學校·中衛儒學記》作“老夫”。

者勤教，為弟子者勤學，各抵於成。為材官者撫恤士卒，[①] 凡遇戰陣，以身先之，荷干戈者勇為戰鬥，毋自畏縮，俾醜虜知懼，不敢侵侮，則幅幀之內安。[②] 為工商賈者各安業守分，不相凌犯，則身家可保。是惟皇家設衛建學之意。否則，未免憂虞而厥咎至矣，可不免哉！

僉事　銅梁　舒表　興復靈州廟學記

靈武，古北地城也。州治創自西漢，歷代沿革無常肆。惟我皇明太祖高皇帝開拓幅幀，盡賀蘭而有之，乃設靈州守禦所，為夏鎮門户。大河抱流，群山環拱，文臣武將產於地者代有其人。弘治中，巡撫中丞曹南王公珣議復州治，建廟學，果有振奮科目者。未幾，為時議所阻，革州併及其學焉。諸士子分寄寧夏、環、固諸學者什之六，私相讓習者什之四。規制方草創，遂以湮圮。聖賢像主，亦暴露刊剝，人懷憤惜。正德甲戌，[③] 中丞任丘邊公憲嘗具疏，請復舊學，未報。越三年，今中丞東黃王公時中被命省臨，表適迎會於其地。公訪謁先賢聖，四顧興嘆，乃曰：“治必本於教，武必宗於文。用夏變夷，義所必舉。況遺址尚存，生徒渙散，安能忍耶？”因具始末，[④] 章疏再奏。己卯春，[⑤] 得報“可”。既而印篆亦至，遂區畫錙幣、粟米，構材傭工，而大為充拓。委表集選俊士，并取改撥各學者源源而來，咸得肆力於其間。一時邊徼生輝，亦盛矣哉。守備張鵬，指揮吳山、趙壁，訓導龐經元，率生員元經輩具事，由請記之。

蓋聞道在天下，不以蠻貊遠近有間，故無時無處不可無道，是不可無學也明矣。靈武為自古重地，垣營砦堡，生齒益繁。況兼北部黨落歸附者，具獲膏腴之養，慕德教之風，襲我衣冠，輸我貢賦，以世繼世，而相安於田里。雖以甲胄戈盾為急使，非教以孝弟忠信，則不知親上死長之道，亦無以為固結人心之本。故古者出兵受成及其獻功，咸在於學，其關

---

① ［校］為材官：《嘉靖寧志》卷三《中衛·學校·中衛儒學記》作“為頭目”，《中衛縣志》卷九《藝文·重修中衛儒學碑記》作“材為官”。

② ［校］則幅幀之內安為工商賈者：“安”原作“凡”，據《嘉靖寧志》卷三《中衛·學校·中衛儒學記》改。《中衛縣志》卷九《藝文·重修中衛儒學碑記》作“則幅幀可固凡為士農商賈者”。

③ 正德甲戌：正德九年（1514）。

④ ［校］具：原作“其”，據《嘉靖寧志》卷三《靈州守禦千户所·學校·興復廟學記》改。

⑤ 己卯：正德十四年（1519）。

於世務亦大矣。朱子嘗謂："老佛之宫遍滿天下，大郡至踰千計，小邑亦或不下數十，而公私增益，其勢未已。至於學校，則一郡一縣僅一置焉。"噫！必若此言，是尚以郡縣各置一學為未滿，可使巨郭人物之地而獨無學乎？此固國家治化之隆、地方風俗之美似若有待而然也。於時量工命日，以是歲秋九月戒事，越庚辰春三月落成。① 崇祀享之廟廡，嚴講授之堂齋，號含翼分而環拱，廨宇鱗次而布列。與夫庖湢游息之所，凡為屋幾百二十楹。規模制度，巍然弘廠，咸一徹而新之。乃徹取附近原寄諸生，并所選者百九十有奇，濟濟漆漆，充斥庭階，風俗一變而為禮樂之邦。會有開貢新例，本庠乃得與寧夏並四年計共八名。② 久困場屋者皆遂其效用，漢土老稚慶於家、歌於途，各督率子弟摳衣趨學者如相約爭先，③ 非孔孟之六經不習，非君父之懿德不講。優游涵養，將見科目，奮庸登峻，階樹顯業，恢恢乎有餘地矣。一或不合，則卷懷於己，亦不失其正，必皆於道有光，豈無文武豪傑足為聖賢之徒者乎？是雖興復之舉，誠有開創之功。異日論者必擬諸文。翁在蜀，固未可以古今差殊觀焉。然酌處詳密，織悉弗遺，財出於公府，工出於官夫，籌畫指授，殆若預定於中然耳。其所以感人動物，敦化善俗，何莫而非道之所為哉？他如西緝關隘，設隄防守，④ 增塩池，兵將斥堠，及奏蠲崩沙租稅、勸墾荒棄田畝、力濬渠墹水利，數年以來，遠近樂業，因而自知思善有不可禦者，真所謂富而能教，如呼寐而使之覺者歟。良由公宏才勁節，變常弗渝，故其措於設施者類如此，信皆為可書也。是豈隨時遷就、小補鏷漏者云乎哉。

公字道夫，號海山，登弘治庚戌進士。⑤ 任監察御史，歷川湖憲使，轉今官云。

給事　管律　　束號記

儒學舊有號，居生徒，後撤之以建啓聖公祠，生徒遂假道宫、⑥ 佛寺

---

① 庚辰：正德十五年（1520）。

② ［校］得與：《嘉靖寧志》卷三《靈州守禦千户所·學校·興復廟學記》作"得於與"。

③ ［校］趨學：《嘉靖寧志》卷三《靈州守禦千户所·學校·興復廟學記》作"趨隅"。

④ ［校］防守：《嘉靖寧志》卷三《靈州守禦千户所·學校·興復廟學記》作"防中"。

⑤ 弘治庚戌：弘治三年（1490）。

⑥ ［校］道宫：原作"道官"，據文意改。下文"於是假佛寺道宫而散處之"句之"道宫"同。

中讀書。嘉靖十七年，巡撫都御史吳鎧發官錢，^① 易地而建之，以其在學之東故名。記曰：王政之務莫急於學校，學所以養士，而公孤卿大夫之事業悉由之以出，是故今之制通天下之郡邑皆學焉。學必有舍，又所以聚生徒，相資而互成也。寧夏之學，萃五衛之生徒，常數百人，以其軍旅之事殷於俎豆而餼廩，故弗之及。嘉靖九年，撤其舍以祠啓聖公，於是假佛寺、道宮而散處之，生徒弗寧。丁酉冬，^② 都御史石湖吳公〔鎧〕巡撫夏方，政通人和，百舊一新。越明年戊戌春，^③ 召生徒試之，拔其穎異者。專訓導郭安世領其教，月給斛米為饘粥之具，日給分銀為蔬茹之需，此盖肇自石湖公處分而作興之者。公私竟弗之擾生徒，感奮自勵，益力於其學矣。尋發贏錢，易地於兹。爽塏面陽，為生徒舍，計百餘楹，堂廡門垣，位置各宜，壯瞻炯目。工始於六月，終於十月。華不踰侈，朴不逼陋。石湖公養士之心厚，而其功偉歟。陜臬僉大夫味泉孟公〔霦〕襄是役也實勤。

　　石湖過芸莊，謂管子律宜記之。律曰：孟子謂，學問之道無他，求其放心而已矣。舍以聚之者，其有以收，二三子之放心哉。放心收則從事於學也，愚者可進於明，柔者可進於強，斯固有獲矣。雖然，律尚有說焉。夫經以載道，探天地萬物之原；史以紀事，著古今興廢之蹟；諸子百氏，羽經而翼史者。二三子朝講夕誦，能外是哉？然講以究其蘊，誦以熟其辭，苟非研精覃思，反求諸心，何益焉？反諸心矣，苟不踐諸其形，雖有獲於學也，何徵焉？是豈石湖公之望於二三子者哉？抑或溺訓詁而自謂深於經，騁詞華而自謂工於文，恃此為功名利達之計，而出入斯舍，雖衣冠彬彬，使視之者漠然無所起慕，又豈石湖公之望於二三子者哉？夫功名利達有命焉，君子不謂，性也能淑諸身，推而淑諸人，使鄉里子弟皆知君臣、父子、夫婦、長幼、朋友之大經大本，而不負冠履之彥。父老指而羨之曰："此石湖公所養之士以風之者。"餘韻弗已，不亦美乎？況夏之生徒，後先相継，百七十年，而其遭際之盛嘗有如今日者乎？今之生徒亦數百人，而其盛又未有盡。如二三子者毀瓦畫墁之戒，尤當以自警也。^④ 雖

① ［校］吳鎧：原作"吳愷"，據《嘉靖寧志》卷一《寧夏總鎮‧學校》"東號"條改。
② 丁酉：嘉靖十六年（1537）。
③ ［校］明年戊戌：原作"明年戊午"，據實際干支改。戊戌，嘉靖十七年（1538）。
④ ［校］尤：原作"先"，據《嘉靖寧志》卷一《寧夏總鎮‧學校》"東號"條改。

律亦恒為二三子懼，二三子乃可馳馳焉而莫之慮哉？①

提學僉事　殷武卿　　揆文書院記

寧夏，國初建衛學。嘉靖戊戌，② 都御史石湖吳公〔鎧〕即學東巷，構民居建養正書院，集諸生分舘居業，一時賢俊登庸，稱文獻焉。學宮東故有監鎗中官署，後罷中官入衛，遊擊居焉。四十三載甲子，③ 大中丞鑑川王公〔崇古〕撫臨夏土，每視學，輒喟然曰："諸戎馬旌旗日往來學宮側，諸生敬業之地，皆戎馬旌旗藪矣，其何以大居業而遠囂緇也？"適地震後，書院傾圮，遊擊署亦敝漏不可居，數請葺治，公毅然曰："是可更治，文武攸便。"乃檄兵憲張君濟川，劄指揮江龍、知事王朝鳳，亟改故書院為遊擊衙，即遺署鼎新書院，建儀門、前後堂各三楹，左右列號舍各六區，備寢廚床几有差。堂後甃泮池，引渠水左注右泄，環匯學宮。後築臺十尺，為文昌祠。遊焉矢焉，與學宮增崇矣。始役於嘉靖丙寅七月，④至隆慶建元六月晦，⑤ 越期年始落成。濟川君以余濫竽文學，乃走書屬余為記。

殷武卿曰：⑥ "嗟乎！加志於學宮者格世之郛廓也，弘美於風教者隆化之軌轍也。且夫折獄明刑、平徭定賦者，非不威令明而德澤究。然君子曰：'沱流標枝，非本始之術。'乃鑑川王公之撫是鎮也，其政簡易，故人式和，其法嚴明，故治威克。其事精審，其用裁約，故奸不乘隙，而民困以絶。至其詰振戎兵，威服夷虜，又赫赫然可銘金石，乃猶日以脩學重文、範俗作人為務，此豈斤斤於一事一令之間者哉？余蓋嘗讀《禹貢》，見所謂三百里揆文教矣，至二百里奮武衛者，非以略文，亦舉其所重焉耳。我國家固以武功定區宇，然既環郡縣，列以膠庠，又緣諸鎮，設以衛學，此其崇文之意，章章著矣。寧夏雖遠在大河之外，而人士之傑秀，非少於中土。愛親敬長、親上尊君之義，又皆人知能之良也。顧習尚隘於見

---

① ［校］馳馳：《嘉靖寧志》卷一《寧夏總鎮·學校》"東號"條作"訑訑"。

② 嘉靖戊戌：嘉靖十七年（1538）。

③ 四十三載甲子：嘉靖四十三年（1564）。

④ 嘉靖丙寅：嘉靖四十五年（1566）。

⑤ 隆慶建元：隆慶元年（丁卯，1567）。

⑥ ［校］殷武卿：原作"陰武卿"，據本文標題作者名及據《寧夏府志》卷十九《藝文·記·揆文書院記》改。

聞，學術荒於遊惰，其居使之然哉？或亦無以倡之耳。國朝寧夏之建，本以折衝外侮，而衛學之設，實寓脩文於武衛之中。蓋上以人倫為教，則下以惇倫為事，風習漸涵，恩義維繫，由是戰則勝，守則固，文教武衛，要不可歧而二之也。王公既嚴武備，尤特易置書院，汲汲於養士者，其所為倡勵道化之意，何以加焉。諸生日藏習其中，誦說先王，稱法古昔，即是見聞可以弘暢、學術可以精研。且日者胥斯人更化之久，固將以忠信禮義為甲冑干櫓，不有鴻術之異操，而全材之應用者出耶。是當與中原文獻等，又奚衛學云乎哉？此王公垂遠之澤，有志者不可重負之也。於乎！魯僖以泮宮致頌，文翁以興學遺休，武卿亦謂王公開寧矣。”濟川復予言於公，公曰：“揆文奮武，先王經世之偉烈；文事武備，尼父用世之懿範。夏，古荒服用武地也。武非文無以知方，文非武無以禦侮。文以明道，武以攘夷，正人心而固干城，保輿圖而弘聖教，茲地為不虛矣。”工待竣，張公以禮去，繼東海方君代至，式贊厥成，公乃改題院額曰“揆文”，扁堂前曰“明道”，後曰“會講”。分左右號為“六行”、“六藝”、“卜吉”、“釋菜”、“文昌”、“後進”①。閫鎮四學諸生，應試者三試之，俾居業、精藝、篤行焉。凡爾夏士勖哉求無負公之期待。茲院也，將與弘文共傳永世云。

　　王公名崇古，辛丑進士，②蒲州人，先兵備郿延時，脩郿延郡縣學與諸名公祠。蓋所至收聲華，持體要，殷情翊天子道化者。張公名橋，己未進士，③滇南人。方君名岳，丙辰進士，④萊州人。先後勛名炳炳。是役也，各勤贊畫，故得並書云。

紊政　王道行　　朔方書院記

　　寧夏衛，古之朔方也，其後衛在花馬池，一墙之外即為殊域。邊民習於弓矢，不知有學。建學自嘉靖二十九年始，則巡撫鳳泉王公〔邦瑞〕之奏也。夫戰鬥之俗，非漸以禮義，緩急固未易使。若王公者，識度宏遠矣。諸生粗習章句，無鄒魯家法，不得以文學辟舉，所以教之者甚為闊

----

① 〔校〕後進：“後”字原脫，據《寧夏府志》卷十九《藝文·記·揆文書院記》補。
② 辛丑：嘉靖二十年（1541）。
③ 己未：嘉靖三十八年（1559）。
④ 丙辰：嘉靖三十五年（1556）。

疏。歲癸亥，① 廣平蔡君國熙奉命督餉至，使事之暇，進諸生迪以聖賢之學，咸惕然有省，願請卒業。君視學宮制未備，又難數往，則相城中隙地為書院。中作堂三楹，曰“體仁堂”，兩翼為號房十二楹。前為儀門，又前為大門。堂之後為廳三楹，左右廂各三楹，後為饗堂一楹，以祠夫子，而有宋橫渠先生配焉，曰“是其鄉先生也”。又最後起土為臺，高若干尺。登臺遠眺，則內夏外夷，若指諸掌。諸生以君之別號請名之曰“春臺”，志不忘也。蓋仁者其物同體，熙熙然如春登臺，其樂可知已，是亦有微訓焉。臺之右為射圃，若干武命諸生，輟講則習禮其中，正以示不忘禦侮之意。既成，而坊於大門之外，曰“朔方書院”云。

余雅與蔡君善，它日以公事至，偕㑮帥吳君嵩，落成於體仁之堂。視其所揭以教諸生者，其東壁則《白鹿洞教規》與《君子小人義利之說》，其西壁則張子之《西銘》、② 陽明先生之《立志說》也。③ 夫《西銘》言仁之體備矣。求仁者莫先於辨志，志辨則義精，學敏則志立，然後仁可體也，旨哉教乎！酒數行，歌《鹿鳴》、《南山》之詩，④ 少長咸秩，雍容有儀。既又召諸父老為鄉約，揭聖訓而講讀之，莫不感發，興起於善，若川赴而谷應也。其詠歌揖遜，若相從於洙泗之間，偕群賢而上下之也。於是相率而登於春臺之上，徘徊四望，見諸戍卒，乘城擊刁斗，轉呼不息。敝絮短褐，以禦風雨，煮沙為飯，歲時伏臘，不遑一恤，其私心怵然內悲焉。蔡君則為余言：“往歲邊吏多割剝其下，輸寫而入，恣其所賄遺。今聖天子簡任忠貞，恢弘化理，一時方叔、吉甫之佐，訏謨遠猷，相與劻勷於外。譬如草木大寒之後，照以陽春，雖枝葉外凋，而生理潛復，行且畢達。”余曰：“二三子聽之，此陰陽消息之機也。夫中國、夷狄之盛衰，君子、小人之進退，學術之污隆，而人心之淑慝也，微乎微矣！故仁則暢於四肢、發於事業，不仁則生於其心、害於其政。文德脩而苗格，《小雅》廢而夷侵。其言若迂，捷於桴鼓矣。諸生皆木訥少文，又生長邊鄙，

① 癸亥：嘉靖四十二年（1563）。

② 張子：北宋哲學家張載（1020—1077），字子厚，原籍大梁（今河南開封），生於長字（今陝西西安），《宋史》卷四二七有傳。《西銘》是其重要著作。

③ 陽明先生：明代哲學家王守仁（1472—1528），字伯安，因曾在陽明洞講學，世稱陽明先生，浙江餘姚人，《明史》卷一九五有傳。《立志說》原名《示弟立志說》，是王守仁對其弟王守文講述立志次第的文章。

④ 《鹿鳴》、《南山》皆《詩經·小雅》中的篇章。

無繁華可欣豔。一切剿說淫詞，侮聖言而壞士習之書，久無有售其地者，所謂混沌未鑿也。力行以求仁，於為仁也何有？吾聞之孝弟之至，通於神明。愚不肖之知，能察乎天地。洒掃應對之事，即上達天德。諸生慎勿以為高遠而杳茫視之也，不愧屋漏而已矣。慎此以往，他日出為世用，庶幾干城腹心之選。假使陋巷終身，亦可推其說於其宗族鄉黨，使為將帥卒徒者，為國家樹節效忠於無窮，豈不休哉！"諸生皆躍然色喜，因進而請曰："蔡先生有大造於西鄙之士，恐一旦召還，得無廢此乎？"余曰："不廢也。今書院遍天下，獨白鹿之學最傳，則朱〔熹〕、陸〔九淵〕二先生之功也。蔡君學既日進，諸生又能篤信之，果相與以有成，則茲地將為朔方之白鹿焉，誰得而廢之？"蔡君曰："善。所不與二三子自力者非夫也。"

是役也，吳君發戍卒以佐版築之事，為斯文左袓，而衛幕李廷謨、千戶李勳、百戶毛羽，與有勞焉。厥費以贖鍰，五閱月而成，若不知有興作者。蔡君登己未進士，[1] 以戶部郎中奉使至，諸所猷為、建白甚著，軍實大饒，兩鎮利賴之，茲不具論云。

戶部郎中　蔡國熙　體仁堂記

聖人之道，本諸肫肫，而經綸萬化，豈在求於言語、象數之間哉？孔子以"克己復禮，天下歸仁"語顏子，[2] 而萬物一體之學在是矣。秦漢以來，儒者營營馳騁於訓詁辭章功利之末流，歷千載而此學不明。至宋周濂溪、程明道二先生揭無欲定性之旨，學者稍稍復知趨向。橫渠張子〔載〕接蹟而起，《西銘》一書發明仁體，益以昭著，庶幾得孔門之正脉云。余癸亥歲祗承上命，[3] 駐花馬池，督延、寧軍餉，啟處靡遑，往來於不毛之野，殫竭愚衷，夙夜經理。越甲子，[4] 糧芻漸裕，薪可免脫巾之呼矣。獨念索居荒徼，舊學日蕪，且惜邊地士子講習多疏，因建朔方書院。作講堂，扁曰"體仁堂"，愚意固有在也。堂之後為享堂，以祀夫子，張子配之。蓋學以聖人為宗，而張子是其鄉之先達，欲為仁者，舍此將安所依歸

---

① 己未：嘉靖三十八年（1559）。

② 參見《論語·顏淵》。

③ 癸亥：嘉靖四十二年（1563）。

④ 甲子：嘉靖四十三年（1564）。

也。督餉有暇，輒登體仁之堂，與諸士講學於中，多所啓發。

一日，進諸士語之曰：“二三子知體仁之學乎？若輩生長塞上，余試以塞事言之。嘗誦《出車》之詩，① 南仲‘城彼朔方’，即兹地也。設旟建旐，玁狁于襄，豈不赫赫然保大定功哉？及觀‘春日遲遲，卉木萋萋。倉庚喈喈，采蘩祁祁’之詠，雖云述其凱旋之樂，亦可見其將士一志，甘苦同情，靡怨靡爭，軍容閑飭。兵戎倥傯之中，藹然有太和一體之氣象。謂之‘仁’，非耶？今戍守之役，艱苦萬狀，余目擊者三襖，所不忍言，即《采薇》之什，② 何能盡道。聞往歲債帥臨邊，不念嬰兒愛子之喻，復行朘削不仁，孰甚焉？諸生宿所經見且多，族黨之衆，蓋必有惻然於中、觭然於色者矣。然亦曾以是而體於心乎？夫士尚志居仁，大人之事備矣。爾多士今雖知有聖賢之學，然溺佔畢之習，耽世俗之好，鄙吝猶未消，忿戾猶日作。習心浮氣之相乘，而性真未著。儻不從事於求仁，他日服政，其能恤百姓之艱而圖其易乎？其能異於彼之朘削者乎？惡在其為聖賢之徒也，然或不能切己省察，克治其私，而驟欲依借於萬物一體之學，想像乎民胞物與之量，抵長虛見，竟亦何益。昔尹和靖見伊川，半年後方受《西銘》，殆以此夫？嗚呼，良知良能所同，然天機流行，隨處感發，操之即存，夫亦何難？患在不體焉。爾無俟遠指，即今父老之聽講聖諭，動至垂泣，鄉社之童子躋公堂而請益，皆知肅然起敬焉。是誠何心哉？即所謂‘惻隱之心，仁之端也’，③ 任其或在或亡，而不加體察，此之謂‘百姓日用而不知故，君子之道鮮矣’。④ 誠能隨處體認此心之天理，戒慎常存而毋忘其所有事，凡所謂鄙吝忿戾之私情，自將無所容。人欲日消，天理日明，萬物皆備，太公順應矣。此徹上徹下之功，下學而上達者也。君子脩己以敬，而安人、安百姓，篤恭而天下自平。至中和而天地位、萬物育，莫非此道。至簡易，至廣大，在默而識之，不可以言語求，不可以象數盡也。尚用志不分，體此意而有得焉。出則為南仲之畏此簡書，匡濟時艱；處則為顏子之樂道簞瓢，終日不違。仁可勝用哉。”諸生進而請曰：“聞先生體仁之說，昭然若發矇矣。不識用之吾邊圉戰陣之事，亦克

① 參見《詩經·小雅·出車》。
② 參見《詩經·小雅·采薇》。按：《采薇》為《詩經·小雅》“鹿鳴之什”之一篇。
③ 參見《孟子·公孫丑上》。
④ 參見《周易·繫辭上》。

濟乎？”余曰：“此所謂仁非噢咻煦育之謂，孰云不可濟也。孔子自言軍旅未學，及却萊墮費，不勞餘力，則仁之妙用也。先儒謂黃石公有一秘法在人間，只一‘仁’字，奇正分合，變在須臾，孰非此幾之圓神運籌哉。然亦豈止於用兵已哉。”諸生躍然曰：“今乃知吾心之仁，其體無所不蓄，而其用無所不通。敢不誓竭此生，孳孳體驗，以無負先生之教。”因記之，以證諸後日。

行人　王幼慈　　書院學田記

我國朝黌宮之制遍天下，雖是窮域絕塞、干戈倥傯之際，亦必以建學養士為先務。詩書弦誦，禮樂教化之澤，比昔成周隆盛时为加遠矣。寧夏學設於永樂二年，規制漸備，而學田則創自今中丞抑齋張公〔蕙〕也。公自隆慶五年膺簡命巡撫西夏時，虜酋款順，朝廷允其互市之請，廟堂深懷隱憂。公至，運畫區處，動中機宜，虜人悅服，舉手加額以去。虜得中國之利十一，邊疆得虜人之利十九。且虛實向背，因可詗之，羈縻長策，數世之利也。公條陳八事，皆籌邊大計。今夏人惟恐公一旦陞轉，謂公能留寧夏三載，可保百年無事，此其輿情云云。

公雅意作養士類，以興起斯文為己任，課試諸士子，學行優者聚於書院而餼廩之。建文昌閣於學東，三楹弘廠，揆文奮武，可謂各盡其道矣。慶府復翁殿下夙著賢猷，嘉惠俊髦，捐金五十兩為閣費，公曰：“閣既就緒，而殿下厚德不可泯，宜置為學田，勒真珉以垂不朽。”總戎、東亭謝公暨弘農順齋、豐林省齋、壽陽坦壽、真寧孝齋、鞏昌雠齋、華陰誠齋各賢王，顒齋、頣齋、順齋各賢宗，亦量捐祿俸為助，共得田三百餘畝，在城西隅，命鎮城通府屯田都司理其事，書院供需及一切考課賓興等費咸取辦焉。一時士類懽騰，感勵思奮，彬彬然根心生色，仁義道德之化藹如也，謂非中丞公作興鼓舞之力哉？聖天子宵旰邊士，勅諭公嚴飭武備。余捧齎綸音以來，會逢其盛，公與東亭公拜命之日，即屬余為記。余遜謝不敏，既而學博率諸士子稱公命復至，予不敢辭，遂進諸士子而告之曰：“無恒產有恒心者惟士為能，而榮貴通顯，乃或有失其良心者，豈困窮拂鬱足以堅其守，而紛華波蕩反足以侈其志歟？士子之心，不係養與不養而自固者，以其學問明而禮義定也。諸士子其知中丞公今日所以養士之意乎？若謂其擢巍科、躋膴仕，以為西夏光榮，則固屬第二義矣。諸士子仰體置田作養之意，幸而奮身科目，不炫名失，實竭忠矢，誠以報國家。或限於稟數沉淪等夷，不隨俗苟合，節躬勵行，以表鄉閭，斯於中丞公、賢殿下為無負也。"余再告之曰："脩天爵以要人爵，得人爵以棄天爵，孟子之所謂惑也。先聖、先賢之言，炳若日星。家藏其帙，人誦其言，父兄之所願。欲師友之所期望，乃固背而馳焉，則孟子之惑滋甚矣。然則為士者進不負其所學，而有以自達，退不溺於流俗，而有以自立，豈非孟氏之所興、明時之所賴，與夫賢殿下、中丞公、東亭公之所深望者哉？予不敏，未能廣諸士子之所未聞，惟是蕘言緒說，因是記而期以共勗諸。"

中丞公諱蕙，登嘉靖庚戌進士，[①] 山東平原人。而共成是舉者按察僉憲、徽州都山公汪文煇也。例得備識云。

副使　高世芳撰　　巡撫楊公時寧置學田記

今天下郡邑之政，恒賦稅、訟獄是急，不遑省學校事脩廢，諸生月廩至不得比於顧役之直以時給也。衛所之長與章縫臭味故別，以故衛學士視郡邑尤失藉。況寧夏新罹蛇豕之毒，官其地者益兢兢兵食，厪脫巾之虞乎？乃中丞楊公〔時寧〕撫寧夏也，置學田矣。夫撫臺挈綱而疎目者也，苟懾夷靖宇，俾罔騷而曠業，所以為士足矣。而公不以目細學校事也，亟省其脩廢焉，遂念諸生多寠貧者，曰："吾方欲農嬉而兵奮，顧可令吾士失藉乎？"於是出俸金二百餘兩，購腴田三百一十六畝，招佃丁三十一人，俾學官掌其事。歲貯所獲於學舍，賑諸生吉兇，費有差田，成於己亥年十二月，[②] 而學官教授羅仲英、訓導白眉率諸生張埜等丐余言記之，蓋德公之為藉不可諼也，又慮田之久而蕪沒也，並宜有以示来者。

余因進諸生而謂之曰："厥諸生亦德公而思報乎？夫報公，非必於公躬，惟自待不薄，以無忝於藉。如徒擅長文藝，而畢志科目，則自待薄矣。蓋士自待者與待士者意若刺謬，而實相成遞加，以致於極焉，不可不知也。孟子稱：'無恒產而有恒心者惟士為能。'[③] 以甚民產之急。蓋古士出井授之家，無失養者，久矣民之不授田也。今學乃有田，且士業奉制廩之矣。若是乎鄭重士藉乎？是惟士自待能無藉以為志，惟待士必使有籍以為政，不相刺謬乎？胡言相成而遞加也。蓋士能無藉，即當可藉者猶逡巡

---

① 嘉靖庚戌：嘉靖二十九年（1550）。

② 己亥年：萬曆二十七年（1599）。

③ 參見《孟子·梁惠王上》。

焉，其不屑苟藉也審矣。乃國家養士，期於有為也，有為根於有不屑。士所不屑者愈大，則有為者愈遠。有為者愈遠，則得償於養者愈厚。古之人有芥萬鍾，藐三公而不就者，明主寤寐求之而不能頃刻失者也。巢許之事，談者傳疑，乃物情歸於不可致者恒然矣。故曰相成而遞加，以致於極焉。使士也營營覬藉，奚足藉哉？蓋不以守恒心異凡民，徒以文藝異凡民，無為貴士矣。顧今學校之群士者，藝也，簡其藝之優者藉之廩，又并其不及廩者藉之田，非嘗核其志行而月旦之也。此而繹其所以無忝於籍者，則存乎士之自待而已。進而科目，亦僅核士於藝者，故自待者不得畢志焉。然國家以是為弓旌，仁賢以是為羔雉，士高不屑之節，將諱言科目耶。夫士必枵腹而屬學，非情也，然有軼於情者在也，必後車而策勳，非勢也。然有軼於勢者在也，何也？吾之恒心，無豐約顯晦也。關西科名之盛，少殿他藩，而文武名世者，或先之，自待者可審矣。故眾人託以為挙挙者，豪傑見以為錄錄者也。寧夏極職方之西，風土饒美，比於江鄉，韓昌黎所謂中州最遠者。清淑之氣窮焉，盛而不過蜿蟺扶輿，而欝積魁奇材德之士所自出也。余記學田，厚為夏士望焉。誰其鍾積氣以豪傑，自命果無忝於藉，而彰明中丞公置田之功者。"

翰林檢討　南師仲撰　　督學李公維禎置廩糧記

唯是國家重作人之典，推擇群臣之望者為督學使。凡學政之利弊因革，得便宜上聞，蓋其重也。夫學政載在令甲，既隆且備，其陶冶人群，鼓舞士類，莫要於廩餼。二百年來，學以群士，廩以興學，督學使歲行部拔尤者之廩，歲若而石，以歷年次第入大學，對天子比於古鄉舉里選之意，乃其費大歸，取之民，不取之軍制也。

國初徙民實塞上，沿邊率置衛所。衛所置學，視它郡邑，其諸生以廩次稱鄉貢，亦視它郡。若曰甲冑而衿帶之，令以儒顯乎？顧其地屯其所出供軍興，不以給士，以是諸衛所無從得廩餼資，即既廩者，僅享空名，當事者仍陋瞳弊，莫為畫一良，殊孤祖宗興賢盛典。萬曆戊寅、[1] 己卯間，[2] 李公〔維禎〕來視關以西學政，行部至西夏，悉其狀，惻然曰："取士期實用，乃以空名相糜耶？將安所得士？"遂括金錢之在帑者緒若干，稽田

---

① 萬曆戊寅：萬曆六年（1578）。

② 己卯：萬曆七年（1579）。

租之在學者石若干，廩上庠者四十人，人月受一石，疏之，上著為令。諸生以時取給，若索諸寄其他延綏諸鎮，咸如之。夏人士欣欣喜曰：“吾黨幸藉公以儲胥也。”益忼憤敬業，自是科第彬彬焉，蓋三十年往矣。諸沐公之化、食公之惪者謀勒名以垂不朽，於是孝廉田生賦暨諸生、介大將軍蕭君季馨屬余曰：“士固不得資於令甲，而乃得資於公。公即不霑，霑為夏人士惪，夏人士之孤寒思以自竪者，皆優然有餘閏焉。勿翦之思，在遠彌篤，及今弗紀，後將曷徵，惟執事之圖之也。”余惟公以弱冠躋金馬玉堂之署，金泥玉檢之藏，其著為文章，往往凌兩京軼。晉魏主盟，一時固將黼黻文明之運，特以才雄氣偉不能追逐世塵，頓令標其鑒于陝而出其緒於夏，寧足為公重邪？雖然，一班窺而知豹，一臠嘗而知味。公，楚材也，余不獲遊雲夢，觀公之吞其八九者，抑班窺而臠嘗之，奚不可焉。夫風氣之關士為政，無恒產有恒心惟士為能，即不廩渠，寧不自勵，要非作人者之宜有也。公膺鎔錘之任，所收多知名士，豈盡待廩而興，乃猶急急焉。懼以空名隳士氣，不憚殫力圖之，以相令甲之不逮，功亦偉矣。寧直為諸生惠哉？往公督學時，余方家食，見士習甚痼，殊竊慨之。公一振，丕變亡論，比試之敏，衡鑑之精，即諸士子晰夕奉約束，惟謹稍納於邪。廩廩然若公，臨次而為傳。余才不逮遷，史遠其第，念周旋之日久，侍几席聆謦欬數數，實歸執鞭之願，固不後焉。是役也，無亦畢其欣慕之私，藉公以自重乎？遂以是復田生輩而為之記。

　　公名維禎，字本寧，湖廣京山人，陝西按察司提學副使，前隆慶戊辰進士。①

脩撰　康海撰　　總督唐龍平虜大捷記②

　　嘉靖十三年甲午，③ 虜酋吉囊盤據河套數年，秣馬勵兵，將圖大舉入寇。④ 兵部尚書兼都察院右都御史唐公龍與總兵官、⑤ 都督同知劉文講畫

---

① 　隆慶戊辰：隆慶二年（1568）。

② 　［校］總督唐龍平虜大捷記：《嘉靖寧志》卷八《文苑·文》題作《大明嘉靖平虜之碑》。

③ 　［校］甲午：原作“甲子”，據《嘉靖寧志》卷八《文苑·文·大明嘉靖平虜之碑》及下文改。

④ 　［校］入寇：《康對山先生集》卷三五《碑·嘉靖甲午平虜之碑》此二字後有“我邊”二字。

⑤ 　［校］龍：《康對山先生集》卷三五《碑·嘉靖甲午平虜之碑》無此字。

戰守之法，緩急遠近，部署咸定。七月初，寧夏報吉囊結營於花馬池，唐公下令曰："賊寇延綏，鎮西將軍張鳳主之。① 寇寧夏，征西將軍王效主之。② 寇固原，都督劉文主之。其當衝截突，副總兵、都督僉事梁震主之。"十四日己卯，虜由定邊乾溝剗崖入鐵柱泉，③ 劉文堵截，不得犯固原。二十三日戊子，乃從青沙峴入寇安、會、金三縣，文率所部糸將霍璽、崔高、彭濬，④ 守備吳英、崔天爵，⑤ 馳兵往赴。明日己丑，⑥ 戰於會寧柳家岔及葛家山，⑦ 斬其桀者數十人。虜懼思遁，文曰："賊歸必自青沙峴，遊擊將軍李勳、守備陶希臯可趨青沙峴伏道以俟。紅古城、半箇城，零賊之所必犯，指揮王縉可按兵截殺。二城無事，海剌都、乾鹽池、⑧ 鳴沙州、⑨ 石溝可安堵矣。"八月四日戊戌，虜果合衆出青沙峴。文督戰當衝，伏兵盡起，復大敗虜衆。而王縉於半箇城與指揮田國亦破零賊。前後斬首一百二十又七，所獲韃馬一百三十又二，⑩ 甲胄、器械、衣物一千九百三十又七。梁震與糸將吳吉、遊擊徐淮，⑪ 守備戴經遇虜於乾溝，大戰破之。斬首一百八十又五，所獲韃馬二百又四，器物四千柒百四十又七。王效與副總兵苗鸞，⑫ 遊擊鄭時、蔣存禮又遇虜於興武營，大戰

---

① ［校］鎮西：《康對山先生集》卷三五《碑・嘉靖甲午平虜之碑》作"定朔"。

② ［校］征西：《康對山先生集》卷三五《碑・嘉靖甲午平虜之碑》作"平西"。

③ ［校］入：《康對山先生集》卷三五《碑・嘉靖甲午平虜之碑》、《嘉靖寧志》卷八《文苑・文・大明嘉靖平虜之碑》均作"擁入"。

④ ［校］霍璽崔高彭濬：《康對山先生集》卷三五《碑・嘉靖甲午平虜之碑》作"某"，不著姓名。"崔高"，《嘉靖寧志》卷八《文苑・文・嘉靖甲午平虜之碑》作"崔嵩"。

⑤ ［校］吳英崔天爵：《康對山先生集》卷三五《碑・嘉靖甲午平虜之碑》作"某"，不著姓名。"吳英"，《嘉靖寧志》卷八《文苑・文・大明嘉靖平虜之碑》作"吳瑛"。

⑥ ［校］己丑：《康對山先生集》卷三五《碑・嘉靖甲午平虜之碑》作"乙丑"。

⑦ ［校］柳家岔：《康對山先生集》卷三五《碑・嘉靖甲午平虜之碑》作"柳家營"。

⑧ ［校］乾鹽池：《康對山先生集》卷三五《碑・嘉靖甲午平虜之碑》作"鹽池"。下同。

⑨ ［校］鳴沙州：《康對山先生集》卷三五《碑・嘉靖甲午平虜之碑》作"鳴沙洲"。

⑩ ［校］韃馬：原作"達馬"，據《康對山先生集》卷三五《碑・嘉靖甲午平虜之碑》改。下同。

⑪ ［校］遊擊徐淮：《康對山先生集》卷三五《碑・嘉靖甲午平虜之碑》無此四字。

⑫ ［校］副總兵苗鸞："副總兵"，《康對山先生集》卷三五《碑・嘉靖甲午平虜之碑》作"副將"。"鸞"，《康對山先生集》卷三五《碑・嘉靖甲午平虜之碑》、《嘉靖寧志》卷八《文苑・文・大明嘉靖平虜之碑》均作"鑾"。下同。

破之。糸將史經、劉潮分布韋州，^① 張年又從苗鸞擺邊，遇劉文驅虜，結營北奔，各哨奮勇，而前後斬一百三十，所獲韃馬二百又二，器物二千一百六十又六。虜幸得及老營，晝夜亟遁。故海刺都、乾塩池、鳴沙、石溝，號牛羊富有之地，^② 雖經行，^③ 不敢正目。視昔駐掠幽、隴，而諸將閉門籲天，不能得一遺鏃，何如哉？十萬之虜，經年在套秣馬勵兵，欲圖大舉。二旬之內，連復三捷。^④ 蓋惟皇上神武聖文，知人善任，故唐公得以悉心壯猷，諸將得以攄忠自奮爾。語言"上下相須，^⑤ 千古為難"，豈不信哉？唐公受命以來，寒暑僅四閱也，斬獲虜首殆及千餘。威寧、細溝之功，北征已後，^⑥ 謂為再見。今日之捷，^⑦ 視威寧、細溝，不知相去幾許。廟堂與本兵大臣，必有以休休之心，翊贊皇度者矣。^⑧ 方諸簡册，周宣、漢武，不足言也。邊方父老，以予撰碑，叙述其事，用告將來。辭曰：

惟明九葉，篤生聖皇。允文允武，帝德用昌。因心弘化，寵綏萬邦。内治既洽，恩被邊疆。^⑨ 惠德有賫，拂義必匡。元臣若德，逖惠厥常。^⑩ 蠢茲酋虜，潛蠕幽荒。教既未逮，螫亦屢猖。盤據河套，未遂驅攘。豈天厭逆，乃爾乖方。^⑪ 屢犯屢挫，曾不戒戕。公壯其猷，^⑫ 九伐斯張。^⑬ 青沙之役，易若驅羊。興武既馘，乾溝亦襄。大舉反旃，鼠竄惟囊。恭惟神

①　［校］劉潮：原作"劉朝"，據《康對山先生集》卷三五《碑·嘉靖甲午平虜之碑》、《嘉靖寧志》卷八《文苑·文·大明嘉靖平虜之碑》改。

②　［校］牛羊：《康對山先生集》卷三五《碑·嘉靖甲午平虜之碑》作"青牛"。

③　［校］雖經行："雖"，《康對山先生集》卷三五《碑·嘉靖甲午平虜之碑》作"雖具"。"經行"，原作"緩行"，據《康對山先生集》卷三五《碑·嘉靖甲午平虜之碑》、《嘉靖寧志》卷八《文苑·文·大明嘉靖平虜之碑》改。

④　［校］復：《康對山先生集》卷三五《碑·嘉靖甲午平虜之碑》作"獲"。

⑤　［校］語言：《康對山先生集》卷三五《碑·嘉靖甲午平虜之碑》作"語曰"。

⑥　［校］已後：《康對山先生集》卷三五《碑·嘉靖甲午平虜之碑》作"以後"。

⑦　［校］今日之捷：《康對山先生集》卷三五《碑·嘉靖甲午平虜之碑》無此四字。

⑧　［校］者：此字原脱，據《康對山先生集》卷三五《碑·嘉靖甲午平虜之碑》補。

⑨　［校］邊疆：《康對山先生集》卷三五《碑·嘉靖甲午平虜之碑》作"邊防"。

⑩　［校］元臣若德逖惠厥常：《康對山先生集》卷三五《碑·嘉靖甲午平虜之碑》此八字在下文"螫亦屢猖"句後。

⑪　［校］豈天厭逆乃爾乖方：此八字原脱，據《康對山先生集》卷三五《碑·嘉靖甲午平虜之碑》補。

⑫　［校］公壯其猷：《康對山先生集》卷三五《碑·嘉靖甲午平虜之碑》作"公用赫怒"。

⑬　［校］九伐：《康對山先生集》卷三五《碑·嘉靖甲午平虜之碑》作"大伐"。

武，所嚮必戡。況此元老，維德之行。弗崇虛譽，克屏譌狂。稽勛考勤，①而無否臧。②元戎丕奮，糸佐孔良。節制四載，其武湯湯。邪佞莫入，夸毗是惶。③皇心勿二，公德愈光。甲午之捷，④萬古所望。後賢秉鉞，尚慎勿忘。

都御史　龐尚鵬撰　　總督王崇古擣巢大捷記

夷狄之患，自古有之。我朝建都幽燕，控制胡虜，傾海內之全力以飭邊防，拔天下之異才以司兵柄，經畫垂二百年，殆無遺策矣。然虜患頻仍，歲苦侵暴。我兵遇之，輒望塵膽落，竟未聞有掃其鋒、斷其歸路而大張撻伐之威者。況敢輕入其地，怒螳螂之臂而與之抗衡哉？今總督鑑川王公〔崇古〕受命以來，聲震四服。期月之間，數提兵出塞，探虜穴而擣其虛，霆擊風馳，若從天而下，一何壯哉！花馬池為沿邊要害，虜潰垣而入，非東蹂環、慶，必西掠臨、鞏。若犯固原、達涇州、即三輔，騷然矣。徃軍門移鎮，坐擁重兵，居中彈壓，幸不損辱，即為萬全，故先期分布，申飭責成，即不見一虜，不遺一鏃，得苟全，且夕之安，無餘責矣。公平生氣吞胡羯，必欲成此而後朝食。兵凶戰危，豈樂為此？誠憤積弱之勢，風靡波頹，日甚一日，不自今奮迅激昂、振揚士氣，以宣昭國家神武之盛，則虜日驕橫，益輕中國，覘覦憑陵之漸，恐不特如今日而已。惟我之勁兵常襲擊大破之，彼魚駭鳥驚，自保不暇，何敢有異志乎？此其效甚速，而其機甚危，非料之素明、斷之必果，鮮有不奪於疑懼之私而盤桓却顧矣。

公早富文武才，颮歷南北，常臥起兵間，勘虜中情偽甚於觀火。比拊循西夏，日勤遠署，動中機宜。及總制三邊，申軍法，嚴紀律，功疑惟重賞不踰時，故所部將士莫不延頸企踵願為公死者。先是，延、寧擣巢，九三獻奇捷，受主上特知晉右都御史，廕一子入監，皆異數也，餘將士並優錄有差。及駐花馬池，得降人傳報，知套虜有異謀，遂集諸將於長城關，指授方畧，分遣驍騎三千人屬中軍。副總兵李震，故西秦宿將也，授彎一

① ［校］考：原作"者"，據《康對山先生集》卷三五《碑‧嘉靖甲午平虜之碑》改。
② ［校］而無：《康對山先生集》卷三五《碑‧嘉靖甲午平虜之碑》作"咸協"。
③ ［校］邪佞莫入夸毗是惶：此八字原脫，據《康對山先生集》卷三五《碑‧嘉靖甲午平虜之碑》補。
④ 甲午：嘉靖十三年（1534）。

呼，響震山谷，未至前十里，為虜所覺，亟移其老稚竄匿草莽間，仍部分精銳，或躍馬迎戰，或露刃死守。我兵劈其堅陣，突入帳中，所得强壯盡殲之。其他部驚聞鼓譟聲，援兵四起，自辰至夜分，轉戰窮追，矢石如雨。復乘風縱火，光熖燭天。已而風反火滅，盧嘗指以為神事，①可謂奇矣。

往聞禱巢必地當荒落，人蹟罕至，或眠戈偃馬，非入寇之時。或分道南侵，虜幕孤懸於塞外。故掩殺其不備，易以成功。花馬池當嘯聚之衝，秋氣漸深，即舉衆移營，近邊住牧，其地難也。胡騎千群，遝邇嚮應，控弦擊劍，晛傲長驅，其時難也。連營糾結，志在跳梁，我觸其機，孤軍深入，變不可先圖，其勢難也。夫事機盤錯，衆環視凛凛，公獨談笑，折衝以全取勝，豈僥倖於其所難必耶？蓋深入虜地，非死戰無以自全，故裂眦張眉，人百其勇，遂成破竹之勢。夫孰能禦之？

是役也，天心助順，整衆而歸，計所録虜首凡一百七十六級，馬、駝、牛、羊及夷器不啻倍之，此百餘年所曠見也。巡撫都御史、寧夏沈公應時，延綏李公尚智，陝西張公師載，保釐西土，經畧同心，羽翼訏謨，掃清河朔，號稱一時之盛。寧固總兵官雷君龍、吕君經智勇兼資，好謀能斷，摧大敵如指掌，有古名將風。若親歷戎所、備嘗艱險，論戰功，則李震兵最也。戶部督糧郎中蕭君大亨分理防秋，布政司右布政事曹君金，延、寧各路兵糧道按察司副使張君守中、劉君應時，僉事方君岳，或轉輸給餉，或帷幄借籌，廣集衆思，曲成羣策，均著茂旁。若寧夏衛千戶鄭暘奮蹟降胡，身先嚮導，誓不與此賊俱生，法應表之，以示明勸。捷音露布，會戰卒西從軍中來，為予道狀，令人鳴劍抵掌，直欲身親見之。總戎及部司諸君謂予曾濫文役，當載筆紀其事，傳之掌故，備太史持書，用彰我朝安攘之大烈。予雖不敏，義何敢辭？

竊惟今之狂虜，東起遼左，西達甘、涼，其部落可謂衆矣。然不相統攝，各自為心，非有聲勢相掎角也，苟馭得其要，當坐制不難。故就圖牒之所記，載而論之。規畫大寧，制置三衛，守開平、興和，以維上谷，據東勝而連五堡，靖雲朔而備三關、恢復河套。自寧夏中衛以及鎮番，皆漢武故地，扼險為城，據河為壍，此萬世計也。誠得如公者併力圖之，綱羅豪傑，鎖鑰中原，猛將謀臣，交臂受事，虜獨能飛渡耶？審時度勢，持論

---

① ［校］盧：據文意疑當作"虜"。

者往往有難色。然則破匈奴、擒頡利、築三受降城，彼何人哉？公將畧更，僕未易數，即予所見，榆林自把都河而東，靖、固自五方寺而西，調兵方至，虜猝及門，嘗五入而五拒之。徵發及期，若出便授。頃得虜諜，言諸胡遠徙數百里，不敢近塞，畏擣巢云。他如蒐將才，繕武備，諸路之亭障、西夏之屯田，斌斌乎鉅細畢舉。若不勞餘力，以公銳謀英斷，昭德蓄威，如予前所言，顧不易哉？

若擣巢，誠曠世殊事。蓋虜本勢悍，易以計擒，難以力破也。惟伺其入寇，而間用此策，尤為有名。一以折其雄心，一以牽其內顧，我之乘隙，既得以扼其吭而禽薙之，則彼之視我常隱然有虎豹在山之勢，其有不怯入吾地乎？兵出於奇道而不失其正者，此類是也。若後之慮敵者，不知彼己，輒曰花馬池，虜之孔道，即秋防戒嚴，猶能掃穴而大騁其志，則亦何擇於時與地哉？屑屑循其蹟，而輕動寡謀，鮮不仆矣。公料敵設奇，百發百中，然非可常試也。故以戰守為實務，以擣巢為權宜，審其正而善用之，兵家常勝之術，惟曲當其機焉。爾時稱文武吉甫，萬邦為憲，公嗣徽前哲，異世同符，即入典樞密，奉廟算而憲萬邦，百爾將士，拱手受成，邊海當晏然矣，獨西陲哉？

吏部尚書　虞坡　楊博撰　　總督王之誥破虜大捷記

自昔鉅卿稱名世者二：以端亮正直聞者多皎潔之譽，《詩》之“素絲委蛇”是也，[1] 可以表帥庶僚，不可當鑽鑪之重；以倜儻奇偉聞者多劻勷之畧，《詩》之“元老壯猷”是也，[2] 可以制馭邊閫，不可當樞機之司。若今大司寇、西石王公〔之誥〕則不然。公起家進士，鵬舉郎署，鴻漸藩臬，誠惠孔孚，鈎鉅罔用。久之，拜中丞，撫循遼東，遷司馬，制宣大、三韓、上谷、雲中、上黨間，旐裘徙幕而避。

莊皇帝御天下，四祀為，隆慶庚午，[3] 三邊羽書數至，詔晉公右都御史，視師全陝。夏六月，公即詣花馬池，察形勝，審彼己，覈將校，課功罪，犁然燭照。數計乃檄大將雷龍等曰：“兵法先則制人，致人而不致於人，可選銳出塞，搗其腹心，以收全勝之功。”諸將奉公方略，相繼出師

---

① 參見《詩經·國風·召南·羔羊》。
② 參見《詩經·小雅·采芑》。
③ 隆慶庚午：隆慶四年（1570）。

寧夏。牛秉忠令驍將白允中師由小松山而出，裨將鄭暘副之。延綏雷龍師由西紅山而出，裨將郭鈞、萬國、李芳、高天吉副之。陝西呂經師由莜麥湖而出，裨將吳嵩、尤月副之。師薄虜營，虜咸率衆迎敵。諸軍爭先力戰，無不以一當百，凡捕斬虜有多至一百六十有奇。大率延、綏之功為最，寧夏次之，陝西又次之。吉語驛聞，上心嘉悅。賫公白金、文綺，并廕子一人入監讀書，諸將吏升賫有差。

余謂是捷，其善有四。先帝神聖英武，嘗御文華殿，憤虜窺畿甸，操下益急，群臣奔走恐懼，當捷聞時，天子視朝而怡，不宵而寢，不旰而食。是公一捷，上解聖皇西顧之憂，何其忠也？虜入我郡縣，蕩我塚廬，俘我尨倪，芟夷我農功，三秦之人痛入骨髓，一旦傾巢覆卵，懸其首大都之中，群詛而共快之。是公一捷，觧千萬人幽明之恨，何其仁也？瀕年邊人渺一得志於虜者，亡論虜輕之華亦甘之，乃今競逐豺虎，威稜克壯。是公一捷，振數十年委靡之氣，何其武也？漢大將軍襲匈奴至狼山，寶車騎勒燕山去塞三千里，不聞比時，自比屬國，輸心欵塞，今公甫問罪荒裔，虜尋率部曲雲朔入貢，椎髻鬘首，稽顙崩角。是公一捷，臣數百年驚桀之虜，又何烈也？

昔者周宣王命南仲薄伐之役，《詩》曰："王命南仲，徃城于方。赫赫南仲，玁狁于襄。"[①] 今延、寧、固，朔方地也，公以南仲之望入為刑部尚書，虜人執玉帛來闕下者，見公不敢吐氣，因陰相指顧曰："此陝西王太師。"王太師云："傳曰：'重臣在朝廷則朝廷重，在邊疆則邊疆重。'信不虛云。"公名之誥，字告若，湖廣石首人。是役也，延綏都御史、猗氏何君東序、寧夏巡撫都御史、洛陽沈君應時、定邊兵備副使、聞喜張君守中，實與其議。張君今撫延、綏，雄畧忠猷，足繼公之休烈。以余久在本兵，習知其事，走使問言於余，乃為之追叙其事，系之以詩。詩曰：

於赫王公，開府銀夏。范老威名，韓公蘊藉。蠢爾腥膻，負嵎之虎，不識天道，乃敢予侮。公深疾之，爰整我師。既踰鷹塞，更薄焉支。如雷如霆，乃奮厥武。可汗稽顙，日逐讋皷。朱旗天降，玄甲霧立。鴽童白叟，且喜且泣。膚功奕奕，告之天子。在師中吉，凱歌萬里。天子曰，都是余寶臣，四夷來□，朕恓□□。華山巖巖，黃河湯湯。景鍾彝鼎，萬古同芳。

---

① 參見《詩經·小雅·出車》。

刑科給事中　管律撰　　巡撫都御史楊公志學去思碑記

古之士仕多為人，今之士仕多為己，是故言治者不能無古今之殊也。然以今人之身而存古人之心，是為五華山人乎？山人，都人也，姓楊，名志學，字遜夫，登弘治六年癸丑進士，別號五華山人云。嘉靖十年辛卯，詔起山人於家，仍右副都御史，巡撫寧夏。人咸以“五華公”稱之。公在任三年，惟務循循之政，不求赫赫之聲。有問饑而食、問寒而衣之惠，無違道干譽、拂衆從己之私。緜是吏不忍犯，人不忍欺。虜患雖頻，邊氓實妥。當是時，内鎮守岐山劉公崇聞、外鎮守蘭溪王公大忠得以協恭忠於所事，蓋有感之於公然也。十三年甲午，天子賢公，不欲久勞塞土，乃陟右侍郎，佐政秋曹，去今又三年矣。夏之人有位無位，或老或稚，言及公者，輒涕弗已，固知寇之不可復借於斯也。乃集力礱石，白公之遺澤，俾無後迷，於是推其要者刻之。

昔侍郎羅公汝敬賦我夏田畝課一斗二升：豌豆六，小麥四，寔夏稅云；粟米二，寔秋稅云。司徒夏忠靖公原吉慮難後繼，駁其疏。羅復上曰：“黄河自崑崙入中國，延袤數萬里，瀰害於汴梁，獨利於寧夏，每畝起科一斗二升，猶從輕則。”遂著為定額矣。歷年既久，地力殆盡，又無一二易之餘壤，以致獲刈視昔十減六七，而其二稅固如常也。峻征病農，百役重困，人逋地荒，蔽屏將不能支。公獨患之，罔忌時諱，騰疏數千言，盡民之疾苦，毫分縷析。上動聽聞，於是得易豌豆二升、小麥二升，並以茶、青豆抵之。斥鹵者，石徵銀一錢。民困大舒，公私兩濟。康民之功，孰是甚之？又築威遠、靖虜、平胡，三堡連峙，於是良田渠外，儼然寓虎豹之勢，以扼虜人入寇之路。攘外之功，孰是甚之？此故特書，豈惟思之於邇，思猶在於其子孫不能洩之者。而其細政之善，憲度之清，無不可紀，法不屑於瑣碎。若前乎公，如束鹿賈公諱俊、黄縣王公道夫、平陽張公汝霖、晉州張公仲齊，皆以都御史巡撫是方，尚有餘韻在人耳目者，而兹不載厥事。碑為五華公建也，法不得波及之。稗官曰：治本於農，污吏慢焉。此吳越時賦斂無藝，兩浙之民深以為害，非一日矣。及宋除吳越，三衢江漢臣為鎮海軍節度判官，上十三州圖籍於有司，乃曰一仍其舊，是屬於民無已也，遂沉其籍於河，坐是擯棄終身。後命王方贊更定其賦，畝稅一斗，民始聊生。使非漢臣沉籍之功，豈至是乎？而其陰騭之報，子孫榮顯，逮我皇明，猶未之艾，非天道耶？諒公匹休之矣！

都憲　楊宗氣撰　　中丞王公崇古去思記

巡撫寧夏王公，晉之蒲坂人也，諱崇古，別號鑑川，嘉靖辛丑進士。[1] 歷官比部主事員外郎、郎中、汝寧府二千石常鎮兵備副使，復補吾鄜延，如常鎮兵備官，尋陞陝西兖政按察使、河南右布政使。嘉靖甲子秋，[2] 會寧夏缺巡撫中丞，天子念寧夏為古朔方郡，西北與賀蘭山比隣，擲大河外約三十五弓許，[3] 孤塗得之，一時竊尺寸之利；中國得之，萬載執幅幀之樞。勢不兩相雄長，九邊定論有如此，蓋其要害劇鎮云，非文武全猷、超邁特達者不足以當節鉞之寄，廼銓部遂以公請，天子喜其得人而可之。

公自鄜延兵備歷兖政按察使，以至撫臺，計在陝西凡若干年。其地里某遠某近、某險如建瓴、某平其頹圯、戎馬某強某孱弱不振、芻穀飛輓某盈虧某夷德糾緩，乃罔不耳聞目洽，若伏波聚米彌壓然。以故宦陝稱最久，且練達持重，必歸之王公云。公至寧夏，日夜圖繼，即寢食弗遑暇。其經畧謀猷，載在《撫夏公牘》一書者歷歷可稽。如約寮屬、定經制，而憲度以明；築城堡、脩兵器，而武備孔嚴；立兵政、慎招選、稽馬政，而行伍充實；清屯田、治水利、查塩引，而利興弊革。他如崇文教、稽報祀、葺神宇、定祀典、正風俗、禁奢淫、正刑名、重責成、均勞逸、稽出納，此皆政事之大而有益於邊民者也。一時順治，威嚴之化，熙然丕變。掃虜穴，犁虜庭，虜人面縛首授，惟恐其成。後而三四年，來西夏享安枕之樂者，非公之功而疇功哉？廼隆慶二年，陞兵部右侍郎兼中丞。又一年，陞都察院右都御史兼兵部右侍郎、總制三邊軍務。又四年，改宣大總制，其官如故。嘉靖甲子至隆慶庚午，[4] 去寧夏凡七年，而夏之四民五兵歌詠而思我王公者，如一日不衰，如一口無異，於是夏人總兵兖將吳鼎等、府同知知縣序班李微等、舉人賈萬鎰等、闔學生員齊雲等，及諸鄉耆軍民人等馳幣千里，托楊子言以記不朽。楊子與公同年進士，辱公，知且厚，猶夫楊子之知公而厚之也。義弗容辭，廼為記之。

---

[1]　嘉靖辛丑：嘉靖二十年（1541）。

[2]　嘉靖甲子：嘉靖四十三年（1564）。

[3]　［校］三十五弓：據文意，"十"疑當作"千"。

[4]　隆慶庚午：隆慶四年（1570）。

楊子讀《詩》，至《甘棠》、《九罭》之章，未嘗不廢書而嘆曰：
"周、召二公，感民之深也，一至是哉！其歌詠召伯則曰'勿剪勿伐，召
伯所茇'，其歌詠周公則曰'袞衣繡裳，無以公歸'。愈久而愈深，愈深
而愈悦。周、召二公，感民之深也，一至是哉！"陝分東西，而功成周、
召，子雲氏政有思斁之幾，不外於是，故曰："莫卑於齊民，而不可以力
致，莫勁於齊民，而為可以德感，力致則幾斁，德感則幾思，幾其神哉？
要在轉移幹旋之而已。今之寧夏，古之分陝也，其地輿同；今之寧夏之齊
民，古之分陝之齊民也，其人心同；今之王公，古之周、召也，其聞望
同；今之公牘所載，古之《甘棠》、《九罭》所歌也，其遺思同。或曰中
丞，法官也，有餘威焉，有餘思焉，而曷以遺思為？予竊感之焉。噫！此
固束教篤時之説也。不有春王正月、秋七月者乎？不有憲度著明、湛恩汪
濊者乎？代之以春秋而不相背，濟之以寬嚴而允相湏，王公稔其身之，而
夏人之所以切思而不忍忘者，端在是矣。又何子之感之也。若公之昭曠磊
落、慷慨仗義、任事任怨、不避艱險，與夫光明之心、清廉之操、嚴明之
令、慈惠之仁，其在比部、在府郡、在監司者俱有道惠，乃衣冠盛族，別
有論述詳矣。嗣是而秉樞登要，為虁為龍，以惠天下元元，以翊贊皇猷，
豐功偉績，銘鼎尋勒，太常又有俟于太史氏也。愚曷敢贊一詞焉，兹緣夏
人之請而記之，因系之以頌，其辭曰：

奕奕中丞，三槐之胤，家世中條。中條大河，瑞氣攸鍾。如鳳斯苞，
振羽向日。一鳴驚人，再鳴冲霄。含者奏事，肺石疏通。名擅刑曹，熊以
畫旛。頻繁問俗，于野于郊。爰登薇垣，再陟相府。德業逾高，撫巡西
夏。帝心薗在，特賜旌旄。旌旄特賜，專爾征伐。濬發龍韜，有杕之杜。
于以采之，以勞其勞。如鳧浴藻，歡呼何限。直抵虜巢，奪彼金人。清我
王塞，再見嫖姚。魚麗罷陣，虎撲搖筆，匪曰解嘲。漵灠其敷，霂霖其
零。用極腹杩，含哺皷腹。于嬉于遊，父母斯招。嚴父慈母，孰不思之。
詎只一朝，睽違三載。跂足延脰，想像□標。刌兹白登，離遂千里，夢寐
其遙。召伯之棠，周公之袞，我歌且謡。載歌載謡，于情則洽，于理則
昭。鳳池歘步，麟閣圖形，那愧分茅。

布政　潘九齡撰　　巡撫霍公冀去思碑記

公撫夏人，愛戴如父母，乃擢去，去之日，夏人遮道，相泣送之。越
境聯絡不絕，惜其不可留也。既去而思之不置，父老咸相議曰："自公撫

夏，利興害除，貪廉懦立，經畧周密，邊塵不飛，真有大造於軍民。今去矣，盍謀所以記之石，而永其思乎？"時督學憲副尚君維持適臨校，士學官、弟子員乃述父老之意，列狀請記，尚君曰："是民心之公也，予少暇，當與而圖之。"比還關中，學政蝟集，尋又解印綬去。夏人礱石庠門，延之踰歲，事未有終，父老相顧興嘆謂："何以繫吾思也？"諸士曰："宜推鄉大夫之長代言之。"遂屬九齡為記。九齡雖老且病，義不可避。

　　按：夏，古朔方地，孤縣絕漠，迤邐強胡，蹂躪歲增，兵農日困，是故廢者墜者殆益甚，而夏鎮視他邊為極備矣。嘉靖戊午冬，[①] 思齋霍公膺簡命來撫夏，至夏則徧歷山川，長顧遠覽，究其利害，而急圖之。若脩長城諸關及鎮城南關，及遠邇堡寨、各路斥堠，無隙不固，而控扼於是乎固矣。又脩演武場及射圃，及兵車廠、火器庫，無籌不精，而武備於是乎慎矣。又脩孔子廟及諸神祠宇，崇禮飭器，報享以時，而祀典於是乎舉矣。又脩學舍及書院，課士立會，曲盡激勸，而文教於是乎興矣。又疏治河渠、定牐堰以均灌溉，而屯種於是乎獲水利矣。又招撫流徙、寬賦役，以蘇困窮，而逃民於是乎懷故土矣。其他禁吏胥之需索、革差遣之騷擾、稽狡卒之影射、罪積年之姦慝、洗獄訟之冤滯、恤孤煢之苦艱、查罰贖以助工、獎義士以勵俗、勤訓練以作三軍之氣、厚賞賚以堅降卒之心，良法美意，未可悉數。而尤嫉貪墨吏，曰是民蠹也，踣而斥之，威令虩然，不可褻侮。法以防民，仁以養之，不苛不縱，是故威行而惠流，周宜吾夏人。方去則戀戀然，既去則齎齎然，去之久則油油然，欲彰之紀載而不能忘也。昔召伯遺愛，寄思于南國之棠；叔子感人，墮淚於峴山之石。盖人心不能强，而德政不可掩。上下之分，雖曰懸絕，而好惡之心，實相流通。然則夏人之思，夫豈有私于公，而公之致此，又豈偶然哉？君子於此，可以辨治，可以觀民，而南國、峴山之事不可謂古今不相及也。

　　公名冀，字堯，封號思齋，山西孝義人，登甲辰進士。[②] 初，理永平府刑，擢御史，晉大理丞，晉都御史，今晉户部右侍郎。積勞累望，已非一日，功業尚未可量記。成以示諸士，僉曰："是可永矣！"遂勒石樹于學宮。

---

① 嘉靖戊午：嘉靖三十七年（1558）。
② 甲辰：嘉靖二十三年（1544）。

兵部郎中　王繼祖撰　　僉憲汪文煇去思碑記

汪公都山，受命分臬夏鎮之明年，繼祖時以請告歸里中。接公言議，常耿耿於衷。無何，公晉卿尚寶去任，鎮人諦思不置，欲即公之德政鐫諸碑，以比《甘棠》。其言曰：“寧夏苦屯田之害久矣，賦重而督嚴，丁耗而役劇。往臬非不憫惻，顧常課不可損，獨付之無可奈何。公至乃虛心咨訪，不遑寢席者一稔。斟酌損益，探本成書，請於督撫，聞於廟堂，凡無影、河崩諸田，盡以豁免。報至日，鎮人歡聲載道。於是逃者復、疲者蘇，邊民始有更生之樂矣。公巡省所部也，以閘口歲費不貲，欲驅石為之，雖土人亦以為難。然朗見獨識，自必可成。瀕行猶悉心指畫，以屬後人。逮今功將告竣，且渠流疏通，視昔有加，屹然不拔，信可垂諸永久，人始服其神智。公嘗曰：‘屯田顏料，用民財買，共該三千餘兩，閘支費歲以三分之二，而大木百金之值，千夫半月之勞，猶在其外。自今觀之，石閘若百年無毀，省民財力當不知其幾萬倍矣，厥利不亦溥哉。’夫豁田創閘，皆公政之大者，他若監市而虜人輸誠、決獄而宿冤平反、籌兵畫農、疏商課士，皆深謀閎議，務建經國長規，邊人歷歷能言之，茲在所不載。”

繼祖曰：“天下無不可革之弊，無不可興之利，患在官不任事耳。繼祖生長鎮城中，地方利弊，聞其概矣。公至，乃革之興之，利民而無妨於國，恤公而不害於私，誠古之遺愛、世之偉才也。去之日，邊人引領啼呼，如失父母，已而欲肖公之像祠之。父老謀之縉紳，縉紳請於撫臺，乃聽民豎碑，而俾繼祖書其事，於此見公之惠鎮人者為獨至，鎮人之德公者為最深。要之，下非有所冀，而上非有所徇也。公諱文煇，別號都山，徽之婺源人，登乙丑進士。①”

脩撰　渼西　康海撰　　寧夏名賢祠記

夫德厚者感深，譽隆者恩洽。民之於上也，得一分之賜，則萬分之感，況夫有萬分之賜者乎？故《甘棠》思召，岷山誦羊，皷之應桴，景之表形，其義一也。明興百六十之載，天下之民與被堯舜之澤，久而愛戴之，誠由於肝膈，雖有飢饉之憂、兵革之變，其尊君親上之心未嘗以之而

---

① 乙丑：嘉靖四十四年（1565）。

異也。乃寧夏獨數罹變故者，雖兇逆煽惑無忌，要亦共事者垂方激搏所致，故尺書方至，壯士奮呼，曾不過時，踰月，大懟倏平，盖累朝綏懷之恩洽，而萬姓感戴之日久也。邇者寧夏士大夫與寧夏學官聶昂、劉保義，生員熊秀等議，取前後巡撫泊按察諸君子恩及於寧夏者束鹿賈公俊、海山王公時中、西磐張公閏、恒山張公璿、南園林公琦、東塘毛公伯温、督儲僉事劉公淮、北山張公崇德凡七人，建祠城南，立像以繫觀，叙事以表績，意嚴禮備，名當實宣矣。乃特走使，以予為記，刻諸堅珉。

予惟諸君子之名德赫然在人，乃何俟于予言而後傳也？而士大夫之意，豈不以久安長治之福望之方來諸君子哉？方來諸君子覩是祠所祀，勃然興懷，而求所以久安长治之福以錫，子之固非以利其人之念我不忘也，上所以任使與我，與下之所以仰望與我者，不如是，則不足以自盡爾。於戲！休哉。祠正堂三間，兩廂各三間。其前有庭，則所謂接官廳也，以無與祠事不載。工始於嘉靖丁亥五月，[①] 明年戊子五月落成。[②] 先是，侍郎羅公汝敬、都御史金公濂、徐公廷璋、王公珣、賈公俊有祠，在夫子廟大成殿後，春秋祀之。故此祠斷自賈公，今舊祠改建為啓聖公殿，而四公之祀遂廢，實德厚而恩治者，宜從鄉先生之定議，置位而合祀於是祠。張公崇德，因用法任情，事聞勘核，奉旨撤之。

僉事　涞陽　城南　張嘉謨撰　　靈州名賢祠碑記

名賢者，古今賢人之有名者也。德行功業與夫利澤及人者，雖所建不同，顧因賢制名則一而已。名亦非要而得之者也，盖實在此而名自若焉。大而九寰四海，小而一鄉一邑，無地無賢。而賢之名亦未嘗不流播後世，不賢者欲致一人一日之名尚不可得，況後世而為之祠乎？

靈為關陝襟喉，國初以土、漢之人襍居之，今歷百年餘，益見繁庶。弘治中，都憲曹南王公珣始議奏添靈州及州學，拔州之俊秀為生徒。草創頃，王公適去，忌者從中以策已之。正德己卯，[③] 都憲東黃王公時中撫邊之暇，嘅曰：“聖朝文教，薄海內外，無不誕敷，而吾夫子之道，不以夷夏而或間。州治未暇論，是學可已乎？”乃復疏具興廢之由，及夷夏之人

之願上之。皇上詢於禮曹卿屬，議曰"可"，遂復學焉。未幾，學師篆相繼至。公集舊學生，復分寧夏餘生往實之。夫子廟及學舍悉脩整倍。昔固無名賢祠，州人曰："惟地有賢，惟賢有祠，天下之通議也。靈雖遐邈，或生於其地，或仕於其方，先後未嘗無賢，不祠可乎？"乃各出羨餘，市材木，煅磚瓦，聚土石，鳩工役，卜大成殿後為祠三楹，籩豆祭賫，悉有所取。工始於正德庚辰三月，① 是歲八月事竣。靈之守臣吳山、趙璧，士夫李泰、馬璘，師生龐經元、元經及嘉謨，咸擬古傅公燮在漢嘗仕議郎，多直諒，不避權貴，康公日知在唐為觀察使，封會稽郡王，忠拒叛逆，於靈為文行先達，可祀之。擬前王公珣、今王公時中於靈為功德及人，可祀之。偶聞於公，公不悅曰："他所擬者皆宜，為愚不可。且興廢繼墜，政之常耳。"僉復進曰："古者禦大災、捍大患、以勞定國，皆祠之。公之功，非特一學也，若中路大沙井至萌城，每五里築墩，袤延相望，往來行旅遂不為黠虜所掩。添設中路糸將一，統兵馬三千，今可以併遏虜寇。清屯田之沙壓崩塌，使老少殘疾之人得輕賦稅，今得蘇息者，不可勝數。濬河渠而水利周，脩險隘而邊塞鞏，潔無一介之污，勞無一日之停。其功德及靈，茲又大矣。若為元祀尚宜，曷不可乎？"公再力辭曰："禮樂必俟君子，愚、智、賢、不肖，必百年而後定，其勿強焉。"復狠，復答如初。嗚呼！若公者，可謂不伐善、不施勞，而始終不變其執者。靈之後人，不能無賢且名者，他日祀是祠，興起其高山景行之念者，又未必不自茲始也。是為記。

巡撫　霍公冀撰　　楊王二公祠記

靈州一路，乃寧鎮樞會之區。北望不百里遠即為虜巢。其地澶漫夷衍，虜悍騎迅，長驅莫之能制。毒痛蔓延，秦雍四民之苦於侵暴者久矣。國朝成化間，始自州北築長城三百餘里，為扼險守固之計。顧歲久圮剥，虜易窺軼，正德丁卯，② 大學士、少傅、總制三邊邃庵楊公一清建議請發內帑脩復舊邊，上報"可"，發銀若干萬兩。公畫地經費，自橫城興工，僅築四十餘里，尋為逆瑾矯詔中止，時虜患無寧歲也。嘉靖己丑，③ 太子

---

① 正德庚辰：正德十五年（1520）。

② 正德丁卯：正德二年（1507）。

③ 嘉靖己丑：嘉靖八年（1529）。

太保、兵部尚書、總制三邊晉溪王公瓊復疏於朝，請終其緒。公得報，身提重師，經略塞上，工自紅山堡起，至定邊止，延袤四百餘里，恢拓遺功，克底成績。而綜理贊翊之者，則前為憲僉李君端澄，後為齊君之鸞焉。迄今數十餘年，方內耕者、牧者、行旅者、戍守者，咸有恃而無恐，非諸公大造之功德耶？嘉靖丁巳，[1] 靈州鄉官王堂、周鏞，庠生呂清、張俊、劉應璧、許宗魯等，感今追昔，爰謀立祠。中路參將徐仁和迺後先相繼，備需鳩工。委指揮雍詩等，於城北構堂五楹，翼以兩序，重門周垣，罔不脩飭，祀楊、王二公於其中，而以二憲僉附享焉。王堂等偕教官趙應奎，屬余為記。

　　余惟先王之制，有功德於人者則祀之。聞兹長城之築，楊、王二公力任其事，群議不撓。而憲僉李君端澄、齊君之鸞相繼督工，險艱不避，卒使崇墉岳立，大患捍除，即古之城朔方、築降城者未之過也。是皆功德顯著之甚大者，合而祀之，非禮也與？語曰：“德厚者其感深，功大者其思永。”今楊、王諸公沒世垂數十年，而士民之感思者無間於遠近今昔，忻忻然建祠舉祀，蓋無所為而為之者，又豈非天理民彝之不容已者耶？噫！楊、王二公之德及一方、功施一時者，靈之士民固知之矣。至於施之宗社、被之天下者，亦嘗知之乎？楊公為相前後幾十年，王公為尚書歷吏、戶、兵三部，皆當正德之末、嘉靖之初，時值多故。二公立朝，議大政，決大事，苟利國家，知無不為，險難百折，無所疑憚，故能光輔盛業，弘濟時艱。在朝廷則朝廷重，在邊鄙則邊鄙重，蔚然為當代名臣。余每思見其人，敬奉奔走而不可得也。近以承乏，出撫夏州，二年來亦得竊藉靈寵，幸無他虞，則所以崇報之者，豈獨士民宜爾耶？余既議行祀事，復為之記，俾刻石祠下，以永邊人之思，且使後來者有所感而興焉。

　　給事中　管律撰　　演武場記

　　兵練而後用，利執攸往，否則是謂棄之，不亦慎乎？寧夏，勤武之地，戰守日膺其慮，兵貴於練也審矣。然練兵有場，猶百工居肆而後成業，不可不慎焉者。舊建於德勝門外，四乏周垣，諸具簡畧，是故瞻視靡雄，不足以壯邊威之强。將之壇“離”向，城之形勝實背山面河，則“震”向也，於風水之説，人以為忌，夫弗信焉。昔周公作洛，卜澗瀍之

① 嘉靖丁巳：嘉靖三十六年（1557）。

間以食洛為吉，風水之源肇矣。矧後人乎，值邇歲雨潦蓄滯，妨教演之
政，踰十餘年，流於逸佚，是故履危弗任其勞，犯難弗馴于用，厪我聖天
子西顧之懷浸密矣。嘉靖辛卯春，① 大都督周公彥章受寄專閫，來鎮夏
方，慨百廢業集，若恫厥身，乃殫力新之，於是乎繕鎧冑、脩弓矢、礪刀
劍、飭車馬、增斥堠，軍容聿肅，擇塏爽之地而日練之，雖寒暑不避，技
藝聿閑，功將待戰，而成守則固裕如矣。

今年壬辰，② 公謂演武重務，豈宜遷就，若是乃謀於鎮守、大中貴岐
山劉公崇閭，欲仍舊址而改刱之，徇輿情使"兑"向焉。夫"兑"位於
西，以五行則屬金，以四時則屬秋，皆兵象也，匪徒順勢適便而已，於兵
家之術亦宜爾耳。事未及舉，會大中丞、五華山人楊公遜夫以巡撫至，僅
浹月，弊革利興，四境稱治。都督公以是事圖之，中丞公即諧厥議，廉訪
劉公以忠樂於襄事，時副戎苗公世鳴出征延綏，始則亦預聞者也。先是，
太保、尚書、晉溪王公〔瓊〕以總制軍務至，欲舉未暇。兹方布位間，
適大司禮、中貴宋公奉聖天子命以勘事至，侍御毛公瑞成以巡察至，廉訪
張公鶴舉以鞫訟至。咸相與成之時，總制軍務尚書、漁石唐公〔龍〕視
師延綏，聞甚許可。工起於四月乙巳，竟於五月丙午。垣崇十尺，樹匝萬
株。位於東而面乎西者為將臺，崇如垣，縱百尺，衡省其二。臺之前為宣
威庭以閱將士，後為退庭以備委蛇，其楹也各六。兩廂之屋以給雜貯，其
楹也各四。臺之左梡高十又四尋，臺之右梡高七尋有奇，皆以懸其纛而號
令乎軍中者。塲之中為看軍樓，教習營陳，登樓指撝，四顧弗室，取其無
蔽乎明也。其都指揮指揮亭舍各以位次，概視之雄偉峻麗，闊大夷坦，煥
乎改觀然。財用弗費，人力弗繁，料理悉自都督公，諸匠師惟聽其役而
已。夫物久必敝，脩舉之繼，寧無望於來者。乃命都指揮黃恩徵記於律，
用詔諸遠。記曰：

三代之治，莫盛於周。尚詰戎兵，安不忘戰。治世且然，況當藩維之
區，專防禦以為責者乎？《詩》曰："赳赳武夫，干城之將。"③ 都督公之
謂歟？《易》曰："二人同心，其利斷金。"④ 中丞公暨中貴公之謂歟？夫

① 嘉靖辛卯：嘉靖十年（1531）。
② 壬辰：嘉靖十一年（1532）。
③ 參見《詩經·國風·周南·兔罝》，原詩作："赳赳武夫，公侯干城。"
④ 參見《周易·繫辭上》。

天下之事，義當為者，常成於同而敗於異，是故恒患乎立異而壓同也。能以同而成數十年未輯之業，有若三公者，豈非邊鄙生靈之幸哉？固不可以不記。

巡撫都御史　楊公時寧　重脩武廟記

朔方故有武廟，壬辰兵變，為逆黨所毀，僅存中堂四楹，且隘陋圮廢不堪。不佞春秋臨祀，輒喟然嘆曰："斯祠也，所以奉先哲、崇武功也。朔鎮用武之地，乃棟宇弗備若此，其何以妥神明而徼寵靈哉？"顧蒞鎮之初，逆難甫平，庶务繽紛，時未遑而用無措也。再逾季，積曠米若干石，始鳩工庀材，創建大門、二門各四楹，撤舊堂而拓大之。東西各翼以廂房四楹，偏東建廚舍三間，偏西建守閣、司香者各三間。又為之設神主，鬈祭器，祀太公以下若而人。外匝以高燎，嚴以重扃，輪奐更新，規制弘壯，庶足以肅祀典而妥英靈矣。

是役也，肇建於戊戌年二月，[①]越八月而告成。二門扁曰"武廟"，内即祀神之所。大門扁曰"閱武"，大門去二門可百六十步，為内教塲。不佞時校閱於此，且令諸將士有所繹思而仰止焉。嘗聞之祭法，有功悳於民者則祀之，非此不在祀典。兹若太公暨諸君子，豈直陰謀角力功烈云乎哉？余觀太公六守、三寶、五材、十過等語，[②]類皆以仁義道德為宗，其餘諸君子忠節義行載在史筴者班班可考而鏡，其卓然挺立，固自有本，非徒武功之兢已也。朔方多介胄士，其桓桓而光紹前烈者不難其人，獨所謂忠節義行，抑亦知仰止而繹思否耶？儻能尚友前哲，頌其功想見其人，因其人夷考其行，平居以節義砥礪，臨敵以忠義奮發，寧勇於公閧，怯於私閧，矯矯以立名，勿懷私滅公、懷忿干紀，倖倖以

---

① 戊戌：萬曆二十六年（1598）。

② ［校］十過：原作"三過"，據《六韜·論將第十九》改。《六韜·六守第六》載："文王問太公曰：'君國主民者，其所以失之者何也？'太公曰：'不謹所與也。人君有六守、三寶。'文王曰：'六守者何也？'太公曰：'一曰仁，二曰義，三曰忠，四曰信，五曰勇，六曰謀。是謂六守。'……文王曰：'敢問三寶。'太公曰：'大農、大工、大商，謂之三寶。……六守長則君昌，三寶全則國安。'"《論將第十九》載："武王問太公曰：'論將之道奈何？'太公曰：'將有五材、十過。'武王曰：'敢問其目。'太公曰：'所謂五材者，勇、智、仁、信、忠也。……所謂十過者，有勇而輕死者，有急而心速者，有貪而好利者，有仁而不忍人者，有智而心怯者，有信而喜信人者，有□潔而不愛人者，有智而心緩者，有剛毅而自用者，有懦而喜任人者。'"

速禍，如是則建功策勛，久遠光大，由此擁旄登壇，將必為干城、為腹心，生被顯寵，沒享血食，固可與諸前哲抵掌揖讓於几席尊俎間矣。不然，是太公諸君子之罪人也。覆轍在茲，為世大儌，尚何功德之足云。噫嘻！景行維賢，克念作聖。太公我師，希之則是，古今人豈甚相遠哉？此余所望於諸介冑也，亦余葺廟意也。諸介冑士，其尚勉旃哉！勉旃哉！

給事中　管律　城隍廟碑記

三代之前，城隍之名不經見，自唐李陽冰作《城隍廟記》，後世始聞焉，是土神也。故我太祖高皇帝奄有天下，為百神主，附山川壇祀之。洪武元年，加之以爵，府曰公，州曰侯，縣曰伯。至三年春，革之。是年夏六月，詔各處城隍廟屏去雜神，其貴之也尊而專矣。尋又定廟制如公解，以泥塗壁，繪以雲山，在兩廡者亦如之，其宅之也清而肅矣。又詔守令之官俾與神誓，故有監察司民之封，其信之也篤而深矣。今寧夏有廟，遵其制也。成化十三年丁酉，巡撫都御史張公鵬厭其狹陋，始大興作，以就華壯。逮嘉靖三年甲申，都御史張公璿表之以巨坊，[1]歲遠漸垢。十年辛卯，總兵官周公尚文重加脩拓，然於殿之前猶未虞其有風雨所剝之弊。十九年庚子，羽士馬守元具啓於諸宗室之賢者，募緣於壽官丁宣及夏人之好為善者，[2]施各有差。易材於市，鳩工於傭，廣其廡之基，[3]建棚四楹，規模少殺於殿。爐橐簦几之類，並置於茲。則香燭之煙焰，膻腥之氣味，舉不污神之像矣。肇役於夏四月六日，落成於秋七月一日。守元偕鄉人趙定徵記於管子律。

夫物各有主，盈宇宙之間，有一物必有一神。神者，陰陽莫測之謂，匪神則物無主矣。至於聚一方之民，而為此高城深池以居之，實非一物之可比也，謂冥冥之中，獨無主之者哉。按秩祀之典，有功者無不報。然則城以衛民，隍以衛城，厥功匪細。崇乎其祀禮，偉乎其廟貌，夫豈過耶？

---

　　① ［校］璿：原作"濬"，據《嘉靖寧志》卷二《寧夏總鎮·壇壝祠祀》"城隍廟"條之《重脩碑》及本志卷二《宦蹟·巡撫》改。

　　② ［校］丁宣：《嘉靖寧志》卷二《寧夏總鎮·壇壝祠祀》"城隍廟"條之《重脩碑》作"丁瑄"。

　　③ ［校］廡：《嘉靖寧志》卷二《寧夏總鎮·壇壝祠祀》"城隍廟"條之《重脩碑》作"廉"。

况四境之内，日昆風暢，[1] 雲興雨霈，利益皆其所澤；馬牛穀菽，水火桑麻，財用皆其所産；闡幽燭隱，福善禍惡，休咎皆其所司。是靈應於一方素矣，而信乎感格之不爽者，則又無間於上下之心。徵之凝真《軒夢記》，實可據也。律不辭，並以神之名號祀之，從由勒於石，用以告後之人，知所敬信。洞洞乎，屬屬乎，勿勿乎，其毋瀆哉！使廟貌之新，百年猶一日可也。若夫旅之以卮酒、豆羹，享之以糲食、褻品，而求媚於聰明正直、聖不可度之神，則非律之所知。

郎中　胡汝礪撰　　漢壽亭侯碑記

侯，解人也，漢臣也，忠義之良將也。有宋祥符、宣和間，追封義勇武安王暨崇寧護國真君。盖祀禮忠臣義士，生有功德於世者，死當廟食，以崇德報功，扶持世教，甚盛典也。稽之史載，大略謂漢昭烈皇帝少與侯友善，寢則同床，義則兄弟。稠人廣坐中侍立，終日周旋，不避艱險。又曹操破昭烈，獲侯，禮遇極厚，侯立功報曹，刺顔良於萬衆中，拜書歸昭烈。既而耀兵襄樊間，降于禁，斬龐德，威震華夏，曹操避其鋭，至有稱之曰“熊虎之將”，曰“勇冠三軍”，曰“萬人敵”。雖不幸而有章鄉之蹶，壯節不屈，尤與烈日争光。侯之出處大節，一以忠義，概如此。

當漢室之季，天下鼎沸，草昧雲擾，其間若〔董〕卓、〔吕〕布、〔袁〕紹、〔袁〕術之流，廢主遷都，擁衆自立，而流毒海内。加以曹操為漢之賊，孫權為漢之蠹，又皆乘之而窺神器者，人紀掃地，天理或幾乎熄，孰又知忠義為何物、視炎漢為何人家也？獨侯以忠肝義膽，委身事昭烈，顛沛患難，死生以之。信大義，仗大節，堂堂乎行大丈夫第一等事，非其有高世之見，拔流俗而獨存者不能。宜乎生而為人豪，没而享廟食，千載之下，凛凛然死猶不死也。嗟乎！人之有忠義猶天地之有元氣乎。天地雖有日明晦蝕、山川崩溢，而元氣之大自若也。人雖有忠正罹患、奸諛倖免，而忠義之名自若也。侯平生雅好《春秋左傳》。盖《春秋》以尊王室、攘夷狄、誅亂討賊、敦典庸禮為義。侯之所以拳拳於昭烈者，良有以夫。或者謂：“時獻帝尚在，侯何不遂事獻帝以興復漢室，而乃從昭烈，可乎？”曰：“此不可不辨。獻帝為董卓劫遷、

① ［校］昆：《萃編》本作“烜”。

曹操挾制，數年之間，坐擁虛器而已，三尺之童知其必敗。此所謂社稷重而君為輕也。昭烈以帝王之胄，英名盖天下，使得志則漢室可興，操、權可誅。侯之所以從昭烈者，為漢社稷故也。厥後獻帝竟被廢弒，而昭烈成鼎足之形，以延漢祀，此又明驗也。從昭烈夫何不可？"或又謂："鬼神不享非禮。侯之功德多在荊、襄間，其廟食宜在荊、襄。今寰海內皆有侯廟，恐非其享所。"曰："此尤不可不辨。盖侯始終以忠義，乃心扶漢，其有功於世教實大。況其正氣與天地之元氣同，元氣充滿乎天下，則侯之廟食遍乎天下，又何不可？非區區有功德於一方者而血食之於一方也。"

夏城之艮隅舊有侯廟，碑刻剝落，莫考創始之詳。傳者謂元季丁卯①間重脩，尋復傾壞，獨正殿在，而壞亦半之。今巡撫、都御史中丞公每謁廟，慨其不足以當神意，乃今丁未②春，謀諸欽差鎮守太監韋公敬、總兵官周公玉、副總兵劉公文，各捐白金一百星，命指揮王勇輩易地之城南僅里許，周道之左。厥地面陽，煙林蔽空，跨永通橋，臨紅花渠，儼然棲神所也。鳩工調役，人樂赴之，不踰歲而厥功告成。享獻有殿，鐘鼓有樓。環以門廡，繚以垣墙。神容威肅，侍從森嚴。楹桷簷阿，吞吐丹碧，琳宮貝闕，殆弗是過。始事於三月之戊申，落成於八月之丙戌也。中丞公命余作新廟記，誼不可辭，僅拾侯之忠義大節之實，記之貞珉。若夫文，則侯作者。

中丞公姓崔氏，名讓，字允恭，山右太原之石州人。公素有大節，恒以忠義獎勵將士。是舉非特妥神靈、明祀典以陰佑邊庭，凡我為人之臣子者，登廟而興起其高山景行之念，於世教豈小補哉？又從而作迎送神詩二章，俾邊人歌以祀侯。

《迎神》：紛進拜兮，有虔有儀。新廟翼翼，神其是依。我酒既旨，我牲既具。神既格止，載歆載慰。金戈鐵馬，祥風靈雨。髣髴見之，威靈楚楚，僕御如虎。

《送神》：龍馭既駕，以驂以驪。雲旗既舉，載飛載揚③。享我禋祀，

---

① 丁卯：疑即元泰定帝也孫鐵木兒泰定四年（1327）。

② 丁未：嘉靖二十六年（1547）。

③ ［校］載揚：原作"載楊"，據《嘉靖寧志》卷二《寧夏總鎮·壇壝祠祀》"漢壽亭侯新廟"條改。

遺我繁祉。豐年穰穰，百室盈止。犬羊之腥，遁三萬里。同天地久，於茲
廟食。誰其式之，忠臣孝子。

諫議大夫　羊缺[①]　　承天寺碑記[②]

《夏國皇太后新建承天寺瘞佛頂骨舍利軌》：原夫覺皇應蹟，月涵衆
水之中；聖教傍煇，[③] 星列周天之上。盖□□磨什，[④] 鈍道澄圖。常表至
化以隨機，顯洪慈而濟物。縱輕塵劫，愈自彰形。崇寶剎則綿亘古今，嚴
梵福則靡分遐邇。我國家纂隆丕構，鋠啓中興，雄鎮金方，恢拓河右。皇
太后承天顧命，册制臨軒，鼇萬務以緝綏，儼百官而承式。今上皇帝，幼
登宸極，夙秉帝圖，分四葉之重光，契三靈而眷祐。粤以潛龍震位，受命
册封。當紹聖之慶基，乃繼天之勝地。大崇精舍，中立浮圖，保聖壽以無
疆，俾宗祧而延永。天祐紀曆，歲在攝提，季春廿五日壬子。建塔之晨，
崇基疊於碔砆，峻級增乎瓴甋。金棺銀槨瘞其下，[⑤] 佛頂舍利閟其中。至
哉！陳有作之因□，仰金仙之垂範。□□無邊之福祉，□符□□之欽崇，
日叩奉作之綸言。獲揚聖果，虔抽鄙思，謹為銘曰云云。[⑥] 銘剝落不辨。[⑦]

大夏國葬舍利碣銘　　右僕射兼中書侍郎平章事　臣張陟奉制撰

臣聞如來降兜率天宮，寄迦維衛國，剖諸母脅，生□□靈。蹈彼王

---

① "羊"字下小字注曰"缺"，意為其名不詳。又，《正統寧志》卷下《文·夏國皇太后新
建承天寺瘞佛頂骨舍利軌》未載此文作者名。下文《大夏國葬舍利碣銘》落款曰"右諫議大夫
羊□書"，本志編者盖依此判斷《夏國皇太后新建承天寺瘞佛頂骨舍利軌》作者為"羊□"不可
信。

② 牛達生《〈嘉靖寧夏新志〉中的兩篇西夏佚文》考證，本文作於夏毅宗天祐垂聖元年
（1050）。又，《承天寺碑記》及下文《大夏國葬舍利碣銘》俱西夏朝時期所撰，據本志書例，當
置於前文唐朝呂溫《三受降城碑銘》之後、明朝趙時春《重脩邊墻記》之前。

③ ［校］傍煇：原作"滂煇"，據《正統寧志》卷下《文·夏國皇太后新建承天寺瘞佛頂
骨舍利軌》、《嘉靖寧志》卷二《寧夏總鎮·寺觀》"承天寺"條之《夏國皇太后新建承天寺瘞
佛頂骨舍利軌》改。

④ 本志編者過錄《承天寺碑記》及下文《大夏國葬舍利碣銘》時，凡碑文不清者用空格
表示，整理者代之以"□"符號，一個"□"符號代表一個字。

⑤ ［校］瘞：原作"痉"，據《正統寧志》卷下《文》、《嘉靖寧志》卷二《寧夏總鎮·寺
觀》"承天寺"條之《夏國皇太后新建承天寺瘞佛頂骨舍利軌》等改。

⑥ ［校］云云：《正統寧志》卷下《文》、《嘉靖寧志》卷二《寧夏總鎮·寺觀》"承天寺"
條之《夏國皇太后新建承天寺瘞佛頂骨舍利軌》皆無此二字。

⑦ 因銘文剝落，不可辨識，故原錄文者注曰"銘剝落不辨"，未錄銘文。

城，學多瑞氣。甫及半紀，頗驗成功。行教□□衍之年，入涅槃。仲春之月，舍利麗黃金之色，齒牙宣白玉之光，依歸者雲屯，供養者雨集，其來尚矣，無得稱焉。我聖文英武崇仁至孝皇帝陛下，敏辯邁唐堯，英雄□漢祖。欽崇佛道，撰述蕃文。柰苑蓮宮，悉心脩飾。金乘寶界，合掌護持。是致東土名流、[①] 西天達士，進舍利一百五十暠，並中指骨一節，獻佛手一枝，及頂骨一方。罄以銀槨金棺、鐵匣石匱，[②] 衣以寶物，□以毗沙。下通掘地之泉，上構連雲之塔。香花永□，金石周陳。所願者保佑邦家，並南山之堅固；維持胤嗣，同春葛之延長。百僚齊奉主之誠，萬姓等安家之懇。邊塞之干戈偃息，倉箱之菽麥豐盈。□於萬品之瑞，靡悉一□之□。[③] 謹為之銘曰：□者降神兮，開覺有情。肇登西印兮，教化東行。□□之後兮，[④] 舍利光明。一切衆生兮，供養虔誠。□□聖主兮，[⑤] 敬其三寶。[⑥] 五百尺脩兮，號曰塔形。□□□兼兮，葬於兹壤。天長地久兮，庶幾不傾。大夏大慶三年八月十日建。[⑦] 右諫議大夫羊□書。

碑陰刻曰：[⑧] 尚書右僕射中書侍郎平章事、監葬舍利臣劉仁勗，都大勾當脩塔司同監葬舍利、講經論沙門事臣定惠。

凝真曰：考之其《瘞佛頂骨》曰“天祐紀曆，歲在攝提”。“攝提”在古甲子為“寅”，乃夏毅宗諒祚天祐垂聖元年、[⑨] 宋仁宗皇祐二年，庚寅也。其藏舍利曰“天慶三年”，乃夏桓宗純祐天慶三年、宋寧宗慶元二

① ［校］東土：此同《嘉靖寧志》卷二《寧夏總鎮・寺觀》“承天寺”條之《大夏國葬舍利碣銘》，《正統寧志》卷下《文・大夏國葬舍利碣銘》作“東旦”。

② ［校］鐵匣：原作“鐵甲”，據《正統寧志》卷下《文・大夏國葬舍利碣銘》、《嘉靖寧志》卷二《寧夏總鎮・寺觀》“承天寺”條之《大夏國葬舍利碣銘》改。

③ ［校］悉：原作“息”，據《正統寧志》卷下《文・大夏國葬舍利碣銘》、《嘉靖寧志》卷二《寧夏總鎮・寺觀》“承天寺”條之《大夏國葬舍利碣銘》改。

④ ［校］□□：史金波著《西夏佛教史略》附録一作“涅槃”，未説明據補理由。

⑤ ［校］□□：史金波著《西夏佛教史略》附録一作“我皇”，未説明據補理由。

⑥ ［校］三寶：原作“三保”，據《正統寧志》卷下《文・大夏國葬舍利碣銘》改。

⑦ ［校］大慶：原作“天慶”，據牛達生《〈嘉靖寧夏新志〉中的兩篇西夏佚文》改。

⑧ ［校］“碑陰刻曰”句至下文“講經論沙門事臣定惠”句：原無此四十五字，據《正統寧志》卷下《文》補。

⑨ ［校］毅宗：原作“英宗”。《宋史》卷四八五《夏國傳》載，諒祚謚曰“昭英皇帝”，廟號“毅宗”，據改。

年丙辰也。①

知縣　王業　　重脩清寧觀記

維茲夏鎮，介輿圖之乾隅。景泰初，故總兵張公泰卜城西北静宇，剏建真武廟，禱水旱，多奇應數顯。翊戰解平虜之圍，泰疏請於朝，賜額“清寧觀”，置道紀司官。越百餘年，敝壞葺脩，屢鮮克固。逮嘉靖辛酉②，河朔地大震，觀廡傾圮。越三載，甲子，③ 蒲坂王公〔崇古〕來撫夏，憂國為民，百廢具舉。夏將旱，謁神禱雨，雨應如澍，厥明，往謝，惻然歎曰：“神以禦菑捍患，長福助順，宗社小民，胥神是祐。廟貌卑壞，何妥神止？維予之辜，適邊用詘乏，未可煩公儲。”乃捐俸金若干，命夏衆願輸資助工者聽憲臬濟川張公宣布德意，總兵西臺吳公、碧潭雷公、南湖方公先後繼代，咸捐俸鳩工，副、遊諸將協屬采各職賛襄，慶藩泊諸公族捐禄數百金，里居士大夫、居民有力者應募輸金帛有差。公以致仕指揮徐英、老醫忠幹命董茲役，語之曰：“勿急繪飾，勿耗財力。培乃基，構乃梁棟，綢乃苫蕿，如茸爾居，期永勿壞。”英承命，夙夜祇懼，荒度惟敏。始於嘉靖丙寅三月望，④ 逮十月朔告竣。事預者既起，舊者增新，復於殿後增建寢殿三楹，規制視昔益閎麗。

散吏小子業謁廟，見其輪奐巍然，邃然可肅衆觀也，喜而屬言曰：“猗與休哉，凡司疆土之臣，必盡人以合天，祈天以祐人，而後報國，無遺忠。夫不得盡人而徒祈天則妄，人盡而無以事神則慢。慢則棄天，妄則誣人，非經也。王公自入夏，以實心敷實政，筑數十年未就之邊垣，清萬夫未均之田賦，驅淫靡以正風化，寬刑罰以蘇冤濫。屯田水利之興，斥堠行伍之嚴，改建書院，調停塩法，禦虜訓戎，不遑退食，謂盡人以合天者，非與猶皇皇然。未敢恃人事而忘祈天也，事必告天，祀必躬親，仰稽神籙，以真武在天，為玄帝司鎮北方，翊運攘夷，功德靡崇。今天下大都小邑、深山窮谷，咸建祠脩祀，福善禍淫，誠感如響。矧夏僻在河外，諸

　　① 〔校〕據牛達生《〈嘉靖寧夏新志〉中的兩篇西夏佚文》考證，《大夏國葬舍利碣銘》中“天慶三年”當作“大慶三年”，故朱栩言“乃夏桓宗純祐天慶三年、宋寧宗慶元二年丙辰也”當改作“乃夏景宗元昊大慶三年、宋仁宗景祐五年戊寅也”。

　　② 嘉靖辛酉：嘉靖四十年（1561）。

　　③ 甲子：嘉靖四十三年（1564）。

　　④ 嘉靖丙寅：嘉靖四十五年（1566）。

路鄰虜，維神呵護，昔有明徵，報祀弗虔，神將弗格矣。觀其言曰禦菑憂
患，長福助順，宗祐小民，惟神是祐，非徼一人福利也。工成，乃命有司
秩祀典，嚴掃除，示民具瞻，謂祈天以祐人者，非與夫不棄天，誠也，不
誣人，信也。持其誠信，以率夏衆，宜財不費公，役不妨政，神將戾止。
上衛皇圖，下保丞民，賜我夏人，無疆之休。斯惟天惠民之心，亦公祈天
祐民之志也，豈徒峙廟貌示觀美已耶。”徐英氏遂呈乃言於公，公曰：
“峙人之際微矣，誠信之孚，予日孳孳未克也。王君善道予志，可以訓民
矣。”乃命勒諸貞石，以告後之作者。

　　巡撫都御史　楊時寧　　萬曆辛丑重脩清寧觀記①
　　寧鎮北隅，舊有玄帝神宇曰清寧觀，創建於國初景泰間，總兵張泰禱
解平虜圍有應，疏請於朝，賜今額。故址稍卑隘，正德十二年，巡撫安肅
鄭公〔暘〕重脩，始拓而大之。嘉靖辛酉，② 地震傾頹。甲子，③ 巡撫、
蒲坂王公〔崇古〕復重脩之，規制棟宇，視昔益弘壯壯麗。歲時朝賀，
率文武僚屬習儀於此，蓋城鎮一大觀云。歲久，圮壞如故。
　　萬曆丙申，④ 余奉命來撫，展謁神宇下，因喟然嘆曰：“玄帝尊神，
有功邊鎮，各邊鎮崇祀惟謹。西夏故用武地，今廟貌若此，何以妥神明而
徼靈祐哉。”時逆難甫平，財力稱詘，余方蒞任，公私繽紜，竊欲脩葺之
未遑也。於惟我朝設鎮以來，執訊獲醜，垂鴻樹駿，代不乏人，然功多不
滿數百。余濫竽六載，先後獲功千八百有奇，說者謂神祐，非專師武臣力
也。虜數遭挫，亦數圖報復，俱失利。至己亥秋，⑤ 虜焰大張。時總兵烏
延杜公〔桐〕駐防興武，約敕諸將，伺間搗襲，以伐其謀。未幾，戍卒
馳報，虜衆有備叵測，杜公恐甚。夜半，忽夢玄帝雲中被髮仗劍，儀從甚
都，覺來竊喜曰：“必得神助，可無恐。”後果獲大捷，士馬俱保全凱還。
杜公班師回鎮，向余詳其事，因相與誓脩神宇，以答靈貺。余捐俸願脩前
後大殿及樂樓、大門、二門，杜公與河東道澧州王公〔登才〕、河西道河
內高公〔世芳〕各捐俸願脩兩廡及諸神祠。鎮城宗儀士庶，聞風爭相協

---

① 萬曆辛丑：萬曆二十九年（1601）。
② 嘉靖辛酉：嘉靖四十年（1561）。
③ 甲子：嘉靖四十三年（1564）。
④ 萬曆丙申：萬曆二十四年（1596）。
⑤ 己亥：萬曆二十七年（1599）。

助。於是鳩工庀材，程資董役，傾者起之，敝者葺之，缺而未備者從而增飭之。肇工于庚子仲春，[1] 歷三時始告竣。規模嚴整，金碧輝煌，殿廡門垣，焕然一新。闔鎮王公大夫及各軍餘老稚，咸樂觀厥成，焚脩祈禱者無虛日。是歲田禾豐登，邊境寧謐。虜使乞款，錯趾於道，信足以妥神明而獲靈祐矣。越歲，余叨轉總制雲谷，將戒行，鎮城父老乞鐫之貞珉，以垂不朽。余因爰筆載其事，以詔將來。俾時加脩葺，永祈神祐，兩河常享清寧之福，且因以祝國祚於億萬千年云。

金陵　王遜撰　　莎羅模龍王祠碑記

永樂二年冬十月廿八日，内使李脩召臣遜至樂善堂，傳王命曰：[2]"在昔嘗夢莎羅模龍神祠，今已新其棟宇，舉所當祭而麗牲之，碑未有刻文，故兹命汝。"臣遜既退，伏讀王之《夢記》曰："予以蒐出，軍次峽口，遇天大雪苦寒，心為人憂。夜夢山林謁於神祠，不知何神，問之守者，對曰：'此為莎羅模龍神祠也。'殿閣門廡，金碧粲然。典禮者導予登自東階，見服霞帔若后妃者南面而坐，旁侍二女，前列一几，上置牛首，拜茵織成山川五彩狀。予欲拜際，見衣玄衣、執圭若王者令人答予拜。及去，予始就拜茵，有一青衣答拜，皆褒拜乃止。予欲退際，則霞帔者起坐，仇酒飲予。以辭，尋自飲已，復仇酒投予，[3] 知辭不獲，竟飲而寤。實改元春正月廿五夜也。[4] 明日問之地著，對曰：'去此西不三舍，信有所謂莎羅模山焉，下有三泉湧出池中，[5] 雷鳴電迅，堊綠澄清，其深叵測，而為莎羅模、祈苔剌模、失哈剌模三龍王之蟄窟。[6] 於禱旱澇，雨暘輒應，一方賴之。昔有其祠，燬於元季，今存瓦礫而已。'與予夢符，乃嗟異曰：'人神道殊，幽明理一。舉祭在予，不可緩也。'因遣官致祭，於往，雪寒如昨。[7] 既竣事，則陰霾四開，太陽宣精，春意盎然。軍人懽謠，予則易憂為喜矣。"揆之《夢記》，是非山林川澤之神，感乎王之憂

---

[1]　庚子：萬曆二十八年（1600）。

[2]　王：慶靖王朱㮵。

[3]　[校] 投：《正統寧志》卷下《文·寧夏莎羅模龍王祠碑記》作"授"。

[4]　改元：明惠帝朱允炆建文元年（1399），朱㮵避朱棣篡位之諱而稱"改元"。

[5]　[校] 池中：《正統寧志》卷下《文·寧夏莎羅模龍王祠碑記》作"地中"。

[6]　[校] 失哈剌模：《正統寧志》卷上《山川》作"石哈剌模"。

[7]　[校] 昨：原作"酢"，據《正統寧志》卷下《文·寧夏莎羅模龍王祠碑記》改。

人，亦欲效職封內，以禦菑捍患之功，食祭無窮，故見於夢者若此乎？

謹按：春官太宗伯掌建邦之天神、人鬼、地示之禮，[1] 以今《夢記》，則繫地示，其祭有三。以貍沈祭山林川澤，為血祭、䰞辜之一。蓋血祭用之以祭社稷、五祀、五嶽，䰞辜用之以祭四方百物，皆所以祭地示也。今夫賀蘭在封內為名山，延亘數百里，以限夷夏。若莎羅模山者，則為賀蘭之首，峭拔極天，巖谷序豁，林木蔽虧，以逆河流九曲到海之勢。繫祭山林川澤以貍沈者，於是乎在西望崑崙，乃王母所理陰氣之都會。若王之夢霞帔者，豈其闡靈歟？不然，奚以牛首置几哉？以牛在十二支為丑，土象也。矧崑崙又名"地首"，其為王母闡靈足徵矣。若玄衣者即地著，所謂龍王也。其神玄衣，水象也。龍為辰，變化惟能，以十甲戌加子，至辰為壬，乃水化也。以壬加子，至辰為丙，乃火化也。雨屬水，暘屬火，於禱旱潦而雨暘輒應者，非繇龍為辰，變化惟能哉。若登自東階者，東階以登主，西階以登客，禮也。惟君臨臣則不然。臣統於君，[2] 故登自東階，示主人神可知也。若拜茵織成山川狀者，亦示山林川澤之祭封內所當舉，[3] 是故其神之欲食祭際，王欲拜闡靈，而先令人答王拜也。於際欲退，則闡靈者飲以仇酒，嘉栗馨香，而王竟飲者，以明國祚之與地首同其悠久，又足徵矣。嗟乎！為君之主人神大矣哉。是宜山林川澤之神感孚王之憂人，亦欲效職封內，以禦菑捍患之功，食祭無窮，故見於夢者若此也。《記》不云乎？"人神道殊，幽明理一。"王言及此，社稷之福，真經言也。今已新其棟宇，舉所當祭。臣遜不敏，敢措辭哉。然職在文學，不可以辭，竊取左氏傳經之義，用釋《夢記》經言於麗牲之碑，且俾後之觀者，知所起敬焉。辭曰：

為夢有三，致觭咸陟。精神所感，得今占吉。致出思慮，而至有因。晝之俯仰，為觭繇人。無心感物，無所拘滯。乃咸陟為，各有其意。揆今《夢記》，可謂兼之。軍次峽口，俯仰在茲。雪寒人憂，思慮則是。神之感孚，有因而至。亦欲效職，感物無心。拘滯何有，所夢山林。睠茲賀蘭，奠安西夏。若莎羅模，則其為亞。陰陽二氣，金母木公。雨暘生物，

① 參見《周禮・春官》。

② ［校］臣：原作"辰"，據《正統寧志》卷下《文・寧夏莎羅模龍王祠碑記》改。

③ ［校］山林川澤：原作"山川林澤"，據《正統寧志》卷下《文・寧夏莎羅模龍王祠碑記》改。

共理西東。知是名山，脉來地首。國胙足徵，與同悠久。以人神主，實在為君。事見於夢，肸蠁絪縕。惟仁存心，克念王制。山川神示，舉所當祭。道殊理一，經言可尊。傳義竊取，用釋經言。人憂乃仁，祭舉乃義。請視刻碑，可知世世。

給事中　管律撰　　牛首寺碑記

去靈州西南境不百里，群峯巑岏，慈雲掩映。黃河西來，奔流浴足，秀麗如芙蓉出水，是為牛首山云，世傳為“小西天”。釋迦牟尼嘗會諸佛衆生説法於茲，證有《大乘經》存焉。當山之幽絶，前為羅漢殿，殿北為祖師殿，南為迦藍殿，中則接引殿，後則如來殿，即所謂説法處。初僅四楹，今拓之為六楹。少北則佛母洞，再北則觀音殿，殿之後為迦葉塔，界乎洞塔之間則十方佛寶塔殿。迦葉塔之北，則眼光菩薩殿。殿之北為金牛池。國初，慶靖王嘗見金牛現池中，乃塑其狀，置之而去。今葦人熔鐵為之。界乎池殿之前，則釋迦殿，又北則文殊殿，又東北則彌陀殿，界彌陀、文殊之後則地涌塔。彌陀之東，則普賢殿。是皆隨形勢之勝而布置其位，各具美瞻。其齋廚僧舍，罔不備具。跨河之北則一百八塔，塔之西有二洞，一曰佛母，一曰觀音。去牛首東又二十里，則金寶塔寺，皆為牛首之附，是故稱牛首為“大寺”云。然蹊徑崎嶇，盤旋百折，如蓬其嶺。四方善士，不憚逖矣，而來致敬於寺者，歲時接踵，是可以徵其靈應矣。奈世遠，莫詳創始，其既葺而廢，既廢而葺，又不知其幾更番也。

今自嘉靖乙未春迄丙申冬，[1] 日歷二期，拓隘補頹，直傾起墜，增創觀音閣楹。輪翬翼運，勢若凌霄。所供釋迦、觀音，昔惟土軀而已，今皆鑄之以銅，抹之以金。登山縱目，則層壺峻宇，複道飛甍，輝煌焜耀，遠邇相射，越千百年始大盛於今日已乎。乃礱石，欲圖永示，於是徵記於芸莊管子。管子備究顛末之由，是故知設心倡端，崇慎其教，則僧綱正、副張藏卜巴、趙藏卜嶺占也。摩頂放踵而以身任勞，鳩工積材而以勤落績，則住持常扎失高耳、你丁端竹也。好善喜施而不吝重貨，資裕用饒而不致中困，則丁宣、馬鎧、王綱、李繼榮、周玉、陶賓也。先是，宗藩鞏昌王苾齋鑄佛，傳濟善不可滿者，法不得道。番僧周羅漢、馬扎失豎錯，以不襄事攘奔者衆，法不得備，當記姓氏於碑之陰。

---

① 嘉靖乙未春迄丙申冬：嘉靖十四年（1535）春迄十五年（1536）冬。

芸莊　管律撰　　鐵柱泉記

去花馬池之西南、興武營之東南、小塩池之東北，均九十里交會之處，水湧甘冽，是為鐵柱泉，日飲數萬騎弗之涸。幅幀數百里，又皆沃壤可耕之地。北虜入寇，往返必飲於兹。是故散掠靈、夏，長驅平、鞏，實深藉之。以其要是患也，並沃壤視為棄土百七十年矣。

嘉靖十五年丙申，都察院左都御史兼兵部左侍郎松石劉公奉聖天子命，制三邊軍務，乃躬涉諸邊，意在悉關隘之夷險、城寨之虛實、兵馬之强弱、道路之急緩，而後畫禦戎之策，以授諸將。是故霜行藿食，弗避厥勞。至鐵柱泉，駐瞻移時，喟然諭諸將曰："禦戎上策，其在兹矣。可城之使虜絶飲，固不戰自憊，何前哲弗於是是圖哉？"維時巡撫寧夏右副都御史字川張公，謀與公協，乃力襄之。即年秋七月丙申，按察僉事譚大夫閽，度垣墉，量高厚，計丈尺。鎮守、總兵官、都督，效帥師徒，具楨幹，役鍬鋪，人樂趨事，競效乃力。越八月丁酉，城成，環四里許，高四尋有奇，而厚如之。城以衛泉，隍以衛城，工圖永堅，百七十年要害必爭之地，一旦成巨防矣。置兵千五，兼募土人守之。設官操馭，皆檢其才且能者。慮風雨不蔽之患，則給屋以居之。因地之利而利，則給田以耕之。草萊闢，禾黍蕃，又可以作牧而庶孳畜。棄於百七十年者，一旦大有資矣。其廨宇倉場，匪一不備，宏綱細節，匪一不舉，炫觀奪目，疑非草創之者。先時虜常内覘，河東諸堡為備甚勤，而必先之以食。雖翔價博易，猶虞弗濟。泉既城，虜憚南牧，則戍減費省，糴之價自不能騰，寔又肇來者。無窮之益，是皆出於公之卓識特見，而能乎人所未能。

今年丁酉，[①]去兹泉南又百里許，亘東西為墻塹，於所謂梁家泉者亦城之。重關疊險，禦暴之計益密矣。借虜驕驕忘忌人之，騎不得飲，進則為新邊所扼，退則為大邊所邀，天授之矣。用是以息中原之擾，以休番戍之兵，以寬餽餉之役，豈啻徵公出將入相之才之德而已焉。功在社稷，與黄河、賀蘭實相遠邇，謂有紀極哉，是故不可以不記也。

松石名天和，湖南麻城人。字川名文魁，中州蘭陽人。俱正德戊辰進

---

① 丁酉：嘉靖十六年（1537）。

士。[1] 譚閶，西蜀蓬溪人，正德辛巳進士。[2] 王効，陜西榆林人，正德丁丑武舉。[3] 法得備書。

蒙溪 胡侍撰 鐵柱泉頌序

鐵柱泉者，渟泓滈淪，廣百其武，歷四序而盈科，飲萬騎以靡涸。興武之野，方數百里，絶無水泉。胡馬南牧，兹焉寔賴。嘉靖丙申，[4] 松石劉公〔天和〕以司馬制帥全陜，[5] 算湧雲構，動駭霆擊，皓羽右麾，群策畢奮，玄戈北指，九夷咸慴，執訊獻馘，逖陋魯泮，鴻懿駿烈，昭紀周常矣。於是按部勞軍，弭節靈夏，左睠興武，遂駐兹泉。盱衡歎曰：美哉乎！兹泉也。城而守之，虜其能肆哉？孫武有言："彼我可往來者為交地。"[6] 宜謹其守。陸凱有言："西陵國之關，宜重其備。"[7] 夫兹泉也，夷夏之交、泰雍之關也，而醜胡是畀，豈籌國之全策、禦戎之佚計哉？兹泉也，我泉也，可城守也。

維時都御史中丞字川張公文魁、總兵官王効、按察司僉事譚閶寔皆斯駐，僉曰"俞哉"，於是簡帥定命，峙乃楨幹程量，計公獎良，朴竁環泉而城之。捄度如雲，相歌如雷。旬月之間，百堵皆作。長墉崒如，樓櫓翼如，乃田乃宇，乃庀禦具，乃宿以虎旅，曠漠之區屹增巨防矣。夫坎重設險，兵上伐謀，禦侮折衝，後戰先守。文王擄泉池以遏密湏，南仲城朔方而攘玁狁，故曰："百戰百勝，非善之善者也。不戰而屈人兵，善之善者也。"[8] 夫衛〔青〕、霍〔去病〕、李〔廣〕、竇〔嬰〕，勲雖偉曄，失道亡卒，往往而然。握管之徒，猶以功重衂輕，稱獎靡釋。或貽美於庸器，或

---

① 正德戊辰：正德三年（1508）。

② ［校］辛巳：原作"辛未"，據《明清進士題名碑録》、《嘉靖寧志》卷三《寧夏後衛》改。"正德辛巳"，正德十六年（1521）。

③ 正德丁丑：正德十二年（1517）。

④ ［校］嘉靖丙申：《嘉靖寧志》卷三《寧夏後衛》作"嘉靖十有五年"。"丙申"，嘉靖十五年（1536）。

⑤ ［校］松石劉公以司馬：《嘉靖寧志》卷三《寧夏後衛》"松"前有"我"字。"劉公"，《嘉靖寧志》卷三《寧夏後衛》作"劉公天和"。"司馬"，《嘉靖寧志》卷三《寧夏後衛》作"夏官司馬"。

⑥ 參見《孫子·九地第十一》，原文作："我可以往、彼可以來者為交地。"

⑦ 參見《藝文類聚》卷六《地部·關》引《吴書》。

⑧ 參見《孫子·谋攻第三》。

勒茂於穹石，所以顯武述容，義至美也。茲泉之城，王旅先其佚，黠虜失其據，兵不朝頓而鯨鯢坐摧，鏃不半遺而邊圉永固。際衛、霍、李、竇之徒，勇則韜耀，功寔百之，而績遠曷玄，俗情罔覺，苟非闡述，後胡稱焉。乃作頌曰：

髯沸檻泉，維鐵其柱。胡馬牧焉，泉焉是據。焯焯劉公，泉焉城焉。蠢爾小醜，無飲我泉。我泉我城，張公是營。赳赳王侯，踴躍用兵。譚侯承之，王旅城之。嘽嘽其旅，不日成之。我城言言，括胡之嗑。靡勞靡伺，其究安宅。有淳者泉，胡則浼只。今則匪只，載清其泚。彼泉者神，載滿載泌。福我壽我，殷禮攸秩。徃泉於胡，維神之羞。泉之印矣，神是用休。峨峨鐵柱，銅柱是儷。雕此頌文，昭示億世。

慶靖王　　宜秋樓記

予居夏之七年，於城東金波湖南擇地之爽塏者構樓焉，四背田疇，憑闌縱目，百里畢見，名之曰“宜秋”。客有謂予者曰：“九天地山川、園池之景物，於春為盛，故人有遊春、探春者，以悅乎心目，發為歌詩，有宴樂嬉戲之意焉。昔人有名樓閣園亭曰望春、麗春、宜春、熙春者，蓋春之景可以動人者故也。若秋，則天地氣肅，草木搖落，風景蕭條，故人皆覩而悲之，以愴神感懷，發為歌詩，咸道離情羈思之苦。今子名曰‘宜秋’，其亦有說乎？”予應之曰：“春之景美矣、麗矣，嬌艷備矣，信可以娛目怡情矣。然而有補於政教者，無乃無從而得乎？特貴公子、俠客之樂也，非大人、君子之樂也。今予名曰‘宜秋’，其義大矣。四五月間，麥秋至，登樓眺遠，黃雲萬頃，瀰滿四野。七八月間，禾黍盡實，東皋西疇，葱蘢散漫，芃芃蘱蘱，極目無際。有民社寄者，值時年豐，置酒邀賓，覩禾黍之盈疇，金穗纍纍，異畝同穎。聽老農皷腹，謳歌帝力，則心豈不樂乎？苟七八月之間，旱苗將稿矣，或水潦橫流，浸及隴畝，野生螟螣，略無禾苗，農夫田婦，哭泣相對，則心寧不憂乎？其心之樂也，舉次相屬，作為詩章，歌樂太平。勤政恤刑，慎終如始，荷天之休，作人父母。其心之憂也，天災歲惡，人咸乏食，食不足則飢餒生焉、盜賊出焉。且夫飢餒生則人不聊生矣，盜賊出則竟土靡寧矣。其當省躬自責，果刑濫有東海孝婦事歟？抑政有不舉者歟？抑賄賂請謁行歟？敬天之戒，改過脩省，庶乎可以弭天之災，以致年豐穀登，免飢餒盜賊之事也。然則登斯樓者，非徒憑高眺遠，傾銀烹羔，鳴鍾擊皷，列翠鬟羅綺，雜管絃之為樂，盖亦樂人之樂、憂人之憂也。其水光山色，風月佳景，特末事耳，付之騷客詩人，登遊歷覽，一觴一詠，以寫情寓懷，豈比夫春景美麗，公子俠客賞花踏青，雕輪寶馬，攜妖姬麗人，尋芳逐勝，圖一時耳目之娛樂，為無益事耶？由是而觀，樓之有補於政教多矣，名之'宜秋'不亦宜乎？"客唯而退，[1] 因召管子，命墨卿書之為記云。

巡撫都御史　即墨　黃公嘉善　漣漪軒記

寧夏，北邊重鎮也。其地雜戎夷間，仕於此者日為戎是詰，鉦鐃旌纛是耳，蓋其識也。記曰："張而不弛，文武弗能。"[2]《易》曰："悅以先民，民忘其勞。悅以犯難，民忘其死。"[3] 此南薰之南塘，字川張公〔文魁〕與南澗楊公〔守禮〕所以相嗣脩之，以備謫間之適者歟。余叨撫茲鎮之期月，鎮務既稍稍舉，則詢其所為南塘者往觀焉。維時淵泫停蓄，塘水無恙，而經哱〔拜〕、劉〔東暘〕之後，風景彫蕭，氣相慘淡，雖佳勝在眼，若障若翳，無能與懷抱相觸發。及詢楊公之所作"知止軒"者，則已化為煨燼，無復存矣。余悵然之，餘因思茲鎮故所稱"塞上之江南"，茲塘故亦有"西湖"之號，蓋古名寧為西夏云者，正謂其地與中夏埒，[4] 一方勝槩，實在於此。而使二公之高踪煙滅不傳，將為地靈所笑。一日，語觀察高君，亦大以余言為然。

及再越月，則已披故址，繕頹垣，蓋構斧藻，悉還遺制。凡軒於前者四楹，廳於後者六楹，左右各有厢房各四楹。軒前一坊，迫塘而峙。塘之中有亭屹然，孑出水光上。落成之日，適薰風乍來，邊澤欲洗，余與元戎馥亭蕭公〔如薰〕挈榼命酒，款集廳事。既而散步棹楔之下，極目隄岸之秒，則百畆一鏡，天水一碧，蕩搖游氛，沉浸倒景。每冷風徐徐，渡水而至，輒飄然欲羽。乃登舟進楫，浮游中央，溯沿四際，時見菱菰藻荇，茂密參差，戲鷺泳鱗，飛躍上下。而繞岸綠樹，婀娜翕翕，咸如拱揖而勸綠醑、環向而送清陰者。已乃舍舟陟眺亭上，遙見賀蘭屏翰於西北，黃河襟帶於東南，漢、唐兩渠，分流左右，余曰："虜在吾目中矣。"長嘯而

---

① 〔校〕唯：原作"難"，據《正統寧志》卷下《文·宜秋樓記》改。
② 參見《禮記·雜記下》。
③ 參見《周易·兌卦》之"象曰"。
④ 〔校〕埒：《萃編》本誤作"將"。

返。既抵軒，因謂元戎蕭公曰：“夫斯地，非范文正之所嘗經畧者邪？悦使楊志也，後樂范志也。非斯地也，紛擾柴柵之意，孰與擺脱？必斯地也，鉦鐃旌纛之節，孰與主持？吾之志在《伐檀》之首章矣，為名其軒曰‘漣漪’。夫惟悟漣漪之旨者，然後能對漣漪之景，然後能樂漣漪之樂。鳥獸禽魚，自來親人，其以是乎？”故又為之題其坊曰“濠濮間想”，盖《易》曰：“鴻漸於磐，飲食衎衎。”① 噫！悠悠濠濮之興，微斯人，吾誰與歸？

巡撫都御史　古蒲　楊守禮　　知止軒説

寧夏南薰門外二里許，舊有接官亭。亭南方塘一區，活水澄澈，南澗子甚愛之，遂命少加脩濬，可以浮舟。因作一舟，僅容數客。池之南構小亭三楹，亦足少憩。池北為門，以便出入。四緪以墙，墙内外各樹以柳，不月餘而成，在邊方亦奇觀也。南澗子暇日携酒肴，同元戎兩泉子、副戎峒山、遊擊松菴、僉憲味泉會飲於此。② 皷枻傳觴，啓扉待月，柳陰映水，碧波澄空。皷吹擊浪，歌聲遏雲，觥籌交錯，醉忘形骸。兩泉子欣然持觴，顧予而酌曰：“此地此樂，百年所無，不可以無名。”予應之曰：“名為‘知止’，不亦可乎？”衆方訝然，予索觴酬衆，遂申之曰：“天下之事，貴乎知止，而人情每不知止，故古人以‘止’名水。盖忠節積於平日，臨事果不爽耳，此誠得止也。後人不及古人，可不求所以知止，此特一節耳。事之變也，吾人安享太平之世，當功業可為之時，不可不知止也。夫人情莫大於憂樂。憂不知止，則爵爵，則傷厥情；樂不知止，則蠱蠱，則喪厥志。亦莫大於富貴。富貴不知止，則無所紀極，將以敗厥名。三者可不慎乎？若夫邊事孔殷，籌畫未定，爵積於中，憂將如焚。可會於此，一菜一魚，或觴或詠。賣茗舟中，共商夫治理；促席臺前，閒籌乎兵畧。憂不可極也。時或虜帳遠遁，軍食克足，四野熙春，萬家樂業，可大會於此。或饗夫士卒，或寄情管絃，惟酒無量，惟德是將。樂不忘憂，志常在虜。樂不可縱也，如于鮮憂。紓樂之時，又念夫吾人文武雖殊，而腰

---

① 參見《周易·漸卦》。
② 《嘉靖寧志》卷二《寧夏總鎮·遊觀》“知止軒”條注曰：“兩泉子，總兵都督僉事任傑；峒山，副總兵陶希皐；松菴，遊擊將軍傅鍾；味泉，兵糧僉事孟霈；南澗子，巡撫都御史古莆楊守禮也。”

金拖紫，持節握符，不可不謂之顯榮。相與瀝酒，同誓勉，圖忠孝，撫輯軍民，抑奔競，戒科尅，期休休於窮邊，不汲汲於進取。雖老於此亭此水可也，能於此知止焉？則百邪咸息，萬慮攸當，心定性静，身安氣和，無所往而不得所止矣。且天道不枉善，聖王不私祿。崇德報功，出將入相，縱不得此，而功在邊陲，福流孫子，名垂史册，當與河山共之。此知止無窮之樂，豈止此一亭一水而已。敢書此，以共勗焉。”

滇南　張橋撰　遺愛祠祝文序

夏鎮城南里許為逆旅，嘉靖丙戌，① 撫臺恒山張公〔璿〕摘伏戡亂，保邦未危，功至偉也。明年公去，鎮民感思功德，謀於總戎种公勛、僉事劉君淮，拓故逆旅，立祠以祀公。遡前功德在寧者，得束鹿賈公〔俊〕、海山王公〔時中〕、西磐張公〔閏〕並祀焉。顧庭宇卑隘，垣地齷涳，祀典未秩。

嘉靖癸亥，② 南澗楊公〔守禮〕繼撫夏，肇築赤木諸隘，安攘底績，謁祀興感，乃命所司，闢地增垣，構堂列廡，即祠前斥鹵，鑿為塘方數畝，為軒南岸，扁曰“知止園”，植蒲柳，置舟其中，可游可泳，巍然一壯觀也。復稽繼恒山功德，东塘毛公〔伯温〕、五華楊公〔志學〕、石湖吴公〔鎧〕並祀焉。從衆議、慰民思也。鎮父老歲時伏臘膰牲以饗，顧祀典未秩。歷地震兵荒，祠宇敝壞，塘垣傾蕪，衆懼無以妥神慰民。鑑翁王公〔崇古〕嘉靖甲子來撫西夏，③ 謁祠興惻，乃謀之鎮守西臺吴公，命官鳩匠，葺宇誅茅，餙美增奐，橄橋與師儒士大夫議定常祀。爰考後賢，得聯峯翟公〔景榮〕、南澗楊公〔守禮〕、藩溪范公〔鏓〕、鳳泉王公〔邦瑞〕、長白李公，製主並列，共彰遺烈。以僉事黎君堯卿、副使齊君之鸞均樹勞績，録配祀享。取諸蓋棺事定之忠績，其在位榮烈不與焉，即秋仲次丁。公撰文一章，遣通判張大芳率諸將吏往主其祀，牲帛祭品有式，議每歲春秋仲月次丁之辰羞祀為常。橋曰：“古之載在祀典者，所以崇德而報功。諸公輩没世而論定，雖其勛猷不一，要皆德望有徵，功業可久，所謂法施於民、勤輸於國、禦災捍患者非與？顧其祀禮，三舉而後

---

① 嘉靖丙戌：嘉靖五年（1526）。
② 嘉靖癸亥：嘉靖四十二年（1563）。
③ 嘉靖甲子：嘉靖四十三年（1564）。

備，豈非有待而然耶？後之人睹遺蹟而興起焉，其裨於治理不淺鮮矣。"
乃命刻其文於石，使主祀者永歌以降神云。

三山　陳德武　　八景詩序

番易陳宗大，① 好事而嗜詩者也。戍邊久，將請告南還。散餘貲，收
善褚，② 裝潢為長卷，干繪事者圖寧夏八景，繫同志詩於後，屬予序之，
以重行色。予曰："山川景物，在處有之，以人而重。金華八詠，沈休文
倡之。盛山十二詩，韋德載首之。③ 虢州二十一詠，韓退之和之。後以八
景命題，則無地無之。④ 然不過寫風雲雪月之清奇，禽魚花木之閑麗，以
洩其得喪哀樂之情也。子今挾是而歸，將為金多致恭耶？抑為敝裘取倨
耶？聞子有倚門之親、幹蠱之子、九弟親朋，守望閭里，予不知子囊中之
金，足具甘旨食饗以敘平日之驩否？⑤ 而與倨與恭，⑥ 奚居之？"

宗大曰："富貴顯親，⑦ 人孰不欲，是有命焉，不可幸致也。請試觀
斯夏之境內，其遠者曰'黑水故城'，邇者曰'夏臺秋草'。當其勢之方
張，蒸土校錐，以圖永固，增金索幣，以居強大。一時之銕騎健兒、歌樓
舞榭，今皆變為寒煙、鞠為衰草而已。亞於水曰'黃沙古渡'，但見風波
浩浩，鷗鳶欲墮，河檉搖紅，葦花飛白。昔之車塵馬蹟，皆為狐兔之區。
而輕舟短棹、長年三老之屬，已移於高橋、楊家渡矣。附於白臺曰'長

---

① [校]番易：原作"番陽"，據《正統寧志》卷下《文》、《嘉靖寧志》卷八《文苑·
文·夏臺舊八景詩序》改。

② [校]褚：此同《嘉靖寧志》卷八《文苑·文·寧夏舊八景詩序》，《正統寧志》卷下
《文·寧夏舊八景詩序》作"楮"。

③ [校]韋德載首之："德"原作"得"，據《正統寧志》卷下《文·寧夏舊八景詩序》，
《舊唐書》卷一五九、《新唐書》卷一四二《韋處厚傳》等改，下同。"首"，《正統寧志》卷下
《文·寧夏舊八景詩序》作"繼"。

④ [校]無地：此同《嘉靖寧志》卷八《文苑·文·寧夏舊八景詩序》，《正統寧志》卷
下《文·寧夏舊八景詩序》作"無人"。

⑤ [校]平日：此同《嘉靖寧志》卷八《文苑·文·寧夏舊八景詩序》，《正統寧志》卷
下《文·寧夏舊八景詩序》作"平昔"。

⑥ [校]與倨：《正統寧志》卷下《文》、《嘉靖寧志》卷八《文苑·文·寧夏舊八景詩
序》均作"於倨"。

⑦ [校]顯親：此同《嘉靖寧志》卷八《文苑·文·寧夏舊八景詩序》，《正統寧志》卷
下《文·寧夏舊八景詩序》作"顯楊"。

塔鐘聲'，① 惟見折觚刓棱，倒影在地。向之金碧莊嚴，幻為瓦礫之場，
而追蠡解紐，已徙於戍樓矣。郭之南下，春煙靡靡，柔綠如染，秋風颯
颯，黃葉誰惜，是曰'官橋柳色'。送故迎新，離歌別酒，攀折無算，吾
不知其幾榮枯也。郊之西北，蒼蒼茫茫，如藩屏，如保障，② 盤踞數百
里，時呈六花，以告豐歲，是曰'賀蘭晴雪'。此天以表裏山河，限固疆
域者也。③ 山之東曰'良田晚照'，河之西曰'漢渠春水'，襟帶左右，
膏腴幾萬頃。因昔之功，為今之利。荷鍤成雲，決渠為雨，吾戍士衣食之
源，④ 所當勤勞之地也。蓋庸情勞則思，思則善心生，善心生則能守其身
而不失。際無事之日，為太平之人。俯仰今古，得不足恃，失不為恥。耕
鑿之餘，遊戲翰墨，吟詠性情，以和擊壤，得非生憂患、行貧賤之謂乎？
念自濠上應募，繇武功移於斯，將彌一世，所閱金戈敝裘存亡者眾矣。吾
今獲保遺體而歸，定省之暇，敷斯言於北堂之上，足以致吾親之驩。兄弟
子孫，親朋閭里，亦聚驩焉。非惟可以取驩，⑤ 亦可以垂教子孫，使之服
勞思善，以守其身，庶無負於名教，又何彼縱橫者恭倨之足云。"予作
曰："子言良是，前言戲耳。雖然，予么眇言輕，不足為子重，將道中華
觀望之邦，抵西江文章之奧。遇有退之、德載、休文輩，人出以取正，更
求其大手筆以發揮之。俾塞上之景，當與虢州、⑥ 盛山、金華並傳於世，
以流於後還戍，又足以起予之陋，⑦ 以成子好事而嗜詩之名，⑧ 不亦韙

①　[校] 白臺：此同《嘉靖寧志》卷八《文苑·文·寧夏舊八景詩序》，《正統寧志》卷
下《文·寧夏舊八景詩序》無"白"字。

②　[校] 保障：此同《嘉靖寧志》卷八《文苑·文·寧夏舊八景詩序》，《正統寧志》卷
下《文·寧夏舊八景詩序》作"堡障"。

③　[校] 疆域：此同《嘉靖寧志》卷八《文苑·文·寧夏舊八景詩序》，《正統寧志》卷
下《文·寧夏舊八景詩序》作"疆圉"。

④　[校] 吾戍士：此同《嘉靖寧志》卷八《文苑·文·寧夏舊八景詩序》，《正統寧志》
卷下《文·寧夏舊八景詩序》"吾"上有"乃"字。

⑤　[校] 惟：此同《嘉靖寧志》卷八《文苑·文·寧夏舊八景詩序》，《正統寧志》卷下
《文·寧夏舊八景詩序》作"為"。

⑥　[校] 當與：此二字原脫，據《正統寧志》卷下《文》、《嘉靖寧志》卷八《文苑·
文·寧夏舊八景詩序》補。

⑦　[校] 以流於後還戍又足：此八字原脫，據《正統寧志》卷下《文》、《嘉靖寧志》卷
八《文苑·文·寧夏舊八景詩序》補。

⑧　[校] 以：此字原脫，據《正統寧志》卷下《文》、《嘉靖寧志》卷八《文苑·文·寧
夏舊八景詩序》補。

歟?"宗大曰："然!"遂借書於圖左。①

按察使　四明　張九德撰　　襄毅公巡撫鑑川王崇古祠堂記

當嘉〔靖〕、隆〔慶〕間,有以身繫天下安危、揖社稷臣曰蒲坂王公〔崇古〕云。公起家西曹郎,自郡守歷臬藩,所至焯然樹聲績,而於邊鎮功尤著。其菹邊所俘馘鹵獲,不可勝紀。其緤鞲黠虜,令頓首受命,詒社稷安攘之功,於貢市尤著。

初,公以中丞節撫寧夏已,晉少司馬,制三邊,丹以功晉右都御史,督宣大。身所履西北邊,當天下半,所在尸祝,而夏人之思尤著,即是祠其一也。公之撫寧夏為嘉靖甲子。②先是,虜亡歲不闌入,殺掠人畜無算,公至則蒐卒乘、廣儲穑、嚴斥堠、申約束,旌旗壁壘一新。而又親按行塞外諸要衝,登賀蘭,指顧虜穴,亡不洞晰。虜嘗一寇清水營,遣大將吳鼎擊走之,先後斬首虜二百五十餘級,招降卜兒丈三百餘人,繕邊城三萬七千二百丈有奇。諸所鹵獲,營構稱是。虜慴公,為東徙榆林。公曰:"虜即羯羠,即勝之易耳。顧何以搤其吭,鞭箠使之,以其間討軍實、鞏內治,保百年無事乎?"則引河水溉田,歲信"穩士宿飽,投石超距"矣。籾搜文書院,群諸生講道問業,彬彬興於文學矣。蓋公一涖鎮,則已括全虜在目中,運九塞於掌上,故其涖三邊猶寧夏也,涖宣大猶三邊也。嘗設三覆岇虜騎,出塞二百里搗其巢,斬首虜,視寧鎮不啻四之,招降者倍,繕邊隃二千二百而遙。虜至,齧指不敢近塞,而公意更不欲斤斤爭斬馘功,其大指在借權為經,用外強內,因敵變化,如環無端而會。把漢那吉之來奔也,公躍然曰:"吾知所以全制虜矣。"把漢者,虜酋俺答愛孫也,酋故以桀黠雄諸部中,而我叛人趙全等導之,數為邊患。然其急索孫實甚,公於是厚撫把漢,而畫三策□上之,謂:"酋以好索,則令執全等以自贖。以兵索,則示將斧鑕孫以脅之。即棄不索,而吾不難置一屬國,令與嗣酋者角,奚不可?"而酋果分道入寇,七戰皆創去,乃願世世款塞,請歸其孫。而公念徃重購全等,虜匿不應,不得全凶,□□國霙而終不可款,則遣喻酋:"我固欲生而孫,而反欲殺之,且孫與與全孰親?"

---

① 〔校〕圖:此字原脱,據《正統寧志》卷下《文》、《嘉靖寧志》卷八《文苑·文·寧夏舊八景詩序》補。

② 嘉靖甲子:嘉靖四十三年(1564)。

酋感泣，唯王太師命。而公又勒令東西諸部畢納款，乃條奏獻俘，詔俺答以下受封有差，歲貢馬互市以為常。當公之始建議，廷論紛如，公堅持之，章數十上，議始定，此隆慶辛未時事也，① 距今可六十年。所全活士馬不知几萬，歲省大农金錢及攻戰之具不知几百萬。自宣鎮以東西，所生息耕牧、完廬舍、長子孫又不知几萬萬，又其功德可勝道哉？

不佞九德，自為兵使者，獲謁公祠下，拜瞻肖兒，低個不能去。已聞之士民，當哱〔拜〕、劉〔東暘〕之乱，間左府署，率為灰燼，而是祠巋然獨存，則以逆拜感公恩，不敢睨也。不佞懼然異之而卬何。公之孫，今少司馬公，復以中丞節撫寧，士民欣然，如復得公，則相與叩祠下加額曰："何幸公長覆我也。"未三月，即軍中拜少司馬。又三月，召入贊樞政，士民愀然，如復失公，則又相與叩祠下，籲呼曰："何時復惠我公也？"於是乃前謁不佞曰："是祠之建久矣，而貞珉猶闕，即公功德入人肺腑，不載之麗牲之石，何以春秋耀吾禋祀？"不佞嘅曰："古遺澤在人，百禩不磨，若《甘棠》畏壘固無論。即輓近名賢著聞夷夏者，唐卬汾陽忠武公、宋卬涑水文正公。然及二公之身，或羅拜單騎，或使問起居，固不能使其後無斁也。當逆哱倡乱時，去公已久，其國憲身家之不知，而尚何有于祠？然卒使□不敢睨，則公之功德，信于蠻貊，毋論夏人之思公、祀公矣。抑不佞又有慨焉。夫自有朔方，名與俱著者必首南仲，其後王命卿士，必曰南仲太祖、太師、皇父，今及公家而二之，益歎我國家世有社稷臣，世為德于朔方，夏人之世又祀之有以也。

公名崇古，字孝甫，別號鑑川，嘉靖辛丑進士，② 諸奏議政績具國史、家乘中。少司馬公名之采，字伯亮，別號衷宇，萬曆戊戌進士。③ 不佞既為志其碑，復系之詞以侑神，其詞曰：④

芙蓉蕐兮翠旌，赤雲牙兮朱英，服蒼虬兮驂長，鯨灵之来兮紛縱横。右《迎神》。

璇宫兮葯房，繡栖兮璧璫，□□青兮茵桂漿，□葱嶺兮鉈越裳，灵之胙兮斯無疆。右《降神》。

---

① 隆慶辛未：隆慶五年（1571）。

② 嘉靖辛丑：嘉靖二十年（1541）。

③ 萬曆戊戌：萬曆二十六年（1598）。

④ ［校］詞：原作"祠"，據《萃編》本改。

六瑩兮致羽，七韏兮按鼓，□迴風兮寶人舞，靈之歸兮在帝宇，光溦 艴兮流下土。右《送神》。

太僕少卿　崔爾進撰　　靈州張公堤記

靈在寧夏鎮河以東，劉綜所謂“西陲巨屏”①。居人三時農作，寄命 於河。河有渠曰漢延、曰唐來，俱西，為鎮城所有。其在東者秦家一渠， 古稱光禄等三渠，百家等八渠，今湮没。意當時兼東、西渠名之，或曰即 秦家支渠，皆不可考。渠故有堤，土薪間築，旋築旋圮，久之益廢，不復 治，歲屢不登。觀察張公〔九德〕既下車，亮采惠疇，大猷允迪。數問 民所恫苦，得此，毅然謂：“非石碾無以集事。”於是相度鳩工，躬為激 督綜覈，不半載告竣。延袤四百餘丈，高厚堅緻，亘如長虹，水無壅滯泛 濫，頓成有年。畚鍤之費出公捐俸及搜括贖鍰，不以勞民，民大悦。營佥 戎馬君載道併鄉紳縣尹戴君任等即以張公名堤，如姑蘇之白公〔居易〕 堤，武林之蘇公〔軾〕堤，而介郡貳守沈君道隆求余為記。

余按河出崑崙墟，歷注蒲昌，出積石，入燉煌諸境，以至朔方，此即 其地也。河從高趨下，最善潰。至是為青銅峽約束，漸就平衍，稍得瀦 瀉，以資稼穡。世謂天下多苦河害，惟朔方收河之利，良然。而關西諸 鎮，九原、張掖，左右遏虜，此居其中，形雖鼎峙，實衿喉焉。自昔置材 官輓飛，② 數萬甲仗糗芻之需，仰給帑金不及四萬緡，其餘民運而外，一 切取足屯田，又何約也。持筹而畫者，毋亦曰濱河為利，徼靈於天實甚 奢。俾半食其力，以舒縣官急，而天何可常則亦利不利之，灼然者矣。

公清脩介節，偉略真心，盤錯所至，剖決若神。日加意元元，綢繆其 制作，永逸規模，成以指顧，膡位相接，可導可鄣，無盪、無涸、無淤。 天若不自以旱乾水溢，為政而穰畜，惟人斥鹵之場，芃芃桑麻，無論家給 賦足，陳穰我庾，而市價不驟騰湧。荷戈輩宿飽以養直前之氣，縱天驕百 萬，敢南向發一矢耶？即不然狡焉以逞，阡陌蜿蜒，險阻繡錯，我以投石 拔距之餘，遏飄風驟雨之衆，扼吭制撐，犂孤死命，礪薅斧伐朝茵耳。然 則是役也，自金積而南，周索自我，入保出遮，虜絶甌脱之蹟。盡神皋奥

① 劉綜語參見《宋史》卷二七七《劉綜傳》、《長編》卷五〇咸平四年（1001）十二月條。
② 〔校〕輓飛：原作“俛飛”，據文意及《寧夏府志》卷十九《藝文·記·靈州張公堤 記》改。

區之域，惟公之所保釐而人安之。而余竊謂此井畫之遺也，趙營平行之金城而效矣。今大司徒所仰屋而嘆，必曰："遼餉加派南畝，三倍原額。監司二千石而下，且以此定殿最。新餉日急，舊餉日逋，急者終付尾閭，逋者致各塞有庚癸之呼。何如推公此法於薊門通津間，芟夷蓁蕪，嚴葺其圩垾埤坊，且耕且戰，不愈於水陸飛輓數千鍾致一鍾乎。"

公堤築既成，則有見於河漸內徙，懷襄之勢嚙及城阯，復切猶溺之視，條畫石碾便宜，上之臺使者。興作伊始，民之室宇，靡所不奠居，以無至昏墊，徼塞始有金湯。至夫肅憲章，貞百度，嚴刁斗，明烽燧，飭將吏，課博士弟子，董正塩法，犒服援兵，芳施閬澤，奕世利賴，則境以內藉藉有口碑在。聖主睠膚公，且埤遺有加，下尺一大中丞節，① 若圻父專九法，籌餉命旅，余與靈人又拭目廓清，② 浹膚藏髓，不區區北地闐熙間矣。公諱九德，號曙海，浙江慈谿人，萬曆辛丑進士。③

巡撫都御史　張九德撰　　新築靈州河隄碑記

靈州阻河而成，其西南當河流之衝，復趨而北可十里。每夏秋湍激，受害不啻剝膚，而亦藉以灌溉。若秦、漢二渠漑田至數千頃，盖利與害錯，而其偪侵城寔甚。

粵稽洪武甲子迄今，④ 城凡三徙，皆以河故，而河亦益徙而東。自不佞來受事，不一載，去城僅數十武矣。⑤ 先是，禦河，歲役夫三千，束薪十萬，亡慮數百千金，率委諸壑。人情洶洶，意非物力所能支，則議先徙民，或亟徙城，以為長策。不佞嘅謂，禦河猶禦虜也，虜闌入，不偪之去，更延之入乎？且勢若建瓴，而僅僅積薪委土與陽侯爭，此助之決耳。計非巨石砥柱之不可，而獨慮費且不訾。計無出，不佞既捐月奉二百金為役者先。而謀之薦紳邑令戴君任、諸生輩及鄉三老，聚族而議堤以石，無所事薪，改徵河西年例柴價五百金。軍民願輸地基銀八十兩，暨諸捐助，驗庫藏之羨，⑥ 合之得千四百有奇。貲用集矣，則議民間量地分出夫，量

---

① ［校］下尺一：《寧夏府志》卷十九《藝文・記・靈州張公堤記》作"行且授以"。
② ［校］拭：原作"試"，據文意及《寧夏府志》卷十九《藝文・記・靈州張公堤記》改。
③ 萬曆辛丑：萬曆二十九年（1601）。
④ 洪武甲子：洪武十七年（1384）。
⑤ 武：古以六尺為"步"，半步為"武"。
⑥ ［校］驗：原作"念"，據《寧夏府志》卷十九《藝文・記・靈州河隄記》改。

田里出車，調兩河營卒更番受役。工力備矣，乃造船百艘，運峽口石往來不絕。材具厄矣，遂請於先撫寧夏今制臺少司馬介石李公、前制臺今大司徒瞻予李公，俱報"可"，則以守備張大綏董堤務，以指揮孟養浩司出納，以經歷李盛春程工作，乃大興石堤之役。而議者紛若，謂濱河皆流沙，不任受石，恐卒無成功。予不無動，然旋築亦旋隤，衆口愈囂。予堅持之曰："此夫根底虛，故傾之易耳，非然，水豈能負石而趨？"乃令聚石而投之，一日盡八百艘，三日基始定。於是從南腢實地始纍石特堅厚為堤，首四十餘丈，用遏水衝。餘以次迤西而北，其纍石亦如之，計堤長為丈者六千有奇。功甫成，而河輒徙而西，遂復由故道，先所受嚙淤為灘，可耕可藝，去城已十數里矣。

是役也，經始於天啓癸亥之正月，① 告成於天啓乙丑之四月，② 凡費時二年有半，費金九百一十兩有奇，費米、麥六十石，而貯尚有餘羨。念往歲議堤，請帑金萬二千，業奉旨下部覆不果。今議約三千金，猶慮不足。至虗少司馬公捐俸金百，而同守盧君自立、条戎高君師孟等，亦釀助有差。然卒以有餘羨，故繭還。則皆百執事殫心經畫，靡有虛縻之成效也。蓋不佞初抵靈，輒行河，籌之再三，先以秦渠隄潰，水暴洩，無所灌漑，為築長堤瀦之，歲比稔。而漢伯渠又苦無尾閭，腴田皆成巨浸，因以治堤之餘，為開蘆洞，長十三丈五尺，高廣各三丈五尺。自秦渠北岸抵窪橋，疏渠道三十里，瀉水入河，復故田可數百頃，增稅額數千石。不三月而竣，凡費金五十六兩有奇，而椿鍤諸費不與焉。古有言："河者，天下之大利、大害也。"故《周禮》慎水政，以防止水，以瀦蓄水，以溝蕩水，其法甚備。自堤石而城無受嚙，庶幾於河之害遠矣。二渠之役，亦借以收其利。不佞三年於此，未事則憂物力，方事則憂成勞，已事則憂久遠。今幸三憂且釋，得藉手告終事矣。抑天下事，惟賢者能慮始，其次莫若因是三役者。予不佞，因法於古，因石於山，因力於民，因能於衆，因主裁於上，獲追任事之辜，是皆今日所以成功之本也，是不可以無記，遂次其終始以系之銘。銘曰：

渾渾經瀆，亘以金堤。順流而西，潛於靈府。提福下土，聿鞏靈武。爰固我圉，用昌我稷黍。匪處白璧，而崇紺益。是維川后之仁，俾無逢其

----

① 天啓癸亥：天啓三年（1623）。
② 天啓乙丑：天啓五年（1625）。

畜害。亦越千禩，曰寧以泰。

副使　譚性教撰　改脩七星渠碑記

寧鎮迤西三百六十餘里為中衛西路，東控銀干，北制賓歹，西南鄰松山、青海。諸虜支蔓根連，此款彼犯，實逼處我墻下，遞起為難，非若他路顥意一面比也。頃因遼左告棘，大司農全餉專注於山海。軍士守此者，既難望關中轉輸，而商人實粟塞上，又以鎮城分給百中之一。率下戶不贍，則惟賴有黃河南威寧諸堡屯田租耳。自非屯政脩舉，憂不在虜，且在軍矣。

威寧舊有七星渠，荒淤歲久，塍溝圮塞。加以山水自固原奔馳而下，洶湧澎湃，歲為渠患。膏沃之壤，化為蓁蕪。徒丁逋賦，頓減屯籍之半。大中丞焦公〔馨〕，天啓丁卯秉鉞茲土，① 慨然曰："有能任此者，吾且顯著其績，以酬厥勞。"檄下道府，遴委將弁，議經費，商工役，度地形，乃據西路同知韓洪禎、屯田守備王光先所條上諸款，衷議以聞。以百戶李國柱、劉宰分督之，而專任韓郡丞綜其事。謂舊渠口上，石剛且頑，奈何強之以水。於是移鑿近三里許，河益尊善下，斤益謙善受，凡四丈五尺，深八尺。河行於鑿三百步，地勢復高，舊三空閘旁，濬隙地十五里，深闊如前。入寧安故道中，散者聚，② 迅者折，亢者夷，瀦者洩。中間為宜民閘、五空閘、銅錢洴、塩池湖閘，凡四道，站馬橋貼渠、橫河洴梗，凡二道，委曲輪瀉。自口至威武一百里，至鳴沙又七十里，灝灝湯湯，以次下於田，支分脈析，注玉濺珠，浮塍貫晦。其山水為患者溯渠上五十里，古有北水口淤塞，故徒而東注。北口近河石梁為梗，故逆而上壅，則鑿中石梁四十七丈、深九尺、闊一丈六尺，下石梁五十三丈、深二丈、闊倍之。水引入黃河。東壩壑口，疊築崇堤，底闊十丈，頂闊三丈五尺，高十一丈，縱橫百步，障濤砥瀾，不使患渠。

是役也，自三月上浣迄五月，凡三閱月而竣。用軍民工役凡三千二百五十人。若匠若器取諸官，若柴若木供諸堡軍夫。適今上登極，賞至軍，咸悅。使民夫則出於本堡者民自供給，借於外堡者計日給廩。凡用官帑二

---

① 天啓丁卯：天啓七年（1627）。

② 〔校〕散：此字原本漫漶不清，據《寧夏府志》卷十九《藝文·記·改脩七星渠碑記》補。

百餘金，較始議省夫役三千餘，省金錢一千餘。闢荒梗萬餘頃，咸得畊穫。西路父老懽呼稽顙曰："今迺得免於死，徙以食土之毛也。吾儕小人為山河所虐，不享渠之利者十數年矣。嚻嚻訾訾，咸以為功非二三年莫成，費不數千金莫成，工役非萬餘莫成。今事半而功倍，且速若此。雖有暴浪驚濤、堯年之水，不能越峻堤而衝渠腹；雖有火雲旱魃、湯年之暵，吾且沐浴膏澤，霑餘潤焉。昔史公決漳灌鄴，斥鹵生稻粱，人至頌德稱聖，與西門並傳。中丞治渠，溝洫繡錯，豈止利民足國，且以禦虜南牧，功奚啻倍蓰也。焦公行矣，願及公在，賜言以勒不朽。"不佞性教承乏司餉，疏鑿之役，愧無能效胼胝為父老先，幸藉告成事，以逭於皋戾。《甘棠》之蔭，與夏人同庇焉。我輩懷德矢報，尚勤其築濬，歲歲無怠，庶焦公之汪濊與黃流俱永乎。公諱馨，號蘅芷，山東章丘人，辛丑進士。[①] 撫夏甫及一載，所興釐皆百年大計，如止遼戍、賞戰功、疏水利、繕邊防、程材官，功德難更僕數，此特其惠西路之一事云。

〔唐德亮識〕

余性耽史學，陲傳所經，未嘗不以徵文考獻為急，況兵燹之餘，殘缺充甚。會大中丞黃四維先生脩廢舉墜，百度維新，每與予詢訪舊章，偶得《三賢祠記》及《張公去思記》於灰燼之餘，其於地方之安危、民生之利病，可存以俻考證。因請於中丞公，命續刊志內。蓋夏人至今尸祝者右此數公，而大中丞之繼往開來、勤心民瘼，亦概見一端云。督理兵餉、戶部主事、梁溪唐德亮采臣氏識。

翰林院編脩　南居仁撰　　靈州三賢祠碑記

成天下事者，豈不存乎其人哉？今之人，見古人之豐功駿烈可傳後世者，或遡瞻廟貌，未嘗不敬而慕之，以為吾亦可以為此也。及乎臨事，則又畏縮遜謝，謂此殆有天授，抑或邁時會之便以成厥功，而非吾所能及。嗟乎，豈古今人若是遼絕哉。

昔武廟初，楊公〔一清〕邌菴以都御史臨邊，奏築延〔綏〕、寧〔夏〕二鎮長城，為復東勝計。會逆瑾阻之，功雖未竟而先聲馳塞外，戎馬裹足。及寘鐇謀叛，就家徵起公。鎮人聞公至，鬭氣百倍，至則鐇

---

① 辛丑：萬曆二十九年（1601）。

已就擒，遂留制三邊，踰二十年。而王公〔瓊〕晉溪位大司馬，督三邊軍事，循楊公之緒，拓城四百餘里。夏人念二公功不忘，合祠靈州城北，所由來久矣。又百年，而張公〔九德〕曙海以藩臬長備兵河東，適陽侯敔怒，吞噬城闉，民將棄厥居而巢窟是棲。先是，河屢決而東，城亦屢避而東且迤北。洪武以來，三徙城矣。張公曰："若此，是無靈州也。城可徙而東，水獨不可徙而西乎？"乃循河故道，躬理畚鍤，築石堤長六千丈。初，河流甚駛，少投石則旋傾，張公曰："此力弱不能勝耳。石能砥水，水豈能浮石乎？"遂排群議，為艘者百，從峽口運石，積而頓投之，一日罄八百艘，石堤克鞏，河乃西徙，城賴以全。由前言之，夏人之不捐於鋒鏑，楊、王二公之所留也。由後言之，夏人之不泊為魚鱉，張公之所生也。於是躋張公與楊、王並祀，旌曰"三賢"。嘻！亦盛矣。

　　予因思兵猶水也，治水與治兵孰難？意者堤猶水之城與，水決而移民以避之，猶兵交而割地以求和也。雖欲永保其不壞，[①]詎可得哉？且疆場之事，吉凶存亡，我與敵共者也。或望塵而避焉，若夫驚濤迅湍，一掃而為黿鼉之窟，豈有幸乎？況兵但避其害，而水更收其利。張公又築長湃於秦渠，開蘆洞於漢渠，使涸者有所蓄，而澇者有所洩。今兩渠間翼翼或或，綠野如雲，伊誰賜與？至於挺而走險者，感片語以投戈，是劉弘"一紙書勝十部從"事也。狉焉啓疆者，懾天威而稽顙，是趙充國以威信服罕开也。業業乎無形之長城也哉。楊、王振卓軌於前，張公接芳躅於後，孰謂古今人不相及耶？楊公諱一清，丹徒人。王公諱瓊，太原人。張公諱九德，慈谿人。頌曰：

　　屹屹金墉，區分昂畢。燧寢烽銷，天險是設。文襄創始，司馬紹述。焯彼二公，俎豆有秩。張公繼起，循禹之蹟。昔也洪流，今藝黍稷。買犢棄劍，計安反側。鼎鼎三賢，貞珉永勒。

御史　沈猶龍撰　河東兵饟道張九德去思碑記

　　靈州自秦漢以來，或稱州，或稱郡，或稱軍，與鎮城僅隔一河，而東、西兩道並建，蓋其重也。神廟之季，天下紛然用兵矣。廷議遴選才德宿望之臣，分蒞九邊，而曙海張公以按察副使飭河東兵備。當是時，遼

---

① 〔校〕不壞：原作"一壞"，據《寧夏府志》卷十九《藝文·記·三賢祠碑記》改。

左、川、貴並軍興，多調邊兵為援，驛騷無寧日。本鎮援卒方遣行，而悍丁金白、張威等路殺領兵官，偽署左、右將軍，焚掠而前，煙塵翳日，遠近震駭。公至固原，聞變，星馳進，大書前導曰："戍士遠役，誠可念，即有所需，何不以情請？而輕蹈國憲，且父母妻子各在城，而自貽族滅，何也？軍門發兵擒勦，汝進退何以自全？幸本道未受事，可開汝一面。如悔罪者，速投戈，隨本道蒞鎮，以明無叛志也。"衆環跪而哭，聲震山谷間，叩頭請死，有流血者。公隨路慰遣原營安插，而密擒渠魁實之法，寧鎮以安。其定變有如此者。銀定賓歹擁衆牧邊，聲言搶花馬池。公曰："彼素利我市賞，且中國無釁不敢叛，可不勞師而服也。"因計誘通事僧人，宣諭朝廷恩威。通事曰："無他也，意求增歲賞耳。"公怒曰："國家定制，誰敢議增。必欲增者，當決一戰。後雖稽顙求貢，豈可得哉！"乃勒兵令遍觀營伍而縱之歸，二部各誅帳下一人以謝過焉。其制勝有如此者。熊經略廷弼威震九邊，得便宜調發。有偽充經略使者，勒取馬價，傳鼓而入，甚倨。公曰："鎮故市馬，然不取馬而價者，何也？"其人曰："道遠恐疲，折價至近關買易為便耳。"公疑之，命簡故牒，印文小異，遂伏罪。其發奸有如此者。鎮臨極邊，武備盛而文事寡。公攝學政，月有課，歲有較，朔、望蒞黌宮，講業論道。辛酉獲雋疊雙，[1] 邊方侈為盛事。其育材有如此者。復創設商學，以便商賈子弟肄業。於是群商輻輳，歲課羨溢。其柔遠有如此者。靈州瀕河而城，歲費薪夫數千金以禦河。壬戌，[2] 河大決，居民屢夜驚，議他徙。公相度水勢，從十里外建石堤，為一勞永逸策，歲省薪價工役無算，而向所衝淤轉成腴壤。其保障有如此者。秦家渠常苦涸，漢伯渠常苦漲。三農失業，輒末而嗟。公築長湃以護秦，別開蘆洞以洩漢。計疏渠道三十里，復蕪田數百頃，而歲額驟增數千石。時號"張公堤"。又創制水戽，利民灌溉，號"張公車"。其裕農有如此者。

公為政，大抵先事綢繆，臨機制變，聲色不動，而指揮若神、目光如電。坐堂上，人從轅門外窺，閃閃如雙燈。故雖色笑親人，而人不敢干以私。若夫內靖寇氛，外銷邊釁，談笑折衝，豈不賢於甲兵百萬哉？公庚申

---

① 辛酉：天啓元年（1621）。

② 壬戌：天啓二年（1622）。

以按察副使受事，① 壬戌長按察使，② 甲子加右布政使。③ 履任六年，而攝河西者再。至乙丑，④ 凡兩考卓異，擢巡撫都御史去。

先是，城北有二賢祠，祀楊公一清、王公瓊，以報脩邊之功也。及公去任二年，而鎮人思公之功之不讓於楊、王也，於是貌公像而三之，更其額曰"三賢"。今年春，寧夏舉人張君先春、沙君坼，貢士沈君諫等，以計偕至京師，謁予請為文，以留公愛。夫龍向奉命閱邊，已疏公治行第一入告，則所為聞且見之，而非無徵不信者矣。前二十年，公為吾雲間守，全活飢民數百萬，獎育士類。龍出公門下，知公非一日也，又烏敢以不文辭哉。今上即位，公以少司馬陳《新政六要》，上嘉納，召對，曰："老成敏練，無踰卿者。"行見秉中樞如王公，掌綸扉如楊公，事業彪炳，真堪鼎足而立也。表曰"三賢"，誰謂不宜？公諱九德，字咸仲，別號曙海先生，浙江慈谿人，登萬曆辛丑進士。⑤

兵部侍郎　韓城　高辛胤撰　　巡撫都御史三韓劉公秉政去思碑記

今之寧夏、榆林、甘肅，昔之朔方、雲中、張掖也。於寓內為右肩臂，皆邊陲扼塞，而朔方為尤要。晉亂而有赫連，宋弱而有元昊，先後乎斯者，雖版圖一統，而必以威望大臣蒞之，誠以聲教絕遠。羌戎接軫之，區綏之，以德而震之，以威有大異乎中土也。前古勿具論，明時寧夏、榆林、甘州設三巡撫都御史，當時征調之繁、防禦之切，固不與今日等。今上之元年，裁榆林巡撫。茲奉廷議，復裁寧夏，併於甘、涼。幅幀數千里，頤指臂使，而罔弗及，此真太平之象，前古未有者。

夫廟算亦神遠矣。自恒見觀之邊徼之地，官惟憾其不多，而地惟憂其遼廓也。乃朝廷所以審統馭之勢，相遠近之形，省事省官，致太平、垂久遠者。確有明見督臣以為請，不報；戎帥以為請，不報；父老徒跣而叩閽，不報。於是巡撫寧夏都御史、三韓劉公〔秉政〕奉命北還。公撫夏八年矣，軍民樂業，封疆無狗吠之警，公之力為多。假而蕃彝剽掠於外，室家困苦於內，軍民官吏恐恐多患，而暇議裁乎？今誠告無事，公去何

---

① 庚申：明光宗朱常洛泰昌元年（1620）。
② 壬戌：天啓二年（1622）。
③ 甲子：天啓四年（1624）。
④ 乙丑：天啓五年（1625）。
⑤ 萬曆辛丑：萬曆二十九年（1601）。

憾？而夏州之民，一若赤子失慈母之皇皇也者，豈以夏州無巡撫，民不得巡撫而事之為憂欤？向使魯國無司寇之官，亦不至於亂，所惜者夫子去魯耳。夫所謂聖人者，德脩於躬而澤加於民，過化存神之謂也。苟非親被公之德澤政令，且非親炙公之氣象聲容、張弛動静，而且八年之久，遽以語於山南嶺表之民曰：“我劉公之為人如是，為政如是。”不信。即近而語於晉豫關洛之民，亦不盡信。何也？世誠鮮其人也。公將行，夏人千萬輩進而告於僉憲楊公春芳曰：“公不可留矣，吾儕小人將何以為報？其將構祠圖象以祝公，拜公之堂，而如公在也。”楊公以聞，公悚然而誠曰：“無以為也，吾非好名者。且名曷繫乎是？止之便。”楊公以示父老，父老唯唯，退而潛蓄其木之巨直者、甎石之堅好者於他所，丹膠塗漆，罔不預貯，公弗知也。聞公行有日，萬手偕作，不數日奂然而成。嗟乎！民之為此者，豈冀公之德已欤？抑豈有所補裨於公欤？而胡以禁之弗得。若有以自慰其私者，三代直道之民不可強也。辛胤於公為治民，而知公又久。公昔蜚譽西臺，余時在掖垣，見其天下己任，物恒卓卓，風徽犖劃，信有駕前古而軼流輩，時年終賈耳。開府夏州甫三十，應運而興，非偶然者。西北一隅，所過者化，余卜之已蚤矣。諸父老以余善公而知公稔也，祠成，屬余言以鑱公之惠政於石。余度石尋尺耳，公澤烏能盡書，姑為舉其大而可見者。

賀蘭之外，即諸部彝住牧地。往者窺伺剽竊以為常，公至而德威所暨，遠人信之，烽燧不興者八年。此不過一方之安，而有識之士因以測國家苞桑陰雨之圖，知其道者周公、仲尼耳。夏州疏河流以粒食，滀瀉不時則水利絕。滀瀉時而溝渠甽澮之間，一或失宜，民蒙其害。公大吏也，揔羣屬，怠勤而加意焉足矣，乃親率吏民，徒步於河壖隴畔，乘橇乘欙，寒暑不輟。比者人和年豐，伊誰之賜？夏州僻處天盡，商旅貨財不通，民貧土瘠，惟正之供，歲止菽粟，官軍之俸餉仰給於他郡。當軸不察，乃有折色輪銀之議，公抗駁，慨陳利弊，痛切洞悉，厥議遂寢。若以中土東南之民力論之，本色折色，相去猶不徑庭，而孰知朔方則有萬不可行者。公一言而為百世之利，此其大端也。此皆關乎國計民生，而非一朝一夕之澤也。

至於教養士子，而昭代文治洽於遐陬焉。惘矜寡惸獨，而西周之政行焉。督餉驗放，清釐畫一，無扣剋之弊焉。法行乎明薦，表率以恭儉，而文武大小，罔不廉且法焉。化兵丁驕悍之習，革小民濫役之累，巍乎方鎮之尊。而軍民一家之苦樂、一人之勞逸，罔弗察焉。此又其大概已。要而論之，清和寬大，與民休息，所謂治道無為，而民自定，此誠過化存神，德脩於躬，而澤加於民，可不謂聖人之徒歟？

夫吏於邊者類，務乎擊斷嚴刻，以為可以弭未萌之亂。即或過當朝廷，亦以亂國重典之意原之，不知邊民亦不幸而生於邊耳。其為吾之赤子，與齊魯、燕趙輦轂之下之民何異？忍以邊民外之，而以擊斷嚴刻困之乎？噫！知此意者鮮矣。曹丞相〔參〕能師蓋公，而漢以治；任都護不能信班仲升〔超〕，而西域以亂。此明效也。所貴為治者，識治體耳。

公諱秉政，號憲評，遼東廣寧人。皆康熙五年九月之吉。

朔方新志卷五

詞　翰

詩

老將行　　唐　王摩詰

少年十五二十時，步行奪取胡馬騎。

射死陰山白額虎，肯數鄴下黃鬚兒。

一身轉戰三千里，一劍曾當百萬師。

漢兵奮迅如霹靂，虜騎崩騰畏蒺藜。

衛青不敗由天幸，李廣無功緣數奇。

自從棄置便衰朽，世事蹉跎成白首。

昔時飛雀無全目，① 今日垂楊生左肘。

路傍時賣故侯瓜，門前學種先生柳。

茫茫古木連窮巷，寥落寒山對虛牖。

誓令疏勒出飛泉，不似潁川空使酒。

賀蘭山下陣如雲，羽檄交馳日夕聞。

節使三河募年少，詔書五道出將軍。

試拂鐵衣如雪色，聊持寶劍動星文。

願得燕弓射天將，恥令越甲鳴吾君。②

莫嫌舊日雲中守，猶堪一戰樹功勳。

---

① ［校］飛雀：原作“飛箭”，據《王右丞集箋注》卷六《老將行》改。

② ［校］吾君：原作“吳軍”，據《王右丞集箋注》卷六《老將行》引清朝趙殿成校勘結論改。

賀蘭大雪歌　　慶靖王

北風吹沙天際吼，雪花紛紛大如手。

青山頃刻頭盡白，平地須臾盈尺厚。

胡馬迎風向北嘶，越客對此情凄凄。

寒凝氈帳貂裘薄，一色皚皚四望迷。

少年從軍不為苦，[1] 長戟短刀氣如虎。

丈夫志在立功名，青海西頭擒贊普。

君不見，牧羝持節漢中郎，嚙氈和雪為朝糧。

節毛落盡志不改，男兒當途須自強。

北風行別總戎吳西臺　　巡撫　王崇古

北風一夜吹飛雪，千里黃河凍初結。

胡天漠漠邊月白，胡兒凌霜恣圍獵。

有時踏冰夜窺關，幾番帶雪朝侵堞。

朔方老將誇孫吳，平生誓志吞胡羯。

三懸虎符鎮邊城，榆楊上谷稱雄傑。

兵家勝負那可期，世代浮沉任磨滅。

李廣不封勇徒名，克國未老策稱絕。

三年肩我靖朔銀，九秋驅馳丹心竭。

揚兵踏破賀蘭山，出奇直搗河套穴。

獻俘策勳寵渥新，功成身退志高潔。

城南學種故侯瓜，高臺放鶴翔雲霓。

予亦常思臥首陽，多君先謝將軍節。

君兮完名堪自老，予羈疆場心欲折。

臨風一杯期白首，長嘆丈夫義氣難為別。

田父嘆

驅車歷夏郊，秋陽正皜皜。

---

① ［校］少年：《弘治寧志》卷八《雜詠類·賀蘭大雪》、《嘉靖寧志》卷七《文苑·詩·賀蘭大雪》均作“年少”。

遵彼漢唐渠，流澤何浩渺。
高卑相原隰，溝澮互環遶。
閘壩時啓閉，雍泄功施巧。
河決堤湃傾，禁弛滋貪狡。
乘春戒脩防，灌溉及秋杪。
時和霜落遲，九月熟晚稻。
方忻歲事豐，悠悠感穹昊。
日暮濟河梁，夾河泣父老。
指顧沿河屯，一望漲行潦。
河西田埂没，青苗變水藻。
河東墾沙田，夏旱黍半槁。
二麥幸登塲，秋淫聞傷澇。
隔隴異豐歉，比隣共憂悄。
公家急努餉，輸積戒不早。
有子三四人，諸孫咸少小。
長男戍薊門，二子守邊堡。
胡虜時憑陵，生死安自保。
幼男方長成，屯田供兄嫂。
老夫輓糧車，諸婦刈秋草。
不願衣食饒，惟願免苦栲。
俗忌多生男，男多生煩惱。
堂下千里隔，民瘼難具道。
予志在安攘，聽之傷懷抱。
豐歲已百艱，凶年轉餓殍。
撫邊無良策，仁民古所寶。
草奏乞皇仁，寬徭勤恤犒。
坐令玁狁襄，列鎮謝征討。
再頌濁河清，窮邊歌熙皞。

胡馬來①　　主事　李夢陽

冬十二月胡馬來，白草颯颯黃雲開。

沿邊十城九城閉，賀蘭之山安在哉？

傳聞清水不復守，遊兵早扼黃河口。

即看烽火入甘泉，已詔將軍與細柳。

去年穿壍長城裏，萬人齊出千人死。

陸海無毛殺氣蒸，五月零冰凍河水。

當時掘地云備胡，② 胡人履之猶坦途。

聞道南侵又西下，韋州固原今有無。

從來貴德不貴險，英雄豈可輕為謀③。

尚書號令速雷電，抱玉誰敢前號呼。

遂令宵旰議西討，茲咎只合歸吾徒。

我師如羆將如虎，九重按劍赫斯怒。

惜哉尚書謝歸早，不覩將軍報平虜。

總督才公〔寬〕搗虜中流矢以詩哀之④

仲冬東南天皷鳴，我軍滅胡功可成。⑤

道之將行歲在巳，星落轅門悲孔明。

尚書頭顱血洗箭，馬革纏屍亦堪羨。

夷門野夫國士流，痛哭天遙夜雷電。⑥

脩邊古風　　僉事　孟霦

關樓大風號古木，樓外連天荒草綠。

---

① ［校］胡馬來：《石倉歷代詩選》卷四四七《明詩次集八十一》題作《胡馬來再贈陳子》。

② ［校］掘地：《石倉歷代詩選》卷四四七《明詩次集八十一·胡馬來再贈陳子》作"掘此"。

③ ［校］謀：《石倉歷代詩選》卷四四七《明詩次集八十一·胡馬來再贈陳子》作"謨"。

④ 《空同集》卷二二《七言古》題作《哀才公》，另有詩序曰："正德己巳年作此。公嘗薦余，故有國士之感。""正德己巳年"，即正德四年（1509）。

⑤ ［校］滅胡：《空同集》卷二二《七言古·哀才公》作"一出"。

⑥ 《空同集》卷二二《七言古·哀才公》此詩句後注曰："是月，雷電屢作。"

降虜侍騎白馬來,①　胡營只在黃河曲。

百戰沙場鳥不驚,　朔雲羌笛晚凄微。

長城戍卒鳴刁斗,　夜夜清霜上鐵衣。

寧夏吟

賀蘭山連北海頭,　河水西來出塞流。

邊城盡是披甲士,　滿眼旌旗拂戍樓。

健卒登高望胡騎,　將軍倚馬防烽燧。

角聲入耳暮雲愁,　殺氣凌空飛鳥避。

秦皇逐虜至今談,　揮劍曾將虎穴探。

當時拓地稱荒遠,　今望長城更在南。

贈中丞南川張公總師全陝　黃綬　鎮人,北畿督學監察御史。

聖正勞西顧,　元臣下朔方。

璽書何鄭重,　劍氣自光芒。

大閱當春曉,　先籌率夜央。

三邊新節制,　兩撫舊疆場。

雅見人心附,　爭看我武揚。

兵聲動天日,　憲節肅風霜。

共武匡周室,　敷文拱舜皇。

年來調兵食,　日且事戎行。

會有萬全策,　親承九伐章。

人思探虎穴,　士喜躍龍驤。

早見天山定,　還貽赤子康。

功高驅衛霍,　道大佐虞唐。

召對虛前席,　都俞共一堂。

何如身致主,　況復運當陽。

吉甫終補袞,　周公亦缺斨。

所期惟相業,　千載合重光。

---

① ［校］侍:《嘉靖寧志》卷三《寧夏後衛·邊防》"東關門"條作"時"。

南塘讌别南川公古風

年來羽檄紛如雪，廓清雅合當朝傑。
紫巖夫子出祚宋，長城倚毗何真切。
撫臺再借西夷驚，督府新開全陜悦。
彤弓盧矢錫上方，白日丹心馳魏闕。
元老壯猷謀可伐，丈人貞師勝以决。
飛書移向固原州，甲士如雲朝擁節。
星影斜揮劍氣寒，水光浮動旌旗掣。
材官騎彍不可留，士女壺漿争自挈。
祖道還誰佐酒巡，品竹彈絲都謝絶。
令公為述先憂懷，我懷孔棘中宵噎。
器械不利如敵何，敵愾不張藩自撤。
干將莫邪日就工，檿弧箕服時陳列。
五兵既飭來簡書，三邊具敝勞據拮。
中兟拜命將曷圖，義爾邦人可無説。
感兹清問莫縷陳，自古得人為上策。
竑議未詶短晷移，欲行且止難為訣。
睠言閫外重諮詢，豈向尊前惜離别。
行矣晚渡黄河隈，百萬貔貅殊義烈。
龍旌大發捲胡風，驍騎長驅擣虜穴。
揮塵折俘應十萬，濡毫還賦詩三百。
壯懷直欲倚崑崙，今日崑崙供大閲。
戈綈惟有公高潔，秋毫更許誰饕餮。
黄雲散盡白晝閑，蒼生眄破青山缺。
外寧内謐奏膚功，礪山帶河增賞格。
功高宇宙德愈謙，大人注措從來别。

峽口吟　　僉事　齊之鸞

生犀飲河欲北渡，海月忽來首東顧。
憑夷舉手揮神鞭，鐵角半摧河上路。

至今夜行水泣聲，罔象欷歔鬼姦露。
土人作渠灌稻田，玄靈委順不敢怒。

賀蘭山歌　　閱寺　周弘禴

幅員率土，惟王之疆。
天子命我，閱彼朔方。
朔方正漠漠，河水偏湯湯。
獼猴愁絕嶠，特地陵窮蒼。
西望川底，東望咸陽。
北指黃甫，南跳甘凉。
原隰目寥廓，霸氣常昂藏。
炎漢開基入圖版，偏遣官田置恒產。
七橋九壩稻花肥，浮白沉糟照青眼。
渡江失却麒麟符，伊洛割裂爭五胡。
鐵弗小兒恣驕虐，負嵎竊據傍雄圖。
蒸土築墻錐不入，統萬城邊白骨枯。
白骨枯，勃勃死。
赫連亡，拓跋起。
没羽射鶴竟何如，卜骨燒羊總徒耳。
吳張虢川真么魔，韓范經畧看敝屣。
住鴿冲飛飛上天，組練僕姑哀好水。
堂堂四葉朝諸侯，忍向降夷稱父子。
從此名山接大荒，李家渠畔露瀼瀼。
豈無城社同羌羗，從有衣冠似夜郎。
六百年來一翻掌，八千里外通朝享。
熊羆列隊共揚旌，犬羊編户齊稽顙。
瑞崖珮瑞登仙壇，瓊枝鸚鵡巢青鸞。
赤木崔嵬長瑤草，莎羅汗漫浮紫瀾。
積雪冷冷見堆土，喬松謖謖鳴層巒。
遙想匡廬、峨眉、太室、九峯，形勝相上下。
噫嘻！賀蘭山兮，非復昔日之賀蘭。

梅所歌為流寓郭原①　　**潘元凱**②見《流寓》。

翠禽啼落枝頭月，夢入瑤臺白銀闕。

縞衣縹緲列群仙，雪貌娉婷玉為骨。

初疑郭西千樹梨，香魂化作萬玉妃。

明璫雜佩盛粧餙，夜深與日爭光輝。

又疑銀河倒瀉清冷水，散作天花照羅綺。

瓊林玉樹一色俱，髣髴蓬壺盡圖裏。

復疑巫山之女披練裙，拜刀剪碎巫山雲。

隨風飛墮水晶窟，朝朝暮暮揚清芬。

含情凝睇久延佇，夢覺紗窓讀書處。

非梨非雪亦非雲，乃是郭公之梅所。

郭知梅之趣，梅知郭之心。

江湖搖落歲雲暮，老氣崢嶸宜春簪。

我昔讀書松桂林，松花落處三尺深。

林下幽棲景清淑，門外梅花繞林麓，

年年臘盡花盛開，屋前屋後雪作堆。

別來此地知誰有，嘆息平生歲寒友。

月明千里勞夢思，清秋惟聽角中吹。③

黔陽舊令何清楚，茅屋新題字梅所。

金陵進士玉堂賓，健筆為寫江南春。

塞北江南幾千里，春色移來梅所裏。

飄飄鵠立梅邊人，角巾墊角風致新。

顏如冰雪神如水，梅花豈得非前身。

去年來看春可掬，今歲重過看不足。

---

① 《梅所歌為流寓郭原》詩共兩首。又，《嘉靖寧志》卷七《文苑·詩》詩題作《梅所》。

② ［校］潘元凱：此同《弘治寧志》卷八《雜詠·梅所》、《嘉靖寧志》卷七《文苑·詩·梅所》，《弘治寧志》卷二《人物·國朝·流寓》、《嘉靖陝志》卷三一《文獻十九·流寓》、本志卷三《文學·流寓》均作"潘原凱"。

③ ［校］清秋：《嘉靖寧志》卷七《文苑·詩·梅所》作"清愁"。

帳捲谿藤雲一床，被擁蘆花秋六幅。
青罇留客酒如泉，青天送月來窻前。
主人鳴琴客起舞，兒童拍手呼神仙。
仙耶人耶呼不醒，黎雲壓夢衣裳冷。
夢中吹徹玉糸差，夜半寒香飄雪影。
南枝開盡北枝開，錦囊秀句更新裁。
明朝我欲鼓門去，① 莫遣山童掃綠苔。
便須急換酒一斗，東閣西湖興何有。
先拚爛醉如爛泥，與君重題詩百首。

南塘詠　　糸政　高世芳
寒雲白晝掛城頭，縹緲高旌古夏州。
萬家草木邊聲繞，四塞河山朔氣浮。
承平憶昔先皇世，封疆之吏多暇日。
郊圻選勝闢林塘，戰場翻作煙花地。
魚鳥悠悠物候媚，風光迥是小江南。
畫舫晴開墻畔柳，清尊夕豆水中絃。
宴遊佳事追徃古，居人別自有樂土。
天道一周積漸非，此中任者或莽鹵。
恠來士馬驟縱橫，昨夜羌夷接軫生。
衣冠落落晨星盡，臺榭茫茫宿草平。
今上按劍鯨鯢静，十年西顧瘡痍痛。
樞臣遠蕩萬里塵，中丞坐保一方命。
桓桓少年起元戎，文武斌斌為時用。
備兵余亦忝行間，所仗廟策與耆賢。
羽檄不飛公餘蚤，觀風聊問水石邊。
那堪寂寞空留沼，拓彼舊區成新曉。
宛宛帆檣細浪蹴，沉沉棟宇層陰杳。
萃藹孤亭送遠色，楊梅塢帶青山表。

① ［校］鼓門：《嘉靖寧志》卷七《文苑·詩·梅所》作“敲門”。

襄陽池傚習家風，武昌樓為待庾公。
不知何事袁宏至，滿坐春風咲語同。
春風咲語情未畢，注目平原又落日。
登高叔子古今愁，臨流洗馬百端集。
萬事人間只遽忽，歲月豪華逝者東。
欲遣身名常不朽，應須保此德與功。
樹德崇功莫暫息，願言戒之在安逸。

送盧藩之朔方　　唐　韋蟾

賀蘭山下果園成，塞北江南舊有名。
水木萬家朱户暗，弓刀千騎鐵衣明。①
心源落落堪為將，膽氣堂堂合用兵。
却使六番諸子弟，② 馬前不信是書生。

送散騎常侍赴朔方③　皇甫冉

故壘煙塵促，④ 新軍河塞間。
金貂寵漢將，玉節度蕭關。
散漫沙中雪，⑤ 依稀漠口山。⑥
人知寶車騎，計日勒銘還。

---

① ［校］千騎鐵衣明："騎"，《唐詩紀事》卷五八、《全唐詩》卷五六六《送盧藩尚書之靈武》均作"隊"。"明"，《唐詩紀事》卷五八、《全唐詩》卷五六六《送盧藩尚書之靈武》均作"嗚"。

② ［校］子弟：《唐詩鼓吹》卷四《送盧藩尚書之靈武》作"弟子"。

③ ［校］常侍：原作"常使"，據《皇甫冉詩集》卷三《送常大夫加散騎常侍赴朔方》、《唐百家詩選》卷十《送太常大夫加散騎常侍赴朔方》改。

④ ［校］煙塵促：此同《唐百家詩選》卷十《送太常大夫加散騎常侍赴朔方》，《皇甫冉詩集》卷三《送常大夫加散騎常侍赴朔方》作"煙霞後"。

⑤ ［校］散漫：此同《唐百家詩選》卷十《送太常大夫加散騎常侍赴朔方》，《皇甫冉詩集》卷三《送常大夫加散騎常侍赴朔方》作"澶漫"。

⑥ ［校］漠口：此同《唐百家詩選》卷十《送太常大夫加散騎常侍赴朔方》，《皇甫冉詩集》卷三《送常大夫加散騎常侍赴朔方》作"漢口"。

送李騎曹之靈武①　　郎士元②
一歲一歸寧，涼天數騎行。
河來當塞曲，山遠與沙平。
縱獵旗風卷，聽笳帳月生。
新鴻引寒色，③回日滿京城。

送鄒明府遊靈武　　賈島
曾宰西畿縣，三年馬不肥。
債多憑劍與，④官滿載書歸。
邊雪藏行逕，⑤林風透臥衣。
靈州聽曉角，客館未開扉。

送李騎曹靈州歸覲　　張籍
翩翩出上京，幾日到邊城。
漸覺風沙處，⑥還將弓箭行。
席箕侵路暗，野馬見人驚。
軍府知歸慶，應教數騎迎。

送靈州田尚書　　薛逢
陰風獵獵滿旗竿，白草颼颼劍戟攢。⑦

---

　　①　［校］送李騎曹之靈武：《文苑英華》卷二八四題作《送威衛李騎曹之靈武寧省》，《唐僧弘秀集》卷三題作《送李騎曹之武寧》，《正統寧志》卷下、《弘治寧志》卷八、《嘉靖寧志》卷三《靈州守御千户所》皆題作《送李騎曹之靈武寧侍》。

　　②　［校］郎士元：《文苑英華》卷二八四《送威衛李騎曹之靈武寧省》、《唐僧弘秀集》卷三《送李騎曹之武寧》均載此詩作者為僧人"無可"。

　　③　［校］寒色：原作"塞色"，據《文苑英華》卷二八四《送威衛李騎曹之靈武寧省》、《唐僧弘秀集》卷三《送李騎曹之武寧》、《正統寧志》卷下及《弘治寧志》卷八《送李騎曹之靈武寧侍》等改。

　　④　［校］憑：《長江集新校》卷三《送鄒明府遊靈武》作"平"。

　　⑤　［校］行逕：《長江集新校》卷三《送鄒明府遊靈武》作"行徑"。

　　⑥　［校］處：《張司業集》卷三《送李騎曹靈州歸覲》作"起"。

　　⑦　［校］劍戟：《文苑英華》卷二八一《送靈州田尚書》作"劍氣"。

九姓羌渾隨漢節，六州蕃落縱戎鞍。
霜中入塞琱弓硬，① 月下翻營玉帳寒。
今日路傍誰不指，② 穰苴門户慣登壇。

西征　　宋　張舜民

靈州城下千株柳，③ 總被官軍斫作薪。④
他日玉關歸去路，⑤ 將何攀折贈行人。⑥

至寧夏　　太學士　金幼孜

驛騎初秋別帝京，使旌今喜至邊城。
衣冠盡向花前合，車馬還從柳外迎。
藩府感恩心倍切，朝廷册命禮非輕。
極知白首蒙恩遇，謬忝皇華愧老成。

抵塞　　王崇古

銀漢遙天落，金微大地還。
何當歡會夕，翻若別離顔。
唧唧蛩吟户，嘹嘹鴈度關。
邊愁與秋思，紛沓鬢成斑。

西夏寒食遣興　　朱孟德　鎮人，庶吉士。

春空雲淡禁煙中，冷落那堪客裏逢。
飯煮青精顔固好，杯傳藍尾習能同。

---

① ［校］硬：《唐詩品彙》卷八九《送靈州田尚書》作"響"。

② ［校］路傍：《唐詩品彙》卷八九《送靈州田尚書》作"路旁"。

③ ［校］城下：《東原録》作"城外"。

④ ［校］總被官軍斫作薪：《宋史》卷三四七《張舜民傳》作"斫受降城柳為薪"。"斫"，四庫本《東坡志林》卷四作"砍"。"官軍"，原作"官司"，據《東坡志林》卷四、《東原録》、《仇池筆記》卷下、《畫墁集》卷四、《類説》卷十等改。

⑤ ［校］他日玉關歸去路："玉關"，《類説》卷十作"陽關"。"路"，《仇池筆記》卷下、《類説》卷十作"後"。

⑥ ［校］攀折：《類説》卷十作"扳折"。

錦銷文杏枝頭雨，雪捲棠梨樹底風。
往事慢思魂欲斷，不堪回首賀蘭東。

西夏端陽有懷二律

幾年令節侍鑾坡，五夜趨朝接珮珂。
八表風雲廻禁闕，九重恩露遍山河。
頒來内扇舒霞錦，賜出宮衣疊雪羅。
今日客窓懷往事，天涯漂泊奈渠何。

憶昔承恩御苑東，上林玉樹動薰風。
彩旗影裏馳千騎，寶盖陰中下六龍。
共訝錦毬揮翠落，[①] 競看白羽落彤弓。
侍臣此際皆稱頌，豈特揚威賦最工。

夏城坐雨　　李夢陽

河外孤城枕草萊，絕邊風雨送愁來。
一秋穿塹兵多死，十月燒荒將未回。
往事空餘元昊骨，壯心思上李陵臺。
朝廷遣使吾何補，白面慚非濟世才。

夏城漫興

行盡沙陘又見河，賀蘭西望碧嵯峨。
名存異代唐渠古，雲鏁空山夏寺多。
萬里君恩勞饋餉，三邊封事重干戈。
朔方今難汾陽老，誰向軍門奏凱歌。

塞垣秋興　　承廣　見《流寓》。

江山如畫幾興亡，天際秋雲自夕陽。
栗里陶潛書甲子，長沙賈誼愛文章。

---

① ［校］翠：《嘉靖寧志》卷七《文苑・詩・西夏端陽有懷二首》作"碧"。

鴈將南去驚寒意，菊為誰開作晚香。
不有醉狂書爛熳，老懷何處問時光。

別夏城　　**胡汝礪**　鎮人，兵部尚書。
倦倚蘭干把玉卮，水雲縹緲鬢糸差。
乾坤有路關榮辱，歲月無情管會離。
望裏山川都入畫，醉中鄉國謾留詩。
園花汀草皆生意，借問東風知不知。

夏城巡邊曉發　　**巡撫　楊守禮**
寂寞邊城道，春深不見花。
山頭堆白雪，風裏捲黃沙。
計拙心惟赤，愁長鬢已華。
晉雲連塞草，回首各天涯。

秋臺獨坐　　**孟霖**
獨坐更深銷篆香，月光滿地白於霜。
重門寂寂橫金鎖，何處鐘聲到畫堂。

夏臺秋感　　**唐鑑**
養素存吾拙，經時不下堂。
坐觀人事改，似與俗情忘。
葉落知秋感，蛩吟覺夜長。
此身渾是寄，何必問他鄉。

西夏遠眺二首　　**兵部侍郎　王遴**
孤客三春暮，登樓四望開。
崆峒橫地出，星海接天來。
節鉞資文武，恩威洽草萊。
左賢已款附，何處有塵埃。

載酒倚危堞，春風坐夕陽。

泉流通渭曲，野色盡秦疆。

看劍悲時事，長歌戀故鄉。

誰知班定遠，勳烈在殊方。

柬劉默菴僉憲

益津雲樹杳天涯，持節虛勞漢使槎。

凫浴鷺飛應自得，桃紅李白幾村斜。

賀蘭山下霜封戍，靈武台邊月照沙。

誰念班超身萬里，蒙戎馬上奏胡笳。

西夏思吳太恒　　巡撫　羅鳳翱

十年勤夢想，西夏續歡顏。

人自丹霄下，望從北斗懸。

談邊脫爾我，推轂讓才賢。

誰憶燕川柳，霜花倏滿顛。

北城樓元夕落成　　巡撫　周光鎬

巍巍重峙擁飛軒，皎月河山倚塞垣。

雪浚冰城流影靜，風迴火樹吐花繁。

閭閻漸喜生春色，鑰鑰空慚在北門。

拊髀此宵思古將，當筵命騎奪崑崙。

中丞黃公梓山邀飲命我樓　　閱邊御史　黃陛

城上登樓望朔方，目窮千里盡遐荒。

制新兵火摧殘浚，基繞山河百二疆。

塔影半懸憑檻外，天風陡入振衣傍。

相攜倚玉噙懷壯，潦倒何須問夕陽。

登北城樓漫賦呈王憲副　　叅政　尹應元

釃酒凭高眼界開，賀蘭千嶂欝崔嵬。

城頭樹色連沙磧，塞上春風入草萊。
兵罷郊原猶故壘，樓頭歌吹想餘灰。
安危重鎮須公等，薄劣慚非濟世才。

楊大中丞楚璞留飲豫順堂賦贈二律　　閱邊御史　黃彥士

上相旌旄出上台，小堂遥枕朔方開。
山連大漠飛霜迥，地逼黃河出塞來。
禹貢不臣荒服國，漢皇空上單于臺。
清時帷幄多閒暇，客到何妨數舉杯。

使槎七月犯星河，幕府逢迎禮數多。
客裏衣裳驚歲晚，天涯風雨怯秋過。
黑山鼙鼓閒驃騎，紫塞壺觴老伏波。
借問古來專閫者，幾人無事聽夷歌。

和黃武皋侍御韻① 　　巡撫　楊應聘

行邊執法動星台，河朔旌旗次第開。
雉堞雲連隨指顧，龍沙風靜畏威來。
新秋爽入清砧畔，佳句多因古戌臺。
為憨塵勞聽借箸，淹留客座一啣杯。

萬壘千屯跨兩河，朔方形勝此間多。
商霖偏逐驄車沛，漢法寬從使節過。
傍水離離猶半菽，沿山濯濯待餘波。
虛閒暇日真堪惜，忍聽金堤瓠子歌。
時久旱，始得雨，又苦河決，故及之。

至靈州　　齊之鸞

復入人煙境，村墟雞犬聞。

---

① 《和黃武皋侍御韻》詩共兩首。

沙黄偏映日，樹緑正連雲。
古道流河潤，高嵐壓虜氛。
服箱轅下犉，東餉馬池軍。

靈州留别中丞朱龍岡年丈二律　　王遴
憶昔承恩日，多情幸有君。
相看俱白髮，獨愧附青雲。
惜别關山遠，霑衣岐路分。
僕夫催驛騎，咄咄不堪聞。

匹馬靈州道，春風聽鳥蠻。
欲酧明主意，敢望此身閑。
共醉河湟外，相期宇宙間。
百年會有盡，惆悵鬢毛班。

楊得章監憲賀蘭山圖　　元　貢泰父[①]
太陰為峯雪為瀑，萬里西來一方玉。
使君坐對蘭山圖，[②] 不數江南衆山緑。

將至寧夏望見賀蘭山[③]　　**金幼孜**
匹馬何時出帝關，[④] 今晨初見賀蘭山。
風沙近塞居人少，斥堠連雲邏卒閒。
白海堆塩封磧外，黄河引水注田間。
邉城按堵全無警，聖德於今徧百蠻。

---

① 貢泰父：即元朝貢師泰，字泰甫，《元史》卷一八七有傳。

② ［校］蘭山圖：《玩齋集》卷五、《御定歷代題畫詩類》卷二七《題楊德章監憲賀蘭山圖》皆作“賀蘭圖”。

③ ［校］將：此字原脱，據《正統寧志》卷下《題詠·將至寧夏望見賀蘭山》、《弘治寧志》卷八《雜詠類·將至寧夏望見賀蘭山》補。

④ ［校］關：原作“闕”，據《正統寧志》卷下《題詠·將至寧夏望見賀蘭山》、《弘治寧志》卷八《雜詠類·將至寧夏望見賀蘭山》改。

出郊觀獵至賀蘭山

賀蘭之山五百里，極目長空高插天。
斷峯迤邐煙雲潤，古塞微茫紫翠連。
野曠旌旗明曉日，高風鷹隼下長川。
昔年僭偽俱塵土，猶有荒阡在目前。

巡行登賀蘭山　　僉政　吳鴻功

潦倒浮生莫問年，相看意氣賀蘭邊。
深林隱映豺狼舞，峭壁嶙峋雲日懸。
九點神州落杖底，一聲長嘆震胡天。
飄然我欲遺身世，蘿月松風乞大還。

前題　　尹應元

何緣携手賀蘭顛，一望華夷在眼前。
萬木常籠青嶂日，孤嶒倒映白雲天。
胡人湩酪山中獻，漢使聲名域外傳。
笑指穹廬休遁避，壯心直欲掃祁連。

〔前題〕　　副使　王道增

尹廉憲吳僉伯登賀蘭，余以後不獲從，賦此以志神遊。

峭壁插空翠欲流，賀蘭名勝跨神州。
招尋羨爾饒佳句，牢落憐予阻壯遊。
萬疊芙蓉足底現，八千世界望中收。
平生煞有吞胡志，願與勒銘最上頭。

登賀蘭山脩赤木口　　楊守禮

曉登赤木口，萬壑怒生風。
良馬猶驚險，衰身欲墮空。
籌邊不計苦，淨虜豈言功。
沙裏三盃酒，出山見月東。

入山勞士

冒暑巡行不憚難，籌邊為國敢偷安？

蚊虻撲面孤臣血，烽火驚心六月寒。

古塞山靈剛送雨，高城雲爽暫停鞍。

君王自有南風調，萬里煙塵一望殘。

山中夜坐

絕塞通胡地，孤臣夜坐時。

閑雲歸岫遠，新月上山遲。

據險重關固，勒名萬里奇。

不須愁老大，忠孝是男兒。

再登赤木口①

昔年荒落無人蹟，此日從容有客來。

為道邊城堪保障，不妨尊酒共徘徊。

夕陽摛皴明金戟，寒霧衝風拂草萊。

寄語長安諸俊彦，平胡還待濟時才。②

途中口占

庚子十月念七日，摛皴揚兵入賀蘭。

仙客多情挤我醉，名山有意待人看。③

籌邊喜見重城固，報國羞稱萬戶安。

分付胡兒莫作惡，霜風烈烈陣雲寒。

和赤木口④　　孟霖

重關絕壁巇崔嵬，立馬煙嵐撲面來。

---

① ［校］再登赤木口：《嘉靖寧志》卷七《文苑·詩》題作《赤木口》。

② ［校］時才：原作"世才"，據《嘉靖寧志》卷七《文苑·詩·赤木口》改。

③ ［校］有意：《嘉靖寧志》卷七《文苑·詩·途中口占》作"無主"。

④ ［校］和赤木口：《嘉靖寧志》卷七《文苑·詩》題作《奉和宿赤木口》。

石上壺觴供笑詠，雲間旌斾且徘徊。

龍沙戍卒閑戈戟，鳥道樵歌度草萊。

誰謂禦戎無上策，人將霹靂比公才。

和途中口占①

追隨旌節此遊觀，曉日繁霜滿賀蘭。

沙徑曲穿丹壑入，石巒高倚白雲看。

恩加藩鎮連營壯，關阻天驕絕塞安。

喜見干戈作歌舞，邀賓載酒犯隆寒。

赤木口勞軍贈傅遊戎

携醪尋上將，駐馬對群峯。

虎帳依沙磧，龍泉挂古松。

獨營關塞嶮，應息戍樓烽。

勵爾平胡志，終期定遠封。

入口犒軍

出塞橫雙戟，驅兵仗虎臣。

蘭山含積雪，五月未知春。

鐵馬衝風疾，雲旗耀日新。

登高眺朔漠，萬里絕胡塵。

和赤木口二律②　　潘九齡　鎮人，四川布政。

不因築塞驅胡遠，安得今朝策馬來。

深幸有緣陪眺望，敢辭多病倦遲徊。

風喧鼙角驚沙鳥，雲擁旌斾度嶺萊。

千里平原盡樵牧，中丞原是不几才。

---

① ［校］和途中口占：《嘉靖寧志》卷七《文苑·詩》題作《奉和途中口占》。

② ［校］和赤木口：《嘉靖寧志》卷七《文苑·詩》題作《奉和赤木口》。

范老提兵遙出塞，偶隨旌節到西蘭。
風前野鹿將群避，谷口寒花帶笑看。
百堵當關千仞險，一勞為國萬年安。
懸知此後烽煙息，共說旆裘膽已寒。

和途中口占①　　張炌　鎮人，舉人。
用世才高剷萬難，奇功不羨破樓蘭。
斁章鸚鵡賦中律，名姓麒麟閣上看。
人於赤烏歌姬旦，天為蒼生起謝安。
西邊正得韓公力，黠虜聞名膽自寒。

峽口山　　張舜民
青銅峽裏韋州路，② 十去從軍九不回。
白骨似沙沙似雪，③ 獡君莫上望鄉臺。④

拜寺口⑤　　安塞王　樗齋
風前臨眺豁吟眸，萬馬騰驤勢轉悠。
戈甲氣消山色在，⑥ 綺羅人去輦痕留。
文殊有殿存遺址，拜寺無僧說舊遊。⑦
紫塞正憐同罨畫，可堪回首暮雲稠。

巡邊望白寺口　　羅鳳翱
午夏翻旌蓋，閲關到水西。

---

①　［校］和途中口占：《嘉靖寧志》卷七《文苑·詩》題作《奉和途中口占》。

②　［校］青銅峽：“青銅”，《仇池筆記》卷下、《東原録》作“青岡”。“峽”原作“硤”，據《東坡志林》卷四、《東原録》、《仇池筆記》卷下、《畫墁集》卷四、《類説》卷十等改。

③　［校］沙沙：《仇池筆記》卷下作“山山”。

④　［校］獡君莫上望鄉臺：“獡君”，四庫本《東坡志林》卷四、《仇池筆記》卷下、《畫墁集》卷四等均作“將軍”。“莫上”，《東原録》、《畫墁集》卷四均作“休上”。

⑤　［校］拜寺口：《弘治寧志》卷八《雜詠類》題作《蘭山懷古》。

⑥　［校］消：《弘治寧志》卷八《雜詠類·蘭山懷古》作“銷”。

⑦　［校］說：《弘治寧志》卷八《雜詠類·蘭山懷古》作“話”。

沙城連塞草，龍剎映晴靈。

亘地會巒障，矦天喬木齊。

從來形勝具，胡馬望中迷。

入打磑口　　楊守禮

打磑古塞黃塵合，疋馬登臨亦壯哉。

雲逗旌旗春草淡，風清鼓吹野烟開。

山川設險何年廢，文武提兵今日來。

收拾邊疆歸一統，憨無韓范濟時才。

宿平羌堡

駐節平羌堡，殘霞入照多。

塞煙浮土屋，衰草藉山河。①

立馬傳新令，張燈奏凱歌。

明朝應出塞，鼙鼓萬聲和。

和前韻②　　潘九齡

野色寒猶淺，烟花暮漸多。③

孤雲飛樹杪，斜日下城阿。

馬首敲佳句，尊前聽雅歌。

山村無夜警，地利更人和。

和前韻　　孟霖

山城屯虎旅，日暮覺寒多。

荒草連河浦，驚沙暗岫阿。

遙臨百戰地，坐對一罇歌。

虜已寒心膽，橫戈未許和。

---

① ［校］山河：《嘉靖寧志》卷七《文苑·詩·宿平羌堡》作"山阿"。

② 潘九齡、孟霖、劉思唐《和前韻》均指和楊守禮《宿平羌堡》，《嘉靖寧志》卷七《文苑·詩》題作《奉和宿平羌堡》。

③ ［校］烟花：《嘉靖寧志》卷七《文苑·詩·奉和宿平羌堡》作"煙光"。

和前韻　　劉思唐　鎮人，浙江、山西提學副使。

十月胡霜滿，邊聲出塞多。

旌旗明夕照，茄皷振巖阿。

已見三軍飽，仍聞一范歌。

行當靖沙漠，羌虜莫言和。

入平虜城①　　楊守禮

黃風吹遠塞，暝色下荒城。

門掩鐘初度，人喧雞亂鳴。

胡笳如在耳，軍餉倍關情。

惆悵渾無寐，隔簾山月明。

至威武堡三律②　　齊之鸞

候物催屯種，肩輿歷塞塵。

水縈三岔曉，渠動七星春。

花氣酣歌鳥，荊叢翳鬭鶉。

麥畦青未了，路有告饑人。

鹵泛春畦白，陽回臘麥青。

山形夷夏界，渠利漢唐經。

燕早花前乳，鶯遲雨後聽。

客心淹冉冉，江樹望冥冥。

朔氣疑常閉，③ 春深始見花。

山青橫鳥道，日白鬧蜂衙。

土屋耕夫墅，雲峯戰士家。

---

① ［校］入平虜城：《嘉靖寧志》卷一《寧夏總鎮·北路平虜城》題作《晚入平虜城》。

② ［校］至威武堡三律：《嘉靖寧志》卷七《文苑·詩》題作《將至威武堡三首》。

③ ［校］常：《嘉靖寧志》卷七《文苑·詩·將至威武堡三首》作“長”。

賽帷把殘籍，不記在天涯。

登廣武遠眺　　總制　王瓊

鳴沙古渡急鉦笳，鐵騎雲屯曉濟河。
廣武人稀非土著，棗園田少盡徵科。
赫連故壘遊麋鹿，元昊遺宮長薜蘿。
試問守邊誰有策？老臣憂國鬢雙旛。

橫城石馬頭　　羅鳳翱

長城迤邐到河壖，玉塞艱危此地偏。
白浪經餘惟半址，胡騎突越若平川。
於今甃石連雲起，喜見雄關似鐵堅。
點虜知灰遊獵念，將軍還急慎烽煙。

寧河臺成登眺二首

津口新成百尺臺，深秋登望戍烟開。
蘭山直艮北荒去，河水遙從西極來。
漠漠白沙伏毳幕，茫茫綠野徧農垓。
清平渾似中原地，干羽風光始見回。

高臺雄峙大河東，繚以崇垣鐵壁同。
自是渡頭成險地，頓令旅次息憂戎。
北瞻近接石城護，南望遙連湖堠通。
寄語匈奴遵市戒，漢家梟將待俘功。

登橫城北望楊邃菴〔一清〕所築邊墻①　　齊之鸞

新墉山立界華夷，元老忠謀世莫知。
流俗眩真人異見，② 宏規罷役歲興師。

---

① ［校］北望：《嘉靖寧志》卷三《靈州守禦千户所·屬城》"橫城堡" 條作 "北眺"。
② ［校］真人：《嘉靖寧志》卷三《靈州守禦千户所·屬城》"橫城堡" 條作 "貞人"。

萬夫版築憂公帑，千里生靈借寇資。
試問邇來胡出没，何緣不自橫城窺。

九日登清水營城

朔方三度重陽節，河曲干旄歲歲忙。
鬢髮已甘塵路白，菊花猶送塞垣黃。
中丞疏有回天力，太宰功兼縮地方。①
雲外好呼南去鴈，繫書先為報江鄉。

過韋州② 總制 王越

韋州原是舊韋州，古徃今來恨未休。
有酒不澆元昊骨，無詩可吊仲淹愁。③
秦川形勢通西夏，河朔襟喉控上流。
借問螽山山下路，幾人從此覓封侯。

宿小塩池 總制 石茂華

弭節塩池側，秋光淡戍臺。
鴈聲雲外堕，夜雨樹間來。
猛士安能得，邊愁不可裁。
長歌聊徙倚，或有伏車哀。

興武暫憩④ 總制 楊一清

簇簇青山隱戍樓，暫時登眺使人愁。
西風畫角孤城曉，落日晴沙萬里秋。
甲士解鞍休戰馬，農兒持券買耕牛。

---

① ［校］縮：《嘉靖寧志》卷三《靈州守禦千户所·屬城》“清水營”條作“踏”。
② ［校］過韋州：《弘治寧志》卷八《雜詠類》題作《韋州》。
③ ［校］仲淹：《弘治寧志》卷八《雜詠類·韋州》作“杜陵”。
④ ［校］興武暫憩：《弘治寧志》卷八《雜詠類》題作《興武營》，《雍正陝志》卷九六、《御選明詩》卷七六、《明詩綜》卷二八皆題作《孤山堡》。

翻思未築邊墙日，^① 曾得清平似此不。

駐兵花馬池　　王瓊

奮蹟並汾五十年，桑榆日暮尚行邊。
胡盤河朔千營月，兵擁長城萬竈煙。
駝馬雨餘鳴遠塞，牛羊秋夕下高阡。
秦皇漢武開邊事，俯仰乾坤一慨然。

九日登花馬池城

白池青草古塩州，倚嘯高城豁望眸。
河朔氈廬千里迥，涇原旌節隔年留。
轅門菊酒生豪興，雁塞風雲愜壯遊。
諸將祇今多衛霍，佇看露布上龍樓。

駐花馬池　　楊守禮

六月遥臨花馬池，城樓百里間華夷。
雲連紫塞柝聲遠，風捲黃沙馬足遲。
名利一生空自老，是非千載不勝悲。
長安東望三千里，早把平胡頌玉墀。

花馬池詠　　副使　崔允

秋風攬轡下邊城，萬里河流繞騎清。
罇俎試看酣壯節，壺觴到處迓行旌。
寒驕強弩雲傳箭，颷轉輕車火作營。
慷慨十年長劍在，登樓一笑暮山橫。

午日寓花馬池　　孟霖

冉冉年將半，邊隅始似春。

---

① ［校］翻思：此同《弘治寧志》卷八《雜詠類·興武營》，《雍正陝志》卷九六、《御選明詩》卷七六、《明詩綜》卷二八《孤山堡》皆作“回思”。

城多戎馬色，地與犬羊隣。

綵索悲殊俗，蒲觴醉遠人。

坐看雲日度，一倍惜芳辰。

中秋同霍軍門長城關對月　　　王崇古

愛爾清秋月，長城此共看。

邊聲傳大漠，朔氣動皋蘭。

已照沙場骨，猶懸拜將壇。

壯猷瞻漢霍，乘月靖呼韓。

中秋同蕭地部、曹右轄、方憲使長城對月

塞上中秋已慣經，今宵那似去年晴。

萬里荒城虛永夜，千家征戍負雙清。

世態侵尋羞影景，羌吹嘹唳雜邊聲。

何當靖掃天階暈，捧日丹霄頌月明。

〔識慶二律〕

九月師旋，月圍風暈，命占者依古法靨之。適虜衆縱火燒營，須臾風旋火熄，衆感神佑，識慶二律。

漢將首傳祭返風，玄神原自鑒精忠。

逆焰未燔雲鳥陣，回飈先燒駱駝峯。

風后有靈騰王氣，火師無敵震威旌。

聞道天兵方大閱，共瞻休覘慰宸衷。

午夜軍行月暈封，兆翻風色亙長空。

天驕煙熸燎原黑，大將旌幢映野紅。

已遣靈符旋赤御，試揮雄劒斷妖虹。

孤臣未解廻天力，惟有丹心對上穹。

〔慶迓詩〕

中秋夜，聞南海龐悍菴臺長弨節鐵柱泉城，時海寇報平，詩代慶迓。

嶺海關山賦壯遊，孤城新月共清秋。
雛鳳已瞻馳驥足，人龍應許並仙舟。
鐵柱銘泉勞駐馬，金城圖畧待封侯。
四方多難心同赤，喜報瓊山蟣蝨收。

花馬行臺留一菴王年丈話舊　　王遴
花馬池邊已仲春，天涯何事促征輪。
柳絲欲展寒仍怯，雁陣將還煖未勻。
幸有清尊供夜語，漫憐預劍靜胡塵。
廿年樞省同遊日，空使霜花滿鬢新。

登長城關望闕　　總制　郜光先
河山百二拱京華，制虜安邊據上牙。
紫塞風清閑戰馬，黃河月皎息胡笳。
徹桑未兩金湯壯，仗劍冲霄星斗斜。
順治威嚴全盛日，五雲深處頌亨嘉。

東關脩竣二絕句　　孟霖
築城役罷雪連山，河水流澌不可還。
萬竈炊煙迷漢壘，千群鐵騎簇胡關。

草深沙濶曉霜殘，西望胡雲是賀蘭。
龍笛只吹征戍曲，狐裘不禦塞垣寒。

長城關遠眺　　總制　李汶
驅車直上傍烟霞，到處羊腸石徑斜。
遠岫逶迤抱雪谷，翠微陡絕搏風沙。
三春不解氈裘服，五月始開桃杏花。
狼望龍城近在掬，篤心別是一天涯。

兀署即事

旅邸凄凄晝掩帷，斜陽夕下總堪悲。
古今物理海三變，賢聖勳名梁一炊。
躍冶鏌鋣翻自咤，歸林鵁鵲尚多慚。
杖藜强起看雲色，儵忽東西望欲迷。

塩川中秋對月獨酌有感

東來皓魄壯清眸，景物凋殘已蓐收。
一點寒光徐透榻，十分彩色正當樓。
婆娑欲問槎回渚，宛轉難停杞抱憂。
月是主人身是客，仰看河漢又西流。

〔駐鐵柱泉有感〕

駐鐵柱泉，懷徃歲卜虜穿塞入銀、麟，邊報錯至。

泉開鐵柱水流澌，地主依然獻饟時。
夢斷翻嫌雞唱早，憂來却恨雁書遲。
寸心靡鹽攄臣節，百戰于襄荅聖知。
客歲羽飛還此日，匈奴已報入東籬。

九日飲長城關

倚劍危樓强作驩，河南疆場漢衣冠。
天空乍喜凝眸遠，體健猶懷散步難。
塵柄坐譚人送酒，狼煙猝起客登壇。
窮荒又没燕然石，壘嶂惟餘山色寒。

十月班師還鎮

首秋行塞上冬回，箛皷班聲奏凱來。
野檣既同除壁壘，羽林不動走風雷。
兩階且喜黃虞澤，長駕還須頗牧才。
漫許肖翹相喘息，降城舊堞目中開。

〔長城關飲眺四首〕　　周光鎬

秋日，同總督李次溪先生長城關飲眺，辱示紀事四詩賦荅。

樞府秋臨古朔方，尊前談笑策封疆。

傳呼正肅貔貅令，整暇還行燕喜觴。

毳幕霜零沙草白，虎旌風捲寒雲黃。

長驅共說犁庭事，落日雄心滿大荒。

三秦節鎮蚤知名，上將仍親秉鉞行。

劍珮中朝推舊德，風雲絕塞奉新盟。

初驚橄下斿裘遄，更喜交論縞紵情。

華髮丹心同報主，敢勞宵旰問西征。

文茵玉帳幾追隨，高閣凌秋駐羽麾。

飲御總談司馬法，橐韃喜屬丈人師。

天清玄闕推胡壘，地坼黃河遶漢旗。

露布正看題報後，又傳吉甫有新詩。

鎖鑰西陲百二州，高筵獨敞萬峯秋。

營連大漠胡天盡，馬飲長城瀚海流。

此日廟謨甲撻伐，古來荒服重懷柔。

涓埃未効慙多負，潦倒歸心付狎鷗。

〔良晤長城關四首〕　　總制　劉敏寬

秋日，楊楚璞中丞撫臨，良晤長城關四首。

樓臺矗矗冠層巒，天限華夷樹大觀。

縹緲烟霞隨劍履，橫斜星斗亂旌干。

頻憑駝嶺臨河套，遙帶銀川挹賀蘭。

函谷玉門堪鼎足，金城百二入安瀾。

袤延萬里舊城隍，勝闢重關鎮朔方。

百雉惟嚴誰猾夏，一丸不塞自來王。

弢戈闑外歸胡馬，釃酒天邊舞越裳。

莫訝祖龍勤遠畧，中原千古恃金湯。

邊關秋杪迓行驄，報道祁連早掛弓。

颯颯朔風三窟遠，娟娟涼月萬山空。

譚兵樽俎襟期壯，籌國經綸意氣同。

警蹕聲從雲際落，胡兒稽首浪沙中。

千里神交歲月淹，戍樓邂逅一掀髯。

狂瀾昔仗中流砥，虜燄今從前箸燅。

登眺晴嵐來遠岫，獻酬瑞靄簿疎簾。

旌旄逖發英風在，自此窮荒作具瞻。

長城關同劉定宇老先生飲眺和荅①　　楊應聘

秋風乘障度晴巒，萬里長煙此縱觀。

組練新明司馬法，公初防。旌旄載舞有虞干。

登臨感興思橫草，邂逅論交藹臭蘭。

百二河山歸鎖鑰，何憂瀚海起狂瀾。

崢嶸壁壘壯城隍，自古雄圖道朔方。

德水朝宗開上國，龍沙環向伏名王。

憑陵宇宙過樓櫓，管領華夷羨袞裳。

何幸步趨隨指顧，樽前石畫總金湯。

元老行邊此駐驄，功高竚聽賦彤弓。

開軒移日襟懷爽，把酒臨風眼界空。

獨抱兵機黃石秘，相將王事赤心同。

慇懃借箸籌邊意，點虜原來在目中。

---

① 《長城關同劉定宇老先生飲眺和荅》詩共四首。

晝接勞謙客座淹，譚兵慷慨對掀髯。
遥天寥落雲霞蕩，古戍平臨烽火燄。
歌入笳聲翻塞曲，情深杯酌敞欞簾。
餘光携散蘭山色，翹首星辰倍仰瞻。

興武形勢①　　僉議　丘璐
沙磧茫茫忽見城，相傳原是李王營。
皇家建閫屯千騎，軍國經儲積萬楹。
稼穡寡秋人重粒，牛羊多息野無苹。
來遊莫訝人烟少，舊斬樓蘭有傅卿。

長城謁鑑翁　　司馬　王業　鎮人，山東霑化知縣。
共逐秋風之塞上，謁今司馬舊都臺。
貔貅養鋭停宵柝，犬豕聞風遯海隈。
讜論六條驚抗疏，高情幾度載傳杯。
軍中有范邊人倚，只恐廷宣濟世才。

癸丑防秋過暖泉亭②　　憲臬　周懋相
一泓澄碧玉，纍石傍亭明。
沁骨清形色，流光入壯薈。

壬子行邊暖泉暫憩③　　憲臬　文球
涓涓曲水遶山河，獨喜陽春此地多。
蕩盡腥羶流不竭，洗兵何用挽天河。

---

① ［校］興武形勢：《弘治寧志》卷八《雜詠類》、《嘉靖寧志》卷七《文苑·詩》均題作
《興武營東傅協僉》。

② 癸丑：萬曆四十一年（1613）。

③ 壬子：萬曆四十年（1612）。

前題　　憲臬　劉尚朴

驅車歷旱海，此際水泓然。

脈涌崑崙石，溫生黍谷泉。

蓬蘆清眼界，桝樹媚風烟。

為念荷戈士，投醪惠百川。

出塞曲五首　　諭德　王用賓

河套從來是漢畿，受降城址尚依稀。

秋高豐草連雲合，遂使長驅胡馬肥。

賀蘭山下羽書飛，廣武營中戰馬肥。

壯士爭誇神臂弩，打圍先射白狼歸。

鼓吹喧闐戰士歡，旌旗搖曳塞雲寒。

胡兒莫肆侵凌志，今日軍中有范韓。

青草湖邊春水明，① 黃雲塞口暮雲平。②

健兒躍馬橫金戟，直破天驕第一營。

煌煌烽火照邊疆，虜騎如雲寇朔方。

聞説將軍調戰馬，明朝生縛左賢王。

出塞二首　　尚書　唐龍

將軍朝出塞，漠外振雄兵。③

遠布熊羆陣，長聯虎豹營。

劒鳴瀚海立，旗耀賀山明。

---

① ［校］春水：《嘉靖寧志》卷七《文苑·詩·出塞曲》作"春月"。

② ［校］黃雲：《嘉靖寧志》卷七《文苑·詩·出塞曲》作"黃榆"。

③ ［校］振：《嘉靖寧志》卷七《文苑·詩·出塞詩》作"揚"。

夜半風聲起，胡兒帳裏驚。

秋風吹古邊，秋草迷胡天。
甲士森持戟，材官滿控弦。
虹明旗正正，雷擊皷填填。
虜遁黃河窟，俄消萬堞煙。

次出塞二律　　都御史　楊志學

胡騎消河曲，[①]　頻年未罷兵。
千山嚴堠火，萬竈列軍營。
白草經霜萎，黃沙射日明。
先聲傳塞外，直使虜魂驚。

虎節控三邊，鸞書下九天。
諸軍爭出塞，萬弩盡鳴弦。
捷報兵威振，歡騰皷韻填。
勳名真第一，端合紀凌煙。

賦出塞　　郜光先

塞草冬霜白，寒風冷鐵衣。
囊戈慚豹畧，錦服愧魚飛。
隴水蕭關急，戍樓漢月微。
邊行隨小隊，酋首獻羊歸。

秋征　　總兵　蕭如薰

新秋呈霽色，塞草正丰茸。
杞樹珊瑚果，蘭山翡翠峯。
出郊分虎旅，乘障息狼烽。
坐乏紓籌策，天威下九重。

---

① ［校］消：《嘉靖寧志》卷七《文苑·詩·次出塞詩》作"潛"。

定西大捷詩四首　　劉敏寬

曙色祥光細柳營，元戎十乘啓邊城。
投鞭叱咤洪流斷，破壘追奔華嶽傾。
群醜降心歸絕漠，名王唾手擊長纓。
鐃歌喧雜金颷送，露布翩翩帶月明。

堂堂幕府盡長籌，鼎沸妖氛一鼓收。
鞠旅幾曾先漢過，除兇誰復玩夷酋。
巍峩雁塞西風競，寂寞龍沙暮靄愁。
共較忠猷期報主，策勳端不覓封侯。

頻年寰寓頌昇平，叵奈天驕數弄兵。
叠宕風雷三鎮合，留連塗炭一朝清。
豐碑紫塞聲靈遠，京觀青山峷崒並。
聖主無煩西顧念，行看瀚海伏長鯨。

如林飛將徧龍堆，胡馬驕嘶動地來。
大纛高揮紅日暗，長車怒踏彩雲開。
百年王氣申河朔，三窟遊魂散草萊。
群力總由群策屈，帥師原自冠軍才。

定西捷詩次韻四首　　楊應聘

烽火經旬接虜營，兵符夜出朔方城。
羯奴動地方滋蔓，飛將從天已定傾。
俘馘祇申周薄伐，鞭箠不數漢長纓。
九重西顧勤宵旰，捷奏應知慰聖明。

驚秋鼙鼓動邊籌，滿目煙塵此日收。
乍聽指麾齊約法，便傳膽破走名酋。
晴開赤幟軍前曉，風逐黃雲塞外愁。

馬上鐃歌喧獻凱，燕然第一羨君侯。

河朔陰氛孰掃平，將軍枹鼓振天兵。
止戈共贊師中武，洗甲還看境上清。
紓難三秋車轂共，提衡七萃爪牙並。
論功紀勝沙場處，京觀隆隆盡戮鯨。

行營直逼犬羊堆，連帥長驅怒逆来。
甲冑風雷山岳吼，旌旗日月壁門開。
猖狂鳴鏑膏原堲，潰遁悲笳痛草萊。
元凱從来稱武庫，知人善斷属雄才。

定西捷詩二首　　按察使　張崇禮

良將功成日，誰云萬骨枯。
旋師完趙璧，□虜定秦隅。
夜月妖氛淨，秋雲王氣都。
山河若帶礪，千載豔麟圖

又

白馬將軍出賀蘭，天聲虩虩動烏桓。[①]
金戈映日丹心炯，鐵騎嘶風驕膽寒。
聖主更無宵旰慮，生民時見鑿耕安。
他年青史標題處，定遠營平未足嘆。

定西捷詩二首　　佥政　趙可教

鵲印當年繫肘邊，還將一劍破樓蘭。
請纓壯志河山動，繫頸勳名日月懸。
萬里煙銷清禹甸，八方雲淨見堯天。
如今乞欵来王日，宗社憑君一轉旋。

---

① ［校］烏桓：原作“烏垣”，據古代族名用字改。

黄雲秋色草芊芊，喜見元戎奏凱旋。
自是將門原有種，敢誇國士更無先。
霜飛介胄豺狼遠，雷動韜裘心膽寒。
捷書飛報龍顔喜，早晚恩綸下九天。

定西捷詩二首　　總兵　杜文煥
朔方才喜净胡塵，又見邊聲急震鄰。
雜虜横行如火烈，諸軍堅壁自雲屯。
纓冠義切寧違命，蹈刃心雄肯愛身。
獨絶三師先陷陣，保全疆場報楓宸。

微生多幸藉雄圖，四戰功成靖兩隅。
追殺雖由師武力，發縱全仗衆文謨。
軍門授律龍韜遠，開府持籌豹畧紆。
和克名成功不細，河山帶礪自恩殊。

宴麗景園①　　金幼孜
偶客夏臺逢九日，賢王促召宴名園。
柳間雜遇求鞍馬，②花裏追陪倒酒尊。
白露滿池荷葉净，凉飈入樹鳥聲繁。
綺筵寶瑟真佳會，傾倒何妨笑語諠。

麗景園侍宴③　　路昇④　　鎮人，儀賓。
煌煌玉仗映晴暾，曉出清和第一門。

① ［校］宴麗景園：《正統寧志》卷下《題詠》、《弘治寧志》卷八《雜詠類》均題作《九日宴麗景園》。
② ［校］遇：《正統寧志》卷下《題詠》、《弘治寧志》卷八《雜詠類·九日宴麗景園》均作“選”。
③ ［校］麗景園侍宴：《弘治寧志》卷八《雜詠類》題作《和慶藩遊麗景園韻》。
④ ［校］路昇：原作“路升”，據《弘治寧志》卷八《雜詠類·和慶藩遊麗景園韻》、《嘉靖寧志》卷二《遊觀》“麗景園”條改。下同。

百姓盡瞻龍袞貴，群化都護牡丹尊。
留人好鳥啼深樹，挾雨孤雲入遠村。
三十餘年陪宴賞，不才何以荅深恩。

金波湖棹歌①　　僧　静明
畫船搖向藕花西，② 一片歌聲唱和齊。
黃鳥也知人意樂，時時來向柳邊啼。

遊金波湖③　　文學　劉鼎
載酒東湖作勝遊，魚歌桃浪泛蘭舟。④
杜陵野老今何處，細柳新蒲綠滿洲。

登宜秋樓二絶句　　慶靖王
亭臯木落水空流，隴首雲飛又早秋。
白草西風沙塞下，不堪吟倚夕陽樓。

樓頭悵望久躊躇，目送征鴻向南去。
黃沙漫漫日將傾，總是江南客愁處。

遊南塘　　楊守禮
小艇容賓主，乘閑半日遊。
隔簾人喚酒，泊岸柳迎舟。
垂釣雙魚出，随波一雁浮。
夕陽催去馬，清興轉悠悠。

---

① 《金波湖棹歌》詩共有 10 首，此為其中一首，參見《正統寧志》卷下《文》。
② ［校］搖向：原作"搖過"，據《正統寧志》卷下《文》、《弘治寧志》卷八《雜詠類·金波湖棹歌》改。
③ ［校］遊金波湖：《弘治寧志》卷八《雜詠類》題作《東湖泛舟》。
④ ［校］魚歌：《弘治寧志》卷八《雜詠類·東湖泛舟》、《嘉靖寧志》卷二《遊觀》"金波湖"條均作"漁吹"。

再遊得魚字韻①

罷舞徵新曲，傳觴索饌魚。

南風催棹急，細雨入簾疎。

映酒花偏媚，藏鶯柳任舒。

相逢俱是客，爛醉意何如？

又得寒字韻

南風吹桂楫，長晝集衣冠。

灘鳥驚瑤瑟，池魚薦玉盤。

山光隨棹轉，水氣入簾寒。

談笑平胡虜，勳名勒賀蘭。

南塘泛舟　　恤刑郎中　陳棐

長夏陰陰柳帶烟，將軍清酒載樓船。

遠山倒浸光浮座，低樹隨波影入筵。

胡月不驚黃硤口，麥雲已熟黑山田。

主人愛客還希范，豈慕風流學水仙。

南塘舟讌　　孟霖

畫艇羅英彥，澄湖漾綠萍。

緩隨波上鳥，數過柳邊亭。

遠嶂晴雲白，孤城晚樹青。

歌殘軒騎動，林外已疎星。

同客泛舟分臣字韻

綵鷁隨流去，清遊滿座賓。

湖空鷗鷺下，岸遠芰荷新。

雲影搖歌席，波光映舞人。

---

① ［校］再遊得魚字韻：《嘉靖寧志》卷二《遊觀》題作《再遊南塘得魚字韻》。

納涼踈箔捲，送酒小舟頻。

紫塞開靈境，龍沙息虜塵。

天隅同泛梗，谷口遇垂綸。

痛飲酬良會，渾忘是遠臣。

〔同客泛舟分臣字韻〕　　黃陛

余閡寧鎮，册使章公懷愚歸，年丈春陽同飲南塘，賦此，併呈大中丞黃公梓山。

百畝方塘紫塞隈，高浮水面小蓬萊。

客聯南北星為聚，地轉河山色自開。

鼓沸中流堪擊楫，浪翻夕照好唧杯。

邊遊莫謂尋常事，震聾原憑濟世才。

南池泛舟呈楊楚翁大中丞①　　黃彥士

清溪流水暗通河，柳葉蘆花藉碧莎。

客到醉騎山簡馬，興來書洗右軍鵝。

酒滿船艙秋滿空，歐公樂事物皆同。

却教鷗鷺知人意，不戀無心海上翁。

荻蘆花發最宜秋，池館霏微暑氣收。

疑是山陰乘雪後，不知明月滿汀洲。

秋來張翰思茫茫，荇帶牽風十里長。

澤畔沉碑人不見，到今猶說杜襄陽。

蓮池雅集②　　都御史　馮清

井梧葉下報新秋，十里東郊作勝遊。

筒酒數莖敦古俗，蓮舟一葉泛中流。

---

① 《南池泛舟呈楊楚翁大中丞》詩共四首。

② 《蓮池雅集》詩共兩首。

一人有慶三邊靖，四序惟康百穀收。
後樂也知明訓在，應思蟋蟀詠休休。

遊承天寺　　楊守禮

乘閑携酒上招提，促席傳觴日已西。
持節中丞猶索酒，揮戈元帥尚留題。
臺前松影來樽俎，塔外鐘聲間鼓鼙。
醉倚肩輿春色藹，滿天星斗和煙低。

遊承天寺　　羅鳳翱

蕭寺開壇數百秋，松門寂静地偏幽。
層樓縹緲靈光護，寶塔崢嶸霞氣浮。
天外鐘聲來四座，燈前偈語滌千愁。
真機自咲何時悟，去住攪腸雪滿頭。

登黑寶塔二首① 　　孟霦

暖日行郊郭，林深訪釋迦。②
寒荒時見鴈，③ 春暮不逢花。
碧水浸斜径，輕蕪出軟沙。
邊城名將在，海外絕胡笳。

敞筵春晝永，久坐午陰移。
携酒思登塔，開軒看奕棋。
院空芳樹覆，野静白雲遲。
醉客耽佳夕，重將玉笛吹。

邀總戎張東山飲海寶塔二律　　羅鳳翱

黃華方爛熳，邀我過湖濆。

---

① ［校］登黑寶塔：《嘉靖寧志》卷七《文苑·詩》題作《遊黑寶塔詩》。
② ［校］釋迦：《嘉靖寧志》卷七《文苑·詩·遊黑寶塔詩》作"釋伽"。
③ ［校］寒荒：《嘉靖寧志》卷七《文苑·詩·遊黑寶塔詩》作"塞荒"。

特地法臺逈，干霄寶刹分。
塔肩懸鏡影，水底映星文。
揮賞遲旋馬，玄思到白雲。

寺古臺亦古，秋高興具高。
賞心來梵宇，聽偈拂塵袍。
鷗鷺湖波適，牛羊草徑嚻。
菊英把酛處，甲胄息焦勞。

遊三清觀　　金幼孜

乘閑偶過三清觀，幽絶都無塵俗情。
入門喜見青松色，遠戶還聞流水聲。
鹿過瑤臺秋草合，[①] 鶴歸幽徑晚煙生。
可是道人偏愛客，焚香還與坐吹笙。

前題　　路昇

化人靈境塞城南，暇日來遊一駐驂。
花點石屏苔欲破，池開萍影樹長涵。
無心閑看雲歸洞，有意還將草結庵。
念我平生慕仙道，坎離玄妙向誰談。

岳武穆祠　　蕭如薰

百戰崎嶇絶代功，每圖恢復志偏雄。
豈知末祚移奸黨，遂使中原屬犬戎。
汴水寒雲橫野渡，賀蘭明月滿長空。
千秋廟貌成今古，忠烈堪悲國士風。

登牛首山

理楫還登岸，攀蘿入紫烟。

---

① ［校］瑤臺：《弘治寧志》卷八《雜詠類・遊三清觀》作“瑤壇”。

雲霄千嶂出，色界一燈懸。

石蘚碑磨滅，金光像儼然。

不須探絕勝，即此是諸天。

總兵營絕句①　　慶靖王

故壘荒餘草漸平，路人猶識總兵營。

旌旗寂寞埋金甲，風雨還疑敲角聲。

漢渠春漲②

神河浩浩來天際，別絡分流號漢渠。

萬頃腴田憑灌溉，千家禾黍足耕鋤。

三春雪水桃花泛，二月和風柳眼舒。

追憶前人疏鑿後，于今利澤福吾居。

月湖夕照

萬頃清波映夕陽，晚風時驟漾晴光。

暝煙低接漁村近，遠水高連碧漢長。

兩兩忘機鷗戲浴，雙雙照水鷺游翔。

北來南客添鄉思，彷彿江南水國鄉。

黃沙古渡

黃沙漠漠浩無垠，古渡年來客問津。

萬里邊夷朝帝闕，一方冠蓋接咸秦。

風生灘渚波光渺，雨過汀洲草色新。③

西望河源天際澗，濁流滾滾自崑崙。

---

　　① ［校］總兵營絕句：《弘治寧志》卷八《雜詠類》題作《總兵營》。

　　② 自《漢渠春漲》至《黑水故城》為朱栴《寧夏八景圖詩》中的五首，另外三首為《賀蘭晴雪》、《官橋柳色》、《梵剎鐘聲》，另有《寧夏八景圖詩序》一篇。參見《正統寧志》卷下《題詠》。

　　③ ［校］雨過：此同《正統寧志》卷下《題詠·黃沙古渡》，《弘治寧志》卷八《雜詠類·黃沙古渡》、《嘉靖寧志》卷七《文苑·詩·賀蘭大雪》均作“雨打”。

靈武秋風

翠輦曾經此地過，時移世變奈愁何。

秋風古道聞笳鼓，落日荒郊牧馬駝。

遠近軍屯連戍壘，模糊碑刻繞煙蘿。

興亡千古只如此，不必登臨感慨多。

黑水故城

日落荒郊蔓草寒，遺城猶在對殘陽。

秋風百雉蘚苔碧，夜月重關玉露涼。

枯木有巢棲野雀，斷碑留篆臥頹墙。

遶城黑水西流去，不管興亡事短長。

賀蘭晴雪　　三山　陳德武

六花飛罷净塵寰，貴富家翁做意慳。

滿眼但知銀世界，舉頭都是玉江山。

嚴凝借雪風威裏，眩曜争光日色間。

獨有詩人憐短景，賀蘭容易又青還。

官橋柳色

邊城寒苦惜春遲，三月方看柳展眉。

金搭畫欄黃尚淺，絲淹流水綠初垂。

染增新色綠煙雨，折減長條為別離。

可幸嬌鶯飛不到，等閑鳥鵲鬧争枝。

黑水故城

一灣黑水尚流東，[①] 陽有頹垣草莽中。

不務養人歸市德，徒勞蒸土校錐功。

---

① ［校］一灣：此同《弘治寧志》卷八《雜詠類·黑水故城》，《正統寧志》卷下《題詠·黑水故城》作"一浮"。

冤骸白露泥中雨，燐火青吹月下風。
顧彼亡胡何足惜，可憐司馬沒英雄。

梵刹鐘聲① 〔凝真〕

觚稜殿宇聳晴空，香火精嚴祀大雄。
蠡吼法筵聞梵唄，鈴鳴古塔振天風。
月明丈室僧禪定，霜冷譙樓夜漏終。
忽聽鐘聲來枕上，驚廻塵夢思無窮。

官橋柳色② 金陵 王遜

官橋千樹柳，一路照征袍。
色可黃金比，絲非綠藺繅。
春容不知愧，客意歎徒勞。
送別青青眼，何時見我曹。

賀蘭晴雪③ 〔嘉齋〕

賀蘭西望矗長空，天界華夷勢更雄。
巖際雲開青益顯，峯頭寒重白難融。
清光絢玉冲虛素，④ 秀色拖嵐映夕紅。
勝概朔方真第一，徘徊把酒興無窮。

廢壘寒煙 樗齋

目極頽垣落照邊，伯圖寂寞慘寒煙。

---

① 〔校〕《梵刹鐘聲》原位於上首陳德武撰《黑水故城》之前，本志編者視其為陳德武撰。《正統寧志》卷下《題詠》載此詩為凝真即朱櫟撰，故據本志書例移置於此。陳德武撰《梵刹鐘聲》原文："招提新景鎖雲煙，寶塔初脩出半天。譙扣鯨音號百入，聲傳世界盡三千。分明雲臥晨欹枕，恍惚楓橋夜泊船。獨有胡僧渾不省，□□擁耳但高眠。"

② 《正統寧志》卷下《題詠》載，《官橋柳色》為王遜撰《舊西夏八景》組詩中的一首。

③ 《嘉靖寧志》卷二《景致》載此詩為弘農王嘉齋作，《正統寧志》卷下《題詠》載王遜撰《賀蘭晴雪》原文："雪積賀蘭尖，寒於霽景嚴。三冬爭皎皎，六月息炎炎。天不空桑異，人如地首瞻。可堪頭白者，留滯悵窮檐。"

④ 〔校〕素：《嘉靖寧志》卷二《寧夏總鎮·景致》"賀蘭晴雪"條作"白"。

淒淒半混苔痕合，漠漠遥同野色連。
鳴鳥不知亡國恨，① 晚花猶乞過人憐。
強兵戰勝今何在，贏得虛名入史編。

莊前叢柳

田家植柳護衡門，到處青青入望頻。
媚眼多情眠白晝，纖腰無力舞黃昏。
卑枝不聽流鶯語，僻地難招望帝魂。②
眠叟不關興廢事，密陰深處戲兒孫。

蠡山疊翠　　廬陵　穰穆

秀倚晴空萬疊多，星辰常恐勢凌摩。
雲生秋碧涵眉黛，雨洗春容照翠蠡。
幽鳥閑花屏畫裏，斷猿孤木石巖阿。
足澆藩府為天柱，東接長安西帶河。

又〔蠡山疊翠〕　　長史　劉昉③

蠡山雨洗高嵳峩，群峯疊翠攢青蠡。④
我來信馬上山去，馬上觀看頻吟哦。
平生愛此佳山水，愛山不得住山裏。
到家移入畫軸中，掛向茅堂對書几。

東湖春漲　　慶靖王

三月東湖景始饒，水光山色遠相招。
魚衝急雨牽浮藻，鶯逐顛風過斷橋。
華落乍疑金谷地，浪痕初認海門潮。

---

　　① ［校］鳴鳥：《弘治寧志》卷八《雜詠類·廢壘寒煙》、《嘉靖寧志》卷七《文苑·詩·廢壘寒煙》均作“啼鳥”。

　　② ［校］望帝：原作“望地”，據《弘治寧志》卷八《雜詠類·莊前叢柳》、《嘉靖寧志》卷七《文苑·詩·莊前叢柳》改。

　　③ ［校］劉昉：原作“劉牧”，據《正統寧志》卷下《文·蠡山疊翠》改。

　　④ ［校］青蠡：《正統寧志》卷下《題詠·蠡山疊翠》作“青螺”。

臨堤盡日忘歸去，為惜餘春漫寂寥。①

西嶺秋容　　豐林王　平齋

倚杖看山處，秋來景更芳。
菊枝披細雨，楓葉下清霜。
黛色濃於染，嵐光翠似粧。
客中幽興發，呼酒醉斜陽。

石關積雪

山高矗屹立，疊翠萬垂巒。
殘雪經年在，邊風五月寒。
素華涵兔影，清味試龍團。
正是詩家景，惟宜靜裏看。

暖泉春漲　　亡名氏

一脉遠通星宿海，春回塞上氣初融。
青青石眼涓涓發，流出桃花洞口東。

羚羊夕照

羚羊山勢壯邊州，每到斜陽翠欲流。
偏使幽人頻注目，抛書携酒獨登樓。

黃河曉渡

河流東下自崑崙，濁浪排山曉拍津。
來往行人誼渡口，只因名利少閑身。

鳴沙過鴈

秋城河外瑣斜暉，② 風捲晴沙拂地飛。③

---

① ［校］漫：《弘治寧志》卷八《雜詠類·東湖春漲》作"謾"。
② ［校］瑣：《嘉靖寧志》卷三《中衛·景致》"鳴沙過鴈"條作"鎖"。
③ ［校］晴沙：原作"時沙"，據《嘉靖寧志》卷三《中衛·景致》"鳴沙過鴈"條、《寧夏府志》卷二一《詩·鳴沙過雁》改。

過鴈數聲清墮玉，征人何處問寒衣。

蘆溝煙雨
蘆花飛雪漲晴漪，煙雨溟濛望益奇。
點點白鷗深處浴，扁舟遙動五湖思。

石空夜燈
疊嶂玲瓏竦石空，誰開蘭若碧雲中。①
僧閑夜靜燃燈坐，遙見青山一滴紅。

黑山晴雪
翠壁丹崖指顧間，隨時風物自闌珊。
六花凝素寒侵眼，徙倚危樓看玉山。

石渠流水
渴壤常資灌溉功，分流源自大河中。
滔滔不息含生意，萬折誰知竟必東。

紅崖秋風
寥落邊關愴客情，空山風撼作秋聲。
乘時好破單于帳，誰擬當年李北平。②

槽湖春波
十里平湖一鑑空，煙波雪浪渙生風。
漁舟載酒銷春興，應使丹青畫欠工。

蘆溝煙雨　　**胡官升**　　見《流寓》。
暖風晴日草如茵，景入蘆溝總是春。
夾谷嬌鶯留醉客，隔山啼鳥喚遊人。

---

① ［校］蘭若：原作"闌若"，據《嘉靖寧志》卷三《中衛·景致》"石空夜燈"條改。
② ［校］李北平：原作"李白平"，據《嘉靖寧志》卷三《中衛·景致》改。

杏花帶雨胭脂濕，楊柳含煙翡翠新。①
願得琴書身外樂，海鷗洲鷺自相親。

梅所　　承廣　　見《流寓》。
客以梅為所，移梅取次栽。
花枝向南發，山色自西來。
清影孤窻月，黃昏一酒盃。
揚州有河遜，東閣待誰開。

词

浪淘沙·塞垣秋思②　　慶靖王
塞下景荒凉，淡薄秋光，金風漸漸透衣裳。讀罷安仁秋興賦，愴慄悲傷。
廿載住邊疆，兩鬢成霜，天邊鴻雁又南翔。借問夏城屯戍客，是否思鄉？

鷓鴣天·冬日漫興③　　前人
天濶雲低散玉花，④ 茫茫四野少人家。嚴霜凜凜侵肌骨，貂帽隨風一任斜。
沙似雪，雪如沙，漫斟綠醑聽琵琶。⑤ 瓊樓玉宇今何在，天上人間道路賒。

春雲怨·與吳謙　　謙時客塞下。⑥　　前人
龍沙三月，尚不見桃杏紅芳顏色。鎮日惡風頻起，柳困欲眠眠不得。

---

①　［校］含煙：《弘治寧志》卷八《雜詠類·蘆溝煙雨》作“吹煙”。

②　［校］塞垣秋思：此同《弘治寧志》卷八《雜詠類》，《正統寧志》卷下《詞》題作《秋》。

③　［校］冬日漫興：此同《弘治寧志》卷八《雜詠類》，《正統寧志》卷下《詞》只有詞牌名而無題。

④　［校］玉花：原作“落花”，據《正統寧志》卷下《詞·調鷓鴣天》、《弘治寧志》卷八《雜詠類·冬日漫興》改。

⑤　［校］漫：《正統寧志》卷下《詞·調鷓鴣天》、《弘治寧志》卷八《雜詠類·冬日漫興》均作“謾”。

⑥　［校］謙時：原倒作“時謙”，據《正統寧志》卷下《詞·與吳謙》、《弘治寧志》卷八《雜詠類·與吳謙》乙正。

夕陽啣山，① 暮雲横嶺，憔悴江南倦遊客。鄉國他年，關河今日，到此欲愁絕。

可憐孤負佳時節，正清明禁火，幽懷縈結，怕聽胡笳韻悲咽。古道紅塵，旅舘清煙，酒旗高揭。一曲詞成，九迴腸斷，矯首賀蘭巉巑。

搗練子·西夏漫興②　　前人

風陣陣，雨潺潺，五月猶如十月寒。塞上從來偏節令，倦遊南客憶鄉關。

臨江仙③　　避暑韋州，行有日矣，喜而賦此。　　前人

塞上氷霜三十載，新來華髮盈顛。韋城風景自堪憐，螺峯初雪霽，月榭淡籠煙。

想得靈州城下路，綠楊芳草依然。黄驪蹀躞杏花天，丙辰初日出，南上渡頭船。

朝中措·賀蘭懷古　　樗齋

朝嵐掃黛半陰晴，涼透葛衣輕。野黍離離，水禽唶唶，隴麥青青。

百年遺址埋煙草，此日又重經。浮生幾許，可堪回首？觸處牽情。

浪淘沙·除夕偶成　　都御史　馮清

皷角數寒更，香孃燈明，笙簫沸鼎雜歌聲，④ 繞膝兒孫歡笑處，椒酒頻傾。

臘去莫相驚，便是新正，歲華終始片時爭，塞柳江梅傳信到，萬物春榮。

---

① ［校］夕陽：此同《弘治寧志》卷八《雜詠類·與吳謙》，《正統寧志》卷下《詞·與吳謙》作"夕照"。

② 本詞原編在下文馮清之詞《浪淘沙·除夕偶成》後，據《正統寧志》卷下、《弘治寧志》卷八載，此詞為凝真即慶靖王作，非馮清作，故據本志書例移置於此。

③ 本詞原編在下文樗齋撰《朝中措·賀蘭懷古》後，《正統寧志》卷下《詞》載此詞作者為"凝真"，即慶靖王朱㮵作，非安塞王樗齋作，故據本志書例移置於此。

④ ［校］沸鼎：原作"鼎沸"，《弘治寧志》卷八《雜詠類·浪淘沙·除夕偶成》、《嘉靖寧志》卷七《古詞·浪淘沙·除夕偶成》乙正。

好事近·上元夜　　前人

輕暖布東風，燈月千門如畫。畫角吹老寒梅，隨水聲清漏。

瑞煙九陌逐香塵，人影紛如簇。正是春滿乾坤，樂太平時候。

遺　事

元昊稱帝，改元"天授禮法延祚"，國號"夏"。遣使奉表曰："臣祖宗本出帝胄，① 當東晉之末運，創後魏之初基。遠祖思恭，當唐季，率兵拯難，受封賜姓。祖繼遷，心知兵要，手握乾符，大舉義旗，悉降諸部，臨河五鎮不旋踵而歸，沿邊七州悉差肩而克。父德明，嗣奉世封，② 勉從朝命。真王之號，夙感於頒宣；尺土之封，顯蒙於割製。三十年邊情善守，五千里職貢常輸。③ 臣偶因端閒，輒生狂斐，④ 制小番之文字，改大漢之衣冠。衣冠既就，文字既行，禮樂既張，器用既備，吐蕃、塔塔、張掖、交河莫不從伏。稱王則不喜，朝帝則是從。⑤ 輻輳屢期，山呼齊舉。伏願一垓之地土，⑥ 建為萬乘之邦家。於時再讓靡遑，群集又迫，⑦ 事不得已，顯而行之，⑧ 遂以十月十一日郊壇備禮，為世祖始文本武興法建禮仁孝皇帝，國稱'大夏'，年號'天授禮法延祚'。伏望皇帝陛下，睿哲成人，寬慈及物，許以西郊之地，冊為南面之君。敢竭愚庸，常敦懽好。魚來鴈往，任傳隣國之音；地久天長，永鎮邊方之患。至誠瀝懇，仰候帝俞。"

曩霄之叛，其謀出於張元、吳昊、姚嗣宗，皆關中人，負氣倜儻，有

---

①　[校] 祖宗："宗"字原脱，據《宋史》卷四八五《夏國傳》、《長編》卷一二三補。

②　[校] 世封：此同《九朝編年備要》卷十《仁宗皇帝》，《宋史》卷四八五《夏國傳》、《長編》卷一二三均作"世基"。

③　[校] 三十年邊情善守五千里職貢常輸臣：此同《九朝編年備要》卷十《仁宗皇帝》，《宋史》卷四八五《夏國傳》、《長編》卷一二三均無此十五字。

④　[校] 臣偶因端閒輒生狂斐：此同《九朝編年備要》卷十《仁宗皇帝》，《宋史》卷四八五《夏國傳》、《長編》卷一二三均作"臣偶以狂斐"。

⑤　[校] 朝帝：原作"稱帝"，據《涑水記聞》卷十一、《宋史》卷四八五《夏國傳》改。

⑥　[校] 地土：《宋史》卷四八五《夏國傳》作"土地"。

⑦　[校] 群集又迫：《涑水記聞》卷十一"集"作"情"。

⑧　[校] 顯而行之：《涑水記聞》卷十一"顯"作"順"。

縱橫才。相友善，嘗薄遊塞上，有經略西鄙意。姚題詩崆峒山寺壁云：
"南粵干戈未息肩，五原金皷又轟天。崆峒山叟哎無語，飽聽松聲春晝
眠。"范文正公巡邊，① 見之大驚。又有 "踏破賀蘭石，掃清西海塵" 之
句。張《鸚鵡詩》卒章曰："好着金籠收拾取，② 莫教飛去別人家。"吳
亦有詩。將謁韓、范二帥，恥自屈，不肯徃，乃礱大石，刻詩其上，使壯
夫拽之通衢，三人從而哭之，欲以鼓動二帥。既而召見，躊躇未用間，
張、吳徑走西夏，公以急騎追之不及，乃表姚入幕府。張、吳既至夏
國，③ 夏人倚為謀主，以抗朝廷。連兵十餘年，西夏為之疲敝，職此二人
也。時二人家屬羈縻隨州，間使諜者矯中國詔釋之，人未有知者。後聞西
人臨境作樂，迎此二家而去，自此邊帥始待士矣。姚又有《述懷詩》曰：
"大開雙白眼，只見一青天。"張有《雪詩》曰："五丁仗劍決雲霓，直取
銀河下帝畿。戰死玉龍三十萬，敗鱗風捲滿天飛。"吳詩獨不傳。觀此數
聯，可想見其人矣。《容齋三筆》④

張、吳皆華州人，薄遊塞上，慨然有志經畧，恥於自售，放意詩酒，
語皆絕豪險驚人，⑤ 而邊帥皆莫之知。聞夏酋有意窺中國，遂叛而亡。自
念不力出奇，無以動其聽，乃自更其名，即其都門酒家劇飲，書壁曰
"張元、吳昊來飲此樓"。邏者蹟其所憩執之，夏酋詰以入國問諱之義，
二人大言曰：⑥ "姓尚不理會，乃理會名耶？"時曩霄未更名，且用中國賜
姓也，於是竦然異之，日尊寵用事。《桯史》⑦

元昊幼時嘗徃來互市中，⑧ 曹瑋欲一識之，屢使人誘致之，不可得，
乃使善畫者圖形容。既至，觀之曰："真英物也！此子必須為邊患。"《夢
溪筆談》⑨

元昊寇邊，常有併吞關中之意。其將野利王剛浪㥄、天都王某各統精

① ［校］范文正公：原作 "田公晝"，據《容齋隨筆·三筆》卷十一《記張元事》改。
② ［校］着：原作 "著"，據《容齋隨筆·三筆》卷十一《記張元事》改。
③ ［校］國：此字原脱，據《容齋隨筆·三筆》卷十一《記張元事》補。
④ 參見《容齋隨筆·三筆》卷十一《記張元事》。
⑤ ［校］豪險："險" 原作 "嶮"，據《桯史》卷一《張元吳昊》改。
⑥ ［校］二人：原作 "一人"，據《桯史》卷一《張元吳昊》改。
⑦ 參見《桯史》卷一《張元吳昊》。
⑧ ［校］互市：原作 "牙市"，據王國維、胡道静、金良年等考證改。參見《夢溪筆談》
金良年校勘本第 91 頁《校勘記》［二九］。
⑨ 參見《夢溪筆談》卷九《人事》。

兵，為元昊腹心，策勝我軍。种世衡方城青澗，謀去之。察青澗僧王嵩堅
扑，因出帥以賊級予之，白帥府，表授指揮，且力為辦其家事。嵩感恩既
深，世衡反以奴蓄之，或掠械數日，嵩雖不勝其苦，卒無一咎怨望。世衡
知可任以事，召謂之曰："吾將以事使汝，吾戒汝所不言，其苦雖有甚於
此者，汝能為吾卒不言否？"嵩泣對曰："蒙將軍恩教，致身榮顯，未知
死所，敢辟捶楚乎？"世衡乃草遺野利書，大抵如起居儀，惟數句隱詞，
如嘗有私約而勸其速行之意，膏蠟置衲衣間密縫之，告嵩非濱死不得泄，
如泄之，當以負恩不能成事為言。並畫龜一幅、棗一蔀為信，俾遺野利。
嵩受教，至野利所，致將軍命，出棗、龜投之。野利笑曰："吾素奇种將
軍，今何兒女子見識。"度嵩別有書，索之，嵩目左右，答："無有。"野
利不敢匿，乃封其信上元昊。

　　數日，元昊召野利與嵩俱西北行數百里，至一大城曰興州。先詣一大
寺曰樞密院，次曰中書。有數胡人雜坐，野利與焉。召嵩，廷詰將軍書，
問所在。嵩堅執前對。稍稍去巾櫛，加執縛，至捶楚極苦，嵩終不易其
言。又數日，召入一官寺，垂班竹箔，綠衣小豎立左右，嵩意元昊宮室。
少頃，箔中有人出，又以前問責之曰："若不速言，死矣。"嵩對如前。
乃命曳出誅之，嵩大號，且言："始將軍遺嵩密遺野利王書，戒不得妄
泄。今不幸空死，不了將軍事，吾負將軍。"箔中急使人追問，嵩且對，
乃褫衲衣取書進，移刻始命嵩就館優待。元昊於是疑野利，陰遣愛將假為
野利使使世衡。世衡知元昊所遣，未即見，命屬官日館勞之。問虜中山川
地形，在興州左右言則詳，迫野利所部多不能悉。適擒生虜數人，因令隙
中視之。生虜能言其姓名，果元昊使。世衡意決，乃見之。燕服據案坐，
屬官皆朝服，抱文籍，鳧鴈侍左右。於是賓贊引使者出拜，使者傳野利
語。世衡慢罵元昊，而稱野利有心內附。乃厚遺使者曰："為吾語若王速
決。"度使者至，嵩即還，而野利已報死矣。世衡知謀已行，因欲並間天
都。又為置祭境上，作文書於版以吊，多述野利、天都有意本朝，悼其垂
成而失。其文雜紙幣間，有虜至，急爇之以歸。版字不可遽滅，虜人得之
以獻元昊，天都以此亦得罪。元昊既失二將，久之始悟為世衡所賣，遂定
講和之策。《自警編》①

　　元昊之臣野利為謀主守天都山，號"天都大王"，與元昊乳母白姥有

――――――――

　　①　參見《自警編》卷七《事君類下》。

隙。除日，野利引兵巡邊，深涉漢境數宿，白姥乘間譖其欲叛，元昊疑之。世衡嘗得蕃酋之子蘇吃曩，厚遇之。聞元昊嘗賜野利寶刀，而吃曩之父得幸於野利，① 因使竊寶刀，許之以緣邊職任、② 錦袍、真金帶。吃曩得刀以還，世衡乃唱言野利已為白姥譖死，設祭境上，為祭文，叙除日相見之歡。③ 夜乃燒紙錢，川中盡明。虜見火光，引騎窺覘，乃佯委祭具、銀器几千餘兩悉棄之。④ 虜爭取，得元昊所賜刀。及火爐中見祭文已燒盡，但存數十字。元昊得之，又識其所賜刀，遂賜野利死。野利有大功，死不以罪，自此君臣猜貳，以至不能軍。⑤《夢溪筆談》⑥

　　康定間，元昊寇邊。韓魏公領西路招討，駐延安。夜有人携匕首至卧內褰幬，魏公坐問："誰何？"曰："某來殺諫議。"又問曰："誰遣？"曰："張相公。"蓋是時張元，夏國正用事也。魏公復就枕曰："汝携予首去。"其人曰："某不忍，願得諫議金帶足矣。"遂取帶而出。明日，魏公亦不治此事。俄有守陴卒報城櫓上得金帶者，乃納之。時范純佑亦在延安，謂公曰："不治此事為得體，蓋行之則沮國威。今乃受其帶，是墮賊計中矣。"魏公握其手再三，嘆服曰："非琦所及。"《自警編》⑦

　　先是，元昊後房生一子，曰甯令受。"甯令"者，華言"大王"也。其後又納没藏訛嚨之妹，⑧ 生諒祚而愛之。甯令受之母欲除没藏氏，授戈甯令受，使圖之。甯令受間入元昊室，卒與遇，遂刺之，不殊而走。諸大佐没藏訛嚨輩仆甯令，梟之。明日，元昊死，立諒祚，舅訛嚨相之。有梁氏者，為訛嚨子婦，諒祚私焉，日視事於國，夜則從諸没藏氏。訛嚨懟甚，謀伏甲梁氏之宮，須其入殺之。梁氏以告諒祚，乃召訛嚨，執於內室，夷其宗。以梁氏為妻，又命其弟乞埋為家相。⑨ 諒祚凶忍，治平中，舉兵犯慶州，乘駱馬，張黃屋，自出督戰。陴者彍弩射之，⑩ 中，乃解圍

---

① ［校］吃曩之父得幸於野利："之父得"三字原脱，據《夢溪筆談》卷十三《權智》補。

② ［校］職：原作"戰"，據《夢溪筆談》卷十三《權智》改。

③ ［校］叙：原作"序"，據《夢溪筆談》卷十三《權智》改。

④ ［校］几：原作"九"，據《夢溪筆談》卷十三《權智》改。

⑤ ［校］以至不能軍：此五字原脱，據《夢溪筆談》卷十三《權智》補。

⑥ 參見《夢溪筆談》卷十三《權智》。

⑦ 參見《自警編》卷七《事君類下》。

⑧ ［校］訛嚨：原作"訛龐"，據《夢溪筆談》卷二五《雜志》改。下同。

⑨ ［校］家相：原作"冢嗣"，據《夢溪筆談》卷二五《雜志》改。

⑩ ［校］陴者：此二字前原衍"守"字，據《夢溪筆談》卷二五《雜志》删。

去。創甚，馳入一佛祠。有牧牛兒不得出，懼伏佛座下，見其脫靴，血浣於踝，① 使人裹創，舁載而去，至其國死。子秉常立，而梁氏自主國事。梁乞埋死，其子移逋繼之，謂之"沒甯令"。"沒甯令"者，華言"天大王"也。②

秉常之世，執國政者有嵬名浪遇，元昊之弟也，最老於軍事，以不附諸梁，遷下治而死。存者三人：移逋以世襲居長契；次曰都羅馬尾；又次曰嵬萌訛，③ 畧知書，私侍梁氏。移逋、萌訛皆以昵倖進，唯馬尾粗有戰功，④ 然皆庸材。秉常荒扆，梁氏自主兵，不以屬。其子秉常不得志，以李清事被廢。《夢溪筆談》⑤

元豐中，夏戎之母梁氏遣將引兵卒，至保安軍順寧塞，圍之數重。時寨兵至少，人心危懼。有娼姥李氏，⑥ 得梁氏陰事甚詳，乃掀衣登埤，抗聲罵之，盡發其私。虜人皆掩耳，併力射之，莫能中。李氏言愈醜。虜人度李終不可得，恐且得罪，遂託以他事，夜解去。雞鳴狗盜皆有所用，信有之。《夢溪筆談》⑦

〔黃圖安題奏〕

欽差巡撫寧夏等處地方贊理軍務、都察院右副都御史黃圖安謹題，為欽奉上諭事。

順治十二年二月十九日，准吏部咨，順治十二年正月十九日捧接上諭。⑧ 諭吏部："朕撫育萬方，夙夜祗懼。講求愛民之道，不啻三令五申。乃年來水旱相尋，干戈未靖，民窮莫極，共食不充。上德弗宣，下情壅塞，所以致此弊非一端。朕已廣開言路，博詢化理。復念天下至大，民情土俗所在不同，地方各官身親實歷。凡兵民疾苦、政事利弊，必有灼知於

---

　　①　［校］浣：原作"踠"，據《夢溪筆談》卷二五《雜志》改。

　　②　［校］謂之沒甯令沒甯令者華言天大王也：原作"謂之沒寧令者"，據《夢溪筆談》卷二五《雜志》補。

　　③　［校］萌：原作"明"，據《夢溪筆談》卷二五《雜志》改。

　　④　［校］粗：原作"但"，據《夢溪筆談》卷二五《雜志》改。

　　⑤　參見《夢溪筆談》卷二五《雜志》。

　　⑥　［校］姥：原作"老"，據《夢溪筆談》卷二五《雜志》改。

　　⑦　參見《夢溪筆談》卷二五《雜志》。

　　⑧　［校］捧接：《萃編》本作"接奉"。

心，耳聞目見，最為真切。今文官自督撫以下、知府以上，武官自提督、總兵以下，副將以上，管轄之內，職掌事宜，向來積弊見今整頓如何，而可俱著詳切，直陳無隱，以咨採用。司、道、知府、副將，著各陳奏一次。知其病，即備其藥，言其害，即舉其利。毋得浮泛雷同，苟且塞責，負朕周諮勤民至意。爾部即傳諭行，特諭。欽此，欽遵。"捧接到部，備咨前來，臣即跪讀，嚴綸措躬，無地仰見。皇上愛恤兵民，洞察積弊，令其整頓直陳，可謂周切無遺。臣蒞任十閱月，管轄職掌之事，皆得諮詢明悉。謹條儀列欵，為我皇上陳之。

一，寧鎮兵馬屢經徵調，勇練之人、臕壯之馬與夫堅甲利器，俱經挑發湖廣、四川。且挑去者俱係戰兵，在鎮者多食守糧。以千里重鎮，邊口扼要，處處溍防，並應募缺額之數，僅此八千七百餘兵，尚屬單弱。又從來舊例，分撥各營兵丁，多少不等，付給私委，操守各官在外堡寨分防，每營原額不過數百，散居各處，存營甚少。演練約束，俱難周悉。此係積弊，見今整頓。宜將各堡寨防兵撤回本營，其操守名色，俱行裁去，便于演練，又查考點驗甚易清楚。伏候睿裁。

一，寧鎮餉銀，每兵一歲除領本色糧石六個月外，僅領折色實銀陸個月。糧賤銀少，為兵已苦。從來赴省領餉各官，多不安本分，肆意花費，借端名色，扣落侵肥。及到營中，未免將官指名再削，窮兵難堪。此係積弊，見今整頓。凡領餉各官，除應得日費外，不許分文乾沒，一到鎮時，即約同公所、撫鎮、道協，並各營將官跟同籌清，按數分領。既領之後，近者仍驗封分發，遠者再密行訪問，期於兵有實餉，不致朘削。此法一行，餉自清肅。伏候睿裁。

一，寧鎮本色糧石，營兵命脉所關。向來收受，俱無部銓倉官。奸民蠹棍，用賄鑽營，一張委票到手，凡百打點用度，皆費倉糧。既重收以累民，又侵欺以累兵。此係積弊，見今整頓。凡鎮城、中衛收糧各官，俱用本城部銓掌印守備並管屯千總，彼各有身家，又慎重功名，自然不敢妄索加耗，恣行侵吞。至於外路各倉無守備、千總之處，據地方公保殷實有德之官，嚴責出納，以絕弊端。伏候睿裁。

一，寧鎮驛遞，上無專管之官，下無足用之夫。棚厫俱無，器具寡少。又馬匹從前因夏秋放青，率多半支料草，兼以奔蹄之苦，所以易至瘦瘠，每多倒損。此係積弊，見今整頓。每驛委一驛丞，使其專管。增加馬夫，使迎送喂養足用。建立棚厫，置辦器具。夏秋等月，亦全支給料草。

倘有倒斃，便於責成賠補，以警惰玩之愆。伏候睿裁。

一，寧鎮西、北兩面，俱属荒山、沙漠，絶無人煙。東鄰慶陽，南接固原，其間荒凉無人者數百里。邊寒苦地，與腹裏人民大殊。僅知糊口度日，率皆不知茶味。自新添官茶四萬斤，額納茶課，雖東北邊隅有橫城市口，僅通山旦部落。每開市口，不過數十餘人易換雜皮、羊毛等物，生意不多，無處發賣。商人輸課艰难，因而告苦扳散。民间而邊地窮民，多不喫茶，强逼使買，且舊茶未盡，新茶又來，壅滯累商。此係積弊，見今整頓。將寧鎮官茶四萬斤量減一半，庶商民兩安，地方無害。伏候睿裁。

一，寧鎮唐、漢兩渠，受黄河水利灌溉闔鎮地畝，最為軍民命脉所係。張貴浒、石子工等處逼近大河，恐惧衝潰，每歲派取柴料。自清明起土脩濬築補，至立夏放水方歇。向來委官，俱属本地鑽營，私狗情面，盗賣夫工及一切柴料，有私折銀錢肥己者，所以河工草率了事，不得堅固，每歲有潰決之患。此係積弊，見今整頓。俱責成職官分理親查，不許折賣一束，不許賄放一人，期於物有實用，夫有實工。此河工濬渠，利害相関，急宜舉行。伏候睿裁。

一，寧鎮屯田，本地屯兵一千名，每歲領餉銀六千兩，食倉糧六千石，又費官銀買給車輛牛隻，算其初歲，十年分所獲不過收屯糧六千餘石，十一年分所獲亦不過九千六百餘石，率皆珠谷粗糧，難以充餉。是所獲尚不足以抵所食。至所領六千金並牛車所費官銀俱付之，不可問非如腹裏地方，可以本利相權也，往往兵民不待相安，易生訟端。且皆散居山野務農，與各營將絶無干涉，無兵之用，有兵之費。且於本鎮調去鳳翔府地方開屯兵丁五百名，路遠一千五百里，各兵貪念父母、妻子、墳墓、親友，往往逃回，彼處挐逃，寧鎮送逃，終歲擾累。五百屯兵，即如五百遣戍，軍罪一般，大是苦害。此係積弊，見今整頓。似宜裁去管屯，新添二官，但責成屯田司與五衞掌印守備，實實清勘荒熟，漸次舉行，其已開屯田，照衞地一例起科。前督臣孟初議化兵為農，今即变兵為民，可以省每歲本折一萬二千之費。至調屯鳳翔五百兵丁可俱放回寧家，責成鳳翔土著開屯，庶兵無逃竄，各獲樂土之願。伏候睿裁。

一，寧鎮地脉鹹鹵，收獲薄少，雖連歲有秋，荒歉所當蓄備。查實在河東捐賑穀糧一百一十七石，河西捐賑穀糧二百一十九石，存貯不多，除舊例春夏積銀該道廳報布政司充餉外，其秋冬積穀一項有名無實。稍有些濆，不在正項，查考之內，每供蠹役侵吞，無益于民。此係積弊，見今整頓。遇秋冬積穀之時，將問擬罪贖實。實收穀入倉，不許官吏私折銀錢入倉，之後與正項同類查考。值豐收之年，仍令地方有好義官，民鼓勸樂輸，另貯倉廒，不得輕動，專備荒年賑濟。臣與兩道更多方設處，務期每歲蓄積有餘，不患旱澇。伏候睿裁。

以上八欵，經臣灼知真切，伏乞皇上採用，勅部議覆。上請行臣，遵奉施行，緣係欽奉上諭事理。臣未敢擅便，為此具本，專差承差王榮齎捧，謹題請旨。順治十二年三月二十六日題。六月十七日，奉旨："該部議奏。"

欽差巡撫寧夏等處地方贊理軍務、都察院右副都御史黃圖安謹題，為有司考成，無例國稅，拖欠日多，懇乞聖明定制，以裕軍需事。

順治拾肆年伍月初柒日，准戶部咨，陝西清吏司奉本部送戶科抄出該本部題覆本司案呈，奉本部送戶科抄出陝西巡撫陳□題前事。等因。順治拾肆年貳月貳拾玖日題，叁月拾柒日奉旨："著察該戶部知道。欽此，欽遵。"抄出到部送司，奉此相應議覆案呈到部。

該臣等看得秦省拾貳年分考成冊，開未完錢糧各官，已經臣部備列職名，請勅吏、兵二部炤例議處在案，惟榆林城、慶陽衛、靈州石溝兒等驛堡以及開山等拾驛未列各官經徵職名。又平利縣知縣王允舉未完捌分以上，據稱該縣荒殘未徵，應俟查明，另報再議。等因。移咨去後，今秦撫陳□會同督按題稱，除平利縣荒殘未徵，緣由已經總督會題。榆林城玖厘銀兩，藩司已詳延撫具題。慶陽衛、靈州石溝兒等驛堡經徵各官職名，應俟寧撫查明具題所有。開山等拾驛玖厘銀兩，經徵各官職名，覆核明白。等因，造冊前來。臣部炤冊查核未完，各官例應議處，但未分晰，經徵接署各官分徵銀兩並未完分數，难以懸議，應將冊開未完各官署寧羌州事、本州州判李廷弼接管，知州李楷、沔縣知縣李煊、鳳縣知縣張石麟勅下吏部，暫停陞轉，俟查明議處。仍請勅下該撫，將經徵接署各官逐一分晰，月日各列分數，某官應徵銀若干，已完銀若干，未完銀若干，速行具題下部，以憑查議。至於平利縣荒殘未徵緣由，及榆林、慶陽衛、石溝兒等驛堡經徵各官職名尚未到部，應仍勅該撫速查，明確具題，一併議覆可也。等因。順治拾肆年叁月貳拾玖日題，肆月初壹日奉旨："是依議行。欽此，欽遵。"抄出到部，移咨到臣，隨即備行該道查報，去後。

今據河東道僉事韓廷苣呈稱行，據署中路同知事監捕通判王得善呈，據靈州所千總崔文煥呈，詳加派玖厘緣由查明，呈具簡明，詳文遵炤布政司來文云。故明萬曆肆拾陸年間，奉文加派遼餉，慶陽中屯衛帶管金積堡銀壹百壹拾伍兩玖錢捌分玖厘捌毫叁絲陸忽陸微，靈州所瓦渠肆里，銀伍百肆拾陸兩玖錢捌分肆厘玖毫肆絲，石溝、塩池、隰寧、萌城等柒驛所銀貳百陸兩玖錢肆分叁厘肆毫伍絲壹忽伍微柒纖，以上每年共銀捌百陸拾玖兩玖錢壹分捌厘貳毫貳絲捌忽壹微柒纖，自我朝定鼎至今壹拾肆載，並未經徵。且寧鎮兩河柒衛叁所經制並易知由，單未刊有此項，該卑職查得錢糧出於地畆，地畆藉人耕種，然後可以按藉徵輸，此亙古以來天下公共之理也。明末拾載奇荒，河東各堡罹災獨甚，如石溝兒驛、小塩池、萌城驛、隰寧堡，昔之所謂驛與遞運所者，今僅存其堡名，虛無其人，所以清朝鼎建，驛不能復，改於河西。此經制見在可查，非今借以支餙者也。然人既死徙，地成蓁莽，不獨清朝拾肆年來從未經徵，即明末亦未嘗經徵也。見在考成正額之糧，且手口拮据，僅能及額，若必坐以從來未行之事，雖日斥日革，終無補於毛厘之數。矧河東邊方之地，驛所堡長，么麼卑微，多屬委更無常。且從無催徵經收之事，難以妄開職名。伏乞俯賜轉詳，懇切辯明，請豁庶地方無額外重加之累，而邊民不至逃亡殆盡矣。等情，呈詳到職。據此為炤玖厘一項，係廢明萬曆肆拾陸年間，將慶陽中屯衛帶管金積堡、靈州瓦渠等肆里土達軍田地，及石溝兒等驛所站軍，雖加以遼餉明色，彼時道廳未有催徵成案。自我朝定鼎以來，亦未有開徵冊籍。況盡將土站冗軍裁革，驛遞改在河西，夫散地荒所遺，孑居殘喘無幾。見有寧鎮兩河設立經制易知，由單可考，正賦僅能及額，若外加玖厘，猶恐所遺之民仍棄為荒。加派無益，且恐正賦返失者也。既經該所查報前來，相應呈請，伏候憲裁，酌轉具題。等情，到道。據此為炤玖厘之銀，查係明末加派之欵項，名色雖有經徵，並無其實。至我朝定鼎，迄今拾有肆載，易知由單，通不知玖厘為何所出。況河東地磽民貧，一望沙漠，辦納正額，尚費鞭朴。今若以額外玖厘相加，恐煢煢孑遺又復逃亡之立至矣。

今據該廳呈詳前來，相應呈請，伏候憲臺，憐恤荒邊，俯念民瘝。具題辯豁，等情，到臣，該臣詳查加增一項。臣自蒞任，並無知有此項名色，考之各衙卷案，又俱烏有。及吊取布政司藩政錄細稽，慶陽中屯衛帶管金積堡以及靈州所瓦渠肆里、石溝兒等驛所加增玖厘，起自萬曆肆拾陸年間。其時慶陽衛官因帶管河東堡分，又見靈州所瓦渠肆里多係降丁土達買馬製器之田，賦稅輕薄，並鄰近柒驛所總派玖厘一項，銀捌百陸拾玖兩玖錢壹分捌厘零編入慶陽府衛之內。及查寧鎮志書，亦未開載。明末疊遭兇荒，災黎死徙，所種沙磧田土盡置蕪棄，正額且無，焉有加增。本朝驛所荒廢，遷改河西，其孑遺土達，照民供賦，迄今未聞別有徵輸。寧鎮歷來考成題疏及易知由單，亦未載有此項。及查先任撫臣於順治伍年題定寧鎮經費地畝等銀，亦未載有玖厘名色。故其驛所則屬寧鎮河東，查其衛分則刻列慶陽，未知當日以隔屬堡分，因何帶管，遂致併派錢糧。即靈州所瓦渠肆里之田，至本朝以地增稅徵，供兵需，而從前玖厘，未知彼時因何加增。如石溝等柒驛所，人煙斷絕，地真石田，至今遍野荒蕪，招來尚且無人，何以復行追呼。據窮控告，臣仍移咨督撫按諸臣會查，確實題報外，至於職名，從前未曾起徵，統容另報，誠恐號件遲延，謹據道詳，合先具題，伏乞皇上，勅部施行。緣係有司考成無例，國稅拖欠日多，懇乞聖明定制，以裕軍需事理。臣未敢擅便，因述部行，詳查情由，字已踰格。懇惟鑒宥，為此具本，專差承差保成登齎捧，謹題請旨。等因。奉旨："部覆。看得秦省拾貳年分考成，前經撫陳□造冊題条。惟榆林城、慶陽衛、靈州石溝兒等驛堡以及開山等拾驛額徵玖厘銀兩，未列各官經徵職名，臣部具覆，確查去後。嗣准該撫查明經管開山等拾驛職名，造冊題条。其榆林城職名，應俟延撫具題。而慶陽衛、靈州石溝兒等驛堡，應俟寧撫查明具題。臣部覆准，隨經咨行，延、寧二撫，查報去後。今據寧撫黃〔圖安〕題稱，慶陽衛、靈州石溝兒等驛堡額徵玖厘銀兩並經徵職名，仍移咨該督撫按諸臣會查，確實題報，誠恐號件遲延，合先具題。等因，前來。查慶陽衛、靈州石溝兒等驛堡額徵玖厘銀兩、經徵職名，既經該撫題，俟會查確實題報，應仍勅該撫速行查明題報，以憑核議。具覆可也。"等因。順治拾伍年貳月貳拾陸日題。本月貳拾柒日，奉旨："依議行。"

欽差巡撫寧夏等處地方贊理軍務、都察院右副都御史黃圖安題，為有司考成無例，國稅拖欠日多，懇乞聖明定制，以裕軍需事。

順治拾伍年肆月初陸日，准戶部咨，陝西清吏司案呈奉本部送戶科抄出該本部題覆寧夏巡撫黃〔圖安〕題前事。等因。順治拾肆年拾貳月貳拾陸日題。拾伍年貳月初陸日，奉旨："戶部知道。欽此，欽遵。"抄部送司，奉此相應議覆，案呈到部。該臣等看得秦省拾貳年分考成，前經該撫陳□造冊題条，惟榆林城、慶陽衛、靈州石溝兒等驛堡以及開山等拾驛額徵玖厘銀兩，未列各官經徵職名，臣部具覆確查去後。嗣准該撫查明，將經管開山等拾驛職名造册題糸。其榆林城職名應俟延撫具題，而慶陽衛、靈州石溝兒等驛堡應俟寧撫查明具題。臣部覆准，隨經咨行延、寧二撫查報去後。今據寧撫黃〔圖安〕題稱，慶陽衛、靈州石溝兒等驛堡額徵玖厘銀兩，並經徵職名，仍移咨該督撫按諸臣會查確實題報。誠恐號件遲延，合先具題。等因，前來。

　　查慶陽衛、靈州石溝兒等驛堡額徵玖厘銀兩、經徵職名，既經該撫題稱，俟會查確實題報，應仍勅該撫速行查明題報，以憑核議。具覆"可也"。等因。順治拾伍年貳月貳拾陸日題。本月貳拾柒日，奉旨："依議行。欽此，欽遵。"移咨到臣。行據河東道僉事韓庭芑呈稱，行據中路同知張文燦呈、署中路廳事塩捕通判王得善呈，查得玖厘銀兩壹案遵蒙布政司來文内云，故明萬曆肆拾陸年間，奉文加派遼餉，慶陽中屯衛帶管金積堡銀壹百壹拾伍兩玖錢捌分玖厘捌毫叁絲陸忽陸微，靈州所瓦渠肆里銀伍百肆拾陸兩玖錢捌分肆厘玖毫肆絲，石溝、塩池、隰寧、萌城等柒驛所銀貳百陸兩玖錢肆分叁厘肆毫伍絲壹忽伍微柒纖，以上每年共銀捌百陸拾玖兩玖錢壹分捌厘貳毫貳絲捌忽壹微柒纖，自本朝鼎新，至今壹拾肆載，並未經徵。且寧鎮兩河柒衛叁所經制，並易知由單，並未刊有此項，該卑職查得錢糧出於地畆，地畆藉人耕種，然後可以按籍徵輸，此亘古以來天下公共之理也。明末拾載奇荒，河東各堡罹災獨甚，如石溝兒驛、小塩池、萌城驛、隰寧堡，昔日之所謂驛與遞運所者，僅存堡名，虛無其人。所以本朝驛不能復，改於河西，此經制見在可查。慶陽中屯衛帶管金積堡、靈州所瓦渠肆里緣由，查據署管糧吏目劉祺稱，再三審，據民餘常全、陳丙仁等供稱，廢明年間，田地每畆正納糧肆升上倉，肆升本軍買馬。自本朝定鼎，軍馬裁革，田地每畆炤例納糧捌升，地畆銀壹厘，充作軍需，比明時一倍二倍。玖厘銀兩，不獨本朝拾叁年來從未經徵，即明末亦未當經徵，等情，據此查得，見在考成。正額之糧，且手口拮据，僅能及額，若必坐以從來未行之事，雖日斥日革，終無補毛厘之數。矧河東邊方之地，驛所堡長么麼卑微，多屬委更無常，且從無催徵經收之事，難以妄開職名，伏乞俯賜，轉詳懇切，辯明豁免，庶地方無額外重加之累，而邊民不至逃亡殆盡矣。等情，到職。

　　據此為炤玖厘壹案。廢明之時，田地每畆肆升上倉，肆升本軍買馬，幸我朝定鼎，盡將一切濫加，恤其苦累，軍馬裁汰，田地清丈，招撫流移，每畝上納全糧捌升，地畝銀壹厘，谷草壹束，濬渠夫料等項更比明時之例一倍二倍。其玖厘銀兩從未經徵。河東荒邊絶塞，見在考成。正額之賦，朝較暮比，僅能及額，若以從來未徵之事一旦舉行，終無益毛厘之數，恐民思逖，反逋正賦。計口軍需，何所賴矣。即從前未經開徵職名，難以懸造，伏望憲臺，軫念孑遺，具請超豁，不惟民生幸甚，而封疆幸甚矣。相應呈請，統候憲裁施行。等情，呈詳本道，蒙批。據詳玖厘銀兩，雖曰故明未當有徵，然國計錢糧，豈容烏有。各官職名，是否盡無，仰廳再一搜查，務要明白，據實詳道，立竢轉呈，速速勿緩。依蒙覆加，搜查去後。續據靈州所千總崔文焕呈稱，查得玖厘銀兩壹案，自明至今，並無經徵玖厘名色，此係新奉旨查催，實未有經催之官。再查寧鎮兩河，皆一視同仁。而河西無此一項，獨河東有此一項，實出偏苦。且有節年報部考成，可查易知，由單可証。等情，到職。

據此為炤玖厘壹案。寧鎮兩河均属一体，河西衛所原無玖厘一項，獨河東壹所於順治拾年拾月内蒙布政司行催此項，但清朝定鼎，田地清丈，額賦設立，易知由單，節年報部可考，若以徵納，荒邊遠塞，瘝痍殘黎，不惟加派無力，而反負正額，兵丁、計口之需，何所賴也。從來無經徵職名，似難妄裁，相應呈請，伏候憲裁酌轉。等情，到道。

據此為炤，玖厘之銀，起自故明之末，雖有此項名色，並無徵收之實。自我朝定鼎以來，亦未有徵輸之案。節年易知，由單可考。今石溝兒等柒驛站俱已裁革，軍去民散，城堡坵墟，各上臺經臨俱已目覩。至於金積、瓦渠之民餘，皆係土達，前朝不過羈縻之而已，是以每畝地祇納肆升之糧。幸我朝定鼎，招撫流移，其瓦渠肆里改為捌升起科，較比明時已加一倍。今若再加玖厘，不惟鶉結之民復為流亡，深恐逖竄立至，反負軍需矣。再照經徵職名，從前並未開徵，職名實難懸造。今據該廳所查報前來，相應呈請，伏候憲臺，軫念民瘼，俯准題豁，地方幸甚，殘疆幸甚。等情，到臣。

隨即移文按臣，再行確查會題去後。順治拾伍年陸月貳拾叁日准，按臣扈手本内開准此，備行布政司查炤，秉公查明，通詳去後。續於拾伍年正月内據該司通詳呈稱，寧夏玖厘錢糧壹案屢移河東道查取職名，該道叠以空文前來，本司無從造報，請批該道查取職名結案。等情，到院。

批候督撫，詳示行去後。本院巡寧旋省，以此事所關重務，面諭藩司，確查明白回報。隨據署司事王右布政使呈報，内開查《藩政考》所載，慶陽衛、靈州石溝兒等驛所堡原額玖厘銀壹千貳百肆拾叁兩肆錢捌分零，至清朝之初，本司移文分守河西道，並行慶陽府，嚴諭去後。於順治拾年分准，該道移稱，環縣守禦前千户所額徵玖厘銀叁百貳拾玖兩柒錢陸分零，饒陽水堡額徵玖厘銀肆拾叁兩捌錢零，查原係慶陽府所管。再查慶陽衛、靈州石溝兒驛所堡額徵玖厘銀捌百陸拾玖兩玖錢零，属在寧夏，本道不便越粗，移文到司，准此。隨即移文寧夏河東道催徵去後。續准該道。牛僉事移稱，本道嚴諭中路廳密行暗訪，屢次催駁，查係故明萬曆年間因邊事孔棘，額外加有玖厘之銀，雖奉行加派，久未徵解。再炤，石溝、小塩池、萌城、隰寧等處，在故時接界慶陽驛遞大路，彼時有驛所軍丁種有山地，自明末之後，道路梗塞，驛遞廢施，人皆流離，城堡荒残，至今招募不前，秪有坐塘防路兵丁数名。又兼抽調不常，未有居住民餘，亦無可耕山地，無憑徵解。又造報拾壹年奏銷達部册内所造慶陽衛、靈州石溝兒等驛所堡玖厘銀兩，造入未完項下，至於拾叁年伍月拾壹日蒙各部院案驗，俱准户部咨前事，内開慶陽衛、靈州石溝兒等驛所堡經徵官職名，嚴檄寧夏河東道星馳查報，此即部文之源也。蒙此隨即移文該道查取職名去後，續准。該道始稱查無着落，移文前來，呈請各部院批示，仍移文該道，屢催差催去後，於拾伍年貳月貳拾捌日，准該道移稱，呈蒙寧夏黄撫院詳批，仰候會題行繳。等情，到院。

據此為炤，寧夏靈州石溝兒等驛所堡玖厘錢糧一項，其在前朝，當民物繁衍之日，軍有餘丁，野無曠土，時原有此項名色，殆至明末荒残之後，則人民離散，城堡坵墟，地既不毛，糧無所出，其由來已非一朝一夕之故矣。邇來所招，有一二子遺，皆初集之哀鴻，瘡痍未後，糊口無資。欲再責以辦此無藝之供，恐徒多紛擾，而終無實濟。葢本院巡歷所至，目擊已貞，而行據該司道詳覆僉同。事關國計民生，是在貴院裁酌具題者也。等因，備移到臣。

該臣看得慶陽衛驛所堡等加派玖厘壹案，本朝拾年以前考成在慶陽各官，拾年以後改催在寧夏各官，是玖厘原属慶陽者。當年加派之正，自布政司定之，初未嘗加於寧夏。其改催寧夏者，後來更張之变。自慶陽衛推之，遂至諉卸於寧夏。以慶陽府轄慶陽衛，其錢糧派於慶陽衛者宜也。明末乘亂，官吏多弊，以慶陽衛帶管河東地方，隔属兼攝，事出理外，因將本衛錢糧混派於帶管之地者，弊也。且此慶陽壹衛，既為今守河西道所轄，可得以河西道考成之錢糧，混派於寧夏河東道之地方，因前有混派之弊，致後有改催之变，此弊源昭著者也。況石溝等驛，自遭兵火之後，人亡堡空，故改驛河西，可謂明證，而加增一項，委無着落。至於瓦渠、金積之民，查係前代招住近邊土達，令其耕種，故作籠絡，其地瘠磽，所以每畝止納糧肆升。自本朝起科，裁軍為民，炤例當差糧增捌升。又兼銀草，比前数增苦倍。夫寧鎮之地畝錢糧，詳考志書及本鎮題明經費錄、歷來考成、疏章及易知由單，皆彰明較著，無此一項錢糧。即近日據《藩政考》壹書，指為寧夏河東，終不能刪去"慶陽衛帶管"数字，欲混而難混也。今若一旦催納，恐石溝等堡招徠一二殘喘，住沙磧不毛之土，難供從前未徵之賦，即瓦渠、金積增糧倍重之，土達勢必逃亡，殊非臣子仰体皇上恤民至意，此等荒残情形，按臣巡視最貞，臣亦詳查確實，不敢毛有欺餙。至從前未經開徵職名，難以查報。時督臣李□因錢穀細事，委不兼攝，奉有俞旨，臣謹會同巡按陝西兼管屯田監察御史加一級扈□合詞，據實具題，伏乞皇上，勅部議覆。從前混派未徵之加增，倘荷皇上憐窮寬豁，俾河東之残黎可以安居荒漠，而無偏苦代累之悲矣。緣係有司考成無例，國稅拖欠日多，懇乞聖明定制，以裕軍需事理。臣未敢擅便，因述確查情由，字已逾格。懇惟鑒宥，為此具本，專差承差齎捧，謹題請旨。

　　等因，奉旨："部覆。查得慶陽衛、靈州石溝兒等驛堡額徵玖厘銀兩，前經陝西巡撫冊報，未列完欠並經管官職名，題奉俞旨，確查去後。嗣據該撫陳□題稱，慶陽衛、靈州石溝兒等驛堡經徵職名，應聽寧撫查明具題，亦經本部題明，咨行在案。今據寧撫黃〔圖安〕題稱，慶陽衛玖厘銀兩，係分守河西道所轄，何得混派於寧夏河東道地方。況寧鎮地畝錢糧，詳考志書及寧鎮題明經費錄、歷年考成、疏章並易知由單，並無此項銀兩。經徵職名，無憑查報。等因，前來。查陝西巡撫前報冊開，拾年以前，慶陽衛每年額徵玖厘銀壹千貳百肆拾叁兩零，至拾年分冊開，慶陽衛所驛堡額徵玖厘〔銀〕壹千貳百肆拾叁兩零，內除靈州石溝兒等驛所額銀玖百壹拾叁兩零。屢移寧夏河東道查取職名完欠與夫荒熟，未准造報，但查寧夏全書及節年奏銷考成冊籍與夫易知由單，並無此項玖厘銀兩。等因，案呈前來。該臣等看得前項玖厘銀兩，拾年以前俱列慶陽衛，至拾年分始派河東靈州石溝兒驛堡，況寧夏全書並節年奏銷考成冊籍並無此項玖厘銀兩，何得將慶陽衛玖厘銀混派靈州石溝兒等驛堡也？合請勅下陝西巡撫，將經管職名速行查明題叅。可也。"

　　等因。順治拾伍年捌月貳拾貳日題。叅月貳拾叁日奉旨："依議速行。"

〔趙可教〕朔方新志後跋

廷余被命，分陝維藩，循北鄙，歷靈武，弭節西夏。登漢唐之故墟，以觀其政；覽宗周之遺蹟，以觀其化。俯瞰洪河，顧瞻蘭嶂。訪古名將餘烈，以觀安攘之猷。訊之于士，徵之于民，求之於野，概無能舉其畧。乃詢諸掌故者，夷考其志，與聞萬曆己卯載脩所謂《朔方志》者，[①] 茲越三紀，且遭兵餘，其事大積。歲甲寅，[②] 巡撫都御史、長垣崔〔景榮〕念往事惑遺，近蹟宜續，禮延作者纂脩。甫就簣，公膺總樞，中密命，詔都御史、懷遠楊〔應聘〕代任，載加糸輯，踰年始成。爰鋟諸梓，命余言叙諸末簡。余惟大猷之世，輿地有圖，邦國有理，軌事有籍，言動有史，凡以贊治而詔來也。夏為南仲受命城方之地，翰蔽全秦，志奚容于湮而弗葺乎？乃余從事大中丞宇下，今志告竣，顧職在文學，不容無言。

嘗觀古聖王所以教民與民所以式教者，惟是天經地義最鉅。蓋忠義之士，殺身成仁，乾柱坤維，賴以尊立。史笈所載，古道尤華。昔夏聲名文物，少異中州，以壤接要荒，俗糸夷落，聲倡不和，教尼不行。明興，文德誕敷，干羽階舞，遷勝國之衆，實南服之人，乃涵泳皇風，沃沾聖化。武宗旹罹庚午之變，[③] 烈烈樹節者傳記色新。迨及壬辰，哱〔拜〕、劉〔東暘〕不軌，乃鶡冠、章縫、編列之士，笄袆之流，若而人奮不顧身，自殉以義，弗為刃屈。視死如歸，躬蹈人紀。天常炎昭，景星杲日。蓋緜數百年明聖，薰陶人胥，涵仁履義，抑亦河山流峙，孕秀鍾靈者與。斯志也，辨山川，考封統，物曲之布，禮俗之齊，錢穀、兵甲之稽，順治威嚴，涉軍國之計者具在乘中，亦周且悉，余獨景艷。聖世弘化，長治久

---

①　萬曆己卯：萬曆七年（1579）。

②　甲寅：萬曆四十二年（1614）。

③　庚午：正德五年（1510）。

安，教先倫叙，以陶吾民。小有蠢動，輒勵綱常、仗大節。爲臣死忠，爲子死孝，爲婦死貞。勃然之心，猶之布帛菽粟，一日不可無者。是以顯奉恩綸，永尒俎豆。俾萬邦臣妾，咸知奮激。其關繫風教，豈小補哉？洵惟兩樞臺朗鑑，造微典，完廢墜，録忠貞于既往，啓人範于將來。扶翼宏綱，識達大體。匪直風于函夏，寔可訓于億世八紘矣。余樂觀厥成，嘉與顯忠遂良，維世範俗，夙懷允愜，敬書於後帙云。

　　萬曆丁巳七月初吉，[①] 賜進士出身、中奉大夫、奉勅督理寧夏河西兵糧事務兼本鎮學校、陝西布政司右布政使兼按察司僉事、川西趙可教頓首謹書。

----

　　① 萬曆丁巳：萬曆四十五年（1617）。

參考文獻

一 古代文獻

（一）陝甘寧舊志

《陝西通志》：（明）馬理、呂柟等纂，華東師範大學圖書館藏明嘉靖二十一年（1542）刻本；三秦出版社 2006 年版董健橋等校注本。簡稱《嘉靖陝志》。

《陝西通志》：（明）汪道亨、馮從吾纂，中國國家圖書館藏明萬曆三十九年（1611）刻本。簡稱《萬曆陝志》。

《陝西通志》：（清）賈漢復、李楷等纂，中國國家圖書館藏清康熙六年至七年（1667—1668）刻本。簡稱《康熙陝志》。

《陝西通志》：（清）劉於義、沈青崖等纂，中國國家圖書館藏清雍正十三年（1735）刻本。簡稱《雍正陝志》。

《甘肅通志》：（清）許容等脩撰，中國國家圖書館藏乾隆元年（1736）刻本。簡稱《乾隆甘志》。

《正統寧夏志》：（明）朱栴撰，日本國立國會圖書館藏明萬曆二十九年（1601）重刻本；寧夏人民出版社 1996 年版吳忠禮箋證本；中國社會科學出版社 2015 年版胡玉冰、孫瑜校注本。簡稱《正統寧志》。

《弘治寧夏新志》：（明）胡汝礪撰，《天一閣藏明代方志選刊續編》影印明朝弘治刻本，上海書店 1990 年版；寧夏人民出版社 2010 年版范宗興整理本；中國社會科學出版社 2015 年版胡玉冰、曹陽校注本。簡稱《弘治寧志》。

《嘉靖寧夏新志》：（明）管律等脩，《天一閣藏明代方志選刊》影印明嘉靖刻本，上海古籍書店 1961 年版；寧夏人民出版社 1982 年版陳明猷校勘本；中國社會科學出版社 2015 年版邵敏校注本。簡稱《嘉靖寧志》。

《萬曆朔方新志》：（明）楊壽等編，《故宮珍本叢刊》影印明萬曆刻本，
　　海南出版社 2001 年版；《寧夏歷代方志萃編》影印明萬曆刻本，天津
　　古籍出版社 1988 年版。簡稱《朔方新志》。

《寧夏府志》：中國國家圖書館藏乾隆四十五年（1780）刻本；寧夏人民
　　出版社 1992 年版陳明猷整理本；中國社會科學出版社 2015 年版胡玉
　　冰、韓超校注本。

（二）經部

《周易正義》：（晉）王弼注，（唐）孔穎達正義，北京大學出版社 2000
　　年版。

《毛詩正義》：（漢）毛亨傳，（漢）鄭玄箋，（唐）孔穎達正義，北京大
　　學出版社 2000 年版。

（三）史部

《史記》：（漢）司馬遷撰，中華書局 2013 年版。

《漢書》：（漢）班固撰，中華書局 1962 年版；上海古籍出版社、上海書
　　店 1986 年版《二十五史》影印本。

《後漢書》：（宋）范曄撰，中華書局 1965 年版。

《晉書》：（唐）房玄齡等撰，中華書局 1974 年版。

《宋書》：（梁）沈約撰，中華書局 1974 年版。

《梁書》：（唐）姚思廉撰，中華書局 1973 年版。

《陳書》：（唐）姚思廉撰，中華書局 1972 年版。

《魏書》：（北齊）魏收撰，中華書局 1974 年版。

《隋書》：（唐）魏徵等撰，中華書局 1973 年版。

《南史》：（唐）李延壽撰，中華書局 1975 年版。

《北史》：（唐）李延壽撰，中華書局 1974 年版。

《舊唐書》：（後晉）劉昫等撰，中華書局 1975 年版。

《新唐書》：（宋）歐陽脩、宋祁撰，中華書局 1975 年版。

《舊五代史》：（宋）薛居正等撰，中華書局 1976 年版。

《新五代史》：（宋）歐陽脩撰，徐無黨注，中華書局 1974 年版。

《宋史》：（元）脫脫等撰，中華書局 1977 年版。

《金史》：（元）脫脫等撰，中華書局 1975 年版。

《元史》：（明）宋濂等撰，中華書局 1976 年版。

《明史》：（清）張廷玉等撰，中華書局 1974 年版。

《資治通鑒》：（宋）司馬光編著，中華書局 1956 年版。

《續資治通鑒長編》：（宋）李燾撰，中華書局 2004 年版。簡稱《長編》。

《九朝編年備要》：（宋）陳均撰，影印文淵閣《四庫全書》本，（臺北）商務印書館 1986 年版。

《通鑒紀事本末》：（宋）袁樞撰，中華書局 1965 年版。

《明實錄》：臺灣"中央研究院"歷史語言研究所校印，1962 年版。

《通志》：（宋）鄭樵撰，浙江古籍出版社 2000 年版。

《萬曆三大征考》：（明）茅瑞徵撰，《續脩四庫全書》影印上海圖書館藏明天啓刻本，上海古籍出版社 2002 年版。

《萬曆武功錄》：（明）瞿九思撰，《續脩四庫全書》影印天津圖書館藏明萬曆刻本，上海古籍出版社 2002 年版。

《宋大詔令集》：中華書局 1962 年版。

《慶王壙志》：寧夏博物館藏。

《明清歷科進士題名碑錄》：影印美國夏威夷大學藏清刻本，（臺北）華文書局 1969 年版。

《東林列傳》：（清）陈鼎撰，影印文淵閣《四庫全書》本，（臺北）商務印書館 1986 年版。

《十六國春秋》：舊本題（魏）崔鴻撰，影印文淵閣《四庫全書》本，（臺北）商務印書館 1986 年版。

《元和郡縣圖志》：（唐）李吉甫撰，賀次君點校，中華書局 1983 年版。

《太平寰宇记》：（宋）樂史撰，王文楚等點校，中華書局 2007 年版。

《興地廣記》：（宋）歐陽忞撰，李勇先、王小紅校注，四川大學出版社 2003 年版。

《大明一統志》：（明）李賢等撰，影印明天順監刻本，三秦出版社 1990 年版。

《水經注校證》：（北魏）酈道元注，陳橋驛校證，中華書局 2007 年版。

《通典》：（唐）杜佑撰，浙江古籍出版社 2000 年版。

《唐會要》：（宋）王溥撰，中華書局 1955 年版；影印文淵閣《四庫全書》本，（臺北）商務印書館 1986 年版。

《馬政紀》：（明）楊時喬撰，影印文淵閣《四庫全書》本，（臺北）商務印書館 1986 年版。

（四）子部

《孔子家語》：（魏）王肅注，影印文淵閣《四庫全書》本，（臺北）商務
　　印書館 1986 年版。

《六韜》：舊本題（周）吕望撰臣，影印文淵閣《四庫全書》本，（臺北）
　　商務印書館 1986 年版。

《十一家注孫子校理》：（春秋）孫武撰，（三國）曹操等注，楊丙安校
　　理，中華書局 1993 年版。

《真珠船》：（明）胡侍撰，《四庫未收書輯刊》影印本，羅琳主編，北京
　　出版社 2000 年版。

《東原録》：（宋）龔鼎臣撰，《叢書集成初編》據《藝海珠塵》本排印，
　　中華書局 1985 年版。

《夢溪筆談》：（宋）沈括撰，金良年整理，上海書店出版社 2003 年版。

《東坡志林·仇池筆記》：（宋）蘇軾撰，華東師範大學古籍所點校，華東
　　師範大學出版社 1983 年版。

《類説》：（宋）曾慥輯，《北京圖書館古籍珍本叢刊》據明天啓六年
　　（1626）岳鍾秀刻本影印，書目文獻出版社 1988 年版。

《自警編》：（宋）趙善璙撰，影印文淵閣《四庫全書》本，（臺北）商務
　　印書館 1986 年版。

《藝文類聚》：（唐）歐陽詢撰，中華書局 1965 年版。

《太平御覽》：（宋）李昉等脩撰，夏劍欽等校點，河北教育出版社 1994
　　年版。

《册府元龜》：（宋）王欽若等撰，中華書局 1960 年版。

《玉海》：（宋）王應麟撰，江蘇古籍出版社、上海書店 1987 年版。

《涑水記聞》：（宋）司馬光撰，鄧廣銘、張希清點校，中華書局 1989
　　年版。

《桯史》：（宋）岳珂撰，吳企明點校，中華書局 1981 年版。

（五）集部

《王右丞集箋注》：（唐）王維撰，（清）趙殿成箋注，上海古籍出版社
　　1984 年版。

《皇甫冉詩集》：（唐）皇甫冉撰，《四部叢刊三編》影印常熟瞿氏鐵琴銅劍樓藏明刊本，商務印書館 1936 年版。

《張司業集》：（唐）張籍著，影印文淵閣《四庫全書》本，（臺北）商務印書館 1986 年版。

《李遐叔文集》：（唐）李華撰，影印文淵閣《四庫全書》本，（臺北）商務印書館 1986 年版。

《權載之文集》：（唐）權德輿撰，《四部叢刊初編》影印清大興朱氏刊本，商務印書館 1929 年版。

《呂衡州集》：（唐）呂温撰，影印文淵閣《四庫全書》本，（臺北）商務印書館 1986 年版。

《長江集新校》：（唐）賈島撰，李嘉言新校，上海古籍出版社 1983 年版。

《文忠集》：（宋）歐陽脩撰，影印文淵閣《四庫全書》本，（臺北）商務印書館 1986 年版。

《華陽集》：（宋）王珪撰，影印文淵閣《四庫全書》本，（臺北）商務印書館 1986 年版。

《畫墁集》：（宋）張舜民撰，影印文淵閣《四庫全書》本，（臺北）商務印書館 1986 年版。

《道園學古錄》：（元）虞集撰，《四部叢刊初編》影印明景泰覆元小字本，商務印書館 1929 年版。

《道園學古錄》：（元）虞集撰，《四部叢刊初編》影印明景泰覆元小字本，商務印書館 1929 年版。

《玩齋集》：（元）貢泰父撰，影印文淵閣《四庫全書》本，（臺北）商務印書館 1986 年版。

《趙時春文集校箋》：（明）趙時春撰，趙志強整理，天津古籍出版社 2012 年版。

《康對山先生集》：（明）康海撰，《續脩四庫全書》影印本，上海古籍出版社 2002 年版。

《空同集》：（明）李夢陽撰，影印文淵閣《四庫全書》本，（臺北）商務印書館 1986 年版。

《文苑英華》：（宋）李昉等編，中華書局 1966 年版；影印文淵閣《四庫全書》本，（臺北）商務印書館 1986 年版。

《唐文萃》：（宋）姚鉉編。影印文淵閣《四庫全書》本，（臺北）商務印書館 1986 年版。

《宋文鑑》：（宋）呂祖謙編，影印文淵閣《四庫全書》本，（臺北）商務
　　印書館 1986 年版。

《唐僧弘秀集》：（宋）李龏編，影印文淵閣《四庫全書》本，（臺北）商
　　務印書館 1986 年版。

《唐詩鼓吹》：不著撰人，影印文淵閣《四庫全書》本，（臺北）商務印
　　書館 1986 年版。

《唐詩品彙》：（明）高棅編，影印文淵閣《四庫全書》本，（臺北）商務
　　印書館 1986 年版。

《石倉歷代詩選》：（明）曹學佺編，影印文淵閣《四庫全書》本，（臺
　　北）商務印書館 1986 年版。

《四六法海》：（明）王志堅編，影印文淵閣《四庫全書》本，（臺北）商
　　務印書館 1986 年版。

《全唐詩》：（清）彭定求等編，中華書局 1960 年版。

《唐詩紀事》：（宋）計有功編，《四部叢刊初編》影印嘉靖間洪氏刊本，
　　商務印書館 1929 年版。

二　現當代文獻

（一）著作

《隴右方志錄》：張維編，《中國西北文獻叢書》據北平大北印刷局 1934
　　年版影印，蘭州古籍書店 1990 年版。

《寧夏方志述略》：高樹榆等編著，吉林省圖書館學會 1985 年內部發行。

《中國地方志聯合目錄》：中國科學院北京天文臺編，中華書局 1985
　　年版。

《稀見地方志提要》：陳光貽編，齊魯書社 1987 年版。

《寧夏地方文獻聯合目錄》：寧夏圖書館協作委員會編，寧夏人民出版社
　　1992 年版。

《中國地方志總目提要》：金恩暉、胡述兆編，（臺北）漢美圖書有限公司
　　1996 年版。

《甘肅省圖書館藏地方志目錄》：甘肅省圖書館編，蘭州大學出版社 1996
　　年版。

《明代文物和長城》：鍾侃撰，寧夏人民出版社 1980 年版。

《西夏陵墓出土殘碑粹編》：李範文著，文物出版社 1984 年版。

《〈清實錄〉寧夏資料輯錄》：吳忠禮、楊新才主編，寧夏人民出版社
　　1986 年版。

《〈明實錄〉寧夏資料輯錄》：楊新才、吳忠禮主編，寧夏人民出版社
　　1988 年版。

《西夏佛教史略》：史金波著，寧夏人民出版社 1988 年版。

《明清進士題名碑錄索引》：朱保炯、謝沛霖編，上海古籍出版社 1989
　　年版。

《寧夏歷史地理考》：魯人勇等編著，寧夏人民出版社 1993 年版。

《寧夏歷史人物研究文集》：胡迅雷著，寧夏人民出版社 1993 年版。

《賀蘭集》：陳明猷著，寧夏人民出版社 1994 年版。

《〈孫子〉古本研究》：李零著，北京大學出版社 1995 年版。

《中國明代檔案總匯》：中國第一歷史檔案館、遼寧省檔案館編，廣西師
　　範大學出版社 2001 年版。

《傳統典籍中漢文西夏文獻研究》：胡玉冰著，中國社會科學出版社 2007
　　年版。

《寧夏歷代碑刻集》：銀川美術館編，寧夏人民出版社 2007 年版。

《寧夏歷史地理變遷》：吳忠禮、魯人勇、吳曉紅著，寧夏人民出版社
　　2008 年版。

《方志與寧夏》：范宗興等著，寧夏人民出版社 2008 年版。

《寧夏地方志研究》：胡玉冰著，中國社會科學出版社 2012 年版。

（二）論文

《〈嘉靖寧夏新志〉中的兩篇西夏佚文》：牛達生撰，《寧夏大學學報》
　　1980 年第 4 期。

《寧夏同心縣出土明慶王壙志》：牛達生撰，《考古與文物》1981 年第
　　4 期。

《〈慶王壙志〉與朱棣"靖難之變"》：牛達生撰，《人文雜誌》1981 年第
　　6 期。

《新印万历〈宁夏志〉及其他》：陈明猷撰，《宁夏图书馆通讯》1983 年
　　第 2、第 3 期。

《明太祖皇子朱㭎的名次問題》：任昉撰，《中原文物》1986 年第 4 期。

《明代王陵區出土三盒墓志疏證》：許成、吳峯雲撰，《寧夏文史》1987
　　年第 4 期。

《西夏紀年綜考》：李華瑞撰，《國家圖書館學刊》2002 年增刊《西夏研
　　究專號》。

《（万历）〈朔方新志〉考》：陈健玲撰，《宁夏史志研究》2001 年第 1 期。

《内蒙古烏審旗發現的五代至北宋夏州拓拔部李氏家族墓志銘考釋》：鄧
　　煇、白慶元撰，《唐研究》2002 年第 8 卷，北京大學出版社 2002 年版。

《靈州，初曰“靈洲”——建議中華書局脩改〈漢書〉一字之誤》：白述
　　禮撰，《寧夏史志》2011 年第 3 期。

《西夏六號陵陵主考》：孫昌盛撰，《西夏研究》2012 年第 3 期。